江苏省·盐城市

响水年鉴

XIANGSHUI ALMANAC

2016

响　水　县　人　民　政　府　主办

响水县地方志编纂委员会办公室　承编

图书在版编目(CIP)数据

响水年鉴. 2016 / 响水县地方志编纂委员会办公室主编.
—— 北京 : 中国文史出版社, 2016.9
ISBN 978 -7 -5034 -8163 -5

Ⅰ. ①响… Ⅱ. ①响… Ⅲ. ①响水县 -2016 -年鉴 Ⅳ. ①Z525.34

中国版本图书馆 CIP 数据核字(2016)第 221781 号

书名:响水年鉴(2016)

编　　纂:响水县地方志编纂委员会办公室
责任编辑:殷　旭
出　　版:中国文史出版社
发　　行:中国文史出版社　发行部
地　　址:北京市西城区太平桥大街 23 号(邮编:100811)
经　　销:全国新华书店
印　　刷:南京顺和印刷有限责任公司
开　　本:16　889 × 1194
印　　张:26.5
字　　数:1102 千字
印　　数:0001 -1200 册
版　　次:2016 年 9 月第 1 版第 1 次印刷
书　　号:ISBN 978 -7 -5034 -8163 -5
定　　价:280.00 元

响水县地方志编纂委员会

《响水年鉴》编辑部

编辑部地址：响水县城双园路446号

邮　　编：224600

电　　话：0515-86882416　0515-69802330

传　　真：0515-87066555

电子信箱：xsdsb7066555@163.com

响水县行政区划图

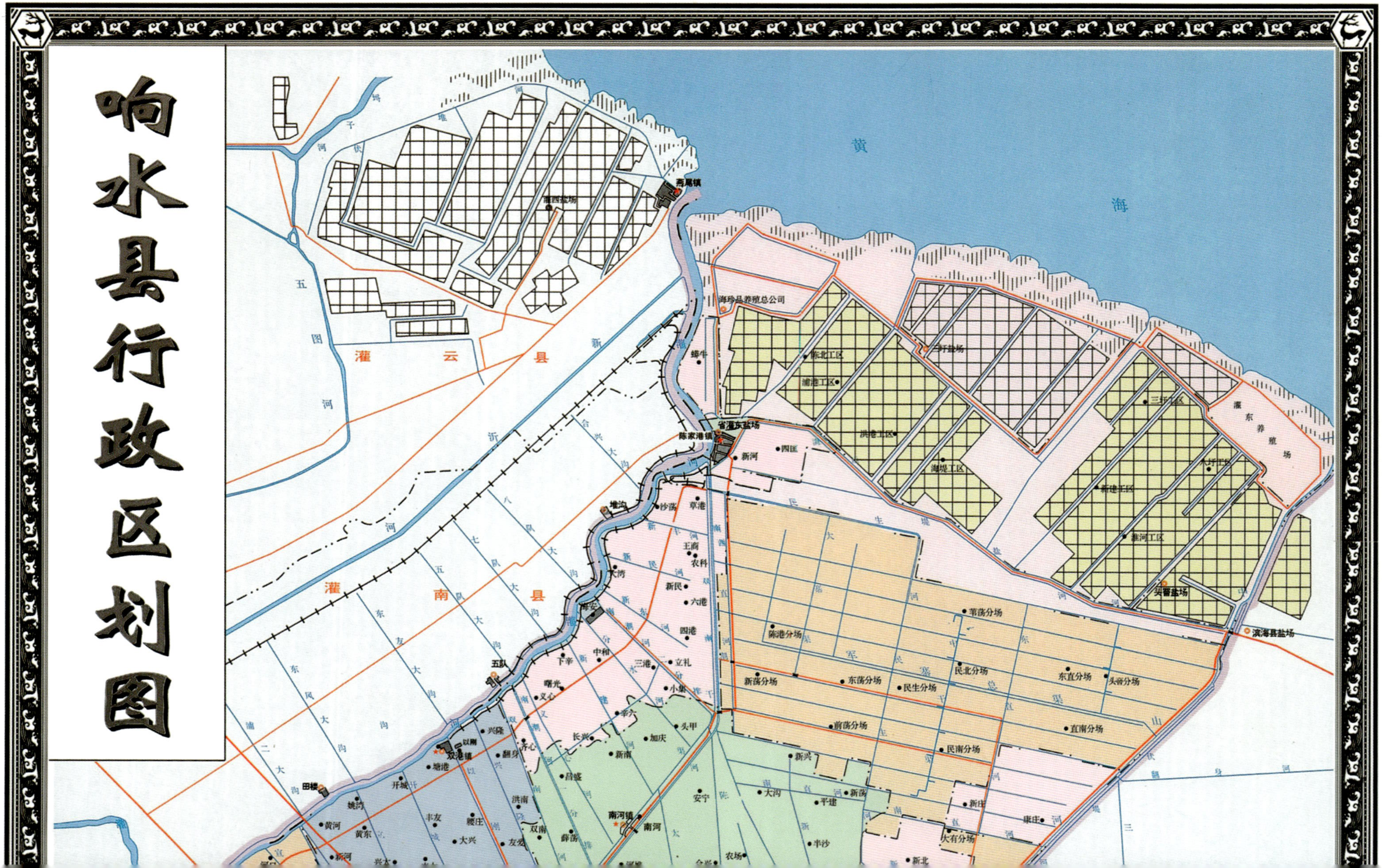

黄
海
灌云县
灌南县
燕尾镇
陈家港镇
省灌东盐场
海珍品养殖总公司
灌东养殖场
滨海县盐场
头罾盐场
三圩盐场
灌西盐场
南河镇
双港镇
五图河
新沂河
堆沟
海安
五队
田楼
陈港分场
新港分场
东荡分场
民生分场
民北分场
东直分场
头荡分场
苇荡分场
前荡分场
直南分场
民南分场
大有分场

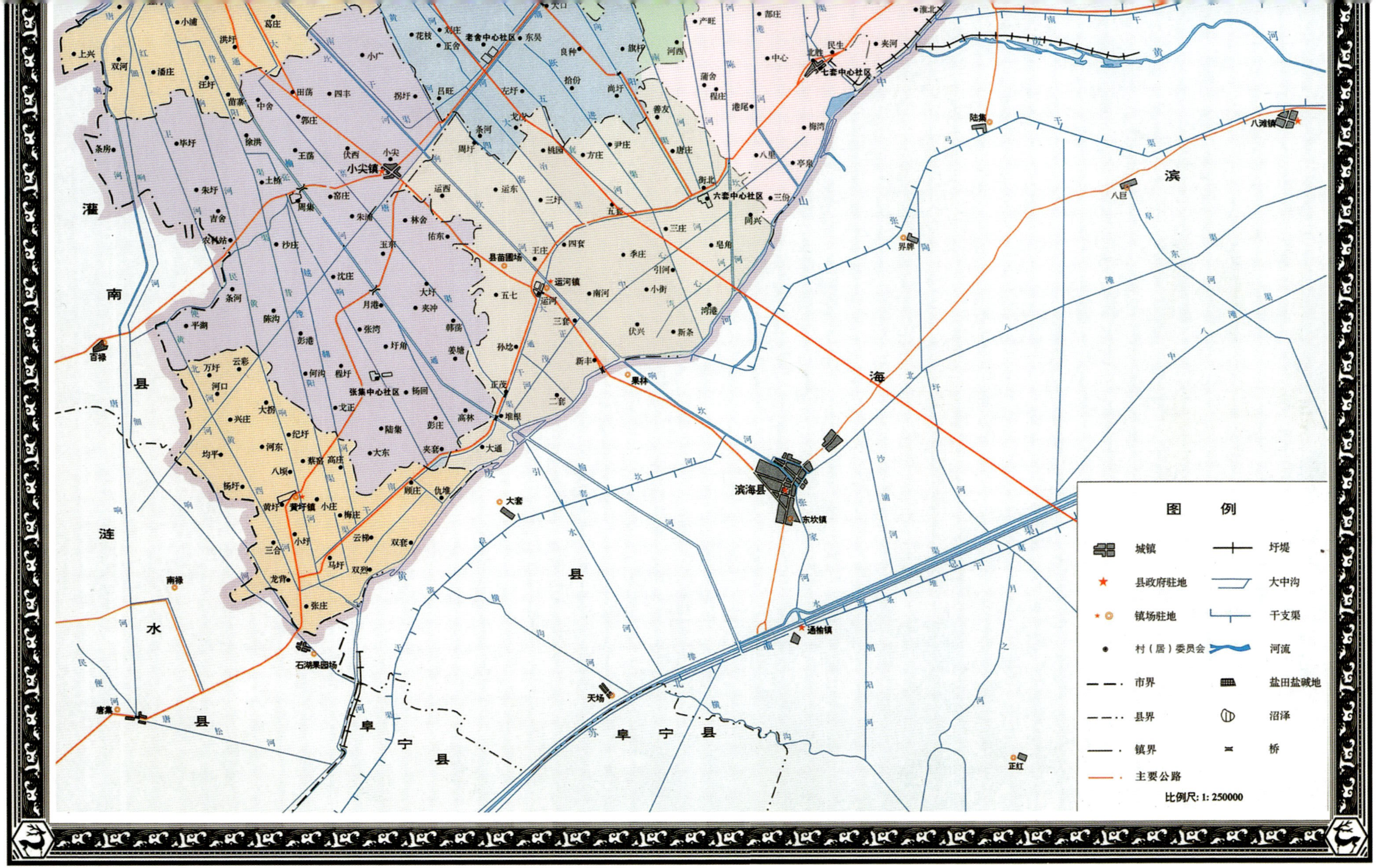
图 例
城镇
圩堤
县政府驻地
大中沟
镇场驻地
干支渠
村（居）委员会
河流
市界
盐田盐碱地
县界
沼泽
镇界
桥
主要公路
比例尺：1: 250000
滨海县
东坎镇
通榆镇
八滩镇
小尖镇
运河镇
黄圩镇
六套中心社区
七套中心社区
张集中心社区
老舍中心社区
县苗圃场
石湖果园场
滨
海
县
灌
南
连
水
阜
宁

编辑说明

《响水年鉴》是响水县人民政府主办、响水县地方志编纂委员会办公室组织编纂的地方综合性年鉴，旨在逐年记载响水县经济、政治、文化、社会、生态建设的基本情况，为社会各界认识响水、研究响水、发展响水、振兴响水提供基本资料。

《响水年鉴（2016）》记载2015年全县经济、社会等方面的基本面貌、发展状况和各行各业取得的新进展、新成就、新经验，出现的新矛盾、新问题、新探索。为适应经济社会发展，《响水年鉴（2016）》在保持《响水年鉴（2015）》框架结构基础上作相应调整，如"响水概况"类目下增设"政治建设""生态建设""精神文明建设"等分目，同时对有关类、分目内容作相应调整；为增强年鉴实用性，在相关部类安排重点信息的基础上，刊登专文和相关链接，选登有史料价值的图表等。

本鉴分类目、分目和条目3个层次，个别分目下设次分目。条目为记述实体，其标题用黑体字加【 】表示。大事记中"△"表示"同日"，表格中"#"表示"其中"。本鉴资料由各镇区，县各部门、单位专人撰写，并经各单位领导审阅。统计数据使用法定计量单位，为保持会议讲话原貌，数据的量与单位未作变动。正文部分有关数据，由于统计来源、口径、时间不尽相同，使用时请以县统计局提供的《统计资料》中主要指标数据为准。对部分重要资料的记载在时间上适当放宽，以提高资料使用的连续性、时效性。

本鉴配有多种检索方法：卷首设中、英文目录，卷末设主题分析索引。文中所有信息均可由目录、索引、书眉获得。本鉴出版工作得到县委、县政府领导高度重视，各镇区，县各部门、单位大力支持，由于编辑水平有限，错误疏漏难免，敬请读者批评指正！

《响水年鉴》编辑部

2016年8月

2015 年 2 月 11 日，省委书记罗志军（前排右二）在响水调研指导工作

2015 年 8 月 20 日，市委书记朱克江（前排左二）在响水检查指导安全生产工作

2015 年 3 月 16 日，市长王荣平（前排左二）在响水调研临海高等级公路经济带规划建设工作

2015 年 9 月 16 日，中国三峡集团董事长、党组书记卢纯（前排左二）一行在响水调研指导海上风电建设工作

2015 年 12 月 31 日，中国共产党响水县第九届委员会第九次全体会议现场

2015 年 12 月 31 日，县委书记崔爱国在中国共产党响水县第九届委员会第九次全体会议上

2016 年 1 月 6 日，响水县第九届人民代表大会第五次会议现场

2016 年 1 月 6 日，县长单永红在响水县第九届人民代表大会第五次会议上

2016 年 1 月 5 日，政协响水县第九届委员会第五次会议现场

2016 年 1 月 5 日，县政协主席杨毅坚在政协响水县第九届委员会第五次会议上

2015 年 4 月 17 日，2015 响水(上海) 春季招商推介会现场

2015 年 7 月 7 日，江苏荣生电子有限公司二期工程项目开工典礼

2015 年 8 月 6 日，2015 响水（昆山）夏季招商推介会现场

2015 年 12 月 30 日，盐城市港城医院项目开工现场

2015 年响水县经济和社会发展情况

地区生产总值(亿元)

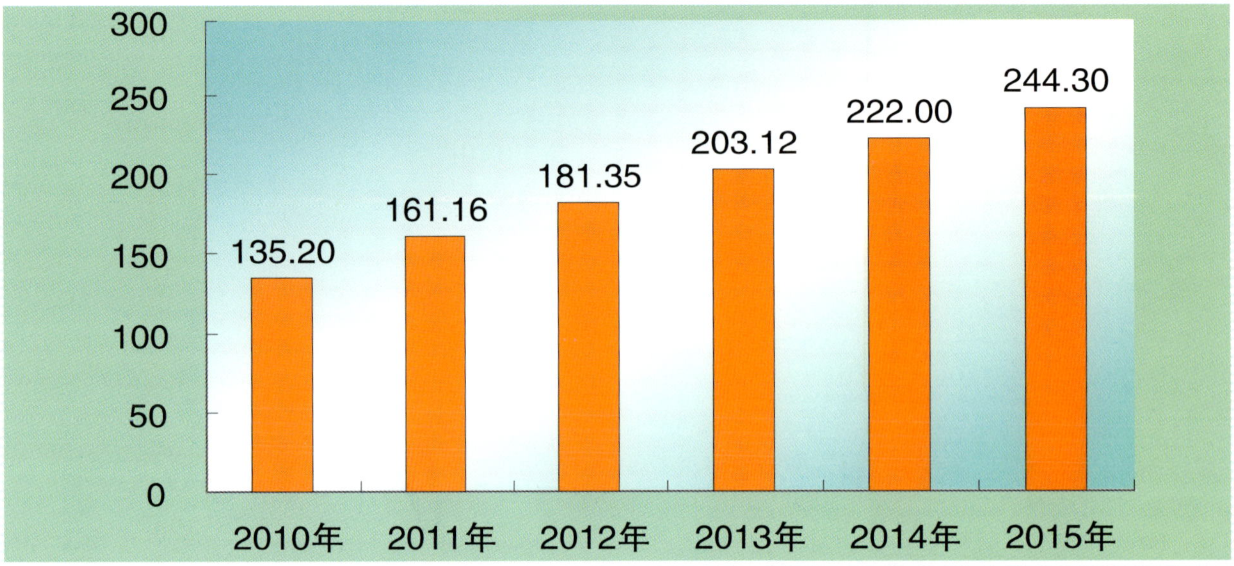

地区生产总值构成

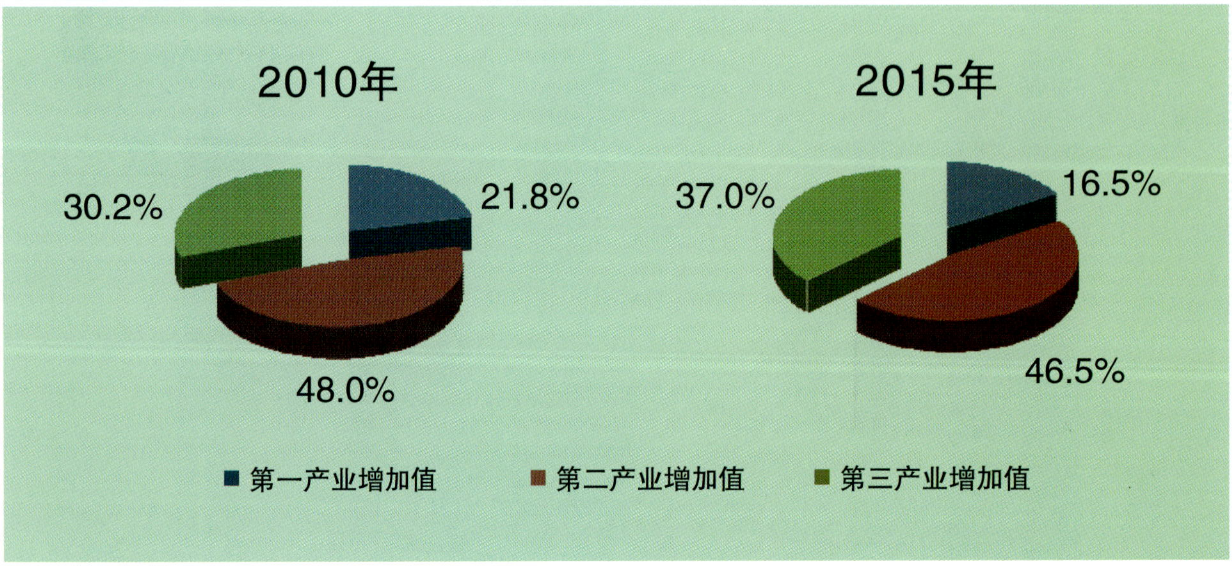

服务业增加值（亿元）

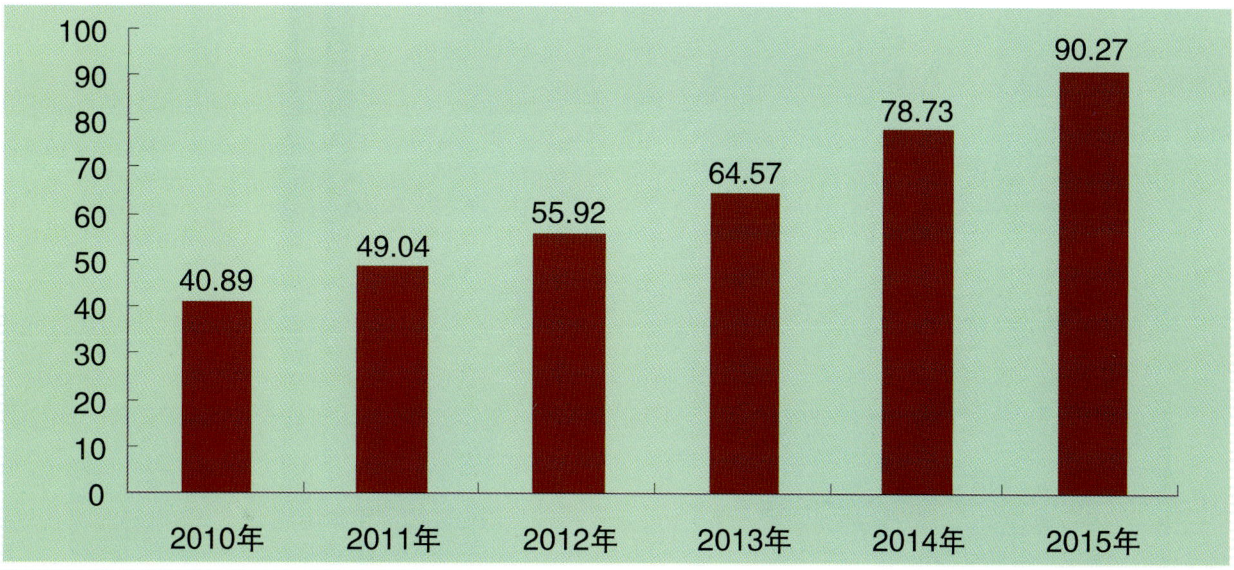

全县总人口和农业人口（万人）

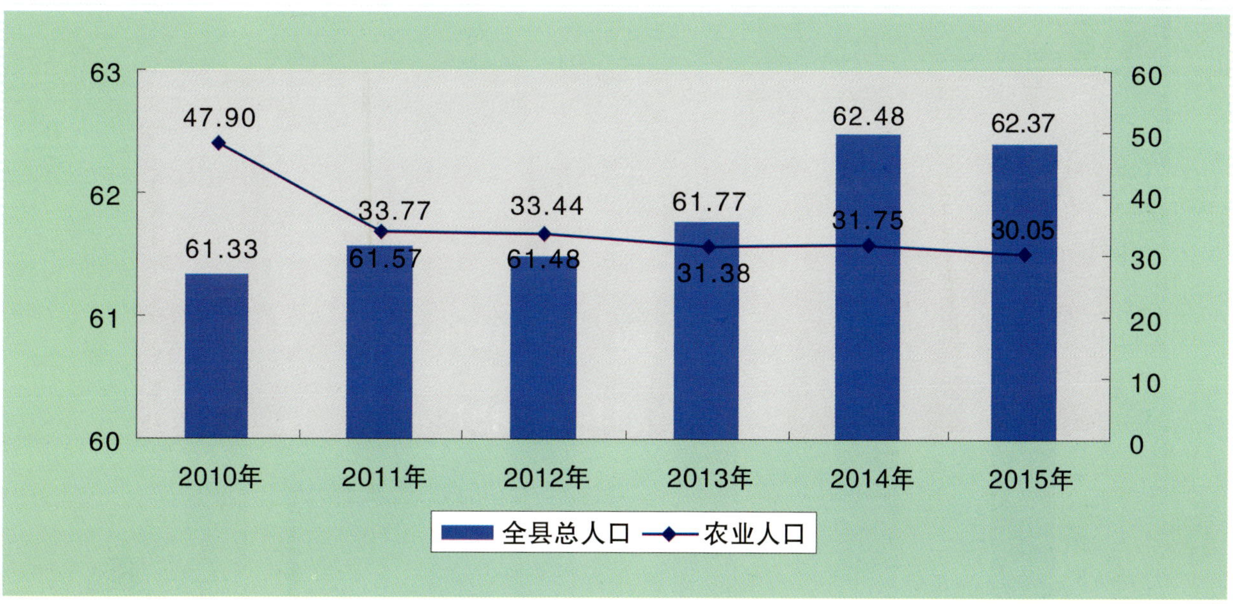

人均地区生产总值(元)

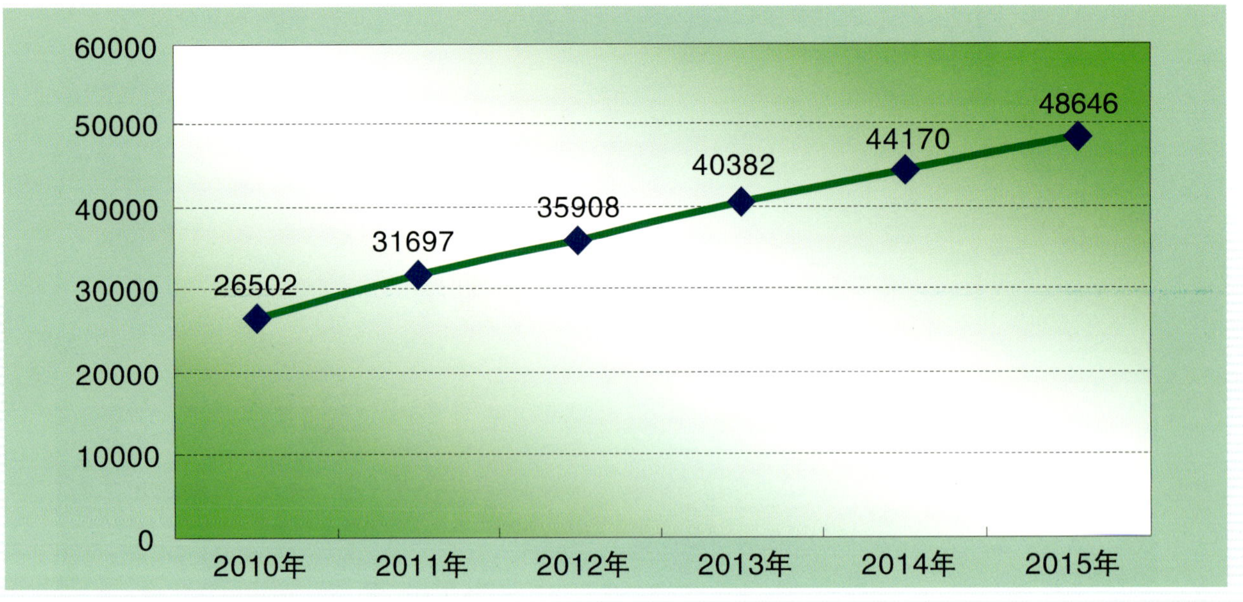

农林牧渔业总产值(现价)(亿元)

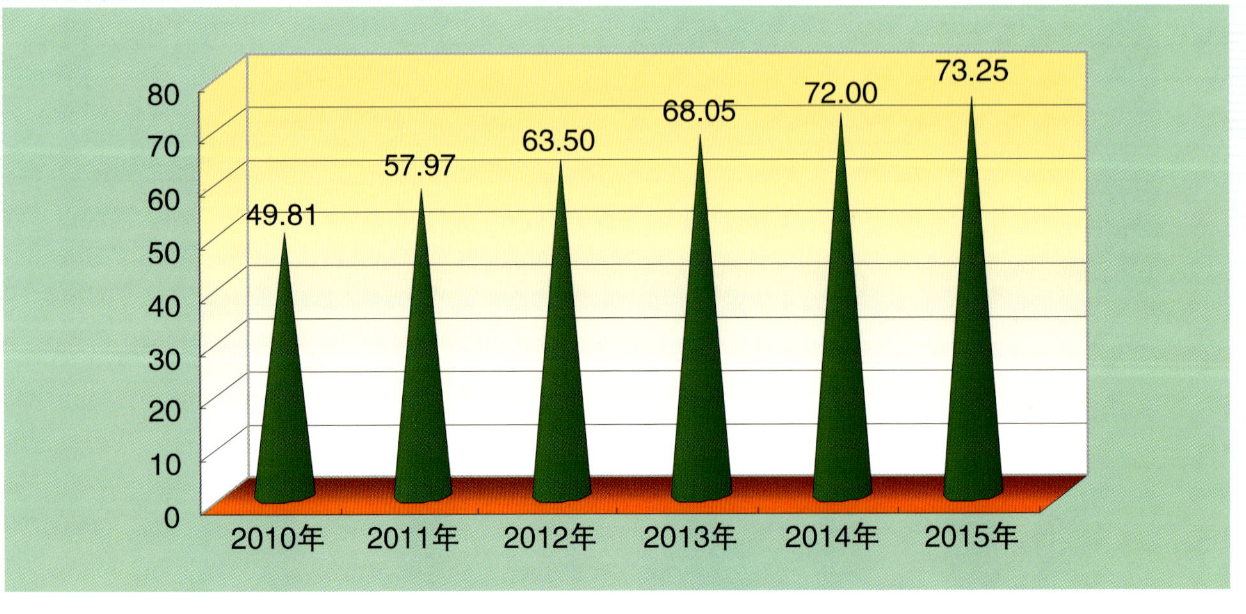

规模以上工业增加值(亿元)

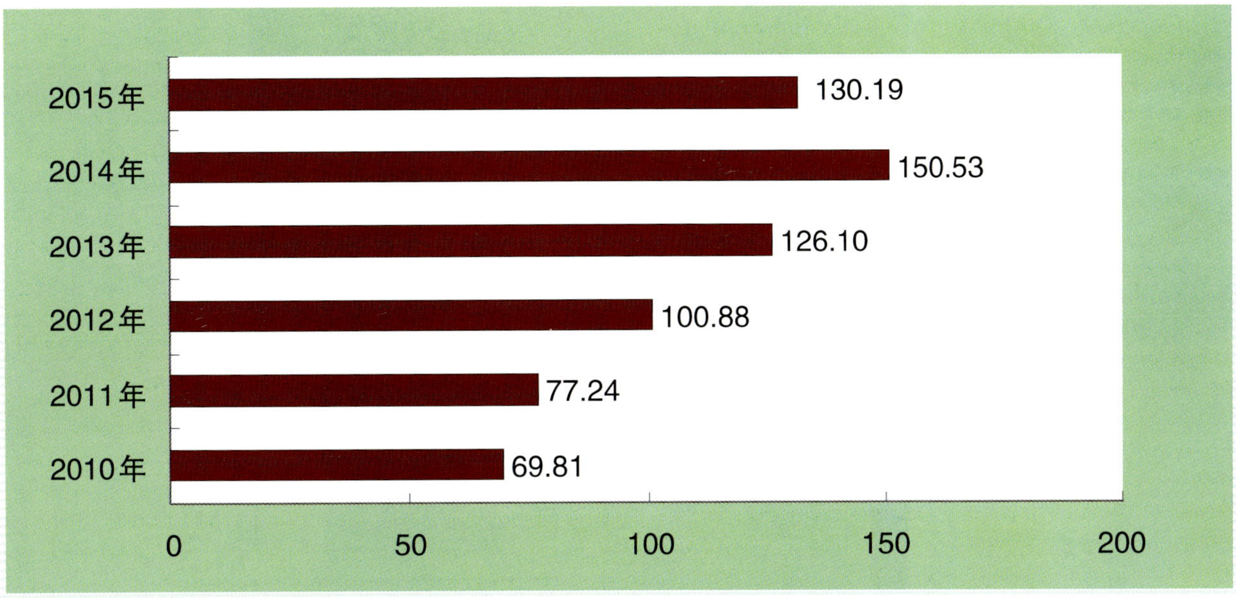

工业用电量(亿千瓦时)

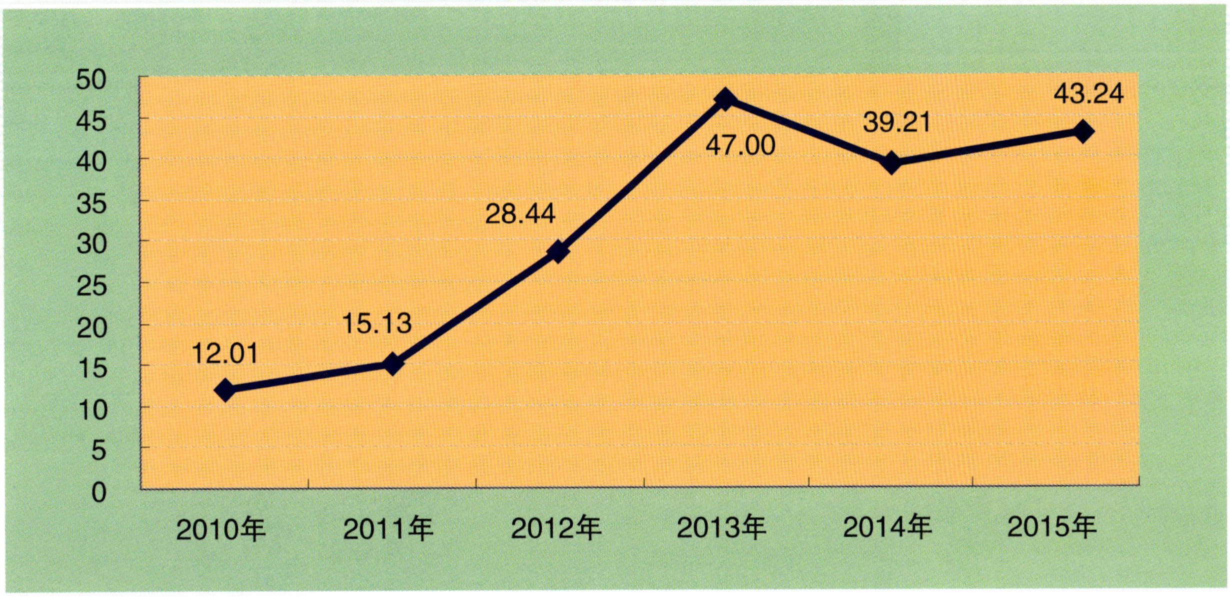

财政收入与财政支出(亿元)

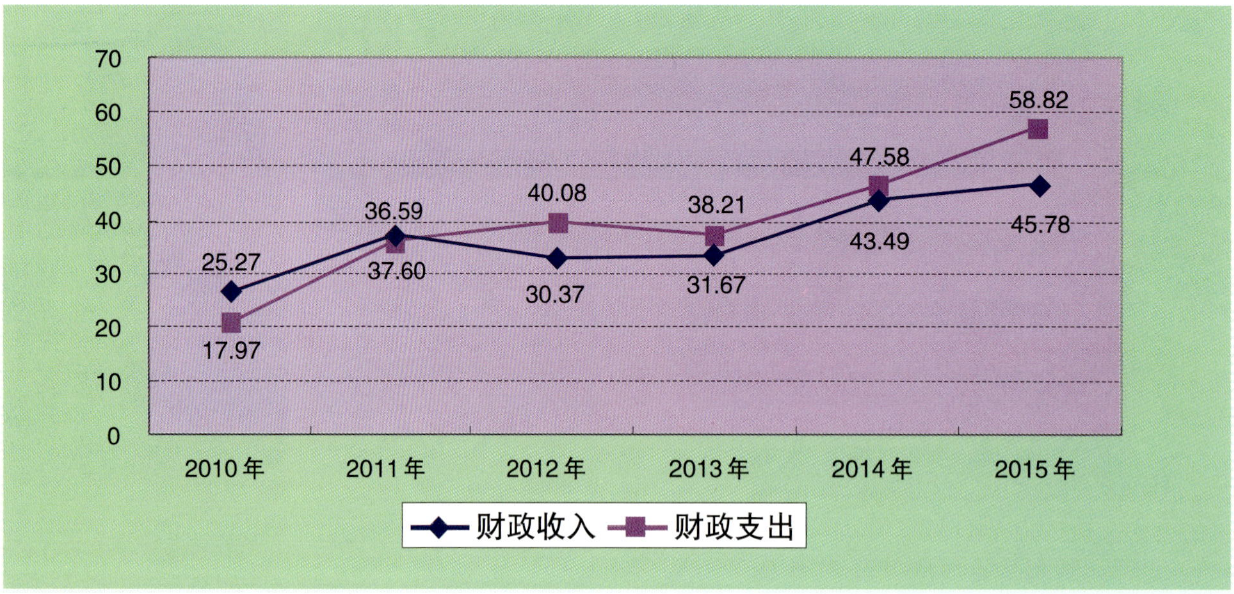

公共财政预算收入(亿元)

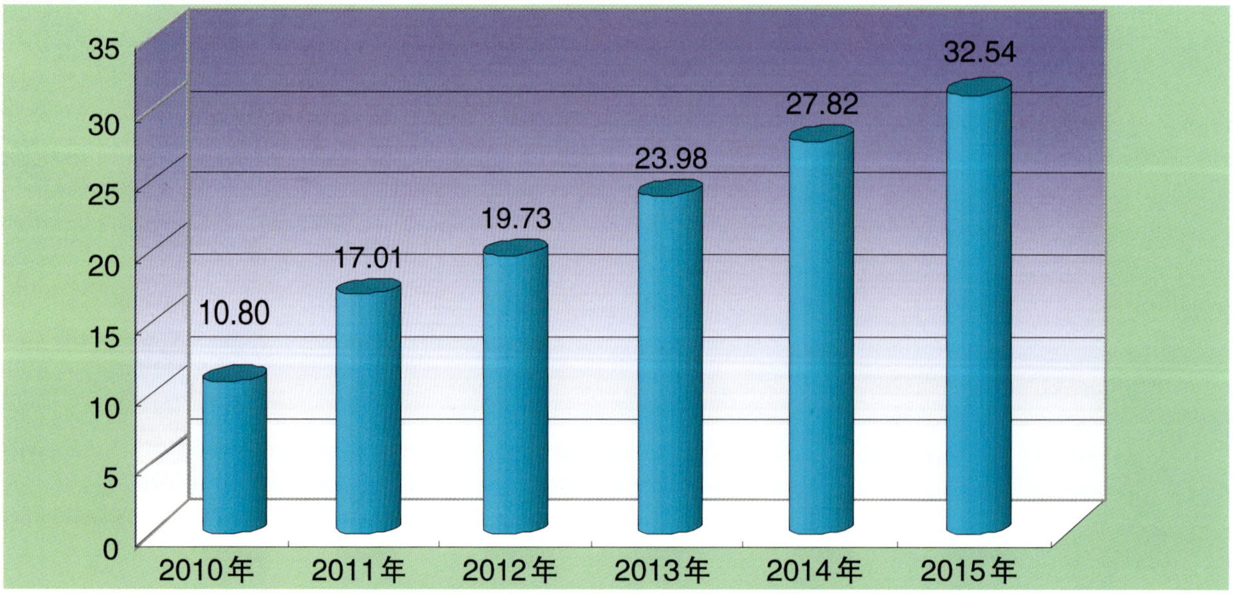

社会消费品零售总额(亿元)

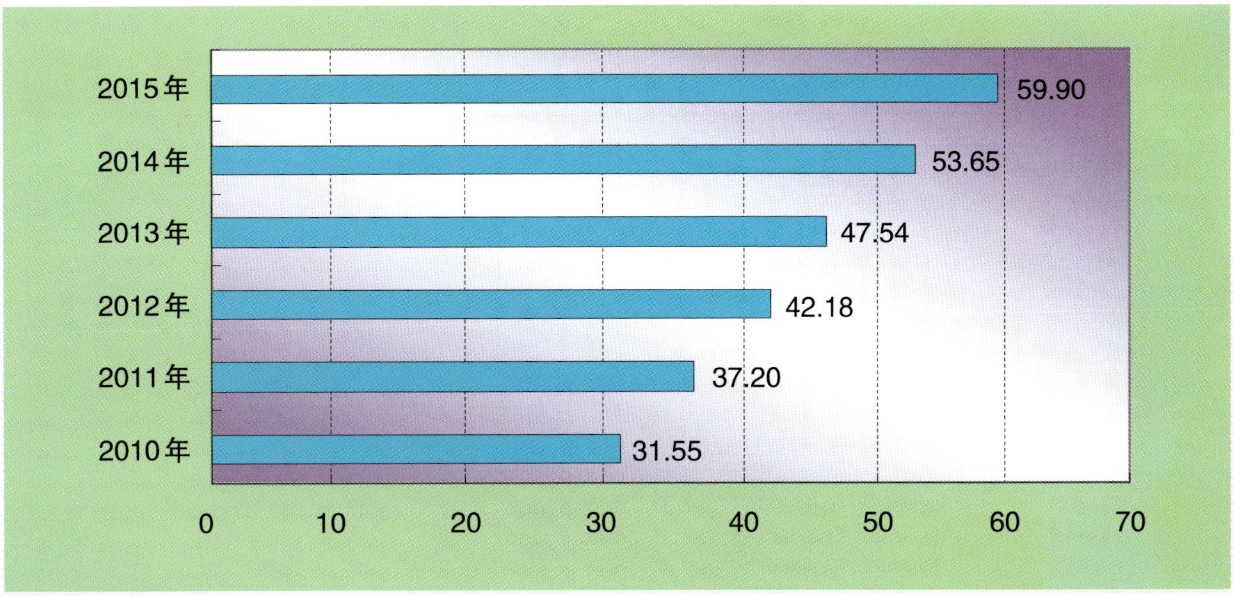

注册外资实际到账(万美元)

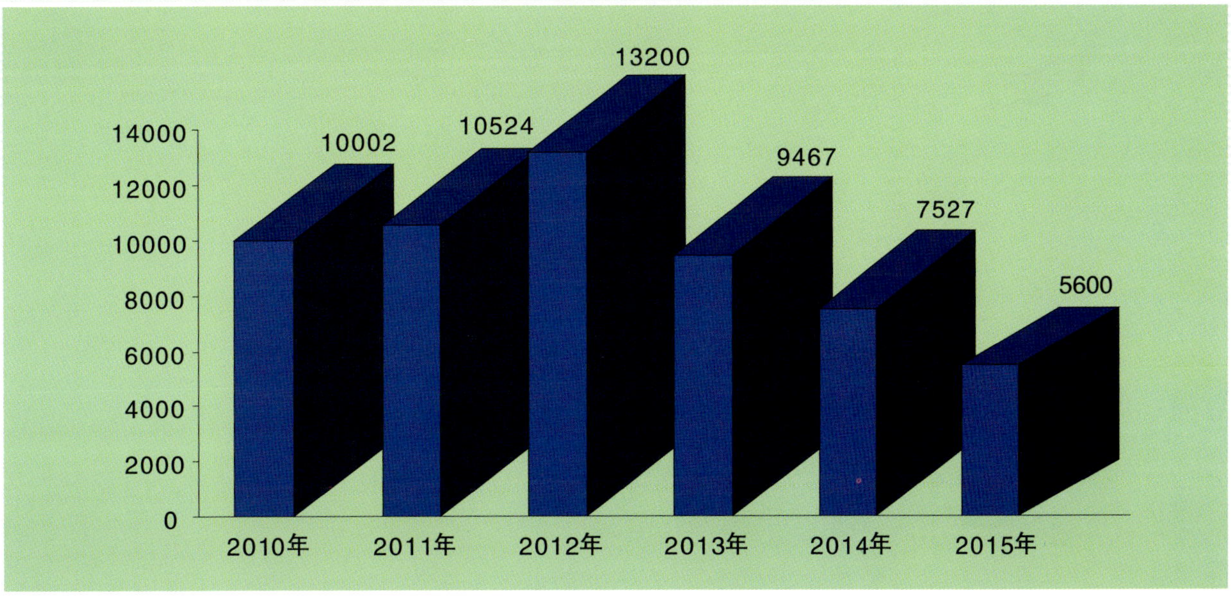

城乡常住居民人均可支配收入(元)

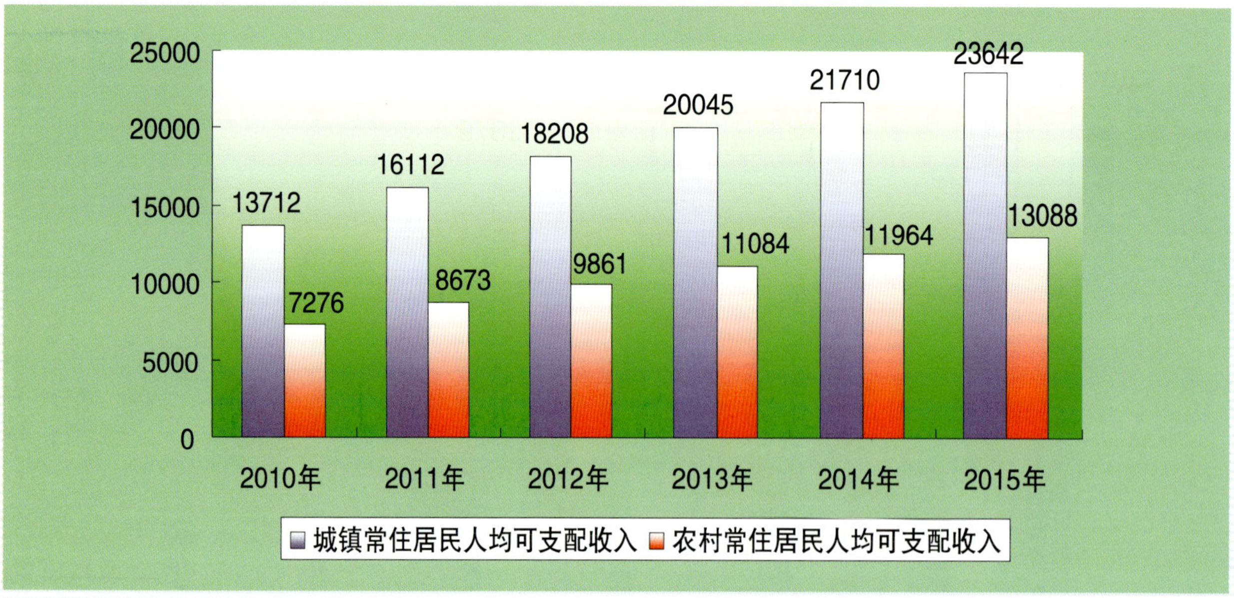

城镇非私营单位从业人员平均工资(元)

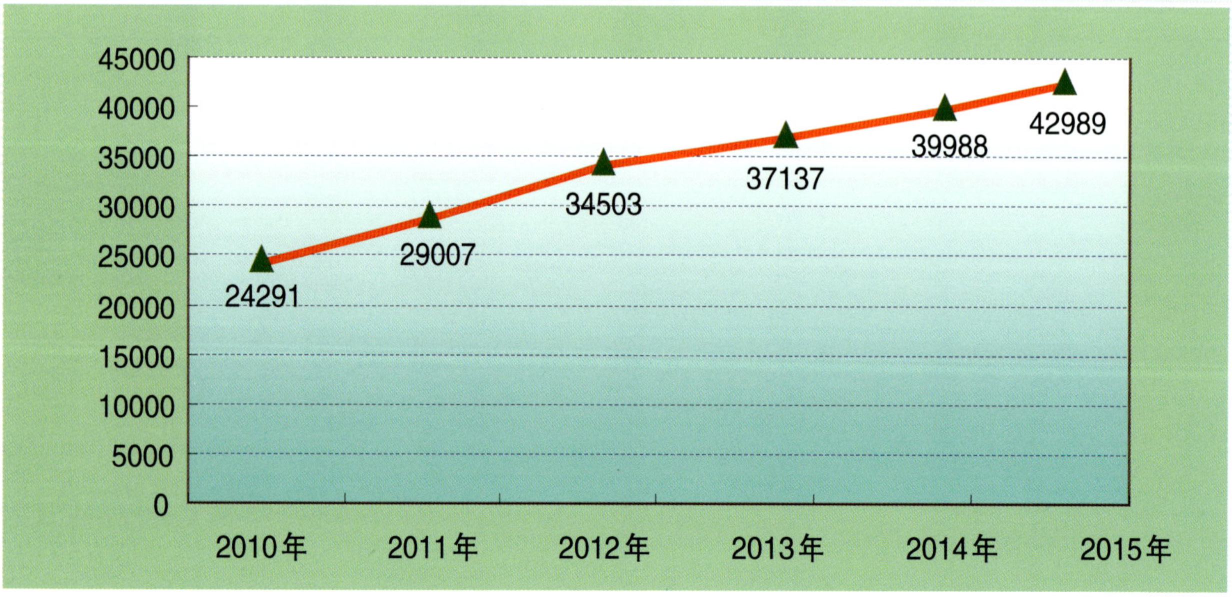

自营出口额（万美元）

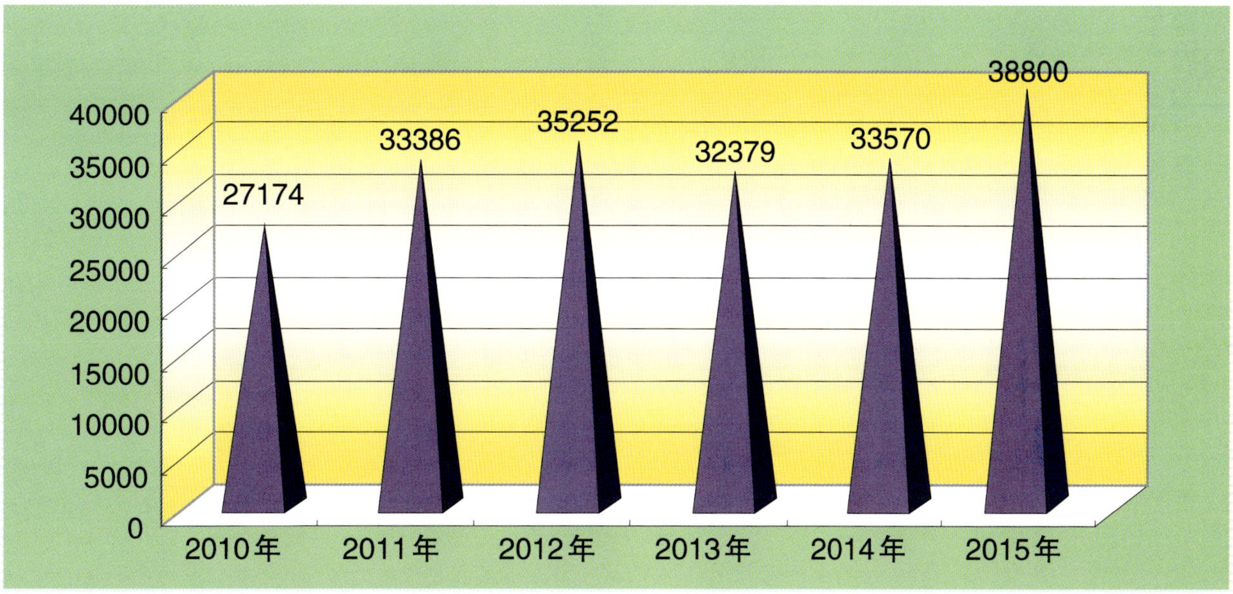

粮食总产量（万吨）

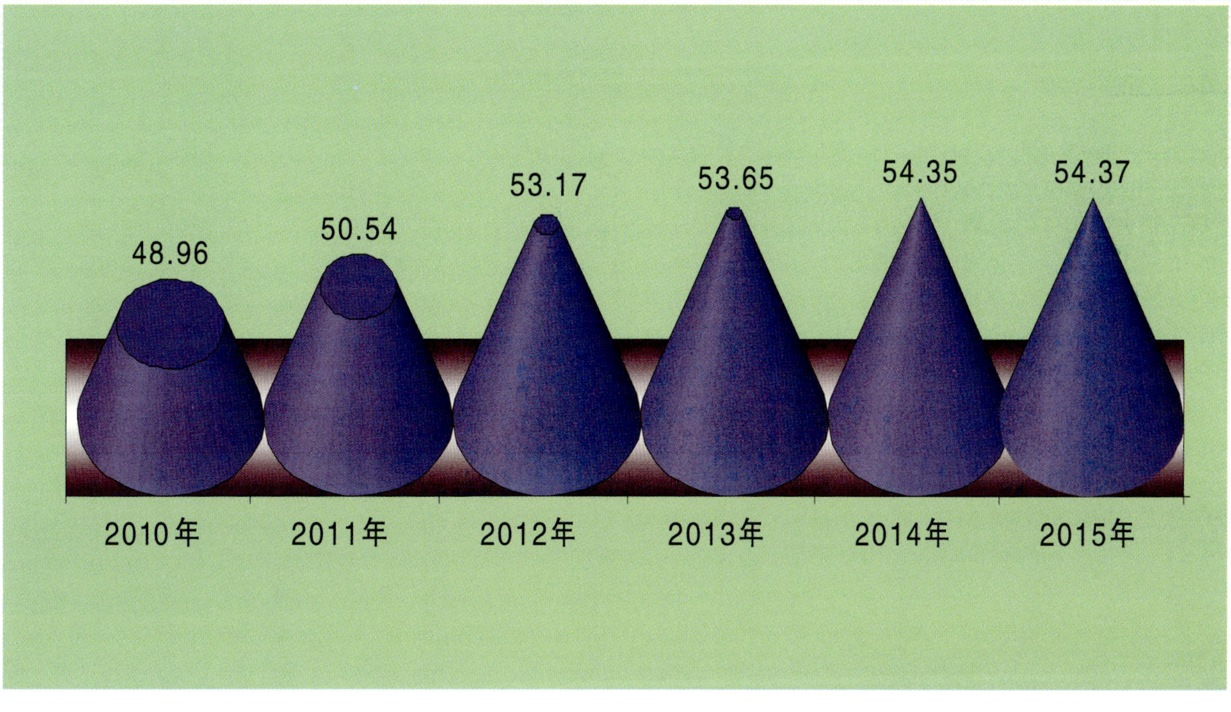

季崇武 1941年10月出生于江苏响水县何沟村一个普通农民家庭，因家境贫寒，少年时曾逃过荒、放过牛、讨过饭。

1961年考取大学，历任学习委员，班支委、班长等职。1962年8月，在大学期间投笔从戎，报效祖国，从一名士兵成长为共和国将军，军政双履，先后任团参谋长、团长、师参谋长、师长、军参谋长。1964年5月加入中国共产党，1991年8月晋升为少将军衔，江西省军区副司令员、政协江西省第八届常委。

1987年对“根石”产生兴趣，2001年开始“品根论石”，2005年起执著追求“红石”，创造性地把根石艺术与爱党、爱国、爱军情怀结合起来，在自家小院首展以革命题材为内容的红石作品；2009年，以“赞红土地根艺，扬井冈山奇石”为宗旨，在南昌市八大山人梅湖景区创办“季将军艺术馆”；2014年，积极响应习主席关于“要把红色基因融入官兵血脉，让红色基因代代相传”号召，在南昌京东奇石花鸟大市场创办 “季将军红石馆”。期间，十三次应邀外出到全国多地举办八个红石主题展。免费向广大群众开放，群众反响大、领导赞誉高。2015年10月18日，中国观赏石协会在南昌为“季将军红石馆”举行“红石科普教育基地”授、揭牌仪式。将军现任中国根艺美术学会名誉副主席、中国观赏石协会科学与艺术高级顾问，江西省根石艺美术学会、江西省观赏石协会名誉会长、高级根石艺美术师、中国观赏石一级鉴评师。主编《从戎乐章》《根石艺乐章》和《家庭乐章》等著作。

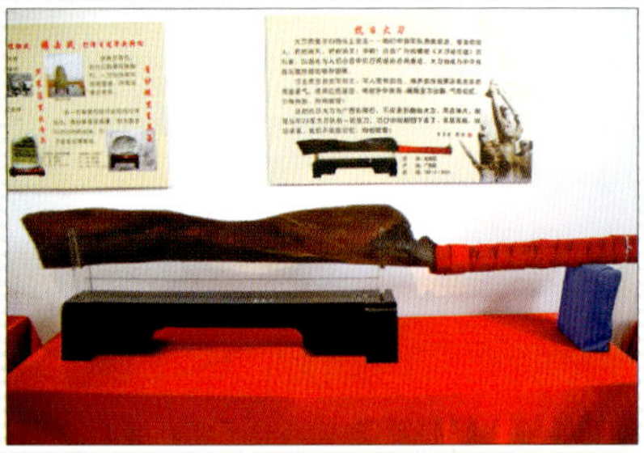

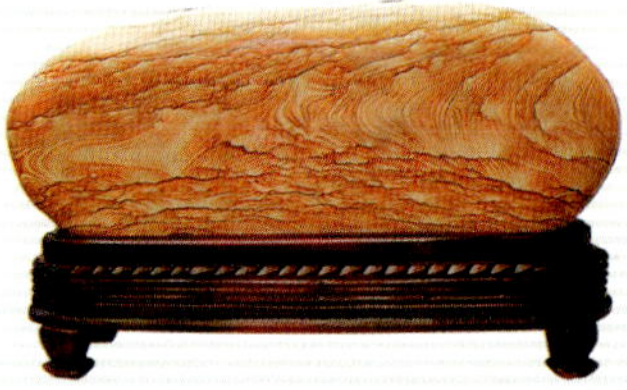

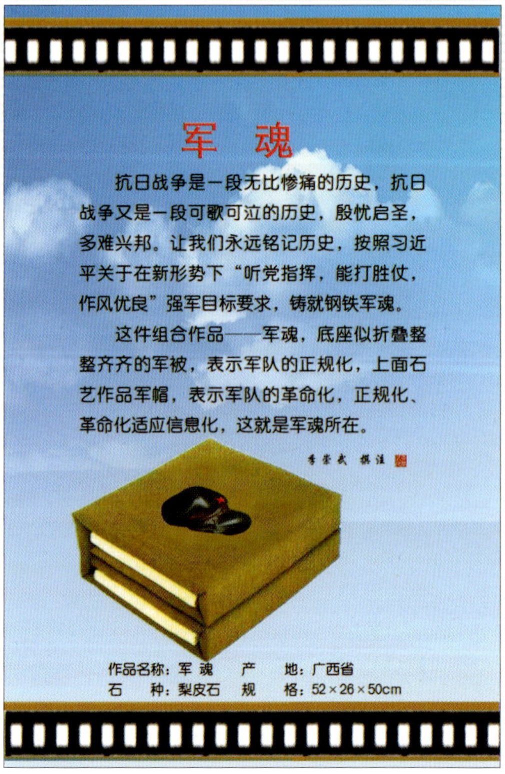

胡祝三

号半花，滇中稳，泊客斋主。江苏响水县人，西安美术学院油画专业毕业。三十岁专攻国画，师从上海著名画家陈师曾弟子江南频，居扬州又师承齐白石弟子素有“江苏花鸟第一人”之称王板哉。现为中国书画艺术研究院江苏分会副主席，北京雍和丹青画院、响水县政协书画院名誉主席。二十世纪70~80年代油画作品“学艺”“丰收喜悦”参加全国美展；90年代始国画作品被人民大会堂、故宫博物院、中央党校、上海美术馆、中国人民抗日战争纪念馆等二十多家省级以上博物馆、美术馆收藏。1992年10月被授予由曹禺、冰心、启功、吴作人、赵朴初、王光英、刘海粟等三十多位名人签名签发的“中国艺术界名人”证书；2004年获中国大众文学、中央电视台、中国书协、美协、香港美协联合举办的名人书画大奖赛最高奖；2005年经国家艺术体系资质认证，被授予“中国著名国画家”称号；2010年获国际书画家组织联合会“国际金笔奖金奖”“二十一世纪十年艺术风云人物”称号，其作品被联合国科教文组织收藏；2011年，近百幅作品经国家版权著作权登记，被列为保护作品；2015年参加联合国世界和平反核精品展，作品“壮志凌云”“烟花三月”被联合国禁核组织收藏。个人艺术辞条在《中国美术家》《中国专家大辞典》《中国艺术界名人录》等辞书中均有录入。

张友君

江苏响水县人，现为中国社会经济文化交流协会艺术顾问，文化部艺术人才库入库书画家。自幼喜爱书画，国画师从吴门画派张辛稼先生等名家。多年来醉心翰墨，笔耕不缀，书法坚持临帖学书，取法乎上，不入俗流，广猎大家，博采众长。先后研习“二王”唐宋诸家。融洽古今，五体皆能，终成一家。其书画皆精，眼界高远，在当今画坛实属难得。其作品参加江苏省首届美术新人展、江苏省第六届书法新人展，获全国书画作品优秀奖、2008年全国法制书画展三等奖；2013年参加中国书协第二届老年书法展、中国第七届书法新人展；2013年文化部首届“骏马金奖”获得者。2014年应邀参加全国政协礼堂“中国梦·书画情”当代书画名家笔会，2015年参加海峡两岸书画名家巡展，数件作品被国内外友人和美术馆收藏。

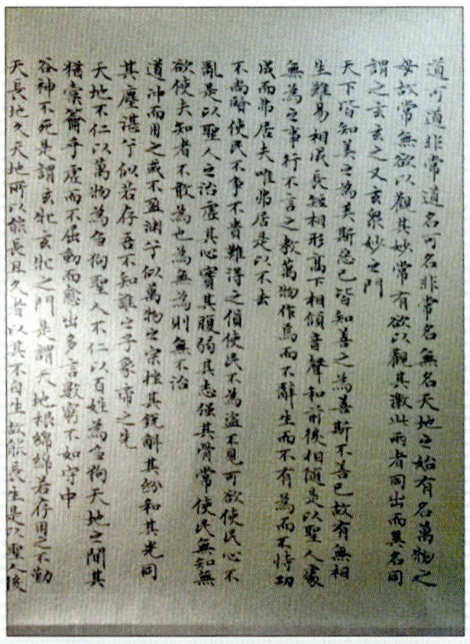

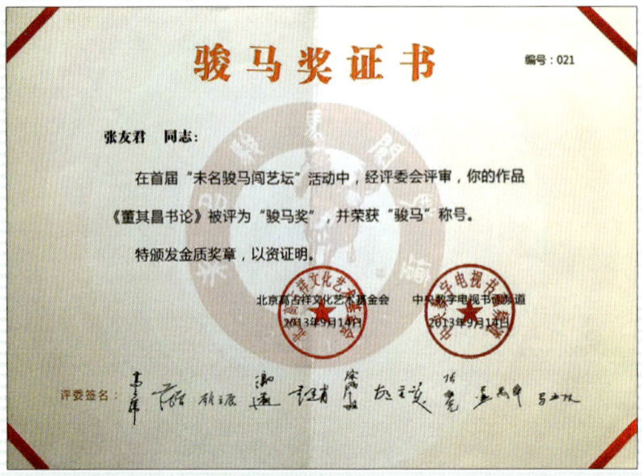

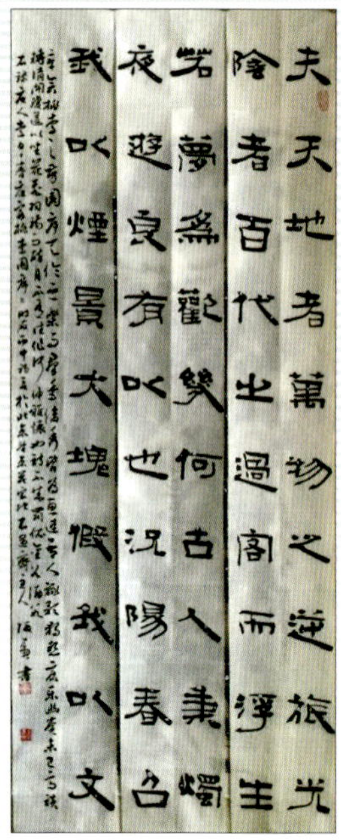

孙茂廷

江苏响水县人。1951年出生。六岁上学，1965年初中毕业后辍学，自学王力主编的《古代汉语》和唐诗宋词读本。后偶然为大队毛泽东思想宣传队写两个文艺节目，被宣传队抽调专门编写小戏和小演唱。1978年，创作的小戏《鸡大妈》由县文工团付排参加市会演并获奖，被抽调县文教局创作组当专业编剧。由于创作成绩显著，1983年被盐城市作为特殊人才由农民破格转干，任新成立的县文化局艺术股副股长兼剧目室主任。同年当选为县人大常委会委员。

1990~1991年在北京中国艺术研究院研读戏剧史论硕士课程。1996年12月调盐城市戏剧艺术研究所工作，主编《剧论》。1997年任市戏研所副所长，1998年市戏剧艺术研究所与市文化局剧目工作室合并，任市剧目工作室主任兼市戏剧艺术研究所所长。主编《盐城戏剧》。同年加入中国共产党，任市剧目工作室支部书记。2003年兼任江苏省淮剧团党总支副书记。中国戏剧家协会会员，国家一级编剧（正高职称），2011年退休。至今笔耕不缀。

近四十年来，创作上演七十多部剧本，其中现代戏四十多部，历史剧二十多部。剧本曾被淮剧、锡剧、扬剧、沪剧、淮海戏、柳琴戏、黄梅戏、北路梆子等地方剧种搬上舞台。其中，锡剧《荒唐王爷》在中国戏剧节获奖；黄梅戏《梦雪》《好大一个家》在中国黄梅戏剧节获奖；锡剧《南归记》、淮剧《蓝齐格格》等七部戏在省戏剧节、省淮剧节、省锡剧节获奖；《人鬼鉴》《鹧鸪天》等五部剧本获省戏剧文学奖；《汉武帝与司马迁》《醉里乾坤》《飞来横福》等十部新编历史剧和现代戏剧本，在各地的全国剧本征稿中获奖。

除剧本外，还发表过小说、散文、杂文、评论等几十万字的其它作品。

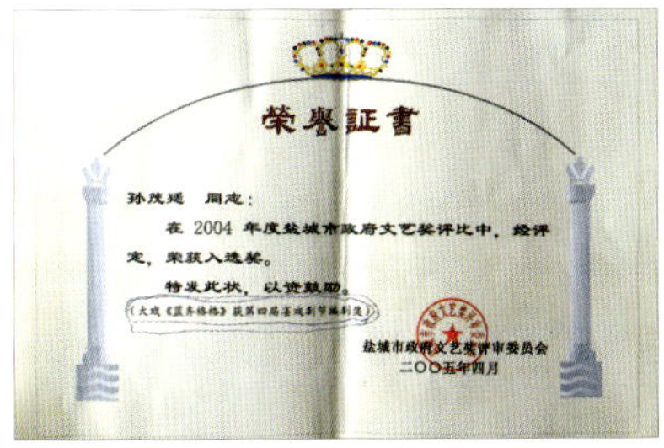
荣誉証書

孙茂廷 同志：

在 2004 年度盐城市政府文艺奖评比中，经评定，荣获入选奖。

特发此状，以资鼓励。

（大戏《蓝齐格格》获第四届省戏剧节编剧奖）

盐城市政府文艺奖评审委员会

二〇〇五年四月

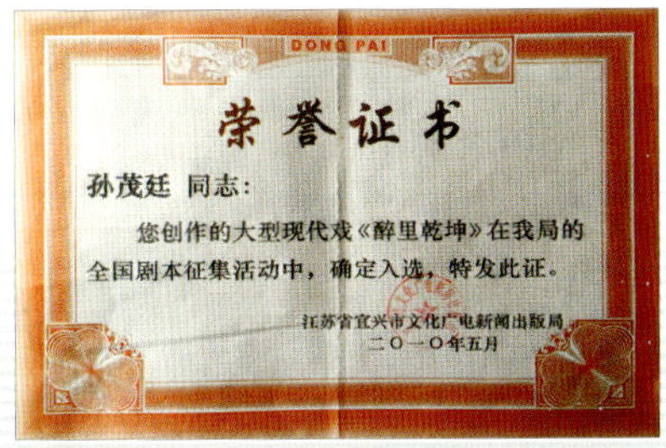
荣誉证书

孙茂廷 同志：

您创作的大型现代戏《醉里乾坤》在我局的全国剧本征集活动中，确定入选，特发此证。

江苏省宜兴市文化广电新闻出版局

二〇一〇年五月

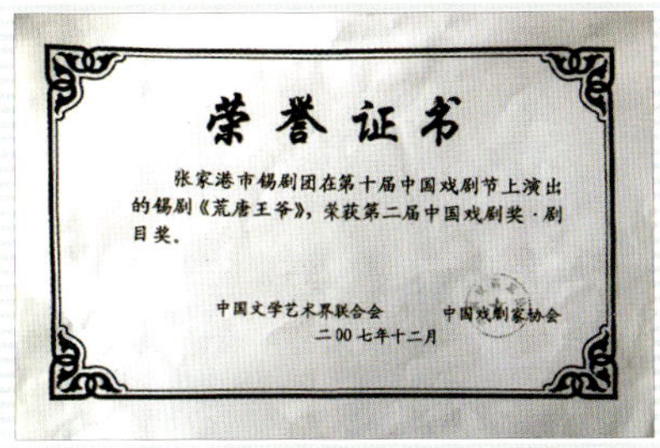
荣誉证书

张家港市锡剧团在第十届中国戏剧节上演出的锡剧《荒唐王爷》，荣获第二届中国戏剧奖·剧目奖。

中国文学艺术界联合会　中国戏剧家协会

二00七年十二月

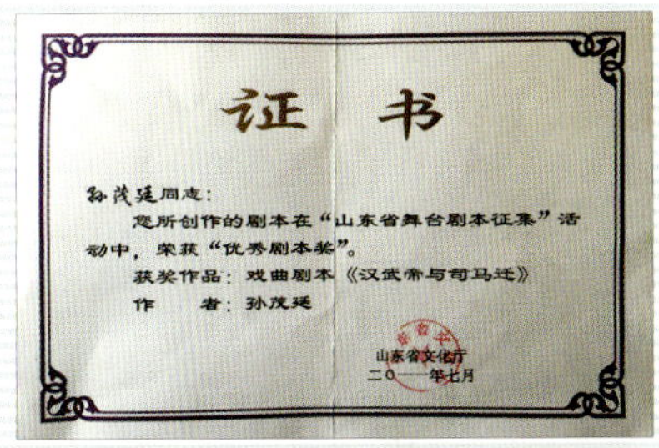
证 书

孙茂廷同志：

您所创作的剧本在“山东省舞台剧本征集”活动中，荣获“优秀剧本奖”。

获奖作品：戏曲剧本《汉武帝与司马迁》

作　　者：孙茂廷

山东省文化厅

二〇一一年七月

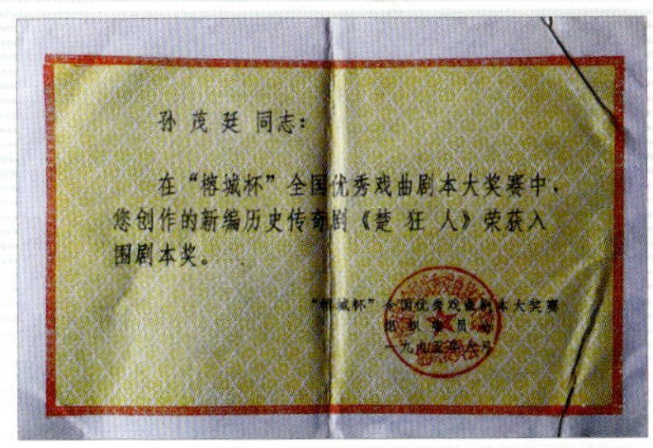
孙茂廷 同志：

在“榕城杯”全国优秀戏曲剧本大奖赛中，您创作的新编历史传奇剧《楚狂人》荣获入围剧本奖。

邓洪卫 江苏响水县人，现居盐城。中国作家协会会员，中国金融作家协会理事，小小说名家沙龙副主席，鲁迅文学院第二十九届高研班学员。1999年开始业余文学创作，至今在《北京文学》《雨花》等报刊发表中短篇小说及小小说100多万字。作品多次被《小说选刊》《小小说选刊》等选载，入选《中国小小说大系》《中国小小说排行榜》等100多种权威选本，有多篇作品被收入中学语文教材、阅读理解试题。已出版作品集《初恋》《大三国的小人物》《春天送你一首诗》等9部。获第二届中国小小说金麻雀奖、江苏省第五届紫金山文学奖、盐城市政府文艺一等奖、盐城市盐渎文化新人奖、盐城市首届德艺双馨文艺工作者，以及中国小小说年度优秀奖、佳作奖、微型小说年度一等奖等。两次入选中国小说学会小小说排行榜。2005年，响水县委为其举办小小说作品研讨会，杨晓敏等专家出席讲话。

邓洪卫是当代小小说创作领域最具艺术特质的代表性作家之一。他的小小说创作视野开阔，文笔丰润，题旨多向，历经几次沉淀与突破，相继创作“三国系列”“响水河系列”和“寂寞有声系列”小小说，形成自己独特的艺术个性。

当代曲艺泰斗袁阔成评价：农民出身的他，自有一种平民情怀，饱含热情，为三国的小人物立传，从出生到成长，从情感到命运，说前因讲后果，偶然中有必然，凸显他们新的生命意义和历史价值，我欣赏他对那个年代的想像力。他创造的很多情节，新颖别致，有着新的时代精神，能引起现代人的共鸣。

《小小说选刊》《百花园》总编杨晓敏评价：创作风格融传统与先锋于一炉，把文学作品的价值内涵和智慧含量从容地凸现出来，尤其在结构上能做到举重若轻，化繁为简，几达娴熟圆融的境地。

著名学者毛佩琦、评论家汪政对他的作品均作出高度评价。

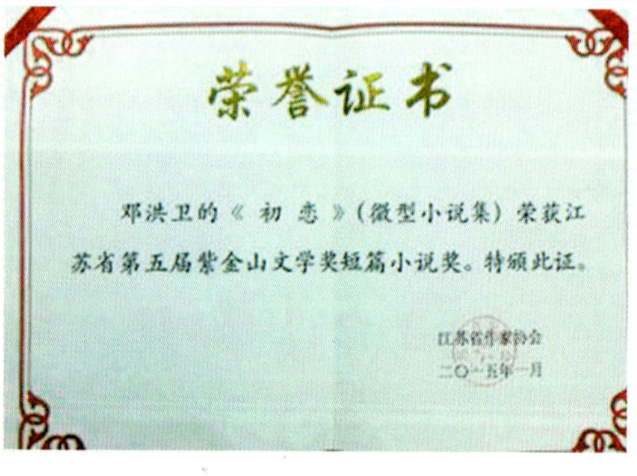

荣誉证书

邓洪卫的《初恋》（微型小说集）荣获江苏省第五届紫金山文学奖短篇小说奖。特颁此证。

江苏省作家协会

二〇一五年一月

荣誉证书

HONORARY CREDENTIAL

邓洪卫同志：

你创作的作品《大三国的小人物》，获2013年度盐城市政府文艺奖一等奖。

特发此证，以资鼓励。

盐城市人民政府

二〇一四年六月二十日

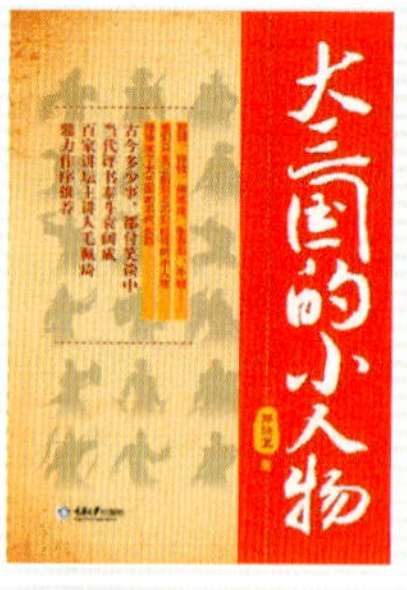

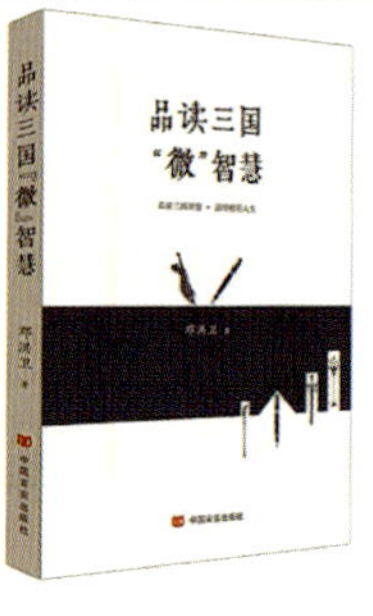

孙智宏 江苏响水县人，1952年4月生，中专文化，中共党员。1980年开始戏剧创作，先后创作大小剧本近百部，由县以上剧团演出的大小剧目五十多部，在省市以上刊物发表剧作三十多部，出版专著《孙智宏剧作选》。其中小戏《花大姑说媒》获文化部首届农村戏剧创作一等奖；《吴二赖讨田》《公鸡做媒》《丫丫考0分》分别获文化部第十四届、第十六届群星奖；《风雪之夜》《夫妻醉酒》获第四届中国戏剧奖·小戏小品奖优秀剧目奖；《前方后方》获第九届中国滨州·博兴小戏节一等奖、优秀编剧奖；《贴春联》获第六届全国小戏小品大赛金奖、优秀编剧奖；《中秋明月夜》获第八届中国戏剧文化奖金奖；《磕磕碰碰》《绝对保密》分别获中国宜兴第一届、第二届梁祝戏剧节一等奖；《开心天堂路》《老俩口打电话》获第七届江苏戏剧奖·小戏小品奖一等奖、优秀编剧奖；《赶鸭》《追舟》获省第十一届五星工程奖银奖；小品《三秀探亲》获第七届江苏戏剧奖·小戏小品奖二等奖、编剧奖。现为中国戏剧家协会会员、中国戏剧文学学会会员、盐城市文联委员、国家二级编剧。

小戏《公鸡做媒》

小戏《前方后方》

小戏《风雪之夜》

小戏《吴二赖讨田》

吴万群

江苏响水县人，本科学历，中共党员。1974年12月入伍，1996年9月由济南军区某部副政委转业。转业后，历任响水县人民检察院纪检组长、司法局副局长（正科级）。

在部队时，系《解放军报》基层评报组组长（全军共8个）、《基层建设通讯》《政工学刊》《政工学报》特约通讯员。荣立三等功一次。

吴万群多年笔耕不辍，创作硕果累累。先后在《前卫报》《大众日报》《新华日报》《扬子晚报》《盐阜大众报》《盐城晚报》《解放军文艺》《解放军生活》《雨花》《奔流》《时代文汇》《中国报告文学》《散文选刊》《乡土》《文萃》《湖海》等多家报刊发表散文、小说、报告文学。著有《军旅足迹》《品尝情感》《求婚密码》《司法情怀》《春旅放歌》《博客情缘》等。历年文学作品计200多万字。其中,《品尝情感》获盐城市第四届精神文明建设“五个一工程”奖,《司法情怀》获全国第二届中山图书奖。《盐豆》《吹灯》《风景》《我的老家开天门》《有酒的日子真好》等多篇文学作品获各级报刊征文一、二等奖，有的入选小说、散文作家精品集。《金曲》获盐城市政府文艺奖。长篇小说《潮涌灌江》获江苏省作家协会重点扶持项目。

现为中国散文学会会员、中国报告文学学会会员、江苏省作家协会会员、盐城市作家协会、散文家协会理事、《响商》《响水浙商》主编、“黄海浪花”文学网站站长。中国散文学会《当代写作》中心、河南省《奔流》杂志、辽宁《参花》杂志签约作家,《盐城晚报》上榜散文家。当选“盛世中华.第二届全国时代文艺家”（中国散文学会）。创作事迹入编“中国时代文艺家名典”。获首届响水县“最美复转军人”称号。

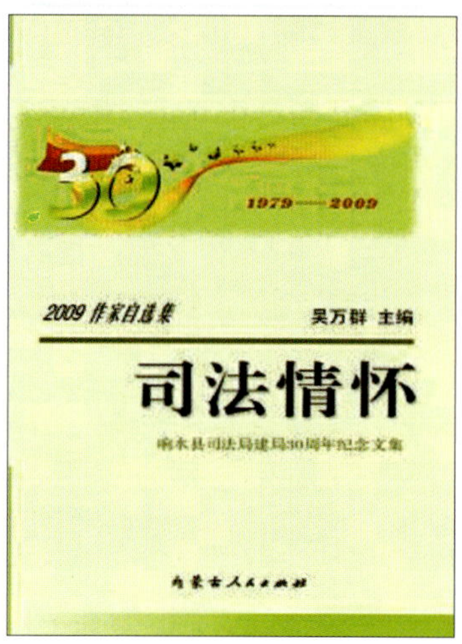

总　目

Main Contents

目　录

图说响水

特　载

响水概况

大 事 记

中共响水县委员会

政协响水县委员会

纪检 监察

社会团体

法　　治

军　　事

城乡规划和城市管理

住房和城乡建设

交通运输

土地资源　环境保护

水务　电力

人力资源和社会保障

信息产业

农　业

商贸服务业

金 融 业

财政　税务

经济综合管理

科学技术

教育　体育

文化　传媒

目
录

区域发展

人物　荣誉

统计资料

附　　录

索　　引

特 载

媒体聚焦

江苏响水乡规民约“约”出好民风

因为一棵树，响水县黄圩镇黄北村孙、王两家邻居吵得嗓子眼直冒烟。眼见吵不出结果，两家“闹”到了村委会。7月6日，在村委会的调节下，两家对照着“乡规民约”有话好好说，终于心平气和地解决了矛盾。

为了有效化解村民矛盾，响水县推进基层村民自治，制定并推广符合法治精神、切合基层实际的乡规民约。该县县委书记崔爱国说：“乡规民约充分发挥群众自治精神，形成一种自觉遵守规则，用规则处理问题的基层法治精神，成为解决群众工作难题的一把钥匙。”

“乡规民约来自群众，也由群众拍板”

“推进基层村民自治关键是要有切合实际、操作性强、能对村民形成有效约束的行为规范”，县民政局局长贺士敬介绍，去年11月，响水县专门印发通知，明确在黄圩、双港、南河三个镇进行试点。

县镇村三级联动，政府办组织专门人员进镇到村调研，镇里成立专门的草案小组，起草乡规民约征求意见稿，各村居召集老党员、老干部、村民代表等反复讨论、修改，共召开座谈会上百场。“乡规民约只有通民意、接地气，才能引导村民自觉遵守、实现自我管理”。双港镇民政助理周庆双说。

“去年腊月二十的晚上，窗外虽然是冷风飕飕，但屋里却热火朝天。我们镇村干部和38个村民代表座谈，一条一条商讨制定乡规民约”，双港镇党委书记周旭东回忆。

“村里将山芋渣统一管理销售的主意是我出的”，村民殷文高说起当时的情景，仍有点兴奋。

“乡规民约来自群众，也由群众拍板”，黄圩镇党委书记李正海说，在制定规约中，始终坚持“五个不”：不触犯法律底线，不逾越道德准绳，不关门造车，不愚弄人民群众，不草率仓促施行。“乡规民约施行后，产生了强大的约束力”。

“天天有人盯着，哪敢不遵守乡规”

阳春三月，走进黄圩镇龙马村，道路干净，河水清澈，房屋整齐划一，处处鸟语花香。

“以前可不是这个样子”，村书记孙为浪说，往年春节一过，村里垃圾乱堆，大家也习以为常。如今家家户户签约承诺，保持村容村貌整洁。

原来，黄圩镇按村居总人口2%—3%的比例，把全镇划分成129个网格，由村民推荐在村老干部、中青年或人大代表担任民情联络员，定期对乡规民约施行情况督促整治。

“天天有人盯着，哪敢不遵守乡规”，村民周荣功坦言。

对此，南河镇头甲村党总支书记王声高感触很深。去年初，村里要建11座垃圾池，但一直得不到响应。“各家都不让建，只能往后拖”。秋天，村里请“五老”出山，成立乡规民约宣传组、规约施行指导组、违约责任督查组和月度履约评议组，负责乡规民约的施行，效果立竿见影。“后来，村里52个垃圾池不到一星期就建好了，没有一起矛盾，各家还抢着建”，王声高说，乡规民约让基层干部工作起来得心应手。

“乡规民约不是放着看的‘空架子’”，县委常委、组织部长郭云介绍，村里将干部和乡规民约指导员名单编制成卡，公开联系号码和工作职责，统一印发，群众对规约修订、执行建议或违约事例，可以随时得到反馈和帮办。“现在村民矛盾少了，干群关系和谐了，村风民风更好了”。

“村民主动关心村里发展，倒逼我们把工作做得更扎实”

不久前，黄圩镇的会议室里气氛热烈，掌声不断。捧着“优秀民情联络员”的证书，村民潘中银心里乐开了花。自实施乡规民约以来，潘中银每月定期组织村里老年协会成员对网格内的规约执行情况进行义务指导、综合评议，提出各项建议10多条。

“乡规民约是动态发展的，只有与时俱进，才能充分发挥其规范村民行为、净化乡俗民风、提升百姓文明程度的作用。”黄圩镇党委副书记韩伟春说，去年环境整治期间，镇里把村容村貌整洁作为规约的头等大事，农村环境有了翻天覆地的变化。

“乡规民约要适应基层发展需要，不能仅仅停留在环境卫生的层次上”，南河镇党委书记罗玉刚认为，未来应着力在提高人的素质，促进农村经济发展上做文章。

年初，该镇河西村村民邵中良建议在全村推广联耕联种。他“以案说法”：去年他流转了60亩土地进行联耕联种，每亩成本降低100多元，产量也节节攀升，收入大幅提高。村支书谢以军听后来了兴致，立马召集村两委班子商量，并向镇里汇报将联耕联种写入乡规民约。“现在村民都主动关心村里的发展，倒逼我们把工作做得更扎实”，谢以军感慨。

（2015年8月2日　《人民日报》　王伟健　王　语　李相全）

响水贫困户“点菜”　省委工作队“下单”

精准帮扶让低收入户长久脱贫

农村贫困人群往往缺乏起码的生产致富能力，甚至缺乏基本劳动能力，怎样让扶贫快速见成效，还要有长效？省委驻响水扶贫工作队在实践中摸索出一套“精准帮扶”的经验，调动当地能人一同参与，形成扶贫效果可持续的可喜局面。

年底的苏北天寒地冻，但响水县南河镇兴南村贫困户李敬高的心里却暖和和的。每天一大早，60岁的老李都要到3里开外的强胜畜禽养殖专业合作社转转。那里有他的3只羊，其中1只母羊还有1个月就要产小羊了。

老李的羊怎么在合作社养着？这要从省委驻响水县帮扶工作队说起。养羊是响水的传统产业，去年5月，工作队从养殖大户手里购买了一批羊羔，免费送给一些低收入农户喂养。可不到1个月，就有位低收入户的8只小羊死了6只，这让下乡扶贫不久的队员们很伤心。

事后专家鉴定是农户喂养方式不当造成病亡，怎样让这些缺乏致富硬件的低收入户真正脱贫？队长曹炳泰和队员们苦思再三，决定创新帮扶模式，采取低收入户点菜、工作队下单的办法，通过养羊、从事高效农业、就近就业等多种方式帮助2800个低收入户长久脱贫，用精准帮扶提高农民和村集体自我造血能力。

从“送羊”到“寄羊”

工作队调查发现，很多低收入户“点菜”想养羊，但家里没有人手和场地，便因地制宜、按需“配菜”，采取自养和寄养相结合的方式，让低收入农户实实在在发“羊财”。

对那些有养殖意愿又有场地的低收入户，继续送3只山羊羔。村里的养殖大户免费给他们提供配种服务、养殖技术和售羊信息。

像李敬高那样身体不好的农户，采取由养殖大户集中饲养、分户管理的方式扶持饲养。大户一次性向贫困户无偿提供3只健康母羊羔。一个月内，羊羔得病死亡的，大户免费重新提供。对于寄养的羊，养殖大户每年收取585元的成本费(包含饲料费和羊舍租金)，在山羊出售时扣回。

兴南村强胜畜禽专业合作社就寄养了8个低收入户的24只羊。记者在合作社看到，经过半年的喂养，24只母羊只只健壮浑圆，春节前都可以出栏。“按照平均1只羊2000元的价格计算，3只羊可以卖到6000元，当年就可以脱贫。”曹炳泰说。

不过很多寄养户不舍得卖母羊。李敬高给记者算了一笔账：卖3只母羊可以一次性挣6000元，如果留着做种羊，1只母羊1年至少可以生2只小羊，3只羊两年可以繁殖6只羊。“多养几年赚头更大，不仅可以脱贫还能致富呢！”

从“借钱”到“入股”

贫困户的整个脱贫过程都和大户捆绑在一起。作为实施精准扶贫的载体，选择老百姓信得过、靠得住的大户，并提高他们的帮扶积极性至关重要。

为此，工作队首先精心挑选当地诚实守信、带动低收入户发展养羊较好的22户示范户，加大力度对他们进行扶持。聘请扬州大学畜牧教授给养羊户授课，指导大家科学养羊。

工作队还拿出部分扶贫资金作为无息贷款，帮助大户扩大养殖规模。在全县成立养羊协会，让养殖大户之间互通有无，抱团取暖，解决了养殖大户们的卖羊难和羊圈废料处理难题。

“这种合作让我们大户和低收入

户实现了双赢！”老舍乡四烈村3组养羊专业户梁开传说，农民很难到银行贷到款，去年他从工作队领到了15万元的无息贷款，养殖规模从原来的150头扩大到了500头，一年挣了20多万元。“今年我计划扩大到1000头规模，再多帮助几家贫困户，带领更多老乡一起致富”。“一人发财不算富，带动大家才算富”，羊场大门上已经稍稍褪去的两排红字让人倍感温暖。

工作队还从全县选择了基础好、潜力大的4个养殖场，扶持建设成为标准化示范养殖基地，投入的帮扶资金作为经济薄弱村的入股资金，分红归村集体所有，再回流到村里的公益事业建设中。首批兴南、新舍、三汾、正茂四个贫困村去年可以增加集体分红6万元以上。

从“送大棚”到“租大棚”

受“致富羊”的启发，工作队还创新高效农业帮扶方式，根据低收入要求，将原来“送大棚”扶贫变成“租大棚”帮扶。工作队从南河万亩现代农业示范区内购买20亩蔬菜大棚，第一年零租金交给8个低收入户经营。扶贫大棚紧挨种植大户棚，大户无偿提供技术服务和产销信息，低价种苗和肥料等，租户收入都在万元以上，当年脱贫。第二年起扶贫大棚归村集体，低收入户继续种植需要交纳一定的租金。蔬菜大棚循环利用，每年都能带动一批低收入户，几年下来，扶贫效益相当可观。

“以前我总羡慕村里人种大棚发财，现在我也能种大棚挣钱了，工作队帮到我心坎上了”，种了一茬西瓜一茬西兰花挣了2.2万元的罗会兵已经盘算好，春天再跟村里申请，把大棚租下来继续种瓜种菜。

“村集体有了产业和资金，即使以后工作队离开了，我们自己也有能力帮助困难户了。”兴南村村支书刘步友说。

（2015年1月11日 《新华日报》 黄红芳 李瑞兵 孙茂元）

响水：再穷不能穷教育 攻坚克难促均衡

再穷也不能穷教育

响水作为盐城市底子最弱的县，也是全省重点扶贫县之一，教育发展的基础条件先天不足，优质资源尤为紧缺。近年来，随着百姓“上好学”需求越来越旺盛，推进城乡教育均衡发展，已成为迫切需要。

“推进教育均衡就是推动民生发展。”2013年，响水县委县政府决定，以全国义务教育发展基本均衡县创建为抓手，全力提升城乡中小学办学水平。全县以电视直播形式召开创建动员大会，时任县长崔爱国掷地有声地表示：“再苦不能苦孩子，再穷不能穷教育，不管面临多大困难，遇到多少矛盾，我们都要以志在必得的信心和决心抓创建、促创建，坚决打赢创建全国义务教育基本均衡县攻坚战。”

随后，一个文件接着一个文件出台，一个责任接着一个责任落实，一个项目接着一个项目开工，创建义务基本均衡县工作如火如荼地开展。盐城市均衡创建工作推进会召开后，响水在第一时间成立创建推进督查组。省义务教育均衡发展推进会结束后，响水在第一时间完善创建工作方案。

为了推进均衡创建工作，县领导先后深入到全县47所中小学，实地视察120余个工程建设场地，多次现场会办解决均衡创建遇到的实际难题，竭力推动均衡创建由美好的设想转化为生动鲜活的事实。

教育投入是前10年之和

义务教育基本均衡县创建，投入是关键。经测算，全县义务教育发展基本均衡县创建需要资金至少6.2亿元，这相当于过去10年全县教育投入的总和，经费难题非常现实地摆在了响水人面前。

“缺什么补什么。”“缺多少补多少。”面对困难，响水县委县政府强化机遇意识、责任意识、创新意识，积极疏通政府投入主渠道，开辟城市配套新渠道，拓展民间投资多渠道。全县义务教育经费在财政预算中单列，均由县财政全额保障，并适度向农村学校、薄弱学校倾斜。2010年至2013年，响水累计投入2.45亿元，新建8片塑胶运动场地，新建、维修、拆除校舍20.5万平方米，其中85%以上项目在农村学校实施。2014年，响水投入6.2亿元用于创建工作，相当于全县前10年教育投入之和，共实施校舍建设项目110个，新建19片塑胶运动场地和58片篮球运动场地，全县中心小学以上学校均建有合格塑胶运动场地，同时投入1.2亿元，对全县中小学进行教育技术装备改造升级，确保全县教育技术装备达到省级二类标准。

均衡创建中，县教育局办公大楼灯光经常彻夜通明，所有工程全都挂牌作战，所有科室全都挂钩到校，所有人员全都深入基层，大家夜以继日，抢工会战。均衡创建中，地方党委政府竭智尽力，无论是学校规划、校舍建设，还是环境改善、设备更新等，都在关心之列。大有镇党委书记沈华栋介绍，近几年来，该镇在教育上的经费投入逐年增长，今明两年还将投入971.5万元，用于全镇教育硬件设施和重点工程建设。

创建以来，在城区，先后对3所传统学校进行校园调整改造，为4所热点学校新建了教学楼、综合楼、学生宿舍楼，异地建设2所新学校，通过扩容增位，确保每年递增的县城学生都能顺利入学。在农村，新建中小学食堂宿舍16个，异地新建学校5所，投入249万元为所有农村中小学更新了音体美器材设备，教育装备水平明显提升。

黄圩中心小学地处曾称为“苏北兰考”的“张黄六”地区，创建中，学校争取投资70余万元，新建了一片200余

平方米的塑胶运动场，让师生们彻底告别了过去“晴天一脸土，雨天一脚泥”的困境，家长们感慨地说：“学校条件好了，孩子身上也干净多了。”

特殊群体孩子受教育机会均等

李娴是陈家港中心小学六（2）班学生张恒熙的母亲。从安徽到响水陈家港打工后，李娴最感到意外的是，孩子接受教育的学校各方面条件都很好，“孩子能在这样的学校就读，让我们工作安心，生活舒心，对孩子的未来发展很放心！”

贫困家庭子女、留守儿童、残疾儿童、学困儿童等弱势群体，需要得到更多的教育关爱与帮扶。在响水县红十字博爱小学校园里，一些孤儿学生、单亲家庭孩子、残疾人子女、特困家庭学生等，组成了学校“博爱班”这一特殊群体，他们不仅生活困难，而且学习习惯差、自制能力弱、心理障碍多。为教好这些学生，学校给教室配备了电子白板，为老师配备了笔记本电脑，并新建1200平方米的餐厅宿舍两用楼，为孩子们就餐和住宿提供宽敞舒适的环境，同时新建“博爱驿站”与“心灵氧吧”，让孩子们安心阅读、开心上网。省委领导对该校教师倾情关爱学生的做法给予高度评价，称赞他们是“上了讲台做教师，下了讲台当爹娘”。

义务教育均衡离不开师资力量的均衡，响水始终把提高城乡教师整体水平和均衡配置作为均衡发展的重要环节抓好、抓实、抓到位。为有效提升农村学校师资水平，近三年来，该县招聘的318名新教师，大部分充实到农村学校任教。县里要求，无论是县城还是镇区，所有教师都要参加交流，每年异地交流的教师多达千余人；无论是一线校长，还是教师，都要参加提高培训，三年来，参加市级以上培训2023人次，县级及校本培训1.4万余人次。此外，还开展了送教讲学、名师讲坛、远程网络、技能竞赛等一系列提升教学水平的活动，确保每一所学校的每个学科教学都有骨干引领。

响水教师季言霞获得“杏坛杯·苏派教师课堂教学展评”一等奖后，省中小学教师培训中心特聘专家、省特级教师龚海平感概地说：“这次活动，让我感受到‘今日之苏北非昔日之苏北’，苏北同样有非常优秀的教师。”

百姓教育满意度明显提升

“说新荡，心发慌，跳绳取暖汗流淌，教师办公没地方，窗户有架没边框，学校偏远被遗忘，新进教师走光光。”这是几年前响水黄海农场新荡小学学生家长间流传的一个顺口溜。

如今的新荡小学，高大的校门粉刷一新，校园内苍松翠柏，郁郁葱葱，刚刚建成的教学大楼里多媒体教学设备格外引人注目，教师学生的精神面貌都焕然一新。“看新荡，心舒畅，校园内外亮堂堂，优质资源齐上场，师生扬眉挺胸膛。”新顺口溜，道出今日新荡小学新面貌新气象。

新荡小学的变化，是响水县农村学校变化的一个缩影。在城镇化建设步伐加快进程中，农村学校教育阵地如何巩固？响水县政府及时修订完善了全县义务教育学校布局规划，不仅抓好规模较大的县城学校，同时适度恢复部分民众呼声较高的农村撤并学校，基层教学点的办学条件全部得到改善。

城乡学校的办学条件差距缩小后，城乡学校育人质量也要同步提升。为深入开展素质教育，促进学生全面发展，该县严格规范中小学校的办学行为，切实减轻学生课业负担，所有中小学均按规定开齐开足音体美课程，积极开展阳光体育活动。通过城乡学校的合作共建与教研共同体的建立，全面提升农村学校的管理水平与办学质量。

双港镇小南小学的学生图书馆里，浓郁的书香扑面而来，万余册崭新图书排满书架；南河中心小学的校园橱窗里，学生剪纸作品生动逼真、惟妙惟肖；运河中心小学的新建综合楼前，千人腰鼓《开门红》表演气势磅礴、震撼人心。目前，全县80%以上的中小学具有办学特色，特色学校中80%以上学生参与特色项目。

获得全省中小学“校园心理剧”优秀剧目竞选赛特等奖的表演者邱欣，给外地打工的父亲写信说：“我们的学校可好了，好多原来转学出去的同学都回来了。”

均衡创建，让百姓对响水教育的满意度大幅提升，让响水教育的社会公信力显著增强。如今的响水教育，正劈波斩浪，扬帆远航。

（2015年5月21日　《新华日报》　周厚良　汪为洪）

秸秆禁烧连续两年“零火点”　平迁散坟万余座无人信访

响水乡村“大喇叭”真给力

6月上旬的一天晚6点，响水县陈家港镇合心村的大喇叭“周末夜话”准时开播。

“喇叭里说的，都是我们关心的事。各项措施都征求过我们意见，我们照做！”村民周庆东指着村部屋顶上的大喇叭对记者说。

开通“周末夜话”是响水县制定实施乡规民约、推进基层民主的一项举措。县委书记崔爱国介绍，制定实施切合实际的乡规民约，村民自治的积极性、主动性和创造性就能够被激发出来，基层民主建设水平就能明显提升。

干群沟通的一个新平台

今年4月份，头甲村村两委计划改造村里的一座废弃农桥，因资金不足，作用不大，被村级事务监督委员会否决了。村党支书王声高告诉记者，村规民约有一条，村务都得经这一关。

该县制定村规民约，让群众参与规约酝酿，多层面召集座谈，组织修改。规约经群众代表会议通过后，方能组织施行。

双港镇将村干部、乡规民约施行指导员名单编制成卡片，公开联系电话号码、工作职责。规约施行过程中，凡是群众要求条款解释、请求具体帮助或举报违约，一经电话联系，第一时间就会得到满意答复或及时处置。

现在，全县152个村(居)村村装上了高音大喇叭，"周末夜话"成为干群沟通的一个平台。

大有镇康庄村村民王瑞中拿出不久前村里刚发的一张村民明白纸，上面详细记录着村级事务监督委员会通过的一项项决议。"现在村里办什么事，花什么钱，都要经过村民代表讨论决定。村里的事村民说了算，在大有镇已经成为惯例。"

喇叭里说的都是群众关心的事

一段音乐后，大通村的广播里传出村党总支副书记单本良的声音："现在把上个月村里民主理财的情况公布一下：堆根片保洁费支出2000块……"

该县各乡镇乡规民约都有这样的条款：村干部必须用群众听得懂的语言谈群众关心的事。

"每次我都精心准备，私下还征求了乡亲们的意见，他们都开玩笑说我这个主持人当得有模有样"，做了近30年村干部的张凯珍说。

响水镇坚持"依法依规、实事求是、阳光透明、长效运作"的原则，推行居(村)情发言人制度，在"周末夜话"和每月20日的党员统一活动日，实施居情广泛告知，组织干群同堂互动。

"乡规民约对村干部是一种约束"，南河镇平建居委会党支部书记周德军说，村里根据规约成立村级事务监督委员会，由村民选出代表，村里大事小情都要向委员会报告，接受监督与评议。

县纪委每月随机抽查15个村居，邀请群众给本村公开栏打分，平均分低于85分的就得交镇纪委督办。

靠大家才能办好"大喇叭"

"乡亲们，大热天，你们用不上自来水，是我们工作没做好，我蒯万支在这里给大家道歉了……"上周末晚，响水县黄圩镇黄北村党支部书记在大喇叭里向全村村民喊话。原来，黄北村水厂被私人承包后，出现供水不及时的问题，村民意见很大。得知情况的蒯万支先用"大喇叭"道歉，稳住了村民的情绪。同时，采取措施，迅速妥善地解决了村里的供水问题。

在小尖镇四丰村村委会主任凌庭华看来，靠大家才能办好"大喇叭"。他们村有两户人家因土地纠纷，互不相让，多次调解不见效果的村干部将情况用"大喇叭"向全村广播，让大伙帮助出主意想办法，不少村民听后给两家打电话，提出调解建议，很快两家便和好了。

群策群力，"大喇叭"就真给力：最近，响水县平迁散坟1万余座无一人信访；秸秆禁烧连续两年实现"零火点"；农村环境综合整治位列全省验收片区第二……省委主要负责同志日前视察响水时对此给予充分肯定，指示要认真总结。

(2015年6月20日 《新华日报》 卞小燕 林培 杨树立 刘中连 王化杰 李相全 欧建嘉)

灌河大桥

媒体报道题录(部分)

人民日报

1.新能源产业助推响水沿海绿色发展(4月25日　海外版　18版)

2.江苏响水乡规民约"约"出好民风(8月2日　10版)

新华日报

1.精准帮扶让低收入户长久脱贫(1月11日头版头条　响水)

2.签约,激活农村医疗一池春水(1月18日　头版　组合报道含响水)

3.响水:"小网格"成就大文章(2月26日　4版　响水)

4. 盐城500机关干部驻村服务帮困解难(3月22日　头版　组合报道含响水)

5.响水县全力做好环境执法工作(3月25日　10版　响水)

6.盐城创新服务按下快进键(4月21日　头版　组合报道含响水)

7.响水:再穷不能穷教育　攻坚克难促均衡(5月21日　8版)

8.建立"价格诚信圈"打造诚信品牌(6月2日　18版)

9.响水加快推进新产业经济发展(6月2日　20版)

10.响水"三证合一"见证便民服务新举措(6月2日　20版)

11.响水舞起港口"龙头"推进沿海开发(6月2日　20版)

12.一样的高考,不一样的"高考风景"(6月8日　3版)

13.响水:乡规接地气干群都叫好(6月20日　头版)

14.第三届江苏省"十大美德少年标兵"建议人选(响水县红十字博爱小学五(1)班周叶苗入选)(8月13日　2版)

15.接力,援藏支教太阳城(8月6日　6版　响水第二中学李成义)

16.响水国税服务热线方便纳税人(9月3日　3版)

17.响水稳步推进"515人才引进计划"(9月15日　17版)

18.响水全民创业激发新活力(9月15日　17版)

19.响水规划和城市管理局四大举措增绿提量显成效(9月15日　17版)

20.响水劳动就业管理处为求职招工架桥梁(9月15日　17版)

21.响水县人社局多措并举推进全民创业(9月15日　17版)

22.响水物价局强化监管营造良好价费环境(9月15日　17版)

23.尽职尽责保资源　群策群力促发展(9月15日　17版)

24.风清气正扬快帆(9月15日　17版)

25.希望中的希望　春天里的春天(9月28日　3版响水县红十字博爱小学五(1)班周叶苗事迹)

26.一切为了蓝天碧水(10月15日　17版)

27.响水县农业调结构促转型升级(10月15日　17版)

28.响水县实行"村帮办"制度建立社会救助主动发现机制(10月15日　17版)

29.高位奋进勇担当——响水县响水镇"十二五"经济社会发展回眸(10月15日　17版)

30.护佑一方健康——响水县开展基本公共卫生服务网格化管理纪实(11月22日　5版)

31.清泉甘露润万家——响水县城乡供水一体化工程建设纪实(11月22日　5版)

32.唱响城建为民之歌——响水县住建局为民服务纪实(11月22日　5版)

33.响水农商行"支付清算杯"夺冠(12月16日　16版)

34.响水镇发展新业态释放新活力(12月16日　20版)

35.黄海滩头抓防控　灌河南岸保健康(12月16日　20版)

36.响水五措推进"互联网+卫生"计划(12月16日　20版)

37.响水强化基层医疗收支管理见成效(12月16日　20版)

38."三化"联动,灌河"明珠"在崛起(12月16日　20版)

39.盐城精准发力打造脱贫样本。(12月23日　头版组合报道)

经济日报

1.江苏响水县地税人员到企业了解情况,现场排忧解难。(12月25日　6版)

农民日报

1.响水农民用水者协会获全国示范组织称号(1月17日　2版　响水)

2.响水县农技培训农民"点菜"专家"送餐"(4月21日　2版)

3.响水县农技指导员进村入户结对示范(5月15日　2版)

4.图片新闻　江苏响水全程采用测土配方施肥(7月16日　7版　响水)

5.图片新闻　江苏响水村民在田头将采摘的红椒按标准箱进行包装。(8月4日　2版　响水)

6.响水县:农民"点课"专家讲(8月14日　3版)

7.图片新闻　响水"连万家"藕通过国家有机食品认证(8月31日　7版)

8.图片新闻　响水农产品检测示范(9月8日　7版)

9.响水农副产品销售迈开电商"飞毛腿"(10月9日　3版)

10. 图片新闻　响水农产品质量安全检测中心运营良好(10月27日　7版)

11.两个乡土能人的电商期待(10月28日　头版)

12.图片新闻　响水县采集稻田土壤样品(11月12日　7版)

13."鹩哥"玩鸟记(12月8日　3版)

抢抓新机遇　谋求新跨越
奋力实现“十三五”发展良好开局(摘要)

2015年12月31日在中共响水县委九届九次全会上

县委书记　崔爱国

2015 年 12 月 31 日县委书记崔爱国在中共响水县委九届九次全会上

根据县委常委会研究的精神，讲四点意见：

一、正确认识和把握当前经济形势，坚定做好明年工作信心

*一是经济发展取得新业绩。*面对复杂的宏观经济形势和艰巨繁重的改革发展稳定任务，我们牢牢把握工作主动权，坚持稳中求进总基调，加强问题研判，强化服务企业，注重风险防范，全县经济呈现稳中有进、稳中有好的发展态势，主要经济指标可望全面完成市下达的目标任务。主要经济指标中，工业增加值、外贸出口、工业用电量、农民人均纯收入等多项指标增幅全市第一，地区生产总值、一般公共预算收入、工业开票销售收入、固定资产投资、金融机构贷款余额等多项指标增幅全市领先，部分主要经济指标呈现“北抬头”的良好势头。

*二是转型升级迈出新步伐。*坚持把项目推进作为全县工作的头版头条，把提质增效落实到项目上，深入开展“项目载体突破年”活动，全力以赴调结构、促转型。四套班子领导带头抓重大项目，成立全县重大项目建设办公室，在北京、杭州等地组建投资促进服务中心，进一步提高项目推进的组织程度和成效。健全“四个一”项目推进机制，荣鑫伟业、海上风电等25个列入市八大类重点工程，投资总量全市第一，德龙、裕廊等项目成为“省级工业经济新增长点”，不锈钢全产业链列入市“产业创新十大工程”，德龙实现开票销售超百亿，成为全市产业发展新标杆。今年引进实施亿元以上项目64个，其中超30亿元项目4个，超10亿元项目6个，重大项目建设走在全市前列，成为近几年来新上重大项目最多、设备投资最大、培育新增长点最多的一年。深入开展服务企业“家家到”活动，天容股份等44家列入市“千百十工程”、企业技改覆盖率全市领先，瑞和新材料等4家企业获批国家高新技术企业，九洲传动在新三板成功上市，全年新培植工业定报企业25家，提前超额完成市下达目标任务。

*三是改革开放实现新突破。*围绕构建“东南西北”全方位开放格局的战略部署，坚持以改革为动力，以开放促开发，经济发展的动力和活力不断增强。坚持基础设施先行，5万吨级码头群建设加快推进，荣鑫港务6个万吨级码头已经建成、成为全省最大内河码头群。临海高等级公路灌江口大桥建成通车，连盐铁路工程顺利推进。响水港一类开放口岸进入最后审批程序，港口吞吐量突破2000万吨。北连央企成效显著，中国一重与德龙合作新建的连铸连轧一体化项目，成为央企与民企合作的典范；北京环卫集团与隆亨公司合作，建成全省最大的环保再生纸项目；华旭药业与国药集团合作迈出实质性步伐。融接上海步伐加快，与上海金桥经济开发区和上海电气集团建立了战略合作关系。积极鼓励企业走出去，德龙公司在印尼投资年产300万吨镍铁合金冶炼工业园项目，投资规模全省第二，联化科技对外出口全市第一。以前所未有的力度推进中小企业园建设，全县新建标准厂房面积20万平方米、新入园企业60家，实现双倍增目标。大力推进行政审批制度改革，颁发全市首张“三证合一”登记证，在全市率先建立网上审批系统，审批周期明显缩短，审批费用全市最低。

*四是统筹城乡发展取得新进展。*扎实开展“城市建设推进年”活动。县城城东新区迎宾大道、珠江路等主要道路建成通车，市民服务中心、创客城等一批重点项目开工建设；老城区黄海路改造提升等工程已经竣工，灌河风光带拆迁全面完成。港城学校、星海城市广场二期等功能性项目竣工使

用，港城医院、美食城等重点项目开工建设。大力推进城乡环境综合整治，894个自然村庄通过省环境整治全域考核验收，总分列连云港片区和盐城市双第二，全县农村环境呈现新风貌。农业现代化工程加快推进，全年新增高效设施农业3.2万亩、联耕联种38万亩，新发展家庭农场81家，新增合作组织39家，新引进投资超千万元农业龙头企业21家，国际一流的中粮生猪养殖和全省单体规模最大的温氏生猪养殖项目均建成投产，“四个倍增”目标顺利实现，农业农村工作呈现“北抬头”良好势头。扎实抓好秸秆禁烧和综合利用，连续三年实现“零火点、零通报”目标。“绿色响水”建设成效显著，城市绿化率达41.23%，林木覆盖率27%，均居全市前列，空气环境质量PM2.5平均浓度保持全市前三。

*五是民生建设实现新跨越。*民生建设三大攻坚战取得历史性突破，投入6亿元推进教育“双创”，教育硬件条件实现后发赶超，义务教育基本均衡县、教育基本现代化顺利通过考核验收，得到国家和省充分肯定。投入4亿元实施城乡供水一体化工程，实现城乡供水全覆盖，可望结束全县农民饮用地下水历史。抢抓渠北片区扶贫开发机遇，全面落实精准扶贫要求，9个经济薄弱村、2.1万低收入人口全面完成脱贫攻坚任务，资产收益扶贫等创新做法得到国务院扶贫办充分肯定、在全国推广，人民日报、中央电视台等多家中央媒体集中宣传报道。社会事业全面进步，创成省文明城市，全县民生水平指数、民生发展指数、民生满意度实现“三个上升”。社会保障扩面提标，25806名城乡低保对象人均标准每月提高40元，城乡居民基础养老保险实现全覆盖。全面启动基层医疗卫生机构基础设施标准化建设，基本公共卫生网格化管理创新做法被央视报道。精神文明建设进一步加强，成立全国首家县级红十字备灾救灾中心、苏北首家县级美德基金会，全县2人被表彰为中国好人、走在全市前列，县检察院被评为全国文明单位。深入实施文化惠民工程，淮海戏《贴春联》获全国小戏小品大展金奖。群众体育活动蓬勃开展，创成“江苏省公共体育服务体系示范区”。实施社会治理网格化管理，公众安全感、矛盾纠纷调解成功率、法治满意度继续保持全市领先，连续多年获省平安县称号。

*六是党的建设得到新加强。*坚持党要管党、从严治党，把严的要求落实到管党责任、管理干部、固本强基、反腐倡廉上来，进一步汇聚改革发展合力。坚持把学习贯彻习总书记系列重要讲话特别是视察江苏重要讲话精神作为首要政治任务，作为贯穿全年工作的主线。县委九届七次全会对贯彻落实总书记重要讲话精神作出全面部署，县委常委会认真抓好落实，组织全县科级干部开展集中专题培训，实施县镇村三级干部普遍轮训，切实以总书记讲话精神统一思想、凝聚力量、推动工作。扎实开展“三严三实”专题教育，县四套班子领导带头，为全县党员干部上专题党课100多场次，梳理出的370多条“不严不实”问题全部落实整改措施。切实加强干部队伍建设，选派59名机关优秀干部到经济薄弱村挂任“第一书记”，消化超配干部120人。加强基层组织建设，出台全县村居干部考核激励办法，实行村居党组织书记报酬与工作实绩紧密挂钩，充分调动了基层干部干事创业的积极性，村帮办、周末夜话等创新做法，得到省委罗书记的充分肯定。深入开展“作风建设深化年”活动，毫不松懈落实中央八项规定和省市委各项纪律规定，在全县上下形成了干部比作为、群众比创业、部门比服务、企业比创新、镇区比发展的生动局面。坚定不移惩治腐败和查办顶风违纪，立案查处各类违纪违法案件159件，推动形成风清气正的良好政治生态。支持人大认真履行监督职能，全面推进法治响水建设；支持政协发挥民主监督作用，积极参政议政。党校、统战、宗教、工商联、工会、共青团、妇联、科协、残联、老干部和关心下一代、老区开发等工作都取得了新的成绩。认真落实党管武装原则，支持驻响部队建设，巩固和发展了军政军民团结的大好局面。

面对新形势、新任务，全县上下要进一步强化四种意识。一要强化主动适应新常态的意识。综观“十三五”开局之年的宏观形势和我县经济发展走势，我们在如何把握上最为集中的是，要突出认识新常态、适应新常态、引领新常态这个大逻辑。去年，习总书记作出经济发展进入新常态的科学论断后，我们积极响应、迅速行动，积极谋划和推进新常态大背景下的经济发展，取得了明显的成效，但是仍有一些同志，认识还不到位，适应还不主动，有的甚至还很不适应。我们要着力解决“对新常态怎么看、新常态下怎么干”的问题，坚持以新境界认识新常态、新姿态适应新常态、新理念引领新常态，彻底抛弃用旧的思维逻辑和方式方法再现高增长的想法，牢固树立在适应新常态、加快转型升级上不进则退、慢进则衰、倒退则亡的观念，真正使这个大逻辑成为发展实践的遵循和自觉追求，做到推动经济发展更加注重提高发展质量和效益，稳定经济增长更加注重供给侧结构性改革，调整产业结构更加注重加减乘除并举，推进新型城镇化更加注重以人为核心，保护生态环境更加注重促进形成绿色生产方式和消费方式，真正把全部精力集中到加快转变经济发展方式、加快调整经济结构、加快培育形成新的增长动力上来，落实到发展中高速增长和产业中高端水平上来。二要强化抢抓新机遇的意识。中央经济工作会议提出明年经济社会发展要抓好“去产能、去库存、去杠杆、降成本、补短板”五大任务，完成这五大任务，既给我们带来新挑战，也为我们推动转型跨越带来了重大机遇。化解过剩产能，为我县推进小化工、小钢铁企业兼并重组、盘活用好闲置资产带来了政策机遇；去房地产库存，鼓励农民进城、加快农民工市民化、深化户籍和土地制度改革，为我们推进城镇化带来了历史性机遇；去杠杆特别是推行股票注册制改革、推出战略新兴板、鼓励企业发行企业债券直接融资等一揽子改革措施，为企业破解融资难题创造了机遇；降成本特别是降低税费、降电价等组合政策措施，为企业降本增效、加快发展带来了新机遇；补短板特别是以前所未有程度重视扶贫开发，补基础设施建设短板，为我县加快沿海重大基础设施建设，加速推进脱贫致富奔小康进程带来了难得的发展机遇。抓住了这些机遇，我们就能在新一轮发展中后来居上，实现弯道超车；失去了这些机遇，我们就会拉大与其他地区的差距，就谈不上实现“北抬头”。我们要认真研究政策，主动争取政策，切实把重大政策机遇抓住用好。三要强化开拓创新意识。推进结构性改革关键靠改革、靠创新。要坚持中国特色社会主义政治经济学的重大原则，坚持解放和发展生产力，坚持社会主义市场经济改革方向，坚持调动各方面积极性，大力鼓励和支持各种所有制企业创新发展，充分调动企业家、创新人才、各级干部的积极性、主动性、创造性，进一步优化发展环境，大力营造干事创业的浓厚氛围。坚持用新思维破解难题，创新发展路径。当前各级干部特别是要学会运用PPP和众筹等新模式，吸引社会资本投资，破解城镇、园区和基础设施建设资金难题；学会运用“互联网+”等新模式推进企业转型升级、农产品扩大销售，真正做到按照创新、协调、绿色、开放、共享的理念引领发展，在推进结构性改革上认识深一层、适应快一步、引领高一招。四要强化奋发有为意识。适应新常态，关键在状态。良好的精神状态是我们做好明年工作的基础和前提。站在新的发展起点上，我们既要看到面临的困难和挑战，增强危机感，更要看到做好明年工作的有利因素，看到“十二五”发展奠定的良好基础，看到新常态给我们带来的新机遇，看到全县人民人心思进的民心所向，因势而动，顺势而为，奋力在稍纵即逝的机遇窗口期，抢占先机，大有作为。我们坚信，只要我们始终坚持跨越赶超、进位争先的工作追求，大力发扬响水人特别能吃苦、特别能战斗的拼搏精神，充分发挥响水潜力大、动力强的后发优势，进一步营造干部比作为、群众比创业、部门比服务、企业比创新、镇区比发展的生动局面，万众一心，奋发有为，就一定能在新起点上实现发展新跨越，就一定能早日实现“建设新响水、发展上台阶、实现北抬头”的奋斗目标。

二、围绕全面建成小康社会，认真制定“十三五”发展规划

“十三五”时期是我县全面贯彻党的十八大和十八届三中、四中、五中全会精神，深入贯彻习总书记系列重要讲话特别是视察江苏重要讲话精神，推动“建设新响水、发展上台阶、实现北抬头”取得重大进展的关键时期，是全面建成小康社会决胜阶段。制定和实施好“十三五”规划建议，明确发展的指导思想、目标任务、重大举措，描绘好未来五年发展蓝图，事关“四个全面”战略布局在响水的落实，事关我县经济社会持续健康发展，事关全面建成小康社会大局，意义重大，影响深远。

建议稿提出“十三五”响水发展的指导思想是：高举中国特色社会主义伟大旗帜，全面贯彻党的十八大和十八届三中、四中、五中全会精神，以马克思列宁主义、毛泽东思想、邓小平理论、“三个代表”重要思想和科学发展观为指导，深入贯彻习近平总书记系列重要讲话精神，紧紧围绕“四个全面”战略布局，坚持发展是第一要务，以提高发展质量和效益为中心，围绕“全面建成小康社会”总目标，以“五大发展理念”为精髓，以“建设新响水、发展上台阶、实现北抬头”为总定位，统筹推进经济建设、政治建设、文化建设、社会建设、生态文明建设和党的建设，加快建设经济强、百姓富、环境美、社会文明程度高的新响水。

“十三五”时期经济社会发展的主要目标是：咬定一个目标，实现三个跨越，建设五个新响水。咬定一个目标，即全面建成小康社会，全县经济总量和城乡居民收入在2015年基础上实现翻一番，低收入人口全面脱贫，跟上全市全面建成小康社会步伐，奋力实现响水发展北抬头。实现三个跨越，即沿海开发实现新跨越，工业开票销售突破千亿大关，打造江苏东部沿海的重要增长极；“两城”建设实现新跨越，5年基本建成县城城东新区、新港城，建美盐城“北大门”；镇村经济实现新跨越，发展速度明显高于全市平均水平，综合实力大幅提升，推进富民强镇迈上新台阶。建设五个新响水，即全面贯彻落实中央“四个全面”战略布局、“五大发展理念”和省委“强富美高”、市委“五大盐城”要求，不断拓展“建设新响水”的内涵和外延，努力建设大众创业、万众创新新响水，海河联动、全面开放新响水，城乡协调、生态绿色新响水，全民共享、幸福安康新响水，风清气正、厚德和谐新响水。

三、突出工作重点，奋力实现“十三五”发展的良好开局

明年是全面建成小康社会决胜阶段的开局之年，也是推进结构性改革的攻坚之年。按照中央和省市部署，结合响水实际，明年工作的总体要求是：以党的十八大、十八届三中、四中、五中全会和习总书记系列重要讲话精神为指导，围绕贯彻落实中央经济工作会议、省委十二届十一次全会、全省经济工作会议精神，按照市委六届八次全会、市委工作会议总体部署，牢固树立和贯彻落实创新、协调、绿色、开放、共享的发展理念，以稳中求进为总基调，以“建设新响水、发展上台阶、实现北抬头”为总定位，以结构性改革为突破口，坚持稳增长、调结构、惠民生、防风险，确保经济持续健康发展和社会大局和谐稳定，努力为“十三五”发展奠定良好基础。

2016年发展的预期目标是：地区生产总值增长11%左右，一般公共预算收入增长12%，固定资产投资增长16%，城乡居民收入增长11%左右。确定这一新的目标，是基于必要性、可行性、主动性的考虑。讲必要性，就是考虑到2019年全面建成小康社会，考虑到响水发展“北抬头”，也考虑到加大结构性改革力度的需要。讲可行性，就是考虑到响水近年来发展打下的良好基础和一大批重点项目即将投产达效形成的新增长点，起到支撑响水未来发展，提振发展信心的作用。讲主动性，就是考虑今后几年宏观形势的不确定因素比较多，要实现“十三五”经济总量和城乡居民收入在2015年基础上翻一番，低收入人口全部脱贫，今年定得略高一些，可以为后几年争取主动。

围绕发展目标，2016年突出抓好七个方面工作：

（一）突出项目载体建设，奋力培育发展新动能。有效投入对稳增长、调结构具有关键作用，是培育发展新动能的着力点，也是从供给侧和需求侧两端发力的结合点，增加有效投入的关键在于抓项目。响水作为发展中县份，要始终坚持发展第一要务不动摇，始终坚持项目第一抓手不放松，把增加有效投入、培育新的发展动能落实到项目上，以项目大推进促进结构大调整，以项目大突破激发发展新动能，以项目上水平推进发展上台阶。一要聚焦招商选资，大力突破重大项目和战略性新兴产业。全县上下要始终把招商选资摆在重中之重位置，精心组织“春夏秋冬”四大招商活动，确保明年全县固定资产投资增幅全市前列，在重大项目建设上走在全市前列，在战略性新兴产业项目招引上实现突破。要突出重大项目抓招商。坚持领导带头招商，健全领导挂钩重大项目制度，强化领导干部责任，加大考核激励力度，创新项目推进机制，在全县上下进一步形成重抓项目的生动局面，确保在招引10亿元以上的重大项目上实现新突破。要突出战略性新兴产业抓招商。围绕八大产业创新工程，强化全产业链招商，紧盯央企、跨国公司、上市公司，着力引进产业链龙头项目和补链、强链的关键项目，加快培育新材料、新医药、新能源等新产业经济，确保明年战略性新兴产业主营业务收入增长20%以上。要突破现代服务业和农业产业化重点项目抓招商，尽快落地一批现代物流和农业龙头企业项目，加快启动云梯关旅游景区建设，补现代服务业和农产品加工方面短板。二要聚焦园区建设，大力提升园区经济发展水平。围绕打造现代工业经济集聚区，重抓园区载体建设，推动园区转型跨越，努力打造创新高地、人才高地、产业高地。经济开发区要加快推动基础配套提档升级，全力做好产城融合文章，突破电子信息、绿色建材等新兴产业项目招引，确保明年茂腾针织、荣生二期等项目竣工投产，创客城快出形象进度，打造省级开发区新形象。沿海经济开发区要围绕合金新材料拉长做粗产业链，突破重大项目招引，放大产业特色优势，确保明年上半年巨合金属、荣鑫伟业等项目达产达效，明年工业开票销售收入实现翻番；加快园区基础设施建设，提升功能，优化环境，争创省级开发区。生态化工园区要下决心关停并转一批小化工，突出发展新医药、新材料等新兴产业，大力引进战略投资者；围绕建设生态园区，大力提升园区环境，确保按时完成卫生防护距离内拆迁任务，加快实现转型升级。三要聚焦镇村经济发展，大力推进全民创业和中小企业园建设。加快发展镇村经济是我县补短板的重中之重，要坚持以全民创业为路径，以中小企业园建设为载体，加快发展镇村经济，放手发展投资有回报、产品有市场、企业有利润、员工有收入、政府有税收、环境有改善的项目。要大力实施“凤还巢”工程，力争明年100名以上在外人士回乡创业；大力引导个体工商户和私营业主二次创业，确保明年新发展私营企业、一般纳税人增幅全市领先。要大力实施农村党员干部带头创业工程，确保明年村居“项目书记”全覆盖，形成中小项目铺天盖地之势。要全力推进镇区中小企业园建设，做大规模，做特产业，做优机制，做美环境，确保明年新建标准厂房面积突破50万平方米、入园企业数达60家。

（二）突出改革创新，奋力保持经济中高速增长。企业是稳增长的主体，也是推进创新发展、实施供给侧结构性改革的主体。实现稳增长、推进结构性改革，关键是要做大做强企业，增强企业的创新能力和竞争实力。一要着力增强企业创新能力。要大力推进企业制造装备升级计划，努力提升企业数字化装备、智能化装备建设水平，加快培育一批智能车间，力争规上企业技改覆盖面90%以上；大力推进企业互联网化提升计划，着力在研发设计、生产管控、购销经营和制造服务等环节提高信息技术应用水平，努力培育一批两化融合示范企业；大力推进企业研发机构百企行动计划，着力解决企业研发机构不多、研发能力不足的问题，确保全县规模以上企业研发机构覆盖面达60%以上。围绕推进创新发展，经济开发区要着力推进创客城建设，努力建设苏北一流的创客孵化中心；沿海经济开发区要加快建设合金新材料研发中心，为打造不锈钢全产业链提供技术和人才支撑；生态化工园区要加快创建新医药研究中心，引领新医药产业加快发展。要以“三大中心”为平台，集聚产业、吸引人才、推动创新，确保明年在八大产业创新领域新增发明专利10个以上，省级以上高知名度商标3个，省级以上名牌产品2个，在招引高层次人才上实现突破。二要着力推动结构性改革措施落地见效。按照中央和省、市委的部署，突出问题导向，深化行政审批制度改革、县镇财政管理体制改革、国有企业改革等领域改革，落实一批具有重大牵引作用的改革举措，加快形成引领经济发展新常态的体制机制，切实把结构性改革任务落到实处。要把去产能与促进企业兼并重组相结合，积极运用市场机制、经济手段、法治办法化解过剩产能，坚决淘汰落后产能。重点围绕严重资不抵债、小化工、小钢铁、长期停产半停产企业，大力实施企业兼并重组行动，更大力度推进与央企和上市公司的战略合作，做到去产能尽可能多兼并重组、少破产清算，尽可能变包袱为财富，让存量资产成为优势企业跨越的“弹跳板”，确保明年兼并重组企业10家以上。要把去库存与深化住房制度改革相结合，加快推进棚户区、城中村改造，利用货币化安置和保障等方式，打通保障房和商品房通道，有效释放改善性需求，全县户籍人口城镇化率达到52%。要把去杠杆与金融服务实体经济相结合，推进金融改革创新，鼓励企业上市和发行企业债、公司债，提高直接融资比重，降低企业融资成本。要把降成本与优化服务相结合，全面落实中央和省委、省政府提出的降低制度性交易成本、降低人工成本、降低企业负担、降低社会保险费等7个重点举措，按照市委、市政府促进工业经济稳增长十条措施、金融支持实体经济六条意见，制定我县实施降低实体经济企业成本行动方案，拿出服务企业降成本清单，切实降低实体经济企业成本，释放企业增长潜力，提高企业增长面。

（三）突出增加农民收入，奋力转变农业发展方式。以保障农产品有效供给和促进农民增收为核心，加快农业转方式、调结构、强基础，大力实施农业现代化工程，确保农民可支配收入增幅全市领先。一要加快调整优化农业结构。大力调整粮食结构，积极落实藏粮于地、藏粮于技战略，切实加强粮食产能建设，实现粮食绿色高效化生产。加快调整农业结构，推进326沿线高效农业示范带提档升级，大力推进308沿线高效农业示范带建设，确保明年新增高效设施农业3万亩，打造现代农业发展新亮点。加快调整养殖结构，通过"基地+公司+农户"模式，大力发展生猪养殖等项目，确保明年新培育20家生猪规模养殖大户，建成全省重要的生猪养殖基地。二要加快转变农业发展方式。推行农业产出精品化，强化市场需求导向，注重加强农产品质量安全建设，积极打造具有市场竞争力的农业品牌，确保明年新培育3个省级以上农产品品牌。实现农业耕作精细化，加强农田水利等农业基础设施建设和高标准农田建设，加快推进农业生产精准化、全程全面机械化。大力推广上王村联耕联种等多形式的适度规模经营，力争明年联耕联种面积达50万亩。三要加快培育新型经营主体。积极培育发展新型职业农民、新型经营组织、新型社会化服务体系，鼓励发展家庭农场，建立完善县级示范家庭农场名录制度，引导普通农户、专业大户发展家庭农场，确保明年新发展家庭农场30家，新增市级示范家庭农场5家。规范发展农民合作社，深入推进示范社创建行动，引导规范运行，拓宽服务领域，增强带动能力，全县农户参加农民专业合作社比重提高5个百分点以上。培育壮大龙头企业，组织开展农业龙头企业提升行动，确保明年培育规模农业龙头企业20家，其中投资超亿元的2家以上。

（四）突出"两城"建设，奋力推进新型城镇化。城镇化步伐不快是建设新响水的最大短板。我们要抢抓新型城镇化新机遇，坚持以人为本，以高定位，以快补晚，加快建设美丽盐城"北大门"。一要大力推进县城城东新区建设。对创客城、市民服务中心等开工项目，要高速度推进、高质量管理，建精品工程；对城东医院、文化艺术中心、星级酒店等在手项目，要高起点设计，高效率推进，确保明年上半年开工建设，加快建设集商业商务、便民服务、文化休闲、生态居住等功能于一体的新城区，打造"梦想水都"的城市新名片。同时，要组团式改造提升老城区，全面启动淮河路和东园路南延交汇地段的开发建设，加快推进灌河风光带建设，确保明年建成省级园林城市，为创建国家级园林城市、卫生城市、文明城市打基础。二要大力推进港城建设。对港城医院、美食街等一批开工项目，要倒排工期、挂图作战，确保明年建成运营；对工业邻里中心、黄海大街等一批功能性项目，要超前准备，确保明年上半年开工建设。同时，要大力提升港城环境，突出灌江口大桥沿线等重要节点、重要部位打造，努力将港城打造成全省康居典范镇、东部沿海的海滨新城，展示"黄海明珠"新风貌。三要大力推进美丽乡村建设。深入推进城乡规划、产业发展、基础设施、公共服务、就业社保和社会管理"六个一体化"，全面提升城乡协调发展水平。着力推进集镇建设，完善城镇功能，建设一批各具特色的小城镇。大力推进农民集中居住区建设，坚持规划引领，优化村庄布局，启动南河镇新南村等8个新型社区建设，确保建成江苏美丽乡村3个。

（五）突出沿海开放开发，奋力实现沿海发展新跨越。沿海是我县最大的优势所在、潜力所在，我们要坚持开放发展理念，抢抓历史机遇，以更加开放的视野推进沿海大开放大开发。一要着力突破沿海重大基础设施。加快推进5万吨级码头群、"一关三检"建设，深化深水港前期论证，加快推进一类开放口岸申报建设步伐；完善交通集疏运体系，积极做好宁靖盐北延准备工作，加快推进204国道响水绕城段改线工程、响水火车站连接线等重大工程，形成对外快速便捷的综合交通体系。二要着力突破利用外资。要进一步提升园区在利用外资上的贡献份额，三大园区要以坐不住、等不及的危机感和紧迫感，拿出务实管用的举措，确保明年各招引投资超3000万美元外资项目1个以上；要加大镇区在利用外资上的奖励力度，积极鼓励镇区招引外资项目；大力突破农业和现代服务业利用外资项目，着力构建全方位对外开放新格局，力争明年利用外资增幅全市前列。三要着力突破外贸总量。大力实施"优进优出"战略，进一步放大开放口岸效应，提升贸易便利化水平，着力打造德龙公司、联化科技等一批进出口标杆企业，努力实现进出口总量位次前移、质量提升。四要着力突破与央企的合作。大力实施大企业培育计划，抢抓国家出台的混合所有制改革机遇，深入推进与神华集团、长江三峡集团等央企的战略合作，全力招引央企项目布局响水，力争明年三大园区各新落户1家以上央企投资合作项目，奋力开创开放合作新局面。

（六）突出绿色发展，奋力推进生态响水建设。始终坚持绿色发展追求，深入实施生态文明建设工程，加快形成绿色生产方式和生活方式，促进生态环境持续改善。一要加快推进低碳循环发展。大力实施绿色制造三年行动计划，加快推进传统产业循环化、节能化改造，确保明年单位GDP能耗下降8%，主要污染物排放同比削减5%，单位工业增加值用水量降低3%。坚决守住耕地保有量红线，加大闲置土地清理力度，更大力度调整建设用地结构，投资5000万元以下的项目不再单独供地。二要加快推进绿色生态保护。严格执行新环保法，严把产业导向关、项目准入关、节能减排关，严厉打击各类环境违法行为，坚决杜绝能耗和排放未达标的项目。大力推进绿色响水建设，确保明年新建省级村庄绿化示范村12个，新增成片造林总面积8000亩，林木覆盖率27%以上，努力创建国家生态县。三要加快实施城乡环境提升。组织实施城乡环境整治提升行动，全面落实"大气十条"、"水十条"和"土十条"，扎实开展空气清新、河道清澈、乡村清洁、城市清爽"四清"管理，持之以恒抓好秸秆综合利用和禁烧、农业面源污染治理等工作，确保空气质量达到二级标准的天数全市前列，确保完成节能减排任务。深入推进城乡河道综合整治三年行动计划，持续推进水生态保护与修复，确保全县水质全市最好。

（七）突出民生建设，奋力建设幸福和谐新响水。顺应广大群众对幸福生活的美好期盼，围绕"七个更"的目

标，深入实施民生幸福“八大工程”，坚决守住公共安全和生产安全、生态环境、耕地保护和节约集约用地、民生和社会保障“四条底线”，让全县人民共享美好生活。一要在持续增加居民收入上取得新进展。深入实施城乡居民收入倍增计划，突出抓好农民、中低收入者和困难家庭等重点群体就业，扎实推进全民创业，深化收入分配制度改革，拓宽入股分红、资产租赁等多种收入渠道，确保城乡居民收入增幅全市前列。二要在实施精准扶贫上实现新突破。启动实施脱贫致富奔小康工程，围绕低收入人口年人均纯收入达6000元以上和省定经济薄弱村年集体收入达18万元以上新的扶贫目标要求，加大扶贫力度，创新体制机制，实施精准扶贫、精准脱贫，确保完成年度脱贫目标任务。三要在提高公共服务水平上取得新业绩。加快基层医疗卫生机构标准化建设，确保明年全面完成所有镇村卫生机构标准化建设任务，加快公立医院综合改革，构建分级诊疗体系，推进医疗服务县镇村一体化，完善基层医疗卫生运行新机制，让基层群众享受到更好的医疗服务。要大力实施农村公路提档升级，进一步整合交通、财政等各方资源，切实解决群众出行难问题。加快教育现代化工程建设，扎实推进新一轮“双创”工作，坚持硬件软件两手抓，努力办人民满意教育。推进文化体育惠民工程建设，实施文化“五个一”亮点工程和休闲体育健身工程。推进农产品安全建设工程，落实网格化监管措施和食品检验检测平台建设。构建稳固基本保障体制，进一步完善“五险合征”扩面征缴机制，实施全民参保计划，实现托底救助全覆盖。四要在创新社会治理上取得新成效。加强县镇村三级服务平台建设，进一步巩固周末夜话、村帮办等创新成果，不断提升为民服务水平。加快推进依法治县，更加注重运用法治思维和法治方式深化改革、推动发展、化解矛盾、维护稳定。大力推进“阳光信访”，引导和支持群众理性表达诉求，依法打击违法信访，营造安定有序的社会环境。严格管理农村资金合作组织，加大非法集资清理打击力度。时刻绷紧安全生产这根弦，深入开展风险隐患排查整改，完善落实突发事件应急预案，加强安全生产监管和基层安监能力建设，强化食品药品安全专项整治，创新升级立体化现代化社会治安防控体系，确保社会大局和谐稳定。

四、加强和改进党的建设，加速汇聚推进新跨越的强大力量

奋力实现“十三五”发展良好开局，必须加强和改进党的领导，牢牢把握工作主动权，总揽全局、协调各方，凝心聚力、团结奋斗，卓有成效地推进各项工作，为全县跨越发展提供坚强保障。

1.强化学习提升。认识、适应、引领新常态是一场深刻的变革，新常态下新理念新政策新知识层出不穷，对各级干部的能力水平提出了新的更高的要求，不学习就不能适应新常态、新要求。我们要把学习作为一种责任、一种追求，作为做好一切工作的前提。要加强政治学习，深化学习型党组织建设，组织党员干部深入学习贯彻十八届五中全会和习总书记系列重要讲话精神，在思想上政治上行动上与党中央保持高度一致，始终做到对党忠诚始终如一、勤政为民真情实意、严守纪律心甘情愿、管党治党敢于担当。要加强业务学习，围绕“五大发展理念”等新理念、新政策、新部署，深入开展“周六大学堂”、“灌河大讲堂”等学习活动，用新理念武装头脑，新政策指导工作，新部署推进落实，做到真学真懂真用。要坚持学以致用。把上级的部署要求与响水的工作实践紧密结合起来，在研究新情况、解决新问题、奋力新作为上下功夫，确保把县委部署的各项工作落到实处。

2.强化务实担当。当前宏观形势错综复杂，改革发展任务繁重，正确应对复杂的形势，不断战胜面临的困难，关键要强化各级干部的责任担当。要持续深入开展“五比”竞赛活动，造浓干事创业、争先进位的浓厚氛围。要切实增强责任意识，对本镇区、本部门的工作勇于负责、尽心尽力，重大事项要签订责任书、立下“军令状”，确保各项工作有部署、有检查、有奖惩。要大力弘扬“马上就办、真抓实干”的好作风，增强工作的积极性、主动性和实效性，帮助企业和群众解决实际困难和问题，在营造公开透明的营商环境、提供优质高效的公共服务上比贡献、争一流。要心无旁骛促发展，一着不让抓落实，拿出更多的“硬招”、“实招”和“新招”，努力在破解难题、化解矛盾中把握发展主动权，确保县委的决策部署落地见效。

3.强化基层基础。基层组织是党的工作和全部战斗力的基础。完成明年各项目标任务，关键在党，关键在人，核心是要充分发挥基层组织和党员干部的基础支撑作用。要通过深入开展“三严三实”专题教育，加强班子建设、能力建设和作风建设，切实提高基层组织的凝聚力和战斗力。当前重点是要补齐薄弱村这一短板，经济部门帮穷、党群部门扶弱、政法部门治乱，多策并举、协力推进，不断增强村级组织的战斗力。要加大基层组织带头人队伍建设，完善培养选拔、考核管理和激励保障机制，以村、社区“两委”集中换届为契机，选优配强带头人，选派机关事业单位优秀干部脱产驻村挂任“第一书记”，着力建设一支素质优良、结构合理、作风过硬、奋发有为、群众公认的基层干部队伍。

4.强化作风建设。深入开展“作风建设推进年”活动，始终保持狠抓的勇气、严抓的耐心、常抓的韧劲，推动形成作风建设新常态。要深入持久改进作风。巩固党的群众路线和“三严三实”教育实践活动成果，强化对违反中央“八项规定”和省市县各项规定禁令行为的监督执纪问责，坚决防止“四风”反弹回潮。加大惩治腐败力度。认真贯彻《廉洁自律准则》和《纪律处分条例》，始终保持严惩腐败的高压态势，坚持有腐必反、有贪必惩，着力构建不敢腐、不能腐、不想腐的长效机制。要加大问责追究力度。落实党风廉政建设责任追究和“一案双查”办法，加大党委主体责任、纪委监督责任、领导干部“一岗双责”落实情况的责任追究力度，对因履职不力导致分管条线发生系统性重大案件或严重违纪行为的，坚决实施责任倒查。各级干部要牢固树立纪律和规矩意识，带头依法办事，带头廉洁自律，清清白白做人，干干净净做事，真正做到对得起组织培养、说得起问心无愧、经得起时间考验，以过硬形象赢得人民群众的拥护和支持。

响水县人大常委会工作报告(摘要)

2016年1月7日在响水县第九届人民代表大会第五次会议上

县人大常委会副主任　裴彦贵

2016年1月7日县人大常委会副主任裴彦贵在响水县第九届人民代表大会第五次会议上

2015年主要工作回顾

积极投身经济建设。县人大常委会响应县委号召，大力开展招商引资活动，引进的国信黄海风电项目一期工程5万千瓦、二期工程10万千瓦风场顺利竣工发电，三期工程正在勘探风机选址，并已申报2016年计划。引进投资超亿元的华润苏果超市项目已于10月份竣工开业。与亿利集团签定了总投资5亿元的LNG气化站项目，正在办理项目核准等前期手续。全力帮助瑞泰盐业、之江化工、大和氯碱、森达热电等挂钩企业解决生产经营中遇到的矛盾和问题。扎实做好县委交办的重大项目服务工作，响水港一类口岸开放省级层面申报工作已经完成，正进入最后审批程序；一类口岸第四轮临时开放延期报批工作获国家交通运输部等部门批准；宏海码头临时进靠国际航行船舶查验工作顺利开展。

首次举行专题询问。询问是人大对“一府两院”实施监督的法定形式之一。常委会针对城乡供水一体化实施过程中出现的小水厂改制推进慢、资金筹措难等问题，研究决定把加快推进城乡供水一体化作为首次专题询问议题。县人大常委会组成人员、“一府两院”负责人、县政府相关职能部门主要负责人、各镇人大副主席、各中心社区人大代表工作负责人、部分县人大代表共60余人参加专题询问。共有15位分别就全县城乡供水一体化的工程建设、经费投入、小水厂处置、后期管理等相关工作提出问题19个，出席会议的县政府副县长及县水务、卫生、环保等职能部门主要负责人结合职责一一作答。常委会首次开展的专题询问活动引起积极反响，得到县各有关方面和市人大充分肯定。

率先实现专职配备。常委会落实中央和省、市委关于加强县、乡人大工作和建设的有关要求，及时向县委报告、提出建议。在市、县委的高度重视下，县人大常委会主任将实行专职配备；各镇专职人大主席的人选已经明确，即将在全市率先实现专职配备全覆盖。

编纂首部《响水人大志》。这是我县首部人大志书，也是全市各县市区编纂的第一部专业人大志书。自2014年下半年启动以来，常委会高度重视人大志编纂工作，成立专门编纂班子，邀请曾担任县人大常委会主要领导职务的两位老同志任顾问，邀请专家学者对编修工作进行指导，组织常委会机关、“一府两院”以及各镇人大工作人员扎实做好资料搜集，内容撰写等工作。目前，人大志初稿已经完成。

县人大常委会全年共召开常委会会议10次、主任会议10次，听取和审议县“一府两院”专项工作报告30项，开展执法检查4次，举办法律讲座5次，发出审议意见14份，作出决议决定13项，任免国家机关工作人员40人次。主要做了以下五个方面的工作。

一、坚持围绕中心，着力增强监督实效

经济工作是全县的中心工作。常委会紧紧围绕“北抬头”的总定位，主动适应经济发展新常态，着力加强经济工作监督，促进全县经济持续健康发展。

以产业转型升级为重点，持续关注主体经济运行。常委会听取和审议了全县上半年工业经济运行情况报告，针对主体经济运行面临的矛盾和困难，提出重抓稳增长调结构，重抓招商引资，重抓工作落实等建议。推动政府制定出台激励园区经济发展三年规划、招商引资工作考核办法等政策性文件，提升招商实效；建立完善全县土地资源共享、重大项目会办、重点项目集中会审等工作机制，切实加快项目落地和建设进程。创新驱动发展是实现响水“经济强”的重要支撑。常委会围绕企业科技创新的政策落实、计划实施、人才建设等情况深入调研，听取和审议了县政府关于《全县企业科技创新情况的报告》，提出4个方面14条建议，推动政府全面贯彻落实国家、省、市出台的关于推动自主创新的各项政策，进一步健全和落实促进创新的政策体系，为推动经济转型升级发

挥了积极作用。安全生产是企业发展的基石。去年5月份，省、市、县三级人大常委会联合开展了《中华人民共和国安全生产法》、《江苏省安全生产条例》贯彻实施情况执法检查活动。县九届人大常委会第24次会议听取和审议了执法检查组的报告，在肯定成绩同时，提出要加大法律法规宣传力度，强化隐患整改排查，健全安全生产监管体制机制等建议，县政府高度重视，及时选调、招录5名工作人员充实到安全生产一线工作中去，有效的解决了监管人员紧缺的现状，加大安全生产应急保障投入，截止目前，投资1000万元的沿海消防特勤站已交付使用。

以打造现代农业为重点，持续关注农业农村发展。培育现代农业经营主体是县委九届七次全会提出的农业发展“四个倍增”目标之一。常委会听取和审议全县上半年农业经济运行情况报告，在审议意见中指出部分农民专业合作组织名不符实、作用未能真正发挥的问题，9月又专题调研全县现代农业经营主体培育情况，听取和审议县政府关于该项工作的报告，建议政府进一步深化改革，完善政策，创新机制，加大扶持，优化服务，为新型农业经营主体的健康发展创造良好环境。目前，全县12个镇区的高效农业园区全部建成，典型示范带动作用已经显现。常委会开展农产品质量视察，针对我县农业标准化、品牌化建设相对滞后的现状，建议政府及相关部门要高度重视农业标准化工作，切实解决农产品质量安全问题。农村河道疏浚整治关系农村水资源与生态环境可持续发展，常委会结合代表重点建议督办，组织代表视察、座谈，召集有关部门和企业现场会办，要求采取有力措施，选择科学管护方法，县镇村三级联动、建管同步，进一步提高排灌能力，切实保障群众和企业用水需求；注重长远规划，坚持河道整治贯通、疏浚与生态环境保护、现代农业发展有机衔接。在政府和水务部门的重视和努力下，较好改善了农村河道贯通和农田灌溉情况。此外，常委会还对沿海滩涂绿化等工作进行视察，协助市人大调研联耕联种、镇村经济发展情况，开展《渔业法》和《省渔业管理条例》执法检查。

以落实新预算法为重点，持续关注预算决算审查。常委会坚持把贯彻落实好新预算法规定要求，作为强化财政监督工作的一项重要举措。常委会提前介入决算、预算调整方案编制工作，了解情况，提出建议，推动县政府首次以政府议案的形式将决算草案、预算调整方案提交常委会审查批准，相关说明资料按功能和经济分类编细编实，进一步提升了编报工作的精细化和规范化。审计监督是财政监督的重要组成部分。为推动审计发现问题整改工作取得较好成效，常委会紧扣方案制定，明确审计重点；听取审计报告，提出审议意见；听取整改汇报，强化成果运用三个关键环节。促使政府高度重视审计问题整改落实工作，移送纪检监察机关核查处理2件，出台强化管理文件3份，完善内部控制管理制度6个。县九届人大常委会第28次会议上，县政府常务副县长汇报了审计发现问题整改情况，财政局主要负责同志代表被审单位汇报了本系统整改工作情况，并顺利通过了常委会的满意度测评。

为促进“十三五”规划编制工作，常委会在广泛深入调研基础上，对规划编制情况进行了初审，根据我县“十三五”时期经济社会发展面临的新形势新任务，就规划编制的指导思想、主要目标、战略重点和主要工作任务等提出明确建议和意见，对进一步完善编制工作起到了积极的推动作用。

二、坚持情系民生，切实保障群众利益

群众利益无小事。常委会抓住社会民生热点难点开展监督，推动解决群众最关心、最直接、最现实的问题，积极回应社会关切。

继续推进议案办理。“加快城乡供水全覆盖，保障饮水安全惠民生”是本届人大确定的1号议案，常委会通过听取和审议专项工作报告、专题询问、视察调研，持续推进项目加快实施。到目前为止，镇区二三级管网已铺设到位，入户管网和“一户一表”安装工程加速推进，县镇水务公司全面组建，运河水厂开始设备安装调试，沿海水厂扩能工程竣工制水，全县人民很快将吃上同网、同质、同价、同服务的放心水。“加强基础建设，全力推进教育基本现代化进程”是2号议案，常委会组织代表通过听取汇报、座谈交流、随机抽查等形式多次催办督办，县政府把创建教育基本现代化作为重要民生工作加以落实，重视程度、投入强度、推进力度前所未有，义务教育发展基本均衡县和教育基本现代化创建双双顺利通过考核验收，得到国家和省充分肯定，开创了教育发展的新局面。

全力推进实事工程。实事工程事关人民群众切身利益，群众关注度高，社会受益面广，民生关联度大。常委会紧盯工程建设进度，组织专题调研组，深入项目实施现场，察看办理情况，听取群众意见，剖析存在问题，听取县政府落实关于2015年为民办实事工程建设审议意见的情况报告，并进行满意度测评，多措并举督促项目加快实施。组织代表对经济开发区、响水镇等镇区10多个村庄进行视察，听取和审议政府关于农村环境综合整治情况报告，并提出建立长效管理机制的建议。各镇区组建了环卫所，配备了环卫工人，完善了环卫设施。全县894个自然村庄通过省农村环境综合整治全域验收。常委会分工领导带领调研组深入基层医疗卫生机构，对全县基层医疗卫生体系建设情况进行调研，听取和审议县政府专题情况报告，建议政府进一步强化主导作用，切实加大财政投入力度和人才培养、招引力度，不断充实基层医疗队伍，着力夯实医疗优质服务基础。

扎实推进社会事业。常委会组织部分人大代表调研全县城乡污水处理厂、压缩式垃圾中转站投运情况，针对存在问题，建议政府进一步明确责任主体，建立长效机制，保证设备正常运行。通过对《体育法》和《省全民健身条例》贯彻实施情况进行执法检查，督促政府把发展体育事业经费纳入财政预算，统筹安排体育设施，组织各项体育赛事。针对群众普遍反映小区物业管理不到位，服务质量不高等问题，常委会组织了专题视察，建议政府着力解决当前小区毁绿、违建、停车难等突出问题，及时回应群众诉求，并把物业服务业纳入现代服务业发展规划，促进物业服务业健康发展。

常委会还视察了全县文化产业发展情况、县城房地产建设和土地出让金收缴、民族特色村建设等工作。

三、坚持公平正义，全力推进法治建设。

常委会审议通过关于全面推进法治响水建设的决议，支持和督促“一府两院”依法行政、公正司法，努力为全县经济社会发展创造良好的法治环境。

积极开展对法律法规执行情况的监督。执法检查是常委会保证法律法规正确实施的主要监督形式。常委会通过广泛征集社会建议，有重点地选择对《治安管理处罚法》、《安全生产法》等5部法律法规贯彻实施情况开展执法检查。分别听取和审议执法检查组的报告，针对发现问题，强调要建立完善治安管理处罚相关程序规定和执法监督机制，克服执法的随意性，从根本上提高执法办案质量；强调要建立完善安全生产隐患数据库和黑名单制度，严格考核奖惩，落实长效监管。

不断强化对司法工作的监督。听取和审议法、检两院关于司法公开情况的报告，针对目前司法公开的宣传深广度不够、保障措施有待加强等问题，建议两院进一步增强工作主动性，创新司法公开的方式方法，明确司法公开的具体责任，健全有关保障机制。开展检察院反渎职侵权工作调研，发现一些群众对渎职侵权犯罪危害性认识不足、反渎职机构力量相对薄弱等问题，建议县检察院加强宣传教育，积极营造良好的执法环境；突出工作重点，加大渎职侵权案件查处力度；加强自身建设，切实增强检察干警执法能力。

着力加强人大规范性文件备案审查工作。依法审查、撤销本级人民政府不适当的决定、命令等规范性文件，是宪法和监督法赋予地方各级人大常委会的监督权之一。常委会认真贯彻落实全省人大规范性文件备案审查工作会议精神，成立了工作领导小组，组织召开全县专题会议，首次聘请7名相关专业人员成立专家组，参与备案审查工作；出台规范性文件备案审查规定和专家组工作规定，提高了备案审查工作制度化、规范化、程序化水平。2015年，收到县政府报送的备案报告和一位普通公民个人提出的备案审查申请，对《响水县被征地农民社会保障实施办法》、《响水县困难群众托底救助实施办法》和《响水县人民政府关于实行社会综合治税加强税源控管工作的通知》等三份规范性文件进行审查和备案，进一步维护了法制统一。

四、坚持主体地位，充分发挥代表作用

代表工作是人大工作的立足之本和力量之源。常委会不断完善代表工作制度，创新代表活动方式，坚持代表主体地位，积极发挥代表密切联系群众的桥梁纽带作用和促进经济社会发展的模范带头作用。

拓展代表履职空间。成功举办第三届人大代表论坛活动，组织驻响省、市人大代表和县镇两级人大代表，紧扣“同心谋划十三五，合力共建新响水”主题，调研撰写文章87篇，为全县科学制定“十三五”规划提供参考。坚持常委会组成人员联系代表、代表联系群众的“双联系”制度，坚持邀请代表列席常委会会议、参加视察调研、执法检查等活动，保持常委会组成人员、代表、群众之间的密切联系，保障和支持代表更好地履行职务。一年来，代表们共列席常委会会议80多人次，参加视察调研260多人次、执法检查50多人次。

提高代表履职能力。组织代表开展集中培训，邀请专家学者围绕“四个全面”战略布局、现代农业建设、经济发展新常态、响水发展形势和人大代表责任等内容进行专题辅导，丰富代表们相关专业知识，提高服务改革发展能力和水平。深入开展“两争一创”活动，评选产生2015年度先进代表小组5个、优秀人大代表10名、优秀建议20件，激发代表履职积极性和主动性。首次对13名驻响市人大代表进行述职评议，进一步增强履职为民的使命感和责任感。

加强代表建议督办。认真做好建议办理工作，形成了常委会领导督办、政府分管领导牵头领办、相关职能部门具体承办的工作机制。及时召开代表建议交办会、推进会，组织代表视察建议办理情况，督促开展“承办单位与提建议代表集中见面周”活动，听取和审议县政府办理代表建议情况报告并进行满意度测评，适时在人大网站、政府网站上公示代表建议办理情况，切实加大建议督办力度。县九届人大四次会议期间代表们共提出了161件建议、批评和意见，全部办理并答复代表，代表对建议办理工作满意率，较往年又有了新提升。

此外，常委会还对镇区人大工作、代表小组活动等加强指导，定期召开镇区座谈会，积极开展工作交流，促进提高基层人大工作水平。

五、坚持与时俱进，不断加强自身建设

常委会围绕提高履职行权能力这一主线，切实推进组织、作风和形象建设，不断提高新常态下履职和服务能力。

加强机关建设。落实中央和省、市委关于加强县乡人大工作和建设文件提出的有关要求，积极筹备设立响水县人民代表大会法制、财政经济两个专门委员会。落实全省人大机关信息化建设工作会议要求，建成常委会电子会议系统并投入使用，机关电子政务局域网正在建设中。

开展专题教育。常委会党组按照中央和省、市、县委全会统一部署，扎实开展“三严三实”专题教育活动，党组成员带头上党课，开展专题调研，广泛征求意见，认真排查整改不“严”不“实”问题，围绕“严以修身”、“严以律己”、“严以用权”三个主题撰写心得体会并组织交流研讨，增强了落实“三严三实”要求的行动自觉。

强化宣传工作。在办好人大网站、人大代表手机报的同时，创办全市首家人大微信发布公众平台，新媒体成功运用受到省人大常委会领导充分肯定。加强与县内媒体协作，全年制作专版21期、专栏18期、手机报96期，扩大了人大宣传信息的受众面。常委会办公室、研究室连续三年获全市人大宣传工作先进集体称号，多篇稿件在省、市获奖。

2016年主要工作任务

今年，是全面建成小康社会决胜阶段的开局之年，是“十三五”的起步之年，也是推进结构性改革的攻坚之年。县人大常委会工作的总体要求是：以十八大和十八届三中、四中、五中全会精神，邓小平理论、“三个代表”重要思想、科学发展观为指导，深入贯彻习近平总书记系列重要讲话特别是视察江苏重要讲话精神，坚持创新、协调、绿色、开放、共享的发展理念，全面落实县委九届九次全会决策部署，以“建设新响水、发展上台阶，实现北抬头”为总定位，坚持党的领导、人民当家作主、依法治国有机统一，认真履行宪法和法律赋予的职责，努力为加快建成全面小康五个新响水作出更大贡献。

一、强化依法履职，切实提升工作实效

践行五大发展理念，既是全党全社会的共同使命，也是人大及其常委会义不容辞的政治责任。常委会将以五大发展理念引领、谋划、推进各项工作，着力增强履职行权的针对性和实效性，支持、促进“一府两院”协调高效做好工作，推动全县“十三五”起好步，开好局。

*完善讨论决定重大事项和选举任免工作机制。*进一步建立和完善重大事项决定权的施行办法，明确“重大事项”的范围及运作程序，健全依法决策机制，更好地从制度上体现人民当家作主理念，促进地方事务治理能力不断提高。落实宪法宣誓制度，加强任后履职监督，增强被任命国家机关工作人员忠于宪法、恪尽职守的履职责任感和对人民负责的意识。

*加强经济工作监督。*听取和审议全县经济运行、第三产业发展、农村环境综合整治和农产品质量建设等情况的报告，对全县经济林发展、黄河故道综合开发、农田水利基础设施、供电等工作进行视察调研，支持和促进政府加快推进供给侧结构性改革，保持经济平稳健康发展。强化对财政资金管理的监督，建立健全预算审查工作机制和程序规则，推进县级公共财政预算、国有资本经营预算、政府性基金预算、社会保险基金预算审查，深化、细化部门预决算审查，促进依法理财、民主理财，推行“阳光财政”，提高财政资金使用绩效。

*强化法律法规监督。*开展禁毒法、食品安全法、大气污染防治法和省大气污染防治条例实施情况的执法检查，组织代表听取和评议行政执法案件庭审情况，跟踪督查常委会关于法院、检察院司法公开工作等审议意见落实情况，促进公平正义。进一步加强规范性文件备案审查工作，切实维护法制统一。

*深化民生工作监督。*围绕县委九届九次全会对精准扶贫工作提出的新目标要求，组织代表视察调研，听取和审议县政府精准扶贫工作情况报告，着力推动年度脱贫目标任务顺利完成；视察调研慈善募捐、县乡道路交通、民办教育发展、工会法贯彻实施等情况；跟踪督查常委会关于全县基层医疗卫生体系建设等审议意见落实情况，进一步推动问题的解决，提高人民群众对人大工作的满意度。

二、强化服务保障，切实发挥代表作用

常委会将以“双联系”制度为载体，进一步密切组成人员与代表、代表与群众间的联系；邀请代表列席常委会会议，组织代表开展专题调研和集中视察；组织好第四届全县人大代表论坛和全县人大代表“两争一创”活动，切实增强闭会期间代表活动实效；进一步抓好人大代表培训，通过人大网站、人大代表手机报、人大微信公众号，及时发布党委、政府的重大决策，各级人大及其常委会的工作动态，搭建代表履职服务网络平台，为代表知情知政和提升履职能力开辟渠道；进一步加强和改进代表议案建议办理工作，听取和审议代表建议办理情况报告，坚持人大常委会领导督办重点建议制度，加大对跨年度办理的建议和代表不满意的建议的跟踪督促力度，探索建立代表建议办理工作考核评价机制，推进代表建议办理从“答复满意”向“结果满意”转变。

三、强化责任落实，切实做好换届选举工作

今年下半年，县乡人大将同步进行换届选举。这既是全县人民政治生活中的一件大事，也是发展社会主义民主政治的一次重要实践。常委会将按照县委统一部署，深入研究新情况，着眼解决新问题，及时将换届选举工作中的重大问题和重要情况向县委请示报告，配合组织部门提出对新任县人大代表候选人初步建议人选的意见，好中选优，慎重提出连任的县人大代表建议人选。强化选举组织工作，及时组织业务培训，认真做好代表候选人考察、审查工作和人大代表资格审查工作，切实把好代表的“入口关”、选举的“组织关”和全过程的“监督关”，努力使代表总体结构更加合理，代表个体素质更加全面。强化对镇区人大换届选举工作的指导，确保选举法和省各级人民代表大会选举实施细则得到全面贯彻，确保换届选举工作风清气正、顺利进行，为新一届县乡人大及县人大常委会更好地依法履职打下坚实基础。

四、强化自身建设，切实提高履职能力

加强自身建设是常委会工作的永恒主题。常委会将按照中央和省、市、县委的工作部署和要求，建立健全有关工作机制，为圆满完成各项工作任务提供保证。

加强思想政治建设，坚定理想信念，补足精神之“钙”，全面提高常委会党组及机关人员的思想政治素质。加强机关作风建设，积极投身全县“作风建设推进年”活动，巩固党的群众路线和“三严三实”专题教育活动成果，切实把“三严三实”要求落实到人大各项工作之中。加强机关信息化建设，强化县人大常委会网站、手机报、微信公众平台的管理，指导各镇人大建好门户网站，完成机关电子政务局域网建设，提高工作信息化水平。加强机关项目工作。紧扣第一抓手不放松，持续推进机关招商引资、项目服务工作，全力为企业和客商解决实际困难，奋力为全县经济稳健发展增添新动能。

响水县人民政府工作报告（摘要）

2016年1月6日在响水县第九届人民代表大会第五次会议上

县长　单永红

2016年1月6日县长单永红在响水县第九届人民代表大会第五次会议上

2015年和“十二五”工作回顾

（一）经济总量持续扩张，转型升级步伐加快。坚持稳中求进工作总基调，重抓企业服务，加强问题研判，顶住下行压力，积极培育新增长点。主要指标稳健增长。预计完成地区生产总值250亿元，增长10.5%；一般公共预算收入32.5亿元，增长17%；固定资产投资241亿元，增长18.2%；规上工业增加值164.5亿元，增长12%；社会消费品零售总额59.8亿元，增长12.3%；城乡居民人均可支配收入23621元、13196元，分别增长8.8%、10.3%。虽然发展速度告别了突飞猛进的增长阶段，但主要指标增幅依然领跑全市，在12项主要经济指标中，有7项位居全市前列、4项位居第一。经济结构不断优化。二三产业比重提高1个百分点，税收占比达82.5%，高新技术产业产值占规上工业产值比重达45.7%、高于全市17个百分点；企业设备抵扣增值税2.38亿元，增长161.6%，总量全市第二、增幅全市第一。工业经济提质增效。实现全口径工业开票销售344亿元、增长18.5%，规上企业增长面提升至55%，外贸出口、工业用电量增幅全市第一，全年新申报规上工业企业25家，开票销售超亿元、入库税收超千万元工业企业分别达48家、18家，德龙公司开票销售超100亿元，国华电厂纳税3.58亿元，均实现历史性突破。现代农业加快发展。新增设施农业3.2万亩，推广联耕联种38万亩，新增家庭农场81家、农民专业合作社39家，中粮、温氏现代化生猪养殖项目建成投产，粮食生产实现“十二连增”。服务业发展扩量提速。服务业增加值、投资、税收分别增长12.3%、20.5%、13.8%，新增规上、限上服务业企业34家，浙江商贸城等服务业重点项目进展顺利，润生广场城市综合体建成营业，云梯关旅游景区规划建设全面启动。

（二）项目载体推进有力，沿海开发势头强劲。扎实开展“项目载体突破年”活动，大力发展“三大经济”，推动沿海开发取得新业绩。项目推进成效显著。组建县项目办和北京、上海、杭州投资促进服务中心，举办沿海新产业等招商推介活动，全年新引进实施亿元以上项目64个。载体建设全面加强。镇镇规划建设中小企业创业园，全年新建标准厂房20万平方米，新增入园企业60家，推动了镇村经济加快发展。港口建设全力推进。把建设响水港作为事关全局发展的重大举措来谋划，深入调研座谈论证，高起点编制响水港控制性详规，组建县港务公司，推动灌河深水岸线和腹地资源回收利用，全面启动中心港区5万吨级码头群建设，建成全省最大的内河码头。建立灌河口航道整治协同维护机制，保证灌河航道常态化疏浚。临港产业提速发展。德龙公司合金新材料全产业链加快推进，三峡新能源首批海上风机即将并网发电，荣鑫伟业新材料基本竣工，隆亨纸业与北京环卫集团完成合作重组，临港产业开票销售占全县53%。

（三）深化改革有力有效，开放水平不断提升。投融资改革取得突破。系统谋划全县投融资工作，积极跟进投融资政策变化，放大政府资源、资产、资本、资金乘数效应，打出系列融资创新“组合拳”，企业债券成功发行，县级政府平台融资26亿元，以中长期、低成本、可持续的资金，保障全县重大基础设施和民生项目加快建设。行政体制改革成效明显。整合组建县卫计委、市场监督管理局，精简审批事项60项，启用便捷高效的审批运行模式，颁发全市首张“三证合一”登记证，新登记企业和注册资本分别增长57%和12.4%。农村改革扎实推进。50%的行政村完成土地承包经营权确权登记任务。开放水平加速提升。鼓励企业积极参与“一带一路”建设，德龙公司在印尼投资9.29亿美元的镍铁合金工业园快速推进、投资规模苏北最大，联化科技出口总量继续保持全市第一。

（四）城乡建设统筹推进，人居环境加快改善。城市建设有序推进。县城城东新区规划全面完成，与创客城规划实现无缝对接，智慧新城理念得到充分彰显，市民服务中心等一批项目开工建设，东海路等骨干道路绿化基本完成，珠江路全线贯通，灌江路提升工程全面完成。港城医院、福港二期等项目启动建设，港城中学基本竣工。镇村建设加快推进。36项集镇重点工程、8个新型农村社区完成投入16.5亿元，集镇形象明显提升，新增农民集中居住面积5.6万平方米。改造提升农村公路280公里，新建农桥175座，响陈线等5条县道完成大中修，灌河治理等重点水利工程完成投入6.9亿元，电力、邮政、通信等设施建设取得新进展。环境质量明显提升。生态红线保护区域扩大至300平方公里，占县域面积五分之一以上。7个镇通过国家级生态镇验收，农村环境整治顺利通过省全域考核验收，云梯关村成为全市最美乡村。新增绿化造林8400亩，全年空气优良天数达到308天，PM2.5平均浓度保持全市较低水平。

（五）社会建设全面进步，人民生活水平不断提高。全年财政用于民生领域的支出达37.8亿元，占一般公共预算支出73.6%。打好民生建设三大攻坚战。强力推进教育“双创”，12所镇区中心幼儿园全部建成，259项教育新建改造工程全面完成，6所异地新建学校加快推进，全县办学条件实现了质的飞跃，荣获“国家义务教育发展基本均衡县”和“省定县域教育基本现代化县”。投入4亿元，集中半年时间，组织近千名施工人员推进城乡供水一体化，2930公里的镇区二三级管网全面铺设到位，3220公里的入户管网和11.2万户的“一户一表”安装工程加速推进，县镇水务公司全面组建，运河水厂开始设备安装调试，沿海水厂扩能工程竣工制水，确保春节前让全县人民吃上同网、同质、同价、同服务的放心水。大力推进扶贫开发，创新机制，精准扶贫，年人均纯收入4000元以下的低收入人口全部脱贫，资产收益扶贫等创新做法得到国务院扶贫办充分肯定、在全国推广。20件民生实事工程顺利完成。主动回应群众关切。高度重视县城小区房屋产权办理，解决了搁置长达8年之久的中央花苑小区“两证”办理问题；加强农村宅基地管理，保障农民建房用地需求；制定实施《全县被征地农民社会保障实施办法》，刚性保障被征地农民利益；大力推进23个不达标农村党群服务中心建设，推动便民服务事项进村居，打通联系服务群众“最后一公里”。全面提升社会事业和保障水平。完成3个镇卫生院、21个村卫生室标准化改造，基本公共卫生网格化管理创新做法被央视报道。社会保险覆盖率达97%，省级创业型城市创建工作顺利通过终期评估。建成县社会福利中心，成立全国首家县级红十字备灾救灾中心，残疾人托养服务中心即将投入使用。成功创建省文明城市，淮海戏《贴春联》获全国小戏小品大展金奖，“中国好人”群体效应释放出强大正能量。人防、物价、供销、粮食、气象、地震、食品药品、宗教、人民武装和双拥、档案、地方志等工作实现了新进展，工商联、工会、共青团、妇联、关工委、老促会、慈善等事业取得了新进步。全力维护社会稳定。突出抓好信访积案化解、安全环保隐患整治等工作，推进社会治理网格化管理，乡规民约等创新做法被人民日报专题报道，荣获全省社会管理综合治理先进县称号。

（六）自身建设有力加强，行政效能不断提升。严格执行中央八项规定和省市县委十项规定，扎实开展“三严三实”专题教育，带动形成良好作风和饱满精神状态。深入开展“部门比服务”活动，帮助企业解决突出问题175个，提供贷款担保6.4亿元、过桥资金8.3亿元。强化法治政府建设，严格执行政府重大行政决策规定，主动向县人大及其常委会报告工作，向县政协通报情况，140件人大代表建议、128件政协委员提案全部办结。加强“三公”经费管理，严格执行政府集中采购、项目招投标等制度，加强政府公共工程和专项资金使用审计，完成公车改革。认真落实政府系统党风廉政建设责任制和责任追究制，严肃查纠部门和行业不正之风，始终保持政府良好形象。

这是经济综合实力显著增强的五年。2015年地区生产总值、一般公共预算收入分别是2010年的1.8倍、3倍，年均增长13.1%、24.3%；累计完成固定资产投资突破1000亿元，是“十一五”时期的两倍多；规上工业增加值、开票销售收入总量由2010年的全市末位跃升至全市第五和第三位；自营出口额3.9亿美元，总量全市第三；工业用电量43.2亿度，总量全市第二。全县综合实力大幅提升，“北抬头”的发展步伐明显加快。

这是人民生活水平大幅提高的五年。财政对民生投入累计达145亿元，是“十一五”时期的3.5倍。城乡居民人均可支配收入五年分别净增9909元和5920元，年均增长11.5%、12.6%；住户存款从44.8亿元增加到76.5亿元，私人汽车拥有量达3.45万辆、是五年前的4倍多。城乡居民基本养老保险实现全覆盖，企业退休人员基本养老金实现“十一连增”、月均达1850元，城乡居民低保月标准分别从280元、155元提高到490元、380元，新农合政策范围内住院报销比例达76%，困难群众托底救助基本实现全覆盖。五年新增就业5.5万人，建成保障性住房31.6万平方米、圆了更多困难群众的安居梦。顺利通过省原定标准小康验收，人民群众幸福指数全面提升。

这是经济发展方式加快转变的五年。全县二三产业增加值占地区生产总值比重从76.8%提高到83.8%。新增国家高新技术企业10家，新兴产业比重五年提升12.6个百分点，服务业增加值占比年均提升近2个百分点。建成南河万亩现代农业示范园区，高效设施农业新增面积连续三年位居全市前列。一般公共预算收入占地区生产总值比重五年提升4.8个百分点。秉持绿色低碳发展理念，可再生能源等一批绿色产业加快发展，节能减排全面完成省下达的“十二五”目标。

这是城乡面貌发生明显变化的五年。城市建设累计投入65亿元，城镇化率五年提高8个百分点。县城城东新区框架全面拉开，老城区功能配套进一步完善，城市防洪工程全面完成，易淹易涝问题得到彻底解决。新建改建了黄海路、东海路、迎宾大道等12条主干道，新增绿地面积110公顷，成功创建省级卫生县城。港城形象明显改观，镇村建设和环境整治工作全面加强，河道整治成效显著，散坟整治得到省市领导充分肯定，城乡面貌焕然一新。

这是重大基础设施加速完善的五年。交通、水利、电力、港口、航道等基础设施累计完成投入85.6亿元，是“十一五”时期的2.3倍。连盐铁路响水段加快建设，临海高等级公路建成通车，新建改建公路713公里，县域范围纵横道路交通网格基本形成。建成万吨级码头泊位12座，灌河航道由5000吨级提升到5万吨级，港口吞吐量由“十一五”末的12万吨攀升至2000万吨，响水港成为国家一类临时开放口岸。沿海引淡二期、海堤达标工程建成投入使用。建成110千伏以上输变电站5座，供电负荷增长率全省领先。一批事关长远发展的重大基础设施项目相继建成，对全县经济发展的支撑保障作用进一步增强。

这是沿海开发取得重大突破的五年。累计实施10亿元以上重大产业项目24个，完成投入370亿元。中国一重、中粮集团等一批央企投资响水，神华集团、长江三峡集团对我县贡献份额逐年增加，区位独特的灌河南岸已成为央企战略布局的重要基地。三大园区工业开票销售、工业投资、外贸出口分别占全县的86.5%、83%和90%，沿海经济区规上工业开票销售支撑全县“半壁江山”，工业用电量占全县的70%以上，昔日的盐碱荒地、“黄海泥滩”变成了如今开发潮涌的“黄金海岸”。

在肯定成绩的同时，我们也清醒地看到，全县经济社会发展还面临很多困难和挑战，政府工作还存在不少问题和差距。一是全县经济发展还不充分，镇村经济普遍薄弱，镇区财政收入增长乏力，村级集体经济增收创新办法不多，三大园区作为经济主战场，对全县贡献份额有待进一步提升，沿海经济区承载重大项目的基础配套还不完善，经济开发区总量规模明显偏小，生态化工园区转型发展步伐不快，全县经济总量在全市所占份额仍然偏低。二是经济下行压力明显加大，工业产品价格持续下降，生产要素成本上升，企业融资难融资贵问题突出，部分企业生产经营困难，企业增长面不宽，招商难度加大，新引进的重大项目和战略性新兴产业项目不够多。三是产业结构不尽合理，新兴产业规模偏小，现代服务业发展相对滞后，资源环境约束加剧，少数产业能级不高，企业创新能力不强，产品和服务还处于产业链、价值链的中低端，转方式、调结构的任务仍很艰巨。四是少数改革措施落地见效不够快，投资发展环境不够优，金融服务实体经济效率不高，县镇财政管理体制不顺，投融资体制机制不健全，专业人才严重匮乏。五是城乡发展还不够均衡，城镇化率在全省排名靠后，城市中低收入居民共享改革发展成果相对较少，农村基本公共服务供给相对不足，集镇和农村环境有待进一步提升，农业规模化、产业化水平不高，农民持续增收基础依然薄弱。六是教育质量、医疗服务、居住条件、交通出行、食品安全、文化休闲等社会事业和民生建设欠帐仍较多，广大群众还有不满意的地方。七是安全生产、环境保护基础工作有待加强，农村金融秩序存在系统性风险。八是政府职能转变还不快，少数部门推动转型发展、加强公共服务管理的能力和水平亟待提高。对这些困难和问题，我们必须高度重视，不掩饰、不回避，切实加以解决。

“十三五”时期主要目标任务

各位代表，实现跨越发展的关键五年正大步走来，描绘未来的绚丽愿景将在响水大地恢宏铺展。今后五年，仍是机遇与挑战并存，但机遇大于挑战，随着江苏沿海发展、“一带一路”等国家战略向纵深推进，省委、省政府振兴苏北扶持政策的持续拉动，以及一批重特大项目的布点和在建项目产能的快速释放，一个梦寐以求的崭新黄金发展期已经到来。“十三五”时期，将是我县沿海开发取得重大突破的提速发展期，新型城镇化全面展开的攻坚突破期，转变经济发展方式的重要窗口期，全面建成小康社会的决战决胜期。经过“十二五”的发展，我们积蓄了跨越发展的能量，具备了进位争先的优势，我们对响水实现跨越式发展，充满期待、满怀信心。

根据《中共响水县委关于制定响水县国民经济和社会发展第十三个五年规划的建议》和县委九届九次全会描绘的宏伟蓝图，我们制订了《响水县国民经济和社会发展第十三个五年规划纲要（草案）》，提交本次大会审议。“十三五”期间，我们将围绕“全面建成小康社会”总目标，以创新、协调、绿色、开放、共享“五大发展理念”为精髓，以“建设新响水、发展上台阶、奋力实现响水发展北抬头”为总定位，统筹推进经济建设、政治建设、文化建设、社会建设、生态文明建设，加快建设经济强、百姓富、环境美、社会文明程度高的新响水。

“十三五”时期全县经济社会发展主要目标是：咬定一个目标：全面建成小康社会，全县经济总量和城乡居民收入在2015年基础上实现翻一番，低收入人口全面脱贫，跟上全市全面建成小康社会步伐，奋力实现响水发展北抬头。实现三个跨越：沿海开发实现新跨越，工业开票销售突破千亿大关，打造江苏东部沿海的重要增长极。“两城”建设实现新跨越，5年基本建成县城城东新区、新港城，建美盐城“北大门”。镇村经济实现新跨越，发展速度明显高于全市平均水平，综合实力大幅提升，推进富民强镇迈上新台阶。建设五个新响水：全面贯彻落实中央“四个全面”战略布局、“五大发展理念”和省委“强富美高”、市委“五大盐城”要求，不断拓展“建设新响水”的内涵和外延，努力建设大众创业、万众创新新响水，海河联动、全面开放新响水，城乡协调、生态绿色新响水，全民共享、幸福安康新响水，风清气正、厚德和谐新响水。

今后五年，大力推进县域经济发展，昂首跨入苏北县市第一方阵。坚持发展第一要务，突出质量和效益中心，强化创新发展理念，秉持绿色发展导向，狠抓项目载体建设，推动经济保持中高速增长、迈向中高端水平。积极策应“中国制造2025”战略部署和“互联网+”行动计划，大力实施产业创新“八大”工程，打造一批在全省乃至全国有影响力和竞争力的产业标杆。加快发展现代服务业，推进“智慧响水”建设，全力打造5A级云梯关旅游景区，推动现代物流、商贸旅游实现裂变式发展，服务业占比提升到40%左右。积极实

施农业"大产业"战略布局，加快形成20万亩设施农业、20万亩特色农业、15万亩高效渔业、500万头规模畜禽业四大优势产业，全县适度规模经营面积达70万亩、家庭农场达300家以上。大力推进全民创业，厚实镇村经济土壤，增强自我发展能力。深度开发灌河经济带，积极打造中山河经济带，推动县域经济协调发展。到2020年，全县地区生产总值超450亿元，人均地区生产总值超9万元，一般公共预算收入超60亿元，规上工业增加值超300亿元，进出口总额超20亿美元，城乡居民人均可支配收入分别超4.5万元、2.3万元，工业开票销售、进出口总额、工业增加值、工业用电量、人均GDP等多项指标总量进入苏北第一方阵，全面建成高水平小康社会。

今后五年，大力推进沿海开放开发，争当新一轮沿海开发排头兵。更大力度推进沿海开发，推动沿海产业布局形成基地化发展、重大基础设施形成完善体系、港城建设形成旺盛人气，真正把"空间大"的资源禀赋变成"发展强"的现实优势。全力推进响水港建设，建成千吨级码头泊位20个以上、万吨级码头泊位10个以上，开展黄海港区深水港前期论证工作，完成一类开放口岸申报工作。争取响水至陈家港铁路支线、宁靖盐高速北延响水段、省道337等重大交通工程开工建设，推进灌河口和通榆河航道整治，确保2017年连盐铁路建成通车。推动在建重大项目加快投产达效，大力引进竞争力强的基地型项目，争取更多国家重大产业布局，力争"十三五"末落户我县央企超过10家。全面完善三大园区功能，提升园区对外整体形象和项目承载力，沿海经济区创成省级开发区、并向国家级开发区迈进，经济开发区创成省级高新技术开发区，生态化工园区创成国家级高新技术创业园区。

今后五年，大力推进新型城镇化，全面彰显响水新城水绿宜居特色。紧紧围绕"人的城镇化"这一核心，大力推进"两城"建设，扎实推进户籍制度改革，到2020年，全县户籍人口城镇化率达55%。全面推进县城城东新区建设，加快完善老城区功能，基本完成棚户区和城中村改造，打造一座24平方公里、15万人口的现代化魅力之城、活力之城、智慧之城。完成港城3.5平方公里核心区建设，港城人口突破5万人，实现陈家港从一个古老集镇向海滨新城的华丽转身。加快集镇建设改造步伐，稳步推进新型农村社区建设，打造和培育一批"产业特色鲜明、自然风光优美、乡土文化浓郁"的特色镇村，全面提升城乡协调发展水平。这五年，响水将迎来又一个大建设、大变化的高峰期，这五年建设的成效和水平，将影响今后数十年响水城市的形态和地位。在建设过程中，我们将本着既对当代负责、又对未来负责的态度，更加重视提高建设的质量和品位，让每一项工程都经得起历史的检验。

今后五年，大力推进民生共建共享，让响水人民生活得更加幸福。围绕"七个更"目标，巩固基本性、增强保障性、提高均衡性，让全县人民共享美好生活。实施居民收入倍增计划，着力在就业富民、创业富民、改革富民上下更大功夫，让群众的腰包鼓起来。以更高标准、更实举措、更大力度做好新一轮扶贫开发工作，减少相对贫困，确保实现不漏一户不落一人的全面小康。新建改造农村公路650公里，改造桥梁100座，全面提升农村道路通行水平，实现村村通公交。加快推进更高水平教育现代化，全面提升教育质量，重塑响水教育崭新形象。瞄准苏北一流目标，加强县镇村三级医疗卫生服务网络建设，保障人人享有方便价廉的基本医疗卫生服务，建设健康响水。加快社会保障全民覆盖，强化托底救助制度建设，推动养老事业加快发展，全面提升社会保障能力。大力实施城乡环境综合整治提升行动，全域推进美丽乡村建设，建成国家级生态县。积极创建全国文明城市，建成开放一批重点公共文化设施。加强和创新社会治理，全力打造全省平安建设示范区、社会治理样板区，不断提高全县人民幸福指数。

2016年主要工作安排

今年是全面建成小康社会决胜阶段的开局之年，也是推进结构性改革的攻坚之年，做好今年工作至关重要。全县经济社会发展主要预期目标是：地区生产总值增长11%左右，一般公共预算收入增长12%，固定资产投资增长16%，城乡居民收入增长11%左右，城镇登记失业率控制在4%以内，全社会研发投入占地区生产总值比重2%左右，完成省下达的资源环境约束性指标。重点抓好八个方面工作：

（一）重抓三港联动发展，加快打造沿海经济增长极。全面对接"一带一路"国家战略，大力拓展对内对外开放新空间，充分发挥响水港通江达海联运优势，推动以港聚产、以产兴城、港产城一体化发展，打造充满活力与张力的重要增长极。

全力推进响水港建设。把建设响水港作为今年重中之重的工作，聚焦响水港，会战响水港，决胜响水港，全力打造响水经济腾飞新引擎。采用PPP模式，建设响水港中心港区5万吨级码头群，确保年内两个5万吨级公共码头建成投入使用；按照综合保税区标准，建设集口岸作业、仓储物流、综合服务于一体的港口物流园区，加快沿海基础设施提档升级步伐，推动联检大楼等"一关三检"平台建设，着力提升港口通过、物流集聚能力，全力争取一类开放口岸尽快获批。推进国家一级渔港建设，建成双港作业区两个3000吨级码头。加大响水港宣传推介力度，加强港口经营管理，成立港口运行管理公司，引进专业港口经营团队，拓宽物流货源组织，确保响水港货物吞吐量突破2500万吨。

狠抓临港产业群建设。加快打造合金新材料、能源、再生资源、新型建材、大型石化五大临港产业，全年完成产业项目投入超百亿元。全力推动项目建设提速。加快合金新材料全产业链建设，确保不锈钢薄板项目、镍铁新材料项目上半年竣工投产，德龙公司开票销售实现翻番；积极实施镍铁矿渣制备无机纤维项目，打造循环经济典范。加快荣鑫伟业、京环隆亨投产达效步伐，推动富星纸业重组复工生产，确保海上风电55台机组全部并网发电。全力推动重大项目落地。积极招引基地型、旗舰型产业项目，力促石化产业园等项目早日签约，跟踪落实不锈钢冷轧等在手项目信息，力争新引进超10亿元重大项目6个以上。全力推动园区载体建设。三大园区要做大做强投融资平台，推进基础设施大投入，实现园区面貌大改观。沿海经济区要服务推动现有项目尽快投产达效，实现园区跨越发展，争创省级开发区；经济开发区要做好产城融合文章，持续突破重大项目，实现省级开发区进位争先目标；生态化工园区要大力发展新医药、新材料产业，如期完成卫生防护距离内房屋搬迁任务，加快苏北沿海危化品应急救援中心建设，打造绿色可持续发展典范。

加快海滨新港城建设。把以人为本、三港联动、智慧城市、新老城区有机融合理念导入到港城建设中，提升港城向北发展规划档次，加快重点项目建设进度，全力打造创业宜居的水绿港城。完善港城功能。完成淮海大街等5条道路建设，形成港城循环路网结构；实施港城医院、美食街、福港二期等项目，推动星海城市广场尽快运营，港城中学投入使用。积极策应沿海开发，启动工业邻里中心建设，引导园区企业职工到港城居住。彰显港城特色。加快推进镜湖生态景观公园规划建设工作，推动港发大厦建设，实施中兴河风光带工程，充分彰显港城水绿特色和现代气息。改善港城环境。完成人民路改造，加大市容环卫设施投入，规范环卫、经营和交通秩序，完善集镇长效管理机制，展现“黄海明珠”新形象。

（二）重抓实体经济发展，保持经济持续稳健增长。面对发展仍不充分的县情实际，我们必须牢固坚持发展第一要务不动摇，狠抓项目载体建设，不断增加有效投入，培育新的发展动能，以经济总量的扩张和产业质态的提升，创造更多更好的财源税源、就业岗位和增收渠道，实现经济发展与民生幸福的协调共进。

发挥有效投资拉动作用。把招商选资作为扩大有效投入、推进结构性改革的重要手段，准确把握产业发展规律和资本流动趋势，优化招商策略，强化全产业链思维，围绕主导产业“建链、补链、强链”，大力引进一批龙头型、基地型、科技型、配套型、战略重组型项目；强化精准有效招商，加强与产业研究院、产业联盟、行业协会、企业家商会等组织互动交流，推动与上海金桥经济开发区合作共建，积极拓展项目信息源头；强化领导带头招商，打好春夏秋冬招商战役，确保在引进重大项目和战略性新兴产业项目上实现新突破。围绕有效需求进行有效投资，发挥财政资金撬动功能，引导更多民间资本投向基础设施、民生改善、新型城镇化等补短板领域，防止形成新的产能过剩。开展项目载体提升年活动，大力推进“三重”、工业“三百”等项目建设，持之以恒抓实施进度、抓服务协调、抓难题化解，培育销售超亿元新增长点10个。

发挥现有企业支撑作用。充分用好国家和省市各项政策，制定实施我县降低实体经济企业成本行动，每季度集中会办一次企业反映难题，力争规上企业增长面达60%以上。引导鼓励金融机构支持实体经济发展，向上争取信贷规模，延长贷款期限，降低收费标准，有效解决企业融资贵融资难问题；大力推进企业上市，提高直接融资比重；全力做好项目审批、用地、用工等方面的协调保障工作。鼓励企业“走出去”，加大国际市场开拓力度，着力打造一批进出口标杆企业。深入实施大企业培育工程，力争销售超10亿元企业达10家，全县开票销售突破400亿元。

发挥全民创业带动作用。充分利用创客城、中小企业创业园等载体平台，推动大众创业、万众创新，增强发展新动能。突破创业融资，强化政策支持，鼓励在外能人返乡创业，扶持发展众创、众包、众扶、众筹新业态，充分激发各类主体创业活力，厚实经济发展土壤。加快提升黄圩、小尖、老舍等镇区中小企业创业园发展层次，全面加快响水、大有等镇区中小企业创业园建设，全年新建标准厂房50万平方米，入园企业60家。新发展一般纳税人企业200家，新增规上企业25家以上。

（三）重抓产业转型发展，加速构建现代产业体系。把产业结构调整作为供给侧结构性改革的重要内容，坚持调高调轻调优调强调绿的导向，把更多精力放在供给侧，大力推进产业创新“八大”工程，推动产业结构向中高端攀升，提高全要素生产率。

大力发展先进制造业。主动对接“中国制造2025”行动计划，深入推进两化融合，加快企业制造装备升级，开展智能制造三年行动计划，建设一批智能车间，完成千万元以上技改项目30项。启动互联网化“企企通”工程，促进企业研发设计协同化、生产管控集成化、购销经营平台化、制造服务网络化，推动生产方式向柔性、智能、精细转变。发挥好转型升级和科技创新引导资金作用，推动新材料、新医药等新兴产业规模化发展，加快培育钛合金、大型电容储能等一批新增长点；推进创客平台建设，推广基于互联网的产品设计、个性化定制等制造模式，树立新产业经济标杆。深入推进创新驱动发展，实施创新企业培育行动计划和科技企业“小升高”计划，培育省级以上高新技术企业5家，新增发明专利200件以上，推动高新技术成果转化为现实生产力，进一步增加创新资源供给；深入实施“515”人才引进计划，引进各类人才4000人。积极运用市场机制、经济手段、法治化办法化解产能过剩，加快小化工、小钢铁等企业兼并重组步伐，坚决淘汰落后产能。

提速发展现代服务业。以港口为载体加快发展现代物流业，重点建设响水港省级物流基地和姚湾现代物流园区，年内实现物流业营业收入5亿元。以提升城市功能、方便居民生活为目标，注重生活性服务业的合理布局和加快发展，推动大润发购物中心等项目建设，积极培育体验经济等新兴业态。全面推进“互联网+”，大力发展线上线下互动的商贸、健康、养老等新兴服务模式，启动建设电商产业园、电子商务配送中心。全面开发云梯关旅游景区，年内投入5.8亿元，基本建成入关服务营、古淮口文化博物馆、故道湿地公园、云梯关遗址公园，充分彰显“东方沧海桑田、华夏云梯古关”特色。

加快发展现代农业。突出富民、绿色、外向导向，深入实施农业现代化工程，加快转变农业发展方式，推动粮经

饲统筹、农林牧渔结合、种养加一体、一二三产业融合发展。大力调整农业产业结构，加快“一镇一园”建设，扩大现代农业示范园区规模，新发展设施农业3万亩；制定农业品牌发展规划，加快发展西兰花等特色农业，打响“响水浅水藕”品牌，推动外向型农业加快发展；合理布局规模养殖业，推动温氏畜牧等养殖场发展，提升中粮生猪养殖项目发展层次。深入推进“接二连三”工程，培育规模农业龙头企业20家，建成运营农产品批发市场；大力发展农村电子商务，推进农产品联产联销、网上营销，促进农业产出效益提升。积极发展适度规模经营，力争联耕联种面积达50万亩，联耕联管比重达50%，带动农业装备水平整体提高。推进高标准农田和农村水利建设，推广农业新品种、新技术、新模式，积极落实藏粮于地、藏粮于技战略，加强粮食仓储能力建设。大力培育专业大户、职业农民、家庭农场、合作组织等新型农业经营主体，重点发展一批种养专业户、农机作业能手、农产品网络营销人才，新发展家庭农场30家。全面启动农村产权交易市场建设，基本完成农村土地承包经营权确权登记颁证工作。

（四）重抓产城融合发展，奋力打造宜居宜业美丽城市。以“人的城镇化”为核心，以宜居宜业为目标，以产城融合为路径，大力推进县城建设，迅速提升城市形象和品位。

全力推进城东新区建设。把城东新区建设作为今后三年城市建设的重中之重，组织实施“加快城东现代化、建设城市新中心”千日行动计划，今年全面推进总投资48亿元的25个城建重点工程，形成城东新区建设的会战态势。采用PPP模式推进新区建设。与央企合作，建设城东新区重大工程和基础设施，高质量建成“三横三纵”道路网络，集通讯、供水、供电、雨污、燃气等于一体的地下管廊，高标准建设市民服务中心、全民健身中心、城东医院、温泉宾馆，高品质推进湖区城市设计，把东鸣湖片区打造成展示城市形象的魅力名片，同步谋划智慧城市、海绵城市建设，努力打造功能先进、富有特色、现代气息洋溢的城市新区。推进产城融合发展。全面启动创客城建设，积极实施中央滨河商业景观带，建设金融中心、创客孵化中心、互联网全球订单交易中心和产业孵化园区，加快构筑集聚产业、人才、资本等资源要素的新高地。加快移动大厦、电信综合楼、双语学校、葛庄小学等项目建设步伐，建设一批精品小区，开通新老城区城市公交，迅速集聚城东新区人气。

加快完善老城区功能。今后老城区重点以文体设施、市民广场、绿地游园、停车设施、环卫设施等功能性项目填补和进一步完善提升为主，逐步打造精致宜居城市。制定出台改善城市中低收入居民居住条件的政策意见，鼓励支持棚户区和城中村居民到新城区安置，有序推进灌河堤、老东方红小学周边、老麻纺厂等地块棚户区和城中村危房改造，让老城区中低收入居民共享改革发展成果。启动新图书馆、文化馆、博物馆、游泳馆建设，全面改造老城区供水管网，让城市功能更加完备、生活更加便捷。大力实施绿化亮化美化和河道整治工程，加快建设一批滨河绿地、节点绿化，新增城市绿地面积25公顷，城市河道水环境明显改善，让城市水绿交融、充满灵性，创成省级园林城市。创新城管体制机制，抓好广告整治、交通管理、物业管理、农贸市场管理等重点和难点，让城市更加洁净清新、繁华有序。积极做好去库存工作，促进房地产市场稳定健康发展。

（五）重抓城乡协调发展，着力形成城乡一体化发展新格局。更加重视集镇规划建设，有序推进新型农村社区建设，推动优质公共服务资源向镇村延伸，不断增强城乡发展的整体性。

构建科学完善的新型城镇格局。按照“黄海之滨水绿宜居城市”定位，着力构建县城港城、镇区、新型农村社区三级城乡体系。全面启动镇区控规编制工作，深入推进集镇环境整治。小尖镇加强集镇管理，进一步彰显名镇风采。大有镇发挥区位优势，打造区域中心镇。南河镇加快完善集镇功能，做精做特现代农业，打响农业强镇品牌。双港镇加快集镇改造步伐，打造灌河流域特色镇。运河镇加快实施集镇优化工程，打造响水南大门新形象。黄圩镇充分发挥企业集聚、绿色生态、历史文化等优势，加快打造产业强镇、生态美镇、旅游名镇。鼓励支持张集、六套、七套、老舍发展特色农业，推进园区建设，提升集镇形象，展现中心社区新风貌。切实加强被撤并乡镇集镇区的建设管理，提升集镇环境和管理水平。

打造干净舒适的农村人居环境。按照“因地制宜、因势利导”思路，优化村居布局规划，打造一批特色村居。有序推动农民集中居住，重点抓好兴华、沙荡、合心、郭庄、五河、兴南、云梯关、龚集、大有居等新型农村社区建设。实施村庄环境改善提升行动，全面建立农村河道保洁、道路养护、绿化管护、垃圾清运、设施维护“五位一体”长效机制，建成江苏美丽乡村3家。提高农村教育、卫生、文化等公共服务水平。加强农村建房规划审批管理，严格土地执法监管，建立网格化监管责任体系，及时查纠各类违法违规建设行为；加强耕地保护，争创省国土资源节约集约利用模范县。

形成城乡协调的基础设施体系。做好连盐铁路建设配套服务，启动火车站综合交通枢纽建设。开工建设火车站连接线、苗寨大桥连接线，对双六路、海七路进行拓宽改造，加快推进204国道响水绕城段各项前期工作，力争年内启动建设。扎实推进农路农桥建设和城乡客运一体化，新建改造农村公路150公里、改造桥梁30座，修建农桥80座，新开通镇村公交线路3条。新建中心社区污水处理厂和压缩式垃圾中转站，铺设集镇污水管网30公里，加快实现城镇生活污水和垃圾处理设施全面覆盖和稳定运行。大力推进灌河治理、黄河故道干河整治等重点水利工程。启动清新、佑东220千伏变电站工程，建成大有、老舍110千伏变电站。加快推进农村地区光网改造、4G网络和光纤入户工程。

（六）重抓改革推动发展，充分激发经济社会发展活力。围绕供给侧结构性改革，突出问题导向，扭住关键，精准发力，以改革的思维和手段破解瓶颈、激发活力、推动发展、造福百姓。

深化行政管理体制改革。以减权去利为核心，加大简政放权力度，完善

“六张清单”，推行“三证合一、一照一码”登记制度，实施“五图联审”等服务创新，整治“红顶中介”，压降中介服务事项。加快政务服务标准化建设，提高行政审批“三集中三到位”的集中度和到位率，完善项目审批快速通道。突出放管结合，加强事中事后监管，构建“五位一体”综合监管体系。深化政府机构改革，加快事业单位分类改革，完成不动产统一登记职责整合工作。

深化财税体制改革。制定实施科学、公平、易操作的县镇财政管理体制，充分调动各镇区加快发展的积极性。严格执行国家新预算法，提高预算编制的完整性、科学性和执行的严肃性，全面公开财政预决算和“三公”经费。加大政府购买社会服务力度，强化服务质量监管。积极落实国家降低企业税费、制度性交易成本等政策，切实减轻企业负担。

深化投融资体制改革。创新国有资本运行机制，推进政府平台公司重组整合，组建响水经济发展集团，推动政府投融资平台全部转向实体化运行。积极推进创业投资和股权投资，推动县和三大园区平台公司到市金融城设立融资窗口，拓宽直接融资渠道，推动投融资工作取得更大成效。高度重视投融资专业人才的引进和培养，超常规引进一批高端经营管理人才，逐步推行职业经理人制度，不断提高国有企业活力和国有经济整体竞争力。加强政府性债务管理，全面清理镇区社会融资。切实防范农村金融风险。大力推行基础设施、公用事业领域PPP模式，吸引社会资本参与沿海开发、城市建设和重大民生工程建设。

（七）重抓绿色生态发展，努力建设美丽宜居新家园。秉持绿色发展理念，深入实施生态文明建设工程，着力打造天蓝地绿水清的城乡环境。

大力推进绿色发展。强化“含绿量”就是“含金量”理念，实施绿色制造三年行动计划，鼓励传统制造业绿色改造，探索企业循环发展、产业循环组合、园区循环式改造，推动绿色低碳循环经济发展。落实“四个最严格制度”，守住生态环境底线，强化约束性指标管理，对建设用地、能源和水资源消耗实行总量和强度双控，加大闲置土地清理力度，科学安排开发强度，不断提高单位土地投入产出效率。深入推进节能减排，严控“两高一资”行业准入门槛，推动化工企业高端发展、减量增效。

持续改善生态环境。扎实推进生态创建，确保年内创成省级生态县，实现国家级生态镇全覆盖。坚决打好大气、水、土壤污染防治三大战役，推动实施一批环境治理和生态保护重点工程，加快畜禽规模化养殖场和养殖小区治污设施建设。切实加强农村河道整治和通榆河饮用水源监管，强化工业废气治理，持续抓好秸秆综合利用和禁烧工作，努力打造饮用水源水质最好、PM2.5平均浓度最低、空气质量优良天数比例最高的地区之一。

加快绿色响水建设。大力推进植树造林，实施20项绿化重点工程，突出城市景观、交通干道、集镇园区绿化建设，实施沿海万亩林场三期和灌江口大桥南侧绿化工程，全年新增成片造林8000亩，新建和完善绿色通道30公里，新增城镇绿地50公顷。开展绿色村庄创建活动，新建省级绿化示范村12个、森林生态示范村2个，全县林木覆盖率达27%以上。

（八）重抓民生优先发展，加快全面小康社会建设进程。解决民生问题是最大的政治，增进民生福祉是最大的政绩。我们将怀揣真挚的百姓情怀，秉持共享发展的理念，深入实施民生幸福工程，把更多财力物力向民生领域倾斜，注重社会公平，强化兜底保障，在百姓少跑腿、少负担、少疑虑、少烦心上多下功夫，让公众在细微之处和点滴变化中真切感受到政府的温馨与关怀。

在加强创业就业中富民。全面启动省级创业型示范城市创建工作，强化创业培训、创业实训和创业孵化，新建创业孵化基地6个。加大金融、财税政策支持力度，重点扶持城乡劳动者初次创业和中小微企业发展，引导培育与县内产业相配套的全民创业项目，年内扶持1200人成功创业。拓宽就业渠道，完善县镇村三级就业服务体系，开发公益性岗位，加快发展服务业等富民产业，年内城镇新增就业5000人，援助300名就业困难人员再就业。全面启动脱贫致富奔小康工程，对经济薄弱村和低收入人口全部建档立卡，落实精准帮扶规划和帮扶措施，探索村集体增收新路径，确保完成年度脱贫目标任务。

在发展社会事业中利民。深化教育综合改革，优化教育资源配置，进一步加强校长和教师队伍建设，加快提高教育教学质量。开展更高水平教育现代化和义务教育优质均衡创建工作，新建校舍22万平方米，启动教育技术装备升级换代工程，确保镇区中心幼儿园和6所异地新建学校秋学期投入使用。完善基本药物制度，规范医疗服务行为，合理调整医疗服务价格，真正降低广大群众看病买药费用。深化医药卫生体制改革，完善人才引进、绩效考核等办法，切实提升医技水平和服务能力。实行精神病人目录药物全部免费，推进医养一体化工作，完成9个卫生院、51个卫生室基础设施标准化建设任务，确保“三年任务、两年完成”。全面实施一对夫妇可生育两个孩子政策。推进文化事业单位体制改革，实施文化惠民工程，打响响水小戏之乡品牌。关心支持老干部、关工委、老促会工作，关爱留守老人、留守妇女、留守儿童，发展红十字、慈善、残疾人等事业。

在提高保障水平中惠民。按照上级统一部署做好基本养老金调整工作，落实低保提标、医疗救助政策，提高最低工资标准，城乡居民基础养老金最低标准提高到每人每月115元，城乡居民医保财政补助标准由每人每年380元提高到425元。实施全民参保登记计划，积极推进机关事业单位养老保险制度改革。加快提高养老服务能力，推进居家养老信息化体系建设，深入实施镇区敬老院提档升级工程，鼓励社会力量兴办养老机构。加大棚户区改造力度，新建保障性住房20万平方米以上。

在创新社会治理中安民。加强县镇村三级综合服务平台规范化建设，大力推广社区网格化管理，深入开展法治先进县创建工作。深化平安响水建设，加快技防设施升级改造，推进农

村技防“村村通”工程，构建立体化社会治安防控体系。严格落实安全生产责任制和责任追究制，推进企业安全生产标准化提质运行。强化食品药品安全全程监管。完善社会矛盾纠纷多元化解机制，层层落实信访工作责任，努力从源头上预防和化解信访矛盾。加强国防动员、国防后备力量和人民防空建设，扎实开展双拥活动，推进军民融合深度发展。

加强政府自身建设

注重学习调研。适应新形势、新使命、新要求，从习总书记重要讲话中获取强大思想武器，从基层和群众中汲取智慧和营养，从实践中找到破解难题的路径，使政府各项工作体现时代性、遵循规律性、富有创造性。大力倡导学习调研之风，完善政府领导集体学习制度、专家授课制度，健全公务员任前和任中培训等制度，加强对新理论、新政策、新知识的研究，全面增强政府工作人员的业务素质和能力，成为引领新常态下各项工作的行家里手。

坚持勤政为民。切实强化县委提出的“四种意识”，时刻牢记肩负的历史重任，始终保持忘我的工作激情，埋头苦干“钉钉子”，不事张扬勇担当，项目化推进工作，一线法化解难题，以抓落实的“快”来保证发展速度的“快”，以抓落实的“好”来保证发展质量的“好”。组织开展专项整治活动，严厉查处有令不行、有禁不止的行为，大力整治不作为、慢作为、乱作为、庸懒散的行为；加强行政效能监察，以更严格的目标管理和监察问责，推动政务服务提速、提质、提效。

严格依法行政。坚持法定职责必须为、法无授权不可为，严格依法办事、依规办事、依程序办事。增强政府全体工作人员法治观念，加强执法人员法律业务培训。严格执行决策程序，全面推行政府法律顾问制度，提高重大决策公众参与度，所有重大决策一律集体讨论决定。扎实推进政务公开、村务公开，促进行政权力公开透明高效运行。认真贯彻执行县委决策部署，自觉接受县人大法律监督、工作监督和县政协民主监督，认真办理人大代表议案建议和政协委员提案，广泛接受社会各界监督。

永葆清正廉洁。严格执行中央八项规定和省市县委十项规定，认真贯彻《廉洁自律准则》和《纪律处分条例》，严格落实政府系统党风廉政建设责任制和责任追究制，强化领导干部“一岗双责”。加强廉政文化建设和反腐倡廉教育，大力倡导艰苦奋斗，反对铺张浪费，从严控制行政成本，压降“三公”经费，勤俭办一切事业。坚持以零容忍态度惩治腐败，严肃查办发生在重点领域、关键环节和群众身边的腐败案件，让顶风违纪者得不偿失，让心存侥幸者望而生畏，加快形成干部清正、政府清廉、政治清明的良好政务环境。

中国人民政治协商会议
响水县第九届委员会常务委员会工作报告（摘要）

2016年1月5日在中国人民政治协商会议响水县第九届第五次会议上

县政协主席　杨毅坚

2016年1月5日县政协主席杨毅坚在中国人民政治协商会议响水县第九届第五次会议上

2015年工作回顾

加强学习，把握思想政治大方向。重视学习是人民政协的优良传统。我们始终坚持以理论学习为抓手，筑牢思想基础，明确政治方向。多层面全覆盖，学深学透理论精髓。坚持从多层面开展灵活机动的学习活动，深入学习贯彻党的十八大和十八届三中、四中、五中全会以及习近平总书记系列重要讲话精神。主席会议带头学。年初制订学习计划，有计划、分步骤地组织学习，认真撰写心得体会，并在县中心组学习会上进行交流。常委会议组织学。每次常委会议都印发学习材料及辅导资料，进行集中讨论，相互交流，共同提高。邀请县委宣传部门负责同志解读五中全会精神，真正做到学深学透，入脑入心。委员自主运用学。委员结合工作实际，在日常生活工作中，通过电视、报刊、网络等主流媒体进行学习，不断提升自身理论水平和

素养，进一步提高对中央“五位一体”总体布局和“四个全面”战略布局的认识，更加坚定实现第二个百年奋斗目标和中华民族伟大复兴中国梦的信念。多形式全方位，深入开展专题教育。我们根据中央和省市县委统一部署，结合工作实际，精心部署安排“三严三实”专题教育活动。召开“三严三实”专题会议，研究制定了学习计划和方案，明确了开展专题教育的总体要求、目标任务、方法措施等。开展好讲党课活动，发挥带学促学作用，使讲党课的过程成为统一思想、深化认识、再次教育的过程。准确查摆了“不严不实”的具体表现和思想根源，提出了整改方向和具体措施。通过教育，进一步增强领导干部恪守“三严三实”的自觉性，做到胸中有理想、心中有敬畏、肩上有担当，始终做让党放心、让群众满意的好干部。多角度全员化，灵活组织委员培训。我们坚持有计划、有步骤地开展委员培训工作，将培训内容和常委会议内容有机结合起来。邀请市政协相关领导指导开展委员培训活动，邀请县委党校负责同志对委员进行集中培训，邀请县相关部门负责同志分别就园区项目建设、镇村经济发展进行解读，组织学习社会主义市场经济理论和现代科学技术等知识，组织听取关于“世界格局变动与中国大国外交”等专题讲座，努力提高委员的综合素质和参政议政能力。

围绕中心，投身经济发展大潮流。紧紧围绕县委、县政府工作中心，充分发挥政协组织的独特优势，积极参与招商引资、服务企业，为响水经济发展贡献力量。坚持招商引资不动摇。近年来，我们把招商引资工作摆上突出位置，扑下身子抓落实。各位主席走南闯北，分别赴台湾、浙江、上海、北京、安徽、山西、苏南等地招商，跟踪洽谈游艇、房车、特钢、高压泵闸、水漆涂料等项目。组织委员参与招商引资，持续3年开展“每个委员提供一条信息、每个界别引进一个项目”主题活动，全年组织有常委、委员参与的招商活动20多次。政协机关还组成专职招商队伍，开展定向招商、委托招商、敲门招商、以商引商。经过努力，委员提供项目信息达118条，并成功引进2个项目，其中外资项目千峰皮件已正式开工建设，皇朝家私项目已建成运营；正在跟踪重大在手项目4个，其中游艇、房车以及特钢等项目有望近期签约落户。坚持服务企业不松劲。面对经济下行压力加大、一些企业运行困难的情况，我们坚持与企业风雨同舟、患难与共，带着感情、带着笑脸、带着责任、带着担当去服务企业。各位主席对所挂钩联系的企业和项目，每月至少去两次，看现场、听情况，帮助出主意、想办法、跑手续，处理矛盾，解决问题。一年来，我们积极配合县委、县政府主要领导做好德龙公司、荣鑫伟业、隆亨造纸等企业服务工作。目前，德龙三期不锈钢项目已正式投产，隆亨造纸与北京环卫集团完成合作重组，荣鑫伟业即将投产。我们还组织各专委会和政协机关同志，对全县的45家政协委员企业进行挂钩联系，协调服务，帮助委员企业排忧解难。但凡企业找上门来，我们都有求必应，不厌其烦，倾力帮助协调和解决问题。经济主管部门的政协委员，能立足自身岗位，提供针对性服务，先后为亚邦药业、祥瑞药业、恒康医疗器材等企业研发新品提供帮助；协调处理园区境内发生的强买强卖、围堵厂门、干扰企业正常生产秩序等违法行为，为企业发展保驾护航。坚持创新创业不懈怠。经济发展进入新常态后，更需要依靠创新驱动。政协委员都是社会各阶层、各行业的精英，更是创新创业的生力军，在促进创新创业上有着独特优势。我们通过广泛协商座谈，深化委员对“大众创业、万众创新”的理解和认识，鼓励有意愿、有条件的委员进行创新创业，涌现出一批先进典型。封雨委员注册“风哥”全类商标，开发“风哥”牌原浆酒、洋槐蜂蜜、纯净水等系列产品，现正在筹建创业孵化园，可带动百名大学生就业、创业；张耀芹委员回乡成功创办了伸缩电动门厂；盐城易宝路轮胎公司的李建军委员勇于创新，在当前汽车轮胎行业整体不景气的情况下，积极开发农用车轮胎新品，使公司产销两旺，全年实现销售1.5亿元，上缴利税200多万元。

发挥优势，奏响履职为民大合唱。我们始终与县委、县政府在思想上同心同德，在工作上步调一致，心往一处想、劲往一处使。广泛组织委员发挥职能优势，积极为县委、县政府献良策，为广大群众谋福祉。多层协商，突破重点。我们围绕县委、县政府年初确定的20件实事工程，组织委员多次到相关职能部门、园区、企业实地调研，开展多种形式的协商活动。对民政部门社会救助、行政审批事项清理和流程优化、农村环境综合整治等进行专题协商，组织医卫界、中共界委员对公共卫生服务网格化管理、非物质文化遗产的保护和开发等工作开展卓有成效的界别协商和对口协商。对全年审查立案的141件提案，认真督促办理，并全部办复，委员对提案办理的满意率达98%。其中，《关于推进我县企业“三证合一”登记制度改革》等10件重点提案，办理结果在《今日响水》报上进行公示，较好地回应了社会关切。建言献策，聚焦热点。我们结合事关全县发展大局的重要问题和重大事务，专门成立重点课题调研组，围绕服务企业和保险服务业发展情况展开调研，经过深入走访、座谈，协商通过了《关于进一步加强服务企业的建议案》和《关于推进现代保险服务业发展的建议案》，得到了县委主要领导的充分肯定，并专门作出批示，要求认真加以推进。同时，还结合公共卫生服务网格化管理、港城建设等视察工作，形成了《大力推进网格化管理　提升卫生服务能力》、《策应沿海灌河开发　加快推进港城建设》的调研报告，为县相关部门、单位加快实施网格化管理和港城建设等工作提供了帮助。民主监督，直击焦点。民主监督是人民政协独具特色的基础性工作。我们积极支持和鼓励委员参与全县行风监督评议，全年有25名委员应邀参与环保、安监、市场监管、公安、国税、地税、住建等部门的政风行风评议活动，还对一些热点岗位进行评议，指出了存在的问题，提出了整改意见及建议。切实履行民主监督职能，对全县教育“双创”、秸秆禁烧与综合利用、优化服务环境、职能部门效能建设、司法部门依法行政等方面进行民主监督，进一步促进了全县服务

环境的改善和效能的提高。

夯实基础，构筑建功立业大舞台。政协自身建设的水平关系到履行职能的成效。常委会主动适应新形势，把加强自身建设摆上重要位置，为政协履职提供了坚强有力的保障。深入基层实际，改进工作作风。密集开展视察调研活动。坚持围绕人民群众关注的热点、难点问题，组织委员深入田间地头、生产车间和项目现场，察看了部分镇区中小企业园建设、全县房地产开发、城乡供水一体化建设、农业农村收入倍增计划实施等情况，并对加快推进相关工作，提出了许多具体的、富有建设性的意见和建议。积极投身脱贫攻坚工作。充分发挥委员在脱贫攻坚工作中的积极作用，多次召开委员座谈会，相互交流脱贫攻坚工作经验和做法。编印了《委员风采·脱贫攻坚篇》，介绍了7位委员的先进事迹，展示了委员们在脱贫攻坚中的风采。认真开展"三解三促一加强"活动。主动深入帮扶镇村开展结对帮扶工作，多次上门详细了解帮扶户生产生活情况，为帮扶户出主意、想办法、筹资金、上项目，帮扶工作取得明显实效。各位主席还驻村入户，积极争取项目资金，帮助群众铺路、架桥、修建灌溉水渠，慰问留守儿童、孤寡老人，为弱势群体送去组织上的关爱和温暖。密切委员联系，发挥主体作用。政协委员是政协开展工作的主体，是政协履职的核心力量。我们高度重视委员队伍建设，各位主席分片联系走访委员，了解委员在各自岗位上的工作、生活情况，引导委员增强履职意识，关注社情民意。政协机关通过公共邮箱、内刊等平台，为委员履职提供服务，让县政协机关真正成为委员之家。每个专委会、各个界别每年都安排2–3个各具特色的活动，委员们通过座谈、视察、调研等形式，深入实际，联系群众，更好地反映社情民意，提出积极的意见和建议，有效地推动有关部门改进工作。加强制度建设，提升工作效能。严抓党风廉政建设，端正工作作风。我们以开展"三严三实"专题教育活动为契机，全面落实从严治党要求，对照中央的《八项规定》、省市县委的《十项规定》和县《二十个一律》的要求，严格履行委员主体责任，提升履职尽责水平，在政协系统营造风清气正的政治生态。完善考核制度，规范委员履职行为。制定委员参加会议、调研视察、提交提案等考核办法，进一步完善《县政协优秀提案评比办法》和《县政协"三好委员"评选办法》，充分调动政协委员履职积极性、主动性，在委员中形成比学赶超的良好氛围。强化职能作用，切实发挥机关优势。各专委会定期组织各界别的委员和专家、学者组成精干队伍，进行深入细致调查研究，提高协商议政工作水平和效能。一年来，我们还积极做好文史资料征集、政协工作的研究和宣传、与外地政协开展联谊活动等工作，取得了显著的成效。

严明党的纪律　忠诚履行职责
推动党风廉政建设和反腐败工作迈上新台阶(摘要)

2016年2月22日在中国共产党响水县第九届纪律检查委员会第六次全体会议上

县委常委、纪委书记　谢　伟

一、2015年工作回顾

一是突出执纪特色，牢牢把纪律挺在前面。认真学习贯彻习近平总书记关于党风廉政建设和反腐败斗争的重要论述、中央新颁发的《准则》和《条例》，举办专题讲座26场次，组织2万多名党员参加集中测试。紧紧围绕党和国家路线方针政策，以及县委、县政府深化改革、推动发展、改善民生等重大决策部署的落实情况，切实履行再监督职能，推动职能部门履职尽责，确保政令畅通。强化从严执纪，用好监督执纪"四种形态"，出台《关于对乡科级领导干部进行谈话函询的暂行办法》，全年约谈党员干部186人，给予党员干部党纪轻处分136人。

二是强化压力传导，推动"两个责任"落地生根。落实全面从严治党县镇村三级党组织责任，形成上下贯通、齐抓共管的责任链条。建立镇（区）党（工）委落实主体责任双报告、向县委常委会述责等制度，两次召开镇（区）党（工）委书记履行主体责任汇报会、纪（工）委书记履行监督责任汇报会。由县委常委、党员副县长带队对25家单位党风廉政建设责任制落实情况进行检查考核。出台《响水县党风廉政建设责任追究实施办法（试行）》，严格实行"一案双查"，年内追究主体责任5起，追究监督责任2起，以强化问责倒逼责任落实。

三是敢于亮剑出招，"四风"问题得到有效遏制。召开机关作风建设典型案例通报会，集中曝光6起典型案件。组织明查暗访64批次，查处违反作风规定问题33个。出台《关于进一步改进机关作风、服务经济发展的八个严禁》，开展奢侈浪费专项整治活动，全县公务接待、因公出国（境）、公车购置运行费用同比分别下降37%、56%、39%。严查群众身边的"四风"和腐败问题，中央和省市纪委交办的63个问题线索均按期办结。

四是保持高压态势，强化"不敢

腐”的氛围。进一步完善反腐败协调机制，多次召开联席会议，深挖细排案源线索，严格依纪依法安全文明办案。全年受理涉纪类信访举报393件，处置问题线索167件；立案查处159件，同比上升67.4%。查处科级干部18人，数量居全市第一。重点查处了县卫生系统发生的腐败窝案，共有5人被处理，其中4人被移送司法机关。

五是注重标本兼治，源头治理工作深入推进。高度重视行政过错责任追究工作，先后对11名责任人问责追究。严格落实“一把手”“四不直接分管”和末位发言制度，着力规范权力运行。改版“灌江廉潮”网，开通“清风响水”微信公众号，加大廉政宣传力度。开展领导干部“510”警示教育活动，组织13批次3000多名党员干部到县警示教育中心接受廉政教育，组织120名科级干部到连云港监狱接受警示教育。积极推动政府部门简政放权，督促县直35个部门在全市率先编制权力清单。

六是践行严实作风，纪检监察干部素质不断提升。县纪委常委班子带头学习践行“三严三实”要求，率先锤炼严实作风。组织全县纪检监察干部开展“学思践悟”活动，选派5批次12名纪检监察干部参加中纪委培训，举办12期纪检监察干部“周末讲堂”。深入推进纪检监察“三转”工作，全面清理纪委参与的议事协调机构，严格规范纪委书记（纪检组长）兼职分工，及时完成县纪委内设机构调整。出台纪委书记（纪检组长）提名考察办法。组织全县纪检监察干部到部分重点企业观摩学习，着力打造团结、奉献、争先的纪检监察队伍。

在充分肯定成绩的同时，我们也要清醒地看到存在的问题和不足：少数党组织和党员领导干部对落实“两个责任”认识不深，责任落实还不到位；滋生“四风”和腐败问题的土壤依然存在，作风持续好转的状况有待巩固；把握运用监督执纪“四种形态”不够全面，工作方式方法需要进一步改进；少数纪检监察干部存在能力不足的危险，思想观念、工作作风还不能完全适应新形势新要求。对此，我们要高度重视，切实加以解决。

二、坚持把纪律建设摆在更加突出位置

习近平总书记多次指出，加强纪律建设是全面从严治党的治本之策，在中央纪委六次全会上，再次强调要把纪律建设摆在更加突出位置。省市县委对此也提出了明确要求。我们在谋划推进新年度工作时，一定要深刻认识、准确把握加强纪律建设的重大意义和丰富内涵，聚焦纪律建设，严格监督执纪，这是推动党风廉政建设和反腐败工作迈上新台阶的根本保证。

——加强纪律建设，核心在于坚持党的领导，深入落实管党治党政治责任。各级党组织要进一步坚定“两个没有变”、“四个足够自信”，始终保持反“四风”、正党风，反腐败、倡清廉的战略定力，自觉担负起全面从严治党主体责任，充分发挥党要管党、从严治党的领导核心作用，把纪律从严从实执行到位。各级干部特别是领导干部，要带头讲纪律守纪律管纪律，坚持用纪律抓班子带队伍，用纪律规范和推进工作落实。纪检监察机关要发挥党内监督专门机关的职能作用，始终踩着不变的步伐，以永远在路上的韧劲聚焦纪律建设，把党风廉政建设和反腐败工作引向深入，为建设全面小康新响水提供坚强保证。

——加强纪律建设，关键在于把纪律挺在前面，科学把握和运用“四种形态”。全县纪检监察组织要提高思想政治水准和把握政策能力，注重抓早抓小、防微杜渐，始终以啄木鸟精神严格执纪，综合运用批评教育、约谈函询、诫勉谈话、组织处理、纪律处分等方式开展监督执纪问责，使咬耳扯袖、红脸出汗成为常态，让党纪轻处分、组织调整成为大多数，重处分、重大职务调整的是少数，严重违纪涉嫌违法立案查处的只是极极少数，实现惩处极少数、教育大多数的政治效果和社会效果。

——加强纪律建设，目标在于深化标本兼治，着力构建“三不”有效机制。加强纪律建设必须坚持高标准和守底线同向发力，在始终保持正风肃纪高压态势的基础上，坚持依规治党和以德治党相统一，强化理想信念引领，激发党员干部遵章守纪的内生动力，强化党员干部清正廉洁的自律意识，从根本上杜绝腐朽思想的滋生蔓延。尤其要以贯彻执行《准则》和《条例》为契机，坚持以德为先、以纪为戒，充分发挥思想道德的感召力，凸显党规党纪的约束力，督促党员干部始终坚定信念不动摇、坚守底线不逾越，努力实现从不敢腐到不能腐、不想腐的跃升。

——加强纪律建设，路径在于严格监督执纪，忠实履行党章赋予的神圣职责。全县纪检监察组织要以党章党规党纪为根本遵循，全面履行党章赋予的职责，进一步转变思想观念、改进方式方法，坚持用纪律思维分析问题、按纪律标准处置问题、用纪律底线规范行为，在线索处置、纪律审查、案件审理等各个环节都要回归党章“原教旨”、回归纪律检查职责本位。要认真落实纪律检查体制改革的各项要求，努力提升纪律检查治理能力和水平。要借助现代化信息手段，不断提高纪律检查工作实效。

三、2016年主要任务

（一）加强纪律建设，维护党规党纪权威

严明政治纪律和政治规矩，紧紧围绕对党忠诚、履行管党治党政治责任、遵守党的纪律开展监督检查，不断增强全县各级党组织和广大党员干部的纪律观念。

抓好《准则》和《条例》的学习贯彻。全县纪检监察组织要带头学习《准则》和《条例》，把严格执纪作为最大的政治担当，把运用监督执纪“四种形态”作为工作的方式方法，进一步转变工作理念、创新工作思路、提升工作成效。要一切奔着纪律去，从信访受理、线索处置、谈话函询，到执纪审查、调查谈话、审理报告，都要突出纪律特点，把监督执纪各项工作做深做细做实。要组织全县党员干部参加“学准则用条例”知识竞赛，编发《党员干部违纪违规典型案例》，召开“以案说纪”现场会，让纪律和规矩成为对全县党员

干部的刚性约束。

突出领导干部这个“关键少数”。建立全县党员领导干部“忠诚、干净、担当”的责任清单;研究出台《加强对“一把手”监督管理的实施办法》,建立上级纪委对下级党委“一把手”、同级纪委对同级党委领导班子成员舆情反馈制度,建立干部选拔任用和领导干部插手重大事项记录问责制度;对各级领导干部遵守和执行纪律情况进行“双向检查”,通过征询上级主管部门意见、走访所在单位和基层群众,对苗头性问题及时约谈敲警钟。推出领导干部廉洁自律示范榜,发挥先进典型的示范引领作用。加强对基层领导班子换届工作的监督检查,进一步严明纪律要求,加大查处力度,严格问责追究,确保换届风清气正。

围绕“政令畅通”开展监督执纪。督促各级党政组织和党员干部深入贯彻中央和省市县委全会精神,服务保障各项重点任务的推进落实。强化纪检监察机关再监督职能,加强对职能部门履职情况的监督检查,坚决查处上有政策、下有对策,有令不行、有禁不止,不担当、不作为,服务“中梗阻”等问题。坚持问题导向,进一步完善各项规章制度,坚持用制度管人管事,深入推进依法行政,不断优化经济发展环境,保障全县经济社会又好又快发展。

(二)推进改革创新,聚焦“两个责任”落实

牢牢抓住党风廉政建设党委主体责任这个“牛鼻子”,落实“两个为主”的改革要求,推进派驻监督全覆盖,不断攥紧拳头、精准发力,凝聚党风廉政建设和反腐败工作的强大合力。

以问责追究推动责任落实。各级党组织要深化对主体责任内涵的认识,知责明责尽责,真正把党要管党、从严治党作为分内之事、应尽之责,落实到党的建设全过程、各方面。要认真落实全面从严治党县镇村三级党组织责任清单,建立健全年度任务清单、季度工作清单、问题督办清单和整改落实反馈书“三单一书”制度。纪检监察机关要全面履行监督责任,持续加大问责追究力度,对执行党的路线方针政策不力、管党治党主体责任缺失、监督责任缺位、“四风”和腐败问题多发频发、交办事项不落实的,都要严肃追究责任。坚持“一案双查”,在查清当事人违纪违规事实同时,查清相关主体责任和监督责任履行情况,提出是否进行责任追究的意见建议并签字背书,让失责必究成为新常态。

深化纪律检查体制改革。认真落实纪委书记(纪检组长)提名考察以上级纪委为主的规定,加强与相关部门的协作配合,确保改革举措落到实处。认真落实查办腐败案件以上级纪委领导为主的要求,严格执行下级纪委向上级纪委报告线索处置和纪律审查情况的制度,对瞒报、漏报和不按规定及时报告的,依纪依规进行处理,严肃追究责任。要积极探索提级办案和指定办案,督促纪(工)委、纪检组重视和加强纪律审查工作。

推进派驻监督全覆盖。研究出台《关于加强县纪委派驻机构建设的实施意见》,积极推进县纪委派驻监督全覆盖。各派驻监督机构要充分发挥“派”的权威和“驻”的优势,聚焦主业主责,强化监督执纪问责,不再承担驻在部门领导班子履行主体责任相关日常工作。纪检组长要经常与被监督单位党组(党委)书记交换意见、通报情况。派驻干部要强化派驻意识,做到敢字当头、无私无畏、勇于监督、善于监督。要掌握被监督单位的历史和特点,分析出现问题的深层次原因,提高发现和处置问题的能力。要从问题线索抓起,把监督触角延伸到前端,发现苗头就及时提醒,有了问题就谈话诫勉,严重违纪就立案查处。

(三)坚持长抓常管,深化作风建设成果

组织开展“作风建设提升年”活动,突出重点部门和重要事项,盯住关键环节和重要节点,硬化监管举措,注重实际效果,完善长效机制,建设风清气正的政治生态。

大力倡导清正廉洁作风。开展领导干部“510”警示教育活动,评选“勤政廉政好干部”,深化党员干部“廉洁从政、廉洁用权、廉洁修身、廉洁齐家”教育,组织拟提拔干部财产公示和廉政知识测试,进一步营造守纪律讲规矩比清廉的浓厚氛围。深入挖掘县内廉政文化资源,充分发挥县警示教育中心作用。大力弘扬中华民族优秀传统文化,高度重视领导干部家风建设,出台领导干部家规条约,开展领导干部“读家书谈家规品家风”征文竞赛等系列活动,推动党风政风和社会风气的持续好转。

强化作风建设监督检查。扎实开展“作风建设提升年”活动,健全党委、政府、纪委联动督查机制,完善县镇村三级作风监督网络,形成齐抓共管的合力。设立监督举报“直通车”,开通“APP随手拍”、“灌江廉潮”网、“清风响水”微信等举报平台,建立快速响应处置机制。针对群众普遍关注的公款吃喝、公费旅游、公车私用、私车公养、兼职取酬、私设“小金库”、大操大办婚丧喜庆、玩小圈子搞团团伙伙等问题进行专项整治。严肃查处在服务基层、服务企业、服务群众中吃拿卡要、推诿扯皮,特别是服务“中梗阻”、影响和阻碍招商引资、项目建设和企业生产经营的人和事,曝光典型案件,让铁规发力、禁令生威。

完善作风建设长效机制。认真落实领导干部带头改进作风、定期接访下访、直接联系和服务群众、开展作风建设公开承诺等制度,进一步密切党群干群关系。依托纪(工)委和村(居)监督组织,建立民情访谈、民情日记、民情台账,加强对党员干部作风状况的动态分析,建立预警告诫制度。完善领导干部“公述民评”、请服务对象评服务制度,开设作风建设“曝光台”,推行“互联网+”评价作风建设新模式,把作风建设纳入党风廉政建设责任制考核,抓好考核结果运用,实现作风建设常态化。

(四)保持高压态势,坚决有力惩治腐败

党的纪律审查是政治任务,必须讲政治、顾大局、守纪律。要完善查办案件组织协调机制,加强对反腐败工作的统一领导,加强对纪(工)委、纪检组纪律审查工作的领导,坚持依纪依法安全文明办案,不断提升纪律审查水平。

深挖细查案源线索。完善反腐败

协调机制，加强与公安、检察、法院、审计、财政等机关部门的协作配合，建立行政执法部门案件线索定期移送制度，着力形成反腐败工作合力。注重从信访举报、作风巡查、街谈巷议、民主评议等途径研判案件线索，建立反映党员干部问题线索的信息管理系统，按照中央纪委五类处置标准，固化线索登记、报批、转办和查询流程，清理暂存线索，加大集中管理和集体排查力度，切实提高线索成案率，实现由重抓大案要案向抓早抓小转变，由注重数量向数量质量并重转变，由管住少数向管住大多数转变。

突出纪律审查重点。用最坚决的态度减少腐败存量，用最果断的措施遏制腐败增量，严肃查处违反党的政治纪律、组织纪律、廉洁纪律、群众纪律、工作纪律和生活纪律行为；重点查处十八大以后不收敛不收手，问题线索反映集中、群众反映强烈，现在重要岗位且可能还要提拔使用的领导干部。科学运用监督执纪"四种形态"，健全完善信访预警告诫等制度，对党员干部苗头性问题早发现早提醒早纠正，防止小错酿成大错。

提升执纪办案质量。始终把案件质量作为纪律审查的生命线，突出执纪特色，体现党内审查特点。注重提高初核质量，准确把握违纪事实，提升审查谈话水平。坚持快查快结，发现问题线索迅速查处，该组织处理的坚决处理，该纪律处分的坚决处分，该移送司法机关的坚决移送。改进案件监督管理，规范办案程序，严明办案纪律，加强涉案资料和款物管理，严格依规依纪安全办案，坚决守住安全底线。改进案件审理工作，全面落实"三审一评"要求。严格执行执纪办案的各项规定，对违规私存线索、以案谋私、跑风漏气的，发现一起、查处一起。

（五）重抓基层基础，切实维护群众利益

组织开展"基层正风肃纪年"活动，认真落实中央关于"全面从严治党向基层延伸"的要求，完善村务公开制度，规范村（居）财务管理，着力解决群众身边的"四风"和腐败问题。

把党风廉政建设延伸到村组。加强村（居）监督组织建设，配齐配强村（居）监督员队伍。每半年召开一次村（居）党组织负责人履行主体责任述责会，促进党风廉政建设党委主体责任在基层落到实处。坚持工作重心下移，建立纪检监察干部联系帮扶薄弱村和访贫问廉制度，开展"正风肃纪乡村行"和创建"清风村居"活动，深入总结推广农村基层网格化管理、村民议事监事、村务财务公开、村帮办、村财镇管等方面的经验做法，推出我县农村基层党风廉政建设的特色品牌。

构建"点线面体"防控体系。"点"，就是要切实抓好村（居）干部队伍这个"关键少数"。"线"，就是要重视解决发生在农村基层第一线的"四风"和腐败问题，建立信访、民政、国土、财政、审计等部门信息共享和沟通协作机制，认真排查损害群众利益的问题线索。对比较典型、反映突出、久拖不决的问题线索实行挂牌督办，对查处不力、问责不严的，不销号、不放过，把工作做到基层一线，问题解决在基层一线。"面"，就是要用纪律管住全体党员，严肃查处发生在一般党员中的违纪问题。"体"，就是要构建教育、制度、监督和惩处"四位一体"的惩防体系，把农村基层党风廉政建设不断引向深入。

严肃查处侵害群众利益问题。着力查处扶贫领域虚报冒领、截留私分、弄虚作假、挥霍浪费问题。重点查处土地征收流转、农村"三资"管理、强农惠农补贴、低保救济、城镇拆迁改造，超标准超范围向群众筹资筹劳、摊派费用，违规收缴群众款物或处罚群众，克扣群众财物、拖欠群众钱款等突出问题。严肃处理在办理涉及群众事务时生冷硬推、吃拿卡要甚至欺压群众的违纪行为。要针对存在问题和薄弱环节，督促相关部门健全完善监管机制，推进源头治理工作，规范基层权力运行。

（六）锤炼定力能力，锻造过硬纪检监察队伍

组织开展"队伍建设加强年"活动，结合换届选举，配齐配强基层纪委班子，持续深化"三转"工作，注重经常性教育管理，建设团结、奉献、争先的纪检监察队伍。

加强基层纪委班子建设。今年是基层纪委换届之年，要按照中央和省市县委统一部署，认真分析基层纪委班子现状，及早谋划换届工作方案。要全面落实纪委书记（纪检组长）提名考察办法，把政治强、作风硬、德才兼备、敢于担当、群众公认度高的干部选拔进基层纪委班子。要进一步优化基层纪委的人员结构，落实好纪委委员是职务不是荣誉的要求，选配好纪委委员，发挥好纪委委员作用。要进一步扩大选人用人范围，加大轮岗交流力度，不断增强干部队伍的生机活力。

巩固深化"三转"工作成果。各镇（区）纪检监察干部要专职专用，不得兼任其他岗位职务，不得分管与纪检监察无直接关系的其他工作。县直部门单位的纪检组长在没有派驻监督之前也要专职专用，把主要精力投放到纪检监察工作中来。要加大对镇（区）和县直部门单位执纪办案工作的跟踪指导，探索跨区域联合办案、交叉办案机制。对不专心从事纪检监察工作、导致所在单位或部门出现严重腐败问题的纪检监察干部予以问责追究，以责任追究倒逼"三转"工作向纵深推进。

加强对干部经常性教育管理。围绕忠诚、干净、担当要求，组织开展"比学习看谁业务能力提升快、比实干看谁吃苦耐劳多、比奉献看谁工作实绩优、比廉洁看谁群众口碑好"的"四比四看"竞赛活动。继续举办全县纪检监察干部"周末讲堂"，不断提升纪检监察干部的能力素质。坚持"严管就是厚爱"，对执纪违纪、以案谋私的，做到发现一起、查处一起；对不作为、不善为的，要批评教育、组织调整，造成严重后果的要给予纪律处分，决不允许"灯下黑"，锻造具有铁一般信仰、铁一般信念、铁一般纪律、铁一般担当的纪检监察干部队伍。

关于响水县2015年国民经济社会发展计划执行情况和2016年国民经济社会发展计划（草案）的报告（摘要）

2016年1月6日在响水县第九届人民代表大会第五次会议上

县发改委主任　陈鸣胜

一、2015年国民经济和社会发展计划执行情况

2015年，在县委、县政府的正确领导下，在县人大、县政协的监督支持下，全县上下紧紧围绕县九届人大四次会议通过的国民经济社会发展计划目标，始终坚持“建设新响水，发展上台阶，奋力实现响水发展北抬头”总定位，积极克服破解新常态下经济社会发展难题，统筹推进稳增长、调结构、促改革、惠民生、保稳定各项工作，全县经济社会发展持续向好。

（一）三次产业协调发展，经济发展稳中有进

预计全年实现地区生产总值250亿元、同比增长10.5%，一般公共预算收入32.5亿元、同比增长17%，二三产业比重提高至83.8%，实现了经济平稳较快增长。

*农业生产稳定增长。*粮食生产实现十二连增，新增设施农业3.2万亩，新发展家庭农场81家，新增合作组织39家，新引进投资超千万元农业龙头企业21家。建成国际一流的中粮现代化生猪养殖项目和全省单体规模最大温氏现代化生猪养殖项目。

*工业经济实现新跨越。*预计完成规模以上工业增加值164.5亿元、同比增长12%，全口径工业开票销售344亿元、同比增长18.5%，工业开票销售指标总量位居全市前列。工业用电总量全市第二、增幅全市第一。

*服务业发展持续加快。*预计服务业增加值完成85亿元、同比增长12.3%，服务业投资、税收分别增加20.5%、13.8%，浙江商贸城等服务业重点项目进展顺利，润生广场综合体建成营业。社会消费品零售总额59.8亿元、同比增长12.3%。

（二）有效投入持续扩大，增长动力不断增强

*投资质量不断提高。*预计全年完成固定资产投资241亿元、同比增长18.2%；企业设备抵扣增值税2.38亿元、增长161.6%，总量全市第二、增幅全市第一。全年实现新开工亿元以上项目64个，新竣工亿元以上项目34个，项目规模大、投入快，全市有影响。

*实体经济做大做强。*推进与央企、国企战略合作，已与中国一重、中国神华、长江三峡、中建材、中广核、中粮集团等央企进行战略性合作，央企投资达200亿元。全年新培植工业定报企业25家，提前超额完成市下达目标任务。德龙公司实现开票销售超百亿元，国华电厂纳税3.58亿元，九洲传动在“新三板”正式上市。

*对外贸易势头强劲。*预计完成进出口4.5亿美元，出口3.9亿美元，外贸出口总量位居全市前列。联化科技出口量继续保持全市第一，德龙公司在印尼投资建设年产300万吨镍铁合金冶炼工业园项目苏北规模最大。

（三）转型升级加快推进，发展质效显著提高

*新兴产业发展迅速。*新产业经济发展取得新突破，金属新材料产业被列入全市产业创新“十大工程”，开票销售超百亿元，成为全市产业发展新标杆。长江三峡集团海工装备和海上风电项目，是全国第一家海上风电产业化项目，首批风机已并网发电。德龙、裕廊等项目成为“省级工业经济新增长点”。

*园区支撑更加有力。*全年三大园区工业开票销售、工业投资、外贸出口分别占全县的86.5%、83%和90%，沿海经济开发区和生态化工园区双双建成百亿园区，沿海经济开发区综合实力排名全市第二。推进中小企业园建设，全县新建标准厂房面积20万平方米、新入园企业60家，为大众创业、万众创新搭建了广阔舞台。

*科技创新成果显著。*技改覆盖率全市领先，联化科技等44家企业列入市“千百十”工程，瑞和新材料等4家企业获批国家高新技术企业，天容股份项目成功获批省重大科技成果转化项目。

（四）改革开放不断深化，发展瓶颈有效化解

*沿海开发深入推进。*沿海重点项目建设成效显著，列入全市沿海开发11个重点项目，完成投资106亿元，超额完成年度计划，沿海临港产业发展走在全市前列。港口能级得到突破性提升，5万吨级码头群启动建设，荣鑫港务6个万吨级码头建成投运。沿海交通条件得到完善，临海高等级公路灌江口大桥建成通车，连盐铁路工程进展顺利。

*重点领域改革取得突破。*大力推进行政审批制度改革，在全市率先公布行政审批事项、行政权力等6张清单，审批周期缩短到3个工作日，实行“一窗收理、抄告相关、同步审批、限时反馈”新的审批运行模式，颁发全市首张内资、外资“三证合一”登记证。深化投融资体制改革，组建县灌江水务公司、县港务公司。积极整合行政事业单位现有资源，全力做大做强城投公司、

港投公司、水务公司等县级投融资平台。深化农业农村改革，推进农村集体土地确权发证，在全市率先探索形成土地市场化流转机制。

对外开放不断扩大。新批投资3000万美元以上外资项目6个，注册外资实际到帐8000万美元，完成年度目标任务。积极申报一类开放口岸，现已开通印尼、菲律宾、香港、日韩等近20条国际航线，港口吞吐量位居全市第二。

（五）统筹发展整体推进，民生改善有了新提升

城乡建设取得新进展。“城市建设推进年”活动扎实开展，县城城东新区迎宾大道、珠江路、灌江路完成改造提升，市民服务中心、创客城等重点项目开工建设；港城中学基本竣工、港城医院、福港二期等重点项目开工建设。大力推进城乡环境综合整治，建成6个乡镇污水处理厂、7个压缩式垃圾中转站。894个自然村庄通过省环境整治全域考核验收。兴华村新社区成为全市一流的统筹城乡示范点，云梯关村顺利通过省“美丽乡村”验收，城镇化率达52.8%。

基础设施建设进一步加强。新建改造175座农桥危桥，改建提升280公里农村公路，完成109公里县道大中修。投入4亿元实施城乡供水一体化工程，春节前让全县人民可吃上同网、同质、同价、同服务的放心水。首批3个卫生院和21个村卫生室达到省标准。

生态建设明显强化。生态红线保护区域扩大至300平方公里，省级以上生态镇比例达87.5%，新建成片造林0.84万亩、绿色通道45公里，城市绿化率、林木覆盖率居全市前列达41.23%、27%，COD排放量消减率4.1%，SO2排放量消减率5%，万元GDP综合能耗完成市目标，空气环境质量PM2.5平均浓度保持较低水平。

民生事业不断改善。预计全年实现城镇居民人均可支配收入23621元、同比增长8.8%，农村居民人均可支配收入13196元、同比增长10.3%，城镇劳动保障三大保险覆盖面97%。20件为民办实事项目顺利完成年度建设任务。教育“双创”投入6亿元，如期实现创建目标。全面完成9个经济薄弱村、2.1万低收入人口脱贫攻坚任务。企业最低工资标准上调9.3%，企业退休人员养老金上调11.7%，25806名城乡低保对象人均标准每月提高40元。帮助1183名困难人员实现再就业，实现城镇失业人员再就业3913人，城镇登记失业率控制在4%以内。48.8万人参加新型农村合作医疗保险，覆盖面达100%。

2015年，全县上下一心，面对经济下行压力，实现了稳增长、促改革、调结构、惠民生的目标任务。同时也清醒的看到，经济社会发展中仍存在一些矛盾和问题。经济下行压力依然存在，部分企业生产经营困难；产业结构不尽合理，转型发展的任务还比较艰巨；资源环境约束对经济增长的影响逐步加深；社会发展领域还存在一些薄弱环节。对这些矛盾和问题，需要认真加以研究，积极予以解决。

二、2016年国民经济和社会发展计划安排

根据县委确定的经济和社会发展的总体目标，2016年全县国民经济和社会发展主要预期目标建议为：

（一）主要预期性指标

——地区生产总值增长11%左右

——规模以上工业增加值增长12.5%

——服务业增加值增长12%

——一般公共预算收入增长12%

——进出口总额增长11%

——固定资产投资增长16%

——社会消费品零售总额增长12%

——二三产业增加值占GDP比重84.8%

——城镇化率54.3%

——全社会研发投入占GDP比重达2%左右

——人口自然增长率控制在5.5‰

——城镇常住居民人均可支配收入增长10%左右

——农村常住居民人均可支配收入增长12%左右

（二）主要约束性指标

——单位GDP能耗下降率达到市目标任务

——化学需氧量、二氧化硫等主要污染物排放量消减完成市目标任务

——林木覆盖率27%

——城镇绿化覆盖率41.5%

——城镇劳动保障三大保险覆盖率97%以上

——新型农村合作医疗实际覆盖面100%

——城镇登记失业率4%以内

预期目标的编排主要基于以下几点考虑：

一是顺应宏观走势。当前宏观形势错综复杂，世界经济深度调整和国内发展加快转型叠加，周期性波动和结构性矛盾交织，向好动力和下行压力相持，不确定不稳定因素较多。但宏观经济长期向好的基本面没有改变，经济保持中高速增长的基础没有改变。市委工作会议确定2016年全市经济增长预期目标为10%左右。

二是体现“北抬头”工作追求。坚持“建设新响水，发展上台阶，实现北抬头”总定位，抓牢用好“一带一路”、沿海开发战略机遇，推进结构性改革，扩大投资稳增长等政策性机遇，初排2016年主要经济指标预期目标总体保持两位数增长，比全市平均水平高出1个百分点以上，保持快于全市、好于周边的发展态势。

三是实现“十三五”良好开局。根据县委“十三五”规划建议明确的主要预期目标，结合2015年实际完成情况，力求体现指标衔接、均衡安排、适度超前、有序实施的要求，初排相关指标增幅不低于“十三五”规划目标。

四是增进民生福祉。城乡居民收入是全面建成小康的核心指标，我县城乡居民收入实现较快增长具有较好基础，随着富民增收渠道不断拓宽，惠农支农政策落实，社会保障体系完善，扶贫帮困精准有效，镇村经济大步跨越，创新创业深入推进，城乡居民收入实现两位数增长有基础、有支撑、有可能。

三、2016年国民经济和社会发展的主要措施

（一）扩大有效投入，促进经济稳定增长

抢抓中央和省、市各项稳增长的政策机遇，发挥投资对稳增长、调结构、补短板、惠民生的关键性作用，推

进项目建设，保持投资稳定增长。

扩大投资规模。着力抓好新兴产业、现代农业、基础设施、生态环境等重点领域项目建设，选择工业、农业农村、服务业、城镇建设、载体与基础设施、为民办实事、生态环境、开放型经济等八大类项目形成我县2016年重点项目工程包并加以推进，确保实现年度投资目标。牵头实施总投资131亿元的10个市三重、八大类项目，年内实现投资突破60亿元。

推进重大项目建设。大力推进精准招商，招引亿元项目60个以上，其中10亿元项目6个以上。加大项目推进力度，竣工亿元项目40个以上，确保巨合金属、荣鑫伟业、海上风电、海工装备、茂腾纺织和荣生二期等项目竣工投产达效，迅速形成新的增长点。

强化中央预算内投资争取。2016年积极的财政政策力度加大，稳健的货币政策更加灵活适度，中央预算内项目资金有更大规模的增加。突出结构性改革，把创新驱动发展、加快制造强国建设、促进服务业发展、推进农业现代化、提高基础设施网络化水平、支撑实体经济发展等作为产业政策引导方向。我们要做好相关部门协同工作，突出港口集疏运体系、重大水利、新一代信息基础设施、战略性新兴产业、工业技术改造和现代农业等方面项目进行编制申报，积极争取更多中央资金落地响水。

破解融资瓶颈。积极推进PPP等新型投融资模式，创新融资方式，拓宽融资渠道，广泛吸纳社会资金参与经济社会发展建设。密切关注国家增加地方政府专项债券规模、推动资产证券化等政策，做好政府债、企业债、公司债申报发行工作，有效扩大直接融资规模。

（二）强化转型升级，推进产业结构调整

坚持转变经济发展方式，主动适应新常态下经济发展新要求，实现质量效益同步升级。

全力突破新兴产业。深入实施《响水县新产业经济发展三年行动计划》和八大产业创新工程，培育壮大新材料、新能源、新医药，大力发展新业态。新材料产业，重点突破金属新材料、化工新材料，积极拓展储能新材料、建筑新材料和先进纺织材料。以德龙镍铁合金、不锈钢项目和荣鑫伟业钛合金项目为基础，不断拓展和延伸新兴产业链条，打造全国知名金属新材料和不锈钢产业基地。新能源产业，重点推进三峡海上风电和海工装备项目，实现海上风能规模化开发。新医药产业重点壮大生物医药规模，提升产业层次。

提升传统产业层次。提升设备装备、推动两化融合、打造智慧企业，加快环保化工、纺织服装、汽车配件及传动件升级改造。实施企业制造装备升级计划，努力提升企业数字化装备、智能化装备水平，培育发展一批智能车间。实施企业互联网化提升计划，支持企业加快研发设计数字化、生产过程自动化、产品装备智能化、经营服务电商化。实施企业研发机构百企行动计划，规模以上企业研发机构覆盖面达60%以上。加大品牌创建力度，全面落实相关鼓励扶持政策，创建省级以上高知名度商标3个、省级以上名牌产品2个以上。

提速发展现代服务业。重点突破现代物流，实施荣鑫伟业港务、兴海物流、海龙物流和多邦化工物流等大型仓储物流项目，积极鼓励生产企业实施物流外包，扶持和培育一批第三方、第四方物流企业。多样化发展服务业经济，重点推进大润发、五星级酒店、华都不夜城等项目。加快发展休闲旅游业，古云梯关旅游度假区建设取得突破性进展。有序发展金融服务业，大力发展科技服务业，快速发展电子商务和发展服务外包。着力建设农村现代服务体系，满足广大农民日常生产生活需要。全年培植限上服务业企业、规上批零住餐企业37个。

大力推进现代农业。着力提升规模种植效益，全年推广联耕联种50万亩，联耕联管比重50%，促进粮食丰产增收。着力加快设施农业建设，新发展设施农业3万亩，把S326设施园艺产业带打造成我县现代高效农业的精品与亮点，力争新创市级园区3个、园艺作物标准园3个。着力促进生态健康养殖发展，全县生猪大中型规模养殖比重达65%以上。着力加快品牌创建步伐，年内重点培植2个以上区域农产品公共品牌。着力提升农业产业化，以推动“接二连三”为重点，创新农业招商，引进1-2个千万元以上农产品加工企业。积极拓展农村电子商务，打造云梯关现代生态观光农业园、万亩浅水藕湿地休闲观光景区。

（三）突破港口建设，深度推进沿海开发

聚焦聚力沿海开发大跨越，着重围绕提升航道、突破海港、集聚产业、申报口岸，加强海河统筹、海陆统筹，增创区域发展新优势。

提速港口开发。推进一类开放口岸申报，力争今年通过国家批准。深化深水港前期论证，前期工作做实做好。加快港口航道重点项目建设，确保小蟒牛作业区2个5万吨级码头、灌河口5万吨级航道整治工程后续导堤施工及日常维护、灌河口航道锚地建设年内全部完成。新增千吨级以上码头泊位8个。

加快园区发展。突出高端化、配套化、集聚化，推动园区转型跨越发展。加快推动基础设施提档升级，加快园区供水、供热、污水处理、绿化美化等重点基础设施配套工程建设，增强园区承载能力，尤其是承载重大项目的能力。加快提升园区创新能力，分别建设创客孵化中心、合金新材料研发中心和新医药研究中心，为转型发展提供创新支撑。加快推进产业集聚，经济开发区突破产业融合，沿海经济开发区突破重大项目，生态化工园区加快转型提升。

强化开放合作。科学管理配置岸线、海域资源，整合存量，放大优势，推进对外开放、战略合作。完成进出口5亿美元以上，力争在境外投资企业2家以上，三大园区各招引投资超3000万美元外资项目1个以上。深入推进与神华集团、长江三峡集团等央企的战略合作，三大园区力争各引进1家以上央企投资合作项目。

（四）促进协调发展，推进新型城镇化

突出县城、港城建设，统筹城乡协调发展，扎实推进新型城镇化和城乡发展一体化，加快建设美丽盐城“北大门”。

县城建设全力推进城东新区、改造提升老城区。城东新区快速推进创客城、市民服务中心、双语学校和灌江农副产品批发市场等在建项目；高起点规划城东医院、星级酒店等项目，确保上半年开工建设。老城区重抓组团式改造提升，全面启动淮河路和东园路南延交汇地段的开发建设，加快推进灌河风光带建设，完成双园路、东园街、珠江路排水及人行道改造。实施精品绿化亮化工程，完成城东新区新建道路照明和景观亮化、老城区路灯改造工作。推进县城绿化建设，提升县城绿化建设品质品位，建成省级园林城市。

推进港城启动区组团式开发。实施瑞海路、石港路和解放路等重要主支干道建设，打通断头路，打造港城循环路网结构。全力加快社会事业重点项目建设，确保年内完成港城医院一期门诊楼工程及部分配套工程，港城学校、港城幼儿园下半年投入使用。加大商贸市场项目建设力度，实施美食城、福港大酒店二期等项目，不断提升港城商气和对周边地区的集聚力、辐射力和影响力。大力推进港城环境提升，突出灌江口大桥沿线等重要节点、重要部位打造，不断焕发港城新风貌。

完善城乡基础设施。交通重点工程投入不少于4亿元，确保204国道响水绕城段13公里一级公路改线工程、326省道响水西段4公里一级公路改扩建工程、响水火车站连接线5公里一级公路新建工程、苗寨大桥连接线2公里二级公路新建工程建设并通车。实施县道大中修、农村公路提档升级及危桥改造等农村公路建设项目，确保全年农村公路建设任务全部完成。规范四丰生活垃圾填埋场运行管理，加快各镇生活垃圾收集、运转、处理一体化进程，确保县城生活垃圾无害化处理率达100%，农村达60%以上，全面实现城乡生活垃圾无害化处理工作目标。

推进城乡环境整治。组织实施城乡环境整治提升行动，持之以恒抓好秸秆综合利用和禁烧、农业面源污染治理等工作，确保空气质量达到二级标准的天数走在全市前列。深入推进城乡河道综合整治三年行动计划，持续推进水生态的保护与修复，确保全县水质全市最好。强化生态保护和修复工作，大力推进绿色响水建设，力争通过国家级生态县验收。同时，大力推进农民集中居住区建设，确保建成江苏美丽乡村3家。

（五）深化体制改革，全面激活市场活力

着力推进重点领域和关键环节的改革，使市场在资源配置中起决定性作用。

深化行政管理体制改革。持续推行简政放权、放管结合、优化服务，简化审批程序，压缩审批时限，整治“红顶中介”。实现行政管理“以事前审批为主”向“事中事后监管为主”转变。健全清单式投资动态管理体制，加快推进并联办理，多评合一，进一步落实和强化企业投资的自主权。

深化经济领域改革。严格执行国家新预算法，全面公开财政预决算和“三公”经费。加大政府购买服务力度，全年购买服务比例达到公共服务项目资金的30%以上。深化金融体制改革，切实降低企业融资成本。加快金融创新步伐，充分发掘并有效利用政策性金融等要素资源，以基金、创投、资产证券等多种路径方式提高社会融资能力和水平。

深化社会领域改革。推行医疗、医保、医药三医联动的医药卫生体制改革，加快公立医院综合改革进程，认真做好社会办医试点工作。深化教育综合改革，分类发展民办教育。构建现代公共文化服务体系建设，促进文化产业与其他相关产业融合发展。实施城镇居民基本养老、医疗保险制度整合，推进机关事业单位养老制度改革。强化重大项目社会风险评价工作，有效预防和化解社会矛盾。

（六）持续改善民生，着力构筑幸福家园

坚持把保障和改善民生作为一切工作的出发点和落脚点，突出创业富民、保障安民、实事为民，提升全县人民的幸福感和安全感。

促进居民收入增长。稳步提高工资性收入，合法增加经营性和财产性收入，完善财政支农稳定增长机制和强农惠农富农政策体系。健全公共就业服务网络，加大城乡居民职业技能培训力度，积极实施全民创业工程，年内扶持成功创业1200人，新增就业5000人，帮助300名就业困难人员再就业。完善社会救助体系，稳步提高社会保障标准。

全力打好新一轮扶贫开发攻坚战。围绕低收入人口年人均纯收入达6000元以上和经济薄弱村年集体收入达18万元以上新的扶贫目标要求，推进扶贫开发“三落实”、“四个精准”工作，组织新一轮县委扶贫工作队驻镇区，机关单位包村，党员干部、能人大户包户，一户一策，因村因户施策上项目，实现经济薄弱村和低收入户共同增收。整合扶贫资源资金，突出渠北片区扶贫，按序时完成产业发展、基础设施改善等年度计划安排项目，有步骤地推进片区全面发展。

完善社会保障。进一步优化城乡社会保障体系，稳步提高社会保障标准和统筹层次，巩固和扩大社会保险覆盖面，继续推进新型农村合作医疗和城镇居民基本医疗保险制度。确保困难患者得到救助，全面提高城乡低保标准和五保供养标准，切实保障困难群众的基本生活。着力解决城市低收入困难家庭和拆迁户的住房问题。

加强公共服务。加快基层卫生机构标准化建设，确保年内完成所有镇村卫生机构标准化建设任务，让基层群众享受到更好的医疗服务。深入推进教育现代化和义务教育优质均衡创建，优化教育布局和资源配置，促进教育优质均衡发展，努力办人民满意教育。加快建设现代医疗卫生体系，不断提高城乡居民健康水平。顺应人口老龄化需求，加快发展养老服务产业。推进公共体育服务体系建设，完善文化产业引导和政策扶持体系。切实加强对食品、药品、餐饮等行业的监管，严格实行安全生产责任制，落实社会治安综合治理措施，全力维护社会和谐稳定。

关于响水县2015年财政预算执行情况和2016年财政预算草案的报告(摘要)

2016年1月6日在响水县第九届人民代表大会第五次会议上

县财政局党委书记、副局长　胡卫东

一、2015年财政预算执行情况

(一)一般公共预算执行情况

1.一般公共预算收入完成情况。

2015年，县九届人大四次会议审议通过全县一般公共预算收入为314400万元，其中县本级为185400万元。2015年，全县预计完成一般公共预算收入325412万元，占年初预算103.5%，增长17%。其中县本级188400万元，占年初预算101.6%，增长22%。

分部门完成情况：国税部门完成35405万元，占年初预算84.8%，增长12.8%；地税部门完成232929万元，占年初预算103.8%，增长18.1%；财政部门完成57078万元，占年初预算118.1%，增长14.8%。

2.一般公共预算支出完成情况。

年初县九届人大四次会议批准我县财政一般公共预算支出389890万元；县人大常委会第28次会议对我县一般公共预算支出调整为415506万元，加上上年结转50046万元，上级专项转移支付94747万元，一般转移支付2495万元，2015年全县支出预算为562794万元。全县预计实现一般公共预算支出512706万元，占年度预算91.1%，增长17.4%。按功能分类：一般公共服务支出86861万元，占年度预算89.4%，增长22.7%；教育支出87267万元，占年度预算98.7%，增长18%；社会保障和就业支出51503万元，占年度预算83.4%，增长50.5%；医疗卫生支出36949万元，占年度预算95.8%，增长7.3%；城乡社区事务支出76546万元，占年度预算100%，增长20.5%；农林水事务支出75682万元，占年度预算93%，增长2.8%；国防安全、科技文化、环境保护、交通、资源勘探电力、商业服务业、国土等其他支出97898万元，占预算的84.5%，增长13.7%。

年初县九届人大四次会议批准县本级一般公共预算支出283345万元；县人大常委会第28次会对我县一般公共预算调整为308961万元，加上上年结转50046万元，上级专项转移支付94747万元，一般转移支付2495万元，2015年县本级支出预算为456249万元。县本级预计实现一般公共预算支出406161万元，占年度预算89.0%，增长23.5%。按支出功能分类：一般公共服务支出36464万元，占年度预算77.9%，增长37.1%；教育支出87267万元，占年度预算98.7%，增长19.1%；社会保障和就业支出41425万元，占年度预算80.1%，增长42.1%；医疗卫生支出34877万元，占年度预算95.5%，增长7.7%；城乡社区事务支出51651万元，占年度预算100%，增长5.4%；农林水事务支出70638万元，占年度预算92.5%，增长27.1%；国防安全、科技文化、环境保护、交通、资源勘探电力、商业服务业、国土等其他支出83839万元，占预算的82.3%，增长33.4%。

3.一般公共预算平衡情况。

2015年，预计全县一般公共预算财力为611019万元，其中：一般公共预算收入325412万元，转移支付补助214471万元，上年结转50046万元，调入资金6090万元，地方债收入15000万元。2015年预计完成支出512706万元，预算稳定调节资金11012万元，上解支出37213万元，结转下年支出50088万元，实现财政收支平衡。

县本级预计一般公共预算财力513410万元，其中：一般公共预算收入188400万元，转移支付补助214471万元，上年结转50046万元，下级上解收入39403万元，调入资金6090万元，地方债收入15000万元。2015年预计完成支出406161万元，预算稳定调节资金3000万元，上解支出37213万元，补助下级支出16948万元，结转下年支出50088万元，实现财政收支平衡。

(二)政府性基金收支预算执行情况

1.政府性基金收入完成情况。

2015年政府性基金收入预计完成42685万元，占年初预算128%，其中：国有土地使用权出让金收入36348万元，占年初预算128.8%；城镇公用事业附加收入2518万元，占年初预算139.9%；国有土地收益基金收入1667万元，占年初预算111.1%；农业土地开发资金收入943万元，占年初预算943%；城市基本配套设施费收入501万元，占年初预算100.2%；散装水泥专项资金收入55万元，占年初预算110%；新型墙体材料专项基金收入320万元，占年初预算106.7%；港口建设费收入333万元。

2.政府性基金支出完成情况。

2015年全县预计实现政府性基金支出41821万元，占年度预算59.2%，其中：国有土地使用权出让金支出35421万元，占年度预算90%；城市公用事业附加费支出1434万元，占年度预算15.1%；国有土地收益基金支出838万元，占年度预算7.9%；农业土地开发资金支出761万元，占年度预算18.4%；散装水泥专项资金支出54万元，占年度预算77.1%；新型墙体材料专项基金支出319万元，占年度预算61.6%；新增建设用地有偿使用费805万元，占年度预算77%。

3.政府性基金收支平衡情况。

2015年全县基金预算可用财力70923万元，其中：当年预计完成基金收入42685万元，上级补助收入4151万元，上年结转24087万元，预计完成支出41821万元，调出资金6090万元，上解上级支出844万元，结转下年支出22168万元，实现基金收支平衡。

（三）社会保险资金预算执行情况

2015年社会保险基金总收入预算92581万元，实际完成96858万元，占预算104.6%，其中：企业职工基本养老保险基金34869万元，城乡居民基本养老保险基金14153万元，工伤保险基金1290万元，生育保险基金400万元，失业保险基金1928万元，城镇职工基本医疗保险基金18230万元，城镇居民基本医疗保险基金2629万元，新型农村合作医疗保险基金23359万元。

2015年社会保险基金总支出预算为91337万元，实际完成93866万元，占预算的102.8%，其中：企业职工基本养老保险基金42378万元，城乡居民基本养老保险基金9725万元，工伤保险基金1119万元，生育保险基金236万元，失业保险基金761万元，城镇职工基本医疗保险基金15443万元，城镇居民基本医疗保险基金1476万元，新型农村合作医疗保险基金22728万元。

收入与支出相抵，当年收支结余2992万元。

（四）国有资本经营预算执行情况

2015年国有资本经营收入全年预计完成108万元，占预算135%。国有资本经营支出预计108万元，占预算135%，实现收支平衡。

因年度结算工作尚未开始，上述数据在财政决算草案编成后会有一定的变动，我们将向县人大常委会作专题报告。

（五）2015年预算执行的特点及重点工作

1.推进综合治税，全力提高财政收入征管质量。

按照综合治税、强化征管的要求，完善收入考核体系，加大实体税收的考核分值，促进收入质量的提高。加强综合治税平台建设。国土、住建等24个涉税信息报送部门，能及时报送税源信息，全年共反馈涉税信息近5万条，丰富了税务部门稽查评估案源。做好税源监控工作。2015年，国税部门组织对245户企业进行风险应对，查补税收5754万元，总成效、户均成效、人均成效排名均为全市前列。地税部门通过对交通、国土、住建等部门的源头控管和数据比对分析，产生实体税收9056万元。财政部门强化代征工作，当年代征税收800多万元。今年以来，我县一般公共预算收入增幅、税占比等考核指标一直处在省、市前列。12月末，我县一般公共预算收入同比增长16.95%，税占比82.5%；增幅预计全市第4，全省前列。

2.服务转型升级，全力提高实体经济提质增效。

认真落实《响水县培植财源优化财政收入结构三年行动计划》和《响水县关于加快镇村经济发展的意见》，促进经济发展，努力培植财源。支持镇村经济发展。在加强镇村经济发展和全民创业引导资金管理的同时，协调有关部门将扶贫资金、省村级综改项目资金、市挂钩项目资金进行整合，并积极向上争取资金，推进镇村集体经济发展。2015年，投资2000多万元，建成村级标准化厂房6个，面积2.3万平方米，并实行产权到村，租金到村。支持企业转型升级。发挥1000万元科技创新与转型升级资金的引导作用，重点对12个镇区15万平方米中小企业园标准厂房进行奖补；对7个企业实施节能降耗工作给予补助；对10个企业融资及技术改造等进行奖励，促进企业效率提升。支持“创新驱动”战略。制订《响水县专利奖补资金管理办法》，设立100万元专利奖补资金，支持科技部门申报专利820件，帮助中联水泥、华旭药业等企业向上申报专利资金；对之江化工获省工程技术研究中心，天容股份成为国家标准制定成员企业分别给予奖励，推动企业科技创新步伐。支持实体经济发展。坚持“低门槛、低保费、高服务”的理念，为县内中小企业提供贷款担保支持。2015年累计为德龙、瑞邦等61户工业企业提供贷款担保6.4亿元；为大和、新安洲等69户企业提供应急救助资金8.3亿元，帮助企业解决资金短缺问题，增强企业发展后劲。2015年我县税收超千万企业已达30户，比上年增加8户；国华电厂累计实现税收3.58亿元，为全市第二大纳税企业；德龙镍业开票销售超百亿，联化科技实现税收超亿元。

3.优化支出结构，全力提高民生支出保障能力。

建立健全民生支出优先保障机制，在预算安排上重点向民生领域倾斜，全年民生支出占总支出72%以上。社会保障支出51503万元，保证了全县离退休人员养老金和调资足额到位；保证城乡居民基本养老保险、城镇职工基本医疗保险、新型农村合作医疗等保险基金支出的足额安排。安排基层医疗卫生机构收支差3488万元，保证了镇区卫生院700多名医护人员工资及时发放和156个村卫生室村医生活补助得到落实。拨付城乡低保资金6627万元，保证了全县1.3万户低保户生活得到补助；医疗救助支出1970万元，保证了全县1.3万名医疗救助对象得到救助，减轻了居民重大疾病负担；投入900多万元，新建残疾人托养服务中心，已建成试运营。

教育支出87267万元，保证了教育经费逐年增长、生均公用经费足额拨付。2015年，我县累计投入近3个亿集中用于创建工作，重视程度之高，投入力度之大，历史空前。按省优质园标准新建了12所镇区中心幼儿园；启动双港中心小学等6所异地新建学校建设；实施205个校舍建设项目；新建96片塑胶场及篮球场；按照省Ⅱ类标准对全县中小学教育装备升级改造，建成专用实验室、仪器室76个，班级多媒体971套，专用多媒体教室41个，网络中心38个，配置电脑7883台；大大增强了教育装备实力。

农林水支出75682万元。实现农业综合开发支出8377万元，对1.4万亩黄河故道项目，1.2万亩滩涂垦区项目实施综合开发。实现水利支出25500万元，铺设二三级管网2180公里，实施3座增压泵工程，全面启动全县“一户一表”工程；全县还新建农桥131座、电灌站122座、防渗渠223公里。做好扶贫开发工作，对全县3万多个扶贫项目投放扶贫小额贷款1.12亿元，财政贴息300多万元。做好粮食直补和农资综合补贴发放工作，累计发放金额6523万元。安排农村环境综合整治资金2512万元，秸杆还田资金1028万元；整合村庄建设资金2164万元；产粮大县奖补资金3248万元；统筹用于农村环境整治等民生投入，集中财力办大事，提高资金使用效益。

4.强化财政管理，全力提高财政部门理财水平。

按照新《预算法》要求，做好预算管理工作。先后组织7批近100人次，外出系统学习《预算法》。认真做好预决算公开工作。全县152户预算单位利用自身网站、《响水报》等媒体对部门预决算进行了公开。推进项目监管。全年共组织对教育现代化工程、乡镇区实施的245个农业项目等，实施就地就近监管，保工程进度、保专款专用。规范债务管理。对乡镇、部门、政府融资平台债务进行按月统计、动态监管。对三个园区等当年新增贷款，严格执行政府批准等手续，有效地防范了债务风险；同时积极争取省财政对我县的债务置换额度，全年共争取置换债券额度5.65亿元，政府债券1.5亿元；并整合国有融资平台资源，成功争取国家发改委对我县水投公司发债13亿元，加大对我县城乡供水设施的投入。扎实开展社保人员清查工作。全年共取消不符合城乡低保对象1300人，年节约支出322万元。做好社保帐户资金增值工作，签订社保资金存款优惠协议，全年实现社保资金增值1117万元，比上年增加900万元。

2015年预算执行情况总体较好。但我们也清醒地认识到财政运行中还存在一些矛盾和困难：受宏观形势影响，我县工业经济增长不快，财税增长点不多，保持收入较高质量和持续增收的难度加大；改善民生和重点工程建设等新增支出较多，财政收支供求矛盾日益突出；基层财政和预算单位财务监管还需加强，预算执行质量和支出效益有待进一步提高。对这些问题，我们将高度重视，采取切实有效措施，逐步加以解决。

二、2016年财政预算草案

2016年是“十三五”的开局之年，国家将出台一系列稳增长、惠民生的政策，将有利于经济发展。从我县收入方面来看：实体经济企稳趋好，国华、联化、亚邦爱普森等重点税源大户形势平稳；南方二期、德龙三期、中联水泥等骨干企业固定资产抵扣将结束，实体企业税收将有一定幅度的增长；中山化工、荣鑫伟业、茂腾纺织等一批新企业将投入生产，将成为我县财政新的增长点。但从支出方面来看形势不容乐观：刚性增支多。国家出台的基本工资增资政策将实施，公车改革、交通费补助、乡镇工作人员补助的到位将加大我县保工资的压力；民生投入大。基本公共卫生服务，教育现代化，民政公共服务设施等需投入大量资金；养老保险政策调整。机关事业单位养老保险制度改革，省财政调整对企业职工养老保险基金的补助办法，将对财政支出产生很大压力。因此，2016年财政收支形势依然严峻。

2016年预算编制的指导思想：深入贯彻落实党的十八大和十八届四中、五中全会以及县委九届九次全会精神，紧紧围绕县委“建设新响水，发展上台阶，实现北抬头”的要求，深化预算管理改革，加快构建全面规范、公开透明的预算管理制度，充分发挥财政在稳增长、促改革、调结构、惠民生、防风险中的积极作用。预算编制坚持全面统筹、保障重点；厉行节约、注重绩效；依法理财、公开透明等基本原则。

（一）2016年一般公共预算

1.收入情况。

全县一般公共预算收入364500万元，比上年增加39088万元，增长12%。

县直一般公共预算收入81300万元，比上年增加7900万元，增长10.8%。

园区一般公共预算收入132500万元，比上年增加17500万元，增长15.2%。

2.支出情况。

全县一般公共预算支出489966万元，比上年增加74460万元，增长17.9%。

县直一般公共预算支出247800万元，比上年增加32602万元，增长15.1%。

园区一般公共预算支出113956万元，比上年增加20193万元，增长21.3%。

3.财力及平衡情况。

2016年，全县预计总财力523879万元，财政支出523879万元，实现收支平衡。

县直预计总财力298965万元，其中：一般公共预算收入81300万元；上级转移支付及补助收入116094万元；转贷财政部代理发行地方财政债券15000万元；调入资金5000万元；债务收入23285万元；下级上解收入58286万元。县直一般公共预算支出247800万元，上解支出33913万元，补助下级支出17252万元，实现财政收支平衡。

园区预计总财力132781万元，安排一般公共预算支出113956万元，上解支出18825万元，实现财政收支平衡。

4.县直支出按经济科目分类是：

①工资福利支出71911万元，比上年增加414万元。

②对个人和家庭补助27343万元，比上年增加579万元。主要是社会保障及医疗卫生省级转移支付补助增加。

③商品和服务支出60146万元，比上年增加6766万元。主要是国有资产处置支出增加。

④项目支出88400万元，比上年增加24843万元。主要是人员调资及社保缴费基数调增7906万元、交通补贴1950万元、公车改革补贴1548万元、企业养老金县级配套5641万元、响中运转及化债经费等2297万元、生态补偿资金1573万元、机关养老金配套1520万元、基层医疗机构收支差692万元、新农合县配套656万元、离休（伤残军人）药费补助563万元。

5、县直支出按功能科目分类是：

一般公共服务支出20935万元，增长2.3%；公共安全支出13615万元，增长0.4%；教育支出85026万元，增长17.5%；科学技术支出166万元，增长1.2%；文化体育与传媒支出1168万元，增长0.5%；社会保障和就业支出34734万元，增长13.3%；医疗卫生与计划生育支出40959万元，增长11.1%；节能环保支出3360万元，增长11.4%；城乡社区支出3923万元，增长2.9%；农林水支出16246万元，增长14.7%；交通运输支出3372万元，增长0.3%；资源勘探信息等支出2817万元，增长1%。

（二）政府性基金预算

1.收入情况。2016年政府性基金收入预算为37522万元，其中：国有土地使用权出让金收入31713万元；城镇公用事业附加收入2050万元；国有土地收益基金收入1750万元；农业土地开发资金收入659万元；城市基本配套设施费收入500万元；散装水泥专项资金收入50万元；新型墙体材料专项基金收入300万元；港口建设费收入500万元。

2.支出情况。2016年全县政府性基金支出预算为38754万元，其中：国有土地使用权出让金支出31713万元；城市公用事业附加费支出2050万元；国有土地收益基金支出1750万元；农业土地开发资金支出659万元；散装水泥专项资金支出6万元；新型墙体材料专项基金支出263万元；彩票发行费190万元；彩票公益金1042万元；港口建设费收入500万元。调出资金81万元。

3.平衡情况。2016年全县政府性基金可用财力38754万元，其中当年基金收入37522万元，上级补助收入875万元，上年结转收入357万元。政府性基金支出预算38754万元，其中调出资金81万元，实现收支平衡。

（三）社会保险基金预算

2016年全县社会保险基金收入预算为136983万元，增长13%。社会保险基金支出预算为134552万元，增长13.8%。主要项目：企业职工基本养老保险基金支出50346万元，增长18.8%；机关养老保险基金支出25878万元，增长6.3%；失业保险基金支出837万元，增10%；城镇职工基本医疗保险基金支出16352万元，增5.9%；工伤保险基金支出1260万元，增长12.6%；生育保险基金支出327万元，增长38.6%；居民社会养老保险基金支出11481万元，增长18.1%；新型农村合作医疗保险基金支出26470万元，增长16.5%；居民基本医疗保险基金支出1601万元，增长8.5%。

（四）国有资本经营预算

2016年国有资本经营收入预算194万元，增长141.9%。国有资本经营支出预算194万元，增长141.9%，实现平衡。

三、2016年财政工作安排

（一）以财源建设为中心，提升服务发展功能

财源建设是财政收入的血脉，必须牢牢抓住。突出财政体制的引领作用。调整镇区财政体制，对镇区实行“核定基数，超收分成，短收不补”的模式，调动镇区发展经济培植财源的积极性。完善考核机制的激励作用。建立以主体税源为主的考核机制，科学合理确定收入目标，建立以评价实体经济为主的收入评价机制，确保财政收入持续稳定增长。发挥征管部门的主体作用。进一步强化国、地税部门征收主体责任，健全政府统筹、税务为主、财政协调、镇区协同的财税征管组织体系。深化综合治税，充分利用信息共享平台，深入开展涉税信息专项排查、重点行业专项检查和纳税评估稽查，做到依法征收、应收尽收，努力促进财政收入质量提升。发挥专项资金的引导作用。今年县财政继续安排科技创新与转型升级引导资金1000万元；镇村经济发展与全民创业引导资金1000万元；现代农业专项引导资金1000万元；财源建设专项资金2500万元，扶贫贴息资金500万元，激励部门、镇区培育实体经济，夯实收入基础。放大财政金融的撬动作用。加大信用担保力度，完善担保审批程序和业务流程，扩大政策性担保规模，加强与金融机构合作，提升担保和再担保能力，今年确保财源担保公司担保贷款7亿元以上，全年帮助企业续贷还贷“过桥”资金9亿元以上。

（二）以民生保障为重点，提升公共财政能力

把保障民生投入，作为推进和谐社会建设的重要举措来抓。加大教育经费投入。严格执行省财政厅《关于提高公办普通高中生均公用经费拨款标准的通知》规定，足额安排响中、二中公用经费，对学费等非税收入县财政不抵顶、不调入；对义务教育生均公用经费、困难学生补助等严格按规定进行安排。继续安排双创经费1亿元，用于教育现代化等工程支出；安排资金2297万元，解决响中债务等问题。让教育轻装上阵出成绩。加大医药卫生经费投入。严格执行医药卫生投入政策，足额安排基层医疗机构收支差补助4180万元；基本公共卫生县配套754万元；新农合县配套6124万元；伤残军人医药费1188万元。并按要求在债务收入中新增安排基层卫生机构及村卫生室标准化建设7672万元，进一步提升医疗保障水平。加大社会保障经费投入。突出“以人为本”，足额安排人员支出。按文件要求，对失业保险、工伤保险缴费基数由基本工资改为全工资；对五项医保补助、社保补助等按政策规定配套到位；对应由财政安排的乡镇卫生院人员绩效工资、基本工资调资及养老金等由财政全额安排，并解决累欠工资及津补贴；着力解决企业养老金、机关养老金缺口。加大民政经费投入。按要求安排农村低保2220万元、城镇低保683万元，医疗等四项救助1800万元，尊老金900万元，安排资金700万元启动民政救助中心和殡仪馆改造工程。逐步推行敬老院社会化服务改革，完善困难群众救助机制，让更多的改革成果惠及百姓。加大涉农经费投入。按要求做好农业综合开发县配套；保证国土永久基本农田划定、规划调整、地理普查等影响全县用地指标等重点工作的专项经费保障；做好农植物疫情防治、重点林业工程经费安排。加快水投公司水网建设债务资金支出进度，设立生态环保建设资金2275万元，秸秆禁烧等生态引导资金980万元，着力改善农村生产生活环境。

（三）以规范管理为目标，提升财政资金绩效

硬化预算约束。严格执行经县人代会审议批准的部门预算，除政策性增支、防汛抗旱、救灾防疫等急需安排的支出以及县主要领导特殊批示紧急处理的事项外，单位的收支预算原则上不作调整，无预算、超预算的项目，财政一律不安排支出。对单位确需追加的支出，按程序报县领导批准后由单位先实施，县财政汇总报县政府每半年集中会办处理一次。强化资金整

合。所有财政专项资金纳入全口径财政预算统筹管理，坚持量入为出、专款专用。清理、整合、规范专项资金，对“小、散、乱”及绩效不显著的专项资金予以取消，严格控制新设财政专项资金，集中财力办大事。清理结余结转。对县本级财政预算安排形成的结转项目，结转年度超过一年的一律收回；对上级专项转移支付安排形成的结转项目，其资金管理办法有具体规定的，按规定执行；无具体规定且连续结转两年及以上的，一律收回由财政统筹安排。完善集中支付。逐步将部门预算资金和财政报账制管理的项目资金全部纳入国库集中支付范围，稳步实施镇区国库集中支付，努力实现所有预算单位和所有财政性资金“两个全覆盖”。深化公务卡制度改革，严控预算单位现金结算量。推进绩效管理。强化支出责任和效率意识，逐步将绩效管理范围覆盖各级预算单位和所有财政性资金，将绩效评价重点由项目支出拓展到部门整体支出和政策、制度、管理等方面，加强绩效评价结果应用，并组织对重点项目的绩效向社会进行公开。

（四）以财政监督为手段，提升依法理财水平

强化信息公开监督。按照“谁主管、谁公开”的原则，2016年公共财政预决算、政府性基金预决算、县直部门预决算、“三公”经费预决算都要向社会公开，接受群众监督。强化专项资金管理。推进财政资金就近就地监管，保证项目资金安全高效。强化债务管理。全面清理违规债务，建立债务风险预警和应急处置机制，严格审批程序，优化债务结构，降低融资成本。强化国资管理。建立预算管理制度，试编债务预算，做好国有投资平台资金使用管理工作。加强经营业绩考核，提升国有资本运行质效。强化政府采购管理。增强政府采购预算约束力，对无采购预算的，县财政预算管理部门不予审批，集中采购机构不予采购，国库支付部门不予支付。强化财务检查。建立健全监督检查制度，规范检查工作程序，加强对预算执行、专项资金使用、政府性债务、财政供养人员、会计信息质量等方面的监督检查。强化队伍建设。扎实开展“队伍建设年”活动，通过周末“财政大讲台”等一系列活动的开展，着力造就一支作风优良、素质一流的财政干部队伍。

响水县人民法院工作报告（摘要）

2016年1月7日在响水县第九届人民代表大会第五次会议上

县人民法院院长　谭　斌

2015年工作回顾

一、坚持依法履职，促进经济社会发展

2015年，我院狠抓执法办案第一要务，充分发挥审判职能作用，共受理各类案件9318件，审、执结7028件，同比分别上升50%和35%，一线办案法官人均办案195件，同比上升13%，其中9名法官结案超过300件，法官最高结案433件。

宽严相济惩治犯罪。依法审结刑事案件385件，判处罪犯484人，其中判处五年以上有期徒刑26人，收缴罚金260余万元。依法严厉打击故意伤害、两抢一盗、寻衅滋事等严重影响社会治安犯罪，审结案件107件。依法惩治非法金融活动，审结非法集资类案件12件，其中涉及105名被害人、涉案款项2600万元的施某某，被判处有期徒刑六年。深入推进反腐败斗争，审理贪污、受贿、渎职案件10件。严格执行非监禁刑的适用标准，审理涉毒和危险驾驶犯罪案件126件，无一件判处非监禁刑。积极参与社会治安综合治理，对23名未成年刑事被告人加强帮教，并对其犯罪记录进行封存，彰显司法人文关怀。

调判结合化解纠纷。受理民事案件4981件，审结4341件，同比分别上升60%和48%。审慎认定借贷关系，审结民间借贷案件2626件，涉案标的3.59亿，规范和促进民间融资市场健康发展。审结婚姻家庭、道路交通损害赔偿、相邻关系案件1218件，注重以调解方式化解矛盾，促进建立和谐的人际关系。审结劳动争议、医患纠纷案件60件，注重平衡各方利益，减少对抗冲突，促进建立和谐的劳动关系、理性医患关系。严惩虚假民事诉讼行为，依法撤销2件虚假民事调解、判决，追究3名诉讼当事人刑事责任。受理商事案件637件，审结509件。依法审结金融借款案件320件，切实维护金融生态安全。审结182件买卖、保险、保证合同纠纷案件，平等保护各类主体的合法权益，倡导公平、诚信的市场交易理念。高度重视涉及县重点企业、重点工程的案件，审结德龙镍业、大和氯碱等重点企业案件11件，帮助县内企业收回债权9000余万元。服务经济新常态发展，依法受理大明化工破产重整案，盘活存量资产。

监督支持依法行政。受理行政诉讼案件97件，审结77件，分别同比上升42%和24%。充分发挥司法审查职能，促进行政机关依法行政，切实维护行政相对人合法权益，对3件确有错误的行政行为依法撤销。着力加强法律释明，经释明后原告主动申请撤诉行政案件30件。积极支持行政机关依法行政，共审结行政非诉执行审查案件12件，切实维护行政机关执法权威。坚持行政审判工作年报、司法建议制度，服务法治政府建设，发送司法建议30份。完善行政机关负责人出庭应诉制度，确保行政机关负责人出庭、出声、出效果。

大力破解执行难题。着力规范执行行为，改进执行作风，受理执行案件2157件，办结1594件。建立“远程执行指挥中心”，快速处理和应对执行突发事件，保障顺利执行。建立和完善失信被执行人信息公开披露制度，对拒不执行或逃避执行的失信者在媒体上进行公开曝光，予以信用惩戒。通过网站、微信、户外电子大屏幕等平台公开曝光失信被执行人4批224人，上报最高法院失信被执行人名单895人，25名被执行人在曝光后主动履行了判决。与县国土、住建、工商、银行等多部门和单位建立点对点快速查控机制，查询银行存款、房产、车辆3300人次，冻结扣划存款1600万元。重点加大涉民生案件执行力度，开展“飓风行动”、“执行清案”等系列活动，对110名被执行人发布限制高消费令，对82人实施司法拘留。加强与其他司法机关协调联动，将长期逃匿、拒不执行、暴力妨碍执行的84名被执行人移送公安机关处理，其中1人被以拒不执行判决、裁定罪逮捕，2人被以妨害公务罪采取刑事强制措施。重大执行行动协调公安机关出警80人次。

二、加强司法公开，提升法院司法公信

坚持以公开促公正，以公正促公信。审判质效保持稳中趋优态势，其中一审案件改判发回重审率为0.6%，一审服判息诉率为95%，两项指标位居全市基层法院第一。

审判流程公开。全面推进立案、庭审、审务公开，打造“阳光司法”工程。随案向当事人发送审判流程节点短信，保障当事人对程序变动的知情权，有效提升了审判效率。全面推进庭审“三同步”，全院建立12个科技法庭，实现同步记录、同步显示以及同步录音录像，并硬盘保存。推进庭审网络直播，精心筛选典型案件网上同步直播61件。推进数字档案建设，对2005年以来的5.7万册诉讼卷宗全部电子扫描，方便当事人及时查询诉讼档案。

裁判文书公开。坚持“上网为原则，不上网为例外”的要求，全面落实生效裁判文书上网制度，对涉及国家秘密、个人隐私、未成年人违法犯罪等不宜上网公布的文书坚持“不上网审批”制度。全年在中国裁判文书网公开生效法律文书3840份，无一差错，充分发挥了裁判文书宣传法律知识、规范公众行为、树立正确导向的功能，同时促进法官提升业务素质和司法水平。

执行信息公开。在“响水法院网”全面公开执行工作流程、执行须知、文书式样等。积极落实执行进展定期通报制度，主动向申请执行人通报案件进展情况。重大案件的执行全程使用执法记录仪，存入电子卷宗。推行网上司法拍卖，凡需要拍卖的执行标的物，一律通过淘宝网进行公开竞价拍卖，以最大限度的公开确保司法拍卖公平公正。全年在淘宝网拍卖财产45件次2357万元，实现零佣金成交拍卖。

主动接受监督。坚持工作报告制度，向人大常委会专题报告司法公开工作，并按审议意见落实整改。积极办理人大代表、政协委员提出的意见建议，办结率、回复率100%。加强与代表、委员的联系，邀请召开座谈会、交流会5次，旁听典型案件庭审60人次，增进代表、委员对法院工作的理解和支持。接受检察机关诉讼监督，依法审理抗诉案件、检察建议案件5件，共同维护司法公正和法律权威。广泛接受社会监督，举办公众开放日活动，向公众发放调查问卷2000余份，组织群众旁听庭审1000余人次，召开新闻发布会4次，发布微信、微博200条，向社会公众通报法院重点案件、重点工作情况。

三、推进司法改革，维护社会公平正义

根据上级法院统一部署，积极稳妥推进各项改革，全力保障司法公平正义。

推进审判权运行机制改革。积极实施立案登记制改革，保障群众的诉权，立案登记制实施以来新立案5500件。改变院庭长管理案件模式，健全院庭长办案机制，全年院领导人均办案38件，庭长人均结案215件，院庭长办案数占全体法官办案数的50%，居全市法院第一。完善主审法官、合议庭办案责任制，落实法官裁判权力，明确合议庭、主审法官拥有案件裁判权和文书签发权，“让审理者裁判，由裁判者负责”。进一步规范审判委员会讨论案件程序和范围，减少讨论案件数量。

推进法院人员分类管理改革。按照上级法院部署，完成法官职务套改，依规对49名法官评定等级。建立法官助理制度，协助法官送达、调解、撰写法律文书，让法官从繁琐的事务中解放出来，专心于案件审判。在民一庭试行“法官+助理+书记员”审判运行模式，6名法官审结案件1338件，结案数同比增加31%。推进书记员管理体制改革，建立科学考评管理办法，综合书记员的能力、资历和业绩定员定位定责，推动书记员队伍的职业化、专业化。

推进人民陪审员制度改革。落实人民陪审员“倍增计划”，对人民陪审员进行3次专业培训。协助市中院做好人民陪审员改革试点工作，6名响水居民被盐城市人大常委会任命为人民陪审员。改进人民陪审员参审机制，按照随机抽取的方式选取人民陪审员参与案件审理，人民陪审员参审案件1330件，陪审率78%。强化陪审员民意代表的作用，除个案参审外，在制定院规范性文件、改进法院工作过程中，充分听取陪审员意见，确保民意对司法的有序参与和司法对民意的理性吸纳。

四、践行司法为民，回应群众司法需求

认真践行党的群众路线，注重司法审判工作与社会生活的融合，切实解决好人民群众最关心、最直接、最现实的利益问题，努力增强司法为民的实际效果。

完善服务平台，优化便民措施。加强立案大厅和诉讼服务中心建设，全面建立优质、高效、便民的诉讼服务机制。增设自动缴款设备，方便当事人缴纳诉讼费用。推行网上立案、预约立案、邮寄立案等诉讼服务，有效降低群众诉讼成本。加强“12368”诉讼服务热线建设，指定专人负责网络立案以及

诉讼法律问题的接听解答。与村居共建送达联络人制度，成功送达案件600件，有效提高送达成功率。选聘公益律师、志愿者参与诉讼服务中心导诉、法律咨询、案件查询等工作，方便当事人诉讼。

注重法制宣传，培育法治意识。落实“谁执法谁普法”责任制，积极开展法制宣传工作，传播法治文化，弘扬社会主义核心价值观，促进全民尊法、守法。开展“国家宪法日”、“打击虚假诉讼”宣传活动，编发《以案释法警示手册》1000册。举办“行政执法大讲堂”，培训行政执法人员500人次，帮助提高执法水平，促进依法行政。开展“三走进”活动，组织法官走进社区、企业、校园举办法制讲座、公开宣判50余次，受众5000余人。

强化司法救助，提升服务品质。对涉及妇女、儿童、老年人、残疾人、农民工等弱势群体提起的追索赡养费、抚育费、劳动报酬等案件，开通“绿色通道”，优先立案、优先审理、优先执行。认真落实司法救助制度，为32件案件当事人减、缓、免缴诉讼费近10万元，申请执行救助25万元，为困难刑事被告人指定辩护人9人次，帮助联系法律援助律师58人次，为16名行动不便的群众提供上门立案、咨询等服务。

化解涉诉信访，保障群众权益。大力推进“阳光信访”，认真做好“三查一回访”工作，坚持来人访专人接待、来信访院长督办、电话访登记交办、网上访值班阅评四项制度，努力将信访化解在萌芽状态。加强信访接待场所建设，搭建远程视频信访系统，实现多点接访、远程会商会办。向社会公布院领导及各业务部门负责人联系电话，认真落实每周二“院长接待日”制度。全年接待信访273人次，依法实质性化解信访案件37件，其中1件长达15年的信访案件被成功化解，导访入诉20件，终结7件，涉诉信访量在全市法院处于最低水平。

五、加强队伍建设，树立法院良好形象

坚持从严治院，强化爱岗敬业、清正廉洁、争先创优意识，培养正规化、专业化、职业化的审判队伍。2015年，共有31名法官及辅助人员获得省、市法院的表彰奖励，3名法官获得最高法院“荣誉天平奖章”。

加强思想作风建设。积极开展“三严三实”专题教育活动，召开专题民主生活会和组织生活会，出台完善27项规章制度，以“三严三实”的作风推进法院各项工作有序开展。开展“向邹碧华同志学习”、“纪念抗战胜利70周年”等活动，邀请专家举办“践行社会主义核心价值观”专题讲座，深化对法官及辅助人员的社会主义核心价值观和社会主义法治理念教育。大力加强法院文化建设，组织参加全市法院文体比赛，建立响水法院志愿队，定期开展志愿服务活动，培育“尚法、厚德、博学、自强”的响水法院精神，增强法院队伍的凝聚力、战斗力和执行力。

加强素质能力建设。邀请省高院法官举办案件裁判方法讲座，组织法官及辅助人员参加全省法院“司法大讲堂”视频培训和全市法院办案、服务、创新“三大技能”培训班，全年共培训53次。开展庭审观摩、案件质量评查、优秀法律文书评比、新修订法律知识竞赛、书记员速录技能竞赛等活动，举办审判理论与实务研讨会，提升法官及辅助人员业务能力。2篇案例被《江苏省人民法院公报》、《审判研究》采用，1篇案例被评为盐城市首届优秀案例，5篇调研文章获省、市法院学术研讨会一、二等奖。研究建立激励机制，制定办案梯级奖励办法，评出“办案能手、办案标兵、办案之星”。加大对法院干部的培养使用力度，15名优秀年轻干部走上中层领导岗位，优化了队伍结构。《人民法院报》、《中国审判》、江苏省委政法委《江苏政法》等媒体对我院培养青年干部的做法予以报道。

加强党风廉政建设。严格执行中央八项规定精神和全市政法系统六个严禁。严格落实党风廉政建设责任制，层层签订责任状，确保两个主体责任落实到终端。加强对司法权运行的监督，组织召开廉政监察员、司法作风监督员座谈会4次，开展“510”自警教育系列活动。坚持“严管厚爱”理念，坚持用制度管人、管案、管权，开展“整顿司法作风，规范司法行为”专项活动，对上年度件发回重审、改判案件进行责任倒查，对22件长期未结案件逐案排查过堂，防止案件中存在违纪行为。建立明查暗访长效机制，进行专项检查23次，把对法院干部的关爱融入到严格的管理之中，全年无违法违纪行为。

在看到成绩的同时，我们也深刻认识到，法院工作仍然存在诸多问题和困难：一是案多人少矛盾依然突出、法官短缺问题严重，法官身心健康不容忽视。二是少数案件质量效率不高、执行力度不大等问题依然存在，公正司法、司法为民的能力和水平还需进一步提高。三是一些当事人缠访闹访，非法上访现象还仍然存在，干扰了正常司法秩序。对此，我们将立足自身，积极争取支持，尽最大努力加以解决。

2016年主要工作任务

一是服务大局有新作为。主动适应经济发展新常态，积极应对不断增大的人少案多矛盾，优质高效审理各类案件纠纷。依法惩治各类违法犯罪，推动轻微刑事案件快速审理工作，服务平安响水建设；妥善审理各类矛盾纠纷，全面落实小额案件速裁程序，维护社会稳定，促进社会和谐；提升行政审判纠错功能，继续推动落实行政首长出庭制度，依法监督行政行为，助推法治政府建设；加大执行力度，进一步完善信用惩戒体系、银行资产网络查控体系，努力破解“执行难”。

二是司法改革有新成效。根据上级法院部署，推进法官员额制改革，科学设置法官员额制改革过渡方案，确保优秀法官留在审判一线。深化审判权运行机制改革，扩大“法官+助理+书记员”审判模式试点范围。建立法官会议前置制度，将法官会议作为审委会讨论的前置程序，规范提请审委会讨论案件的准入条件和审委会议事规则。严格落实司法责任制，减少不当干预，实行干预登记制度。

三是司法公开有新途径。继续开展人大代表、政协委员视察法院活动，及时办理提案和意见建议。认真落实人大常委会关于司法公开工作的审议意见。继续积极、稳妥、有序开展裁判文书上网工作，确保符合上网条件的文书全部上网。深入推进庭审网络直播工作，实现案件直播常态化。完善执行信息公开平台，确保当事人从执行信息公开平台获取各类执行案件信息、失信被执行人信息。加强与社会公众的网络互动，定期召开新闻发布会，加强网络舆情引导，加强网站、微博、微信等自媒体建设，高度关注司法舆情，依法、及时、高效做好回应和处置工作，注入网络生态正能量，不断提高法院网络公信力。

四是队伍建设有新进展。在招录公务员的同时，积极争取政策，加大司法辅助人员招录力度，壮大法院队伍，缓解人案矛盾。坚持从严治院，按照上级统一部署，继续深入开展“三严三实”专题教育，深入推进能力作风建设，严格执行各项廉政制度，规范法官及司法辅助人员业内外行为，加大对不规范司法行为的查处和追责力度。着力加强法院的专业化、职业化建设，积极利用、打造各种载体，开展岗位练兵、业务观摩和评比等活动，定期随机抽取庭审录像、裁判文书、案卷，邀请上级法院、专家学者、律师代表等进行观摩评议，全力提升队伍能力和水平。尽最大努力落实和改善法官及辅助人员待遇，提振办案热情。加强司法宣传工作，强化主题策划和先进典型培植，树立业务精良、清正廉洁、人民信赖的法官形象。

五是为民司法有新举措。加强诉讼服务中心建设，依托互联网、局域网、科技法庭、执行指挥中心等平台，打造数字化法院，推进“互联网+诉讼服务”，提高办案信息化水平，切实减轻当事人的诉讼负担。进一步加强民生权益保护，坚决打击非法集资、食品药品安全等犯罪行为，妥善审理婚姻家庭、教育医疗、社会保障等领域的案件，加大对弱势群体司法保护和司法救助力度，切实维护群众合法权益。进一步拓展司法服务范围，继续开展庭审“三走进”、巡回审判等活动，充分发挥司法审判的普法宣传功能。

响水县人民检察院工作报告(摘要)

2016年1月7日在响水县第九届人民代表大会第五次会议上

县人民检察院检察长　陈宏成

2015年，县人民检察院主要做好以下几方面工作：

一、充分发挥检察职能作用，服务全县发展大局

积极参与小康社会建设。将“民生检察”理念贯穿于司法办案全过程，坚持在办案中对涉及社会稳定的隐患和苗头性问题进行排查并积极应对。结合“三解三促一加强”、“法律巡回服务”等活动，深入村居对案件当事人、上访户和困难户进行走访，倾听群众心声，宣传法律知识。组织干警与挂钩镇村的困难户结成帮扶“对子”，为他们解决生产生活中遇到的困难。

强化生态环境司法保护。实施服务生态文明建设“蓝剑行动”，充分发挥“生态文明保护检察工作站”作用，与县环保、水务、国土、公安等部门互动联动，通过整合监督力量、创新监督模式、提升监督质效，构建全方位生态文明建设保障体系，保护地方蓝天碧水。提前介入侦查并依法批捕一起无证经营、非法处置“三废”1544吨的重大污染环境案犯罪嫌疑人，推动生态环境保护，维护了国家、集体和人民群众的长远利益。

全力保障经济平稳发展。构建“惩防控”三重防护体系，遏制非法集资类案件高发态势。全年办理此类案件7件7人，其中办理的葛某非法吸收公众存款3700余万元、施某某非法吸收公众存款2000余万元等案件取得良好成效，为保障全县金融安全和人民群众的财产权益做出积极贡献。从快办理涉企案件，重点开展打击涉企类案件专项行动，依法快捕快诉一批敲诈沿海化工企业、盗窃沿海企业物资的案件，为发挥“一带一路”连接带作用保驾护航。

二、积极投入平安响水建设，维护社会和谐稳定

严惩严重刑事犯罪。认真分析社会治安动态，严厉打击容易引发社会矛盾的各类刑事犯罪，一年来依法批准逮捕198件227人，提起公诉396件510人。批捕案件无捕后撤案、不诉、判无罪的情况发生。对群众关注度高的命案、社会焦点热点问题背后的犯罪、暴力型涉众型犯罪案件，与公安部门联合建立了命案同步介入侦查、落实跟踪监督的“绿色通道”和重大疑难案件公安机关在侦查阶段听取检察机关意见制度，提升办案质效。

积极开展以案释法。注重“以案释法”、舆情引导和信访化解工作，建立以案释法工作长效机制，充分运用电视、报刊等传统媒体，结合办理的与群众利益密切相关、具有广泛社会影响的案件开展释法说理。推行不捕不诉、追捕追诉、改变定性、立案撤案监督、羁押必要性审查等“六种情形说理制度”，“释法说理月月行”活动深入村居、学校、宗教场所进行普法宣传。

努力增进社会和谐。谨慎使用刑罚措施，对涉嫌犯罪但无社会危险性的交通肇事、轻伤害等案件，决定不批准逮捕3件3人；对犯罪情节轻微，依法不需要判处刑罚的，决定不起诉4人；刑事和解5件5人。加强未成年人检察工作，落实专人办理未成年人刑事案件，严格执行合适成年人到场、犯罪记录封存等制度，加强帮教考察，努力为未成年犯罪嫌疑人创造改过自新机会。积极开展司法救助工作，一年来办理司法救助11起，发放司法救助资金2万余元，促进了社会和谐稳定。

三、依法查办和预防职务犯罪，保持反腐高压态势

突出重点，严查涉农案件。2015年，我院职务犯罪侦查工作紧扣省市院工作部署，围绕民生热点问题以及群众反应强烈的问题查办案件，在农村改厕、种粮补贴、拆迁补助、土地增减挂钩、农业开发项目补贴等行业和领域开展专项行动，全年共立案查处贪污贿赂案件6件8人、渎职犯罪案件1件2人。加大追逃力度，检警联动于当年5月成功将潜逃两年之久挪用公款超百万元的职务犯罪嫌疑人李某某抓获归案。

规范办案，提升案件质效。更加注重人权司法保障，着力转变侦查理念，不断规范司法行为。围绕智慧反贪建设要求，大力推进职务犯罪侦查信息化和装备现代化建设，加强“两化”人才培养，着力提高规范开展职务犯罪侦查工作的能力。严格落实同步录音录像制度，深化“侦、捕、诉”联合运行机制，坚持依法、规范、文明办案，查办职务犯罪工作平稳健康发展，办案的社会效果和法律效果进一步提高。

不断创新，扩大预防效果。继续发挥警示教育中心预防阵地作用，在大力查办职务犯罪基础上，进一步拓展警示教育网络阵地，联合知名微信公众号提升预防影响力。成立预防职务犯罪志愿者服务队，围绕县教育系统“双创”工程、医药、食品卫生等领域开展预防宣传活动；预防职务犯罪“镇村行”活动深入乡村，面对面与干群互动交流，成为全市预防职务犯罪工作特色品牌。今年来共开展预防调查、案例分析17次，预防宣传和警示教育52次，为县内外52家单位4000余人提供警示教育。

四、强化诉讼活动的法律监督，致力维护司法公正

强化刑事诉讼监督。增强程序意识和证据意识，严把案件质量关，全年对证据不足的案件依法不批捕34件47人，不符合法定起诉条件的案件依法不起诉10件17人。深化驻交巡警大队检察工作室的做法，进一步发挥引导侦查、侦查监督和检警联动作用；推行“审查起诉阶段退回补充侦查案件跟踪监督机制”，提升侦查监督质效；推行逐案评议侦查活动制度，对办结的案件进行“一案一评”、逐案反馈、综合评议。办理的张某某寻衅滋事案被评为全市检察机关优秀侦查活动监督案件。

强化刑罚执行和监管活动监督。积极开展财产刑执行检察工作，对被县法院判处财产刑的在矫人员、留所服刑人员进行调查核实，积极开展财产刑执行监督工作，执行到位12人，财产刑执行检察工作取得新突破。书面纠正监管活动违法数2件，监外执行罪犯监管改造违法数3件，监督脱管、漏管数2人，监督收监数3人。开展羁押必要性审查9人，审查的沈某某涉嫌掩饰、隐瞒犯罪所得案被最高人民检察院评为“全国检察机关羁押必要性审查十大典型案例”。

强化民事行政诉讼监督。着力构建多元化监督格局，探索公益诉讼、支持起诉的新途径，重点打击民事虚假诉讼案件，今年来提请抗诉2件，发出再审检察建议3件，法院裁定再审改判8件，办理的浙江某建设有限公司与陈某某民间借贷纠纷抗诉案被市委政法委评为“盐城市首届优秀司法案例”。

五、构建开放式检务公开体系，接受社会各界监督

打造便捷式检民沟通平台。建设功能齐备的一站式检察为民服务中心，将业务咨询、控申举报受理、律师接待、视频接访、行贿犯罪档案查询、案件信息查询、电话举报等功能深度整合，既方便群众，又节约司法成本。一年来检察为民服务中心共受理信访案件269件、办结203件，受理、办结刑事申诉案件4件，律师接待88人次，办理行贿犯罪档案查询560次。

运行网络化检务公开平台。开通响水检察微信、微博，编发微信63期、微博350余条。大力推进法律文书网上公开、重要案件信息网上发布和案件程序性信息网上查询等业务，方便诉讼当事人、代理律师和群众适时网上查询。在响水检察网、阳光检察法治广场开辟检务公开专栏，公开检察机关职责、执法权限、程序、期限等内容，即时公布检察工作开展情况以及院重大活动等。今年来公开法律文书329份，重要案件信息28条，案件程序性信息603条，互联网点击率近19万人次。

主动接受人大及社会各界监督。认真执行县人大及其常委会的决定决议，自觉接受县人大及其常委会的监督。今年十一月，向县人大常委会专题汇报了检务公开和反渎职侵权检察工作，接受审议。主动征求人大代表对检察工作的意见建议，认真答复代表提出的意见和询问。对代表提出的意见和建议，及时召开专门会议研究并制定措施，认真加以改进并答复。不断扩大监督主体的范围，今年新聘任了6名特约检察员，全年邀请人大代表、政协委员、人民监督员等出席检察机关的活动26次，接受监督的频度不断提高，范围不断拓展。在“检察开放月”活动中，省检察院组织全省部分人民监督员来我院进行了视察观摩。

六、坚持全面从严治检，打造过硬检察队伍

加强思想政治建设。大力提升思想政治素质，深入学习贯彻党的十八届三中、四中、五中全会和习总书记系列重要讲话精神，扎实开展“三严三实”专题教育，开展书记上党课、纪检组长上廉政课等系列活动，努力筑牢干警思想根基。院组成考核组对干警应知应会时政知识进行“过堂式”答辩考试，始终保持干警政治上的敏锐性和坚定性。

加强纪律作风建设。狠抓党风廉政和队伍纪律作风建设，认真贯彻落实中央“八项规定”精神，省、市、县委“十项规定”和县纪委“二十个一律”的纪律要求，层层签订党风廉政建设责任书、廉洁自律自我约束承诺书，党风廉政和作风建设与业务工作同部署、同落实、同检查、同考核。推行“双阳光工程”，组织纪检监察部门对干警八小时内外个人行为进行督查，引导全院干警讲规矩、守纪律、树正气。

加强道德文明建设。围绕争创“更高层次的文明单位”奋斗目标，大力实施“文化文明繁荣工程”。开设道德讲堂，邀请响水籍中国好人楚海霞、李海龙等人来我院宣讲文明风尚。利用“好人榜”宣传被评为全县“十大孝子”、“盐城好人”的我院干警，以及被媒体广泛宣传报道的我院四名干警两次救人危难的感人事迹，2015年10月我院第三次被表彰为“盐城市文明单位标兵”。

加强业务能力建设。深入开展规范司法行为专项整治工作，提升干警规范履职的能力。以“灌河浪潮法学社”为重要平台，开展“部门长大讲堂”、案例研讨、控辩对抗等活动，推行法学社员列席检委会会议制度，努力培养骨干型人才。结合“学习刘文胜、争当新标兵”活动，邀请全国模范检察官刘文胜同志到我院作先进事迹报告，并评选出本单位的“业务标兵”、“创新标兵”、“调研标兵”和“服务标兵”。在全市检察机关“公诉人大赛”中，两名干警分别获得“十佳公诉人”、“最佳辩手”、“最佳业务能手”称号，并获团体奖。

2016年，我们将充分发挥检察机关的职能作用，把服务大局和保障民生作为检察工作的根本出发点和落脚点，全力建设“文明响检、规范响检、智慧响检、廉洁响检”。

一是更加积极地服务发展大局。十八届五中全会首次把生态文明建设写进五年规划任务目标，今年，我院将继续深入推进服务生态文明建设“蓝剑行动”，推动全院各部门的联动配合，打击生态文明建设领域各类犯罪，并积极探索公益诉讼机制，力争在服务全县生态文明建设上取得更大成效。紧盯“全面建成小康社会”目标，我院将继续推进干警担任“和谐村居建设指导员”、“维稳专干助理”等活动，结合“巡回法律服务”、普法宣讲“微讲堂”、“释法说理月月行”等活动，深入村居宣讲，接受群众咨询，全力维护社会和谐稳定，着力打造群众满意度更高的响水检察。围绕“保增长、转方式、调结构”目标和“一带一路”战略，我院将探索运用大数据分析引导司法行为，通过数据分析，对近年来发案率增长较快的各类涉企案件加大打击力度，为响水经济再上新台阶保驾护航。

二是更加深入地推进平安创建。以人民群众的平安需求为导向，进一步加强审查逮捕和审查起诉工作，突出打击各类多发高发犯罪，突出打击各类严重刑事犯罪，突出打击危害食品药品安全和环境污染等方面犯罪，努力提升人民群众的安全感和幸福指数。正确处理维稳与维权、打击犯罪与化解矛盾的关系，全力促进社会和谐。针对近年来未成年人侵害和被侵害案件不断上升趋势，拟推行“本土教材进书包、庭审现场进课堂、警示展览进校园、义务巡查进网吧、专题教育上电视”“四进一上”活动，助力青少年健康成长。

三是更加鲜明地促进反腐倡廉。围绕十八届五中全会提出的“深入推进党风廉政建设和反腐败斗争”要求，保持查办职务犯罪高压态势不放松，继续开展民生领域职务犯罪查办，在土地征用、专项资金、涉农惠民、生态环境以及人民群众关心的教育、社保、食品安全等重点领域部署开展专项行动，坚持有腐必惩、有贪必肃，大力查办国家机关工作人员贪污贿赂和渎职侵权犯罪。立足执法办案，加强和改进职务犯罪预防工作，探索整合民行、公诉、控申、预防等部门宣传教育功能，以预防犯罪宣讲团为主力，构建“大预防”宣教机制，着力推进“不敢为、不能为、不想为”的惩防机制形成。

四是更加全面地强化诉讼监督。紧紧围绕人民群众反映强烈的执法司法领域突出问题，全面加强对刑事、民事和行政诉讼活动的法律监督。继续推进命案等重大案件介入引导侦查机制，严格落实非法证据排除规则，加快推进以“审判为中心”的诉讼制度改革。推进行政执法和刑事司法相衔接机制的形成，依法监督纠正履行职责中发现的行政机关违法行使职权或不行使职权的行为，加大民事执行检察监督工作力度，全力打开多元化监督格局。加快财产刑履行情况查询平台建设，积极推进“听证式”羁押必要性审查。

五是更加坚定地抓好队伍建设。以作风过硬、能力过硬“双过硬”为目标，不断提升干警素能。切实履行“一岗双责”，加强领导班子和干警廉政建设。积极投身检察改革，站在讲政治、讲大局的高度认识改革、理解改革、推动改革，按照省、市检察院的统一部署，审慎推进各项检察改革措施。继续推行干警思想动态“三级研判”机制，及时发现队伍中可能出现的苗头性问题，积极引导干警的思想行为。继续强化岗位练兵，选择各条线的业务骨干担任青年干警导师，实施“青蓝工程”，加快骨干型、复合型人才的培养。

【责任编辑　张耀清　滕仕惠】

响水概况

自然环境

【自然地理】 县境地处盐城、淮安、连云港三市交汇处，位于北纬 34°11′39.00″~34°12′29.00″，东经 119°34′42.00″~119°37′31.00″。东濒黄海，南抵中山河（废黄河），与滨海县毗邻；西连灌南县、涟水县；北枕灌河，与灌南县、灌云县隔河相望。政区东西最大距离61千米，南北最大距离23千米，土地总面积1473.80平方千米。县人民政府驻响水镇双园路446号，电话区号0515，邮政编码224600。

县域属黄淮冲积平原，地势平坦，起伏较小，高差8米左右。西南部为废黄河故道，地势较高，海拔6~8米；中部为黄泛坡地，海拔5~7米；东北部为早期黄泛冲积平原，地势较低，海拔2米左右。县境东北灌河入海口主航道南侧，孤悬在海中的开山岛，海拔36.4米。

【政区交通】 G204路、沈海高速公路、S326路和通榆河穿境而过；陈家港为国家一类临时开放口岸；距连云港29海里、日照港59海里，可与韩国、日本等国家和中国香港地区直接通航；距盐城、连云港、涟水机场均在100千米左右。（县志办）

【气候】 地处中纬度暖温带南缘，属大陆性季风气候区。气候温和湿润，日照充足，四季分明，雨热同季。光、热、水等资源比较丰富，旱、涝、风等自然灾害多发。气候特点：春季（3~5月），气温回升较慢，冷空气活动频繁，忽冷忽热，雨水稀少，春旱多发；夏季（6~8月），雨水多且集中，高温日数不多，光照充足；秋季（9~11月），冷空气来得较早，降温快，雨水少，常有秋旱发生；冬季（12月~翌年2月），天气干冷，雨雪较少。

2015年，平均气温14.5℃，比常年高0.3℃。其中，1月平均气温2.3℃，比常年同期显著偏高1.5℃；2月、3月、12月平均气温分别4.0℃、8.4℃、4.0℃，比常年同期分别偏高0.9℃、0.9℃、1.0℃；7月平均气温25.5℃，比常年同期偏低0.9℃，其他月份平均气温接近常年。极端最高气温35.9℃，极端最低气温-7.1℃。无霜期227天，11月25日初霜。全年降水880.0毫米，比常年少126.6毫米。全年雨日111天，降水分布不均，1月降水7.7毫米，2月降水18.8毫米，5月降水37.7毫米，6月降水167.7毫米，7月降水118.8毫米，8月降水180.0毫米，9月降水77.4毫米，10月降水20.5毫米，12月降水12.5毫米，分别比常年同期偏少2~5成。4月降水46.7毫米，比常年同期略偏少；3月降水31.7毫米，比常年同期偏多2成；11月降水160.5毫米，比常年同期异常偏多。全年日照总时数1785.4小时，比常年同期少2成。

雾霾。雾霾天气较2014年频次增加、强度增强。2015年，发布大雾红色预警信号8次、大雾黄色预警信号9次、大雾橙色预警信号24次、霾黄色预警信号5次。1月、2月中下旬低能见度天气频发；1月多次出现霾天气，4~5日、9~11日，出现中至重度霾；14~15日、17~18日，出现轻度霾。1~2月，发布大雾红色预警信号1次、大雾黄色预警信号3次、大雾橙色预警信号3次、霾黄色预警信号2次。春季，雾霾发生频次较1~2月减少；3月，出现大雾天气5次，发布大雾橙色预警信号5次；4月2日、30日，发布大雾黄色预警信号2次；5月19日晨、23日早上、25日晨、31日晨，分别出现较严重大雾天气，发布黄色预警信号1次、大雾橙色预警信号3次。夏季，强对流天气较多，大气静稳条件变差，雾霾天气发生频率降低：6月9日，发布大雾橙色预警信号；7月26日，发布大雾橙色预警信号；8月28日，发布大雾黄色预警信号。秋季，雾霾天气多发。9月4日、21日，出现大雾天气2次，发布大雾橙色预警信号2次。10月16日晨、16日夜晚、18日、19日、20日、21日、22日、23日、24日，出现大雾天气9次，发布大雾红色预警信号4次、橙色预警信号5次。11月3日，发布大雾橙色预警信号。12月，冷空气活动少，风力小，大气层结构稳定，加之近地层水汽条件较好，雾霾天气频发；7日大雾最低能见度23米；10日早晨，出现能见度200~

500米的雾；20日夜至21日早晨、21日夜、25日早晨，均出现浓雾；发布大雾红色预警信号3次、黄色预警信号2次、橙色预警信号3次；14日、21日、25日，发布霾黄色预警信号3次。

高温。6月12~13日，受华北暖脊影响，出现首个高温日，气温35.1℃；7月28~30日、8月2~5日，持续晴热高温，8月5日气温35.3℃。

强冷空气、寒潮。1~2月，冷空气势力偏弱。1月，出现冷空气活动2次；5~6日，受北方较强冷空气影响，出现大风天气，冷空气过后，8日晨最低气温-4.5℃；16日下午开始，蒙古中部中等强度冷空气南下，17日24小时气温下降4℃左右，最低气温-2.8℃。2月7~8日，受较强冷空气影响，24小时气温下降5℃左右；2月中下旬，未出现冷空气活动。3月，出现势力偏弱冷空气活动3次。4月8~9日，受较强冷空气影响，出现倒春寒天气，早晨最低气温0.2℃，有霜冻。11月23~26日，受较强冷空气影响，出现寒潮和7级偏北大风，48小时最低气温下降8℃以上；26日早上、28日早上，最低气温0度以下；27日早上，最低气温-7.1℃，为该月历史最低气温极值，发布寒潮蓝色预警信号。12月2~4日，最低气温下降7℃左右；4日晨最低气温-1.0℃，发布寒潮蓝色预警信号。12月2~4日、15日夜~16日、26日夜，受冷空气影响，出现大风天气3次；冷空气过后，17日早上、19日早上，最低气温零度以下；18日早上，最低气温-6.4℃。

台风。受第9号台风“灿鸿”影响，7月11日午后出现内陆7~9级、沿海海面8~10级偏北大风。受第13号台风“苏迪罗”外围云系影响，8月10日后期出现内陆7~10级、沿海海面9~11级偏东大风，降水20.2毫米。受第15号台风“天鹅”和冷空气共同影响，25~31日，冷空气南下，出现局部阵雨、雷雨。受第21号台风“杜鹃”残留环流和冷空气共同影响，出现中到大雨，伴有内陆5~7级、沿海海面7~8级大风。

雷雨大风。春季，出现大风天气5次。4月28日下午到夜里受北方冷槽、中低空低涡切变和地面气旋共同影响，出现短时雷雨大风强对流天气；5月12日，内陆平均风力6级、阵风7~8级。5月15日，雨量小到中等，伴有短时强降水、雷雨大风强对流天气。5月19日17~18时，出现8~9级短时大风天气，局部地区强雷电。

降雪。1月28日夜至29日，出现降雪过程，积雪2厘米。11月24日~26日，出现降雪天气。

淮北雨季。6月24日，进入淮北雨季，较常年(6月18日)略偏迟。7月13日(常年7月10~12日)，进入淮北雨季，雨季期正常，雨期20天(常年23~24天)，雨量179.8毫米，比常年同期偏少；强降水集中雨季前段，后段晴雨相间。雨季有台风影响；11~12日，受第9号台风“灿鸿”外围影响，出现明显风雨天气。

连阴雨。6月24日进入淮北雨季后，出现连阴雨天气，气温低、雨量多、日照少；7月，持续低温阴雨寡照；8月，持续降水。6月24日至8月31日，总雨日36天，降水450.6毫米，日照346.3小时。秋季受厄尔尼诺影响，冷空气势力弱，与暖空气交汇出现多阴雨天气，11月，雨日15天，降水160.5毫米，日照59.6小时，影响水稻收割和晚茬麦适时播种。

（刘　翔）

2015年响水县有关气象资料

表1

项目		1月	2月	3月	4月	5月	6月	7月	8月	9月	10月	11月	12月	全年
极端最高气温℃	极值	13.2	17.2	23.1	28.3	30.2	35.9	34.8	35.3	28.5	26.4	21.3	13.1	35.9
	日期	4	14	31	26	15	13	29	5	18	3	6	1	13/6
极端最低气温℃	极值	-6.5	-6.3	-3.9	0.2	9.5	12.4	17.3	19.5	12.3	6.9	-7.1	-6.4	-7.1
	日期	10	9	10	9	5	4	8	23	13	31	27	18	17/11
平均气温℃		2.3	4	8.4	13.2	18.8	23.4	25.5	25.8	21.6	16.7	9.9	4	14.5
极端最高地面温度℃	极值	14.4	24.4	39.4	46.5	54.9	59.2	44.4	41.5	38.4	33.5	23.7	17.6	59.2
	日期	19	24	31	27	25	6	13	2、5	18	6	5	8	6/6
极端最低地面温度℃	极值	-5.0	-4.0	-2.7	-0.3	8.4	12.6	16.1	20.4	11.6	5.2	-2.5	-1.6	-5.0
	日期	1	9	10	8	5	4	8	28、29、31	13	31	27	18	1/1
平均地面温度℃		2.6	5	10.6	16.4	23.4	28.1	27.7	27.7	23.6	17.8	10.6	4.3	16.5
降水量(毫米)		7.7	18.8	31.7	46.7	37.7	167.7	118.8	180.0	77.4	20.5	160.5	12.5	880.0
一日最大降水量	毫米	3.9	11.3	18.2	17.5	20.7	65.2	39.7	70.7	25.7	14.9	44.2	42	65.2
	日期	29	15	18	28	11	24	31	1	30	7	6	20	24/6
降水日数(天)		5	5	4	10	8	10	14	16	12	7	15	5	111
一日降水量≥25毫米(天)		—	—	—	—	—	3	1	2	1	—	2	—	9
一日降水量≥50毫米(天)		—	—	—	—	—	1	—	1	—	—	—	—	2

续表1

项　　目	1月	2月	3月	4月	5月	6月	7月	8月	9月	10月	11月	12月	全年
最长连续降水日数(天)	2	2	4	3	4	4	5	6	4	2	5	3	6
最长连续无降水日数(天)	12	16	16	7	8	13	3	7	6	17	7	13	17
平均相对湿度(%)	70	70	70	73	75	75	85	87	84	75	84	76	77
日照时数(小时)	104.9	141.2	170.8	177.4	168.2	177.7	143.6	184.2	184.7	173.2	59.6	99.9	1785.4
蒸发量(毫米)	—	—	—	—	—	—	—	—	—	—	—	—	—
大风日数(天)	—	—	—	—	—	—	—	—	—	—	—	—	1
最大冻土深度(厘米)无	—	—	—	—	—	—	—	—	—	—	—	—	—
雪(日数)	1	—	—	—	—	—	—	—	—	—	3	—	4
霜(日数)		17	10	4	—	—	—	—	—	—	3	18	52

建置区划

【建置沿革】 响水县境原为一片汪洋泽国，自宋高宗建炎二年(1128年)，黄河夺淮后逐渐淤积成陆。明正德(1506~1521)年间起，移民渐渐增多。

明清时期。明初，县境东南部沿废黄河(中山河)北岸，为山阳县(淮安市)属地；西南部、中部、东北部为安东县(涟水县)属地；沿灌河南岸县境北部地区为海州(灌云县)属地。清雍正二年(1724年)，海州升为直隶州，县境北部为海州直隶州辖区；中部、东北部属安东县，隶淮安府。清雍正九年(1731年)，析盐城县北部与山阳县东部建置阜宁县，县境南部废黄河北岸为阜宁县辖区，仍隶属淮安府。

民国时期。民国元年(1912年)，废海州称东海县，同年4月析东海县为东海县、灌云县，县境北部为灌云县属莞渎镇辖区，隶江苏省淮阳道。民国3年(1914年)，安东县更名涟水县，原属安东县辖区改为涟水县辖区，隶江苏省淮阳道。民国16年(1927年)，废道实行省辖县。民国22年(1933年)，省下设行政督察区。县境南部(属阜宁县)属江苏省第十督察区；中部(属涟水县)属江苏省淮阳区；北部(属灌云县)属江苏省东海区。民国29年(1940年)10月前，县境为阜宁、涟水、灌云等县边缘地带。

涟灌阜边区办事处。民国29年(1940年)10月，境内(原属涟水、灌云、阜宁等县的边缘地区)建立抗日民主政权涟灌阜边区办事处，属淮海区；民国30年(1941年)1月，涟灌阜边区办事处撤销，辖区分别划归涟东、灌云、阜宁3县。民国30年(1941年)9月，重建涟灌阜边区办事处，改属盐阜区行政公署。

潮南县。民国31年(1942年)4月，改涟灌阜边区办事处为潮南县。

滨海县。民国31年(1942年)5月，改潮南县为滨海县，隶属盐阜区行政公署。民国34年(1945年)12月，属苏皖边区第五行政区专员公署。民国36年(1947年)3月，属苏北行署第十一分区；9月，属苏北行署第五分区。1949年5月，属苏北盐城专员公署。

中华人民共和国成立后。1949年11月，滨海县、阜东县合并成立滨海县，县境属滨海县。

响水县。1966年3月9日，国务院全体会议第161次会议决定："设立响水县。以中山河以北的行政区域为响水县的行政区域"；属盐城专员公署管辖。是年3月19日，江苏省人民委员会发出设立响水县的通知；是年4月1日，响水县人民委员会在滨海县人民委员会会堂宣布成立；县人民委员会驻响水镇。1983年3月，属盐城市。

(县志办)

【行政区划】 1966年4月建县时，辖响水、周集、黄圩、张集、运河、六套、康庄、南河、双港、陈港海洋渔业10个人民公社和响水、陈港两个镇；同月，划建小尖、七套2个人民公社；6月，响水人民公社更名响南人民公社。1981年4月，增设海安集人民公社。1983年8月，实行政社分设，13个人民公社改置为13个乡(陈港海洋渔业人民公社更名港南乡)；同时，划建老舍乡，设立响水镇和陈港镇。1984年4月，撤销小尖乡，设立小尖镇。1991年5月，撤销康庄乡，设立大有镇。1997年5月，增设平建乡。1999年12月，撤销南河乡，设立南河镇。2000年3月，撤销港南乡、陈港镇，设立陈家港镇；8月，撤销黄圩乡，设立黄圩镇；撤销双港乡，设立双港镇。2001年6月，撤销响南乡、海安集乡、周集乡、平建乡，其辖区分别并入响水镇、陈家港镇、小尖镇、南河镇。2002年4月，撤销运河乡，设立运河镇。2010年10月，撤销张集、六套、七套、老舍等乡，分别设立张集、六套、七套、老舍等中心社区，其辖区分别并入小尖、运河、大有、双港等镇。2015年末，辖响水镇、陈家港镇、小尖镇、大有镇、南河镇、黄圩镇、双港镇、运河镇，下设100个村、52个居。县境内驻江苏省黄海农场、江苏银宝盐业有限公司灌东盐场。

(赵永飞)

2015年末响水县村居概况

表2

镇人民政府(驻地)	村(居)民委员会	
响水镇(黄海南路88号)	3村	上兴　潘庄　苗寨
	8居	城南　城东　东园　西园　南园　灌河　五河　小浦
响水经济开发区	10居	灌江　响港　葛庄　东风　金湾　黄东　黄河　环南　兴太　开成
陈家港镇(金港)	7村	合心　下辛　新光　小港　立礼　四港　六港
	8居	新民　新中　港北　海安　中兴　港南　金港　蟒牛
响水生态化工园区	4居	大湾　沙荡　草港　王商
小尖镇(豫顺)	13村	小广　郭庄　朱浦　沙庄　吉舍　土桥　徐洪　朱圩　毕圩　条房　陈沟　条河　平湖
	5居	豫顺　豫东　周集　四丰　中舍
张集中心社区	11村	何圩　姜圩　杨回　三河　港湾　月港　华余　韩荡　大圩　大东　佑东
	1居	张集
黄圩镇(黄圩)	8村	双套　云梯关　龙马　东盛　黄北　均平　大兴　云彩
	2居	黄南　黄圩
运河镇(龚集)	10村	大通　二套　正茂　孙埝　伏兴　南河　四套　桃园　运圩　运西
	2居	龚集　三套
六套中心社区	9村	皂角　湾港　新条　引河集　双民　五套　富民　唐友　同兴
	1居	六套街
大有镇(大有)	4村	康庄　新北　淮河　民强
	2居	大有　头罾
七套中心社区	7村	梅湾　亭泉　三汾　甫舍　产旺　高场　中心
	1居	七套
南河镇(王集)	16村	薛荡　八墩　河西　太平　合兴　安宁　头甲　加庆　上王　新南　昌盛　新荡　大沟　新海　新建　农场
	3居	王集　河堆　平建
双港镇(双港)	4村	洪南　友爱　腰庄　丰大
	3居	双港　合浦　兴华
老舍中心社区	8村	尚圩　树圩　四烈　大口　新舍　恩覃　花枝　红旗
	2居	东吴　老舍

注:2005年6月,陈家港镇沙荡村、草港村、王商村划给陈家港化学工业集中区管理。2006年7月,原响水镇城东居部分划出,设立葛庄村,响水镇葛庄、东风、金湾和双港镇黄东、黄河等村居划给响水经济开发区管理。2007年10月,陈家港镇大湾居划给陈家港化学工业集中区管理。2010年5月,陈家港镇港南、金港、蟒牛等村民委员会改设居民委员会。2011年12月20日,响水生态化工园区沙荡、草港、王商,双港镇开成、兴太,小尖镇中舍、四丰,响水镇小浦、五河9个村民委员会改设居民委员会。2013年5月30日,响水经济开发区葛庄、东风2个居划给县城市建设管理指挥部管理;2015年,葛庄、东风2个居划给响水经济开发区管理。

人口 民族

【人口】 2015年末，全县户籍人口62.37万人，其中城镇人口32.38万人，乡村人口29.99万人。全县常住人口50.19万人。全年人口出生率12.37‰，人口死亡率7.38‰，人口自然增长率4.99‰。

【民族】 根据2010年第六次全国人口普查资料显示，全县汉族人口508824人，占总人口99.79%；少数民族26个，共有人口1055人，占0.21%。其中蒙古族24人，回族746人，藏族2人，维吾尔族4人，苗族68人，彝族46人，壮族31人，布依族24人，朝鲜族4人，满族4人，瑶族3人，土家族22人，哈尼族20人，哈萨克族17人，傣族4人，黎族7人，傈僳族2人，佤族4人，畲族3人，高山族2人，拉祜族6人，土族6人，布朗族2人，仡佬族1人，怒族2人，赫哲族1人。响水县的少数民族以回族为多。全县有1个民族村，张集中心社区的杨回村；7个民族组，张集中心社区的杨回村2、5、6组，六套中心社区六套村1组，六套中心社区三庄村吴庄回民组，七套中心社区程庄村回民组，南河镇河堆村9组。少数民族主要从事农业生产。全县有一所民族小学，张集中心社区杨回民族希望小学。

（王　栋）

资源水文

【土地资源】 全县土地总面积147379.64公顷，其中，耕地70373.95公顷、基本农田60666.7公顷。

（殷　乐）

2015年末响水县镇区(场)土地面积

表3

镇(区)场	土地面积(公顷)	耕地(公顷)	基本农田(公顷)
响水镇	6265.60	2614.20	1476.70
响水经济开发区	629.62	76.97	0
小尖镇	10877.63	7179.62	5628
张集中心社区	7970.15	5457.03	5411
黄圩镇	6884.84	4408.38	4267
运河镇	7150.31	4661.30	4048
六套中心社区	6041.46	4033.49	4028
大有镇	5544.36	3560.63	3547.24
七套中心社区	5690.30	3938.4	3955.02
陈家港镇	6385.73	2912.16	741
响水生态化工园区	1990.13	626.74	0
南河镇	11697.22	8306.25	7950
双港镇	5646.75	3367.11	830
老舍中心社区	7145.43	4809.99	4627.84
黄海农场	20066.84	14164.51	14156.90
灌东盐场	16734.27	0.09	0
三圩盐场	6887.57	0	0
其他	13771.43	257.08	—

【滩涂资源】 境内海岸线东起废黄河口，西至灌河口，位于北纬34°22′1460″~34°26′9314″、东经119°47′7673″~120°04′8498″，海岸线长38千米；海岸带面积136500公顷，其中，潮上带面积4300公顷、潮间带面积9000公顷、潮下带面积123200公顷，海岛岸线长404米。

（陈兆军）

【生物资源】 陆地上生长粮棉油、经济作物、林木花草等作物，水域生长芦苇、荷藕、菱角、茨菇、芡实等。滩涂上有丹顶鹤、白鹤、天鹅、斑猫、海龟等。潮上带盛产贝壳类生物、虾类等；潮间带贝类等生物总量约1万吨，年采捕3000吨左右；潮下带特产海鲜，年捕5000吨左右。特产赤穗梨、浅水藕、红镶边绿扁豆、桂花鸭、草鸡、野鸡、珍珠鸡、草鸡蛋、四鳃鲈鱼、开洋虾、中华绒毛蟹等，盐业资源丰富。

（县志办）

【水资源】 境内多年平均水资源总量39064.60万立方米，其中，地面径流量20829.20万立方米，开采地下水1150.60万立方米，工农业生产回归水7542.80万立方米，外调水9542万立方米。用水量33105万立方米，其中，农业用水29570万立方米、工业用水730.80万立方米、生活用水2529万立方米、生态用水41.60万立方米、冲淤保港用水233.60万立方米。

响水县水资源总量分布情况

表4

片区 \ 不同年份	多年平均(万立方米)	丰水年(万立方米)	平水年(万立方米)	枯水年(万立方米)	特枯水年(万立方米)
南潮河南片	16438.9	22352.2	13776.3	8905.3	3681.1
南潮河北片	9734.0	13136.7	8272.4	5488.7	2485.0
通榆河西片	6672.2	8776.8	5943.7	4255.8	2396.8
盐场片	5381.5	7392.6	4425.2	2752.7	977.5

地表水。境内水源河道2条：一条位于南缘呈东西走向中山河(废黄河)，另一条贯穿县境西部呈南北走向通榆河。

中山河为黄河夺淮所形成的入海水道，现为淮河流域导淮入海工程组成部分，兼有引水灌溉、行洪排涝、水上运输功能；最低水位0.95米，正常水位一般3.0米左右；设计流量600立方米/秒，常年供水流量50立方米/秒，水质平均达三类。

通榆河为南水北调东线工程一部分，境内长26千米，正常水位2.80米左右，水质优于三类，主要功能南水北调和水上运输；原设计供水50立方米/秒，根据连云港地区工农业生产需要，提高到100立方米/秒。通榆河北延至连云港送水工程，2008年开工建设，2009年基本完成土石方工程。

自然雨水是地面用水补给重要来源之一。常年境内年降水900毫米以上，年际差异较大，降水量丰、枯年交替，旱涝不均，80%年份降水量大于700毫米，大部分渗入地表，少部分流失，年补给量600毫米左右。

2015年度响水境内水功能区水质达标情况

表5

序号	二级水功能区名称	水质目标	实测水质	实测次	达标次	评价	监测断面地址
49	灌河工农业用水区	Ⅳ	Ⅲ	12	12	达标	响水(灌)
51	南潮河工农业用水区	Ⅳ	Ⅲ	12	12	达标	陈家港
95	响坎河工农业用水区	Ⅲ	Ⅳ	12	2	不达标	运响闸
96	民生河农业用水区	Ⅳ	Ⅲ	6	6	达标	民生河桥
97	陈坎河农业用水区	Ⅳ	Ⅲ	6	6	达标	陈坎河桥
100	海堤河饮用水源工业用水区	Ⅲ	Ⅲ	6	6	达标	响水盐场
116	黄响河工农业用水区	Ⅳ	Ⅲ	6	6	达标	朱圩
117	唐响河工农业用水区	Ⅳ	Ⅲ	6	5	达标	楼底下
118	佃响河工农业用水区	Ⅳ	Ⅳ	6	5	达标	条房
119	唐豫河工农业用水区	Ⅳ	Ⅲ	6	5	达标	朱庄

注：江苏省水环境监测中心盐城分中心监测资料。

境内农业灌溉水源主要靠中山河引水，少部分引自通榆河。灌溉引排水主要路径：西南部通过黄响河进水闸、大寨渠进水闸引中山河水和通榆河水入南干渠，再由昔阳渠、黄响河、大寨渠等河道分配水量，由黄响河、运响河排入灌河；中部由六套干渠进水闸、七套新建支渠进水闸引中山河水入六套干渠，再通过大治渠、向阳渠、太平河等支渠引水入中沟、双南干渠，再由红卫支渠、凤尾支渠、新建支渠输配水；东南部通过军寨渠、康庄第一站、第三站，大有小闸等直接引中山河水，通过民生河等排入灌河。全县引水工程36座，总设计流量703.8立方米/秒，年总引水能力54537万立方米。

响水县主要引水工程情况

表6

水闸名称	建成年份	引(进)水闸过闸流量(立方米/秒)	引(进)水闸引水能力(万立方米)	灌区名称
康庄五排河闸	1965	20	1000	淮北干渠灌区
五套河进水闸	1967	7.5	639	六套干渠灌区
红旗闸	1971	26	4000	黄响河灌区
向阳渠进水闸	1972	18	1235	六套干渠灌区
八墩地龙	1972	8.5	400	双南干渠灌区
淮北洞	1972	13	1500	淮北干渠灌区
老大寨渠进水闸	1973	24	1000	大寨河灌区
六套干渠进水闸	1974	27	37	南干渠灌区
军寨渠闸	1975	12.5	4000	黄海农场灌区
北干渠引水闸	1976	8	20	淮北干渠灌区
滨淮农场六分场引水闸	1976	9	1000	滨淮农场六分场灌区
高港闸	1976	13	1230	六套干渠灌区
后地龙	1976	8	3000	黄海农场灌区
大治渠进水闸	1978	12.8	30	南干渠灌区
红卫支渠进水闸	1979	6.5	200	双南干渠灌区
太平河进水闸	1979	12	1026	六套干渠灌区
陈坎河进水闸	1980	15	2000	六套干渠灌区
九分场小闸	1983	6	1500	黄海农场灌区
大通干渠进水闸	1997	30	3000	南干渠灌区
通榆河西闸	1997	10	1000	南干渠灌区
运响河节制闸	1997	121	1500	南干渠灌区
唐豫河船闸	1998	25	1000	大寨河灌区
大有水闸	2001	6	2000	黄海农场灌区
唐豫河西闸	2002	15	3000	黄响河灌区
七套新建支渠闸	2004	13	1230	六套干渠灌区
中心支渠闸	2004	12	1026	六套干渠灌区
大寨渠进水闸	2007	8	3000	大寨河灌区
灌东引淡闸	2008	8	200	灌东盐场灌区
双南干渠提水闸站	2009	16	1000	双南干渠灌区
双南干渠引水闸	2009	15	2500	双南干渠灌区
亭泉闸	2009	13	2000	六套干渠灌区
灌河地涵	2010	50	3000	黄响河灌区
海堤河引水闸	2010	15	2000	淮北干渠灌区
南潮河节制闸	2010	40	50	南干渠灌区
中舍闸	2010	10	250	黄响河灌区
响水引水闸	2010	50	3000	黄响河灌区

地下水。境内地下水分浅层水和深层水。浅层水一般埋藏深度1~1.50米，外滩地区埋藏深度3米左右。浅层水含量比较丰富，含盐量大，矿化度高，从西南向东北水质逐渐下降；其中，西南中山河沿线地区地下水水质最好，达到一级标准，可以直接取用；灌河沿线及沿海地区水质最差，溶解性总固体超标，属苦咸水，不能直接取用；沿中山河堤外滩一线，地表水层-18米处已经淡化，可用作小型（暂时）供水；沿灌河海州圩里一线，海安集以西地表水层-7米左右，水质为淡水，含一定盐份，勉强能饮用；受地面雨水和灌河水位影响，水质变化较大，夏秋雨季水质较淡，冬春、旱季水质含盐量较高，一般不能饮用。

深层水。第Ⅰ承压含水层（组）：根据区内成井资料分析，顶板埋深55米左右，底板埋深85~105米。第Ⅱ承压含水层（组）：由1~3层砂层组成，单层厚度小，分布连续性差，主要含水层顶板埋深80~110米，底板埋深90~150米，砂层厚度约5~25米，由西向东逐渐加厚加深，岩性以粉细砂、细砂为主，局部含细中砂。富水性明显受砂层厚度和岩性控制，陈家港镇至南河镇以西至县城附近，单井涌水量小于500立方米/日，水量贫乏；陈家港镇至南河镇至双港镇老舍中心社区一线以东至黄海农场场部以南地区，单井涌水量500~1000立方米/日；黄海农场场部以东地区，单井涌水量1000~2000立方米/日，水量较大。第Ⅲ承压含水层（组）：主要含水层顶板埋深110~180米，底板埋深160~200米，砂层厚度10~40米，双港镇至大有镇七套中心社区一线以西砂层厚度大于20米，其中县城、小尖镇砂层厚度超过30米，其他地区砂层厚度小于20米，岩性以细中砂、细砂为主，局部含中粗砂。县城至双港镇老舍中心社区至大有镇一线以西水量较大，单井涌水量1000~2000立方米/日；其他地区水量较小，黄海农场场部、陈家港镇到灌河口一带，单井涌水量一般小于500立方米/日。

【水文】 境内地处淮水尾闾，灌河下游，东临黄海，属沂沭泗水系，南依中山河，北枕灌河，在全省沿海水利规划中属相对比较独立、比较特殊的一个地区。

境内灌溉水系分为黄响河灌区、大寨渠灌区、南干渠灌区、六套干渠灌区、双南干渠灌区、淮北干渠灌区、沿海滩涂区7个区域。

流域性河道有灌河、中山河、佃响河、一帆河、通榆河、响坎河（运响河）6条。县级灌溉河道有双南干渠、昔阳渠、大寨渠、六套干渠、大治渠、向阳渠、跃进渠、新建支渠、淮北干渠、新建渠、大通干渠、七套干渠、新东支渠、南干渠、新民支渠、军寨总渠等17条；排水河道有南潮河、唐豫河、黄响河、张响河、陈坎河、太平河、民生河、小南河、小黄河、新小黄河、红卫河、十唐河、南直河、东直河、七套河、一分排河、二分排河、四套河、兴隆河、七套支河、新荡河、西直河、运盐河23条；排灌结合河道有越翻河、新南河、五套河、双南河、以刚河、大兴河、佃西河、红卫支渠、新建河、中心支渠等10条；乡镇河道有灌溉河道33条、排涝河道239条、排涝结合河道60条。

近海水文受风力、港口等影响，与境内有差异。潮型属规则半日潮，每日出现2次高潮位、2次低潮位。近海潮最大流速实测2.70米/秒，涨落潮平均流速0.50米/秒左右。一般潮汐规律（农历）：初一、十五早晚潮，天亮白滔滔；一潮迟三刻；一十两头空，潮满到天中；初三潮，十八水，二十一二追命鬼；二十一二三，潮水不上滩。潮时，灌河口较燕尾港早20分钟，较响水口约早2小时，燕尾港比陈家港早20分钟。涨落潮受风影响较大，东风（北风）、东北风较大，可使涨潮提前；西北风、西南风可使涨潮推后。

灌河口（陈家港）潮水涨落时间

表7

农　历	涨潮憩流时（最高潮）	落潮憩流时（最低潮）	农　历	涨潮憩流时（最高潮）	落潮憩流时（最低潮）
1日 16日	7:24	2:24	9日 24日	13:48	8:48
2日 17日	8:12	3:12	10日 25日	14:36	9:36
3日 18日	9:00	4:00	11日 26日	15:24	10:24
4日 19日	9:48	4:48	12日 27日	16:12	11:12
5日 20日	10:36	5:36	13日 28日	17:00	12:00
6日 21日	11:21	6:24	14日 29日	17:48	12:48
7日 22日	12:12	7:12	15日 30日	18:36	13:36
8日 23日	13:00	8:00			

灌河响水口水文。响水口潮位记载起于1912年3月9日。1938~1939年，日本军队占领响水口停测。1951年4月20日，华东军政委员会水利部在响水口设立新安一等水文站，观测水位并测大断面、含沙量等。1954年，划归江苏省治淮总指挥部领导，站长张善德。1955年1月，更名水位站，隶属大浦二等水文站，站长华懋驹；是年，检测项目有潮水位、降雨量、蒸发量、气温、相对湿度、地温、气压、风向、风力、云量、能见度、天气现象。1956年，水位观测改人工观测为自动观测。2001年7月、10月，实测响水口潮位特征值：平均潮位：高潮2.63米，低潮-1.02米；平均潮差：涨潮3.85米，落潮3.44米；平均历时：涨潮4小时35分，落潮7小时46分。

（宋树林）

灌河响水口和燕尾港潮位特征

表8　　　　85黄海基准

项　　目		响水口	燕尾港
潮位	历史高潮最高	4.04 米(2000 年 8 月 31 日)	3.84 米(1981 年 9 月 1 日)
	历史低潮最低	-2.50 米(1955 年 2 月 21 日)	-3.10 米(1987 年 2 月 15 日)
	多年平均高潮位	1.88 米	1.69 米
	多年平均低潮位	-1.14 米	-1.50 米
潮差	历史最大涨潮	5.14 米(1999 年 5 月 18 日)	5.36 米(1982)
	历史最小涨潮	0.78 米(1971 年 8 月 30 日)	0.73 米(1969 年 11 月 4 日)
	历史最大落潮	5.31 米(2002 年 9 月 8 日)	5.17 米(1997 年 8 月 21 日)
	历史最小落潮	0.92 米(1971 年 8 月 30 日)	1.07 米(1968 年 8 月 18 日)
	多年平均潮差	3.02 米	3.18 米
历时	历史最大涨潮	7 时 11 分(2006 年 4 月 23 日)	7 时 40 分(2006 年 4 月 23 日)
	历史最小涨潮	2 时 15(1980 年 10 月 26 日)	3 时 00 分(1992 年 2 月 24 日)
	多年平均涨潮	4 时 33 分	5 时 02 分
	历史最大落潮	10 时 50 分(1993 年 1 月 1 日)	9 时 55 分(2006 年 11 月 7 日)
	历史最小落潮	4 时 30 分(1962 年 9 月 7 日)	1 时 15 分(1998 年 12 月 11 日)
	多年平均落潮	7 时 55 分	7 时 26 分
资料统计年份		1931~1937 年、1952~2006 年	1951~2006 年

注：灌河口水尺零点为废黄河口零点，燕尾港水尺零点（冻结基面）为废黄河口零点下0.445米。

经济建设

【综合实力】 2015年，全县广大干群以中共十八大精神为指导，全面贯彻落实县委九届七次全会决策部署，围绕"建设新响水、发展上台阶、实现北抬头"总定位，适应新常态，稳定经济增长，加快转型升级，大力改善民生，全县经济社会呈现科学发展、和谐发展良好势头，为建设更高水平小康社会奠定坚实基础。

地区生产总值　全年实现地区生产总值244.30亿元，按可比价格计算，比上年增长10.05%；其中第一产业实现增加值40.35亿元，比上年增长5.74%；第二产业实现增加值113.68亿元，比上年增长8.15%；第三产业实现增加值90.27亿元，比上年增长14.66%。三次产业结构的比重为16.5:46.5:37.0。其中第一产业比重比上年下降0.7个百分点，第二产业比重比上年下降0.8个百分点，第三产业比重比上年上升1.5个百分点。

财政收入　全年实现财政总收入45.78亿元，比上年增长27.9%，公共财政预算收入32.54亿元，比上年增长17.0%，其中税收收入26.83亿元，比上年增长17.4%，税收占公共财政预算收入比重82.5%。公共财政预算支出50.82亿元，比上年增长16.4%。

固定资产投资　全年完成固定资产投资250.00亿元，比上年增长22.4%。其中工业投资204.47亿元，比上年增长27.6%，占全社会投资额比重81.8%。全年实施项目292个，其中新开工项目270个。新开工亿元以上项目46个，10亿元以上项目1个；竣工亿元以上项目42个。

【农业】 全年实现农林牧渔业总产值73.25亿元，比上年增长2.9%；全县粮食播种面积78640公顷，总产量54.27万吨，粮食生产实现"十二连增"；油料作物播种面积5970公顷，总产量2.13万吨；蔬菜播种面积24980公顷，总产量96.92万吨；肉类总产量5.21万吨，其中生猪出栏51.37万头、肉产量3.81万吨；禽蛋总产量2.75万吨。

现代农业　全年新增设施农业2133公顷，推广联耕联种25333公顷，新增家庭农场81家、农民专业合作社39家，新引进投资超千万元农业龙头企业21家，国际一流的现代化中粮生猪养殖和全省单体规模最大温氏现代化生猪养殖项目均建成投产。

【工业】 全年完成规模以上工业总产值718.51亿元，比上年增长23.27%；主营业务收入710.29亿元，比上年增长18.39%；利税总额112.35亿元，比上年增长19.81%，其中利润总额81.15亿元，比上年增长19.39%；工业用电量43.24亿千瓦时，比上年增长10.26%。全县工业企业实现国税开票销售343.70亿元，比上年增长15.72%，开票销售收入超亿元企业28家，实现开票销售207.91亿元。化工、冶金、能源三大主导产业实现开票销售213.61亿元，其中化工产业82.86亿元，冶金产业103.12亿元，能源产业27.73亿元。

【建筑业】 全年完成建筑业总产值37.20亿元，比上年增长13.5%。建筑企业房屋施工总面积370万平方米，比上年增长64.0%；房屋建筑竣工面积225万平方米，比上年增长143.2%，其中住宅竣工面积117万平方米，比上年增长84.5%。建筑业从业人员0.86万人，比上年下降16.6%。

【服务业】 全县完成服务业增加值90.27亿元，比上年增长14.66%，高于地区生产总值增速4.6个百分点。服务业增加值占全县地区生产总值37.0%，比上年提高1.5个百分点。按行业分，批发和零售业实现地区生产总值16.06亿元，占服务业比重17.79%；交通运输、仓储和邮政业实现地区生产总值16.84亿元，占服务业比重18.66%；住宿和餐饮业实现地区生产总值3.81亿元，占服务业比重4.22%；信息传输和计算机服务业实现地区生产总值3.91亿元，占服务业比重4.33%；金融保险业实现地区生产总值9.17亿元，占服务业比重10.16%；房地产业实现地区生产总值11.43亿元，占服务业比重12.66%；租赁和商业服务业实现地区生产总值1.87亿元，占服务业比重2.07%；其他服务业实现地区生产总值27.18亿元，占服务业比重30.11%。

交通运输　全县拥有公路里程1813.26千米，其中高速公路26.89千米，一级公路122.82千米，公路客运量1090.1万人次、货运量953.3万吨。沿海和内河港口货物吞吐量2030万吨。民用汽车拥有量3.89万辆，其中私人汽车拥有量3.65万辆。响水船闸全年开放闸次8419次，放行各类船只39019艘，通过量2366万吨。

商品贸易　全年实现社会消费品零售总额59.90亿元，比上年增长11.7%。分行业看，批发和零售业54.49亿元，比上年增长11.2%，其中批发业6.91亿元，比上年增长14.5%，零售业47.58亿元，比上年增长10.7%；住宿和餐饮业5.41亿元，比上年增长16.7%，其中住宿业0.21亿元，比上年增长22.9%，餐饮业5.20亿元，比上年增长16.5%；分规模看，限额以上企业17.06亿元，比上年增长15.0%，限额以下及个体42.84亿元，比上年增长10.4%。全年实现进出口总额4.37亿美元，比上年增长6.8%，其中出口总额3.88亿美元，比上年增长15.5%。协议利用外资0.54亿美元，比上年下降60.9%，注册外资实际到账0.56亿美元，比上年下降25.1%。

金融　全县金融机构有11家，年末各项存款余额134.23亿元，比上年增长16.3%，其中储蓄存款76.38亿元，比上年增长13.5%。金融机构年末各项贷款余额121.35亿元，比上年增长17.3%，其中中长期贷款57.38亿元，比上年增长28.5%，个人消费贷款33.54亿元，比上年增长13.6%。全县实现保费收入22395万元，比上年增长26.5%，其中财产险7987万元，比上年增长17.9%，人寿险14408万元，比上年增长31.9%。赔款和给付4588万元，比上年增长18.1%，其中财产险3965万元，比上年增长18.2%，人寿险623万元，比上年增长17.8%。

邮电通信　全年完成邮政业务总收入0.27亿元，通信运营业务总收入3.16亿元。其中，电信公司响水分公司业务收入0.94亿元，移动公司响水分公司业务收入2亿元，联通响水分公司业务收入0.22亿元。全县固定电话用户6.48万户，其中农村电话用户3.87万户；移动电话用户41.49万户，其中4G移动电话用户14.58万户。互联网宽带接入用户8.76万户。

房地产　全年完成房地产开发投资7.07亿元，比上年下降9.9%，其中住宅4.81亿元，比上年下降2.7%。房地产开发项目房屋施工面积135万平方米，比上年增长5.9%，其中住宅竣工面积20.23万平方米，比上年下降34.1%。商品房销售面积34.5万平方米，比上年增长26.0%；商品房销售额14.44亿元，比上年增长21.5%，其中住宅销售额11.03亿元，比上年增长23.5%。

【人民生活】 全年实现全体居民人均可支配收入17949元，比上年增长9.1%，其中城镇常住居民人均可支配收入23642元，比上年增长8.9%，农村常住居民人均可支配收入13088元，比上年增长9.4%；全体居民人均消费支出9628元，比上年增长8.9%，其中城镇常住居民人均消费支出10659元，比上年增长7.4%，农村常住居民人均消费支出8747元，比上年增长10.4%。

（李　超）

政治建设

【中共党的地方组织和干部队伍建设】

2015年，中共响水县第九届委员会召开第七、八、九次全体会议，县委委员、候补委员出席会议，县纪委委员、县各有关方面负责人、重点企业负责人和各村（居）党组织书记列席。县委书记崔爱国在会上作工作报告。会议总结2014年工作，研究部署2015年任务，对从严治党进行专题部署，审议并表决通过《中共响水县委关于制定响水县国民经济和社会发展第十三个五年规划的建议》等决议。按照中央和省、市委统一部署，在全县各级党组织中普遍开展“三严三实”专题教育，梳

理出370条“不严不实”问题并落实整改措施。持续、循环整顿软弱涣散基层党组织，扎实推进村（居）党群服务中心建设，出台全县村（居）干部考核激励办法，推进村（居）“项目书记”队伍建设。认真贯彻落实《干部选拔任用工作条例》，完善干部选拔任用制度，按照德才兼备、以德为先要求，选优配强各级领导班子。全年调整科级干部170人，其中提拔17人、到龄改任非领导职务41人、退休20人；审批正股级干部112人、副股级干部111人，轮岗交流股级干部18人；清理消化超配干部120人、在编不在岗48人、企业兼职74人；全县引进高层次人才63人、专门人才787人、大学生3108人，招录公务员64人。选派200名县直机关干部挂钩农村联系点，参与新农村建设和结对帮扶促小康工作；抽调59名股级干部到经济薄弱村、软弱涣散村兼任第一书记。通过基层锻炼、多岗位锻炼、急难险重任务锻炼等形式，提高干部队伍整体素质和工作能力。

【民主法制建设】 县人大及其常委会依法履行民主监督职能。年内，召开县第九届人民代表大会第四次会议，听取和审议县人大常委会工作报告，县人民政府、人民法院、人民检察院工作报告，审查批准县2014年国民经济和社会发展计划执行情况、2015年国民经济和社会发展计划报告，审查批准县2014年财政预算执行情况和2015年财政预算报告，收到代表建议、批评和意见162件；召开常委会议9次，审议执法检查报告3份，审议县人民政府、人民法院、人民检察院工作报告14份，形成审议意见14份，依法任免县国家机关工作人员37人次，作出决议、决定21项；召开常委会主任会议9次，听取县人民政府、人民法院、人民检察院工作汇报，处理机关重要工作。经县政府及相关部门努力，162件人大代表建议、批评和意见，年内解决和基本解决的53件，正在解决或列入规划以后逐步解决的99件，因客观原因暂时无法解决的10件。

县法制部门调整充实工作机构，完善合法性审查机制。及时举办学习《中华人民共和国行政诉讼法》与依法行政工作培训班，邀请省、市行政事务专家对各执法部门负责人、镇区分管负责人进行培训，提高机关依法应诉能力。在全县建立一支具有专业素养和丰富实践经验、以本地律师为主的政府法律顾问队伍，全面介入政府规范性文件制定、重要行政决策、涉法事项法制审查和法律保障工作。县政府法制办公室全年收到行政复议申请27件，审结27件，其中维持2件、撤回22件、不予受理3件。全县受理行政调解案件1386起，调处成功1371起，维护了社会大局稳定。

【政府职能转变】 年内，完成工商、质量技术监督、食品药品监督“三合一”工作，整合后组建县市场监督管理局，围绕机构整合、职能融合、力量聚合目标，按照“三定”方案落实人员定岗定编，实现人心不散、工作不乱、平稳过渡。完成卫生、计生部门整合，组建县卫生和计划生育委员会，相关涉改部门职能划转，按照“人随事走”原则，进行面对面交接，保证划转无缝衔接。

清理和规范县本级行政审批事项服务流程，清理后，县本级行政审批事项保留182项，取消38项，挂起169项，转为公共服务和日常监管129项。行政审批流程申报资料精减220个，审批环节精减246个。对全县涉企行政事业性收费和政府定价的经营服务性收费项目进行全面清理，取消上级明令停止征收的涉企、民生收费项目12个，压降涉企收费31项。行政事业性收费项目压降幅度达到1/3，经营服务性收费项目压降幅度超过1/3。以政府办名义印发《关于全面清理行政权力建立权力清单制度的通知》，由县编委办公室、法制办公室、监察局等部门组成权力事项合法性审查小组逐一甄别审核，保证行政权力清单的时效性、准确性。根据国家产业政策，结合县内主导产业和传统优势产业规划和发展现状，制定产业投资鼓励、限制、禁止类目录，指导镇区、工业园区招商选资。建立全方位、经常化、立体化监督和责任追究机制，政府离开不该插手的经济领域，当好市场秩序“裁判员”和改革创新“守护神”，防止政府部门及工作人员“权力寻租”行为，促进创业投资和民生服务便利化。

【政治协商】 县政协年内召开第九届委员会第四次会议，听取常委会工作报告和提案工作报告，全体委员列席县第九届人民代表大会第四次会议，听取并讨论县政府和县人民法院、检察院工作报告，围绕全县经济社会发展和关系群众切身利益等方面问题，通过大会发言、小组讨论、撰写提案等方式，提出意见和建议。会议期间，提出提案158件，经审查立案141件，其中委员个人提案113件，政协各界别、专门委员会以及委员会联名集体提案28件。召开县政协常委会议4次，主席会议4次，协商通过召开县政协九届四次全会有关事项，讨论修改、协商通过有关建议案和10件重点提案等事项。

围绕县委、县政府年初确定的20件实事工程，县政协组织委员在相关职能部门、园区、企业实地调研，围绕社会救助、行政审批事项清理和流程优化、农村环境综合整治等议题进行专题协商，《关于推进我县企业“三证合一”登记制度改革》等10件重点提案，办理结果在《今日响水》报上公示，较好地回应社会关切。政协委员应邀多次参与环保、安监、市场监管、公安、国税、地税、住建等部门政风行风评议活动，对教育“双创”、秸秆禁烧与综合利用、优化服务环境、职能部门效能建设、司法部门依法行政等方面进行民主监督，促进全县行政服务环境改善和效能提高。

【党风廉政建设】 全县纪检监察组织认真贯彻落实中共中央和省、市、县纪委部署，以从严治党为目标，聚焦监督执纪问责，党风廉政建设和反腐败工作取得明显成效。县纪委出台《关于对乡科级领导干部进行谈话函询的暂行办法》，全年约谈党员干部186人，受理涉纪类信访举报393件，处置问题线索167件，立案159件，给予纪律处分136人；重点查处县卫生系统腐败窝案，其中4人被移送司法机关。出台《关于进一步改进机关作风、服务经济发展的八个严禁》，开展奢侈浪费专项整治行动，全县公务接待、因公出国（境）、公车购置运行费用同比分别下降37%、56%、39%。出台《党风廉政建设责任追究办法》，严格实行“一案双查”，年内追究主体责任5起、监督责任2起，以强化问责倒逼党风廉政建设责任落实。严查群众身边的“四风”和腐败问题。召开全县机关作风建设典型案件通报会，集中曝光典型案件6个。组织明查暗访64批次，查处违反党员干部作风规定问题33个。中央、省、市纪委交办的63个问题线索均按期办结。

【统一战线】 县委统战部充分发挥统战部、工商联等部门组织、协调、引导作用，为无党派代表人士、工商联会员、非公经济界人士搭建发挥优势平台，提供便捷、优质服务。优化统战队伍结构，建立党外干部、党外知识分子人才库，做好党外干部、无党派代表人士的政治安排和实职安排。无党派代表人士在县人大代表、政协委员和常委会组成人员中占较高比例。县“两会”召开期间，党外代表、委员围绕经济社会发展和统筹城乡建设等群众关心的热点问题，提出议案、提案100多件。县检察院、法院年内聘请10名符合条件的党外人士担任检察、审判特约监督员。

以建设民族特色村寨和创建“和谐教堂寺观”为抓手，加强和创新民族宗教事务管理，做好少数民族发展项目筛选申报工作，向上争取少数民族专项资金，争取省开发局向杨回村投入600多万元，兴建黄河故道回民种植、养殖绿色基地，种植菊花600亩、绿色蔬菜900多亩、牛羊牧草400多亩；兴办杨回村胶合板材厂，实现年销售收入5000多万元，带动回民就业30多人。投资3000万元在杨回村建成回族特色村寨，包括回民广场、回民幼儿园、回民饭店、生态农庄等相关设施，打造回民文化长廊。成立全县宗教财务托管中心，负责全县宗教活动场所财务管理。在宗教活动场所推行“四簿三册一帐”管理模式，有效堵住宗教事务管理漏洞。

扎实开展对台交流交往和招商引资，积极服务台商、台属，做好各项对台工作。4月，以县委主要领导为团长的响水分团，参加盐城市在台举办的江苏盐城经贸合作说明会、江苏盐城现代农渔业合作说明会、江苏盐城旅游业合作说明会三项专场活动。由响水经济开发区负责对接台湾安威机具等项目参加市集中签约。10月，以县政府分管领导为团长的响水赴台经贸考察团，参加盐城市经贸考察团赴台参访，参加“盐城·台中经贸合作恳谈会”，响水县沿海经济区参加集中签约活动。年内，承办盐城市在响水召开台属自主创业现场观摩交流会和省、市台办在响水召开涉台投资纠纷三方协调会。为县内台胞、台属办实事30多件。

社会建设

【社会保障】 2015年，全县养老保险参保人数17.67万人，其中企业职工养老保险参保人数4.97万人，城乡居民养老保险参保人数12.70万人；全县医疗保险参保人数62.86万人，其中城镇职工和居民基本医疗保险参保人数14.26万人，新型农村合作医疗参保人数48.60万人；失业保险参保人数4.63万人，工伤保险参保人数3.98万人，生育保险参保人数3.23万人；全县新增就业1.66万人，实现下岗失业人员再就业7693人，援助就业困难人员就业1183人，新增劳动力就业3576人，扶持城乡劳动者创业2381人，带动就业9432人。被征地农村劳动力就业率100%，城镇登记失业率1.85%。

【社会事业】 教育　全县拥有普通中学22所，在校学生2.03万人；职业高中1所，在校学生0.21万人；小学37所，在校学生4.82万人；幼儿园94所，在园幼儿2.96万人；学龄儿童入学率100%，初中毕业生升学率99.7%；专任教师5486人，普通中学专任教师1893人，小学专任教师2677人。

体育　年内，通过省公共体育服务体系示范区创建验收，成功承办全国门球大联动江苏省启动仪式暨第六届江苏省县区门球比赛，成功举办全市9个县（市、区）体育传统项目学校乒乓球比赛。全县实现体育彩票销售5928万元，全市排名第一，全省排名第八，被评为江苏省2015年度体育彩票工作先进单位。组队参加全省青少年田径锦标赛暨县组田径比赛，获金牌3枚、银牌3枚、铜牌8枚，响水县再次晋升省县组田径赛甲级县行列。组队参加盐城市第七届体育运动会篮球、跆拳道、游泳、田径、举重等项目比赛，获金牌14枚、银牌12枚、铜牌10枚，并获市体育人才输送进步奖和体育道德风尚奖。

卫生　全县拥有卫生机构235个，其中医院14个，卫生院13个；卫生机构床位数2558张，其中医院1768张，卫生院790张；卫生技术人员3052人，其中执业（助理）医师1391人，注册护士1233人，药剂及检验人员216人。

（王　栋）

生态建设

【生态环保宣传教育】 2015年，全县利用“六·五”世界环境日进行生态环保宣传教育，在《今日响水》、县广播电视台、县环保局网站开辟“2015年世界环境日中国主题：践行绿色生活”专版和专题，开展宣传环保法法规和相关知识，接受群众投诉、咨询，解答群众关心的环境问题；展示环境保护宣传画板，发放环保宣传册、环保购物袋等。继续开展环保宣教进社区、进企业、进农村、进学校宣传活动，通过赠送宣传画册，开展环保讲座、张贴公益广告、制作举报电话牌和宣传板等活动普及环保知识、低炭生活知识等，受到城乡居民特别是农村居民的欢迎。结合绿色学校创建，开展“小手牵大手”“六个一”（上一堂环保主题班会、唱一支环保歌曲、看一场环保电影、做一次环保义工、写一篇环保作文、开展一次环保小制作）活动。县环保局网站全面改版，增设6个“点点通”网页，方便群众查询，获省环保系统“优秀网站”。全年在省级主流媒体及《江苏环境》用稿50多

篇，政务信息工作位列全市第二。

【主要污染物减排】 全年全县深化产业结构调整，大力推进大气污染源头防治，提前完成水泥等重点行业“十二五”落后产能淘汰任务。严格执行国家、省、市“两高”产业准入目录和产能总量控制政策措施，坚决遏制“两高”行业产能扩张。实施污染物排放总量控制，将二氧化硫、氮氧化物、烟粉尘和挥发性有机物排放作为建设项目环境影响评价审批前置条件。强化工业污染治理，削减大气污染物排放总量。县域重点行业全面开展定期强制性清洁生产审核，完成省下达的陈氏化工和威耳化工2个重点企业强制性清洁生产审核工作。完成江苏森达陈家港热电有限公司除尘、脱硫、脱硝设施提标改造。

【推进绿色家园建设】 2015年，按照建设“生态响水、绿色家园”要求，全县积极实施植树造林，构建生态经济框架。大力推进农村公路两旁植林绿化，实施沿海防护林工程，构建沿海生态防护林体系。全面组织推进绿色村庄达标创建活动，加强高标准农田林网建设，形成覆盖全县的网络型生态廊道体系。全县新增成片造林987公顷，新建和完善农田林网4000公顷，新建和完善绿色通道105千米，自然湿地保护率65.0%。城市绿化率41.2%，林木覆盖率27.0%，居全市前列。

【秸秆禁烧】 2015年，全县继续加大秸秆禁烧力度，利用电视、广播、报纸等媒体，会议、标语、横幅、宣传车等形式，广泛宣传秸秆综合利用和禁烧工作的重要意义。实行秸秆禁烧“一票否决”和保证金制度，各镇区相继缴纳集体保证金20万元，党政一把手分别缴纳1万元保证金，无零烧点的，全额返还保证金，并获个人保证金等额奖励。同时在“蓝天卫士”监控平台基础上，新装高清秸秆禁烧探头60个，探头总数163个，对全县境内实行全方位、全天候、全覆盖视频24小时自动监控。县成立5个秸秆禁烧巡查组和1个视频监控组，做到机防与人防相结合，视频监控覆盖率居全市前三，秸秆禁烧连续两年实现零火点目标。 （张园园）

【《响水县生态文明建设规划》通过环保部论证】 2015年5月，经招投标，委托江苏省环境保护促进会编制的《响水县生态文明建设规划》（2015-2021年）通过国家环保部专家论证。（参见表9）

响水县生态文明建设主要指标体系

表 9

系统	序号	指标名称	单位	现状值 2013 年	规划值 2018 年	考核值 2018 年	规划值 2021 年	指标属性	牵头部门
生态空间与生态经济	1	受保护地区占国土面积比例（平原地区）	%	18.48	22	≥18	23	约束性指标	环保局
	2	战略性新兴产业增加值占 GDP 比重	%	5	10	≥10	11	参考性指标	经信委
	3	主要农产品中有机、绿色、无公害食品种植面积的比重	%	95.28	95.5	≥65	96	约束性指标	农委
	4	农业废弃物综合利用率 秸秆综合利用率 规模化畜禽养殖场粪便综合利用率	%	93.96 98.2	95 98.5	≥95 ≥98	96 98.8	约束性指标	农委
	5	工业固体废弃物处置利用率	%	99.49	99.5	≥95	99.5	约束性指标	环保局
	6	单位 GDP 能耗	吨标煤/万元	0.65	0.60	≤0.60	0.58	约束性指标	经信委
	7	单位工业增加值新鲜水耗	立方米/万元	25	18	≤18	17	约束性指标	水务局
		农业灌溉水有效利用系数	-	0.6	0.64	≥0.60	0.68	约束性指标	水务局
	8	单位工业用地工业增加值 Ⅱ类地区	万元/亩	/	65	≥65	66	约束性指标	经信委
生态环境与生态生活	9	地表水水质好于Ⅲ类的比例	%	33.3	70	≥70	75	约束性指标	环保局
		海水水质好于二类的海域面积比例	%	/	70	≥70	75	约束性指标	环保局
	10	空气环境质量好于二级标准的天数比例	%	90.9	75	≥70	78	约束性指标	环保局
	11	土壤环境质量尚清洁以上占比	%	100	100	100	100	约束性指标	环保局

续表 9

系统	序号	指标名称	单位	现状值	规划值	考核值	规划值	指标属性	牵头部门
				2013 年	2018 年	2018 年	2021 年		
生态环境与生态生活	12	本地物种受保护程度	%	100	100	100	100	约束性指标	环保局
	13	林草覆盖率(平原地区)	%	19.12	20	≥18	21	约束性指标	林业局
	14	集中式饮用水源地水质达标率	%	100	100	100	100	约束性指标	水务局/环保局
		村镇饮用水卫生合格率	%	100	100	100	100	约束性指标	卫生局
	15	城镇污水集中处理率	%	81.7	90	≥90	92	约束性指标	水务局
	16	城镇生活垃圾无害化处理率	%	86.5	96	≥95	99	约束性指标	规划城管局
	17	公众对环境质量的满意度	%	75.69	80	≥80	82	参考性指标	环保局
生态制度与生态文化	18	生态文明建设工作占党政实绩考核的比例	%	8	20	≥20	22	约束性指标	人社局
	19	生态环保投资占财政支出比例	%	5	12	≥12	12.5	约束性指标	财政局
	20	生态文明教育课时比例	%	11	11.5	≥10	12	参考指标性	宣传部
特色指标	21	自然湿地保护率	%	65.02	67	≥67	68	参考指标性	国土局

精神文明建设

【创建省级文明城市】 中共响水县委、县人民政府把创建省级文明城市工作摆在突出位置，主要负责人担任创建指挥部总指挥。召开创建动员会、冲刺迎评会等40多场会议，部署、推进创建工作。在全县建立县四套班子领导联系社区(村居)、部门(单位)、挂钩卫生包干区创建工作体系和“周会办”制度。坚持每天一督查，一天一通报，一周一会办；现场会办、交办、督办，限时办结。坚持全民创建、全城创建、全面创建，充分调动广大干群参与创建的积极性、主动性。在县内主要媒体设立文明城市创建专题专栏，利用县城范围内广告牌、工地围墙和公共场所，设置以社会主义核心价值观、中国梦、未成年人保护等为主题的公益广告6000多块，引导1000多家有电子显示屏的单位和商户主动播放公益广告，组织县淮海剧团开展文明城市创建专题文艺演出30多场，发放《响水县文明市民读本》和创建宣传资料10万多本，营造全民创建浓厚氛围。全县组织交通秩序、经营性公共场所卫生、校园周边及文化市场管理、环境卫生、集贸市场、街巷基础设施六大整治行动，县城数千名干部职工、志愿服务者，走进社区、走上街头，参加卫生大扫除、清除“野广告”，清理整治卫生死角80多个，清运积存垃圾1000多吨，整治沟塘、路面10万多平方米。通过开展创建省文明城市活动，县城市容市貌显著改观，市民文明素质整体提升。2015年6月9日，响水县被省文明委评为江苏省文明城市。

【评选公民道德模范】 县文明委定期发布“厚德盐城(响水)榜”，每次推荐5位“响水好人”候选人，通过群众广泛参与，评出响水县首届系列“最美人物”和首届“十大最美人物”。其中，顾启华等3人被评为“盐城好人”，李大美、吉旺被评为第四届“盐城市道德模范”，李海龙、周仁甫被评为“江苏好人”和“中国好人”。将9月20日设为响水县“关爱道德典型日”，举办“文明单位关爱道德典型”“厚德盐城·德耀响水”图片巡展，开展道德典型集中宣讲等系列活动，广泛宣传公民道德模范先进事迹，在全社会营造崇德向善浓厚氛围。

【未成年人道德教育】 以“我们的节日”活动为载体，积极引导未成年人参加喜闻乐见的主题实践，培育和践行社会主义核心价值观。强化未成年人思想道德阵地建设，对县未成年人成长指导中心及乡村少年宫进行逐个检查指导，保证未成年人各类课外活动健康有序开展。组织开展响水县第四届“美德少年”和“美德少年标兵”评选、表彰活动，其中9名学生被推荐参评盐城市“美德少年”，县博爱小学学生周叶苗被评为江苏省第三届“十大美德少年标兵”和“全国优秀少先队员”。

【社会志愿服务】 年内，全县成立12支文明响水特色志愿服务队，建立志愿服务十大基地，志愿服务网络覆盖城乡、社区。江苏省优秀志愿服务项目——响水“助力微梦”网络，每天安排一家市级以上文明单位入驻“助力加油站”，开展志愿服务进社区、文明交通、志愿者招募、收集志愿服务供需信息等系列活动，一月一循环，天天有活动。“助力微梦”计划获第二届中国青年志愿服务项目铜奖，被中央电视台专题报道。美国哥伦比亚大学吉米公益组织13名志愿者参加响水县“青春微梦夏令行”第三季活动，“跨国志愿者携手开展志愿服务活动”被评为

盐城市“十佳文明新事”。“社会组织孵化园培育公益组织生力军”，被评为2015年度盐城市宣传思想文化工作“创新品牌项目”。

【群众性精神文明创建】 县检察院被表彰为全国文明单位和盐城市文明单位标兵，县国税局等26家单位被表彰为盐城市文明单位，陈家港镇被表彰为盐城市文明镇标兵，双港镇兴华村被表彰为盐城市文明村标兵，响水镇城南社区被表彰为盐城市文明社区标兵，黄圩镇云梯关村被表彰为盐城市第二届“最美乡村”。

【李海龙入选“中国好人”榜】 中国电信响水县大有电信支局员工李海龙，工作后坚持无偿献血。2012年3月，在响水县城滨江路献血时，一名志愿者向他介绍捐献造血干细胞相关知识，他当即捐献了造血干细胞血样。2014年9月，血样与荷兰一名白血病患者初配成功，之后又顺利通过高分辨配型检测。2014年12月22日，历经4小时14分钟，李海龙成功捐献造血干细胞混悬液245毫升。次日，造血干细胞顺利输入荷兰白血病患者体内，挽救了患者生命。李海龙创下三项“第一”——盐城市第一例涉外捐献者、中国电信系统第一例涉外捐献者、中国第一例向荷兰王国捐献造血干细胞者。李海龙的事迹被人民网、中国江苏网、《人民邮电报》《江苏邮电报》《盐城晚报》等数十家媒体报道。2015年3月，李海龙入选“江苏好人榜”“中国好人榜”。

【周仁甫入选“中国好人”榜】 张集中心社区华余村中共党员、离休干部、抗战老兵周仁甫，16岁参加工作，历经抗日战争、解放战争。部队转业后从事教育工作，1981年离休。他本可颐养天年，却四处奔波，深入学校和农村义务开展爱国主义教育巡讲近百场次；累计捐款17万元，用于助学、济贫助困、建桥、修路。抗战胜利70周年，他自费3万元在住所和工作过的周集中学各建一座“再思亭”，缅怀战友，教育后人铭记历史、珍惜今天美好生活。2015年9月，周仁甫入选“江苏好人榜”“中国好人榜”。

【成立响水县美德基金会】 县委、县政府高度重视激励道德典型，拨款400万元作为原始基金，于2015年6月1日正式注册成立苏北首家县级美德基金会——响水县美德基金会。支持倡导良好社会风尚、推进思想道德建设的重大活动和项目；支持道德建设精神产品的创作生产和宣传推介；激励和关爱思想道德建设先进典型。至年底，发放“美德金”近8万元，慰问全县70多位美德模范人物，倡导好人有好报的价值取向，在全社会营造好人受尊重、好事得褒奖的良好氛围。

“中国好人”李海龙境外捐献造血干细胞

【响水县首届系列“最美人物”评比】 2015年4月，县文明委部署开展响水县首届系列“最美人物”评选活动，分为“最美青年人物”“最美职工”“最美护士”“最美教师”等17类。由县委宣传部、文明办和各主管单位分别牵头开展评选活动。经过基层推荐、实地走访、评委初评，确定162位候选人，候选事迹在《今日响水》报公示。通过群众投票、县评委会评审，县文明委授予王一娟等81人为响水县首届“最美人物”称号，卢友玮等81人获响水县首届“最美人物提名奖”，王剑等10人被评为2015年度响水县“十大最美人物”。2016年2月23日，在全县推动文化建设迈上新台阶加快厚德和谐新响水建设工作会议上，县委书记崔爱国等县领导为2015年度响水县“十大最美人物”颁奖。 （龚建光　李媛媛）

2015年度响水县“十大最美人物”事迹简介

1.王剑：仗义善举好“的哥”

王剑，男，1972年6月生，响水镇上兴村村民。20岁时，因勇斗歹徒，身负重伤。1999年，在浙江省苍南县开出租车。他带领100多名江苏籍驾驶员，成立防汛应急江苏车队，被推举为队长。16年中，与队友10多次舍生冒死，参与当地抗击台风抢险救灾，共出动车辆600多车次，运送物资400多趟次，转移受困群众11000多人。平时，他帮扶老弱、见义勇为、勇于奉献、诚实守信，免费接送聋哑学生，帮助贫困失学儿童，配合当地执法部门打击偷盗、行凶、肇事等不法行为，挽救失足青年，帮助无家可归老人，所做好事举不胜举。他创办苍南县新风志愿服务中心，开展“小蝌蚪找老师”慰问帮扶山区老教师系列活动，获得社会各界广泛好评。被评为苍南县“最美司机”“响水好人”“温州市的士之星”、2008年“感动盐城人物”（提名）、2015年度“盐城好人”、浙江省出租车“服务明星”“最美浙江人——百姓身边的活雷锋”。他感人的故事被新华社、中央电视台、中国新闻社、《扬子晚报》《盐阜大众报》等30多家媒体报道。

2.叶翠香：主动援疆献赤诚

叶翠香，女，1973年7月生，响水县人民医院妇产科副主任。2010年，她克服父亲病危、公公病重、儿子中考困难，毅然担起援疆重任。在新疆不久，丈夫腿部骨折，她将丈夫接到新疆，一边照顾丈夫一边服务边疆群众。在新疆短短一年时间，她接诊病人2000多人次，参加危重症抢救40多人次，主持手术100多例，每周六在边远山区开展义诊活动，为老百姓送医送药。被江苏省卫生厅表彰为对口援疆先进个人、市卫生局表彰为卫生系统先进个人。2012年当选为县人大代表。援疆归来后，在繁忙工作的同时和同事一起承担县城孕产妇急诊绿色通道救治和全县基层卫生院疑难重症产妇医疗技术服务。从医20多年，公平对待每一位病人，她把“病人满意”作为最高追求，诊治无数患者。

3.吉旺：志愿服务好榜样

吉旺，男，1984年4月生，中共党员，县委组织部企事业干部科副科长、党代表联络科副科长、县级机关工委办公室主任。2002年投身志愿服务事业，创建会员1000多人的响水“助力微梦”公益协会，带动全县2万多名青年开展志愿服务，打造出“助力微梦”“小黑板”“小饭桌”等公益品牌，帮助群众解决各类实际问题3000多件；牵头建成全市首个户外志愿者服务综合站点——助力加油站、首个公益仓储中心——“助力微梦”公益仓储中心，形成一站式志愿服务新业态。参与北京奥运会、南京亚青会、南京青奥会等大型赛会志愿服务，当选中国青年志愿者协会会员，获“全国优秀共产党员志愿者”“江苏省十大杰出青年”“江苏省最美志愿者”“第四届盐城市道德模范”等荣誉称号。2015年底，“助力微梦”计划获第二届中国青年志愿服务大赛铜奖。他组织的志愿服务团队获江苏省青年志愿服务行动组织奖、青年志愿服务事业贡献奖、希望工程20周年优秀公益项目奖，被中央电视台、新华日报等多家媒体报道。

4.李德秀：不离不弃扬孝名

李德秀，女，1959年6月生，小尖镇平湖村四组村民。2004年，丈夫不幸病逝，留下外债8万多元。她没有改嫁，没有被困难吓倒，悉心照料年迈的公婆，付出常人无法想象的辛劳。婆婆去世后，面对年逾90、生活无法自理的公公，她摒弃世俗偏见，把公公当作父亲服侍，洗衣做饭、递水喂药、接尿端屎、翻身擦洗，从不怕脏怕累。她根据公公口味，每顿尽量安排营养可口的饭菜。老人身体稍有不适，便立即送往医院就诊。十多年来，她没给自己买过一件新衣服，却让老人穿得干净舒适。老人说：“养儿养女防身老，虽然儿子不在，但有了儿媳的精心照顾，我越老过得越开心。”李德秀视公婆如父母的孝顺故事被十里八乡群众广为传颂，2014年，被评为响水县第二届“十大孝子”。

5.吴晓东：回乡创业带民富

吴晓东，男，汉族，1981年11月生，盐城喜可儿童用品有限公司总经理。2014年11月，他放弃在外地优越的工作、生活条件，怀揣着一颗带民致富之心，回家乡运河镇投资1.2亿元，创办盐城喜可儿童用品有限公司。一期工程投资5000万元，建成7000平方米标准厂房5幢及配套设施，引进德国4条儿童座椅生产线。2015年5月投产后，为当地提供70多个就业岗位，工人平均每月收入3000多元，年销售额2000多万元。2014年吴晓东被县委、县政府表彰为“返乡创业十佳标兵”，2015年被市委、市政府表彰为“十佳创业之星”。

6.张微：坚守乡村育桃李

张微，女，1973年12月生，中共党员，响水县新荡中心小学教师。从教23年，她始终扎根乡村教育，在响水最偏远的学校，默默奉献。她以校为家、爱生如子，关爱贫困留守儿童，为300多名孩子提供“一对一”帮扶活动，被孩子们亲切地称为“老师妈妈”。她精益求精，不断探索，努力钻研教材教法，获省、市、县优质课、示范课、基本功比赛奖项20多个，发表教育、教学论文30多篇，辅导学生参加省、市、县各项教学竞赛活动获奖200多人次。生活中的她孝亲敬老，为治疗生病的父亲，变卖房产，日夜守护，端茶送水，精心照料，用行动诠释中华民族传统美德；同事生病，她体贴入微，主动分担教学重任，从不叫苦，感动全校师生。张微被表彰为盐城市教育系统优秀共产党员，江苏省优秀教育工作者、青少年科技教育先进个人、优秀青少年科技辅导员。2015年，获江苏省“五一”劳动奖章。

7.范美英：六十春秋拥军情

范美英，女，1934年2月出生，中共党员，陈家港镇港北居委会居民。15岁担任妇救会主任，组织妇女编草鞋、送军粮，支援抗战。出嫁后，动员丈夫家祖孙三代8人在部队当兵服役，被尊称为“军人世家”。多年来，她心系国防，每逢春节、“八一”，都要从不多的退休金中拿出三、四千元，买吉它、二胡等文娱用品，亲手制作月饼、粽子等美食，在连云港、盐城、东台等地慰问部队官兵，从未间断，被官兵们亲切地称为“兵妈妈”。范美英被表彰为“盐城市支持国防建设好公民”“拥军模范”和县“道德模范”。《解放军报》《中国国防报》等多家军地媒体报道了她的先进事迹。

8.罗睿轶：创新创业显身手

罗睿轶，男，1986年11月生，江苏瑞和新材料股份有限公司董事长。2011年，放弃在加拿大良好的工作待遇和舒适安逸生活，回国创业发展，在响水县陈家港镇创办江苏瑞和新材料股份有限公司。公司自主研发的“新型溶剂法氯化橡胶生产工艺”等多种技术填补国内空白，在国际上处于领先水平，成为国内唯一能生产高粘度氯化橡胶的公司。2014年，氯磺化橡胶树脂项目获盐城市创新创业大赛一等奖，在第三届中国创新创业大赛新材料总决赛上获优秀企业奖。2015年，新溶剂法氯化橡胶发明专利被盐城市政府授予发明专利金奖，瑞和新材料股份有限公司被评为国家高新技术企业。罗睿铁热心公益事业，每年为敬老院、贫困学生捐款捐物，关心响水贫困群众生活。被表彰为省明星企业家、市新长征突击手、县十大杰出青年、县十大创业之星。

9.周叶苗：乖巧懂事好少年

周叶苗，女，2003年8月生，县博爱小学六(1)班学生。2008年，父亲煤气中毒去世，母亲离家出走，年幼的周叶苗挑起照顾妹妹的重担。她天天背着妹妹、抱着妹妹，当妹妹哭闹着要妈的时候，她总是忍着眼泪，用柔和稚嫩的声音说："妹妹别怕，我来给你当妈妈。"爷爷、奶奶承受着丧子之痛，郁郁寡欢。懂事孝顺的她想方设法安慰老人，给爷爷扇扇子，为奶奶倒开水，抢着做家务、干农活。2013年9月，在政府的关怀下，周叶苗在响水县红十字博爱小学就读。她学习十分刻苦，考试成绩总是名列前茅；热心帮助同学，是老师的得力小助手。2013年获江苏省"冰凌花"奖学金，2014年被评为响水县第三届"百名美德少年"，2015年被评为江苏省第三届"十大美德少年标兵"和全国优秀少先队员。

10.薛志明：优质服务创品牌

薛志明，男，1963年4月生，中共党员，中国电信响水分公司维护安装部主任。他始终把客户满意放在首位，以培植"优质服务窗口"为抓手，打造响水电信诚信服务品牌。领衔创办的"劳模创新工作室"培养业务骨干20多名，在村组举办网络知识培训班50多期，培训青年农民3000多人次。在4G网络建设中，他带领员工加班加点对站点分布进行研判，做到精确布局，规范合理，使4G平均下载速率达到60.3mb/s，网络质量位于全市前列。在他的带领下，公司服务客户修障平均时长降至11.6小时，装、移机时长降至19.7小时，履约率99.86%、客户满意率99.20%，居全市第一。薛志明热心公益事业，资助十几名贫困大学生完成学业。2012年获全国"五一"劳动奖章，2004年被评为江苏省用户满意服务明星，2015年被评为全国劳动模范。

组织机构及负责人名录

中共响水县委员会

书　记　马俊健(2015.1~2015.1)
　　　　崔爱国(2015.3~2015.12)
副书记　崔爱国(2015.1~2015.3)
　　　　杨毅坚(2015.1~2015.1)
　　　　吴红才(2015.1~2015.12，挂任)
　　　　曹炳泰(2015.1~2015.12，挂任)
　　　　单永红(2015.4~2015.12)
　　　　邵礼青(2015.5~2015.12)
常　委　马俊健(2015.1~2015.1)
　　　　崔爱国(2015.1~2015.12)
　　　　杨毅坚(2015.1~2015.1)
　　　　吴红才(2015.1~2015.12，挂任)
　　　　曹炳泰(2015.1~2015.12，挂任)
　　　　邵礼青(2015.1~2015.12)
　　　　王旭东(2015.1~2015.5)
　　　　朱金南(2015.1~2015.9)
　　　　郭　云(女，2015.1~2015.12)
　　　　李运连(2015.1~2015.12)
　　　　刘中连(2015.1~2015.12)
　　　　吴瑜君(2015.1~2015.5)
　　　　孙庆树(2015.1~2015.12)
　　　　单永红(2015.4~2015.12)
　　　　王洪亮(2015.5~2015.12)
　　　　徐　莉(女，2015.7~2015.12)
　　　　杨荣生(2015.7~2015.12)
　　　　谢　伟(2015.9~2015.12)
　　　　俞全胜(2015.10~2015.12，挂任)

办公室

主　任　游　弋(2015.1~2015.12)
副主任　张　明(2015.1~2015.12)
　　　　顾从林(2015.1~2015.7)
　　　　薛鹏志(2015.1~2015.12)
　　　　王　飞(2015.1~2015.12)
　　　　吴宝辉(2015.1~2015.12)

台办(台事办)

副主任　王　飞(2015.1~2015.12)

督查与研究室

主　任　游　弋(2015.1~2015.12)
副主任　龚先国(2015.1~2015.12)

保密办(局)

副主任(副局长)
　　　　吴宝辉(2015.1~2015.12)

机要局

局　长　沈玉峰(2015.1~2015.12)

纪　委

书　记　朱金南(2015.1~2015.9)
　　　　谢　伟(2015.9~2015.12)
副书记　魏永明(2015.1~2015.12)
　　　　王克中(2015.1~2015.12)
常　委　朱金南(2015.1~2015.9)
　　　　魏永明(2015.1~2015.12)
　　　　王克中(2015.1~2015.12)
　　　　徐海林(2015.1~2015.12)
　　　　李　爽(2015.1~2015.12)
　　　　曹雪峰(2015.1~2015.12)
　　　　谢　伟(2015.9~2015.12)

监察局

局　长　魏永明(2015.1~2015.12)
副局长　顾东海(2015.1~2015.12)

优化办

主　任　王克中(2015.1~2015.12)

纪委(监察局)派驻纪检监察工作室

一室副主任　潘同娟(女，兼，2015.1~2015.12)
二室主任　潘永祥(2015.1~2015.12)
副主任　缪元元(女，兼，2015.1~2015.12)
　　　　许红波(兼，2015.1~2015.12)
三室副主任　张建建(兼，2015.1~2015.12)
　　　　李　霞(女，兼，2015.1~2015.12)
四室主任　陈　鑫(2015.1~2015.12)

组织部

部　长　郭　云(女，2015.1~2015.12)
副部长　曹杭华(2015.1~2015.12，常务)
　　　　王立志(2015.1~2015.12)

程君红（女，2015.1~2015.12）

机关工委

副书记　王子明（2015.1~2015.12）

李　昂（2015.1~2015.12，挂任）

社区工委

书　记　程君红（女，2015.1~2015.12）

企业工委（2015.12撤销）

副书记　单高年（2015.1~2015.12）

周勤春（2015.1~2015.12）

企业和社会组织工作委员会（2015.12成立，简称“两新”工委）

书　记　程君红（女，2015.12~2015.12）

副书记　单高年（2015.12~2015.12，专职）

钟文波（兼，2015.12~2015.12）

王兆春（兼，2015.12~2015.12）

王　军（兼，2015.12~2015.12）

周荣生（兼，2015.12~2015.12）

纪工委书记　徐珊红（女，2015.12~2015.12）

人才办

副主任　潘礼正（2015.9~2015.12，挂任）

组织员办

主　任　刘学忠（2015.1~2015.12）

远程办

主　任　殷　强（2015.1~2015.12）

宣传部

部　长　刘中连（2015.1~2015.12）

副部长　蒋道明（2015.1~2015.12）

薛国斗（2015.1~2015.12）

王化杰（2015.1~2015.12）

朱卫东（2015.1~2015.12）

张耀金（2015.1~2015.12）

文明办

主　任　张耀金（2015.1~2015.12）

网管中心

主　任　王化杰（兼，2015.1~2015.12）

县委通讯站

站　长　李相全（2015.1~2015.12）

政法委

书　记　李运连（2015.1~2015.12）

徐　莉（女，2015.12~2015.12）

副书记　蒋月华（2015.1~2015.12）

吕　鑫（2015.1~2015.12）

戴德祥（2015.1~2015.12）

综治办

主　任　蒋月华（2015.1~2015.12）

副主任　刘新春（2015.1~2015.12）

王玉清（2015.1~2015.12）

统战部（2015.9不再挂县民族宗教事务局牌子）

部　长　王建成（2015.1~2015.12）

副部长　周文才（2015.1~2015.9）

李先春（2015.1~2015.9）

钟文波（2015.9~2015.12）

宗教局（2015.9单独设置，为县政府工作部门）

局　长　李先春（2015.1~2015.12）

副局长　鲁丽莉（女，2015.1~2015.7，聘干）

杨亚宝（2015.7~2015.12）

农办（扶促办）

主　任　薛国斌（2015.1~2015.12）

副主任　殷作渊（2015.1~2015.12）

郭秀国（2015.1~2015.12）

孙前生（2015.1~2015.12）

蔡永健（2015.1~2015.12）

张东海（2015.1~2015.12）

金寅祥（2015.1~2015.12）

编　办

主　任　张　明（2015.1~2015.12）

副主任　左云峰（2015.1~2015.12）

接待办

副主任　王　钧（2015.1~2015.12）

老干局

局　长　程君红（女，兼，2015.1~2015.12）

副局长　朱永华（2015.1~2015.12）

施乃红（2015.1~2015.12）

信访局

局　长　顾从林（2015.1~2015.7）

崔　凯（2015.7~2015.12）

副局长　夏　肖（2015.1~2015.12）

王树荣（女，2015.1~2015.12，聘干，正科级）

杨亚宝（2015.1~2015.7）

朱崇喜（2015.1~2015.12）

党组书记　崔　凯（2015.7~2015.12）

副书记　夏　肖（2015.1~2015.12）

纪检组组长

监察室主任　王树荣（女，兼，2015.1~2015.12，聘干，正科级）

党史办（地方志办）

主　任　王志迁（2015.1~2015.12）

副主任　高　云（女，2015.1~2015.12）

吕海燕（女，2015.1~2015.12）

档案局（馆）

局长（馆长）

刘　宁（2015.1~2015.12）

副局长（副馆长）

李亚天（女，2015.1~2015.12）

管苏萍（女，2015.1~2015.7）

党校（行政学校）

党校校长　杨毅坚（兼，2015.1~2015.12）

邵礼青（兼，2015.12~2015.12）

行政学校校长　邵礼青（兼，2015.1~2015.12）

李运连（兼，2015.12~2015.12）

常务副校长　王俊文（2015.1~2015.12）

副校长　沈　晨（2015.1~2015.12）

魏佳艳（女，2015.1~2015.12）

党组书记　王俊文（2015.1~2015.12）

社会主义学校

校　长　杨毅坚（兼，2015.1~2015.12）

邵礼青（兼，2015.12~2015.12）

常务副校长　王俊文（兼，2015.1~2015.12）

副校长　李先春（2015.1~2015.9）

沈　晨（2015.1~2015.12）

魏佳艳(女,2015.1~2015.12)

广播电视台

台　长　蒋道明(2015.1~2015.12)
副台长　陈青亚(2015.1~2015.12)
刘玉成(2015.1~2015.12)
张素芹(女,2015.1~2015.12)
党委书记　蒋道明(2015.1~2015.12)
工会主任　许石冲(2015.1~2015.12)

新闻信息中心

主　任　王化杰(2015.1~2015.12)
副主任　牛海洪(2015.1~2015.12)
韩海治(女,2015.1~2015.12)

响水县人大常委会

主　任　马俊健(2015.1~2015.1)
崔爱国(2015.4~2015.12,候选人)
杨毅坚(2015.12~2015.12,候选人)
副主任　裴彦贵(2015.1~2015.12,正处级)
李　刚(2015.1~2015.12)
刘曙明(2015.1~2015.12)
张孝将(2015.1~2015.12)

办公室

主　任　宋永标(2015.1~2015.12)
副主任　魏亚东(2015.1~2015.12)
邵建华(2015.1~2015.12)

研究室

主　任　魏亚东(2015.1~2015.12)

内务司法委

主　任　殷开兵(2015.1~2015.12)
副主任　张海潮(2015.1~2015.12)

财政经济委

主　任　武汝前(2015.1~2015.12)
副主任　孟曙光(2015.1~2015.12,聘干)

农村工作委

主　任　李庆东(2015.1~2015.12)
副主任　何锦年(2015.1~2015.7)

科教文卫委(民族宗教侨务外事委)

主　任　刘汉民(2015.1~2015.12)

环境资源城乡建设委

主　任　胡广华(2015.1~2015.12)

人事代表联络委

主　任　王立志(2015.1~2015.12)
副主任　姜　玲(女,2015.1~2015.12)

响水县人民政府

县　长　崔爱国(2015.1~2015.3)
单永红(2015.3~2015.12,候选人)
副县长　邵礼青(2015.1~2015.11)
戴翠芳(女,2015.1~2015.12)
田国举(2015.1~2015.5)
徐　莉(女,2015.1~2015.7)
杨荣生(2015.1~2015.7)
孙丹兵(2015.1~2015.10,挂任)
吴从法(2015.1~2015.2,挂任)
朱维国(2015.1~2015.12,挂任)
王红生(2015.1~2015.12,挂任)
李胜华(2015.1~2015.12,挂任)
张善荣(2015.1~2015.12)
桑良举(2015.7~2015.12,候选人)
顾　红(2015.10~2015.12,挂任)
李运连(2015.11~2015.12,候选人,列单永红后)
张　瀚(2015.12~2015.12,候选人)
曹　亚(2015.12~2015.12,候选人)
副调研员　王建成(2015.1~2015.12)
顾祝生(2015.1~2015.12)

办公室(挂县法制办公室、县人民防空办公室、县外事与侨务办公室、县应急办公室、县金融与企业上市办公室牌子)

主　任　汪海洪(2015.1~2015.12)
副主任　黄　庆(2015.1~2015.12)
顾从林(2015.1~2015.7)
李玉清(2015.1~2015.12)
孙　锋(2015.1~2015.12)
王　兵(2015.1~2015.12)
胡广兵(2015.1~2015.12)
孟海峰(2015.1~2015.12,正科级)
雷　旸(2015.1~2015.12,挂任)

政策研究室

主　任　王　兵(2015.1~2015.12)
副主任　朱　磊(2015.1~2015.12)

人防办

主　任　黄　庆(2015.1~2015.12)

法制办

副主任　孟海峰(2015.1~2015.12,正科级)

应急办

主　任　李玉清(2015.1~2015.12)

金融办

主　任　孙　锋(2015.1~2015.12)
副主任　单洪鑫(2015.1~2015.12)

外侨办

主　任　胡广兵(2015.1~2015.12)

口岸办

主　任　张孝将(兼,2015.1~2015.12)

县级机关人武部

部　长　邵中东(2015.1~2015.12)

政务服务管理办

主　任　沈永航(2015.1~2015.4)
张子祥(2015.4~2015.12)
副主任　赵晓雷(2015.1~2015.12)
王　华(女,2015.1~2015.12)
党组书记　沈永航(兼,2015.1~2015.4)
张子祥(2015.4~2015.12)
纪检组组长　赵晓雷(2015.1~2015.12)

发改委(挂县粮食局、县物价局、县招投标管理办公室、县沿海发展规划建设委员会办公室牌子)

主　任　　陈鸣胜(2015.1~2015.12)
副主任　　张士洋(2015.1~2015.12)
　　　　　沈永航(2015.1~2015.12)
　　　　　周　雷(2015.1~2015.12)
　　　　　朱　君(2015.1~2015.12,正科级)
　　　　　林广清(2015.1~2015.12,正科级)
　　　　　卞兆辉(2015.1~2015.12)
　　　　　周庆大(2015.1~2015.12,正科职)
　　　　　潘学林(2015.1~2015.7)
党组书记　陈鸣胜(2015.1~2015.12)
纪检组组长
监察室主任　朱　君(2015.1~2015.12,正科级)

沿海发展办

主　任　　邵礼青(兼,2015.1~2015.12)
　　　　　李运连(兼,2015.12~2015.12)
副主任　　周庆大(2015.1~2015.12,正科职)

粮食局

局　长　　张士洋(2015.1~2015.12)
副局长　　方　运(2015.1~2015.12,正科级)
　　　　　张昌球(2015.1~2015.7,聘干)
党组书记　张士洋(2015.1~2015.12)

招投标办

主　任　　沈永航(2015.1~2015.12)
副主任　　卜　君(2015.1~2015.12)
　　　　　陈松标(2015.1~2015.12)
　　　　　孟正亚(2015.1~2015.12)
　　　　　吉青松(2015.1~2015.12)
党组书记　沈永航(2015.1~2015.12)

物价局

局　长　　周　雷(2015.1~2015.12)
副局长　　仇从科(2015.1~2015.12,正科职)
　　　　　张道学(2015.1~2015.12)
　　　　　高权书(2015.1~2015.12,正科级)
　　　　　徐邦兵(2015.1~2015.12)
党组书记　周　雷(2015.1~2015.12)
副书记　　仇从科(2015.1~2015.12,正科职)

经信委(挂县中小企业局牌子)

主　任　　贾良早(2015.1~2015.12,副县级)
副主任　　潘卫旗(2015.1~2015.12,正科级)
　　　　　朱文武(2015.1~2015.7,正科级)
　　　　　孙玉华(2015.1~2015.12)
　　　　　王文如(2015.1~2015.12)
　　　　　程爱国(2015.1~2015.12)
　　　　　张庆华(2015.1~2015.12)
　　　　　张克顺(2015.1~2015.7)
　　　　　戚建斌(2015.1~2015.7)
　　　　　王　雄(2015.1~2015.12)
　　　　　张　勤(2015.1~2015.12,挂任)
党组书记　贾良早(2015.1~2015.12,副县级)
副书记　　潘卫旗(2015.1~2015.12,正科级)
纪检组组长　朱海志(2015.1~2015.12)

中小企业局

副局长　　张克顺(2015.1~2015.7)
　　　　　张德银(2015.1~2015.12)
　　　　　王道玉(2015.1~2015.12)

农委(挂县海洋滩涂与渔业局、县农业资源开发局、县林业局牌子)

主　任　　刘成军(2015.1~2015.12)
副主任　　高海涛(2015.1~2015.12,正科级)
　　　　　彭　亮(2015.1~2015.3)
　　　　　王红闪(2015.1~2015.12)
　　　　　程　江(2015.1~2015.7)
　　　　　张士金(2015.1~2015.12)
　　　　　董作和(2015.1~2015.7)
　　　　　吴春宝(2015.1~2015.12)
党委书记　刘成军(2015.1~2015.12)
副书记　　高海涛(2015.1~2015.12,正科级)
纪委书记
监察室主任　高海涛(兼,2015.1~2015.12,正科级)

海洋滩涂与渔业局(农业资源开发局)

局　长　　彭　亮(2015.1~2015.3)
　　　　　王成连(2015.7~2015.12)
副局长　　周一红(2015.1~2015.12)
　　　　　潘如龙(2015.1~2015.12,正科级)
　　　　　陈文生(2015.1~2015.12)
　　　　　曾南山(2015.1~2015.12)
　　　　　杨曙东(2015.1~2015.12)
　　　　　陈　军(2015.1~2015.7)
党组书记　彭　亮(2015.1~2015.3)
　　　　　王成连(2015.7~2015.12)
纪检组组长　潘如龙(2015.1~2015.12,正科级)
工会主任　王银洲(2015.1~2015.7)

林业局

局　长　　刘洪艳(2015.9~2015.12)

人口和计生委(2015.7撤销党组,机构撤并)

主　任　　王成连(2015.1~2015.7)
副主任　　唐正海(2015.1~2015.7,聘干,正科级)
　　　　　高艾文(2015.1~2015.7)
　　　　　王立新(2015.1~2015.7)
　　　　　孙　平(女,2015.1~2015.7,聘干)
　　　　　陈耀楼(2015.1~2015.7)
党组书记　王成连(2015.1~2015.7)
副书记　　唐正海(2015.1~2015.7,聘干,正科级)
纪检组组长
监察室主任　高艾文(兼,2015.1~2015.7)

公安局

局　长　　张　瀚(2015.1~2015.12,副县级)(2015.12~2015.12)
督察长　　张　瀚(2015.1~2015.12,副县级)(2015.12~2015.12)
政　委　　周庆彦(2015.1~2015.12)
副政委　　王正宇(2015.1~2015.12)
副局长　　高培才(2015.1~2015.12,正科级)
　　　　　陈元功(2015.1~2015.12)
　　　　　陈　浪(2015.1~2015.12)
　　　　　夏　肖(2015.1~2015.12)

陈　宏(2015.1~2015.12)
吴杰文(2015.1~2015.12,挂任)
党委书记　张　瀚(2015.1~2015.12,副县级)
(2015.12~2015.12)
副书记　周庆彦(2015.1~2015.12)
王　峰(2015.1~2015.12)
纪委书记　王　峰(2015.1~2015.12)
110指挥中心(办公室)
主　任　季克武(2015.1~2015.12)
政治处主任　王正宇(2015.1~2015.12)

司法局

局　长　孙兴旺(2015.1~2015.12)
副局长　邵金芬(女,2015.1~2015.12)
刘海峰(2015.1~2015.12)
刘　海(2015.1~2015.12)
党组书记　孙兴旺(2015.1~2015.12)
工会主任　龚海啸(2015.1~2015.12)

民政局

局　长　贺士敬(2015.1~2015.12)
副局长　李德宏(2015.1~2015.12)
郑洪玉(2015.1~2015.12,正科职)
汪立东(2015.1~2015.7)
季　军(2015.1~2015.12)
张友峰(2015.1~2015.12)
党组书记　贺士敬(2015.1~2015.12)
副书记　李德宏(2015.1~2015.12)
纪检组组长　李德宏(2015.1~2015.12)
工会主任　周荣生(2015.1~2015.12)

财政局(挂县国有资产管理委员会办公室牌子)

党委书记　胡卫东(2015.1~2015.12)
副局长　胡卫东(2015.1~2015.12)
顾超俊(女,2015.1~2015.12)
龚亚东(2015.1~2015.12,聘干)
黄兆林(2015.1~2015.12)
桑海林(女,2015.1~2015.12)
主任科员　顾从林(2015.7~2015.12)
纪委书记
监察室主任　顾超俊(女,2015.1~2015.9)
纪委书记　彭　碧(女,2015.9~2015.12)
工会主任　顾超俊(女,2015.1~2015.12)

国资办

主　任　严　浩(2015.1~2015.12)

人社局

局　长　王卫东(2015.1~2015.12)
副局长　崔　凯(2015.1~2015.7)
华　东(2015.1~2015.7,正科职)
刘余东(2015.1~2015.12)
王中林(2015.1~2015.12)
侍永沛(2015.1~2015.12,正科级)
刘开林(2015.1~2015.12)
李瑞兵(2015.1~2015.12,挂任)
党组书记　崔　凯(2015.1~2015.7)
王卫东(2015.7~2015.12)
副书记　王卫东(2015.1~2015.7)
刘余东(2015.1~2015.12)
纪检组组长
监察室主任　侍永沛(2015.1~2015.12,正科级)

环保局

局　长　温劲松(2015.1~2015.12,聘干)
副局长　刘方勇(2015.1~2015.7,正科级)
周　波(2015.1~2015.12)
吴伯兵(2015.1~2015.12)
郑荣华(2015.1~2015.12)
张一军(2015.1~2015.12)
党组书记　张宏鑫(2015.1~2015.12)
副书记　温劲松(2015.1~2015.12,聘干)
纪检组组长　刘方勇(兼,2015.1~2015.7,正科级)
王祥军(2015.9~2015.12)

规划和城管局(挂县城市管理行政执法局牌子)

局　长　王社成(2015.1~2015.12)
副局长　温祥松(2015.1~2015.9)
田秀锦(女,2015.1~2015.12)
张忠凯(兼,2015.1~2015.12)
高巍巍(2015.1~2015.12)
局长助理　张永鹏(2015.1~2015.12)
党委书记　温祥松(2015.1~2015.9)
副书记　王社成(2015.1~2015.12)
田秀锦(女,2015.1~2015.12)
纪委书记
监察室主任　田秀锦(女,2015.1~2015.12)
工会主任　兰　东(2015.1~2015.7)

城管行政执法局

局　长　王社成(2015.1~2015.12)

住建局

局　长　张炜生(2015.1~2015.12)
副局长　秦永斌(2015.1~2015.12)
张爱兵(2015.1~2015.12)
吉　萍(女,2015.1~2015.12,聘干)
徐球荣(2015.1~2015.12,聘干)
杨梅娣(女,2015.1~2015.12)
党委书记　秦永斌(2015.1~2015.12)
副书记　张炜生(2015.1~2015.12)
张爱兵(2015.1~2015.12)
纪委书记
监察室主任　张爱兵(2015.1~2015.12)
工会主任　季　午(2015.1~2015.12)

交运局(挂县港口管理局牌子)

局　长　张建成(2015.1~2015.12,副县级)
副局长　薛正标(2015.1~2015.12)
周运飞(2015.1~2015.12)
孙国忠(2015.1~2015.12)
顾继高(2015.1~2015.12)
王海兵(2015.1~2015.12)
蒋春仁(2015.1~2015.12)
党委书记　张建成(2015.1~2015.12,副县级)
工会主任　孙祥国(2015.1~2015.7)

港口管理局

局　长　张建成(2015.1~2015.12,副县级)
副局长　杨国光(2015.1~2015.12)
潘鸿坚(2015.1~2015.12,聘干)

国土资源局

局　长　陈树华(2015.1~2015.12)
副局长　刘月仲(2015.1~2015.12,正科级)

王洪涛(2015.1~2015.12)
张志军(2015.1~2015.12)
苏海燕(女,2015.1~2015.12)
党委书记　陈树华(2015.1~2015.12)
副书记　刘月仲(2015.1~2015.12,正科级)
纪委书记　缪　军(2015.1~2015.12)

水务局

局　长　汤熙康(2015.1~2015.12)
副局长　陆从华(2015.1~2015.12)
姜　橙(2015.1~2015.12,正科级)
辛　凯(2015.1~2015.12)
祁克琳(2015.1~2015.7)
崔一海(2015.1~2015.7)
朱良兵(2015.1~2015.12)
潘旗明(2015.1~2015.12)
党委书记　高庆林(2015.1~2015.12)
副书记　姜　橙(2015.1~2015.12,正科级)
纪委书记
监察室主任　姜　橙(2015.1~2015.12,正科级)
工会主任　李　斌(2015.1~2015.12)

防汛防旱办

主　任　汤熙康(2015.1~2015.12)
副主任　吴　光(兼,2015.1~2015.7)

商务局(挂县旅游局牌子)

局　长　谢万和(2015.1~2015.12)
副局长　徐振宇(2015.1~2015.12,聘干)
李学宇(2015.1~2015.12)
纪恒玉(2015.1~2015.12,聘干)
冯　怡(女,2015.1~2015.12)
胡智深(2015.1~2015.7,聘干)
主任科员　周文才(2015.9~2015.12)
党组书记　谢万和(2015.1~2015.12)
纪检组组长
监察室主任　李学宇(2015.1~2015.12)

旅游局

局　长　徐振宇(2015.1~2015.12,聘干)
副局长　李学宇(2015.1~2015.12)
纪恒玉(2015.1~2015.12,聘干)
冯　怡(女,2015.1~2015.12)
胡智深(2015.1~2015.7,聘干)
主任科员　周文才(2015.9~2015.12)

教育局(挂县体育局牌子)

局　长　周厚良(2015.1~2015.12)
副局长　郑　峰(2015.1~2015.12)
陈仕成(2015.1~2015.12,正科级)
赵　耀(2015.1~2015.12)
高明惠(2015.1~2015.12)
王亚群(2015.1~2015.12)
党委书记　魏佳兵(2015.1~2015.12)
副书记　周厚良(2015.1~2015.12)
郑　峰(2015.1~2015.12)
陈仕成(2015.1~2015.12,正科级)
工会主任　嵇金良(2015.1~2015.12)

体育局

局　长　周厚良(2015.1~2015.12)
副局长　温　波(2015.1~2015.12)

教育督导室

主　任　杨新春(2015.1~2015.12)

职中(挂县教师进修学校、盐城广播电视大学响水分校牌子。2015.3县教师进修学校改为单独设置，更名为县教育发展中心;2015.12盐城广播电视大学响水分校更名为响水开放大学。2015.12江苏省响水职业教育中心校更名为江苏省响水中等专业学校。)

校长(站长)　赵　耀(兼,2015.1~2015.12)
副校长(副站长)
刘永康(2015.1~2015.12)
陈仕锁(2015.1~2015.12)
杨金生(2015.1~2015.12)

响　中

校　长　魏佳兵(2015.1~2015.12)
副校长　周业虎(2015.1~2015.7)
时良兵(2015.1~2015.12)
汪洪亚(2015.1~2015.12)
张志胜(2015.1~2015.7)
贾云生(2015.1~2015.12)
许利国(2015.9~2015.12)
党委书记　魏佳兵(2015.1~2015.12)
副书记　周业虎(2015.1~2015.7)
纪委书记　张大春(2015.9~2015.12)
工会主任　季克高(2015.1~2015.7)
高明华(2015.9~2015.12)

教师发展中心(2015.3单独设置)

副主任　王亚群(2015.9~2015.12,主持工作)
龚艳森(2015.9~2015.12)
袁海涛(2015.9~2015.12)

科技局(挂县地震局、县知识产权局牌子)

局　长　汪明时(2015.1~2015.12)
副局长　沈丛春(2015.1~2015.12,正科职)
陆　伟(2015.1~2015.12)
刘永光(2015.1~2015.12)
杨　敏(女,2015.9~2015.12,挂任)
主任科员　王志高(2015.1~2015.12)
党组书记　汪明时(2015.1~2015.12)
副书记　沈丛春(2015.1~2015.12,正科职)
纪检组组长　沈丛春(2015.1~2015.12,正科职)

地震局

局　长　陆　伟(2015.1~2015.12)

知识产权局

局　长　汪明时(2015.1~2015.12)

文广新局

局　长　李　清(2015.1~2015.12)
副局长　赵桂来(2015.1~2015.12)
陈海蓝(女,2015.1~2015.12,聘干,正科级)
潘中东(2015.1~2015.7)
李相全(2015.1~2015.12)
季祥高(2015.9~2015.12,聘干)
党组书记　李　清(2015.1~2015.12)
工会主任　李正金(2015.1~2015.12)

卫生局(2015.7撤销党委,机构撤并)

局　长　李玉彦(2015.1~2015.7)
副局长　刘卫兵(2015.1~2015.7)
孙桂林(2015.1~2015.7)
张华平(2015.1~2015.7)
林　林(2015.1~2015.7)
黄　萄(2015.1~2015.7)
党委书记　刘卫兵(2015.1~2015.7)
副书记　李玉彦(2015.1~2015.7)
工会主任　赵美兰(女,2015.1~2015.7)

食药监局(2015.4撤销党组,机构撤并)

局　长　张龙华(2015.1~2015.4)
副局长　潘满时(2015.1~2015.4,正科职)
孙苏文(2015.1~2015.4,正科级)
糜德宏(2015.1~2015.4)
张海波(2015.1~2015.4)
党组书记　张龙华(2015.1~2015.4)
副书记　潘满时(2015.1~2015.4,正科职)

审计局

局　长　单以琪(2015.1~2015.12)
副局长　郭仰根(2015.1~2015.12,聘干,正科级)
潘智勇(2015.1~2015.12)
喻立纯(2015.1~2015.12)
汪中洋(2015.1~2015.12)
龚　萍(女,2015.1~2015.12)
党组书记　单以琪(2015.1~2015.12)

统计局

局　长　周加法(2015.1~2015.12)
副局长　谢世海(2015.1~2015.12)
沈宝恩(2015.1~2015.12)
李　超(2015.1~2015.12)
党组书记　周加法(2015.1~2015.12)
纪检组组长　沈宝恩(2015.1~2015.12)

安监局

局　长　王为民(2015.1~2015.12,聘干)
副局长　周良成(2015.1~2015.7)
周克胜(2015.1~2015.12,正科级)
伊玉娟(女,2015.1~2015.12)
王益群(2015.1~2015.12)
张前良(2015.1~2015.12)
蔡爱书(2015.1~2015.12)
党组书记　李　磊(2015.1~2015.7)

盐务局

局　长　李卫东(2015.1~2015.12)
副局长　王进法(2015.1~2015.12)
党委书记　李卫东(2015.1~2015.12)
纪委书记　王进法(2015.1~2015.12)
工会主任　王文明(2015.1~2015.12)

供销合作总社

主　任　钟文波(2015.1~2015.9)
温祥松(2015.9~2015.12)
副主任　杨云峰(2015.1~2015.12)
牟国栋(2015.1~2015.12)
党委书记　钟文波(2015.1~2015.9)
温祥松(2015.9~2015.12)
工会主任　潘从坤(2015.1~2015.12)

化建轻国资办(与机电公司、贸易公司、纺工公司合署办公)

主　任　徐鸿彬(2015.1~2015.12,聘干)
副主任　陈　飞(2015.1~2015.12)
党委书记　徐鸿彬(2015.1~2015.12,聘干)

机电公司(与化建轻公司、贸易公司、纺工公司合署办公)

副总经理　卢廷祥(2015.1~2015.12)

物资公司

总经理　王文如(兼,2015.1~2015.12)
副总经理　孙玉国(2015.1~2015.7,聘干)
党委书记　王文如(兼,2015.1~2015.12)

城市投资有限责任公司

董事长　薛国亮(2015.1~2015.12)
总经理　王爱民(2015.1~2015.12)
监事会主席　单以琪(2015.1~2015.12)

海珍品养殖总公司

副总经理　王士全(2015.1~2015.12)
监事会主席　潘晓时(2015.1~2015.12)

港城建设发展有限公司

董事长　祁尚雅(2015.1~2015.12)
总经理　祁尚雅(2015.1~2015.12)
监事会主席　单以琪(2015.1~2015.12)

市场监督管理局(2015.4组建,成立县市场监督管理局党组,挂县食品药品监督管理局牌子)

局　长　张龙华(2015.4~2015.12)
副局长　孙昌亚(2015.4~2015.12)
潘满时(2015.4~2015.12,享受原职级待遇)
王兆春(2015.4~2015.12)
孙苏文(2015.4~2015.12,享受原职级待遇)
张海波(2015.4~2015.12)
李向东(2015.4~2015.12)
糜德宏(2015.4~2015.12)
薛国洪(2015.4~2015.12)
周立军(2015.4~2015.12)
王海波(2015.4~2015.12)
党组书记　张龙华(2015.4~2015.12)
副书记　孙昌亚(2015.4~2015.12)
潘满时(2015.4~2015.12)
王兆春(2015.4~2015.12)
纪检组长　顾宏华(2015.4~2015.12)

食品药品监督管理局

局　长　孙昌亚(兼,2015.4~2015.12)

卫生和计划生育委员会(2015.7组建,成立县卫生和计划生育委员会党委)

主　任　李玉彦(2015.7~2015.12)
副主任　孙桂林(2015.7~2015.12)
张华平(2015.7~2015.12)
林　林(2015.7~2015.12)
王立新(2015.7~2015.12)
陈耀楼(2015.7~2015.12)
黄　萄(2015.7~2015.12)
党委书记　刘卫兵(2015.7~2015.12)
副书记　李玉彦(2015.7~2015.12)

政协响水县委员会

主　席　杨毅坚(2015.1~2015.12)
裴彦贵(2015.12~2015.12,候选人)
副主席　陈　骧(2015.1~2015.12)
陈苏红(女,2015.1~2015.12)

陆从华(2015.1~2015.12)
于　娟(女,2015.1~2015.12)
武　瑾(女,2015.1~2015.12)
秘书长　缪　成(女,2015.1~2015.12)

办公室

主　任　缪　成(女,2015.1~2015.12)
副主任　颜如曜(2015.1~2015.12)
夏永清(2015.1~2015.12)

研究室

副主任　颜如曜(2015.1~2015.12)

社会事业委

主　任　潘达军(2015.1~2015.12)

提案工作委

主　任　张学平(2015.1~2015.12)

经济科技委

主　任　汪尚广(2015.1~2015.12)
副主任　朱文玲(女,2015.1~2015.7)

农业农村委

主　任　刘学林(2015.1~2015.7)

人口环境资源委

副主任　徐国栋(2015.1~2015.12，正科职)

响水县人民武装部

部　长　王洪亮(2015.1~2015.12)
政　委　吴瑜君(2015.1~2015.3)
顾建明(2015.3~2015.12)
副部长　徐军平(2015.1~2015.12)

法　院

院　长　谭　斌(2015.1~2015.12)
副院长　严金海(2015.1~2015.12，正科级)
张国林(2015.1~2015.12，正科级)
王啸鸿(2015.1~2015.12，正科级)
朱卫刚(2015.1~2015.12)
党组书记　谭　斌(2015.1~2015.12)
副书记　严金海(2015.1~2015.12，正科级)
朱卫刚(2015.1~2015.12)
纪检组组长　陈　彬(2015.1~2015.12，正科级)
政治处主任　周广斌(2015.1~2015.12)
工会主任　王　平(女,2015.1~2015.12)

执行局

局　长　林正广(2015.1~2015.12)

检察院

检察长　陈宏成(2015.1~2015.12)
副检察长　武　瑾(女,2015.1~2015.12)
李富金(2015.1~2015.12，正科级)
卜训平(2015.1~2015.7，正科级)
潘鸿斌(2015.1~2015.12)
检察长助理　周志翔(2015.1~2015.12)
党组书记　陈宏成(2015.1~2015.12)
副书记　李富金(2015.1~2015.12，正科级)
纪检组组长　汪登波(2015.1~2015.12)
政治处主任　张维标(2015.1~2015.12)

反贪局

局　长　周志翔(2015.1~2015.12)

反渎局

局　长　黄兆祥(2015.1~2015.12)

社会团体

总工会

主　席　汪海洪(2015.1~2015.12)
副主席　曹杭华(2015.1~2015.12)
汪卫东(女,2015.1~2015.12)
周春祝(2015.1~2015.12)
沈　景(2015.1~2015.12)
王　军(2015.1~2015.12)
党组书记　曹杭华(2015.1~2015.12)
副书记　汪海洪(2015.1~2015.12)

团县委

书　记　龚伟伟(2015.1~2015.12)
副书记　仇　伟(2015.1~2015.12)
李晓丹(女,2015.1~2015.12)

妇　联

主　席　陶正红(女,2015.1~2015.12)
副主席　马　莉(女,2015.1~2015.12)
王素芹(女,2015.1~2015.12)

科　协

主　席　范广伟(2015.1~2015.12)
副主席　潘海林(女,2015.1~2015.12)
郑雨标(2015.1~2015.12)

工商联

主　席　李　刚(2015.1~2015.12)
副主席　罗爱华(女,2015.1~2015.12)
党组书记　周文才(2015.1~2015.9)
钟文波(2015.9~2015.12)

红十字会

会　长　蔡丽萍(女,2015.1~2015.12，聘干)
副会长　张卫国(2015.1~2015.12)

残　联

理事长　徐　东(2015.1~2015.12)
副理事长　仇家祝(2015.1~2015.12)

文　联

主　席　朱卫东(2015.1~2015.12)

社科联

主　席　薛国斗(2015.1~2015.12)
副主席　王建生(2015.1~2015.12)

双管单位

国税局

局　长　张劲松(2015.1~2015.12)
副局长　陈炳辉(2015.1~2015.12)
季茂山(2015.1~2015.12)
田海斌(2015.1~2015.12)
党组书记　张劲松(2015.1~2015.12)
纪检组组长　赵　政(2015.1~2015.12)

地税局

局　长　朱建元(2015.1~2015.12)
副局长　吴干东(2015.1~2015.12)
邵加文(2015.1~2015.3)
孟凡士(2015.1~2015.12)
刘春晨(女,2015.1~2015.12)
党组书记　朱建元(2015.1~2015.12)

纪检组组长　孟凡士(兼,2015.1~2015.10)
李运行(2015.10~2015.12)

烟草专卖局(公司)

局长(经理)　杨　琪(2015.1~2015.12)
副局长　刘建军(2015.1~2015.12)
副经理　周正宇(2015.1~2015.12)
项达海(2015.12~2015.12)
党组书记　杨　琪(2015.1~2015.12)

工商局(2015.4撤销党组,机构撤并)

局　长　孙昌亚(2015.1~2015.4)
副局长　王兆春(2015.1~2015.4)
李向东(2015.1~2015.4)
周立军(2015.1~2015.4)
党组书记　孙昌亚(2015.1~2015.4)
副书记　王兆春(2015.1~2015.4)
纪检组组长　顾宏华(2015.1~2015.4)

质监局(2015.4撤销党组,机构撤并)

局　长　张子祥(2015.1~2015.4)
副局长　颜成虎(2015.1~2015.4)
薛国洪(2015.1~2015.4)
王海波(2015.1~2015.4)
党组书记　张子祥(2015.1~2015.4)
纪检组组长　薛国洪(2015.1~2015.4)

盐务稽查局(响水盐业有限公司)

局长(总经理)
吕拥军(2015.1~2015.12)
副局长(副总经理)
段泽琪(2015.1~2015.12)
张旭光(2015.1~2015.12)
党总支书记　段泽琪(2015.1~2015.12)
工会主席　段泽琪(2015.1~2015.12)

国家统计局响水调查队

队　长　张国智(2015.1~2015.12)
副队长　沈益成(2015.1~2015.12)

供电公司

总经理　浦瑞天(2015.1~2015.12)
副总经理　袁　航(2015.1~2015.12)
王耀东(2015.1~2015.12)
施蔚东(2015.1~2015.12)
陈　群(2015.1~2015.12)
沈晓东(2015.9~2015.12)
王洪卫(2015.10~2015.12)
党委书记　袁　航(2015.1~2015.12)
副书记　浦瑞天(2015.1~2015.12)
纪委书记　王春雨(2015.1~2015.9)
王耀东(2015.9~2015.12)
工会主席　王春雨(2015.1~2015.9)
王耀东(2015.9~2015.12)

气象局

局　长　张群生(2015.1~2015.12)
副局长　王宝军(2015.1~2015.12)

公积金响水管理部

主　任　张从磊(2015.1~2015.12)
副主任　周树林(2015.4~2015.12)

响水新华书店有限责任公司

执行董事　柏文兵(2015.1~2015.12)
经　理　柏文兵(2015.1~2015.12)
副经理　吴殿春(2015.1~2015.12)
石文成(2015.1~2015.12)

广电网络公司

董事长　曹有成(2015.1~2015.12)
副董事长　蒋道明(2015.1~2015.12)
董　事　陈青亚(2015.1~2015.12)
李庆龙(2015.1~2015.12)
孙强松(2015.1~2015.12)
总经理　陈青亚(2015.1~2015.12)
副总经理　孙强松(2015.1~2015.12)
孙利民(2015.1~2015.12)
夏　宁(2015.1~2015.12)
总经理助理　张国荣(2015.6~2015.12)
财务总监　王粉兄(2015.1~2015.12)

邮政局(2015.4更名为邮政公司)

副局长　吴　军(2015.1~2015.4,主持工作)
党委副书记　吴　军(2015.1~2015.4)
局长助理　王飞鸣(2015.1~2015.4)

邮政公司(2015.4成立)

总经理　吴　军(2015.11~2015.12)
副总经理　吴　军(2015.4~2015.11,主持工作)
王飞鸣(2015.11~2015.12)
党委书记　吴　军(2015.11~2015.12)
党委副书记　吴　军(2015.4~2015.11)
纪委书记　王飞鸣(2015.11~2015.12)
工会主席　王飞鸣(2015.11~2015.12)
局长助理　王飞鸣(2015.4~2015.11)

电信局(公司)

局长(总经理)
赵宏志(2015.1~2015.12)
副局长(副总经理)
文　峰(2015.1~2015.12)
杭风景(2015.1~2015.12)
党委书记　赵宏志(2015.1~2015.12)
纪委书记　文　峰(2015.1~2015.12)
工会主席　文　峰(2015.1~2015.12)

移动公司

总经理　张　云(女,2015.1~2015.12)
副总经理　李　军(2015.1~2015.12)
总经理助理　韦志祥(2015.8~2015.12)

联通响水分公司

总经理　吴　剑(2015.1~2015.12)
副总经理　吴　剑(2015.1~2015.1,主持工作)

中国人民银行响水县支行

行　长　喻华洋(2015.1~2015.12)
副行长　张永刚(2015.1~2015.12)
王行干(2015.5~2015.12)
纪检组组长　张永刚(2015.1~2015.12)

中国农业银行响水县支行

行　长　王礼宏(2015.1~2015.12)
副行长　李夏阳(2015.1~2015.12)
管东平(2015.1~2015.12)
潘　毅(2015.1~2015.12)

响水农村商业银行股份有限公司

董事长　张维贤(2015.1~2015.12)
行　长　高　铭(2015.1~2015.5)
单体选(2015.5~2015.12)
副行长　王志华(2015.1~2015.5)
汪志勇(2015.1~2015.12)
李定昌(2015.1~2015.12)
王胜海(2015.5~2015.12)
监事长　王胜海(2015.1~2015.5)
高　铭(2015.5~2015.12)
党委书记　张维贤(2015.1~2015.12)
副书记　高　铭(2015.1~2015.5)
单体选(2015.5~2015.12)

中国工商银行响水县支行

行　长　田承华(2015.1~2015.4)
副行长　冯建兵(2015.1~2015.4)
(2015.4~2015.12，主持工作)
严志勇(2015.1~2015.12)
行长助理　祁建荣(2015.1~2015.12)

中国建设银行响水县支行

行　长　蔡云龙(2015.1~2015.12)
副行长　孙敬雷(2015.1~2015.12)
朱海忠(2015.1~2015.12)
党总支书记　蔡云龙(2015.1~2015.12)
工会主席　朱海忠(2015.1~2015.12)

中国银行响水县支行

行　长　杨九洲(2015.1~2015.12)
副行长　吴旭涛(2015.1~2015.12)
周福庆(2015.1~2015.12)
曹　阳(2015.1~2015.3)
陈　芹(女,2015.10~2015.12)

中国农业发展银行响水县支行

行　长　赵　堃(2015.1~2015.12)
副行长　陈培春(2015.1~2015.12)
崔立春(2015.1~2015.12)

邮政储蓄银行响水县支行

行　长　蔡　强(2015.1~2015.12)
副行长　徐屹江(2015.1~2015.12)

江苏银行响水县支行

行　长　王德志(2015.11~2015.12)
副行长　王德志(2015.1~2015.11，主持工作)
朱守军(2015.1~2015.12)

昆山农村商业银行响水县支行

行　长　周雪荣(2015.1~2015.1)
史春雷(2015.1~2015.12)
副行长　史春雷(2015.1~2015.1)
彭树宏(2015.1~2015.12)

中银富登村镇银行

行　长　王盐宁(2015.1~2015.12)
副行长　吴蔚蔚(女,2015.1~2015.12)
朱　进(2015.1~2015.12)

中国人民财产保险公司响水县支公司

经　理　吕文朋(2015.1~2015.12)
副经理　赵文杰(2015.1~2015.12)
韦　飞(2015.1~2015.12)
党支部书记　吕文朋(2015.1~2015.12)
副书记　赵文杰(2015.1~2015.12)

中国人寿保险公司响水县支公司

经　理　袁　勇(2015.1~2015.12)
副经理　顾立志(2015.1~2015.12)
喻莉莉(女,2015.1~2015.12)
吕文明(2015.1~2015.4)
高正虎(2015.4~2015.12)

中国人寿财险公司响水县支公司

经　理　徐忠成(2015.1~2015.12)

中国太平洋人寿保险公司响水县支公司

总经理　周海燕(女,2015.1~2015.12)
副总经理　陈裕晶(2015.1~2015.12)
葛兴华(2015.1~2015.12)

镇　区

江苏响水沿海经济开发区

工委书记　杨毅坚(兼,2015.1~2015.12)
副书记　姜加文(2015.1~2015.12)
王鲁文(2015.1~2015.12)
张宏鑫(兼,2015.1~2015.12)
徐凡美(2015.1~2015.12)
主任科员　潘晓时(2015.1~2015.12)
管委会主任　姜加文(2015.1~2015.12)
副主任　吴华明(2015.1~2015.12，正科级)
薛　栋(2015.1~2015.12)
于广书(2015.1~2015.12)
沈长青(2015.1~2015.12)
张东峰(2015.1~2015.12)
王文荣(2015.1~2015.12)
朱良标(2015.1~2015.12)
高进强(2015.1~2015.9，挂任)
陶汉中(2015.1~2015.9，挂任)
杨　敏(女,2015.9~2015.12，挂任)
纪工委书记
监察室主任　沈长青(2015.1~2015.12)
综合办主任　邵光环(2015.1~2015.12)
经济发展局局长
丁承桥(2015.1~2015.12)
规划建设局局长
陆正东(2015.1~2015.12)
招商一局局长
李长海(2015.1~2015.12)
招商二局局长
张树林(2015.1~2015.12)
环保分局局长
邹　辉(2015.1~2015.12)
国土分局局长
颜　芳(女,2015.1~2015.12)

江苏响水经济开发区

工委书记　孙庆树(兼,2015.1~2015.10)
杨荣生(2015.10~2015.12)
副书记　吴　超(2015.1~2015.12)
吴万雄(2015.1~2015.12，正科级)
陈　森(2015.1~2015.12)
主任科员　朱春雨(2015.1~2015.12)
管委会主任　吴　超(2015.1~2015.12)
副主任　吴万雄(2015.1~2015.12，正科级)
陈　森(2015.1~2015.12)
阮永中(2015.1~2015.12，正科级)
张爱兵(2015.1~2015.12)
吕从德(2015.1~2015.12，聘干)
季祥高(2015.1~2015.9，聘干)
张教昶(2015.1~2015.12)
胡永顺(2015.1~2015.12)
张向荣(2015.1~2015.12)
徐治国(2015.1~2015.12)
丁哲军(2015.1~2015.9，挂任)
潘礼正(2015.9~2015.12，挂任)
周　辉(2015.9~2015.12，挂任)
孙　勇(2015.9~2015.12)
纪工委书记
监察室主任　陈　森(2015.1~2015.9)
纪工委书记　俞传红(2015.9~2015.12)
工会主任　殷建勇(2015.1~2015.12)
规划建设局局长
高巍巍(兼,2015.1~2015.12)

环保分局局长
徐正科(2015.1~2015.12)
国土分局局长
张志毅(2015.1~2015.12)
招商一局局长
邵中雅(2015.1~2015.12)
招商二局局长
徐华章(2015.1~2015.12,聘干)
社会事业局局长
李红兵(2015.9~2015.12)

江苏响水生态化工园区

工委书记　朱从国(2015.1~2015.12)
副书记　赵子成(2015.1~2015.12)
温劲松(兼,2015.1~2015.12,聘干)
王为民(2015.1~2015.4,聘干,正科级)
周道新(2015.1~2015.12,正科级)
李东林(2015.1~2015.9,调县外工作)
管委会主任　赵子成(2015.1~2015.12)
副主任　周道新(2015.1~2015.12,正科级)
李东林(2015.1~2015.9,调县外工作)
臧新东(2015.1~2015.12)
潘从能(2015.1~2015.12)
黄兆林(2015.1~2015.9)
郭建军(2015.1~2015.12)
陈　宏(兼,2015.1~2015.12)
金中生(2015.1~2015.12)
张前良(2015.1~2015.4)
杜成伟(2015.1~2015.12)
魏　巍(2015.1~2015.9,挂任)
吴君臣(2015.1~2015.12,挂任)
周治国(2015.9~2015.12,挂任)
纪工委书记　郭建军(2015.1~2015.12)
规划建设局局长
臧新东(2015.1~2015.12)
招商一局局长
张德科(2015.1~2015.12)
经济发展局局长
杨金涛(2015.1~2015.12)
社会事业局局长
顾培义(2015.1~2015.12)
安监分局局长
蔡爱书(2015.1~2015.12)
环保分局局长
贾海东(2015.1~2015.12)
国土分局局长
崔　勇(2015.1~2015.12)

响水镇

党委书记　薛风林(2015.1~2015.12)
副书记　周　飞(2015.1~2015.12)
王　兵(2015.1~2015.12)
徐月升(2015.1~2015.7)
周勤春(2015.12~2015.12)
镇　长　周　飞(2015.1~2015.12)
副镇长　徐　圻(2015.1~2015.12)
叶云飞(2015.1~2015.12)
茅　华(2015.1~2015.12)
丁　森(2015.1~2015.12)
彭　碧(女,2015.1~2015.9)
吉亚林(2015.9~2015.12)
人大主席　薛风林(2015.1~2015.12)
王　兵(2015.12~2015.12)
副主席　张树栋(2015.1~2015.12,正科级)
工会主任　张树栋(2015.1~2015.12,正科级)
宣传统战委员
叶云飞(2015.1~2015.12)
组织委员　茅　华(2015.1~2015.12)
人武部长　丁　森(2015.1~2015.12)
政法委书记　殷习耕(2015.1~2015.12)
纪委书记　潘同娟(女,2015.1~2015.12)

城西街道办事处

工委书记(主任)
吴海霞(女,2015.1~2015.12)

城东街道办事处

工委书记(主任)
顾海燕(女,2015.1~2015.12)

小尖镇

党委书记　张善荣(2015.1~2015.12)
副书记　贾秀高(2015.1~2015.12)
陆树军(2015.1~2015.12)
曹志煜(2015.1~2015.12)
王益军(2015.1~2015.12,挂任)
镇　长　贾秀高(2015.1~2015.12)
副镇长　杨　林(2015.1~2015.12)
王青华(2015.1~2015.12)
陈　军(2015.1~2015.12)
顾成华(2015.1~2015.12)
王　静(女,2015.1~2015.12)
人大主席　张善荣(2015.1~2015.12)
施景山(2015.12~2015.12)
副主席　施景山(2015.1~2015.12,正科级)
工会主任　施景山(2015.1~2015.12,正科级)
宣传统战委员
杨　林(2015.1~2015.12)
人武部长　陈　军(2015.1~2015.12)
组织委员　顾成华(2015.1~2015.12)
政法委书记　王化天(2015.1~2015.12)
纪委书记　杨立富(2015.1~2015.12)

周集办事处

主　任　蒋祝海(2015.1~2015.12)

陈家港镇

党委书记　王鲁文(2015.1~2015.12)
副书记　陈兆宝(2015.1~2015.12)
张卫兵(2015.1~2015.12)
张炳才(2015.1~2015.12)
主任科员　汪成龙(2015.1~2015.12)
镇　长　陈兆宝(2015.1~2015.12)
副镇长　高　华(2015.1~2015.12)
韩　勇(2015.1~2015.12)
苗春波(女,2015.1~2015.12)
何沛龙(2015.1~2015.12)
吴恒杰(2015.12~2015.12)
人大主席　王鲁文(2015.1~2015.12)
张卫兵(2015.12~2015.12)
副主席　刘维民(2015.1~2015.12,聘干)
人武部长　韩　勇(2015.1~2015.12)
宣传统战委员
苗春波(女,2015.1~2015.12)
组织委员　何沛龙(2015.1~2015.12)
吴恒杰(2015.12~2015.12)
工会主任　刘维民(2015.1~2015.12,聘干)
纪委书记　缪元元(女,2015.1~2015.12)
政法委书记　高本领(2015.1~2015.12)

海安集办事处

主　任　　张善美(2015.1~2015.12)

大有镇

党委书记　沈华栋(2015.1~2015.12)
副书记　　田大波(2015.1~2015.12)
　　　　　陈正华(2015.1~2015.12)
镇　长　　沈华栋(2015.1~2015.12)
　　　　　田大波(2015.12~2015.12)
副镇长　　刘宽做(2015.1~2015.12)
　　　　　王桂洋(2015.1~2015.12)
　　　　　王永明(2015.1~2015.12)
　　　　　吴恒杰(2015.1~2015.12)
　　　　　陈　磊(2015.12~2015.12)
　　　　　张永鹏(2015.12~2015.12)
人大主席　田大波(2015.1~2015.12)
　　　　　陈正华(2015.12~2015.12)
副主席　　刘飞虎(2015.1~2015.12，聘干)
组织委员　刘宽做(2015.1~2015.12)
人武部长　王桂洋(2015.1~2015.12)
宣传统战委员
　　　　　王永明(2015.1~2015.12)
纪委书记　李　霞(女,2015.1~2015.12)
政法委书记　陈　磊(2015.1~2015.12)
　　　　　顾秋实(2015.12~2015.12)
工会主任　刘飞虎(2015.1~2015.12，聘干)

南河镇

党委书记　罗玉刚(2015.1~2015.12)
副书记　　王　飞(2015.1~2015.12)
　　　　　王爱军(2015.1~2015.12，聘干)
镇　长　　罗玉刚(2015.1~2015.12)
副镇长　　王丽霞(女,2015.1~2015.12)
　　　　　杨宏波(2015.1~2015.12)
　　　　　陈　兵(2015.1~2015.12)
　　　　　陈　鹏(2015.1~2015.12)
人大主席　王　飞(2015.1~2015.12)
副主席　　杨礼春(2015.1~2015.12)
宣传统战委员
　　　　　王丽霞(女,2015.1~2015.12)
组织委员　杨宏波(2015.1~2015.12)
人武部长　陈　兵(2015.1~2015.12)
纪委书记　许红波(2015.1~2015.12)
政法委书记　陈建红(2015.1~2015.12)
工会主任　杨礼春(2015.1~2015.12)

平建办事处

主　任　　蔺黎明(2015.1~2015.12，聘干)

双港镇

党委书记　周旭东(2015.1~2015.12)
副书记　　杜红平(女,2015.1~2015.12)
　　　　　薛　峰(2015.1~2015.9，调县外工作)
镇　长　　杜红平(女,2015.1~2015.12)
副镇长　　陈兆山(2015.1~2015.12)
　　　　　王仁华(2015.1~2015.12)
　　　　　周文才(2015.1~2015.12)
　　　　　邹洪彩(2015.1~2015.12)
　　　　　张爱学(2015.1~2015.12)
人大主席　周旭东(2015.1~2015.12)
　　　　　张炳才(2015.12~2015.12)
副主席　　王文亮(2015.1~2015.12)
宣传统战委员
　　　　　陈兆山(2015.1~2015.12)
纪委书记　李文明(2015.1~2015.12)
人武部长　王仁华(2015.1~2015.12)
组织委员　张爱学(2015.1~2015.12)
工会主任　王文亮(2015.1~2015.12)

运河镇

党委书记　潘　燕(女,2015.1~2015.12)
副书记　　高兆军(2015.1~2015.12)
　　　　　李海霞(女,2015.1~2015.12)
镇　长　　高兆军(2015.1~2015.12)
副镇长　　龚阳光(2015.1~2015.12)
　　　　　周　军(2015.1~2015.12)
　　　　　马乔乔(女,2015.1~2015.12)
　　　　　马东亚(2015.1~2015.12)
人大主席　潘　燕(女,2015.1~2015.12)
　　　　　陆树军(2015.12~2015.12)
副主席　　刘建明(2015.1~2015.12)
人武部长　周　军(2015.1~2015.12)
组织委员　马乔乔(女,2015.1~2015.12)
纪委书记　张建建(2015.1~2015.12)
政法委书记　李红兵(2015.1~2015.9)
　　　　　施香芹(女，2015.12~2015.12)
工会主任　刘建明(2015.1~2015.12)

黄圩镇

党委书记　李正海(2015.1~2015.12)
副书记　　顾爱红(女,2015.1~2015.12)
　　　　　韩伟春(2015.1~2015.12)
　　　　　王春雨(2015.1~2015.12，挂任)
镇　长　　顾爱红(女,2015.1~2015.12)
副镇长　　徐　步(2015.1~2015.12)
　　　　　王正东(2015.1~2015.12)
　　　　　林正雄(2015.1~2015.12)
　　　　　沈裕芝(2015.1~2015.12)
人大主席　李正海(2015.1~2015.12)
　　　　　韩伟春(2015.12~2015.12)
副主席　　丁荣荣(2015.1~2015.12)
宣传统战委员
　　　　　徐　步(2015.1~2015.12)
人武部长　王正东(2015.1~2015.12)
组织委员　林正雄(2015.1~2015.12)
纪委书记　王　白(2015.1~2015.12)
工会主任　丁荣荣(2015.1~2015.12)
政法委书记
　　　　　王　蕾(女,2015.1~2015.12)

张集中心社区

工委书记　吴红卫(2015.1~2015.12)(任小尖镇党委副书记)
副书记　　刘向岭(2015.1~2015.12)
　　　　　张加祥(2015.1~2015.12)
管委会主任　刘向岭(2015.1~2015.12)
副主任　　刘群传(2015.1~2015.12)
　　　　　王　坚(2015.1~2015.12)
　　　　　刘文新(2015.1~2015.12)
　　　　　缪福康(2015.1~2015.12)
　　　　　王东江(2015.1~2015.12)
　　　　　胡　静(女,2015.1~2015.12)
组织委员　刘群传(2015.1~2015.12)
人武部长　刘文新(2015.1~2015.12)
宣传统战委员
　　　　　缪福康(2015.1~2015.12)
纪工委书记
　　　　　潘子静(女,2015.1~2015.12)
工会主任　胡　静(女,2015.1~2015.12)

六套中心社区

工委书记　林云松(2015.1~2015.12)(任运河镇党委副书记)
副书记　　于广法(2015.1~2015.12)
　　　　　王　森(2015.1~2015.12)
管委会主任　于广法(2015.1~2015.12)
副主任　　顾　飞(2015.1~2015.12)
　　　　　陈万军(2015.1~2015.12)

刘洪付(2015.1~2015.12)
李育光(2015.1~2015.12)
顾　娟(女,2015.1~2015.12)
组织委员　顾　飞(2015.1~2015.12)
人武部长　陈万军(2015.1~2015.12)
纪工委书记
杨　璐(女,2015.1~2015.12)
宣传统战委员
顾　娟(女,2015.1~2015.12)

七套中心社区

工委书记　朱国强(2015.1~2015.12)
(任大有镇党委副书记)
副书记　张　成(2015.1~2015.12)
于　新(2015.1~2015.12)
管委会主任　张　成(2015.1~2015.12)
副主任　王海湘(女,2015.1~2015.12)
王黎明(2015.1~2015.12)
徐　伟(2015.1~2015.12)
高庆虎(2015.1~2015.12)
潘永霞(女,2015.1~2015.12)
何培军(2015.1~2015.9,聘干)
宣传统战委员
王海湘(女,2015.1~2015.12)
组织委员　王黎明(2015.1~2015.12)
人武部长　徐　伟(2015.1~2015.12)
工会主任　高庆虎(2015.1~2015.12)
纪工委书记　孙佳东(2015.1~2015.12)

老舍中心社区

工委书记　许道春(2015.1~2015.12)
(任双港镇党委副书记)
副书记　王海浪(2015.1~2015.12)
陈志楼(2015.12~2015.12)
管委会主任　王海浪(2015.1~2015.12)
副主任　陈志楼(2015.1~2015.12)
高慧云(女,2015.1~2015.12,聘干)
羊建忠(2015.1~2015.12)
张莉莉(女,2015.1~2015.12)
叶　飞(2015.1~2015.12)
张耀军(2015.1~2015.12)
宣传统战委员
陈志楼(2015.1~2015.12)
工会主任　高慧云(女,2015.1~2015.12,聘干)
人武部长　羊建忠(2015.1~2015.12)
纪工委书记　李　勇(2015.1~2015.12)
组织委员　张莉莉(女,2015.1~2015.12)

省属黄海农场

党委书记　苏志富(2015.1~2015.12)
副书记　单祥忠(2015.1~2015.12)
场　长　单祥忠(2015.1~2015.12)
副场长　薛亚林(2015.1~2015.12)
纪委书记　王信学(2015.1~2015.12)
场长助理　裴书忠(2015.1~2015.12)
工会主席　王信学(2015.1~2015.12)

市灌东经济开发投资公司

董事长　吴红才(2012.3~2015.12)
总经理　吴红才(2012.3~2015.12)
副总经理　张祖振(2014.4~2015.12)
王兆华(2012.3~2015.12)
李超良(2012.3~2015.12)
党委书记　吴红才(2012.3~2015.12)

市属灌东盐场

副场长　刘全双(2015.1~2015.12)
相冬青(2015.1~2015.12)
严庭武(2015.1~2015.12)
胡文林(2015.1~2015.12)
党委书记　刘全双(2015.1~2015.12)
副书记　张德星(2015.1~2015.12)
工会主席　张德星(兼,2015.1~2015.12)
纪委书记　张德星(兼,2015.1~2015.12)

注:根据响委组〔2015〕30号《关于进一步规范科级干部职务名称的通知》,全县机关、事业单位所有明确为正科职、正科级的干部,以及事业单位明确为副科级的干部,统一取消正科职、正科级、副科级称谓,保留原职级待遇。

【责任编辑　赵凤昆　杨道贯　苗其培　张耀清　滕仕惠】

大事记

1 月

1日 县长崔爱国在三大园区部分企业，慰问节日期间坚守岗位的企业员工和园区干部职工。县领导杨毅坚、孙庆树、田国举及县相关部门负责人随同。

4日 全县农村环境综合整治现场会召开。县长崔爱国到会讲话。县委常委、政法委书记李运连主持会议。副县长杨荣生通报全县农村河道整治工作情况。县政府副调研员顾祝生通报全县农村环境综合整治工作情况。各镇区主要负责人作表态发言。

5日 县四套班子会议召开。市委常委、组织部部长庄兆林主持会议，并宣布省、市委关于响水县县委主要领导职务调整的决定：马俊健不再担任中共响水县委书记职务、提名不再担任响水县人大常委会主任职务，崔爱国主持响水县全面工作。马俊健、崔爱国、杨毅坚等县副处级以上干部出席。

△ 国华陈家港电厂二期工程初步可行性研究报告评审会在盐城召开。市委常委、常务副市长戴元湖致辞。县委副书记、县长崔爱国讲话。华东电网有限公司、神华集团、国华电力公司及省、市、县相关部门负责人出席。

8日 全县2015年工作讨论会议召开。县委副书记、县长崔爱国主持会议。杨毅坚、王旭东、朱金南、郭云、李运连、刘中连、孙庆树、裴彦贵等在响水的县四套班子领导及各镇区，县相关部门、单位主要负责人出席。

9日 响水县设分会场收听收看全市安全生产视频会议。视频会后，县委常委、常务副县长邵礼青对贯彻落实会议精神提要求。副县长田国举部署全县2015年安全生产工作。县相关单位及企业负责人出席分会场会议。

10日 县委副书记、县长崔爱国在响水会见南通江海电容器股份有限公司董事长陈卫东一行。县委常委、经济开发区工委书记孙庆树等参加。

△ 全县农村环境综合整治现场会召开。县委副书记、县长崔爱国到会讲话。县委常委、政法委书记李运连主持会议。县领导孙庆树、杨荣生、张善荣、顾祝生及各镇区、县相关部门负责人出席。

12日 县委副书记、县长崔爱国主持会办2015年民生实事和“八大类”重点工程。县委常委、常务副县长邵礼青及县相关部门负责人参加。

△ 响水县设分会场收听收看全省农村工作暨推进现代农业建设迈上新台阶部署视频会议。视频会后，县委副书记、县长崔爱国对贯彻落实会议精神提要求。县领导杨荣生、张善荣及各镇区、县相关部门主要负责人出席分会场会议。

13日 县九届人大常委会第21次会议召开。会议补选崔爱国为市七届人大代表。县人大常委会副主任、党组副书记裴彦贵主持会议。县人大常委会副主任李刚、刘曙明、张孝将及常委会委员21人出席会议。副县长田国举，县法院主要负责人，县人大办、检察院、经信委、财政局、水务局、民政局、工商局等单位负责人，部分镇区人大副主席、人大代表工作负责人，及部分县人大代表列席会议。会议审议通过县人大常委会代表资格审查委员会关于樊小彬、周青青代表资格终止的报告；听取县政府对县人大常委会关于全县养老服务体系建设情况和全民创业工作情况审议意见落实情况的报告，并进行满意度测评；开展“两争一创”活动评优，通过相关表彰决定；讨论全县城乡联网供水一体化情况的调查报告。通过相关人事任免事项。

14日 县委副书记、县长崔爱国在响水会见中国建设银行盐城分行行长潘劲松一行。副县长田国举及县相关部门负责人参加。

15日 县委副书记、县长崔爱国主持召开县委常委（扩大）会议，讨论研究县委九届七次全会方案、全会报告及2015年全县指标安排等事项。杨毅坚、邵礼青、王旭东、朱金南、郭云、李运连、刘中连、孙庆树、裴彦贵等在响水的县四套班子领导及各镇区、县相关部门主要负责人出席。

16日 建湖县县长薛盛堂率党政

代表团在响水考察学习殡葬改革及农村环境综合整治工作。县委常委、常务副县长邵礼青介绍相关情况。副县长杨荣生等陪同。

17日 中国共产党响水县第九届委员会第七次全体会议召开。县委常委会主持会议。县委副书记、县长崔爱国作《建设新响水 发展上台阶 奋力实现响水发展北抬头》工作报告。县委委员、县委候补委员出席会议。县纪委委员、县各部委办局、部分重点企业主要负责人和各村居党组织书记列席会议。

20日 崔爱国、郭云、裴彦贵、徐莉、张善荣等出席盐城市第七届人民代表大会第四次会议。

△ 江苏省第五届紫金山文学奖在南京颁奖。响水籍作家邓洪卫作品《初恋》获短篇小说奖。响水籍作家姜桦作品《纪念日》获诗歌奖。

24日 县委副书记、县长崔爱国主持召开县委常委(扩大)会议,传达学习市"两会"、省纪委全会精神,并对做好当前工作提要求。杨毅坚、朱金南、裴彦贵分别传达政协市七届四次会议、省纪委十二届五次全会、市七届人大四次会议精神。邵礼青、王旭东、郭云、李运连、刘中连、孙庆树等在响水的县四套班子领导出席。

26日 学习习近平总书记重要讲话精神征文活动表彰会召开。县委常委、宣传部部长刘中连到会讲话。

27日 绿色响水建设"家家到"现场观摩会召开。副县长杨荣生带领各镇区及县相关部门主要负责人观摩各镇区树塘开挖现场。

28日 市委常委、政法委书记丁宇在响水检查指导干部下访工作。县委副书记、县长崔爱国介绍相关工作情况。县领导邵礼青、郭云、孙庆树及市、县相关部门负责人陪同。

30日 县委副书记、县长崔爱国率响水县党政代表团在盐城市亭湖区考察学习。亭湖区委副书记、区政协党组书记吕锦,区委常委、政法委书记祁新桐,区委常委、环保科技城党工委书记张利华等陪同。县领导杨毅坚、刘中连、孙庆树、田国举、徐莉及相关园区、县相关部门负责人参加。

2 月

2日 县委副书记、县长崔爱国专题会办全县"项目载体突破年"工作。县领导邵礼青、郭云、刘中连、田国举、徐莉及县相关部门主要负责人出席。

△ 2015年春运工作会议召开。副县长徐莉及各镇区,县相关部门、单位负责人出席。

5日 响水县设分会场收看市纪委六届五次全会视频会议。市会后,县委副书记、县长崔爱国对贯彻落实会议精神提要求。县领导杨毅坚、王旭东、郭云、刘中连、孙庆树、裴彦贵等出席分会场会议。

△ 县委副书记、县长崔爱国专题会办秸秆禁烧工作。县领导邵礼青、杨荣生、顾祝生及各镇区、县相关部门负责人出席。

6日 市委常委、宣传部部长陈红红在响水检查指导节前安全生产工作。副县长田国举及县相关部门负责人陪同。

△ 2015年盐城市暨响水县文化科技卫生"三下乡"活动启动仪式在响水举行。市委常委、宣传部部长陈红红,县委常委、宣传部部长刘中连等市、县领导参加。

9日 响水县设分会场收听收看国务院第三次廉政工作视频会议。视频会后,县委副书记、县长崔爱国对贯彻落实会议精神提要求。县委常委、常务副县长邵礼青及各镇区,县各部门、单位负责人出席分会场会议。

11日 省委书记罗志军在响水调研指导工作并看望慰问生活困难群众、博爱小学留守儿童和劳动模范。省委常委、秘书长樊金龙,市委书记朱克江,市长王荣平等陪同。县委副书记、县长崔爱国汇报响水县走访慰问困难群众和当前工作等情况。

△ 市委书记朱克江在响水走访慰问优抚对象、低保户、老党员、困难企业和经济薄弱镇村。市、县领导李驰、周德祥、朱传耿、崔爱国、杨毅坚、邵礼青、裴彦贵及市、县相关部门负责人陪同。

△ 省委组织部副部长、省人社厅厅长谭颖在响水开展慰问活动。县委副书记、省委驻响水帮扶工作队队长曹炳泰,副县长杨荣生、张善荣等陪同。

12日 县委常委(扩大)会议召开。县委副书记、县长崔爱国主持会议。学习贯彻落实省委书记罗志军视察响水时重要讲话精神。县领导杨毅坚、邵礼青、王旭东、朱金南、郭云、李运连、刘中连、吴瑜君、孙庆树、裴彦贵等出席。

△ 响水县设分会场收听收看全市农村工作视频会议。县委副书记、县长崔爱国出席主会场会议并发言。响水县南河镇军正农机专业合作社、江苏桂花鸭养殖有限公司、陈家港镇金穗家庭农场、响水浅水藕协会、南河镇获市表彰。县领导曹炳泰、杨荣生、朱维国、王红生、李胜华出席分会场会议。

△ 在中国出版协会主办、年鉴工作委员会承办的第五届年鉴编纂出版质量评比中,《响水年鉴(2013)》获综合三等奖,框架设计二等奖,条目编写三等奖,装帧设计二等奖。

13日 全县环境保护工作会议召开。副县长田国举及县相关部门负责人出席。

16日 中共响水县第九届纪律检查委员会第五次全体会议召开。县委副书记、县长崔爱国到会讲话。县委常委、纪委书记朱金南主持会议并代表县纪委常委会向大会作工作报告。杨毅坚、邵礼青、王旭东、郭云、刘中连、孙庆树、裴彦贵等县四套班子领导及各镇区,县各部门、单位主要负责人出席。县委常委和镇区党工委书记向崔爱国递交党风廉政建设责任书。县民政局、国税局、响水镇主要负责人作大会发言。

△ 2015年春节团拜会召开。县委副书记、县长崔爱国致辞。县政协主席杨毅坚主持会议。老同志代表王万金、镇区负责人代表王鲁文、企业家代表陆建焕、劳模代表纪冬平及知识分子代表臧伟新发言。县四套班子领导,县法院院长、县检察院检察长,各镇区,县各部门、单位主要负责人,劳模

代表、农民代表、知识分子代表、企业家代表、驻响水部队代表及台侨属代表等各界人士出席。

△ 老干部迎新春座谈会召开。县委副书记、县长崔爱国致辞。县领导杨毅坚、邵礼青、郭云、裴彦贵及曾担任过县四套班子领导的老干部等出席。

△ 全县政法工作会议召开。县委副书记、县长崔爱国对全县政法工作作重要批示。县委常委、政法委书记李运连作工作报告。县政协副主席武瑾,县法院院长谭斌、县检察院检察长陈宏成、县公安局局长张瀚等出席。

17日 县鼓励回乡创业动员大会召开。县委副书记、县长崔爱国到会讲话。县委常委、常务副县长邵礼青主持会议。副县长田国举宣读回乡创业十佳标兵的表彰决定。十佳标兵代表黄海进、有意向回乡创业代表庄会松作会议发言。黄圩镇、县政务办负责人作表态发言。县领导杨毅坚、朱金南、李运连、刘中连、孙庆树、裴彦贵、杨荣生等出席。会议表彰回乡创业十佳标兵。

18日 县委副书记、县长崔爱国慰问县自来水公司、供电公司、交警值班点和荣生电子等单位和企业的干部职工。县领导杨毅坚、刘中连、孙庆树、裴彦贵、田国举及县相关部门负责人参加。

24日 2015年新春服务返乡就业创业暨引才用工大型招聘会举行。县领导崔爱国、杨毅坚、邵礼青、裴彦贵、田国举等出席。

25日 县委常委会召开。县委副书记、县长崔爱国主持会议。研究讨论全县2014年度综合考核总结会、作风建设推进会议、"项目载体突破年"推进会等相关事宜。会议原则通过《全县2014年度目标任务绩效考核表彰决定》《关于加强招商引资工作的意见》《关于进一步规范和改进行政审批服务工作的实施意见》等文件。县领导杨毅坚、邵礼青、朱金南、郭云、刘中连、孙庆树、裴彦贵及县相关部门负责人出席会议。

△ 响水县设分会场收听收看全市"作风建设深化年"动员视频会议。县委副书记、县长崔爱国出席盐城主会场会议。杨毅坚、邵礼青、王旭东、朱金南、郭云、刘中连、孙庆树、裴彦贵等县四套班子领导及各镇区,县相关部门、单位主要负责人出席分会场会议。

26日 2014年度综合考核总结大会召开,对先进集体和先进个人进行表彰。县委副书记、县长崔爱国到会讲话。县政协主席杨毅坚宣读《关于印发2014年度全县综合考核结果的通知》。县委常委、常务副县长邵礼青主持会议。朱金南、郭云、李运连、刘中连、孙庆树、裴彦贵等在响水的县四套班子领导及各镇区,县相关部门、单位主要负责人,受表彰的先进集体和先进个人代表出席。

△ 全县"作风建设深化年"动员大会召开。县委副书记、县长崔爱国到会讲话。县委常委、常务副县长邵礼青宣读表彰决定。县委常委、纪委书记朱金南主持会议。与会人员集中观看《正风肃纪、服务发展》正反典型专题片。会议印发《关于进一步改进机关作风、服务经济发展的八个严禁(征求意见稿)》。杨毅坚、郭云、李运连、刘中连、孙庆树、裴彦贵等在响水的县四套班子领导及各镇区党政负责人、人大主席,县各部门、单位及重点科室主要负责人出席。

27日 响水县设分会场收听收看全省推动民生建设迈上新台阶暨综合医改试点工作视频会议。省会后,县委副书记、县长崔爱国对贯彻落实会议精神提要求。县领导杨毅坚、邵礼青、朱金南、郭云、李运连、刘中连、孙庆树等出席分会场会议。

△ 绿色响水建设现场推进会召开。县委常委、政法委书记李运连,副县长杨荣生等出席。

28日 全县农村工作视频会会议召开。县委副书记、县长崔爱国到会讲话。县委常委、政法委书记李运连主持会议。副县长杨荣生宣读《关于表彰2014年度农业农村工作先进单位的决定》。南河镇、陈家港镇、大有镇、张集中心社区杨回村作交流发言。县领导曹炳泰、李刚、张善荣、陆从华及各镇区、县各部门主要负责人出席。

△ 全县"项目载体突破年"推进大会召开。县委副书记、县长崔爱国到会讲话。县政协主席杨毅坚主持会议。县领导朱金南、郭云、李运连、刘中连、孙庆树、裴彦贵、田国举及各镇区,县相关部门、单位主要负责人出席。三大园区和12个镇区负责人作交流发言。会议印发《关于加强招商引资工作的意见》《2015年招商引资工作考核办法》《关于进一步规范和改进行政审批服务工作的实施意见》等文件征求意见稿。

3 月

2日 全县卫生工作会议召开。县委常委王旭东到会讲话。县领导张孝将、戴翠芳、陈苏红出席。

3日 全县人口和计划生育工作会议召开。县委副书记、县长崔爱国到会讲话。县领导王旭东、张孝将、戴翠芳、张善荣、武瑾等出席。

4日 县委常委(扩大)会议召开。县委副书记、县长崔爱国主持会议。会议讨论并原则通过县"两会"会议方案及有关工作报告;全县八大类项目、20件民生实事工程;2015年财政预算安排;村居干部绩效考核办法;镇村经济发展、新产业经济和园区经济发展、工业经济提质增效的实施意见等。县领导杨毅坚、邵礼青、王旭东、朱金南、郭云、刘中连、孙庆树、裴彦贵等在响水的县四套班子领导出席。

△ 全县镇村经济工作会议召开。县委副书记、县长崔爱国到会讲话。县领导邵礼青、刘中连、张孝将、田国举、张善荣、于娟等出席。

5日 "文明响水"志愿服务行动暨"助力微梦天天行"活动启动。县委常委、宣传部部长刘中连,县人大常委会副主任李刚,副县长戴翠芳等出席。

5~6日 中国人民政治协商会议响水县第九届委员会第四次会议召开。县委副书记、县长崔爱国在开幕式上讲话。县政协主席杨毅坚主持开幕式并作政协响水县第九届委员会常务委员会工作报告。副主席陈骧作县政协九届三次会议以来提案工作报告。

会议通过《中国人民政治协商会议响水县第九届委员会第四次会议决议》。副主席陆从华宣读“三好委员”和优秀提案的表彰决定。

6~7日　响水县第九届人民代表大会第四次会议召开。县长崔爱国作政府工作报告。裴彦贵向大会作县人大常委会工作报告；县人民法院院长谭斌作县人民法院工作报告；县人民检察院检察长陈宏成作县人民检察院工作报告。大会以举手表决的方式通过《关于响水县人民政府工作报告的决议》《关于响水县2014年国民经济社会发展计划执行情况和2015年国民经济社会发展计划的决议》《关于响水县2014年财政预算执行情况和2015年财政预算的决议》《关于响水县人大常委会工作报告的决议》《关于响水县人民法院工作报告的决议》《关于响水县人民检察院工作报告的决议》。大会表彰2014年度“两争一创”活动，先进县人大代表小组，优秀县人大代表和优秀代表建议。

9日　全县组织工作会议召开。县委常委、组织部部长郭云到会讲话。会议表彰2014年度组织工作先进集体和个人。

10日　副市长周绍泉在响水调研指导工业经济首季“开门红”和项目建设工作。县委副书记、县长崔爱国汇报相关情况。县领导杨毅坚、孙庆树、田国举及市、县相关部门负责人陪同。

△　全县工业经济月度工作会议召开。县委常委、宣传部部长刘中连，副县长田国举等出席。

11日　崔爱国、杨毅坚、王旭东、朱金南、郭云、刘中连、孙庆树等在响水的县四套班子领导在沿海万亩生态林场，与机关干部、基层群众一起参加义务植树活动。

△　全县宣传思想工作会议召开。县委常委、宣传部部长刘中连到会讲话。各镇区，县相关部门、单位分管负责人出席。

12日　响水县召开港城建设工作推进会。县委常委王旭东到会讲话。县领导刘曙明、于娟及县相关镇区、单位负责人出席。

13日　云梯关旅游景区总体规划汇报会召开。县领导崔爱国、朱金南、裴彦贵、徐莉、于娟、顾祝生及相关镇区、部门主要负责人出席。县委常委、常务副县长邵礼青主持汇报会。

16日　市长王荣平在响水专题调研临海高等级公路经济带规划建设工作。县委常委王旭东汇报港城规划建设情况。副县长徐莉汇报临海高等级公路响水段项目规划情况。副市长周绍泉，县委副书记、县长崔爱国及市、县相关部门负责人陪同。

17日　县委副书记、县长崔爱国在响水会见欧尚(中国)投资有限公司投资和发展总经理李文德一行。县领导裴彦贵、徐莉、顾祝生等陪同。

18日　县委副书记、县长崔爱国在南通拜访江海电容器股份有限公司董事长陈卫东。双方洽谈加快推进荣生电子二期工程建设事宜。县委常委、经济开发区工委书记孙庆树参加。

20日　全县基层人大工作座谈会召开。会议总结2014年度全县基层人大工作情况，表彰先进工作者，交流讨论2015年相关工作。县人大常委会副主任、党组副书记裴彦贵，各镇区、县直机关人大代表组相关负责人出席。

21日　全县关心下一代工作会议召开。县领导郭云、张孝将、徐莉、陆从华等出席。

23日　全县经济形势分析会召开。县委副书记、县长崔爱国主持会议。县发改、经信、商务、统计等部门分别围绕2015年以来全县经济运行情况作汇报交流。县领导邵礼青、刘中连、田国举及县相关部门、单位主要负责人出席。

24日　服务企业发展座谈会召开。县委副书记、县长崔爱国到会讲话。县委常委、常务副县长邵礼青主持会议。县委常委、宣传部部长刘中连宣读《关于明确县直部门挂钩服务规上工业企业的通知》。县三大园区，县人社、人行、供电、环保等单位负责人发言。

△　全县2015年普通高中学业水平测试保障工作会议召开。副县长徐莉到会讲话。县招委会各成员单位递交责任状。

27日　全县扶贫开发攻坚年动员会议召开。县委副书记、县长崔爱国到会讲话。县委副书记、省委驻响水帮扶工作队队长曹炳泰通报2014年省委驻响水帮扶工作队工作情况。县委常委、组织部部长郭云主持会议，并宣读表彰决定和县委驻各镇区帮扶工作队队长单位及队长名单。县委常委、政法委书记李运连总结部署响水县扶贫开发工作。县领导李刚、朱维国、王红生、李胜华、张善荣、陆从华，省委驻响水帮扶工作队全体成员，各镇区及县直部门、单位负责人出席。

28日　江苏勤丰船业有限公司举行200艘LNG船舶开工仪式。县委副书记、县长崔爱国致辞。县政协主席、沿海经济开发区工委书记杨毅坚主持仪式。省地方海事局局长方建华、江苏省造船工程学会理事长童小田、上海绿动水上运输有限公司董事长韩烽火，县领导裴彦贵、田国举及上海和江苏相关造船运输行业领导出席。

4　月

1日　2015年“五方挂钩”帮扶响水县协调小组成员会议在南京召开。省委组织部副部长、省人社厅厅长谭颖到会讲话。省人社厅副巡视员胡大洋主持会议。省委农工办副巡视员单干银对做好帮扶工作提要求。县委副书记、县长崔爱国汇报响水县相关情况。县委副书记、省委驻响水帮扶工作队队长曹炳泰通报帮扶工作队2014年工作开展情况和今后工作思路。副县长杨荣生及省委驻响水帮扶工作队后方单位负责人出席。

3日　全县领导干部大会召开。市委常委、组织部部长庄兆林到会讲话。市委组织部副部长华林泰宣读省委关于响水县委、县政府主要负责人调整的决定：崔爱国任中共响水县委书记，不再担任响水县人民政府县长职务，提名单永红为响水县人民政府县长候选人。崔爱国主持会议。单永红讲话。

△　中国电信盐城市响水分公司大有支局线务员李海龙跨国捐献造血

干细胞，获3月份助人为乐类“中国好人”。

7日 县九届人大常委会第23次会议召开。会议同意接受崔爱国辞去县人民政府县长职务，并全票通过决定任命单永红为响水县人民政府代理县长。县人大常委会副主任、党组副书记裴彦贵主持会议。会议审议通过有关决议、听取审议相关报告，并举办安全生产法制讲座。县人大常委会副主任李刚、刘曙明、张孝将及县九届人大常委会委员出席会议。县领导郭云、田国举等列席会议。

8日 县委常委（扩大）会议召开。县委书记崔爱国主持会议。县委常委、组织部部长郭云传达市委党的建设工作领导小组（扩大）会议、全市人才工作领导小组（扩大）会议精神。副县长戴翠芳传达全市基层医疗卫生机构基础设施标准化建设工作会议精神。关工委主要负责人汇报关工委有关工作。单永红、杨毅坚、邵礼青、王旭东、朱金南、李运连、刘中连、孙庆树、裴彦贵等在响水的县四套班子领导出席。

△ 省地方志办公室副主任蔡金良在响水调研二轮修志工作。副县长田国举汇报《响水县志（1988~2008）》编纂情况。市地方志办公室副主任刘必利等陪同。

9日 “580”（我帮您）党员志愿服务工作推进会召开。县委常委、组织部部长郭云到会讲话。全县“580”党员志愿者成员单位党务负责人和党员志愿者出席。

△ 2015年全国门球大联动江苏省启动仪式暨第六届江苏省县区门球比赛在响水举行。省社会体育管理中心副主任张晃新、省门球运动协会副会长王强、市体育局副局长陈如俊、县委常委王旭东等出席。

10日 县委书记崔爱国在响水会见江苏银行原董事长、上海江苏商会会长黄志伟，江苏银行盐城分行行长张建军一行，双方就开展银企战略合作进行交流，并达成合作意向。

13日 县委书记崔爱国在上海拜访中国第二军医大学第一附属医院长海医院院长张从昕，会谈响水县与上海长海医院开展战略合作事宜，并达成合作意向。县卫生部门负责人参加。

△ 县委书记崔爱国在上海拜访浦东新区区长孙继伟，金桥经济技术开发区管委会党委副书记、常务副主任沈能，响水县与上海金桥经济技术开发区达成战略合作意向。上海金桥出口加工区开发股份有限公司总裁、党委书记沈荣，金桥经济技术开发区管委会副主任马进，县委常委、经济开发区工委书记孙庆树等参加。

15日 力沃创客城发展规划汇报会召开。县委书记崔爱国到会讲话。县领导单永红、邵礼青、刘中连、孙庆树、裴彦贵、田国举、于娟、顾祝生，华洋创融董事长、总经理、力沃创客城合伙人于浩天，力沃创客城创始人、董事长吴龙清及县相关部门负责人出席。

17日 县委、县政府在上海举办2015响水（上海）春季招商推介会，现场签约项目24个，协议投资69.2亿元。县委书记崔爱国致辞。浦东新区、上海金桥经济技术开发区管委会、江苏省人民政府驻上海办事处等20多名嘉宾，上海及周边地区60多名客商出席推介会。县政协主席、沿海经济开发区工委书记杨毅坚主持推介会。县委常委、常务副县长邵礼青代表县政府与上海金桥经济技术开发区签订战略合作协议。县委常委、宣传部部长刘中连推介响水产业发展情况。会上，崔爱国会见参加2015响水（上海）春季招商推介会的浦东新区政府党组成员柳靖国、上海金桥经济技术开发区管委会副主任马进一行，商谈加强与浦东新区的战略合作事宜。

20日 市委常委、宣传部部长陈红红在运河镇正茂村党代表工作室参加党代表活动日活动。县委书记崔爱国介绍响水县相关情况。县领导郭云、刘中连等陪同。

△ 市人大常委会副主任、党组副书记周德祥在七套中心社区三汾村，与市党代表结对进驻党代表工作室开展活动。县委副书记、代县长单永红，县人大常委会副主任、党组副书记裴彦贵，市党代表、江苏裕廊化工有限公司董事长杨国强，市党代表、县法院行政庭庭长黄永玲等参加。

23日 市政协副主席、党组副书记李长见，市政协副主席、市委统战部部长尹金来带领市政协调研组在响水开展厚实镇村经济土壤专题调研。县委书记崔爱国介绍相关工作情况。县领导杨毅坚、杨荣生、陈骧、陆从华等陪同。

△ 响水县市场监督管理局成立大会召开。县委常委、常务副县长邵礼青到会讲话。县委常委、组织部部长郭云宣读县委关于县市场监督管理局的人事安排。

24日 城乡供水一体化工作座谈会召开。县委副书记、代县长单永红主持会议。副县长杨荣生、张善荣参加。县水务局主要负责人汇报城乡供水一体化有关具体工作和建议方案。陈家港镇、大有镇、南河镇、黄圩镇、响水镇等主要负责人发言。

△ 县政协九届11次常委会议召开。县政协主席杨毅坚，副主席陈骧、陈苏红、陆从华、于娟、武瑾，秘书长缪成出席会议。会议协商通过《政协响水县委员会2015年工作要点》、两个重点建议案、10件重点提案。会议安排园区经济建设、镇村经济发展等专题辅导内容。

25~29日 县委书记崔爱国率团在台湾开展经贸合作交流活动。25日，崔爱国一行拜访台湾茂腾针织公司总经理林资富，双方就建设响水茂腾项目进行洽谈。26日，崔爱国一行在嘉义市拜访勇宗企业股份有限公司CEO陈怡岳、合晟科技有限公司董事长张宏荣；会见嘉义市议长萧淑丽和部分议员。27日，崔爱国一行与台湾工业总会监事会召集人、工信集团总裁潘俊荣，台湾工业总会常务理事何语就加强合作交流进行会谈。28日，崔爱国一行拜访润泰集团创新国际股份有限公司董事长简沧圳。县政协主席、沿海经济开发区工委书记杨毅坚，副县长田国举及经济开发区、商务局等单位负责人参加经贸合作交流活动。28日，县经济开发区与台湾安威机具股份有限公司成功签约总投资2亿元的精密刀具制造项目。市委书记朱克江，市、县领导周绍泉、崔爱国、杨毅坚、田国举等参加签约活动。29日，市委书记朱克江带领响水等经贸考察团考察长春企业集

团。县委书记崔爱国，长春企业集团副总裁陈显彰、郑信义，副县长田国举参加洽谈。

27日　县委副书记、代县长单永红检查临海高等级公路响水段沿线环境整治提升工作。灌东投资公司董事长吴红才，县委常委、常务副县长邵礼青及黄海农场、银宝集团，相关镇区，县相关单位负责人参加。

28日　全国劳动模范响水县电信公司维装部主任薛志明出席2015年庆祝"五一"国际劳动节暨表彰全国劳动模范和先进工作者会议。薛志明是响水县建县以来第6位全国劳动模范。

29日　市人大常委会副主任曹友琥带领市人大常委会执法检查组，在响水检查《中华人民共和国安全生产法》和《江苏省安全生产条例》贯彻实施情况。县领导邵礼青、裴彦贵、张孝将及县相关部门负责人陪同。

△　省中医药工作评审组对响水县创建全国基层中医药工作先进单位情况进行评估。副县长戴翠芳陪同。

△　省农委副主任张坚勇、市农委副主任滕友仁一行在响水督查小麦赤霉病防控情况。副县长杨荣生、张善荣陪同。

5　月

4日　第二届"十大杰出青年"颁奖典礼举行。县委常委、组织部部长郭云讲话。团市委副书记郝瑞耀致辞。县领导裴彦贵、戴翠芳、武璀等参加。

5日　县委常委(扩大)会议召开。县委书记崔爱国主持会议。会议通报台湾招商和部门服务企业解决问题情况，听取县四套班子领导招商引资情况汇报，部署当前工作。杨毅坚、邵礼青、王旭东、朱金南、郭云、李运连、裴彦贵等在响水的县四套班子领导出席。

6日　省国税局党组书记、局长胡道新一行在响水调研指导工作。县委书记崔爱国及市、县国税部门主要负责人陪同。

8日　纪念"5·8"世界红十字日暨"人道万人捐"启动仪式举行。县委书记崔爱国，县委副书记、代县长单永红，县政协主席杨毅坚等在响水的县四套班子领导出席。

9日　县委书记崔爱国在响水会见上海中通置业(集团)有限公司董事长孙贴成、君澜酒店集团总裁王建平、红星美凯龙家具集团股份有限公司总经理周仲伟，就推进项目建设进行交流。县领导邵礼青、顾祝生等参加。

11日　响水县开展领导干部"守纪律、讲规矩"党纪政纪知识测试。在响水的县四套班子领导，各镇、中心社区、三大园区，县各部委办局、直属单位、省市属驻响水各单位正科职干部参加。

12日　县委党建工作领导小组(扩大)会议召开。县委书记、县委党建工作领导小组组长崔爱国主持会议。会议听取《2015年县委党建工作领导小组工作要点》(讨论稿)《镇区党(工)委党建工作责任清单》(讨论稿) 起草情况的说明。各镇区党(工)委书记签订并递交基层党建工作目标责任书。县领导杨毅坚、邵礼青、朱金南、郭云、孙庆树、张善荣及县委党建工作领导小组成员等出席。

△　响水县设分会场收听收看全国推进简政放权放管结合职能转变工作视频会议。视频会后，县委副书记、代县长单永红就贯彻会议提要求。县领导戴翠芳、田国举、顾祝生及县相关部门、单位负责人出席分会场会议。

13日　县委书记崔爱国在响水会见市供电公司总经理刘华伟一行。县政协主席、沿海经济开发区工委书记杨毅坚及县供电部门主要负责人参加。

14日　全县城乡供水一体化工作推进会召开。县委书记崔爱国到会讲话。县委副书记、代县长单永红对城乡供水一体化推进工作进行动员部署。县委常委、政法委书记李运连主持会议。会议印发《关于推进城乡供水一体化工程的实施意见》等文件。县领导刘曙明、张善荣、陆从华及各镇区，县相关部门、单位主要负责人参加。各镇区主要负责人向县政府递交责任状。县水务局，运河镇、南河镇作表态发言。

△　县委书记崔爱国在响水会见上海题桥公司董事长潘玉明一行，就加快建设上海题桥高端纺织服装产业园进行洽谈。县委常委、经济开发区工委书记孙庆树等参加。

△　全县防汛防旱工作会议召开。县委书记崔爱国作重要批示。县委副书记、代县长单永红到会讲话。县委常委、政法委书记李运连主持会议。各镇区，县防指各成员单位向县政府递交责任状。县水务局、气象局通报有关情况。陈家港镇、经济开发区，县住建局作交流发言。县领导王洪亮、顾祝生，各镇区，县各相关部门负责人出席。

15日　省安监局副局长刘振田一行在响水调研指导安全生产监管能力建设工作。县委副书记、常务副县长邵礼青陪同。

16日　新疆察布查尔县招商引资推介会在响水举行。县委副书记、代县长单永红致辞。察布查尔县委常委、副县长、盐城援疆工作组副组长金明介绍相关情况。察布查尔县人大常委会主任关桂珍代表察布查尔县委、县政府向响水县赠送纯手工刺绣的《锡伯族西迁伊犁戍边路线图》。响水县人大常委会副主任、党组副书记裴彦贵主持推介会。市县相关部门、单位和20家企业负责人参加推介会。

19日　县委常委 (扩大) 会议召开。县委书记崔爱国主持会议。讨论研究响水县开展"三严三实"专题教育实施方案和2015年全县目标任务综合考核实施意见等。会议原则同意关于在县处级以上领导干部中开展"三严三实"专题教育的实施方案和2015年全县目标任务综合考核实施意见。单永红、邵礼青、朱金南、郭云、孙庆树等在响水的县四套班子领导出席。

△　省电力公司党委委员、工会主席黄志高一行在响水调研扶贫开发工作。县委副书记、代县长单永红介绍响水经济社会发展和扶贫开发工作情况。县委副书记、省委驻响水帮扶工作队队长曹炳泰汇报2015年帮扶项目落实情况。县委常委、政法委书记李运连主持会议。副县长、省委驻响水帮扶工作队副队长朱维国、王红生、李胜华等参加。

20日 县委书记崔爱国围绕学习“三严三实”、践行“三严三实”，为全县党员领导干部开设专题党课，并代表县委常委会作全县开展“三严三实”专题教育动员部署。杨毅坚、邵礼青、朱金南、郭云、李运连、孙庆树等在响水的县四套班子领导，县法院院长、县检察院检察长；县各部委办局及直属单位主要负责人；省、市属驻响水有关单位主要负责人；各镇党委书记，各中心社区工委书记，生态化工园区工委书记听取专题党课。

21日 全县规范和改进行政审批服务工作推进会召开。县委副书记、常务副县长邵礼青到会讲话。县政务办、优化办传达相关文件精神。县住建局、市场监督管理局及规划城管局作交流发言。

23日 县委副书记、代县长单永红在响水会见中荣巨鑫新型建材有限公司总经理张建华一行，洽谈在响水投资新型建材项目事宜。县政协主席、沿海经济开发区工委书记杨毅坚参加。

24日 县委书记崔爱国在上海拜访上海电气环保集团总裁顾治强，就加强秸秆发电等环保产业合作进行洽谈，达成合作意向。县委常委、经济开发区工委书记孙庆树，上海电气环保事业部市场总监姚宏参加。

△ 县委书记崔爱国在上海题桥公司会见该公司董事长潘玉明、台湾茂腾针织公司总经理林资富，听取两家公司在响水投资项目推进情况，就加快推进响水题桥高端纺织服装产业园、响水茂腾项目建设进行洽谈。县委常委、经济开发区工委书记孙庆树等参加。

25~27日 2015年中国盐城（首尔）经贸合作说明会在韩国首尔举行。崔爱国一行会见韩国SHIW00代表理事李京男、韩国大昌电动汽车株式会社社长文仁洙、韩国D.P公司代表理事申玄敦、和纳民公司代表理事李相烨、韩国LTC公司会长韩南圭等，交流机械电子、石油化工、新能源造船、环保新材料、电动汽车电池等领域的项目合作事宜。崔爱国拜会国会议员和商会组织，就委托招商代理和推进双方缔结友好城市工作达成意见。县经济开发区与韩国台加株式会社成功签约环保新材料项目。市委书记、市人大常委会主任朱克江，副市长周绍泉，县委书记崔爱国，县委常委、经济开发区工委书记孙庆树及相关镇区部门负责人参加签约仪式。

27日 县美德基金会第一届理事会第一次会议召开。会议选举产生第一届理事会理事长、副理事长、秘书长、监事长，审议通过《响水县美德基金会章程(草案)》《响水县美德基金会常设办事机构》等。高兆顶当选响水县美德基金会第一届理事会理事长。

28日 副市长朱传耿一行在响水检查指导义务教育发展基本均衡县创建工作。县委副书记、代县长单永红，副县长徐莉及市、县相关部门负责人陪同。

28~30日 县委书记崔爱国率团在德国开展经贸交流活动。29日，崔爱国率团参加中国盐城(慕尼黑)经贸合作说明会。市委书记、市人大常委会主任朱克江，中国驻慕尼黑总领事朱万金，副市长周绍泉，多伐利亚州经贸合作司副司长瑞格尔等领导和嘉宾致辞。响水县生态化工园区和德国斯图加特联工技术有限公司签订高性能复合新材料项目意向协议。在德期间，崔爱国一行在路德维希港会见世界最大的化学生产企业——巴斯夫公司总部负责技术研发的史帝芬·本森等三位科学家，就推动巴斯夫和联化科技在技术、人才等方面深度合作进行交流；崔爱国会见德国捷悦贸易有限公司董事长马丁·史林格，德国RH公司董事长田家军，德国united公司总经理迈克尔，就仓储物流、轴承座深加工、环保新材料等领域的项目合作进行交流。县委常委、经济开发区工委书记孙庆树及响水县生态化工园区、陈家港镇、县商务局负责人参加。

6 月

2日 国家督学、宁夏回族自治区人民政府教育督导室专职副主任衡鸣带领国家教育督导组督导检查响水县创建“全国义务教育发展基本均衡县”工作。县委书记崔爱国介绍响水县创建“全国义务教育发展基本均衡县”情况和近年来经济社会发展情况。省教育厅副厅长苏春海、副市长朱传耿，县领导单永红、徐莉、张善荣及省、市、县相关部门负责人陪同。

4日 县委常委(扩大)会议召开。县委书记崔爱国主持会议。传达学习市委书记朱克江在响水县开展“三解三促一加强”活动座谈会讲话精神，并对贯彻讲话精神进行部署。县委副书记、代县长单永红传达全省贯彻落实“一带一路”国家战略、大力拓展对内对外开放新空间工作会议精神。各镇区汇报2015年新签约项目和签约项目开工建设情况。书面传达全省沿海发展工作座谈会等4个省、市会议精神。杨毅坚、邵礼青、朱金南、郭云、孙庆树、裴彦贵等在响水的县四套班子领导出席。

6日 全县夏季秸秆综合利用和禁烧暨安全生产工作会议召开。县委书记崔爱国对秸秆综合利用和禁烧工作作批示。县委副书记、代县长单永红到会提要求。县委常委、政法委书记李运连主持会议。副县长杨荣生通报2014年全县秋季秸秆禁烧工作考核结果。各镇区向县政府递交秸秆综合利用和禁烧工作目标责任状。县环保局、农委、小尖镇、六套中心社区作会议交流发言。县领导李刚、张善荣、陆从华及各镇区，县相关部门负责人参加。

9日 响水港建设座谈会召开。县委副书记、代县长单永红主持会议。县发改委、交运局、国土局、开发局、城投公司、国资办、农发行等部门、单位负责人发言。县人大常委会副主任张孝将对港口规划、建设工作提要求。

10日 全市扶贫项目观摩团在响水参观考察。县委副书记、省委驻响水帮扶工作队队长曹炳泰，副县长杨荣生、王红生、朱维国、李胜华陪同。

12日 县政府常务会议召开。县委副书记、代县长单永红主持会议。研究讨论响水县被征地农民社会保障实施办法，审议并原则通过响水县2015年创新驱动行动方案，研究部署全县基层医疗卫生机构基础设施标准化建设工作，研究决定提高全县离任村干部生活补贴标准。县领导戴翠芳、徐莉、杨荣生、张善荣、王建成、顾祝生等出席会议。县人大常委会副主任张孝将，县政协副主席、党组副书记陈骧列席会议。

17日 响水好人徐志华（因车祸不幸离世，其子主动捐献徐志华的肝、肺、肾等器官）追悼会举行。县人大常委会副主任张孝将出席。受中国红十字会总会和中国人体器官捐献管理中心委托，县红十字会会长蔡丽萍向徐志华家属颁发荣誉证书。

18日 县委常委（扩大）会议召开。县委书记崔爱国主持会议。传达学习近期召开的市委常委(扩大)会议等几个会议精神，并对贯彻落实市会精神进行部署。县委副书记、代县长单永红传达学习全市工业经济转型升级推进大会精神，副县长戴翠芳传达学习全市文化建设迈上新台阶工作会议精神。杨毅坚、邵礼青、朱金南、李运连、孙庆树、裴彦贵等在响水的县四套班子领导出席。

△ 县委书记崔爱国在响水会见美国技源科技有限公司董事会主席、首席执行官周京石一行，洽谈项目合作事宜。县生态化工园区等部门主要负责人参加。

△ 县人大常委会规范性文件备案审查工作会议召开。县人大常委会副主任、党组副书记裴彦贵，县人大规范性文件备案审查领导小组全体成员，各镇区及政府办、法制办相关负责人出席。

19日 市委常委、宣传部部长陈红红在响水县运河镇正茂村开展“三解三促一加强”活动。县委书记崔爱国，县委副书记、代县长单永红，县委常委、组织部部长郭云等陪同。

23日 县委书记崔爱国在响水会见上海龙头(集团)股份有限公司副总经理、董事会秘书陈峰，上海三枪(集团)有限公司副总经理李天剑一行，洽谈项目投资事宜。县委常委、经济开发区工委书记孙庆树等陪同。

24~25日 省水利厅在响水开展《江苏省农田水利条例》立法调研。副县长杨荣生汇报响水县农田水利工作情况，并对《江苏省农田水利条例》立法工作提出建议。

25日 无锡市地税局局长丁源率团在响水开展新农村建设帮扶活动。县委副书记、常务副县长邵礼青等陪同。

27日 国家评审组在响水召开全国基层中医药工作先进单位评审会。评审组观看响水县中医药工作电视片。副县长戴翠芳介绍响水县中医药网络建设、服务能力提升、普及宣传、广泛运用等工作情况。

29日 云梯关旅游景区总体规划评审会召开。县委书记崔爱国主持会议。县领导单永红、杨毅坚、裴彦贵、徐莉、张善荣、顾祝生及县相关部门、单位主要负责人出席。

30日 县委召开“七一”表彰座谈会，庆祝中国共产党成立94周年，表彰一批先进基层党组织和优秀共产党员、优秀党务工作者。县委书记崔爱国到会讲话。县委副书记、代县长单永红主持会议。县委副书记、常务副县长邵礼青宣读县委表彰决定。受表彰单位代表县交运局党委书记、局长张建成，双港镇党委书记周旭东，老舍中心社区工委书记许道春作交流发言。县领导杨毅坚、朱金南、郭云、李运连、孙庆树、王洪亮、裴彦贵及党建工作领导小组成员，镇区负责人，受表彰的先进集体和个人代表等出席。

7　月

3日 县委常委(扩大)会议召开。县委书记崔爱国主持会议。传达有关会议精神，讨论《盐城市“515”人才引进响水县三年行动计划》和《关于加强全县司法所建设的实施办法》，通报部门服务企业情况，并对当前工作进行部署。会议书面传达学习全省推进基础教育改革发展暨总结义务教育基本均衡督导认定工作会议、市七届人大五次会议、全市农业保险工作会议等精神。单永红、杨毅坚、邵礼青、朱金南、郭云、李运连、孙庆树、王洪亮、裴彦贵等在响水的县四套班子领导出席。

4日 全县农村土地承包经营权确权登记颁证工作动员大会召开。县委副书记、代县长单永红到会讲话。县委常委、政法委书记李运连作工作部署。副县长杨荣生主持会议。大有镇、老舍中心社区四烈村作交流发言。

7日 市委书记、市人大常委会主任朱克江在响水调研。副市长王荣，县委书记崔爱国，县委副书记、代县长单永红，县政协主席杨毅坚，县委常委、经济开发区工委书记孙庆树等市、县领导陪同。

8日 县委书记崔爱国专题会办环境整治推进工作。县领导单永红、徐莉、顾祝生及县相关部门主要负责人出席。

11日 全县义务教育均衡创建总结表彰暨教育基本现代化创建迎检工作会议召开。县委书记崔爱国作批示。县委副书记、代县长单永红到会讲话。会议表彰义务教育均衡创建先进集体和先进个人代表。陈家港镇、运河镇、县教育局、职教中心等单位作交流发言。县人大常委会副主任刘曙明，副县长徐莉等出席。

△ 响水县设分会场收听收看省、市防御第9号台风“灿鸿”工作视频会议。会后，响水县召开会议，部署防御台风工作。县委副书记、代县长单永红到会讲话。副县长杨荣生，市防台督查指导组及各镇区，县防指各成员单位负责人参加。

14日 县委书记崔爱国主持召开座谈会，研究响水县贯彻落实全面从严治党要求的具体举措。县领导朱金南、郭云、刘中连及各镇区，县相关部门、单位主要负责人出席。

△ 江苏茂腾针织有限公司在县经济开发区举行奠基仪式。县委副书记、代县长单永红出席仪式并讲话。上海茂腾针织有限公司董事长林资源介绍企业和项目相关情况。县委常委、县经济开发区工委书记孙庆树主持奠基仪式。县领导杨毅坚、刘中连、张孝将等出席。

△ 省教育厅副厅长倪道潜在响水县七套中心社区中、小学开展“三严三实”专题教育活动。副县长徐莉及市、县相关单位负责人陪同。

15日 响水县作家吴万群创作的长篇小说《潮涌灌江》获江苏省作协2015年度重点扶持30部文学作品项目创作座谈会举行。县人大常委会副主任、县工商联主席李刚出席并讲话。县部分作家、企业家代表30多人参加。

16日 全县服务企业推进会召开。县委常委、宣传部部长刘中连，副县长张善荣及各镇区，县相关部门、单位负责人出席。

17日 扬州大学农学院在响水县小尖镇郭庄村举行“科技惠农，青春筑梦”博硕团暑期社会实践揭牌仪式。农学院博士生党支部与郭庄村党支部签署共建协议。副县长、省委驻响水帮扶工作队副队长李胜华主持仪式。

18日 县委书记崔爱国主持召开学习贯彻落实市委六届七次全会精神座谈会。县领导刘中连、杨荣生、张善荣、顾祝生及县相关部门主要负责人出席。

20日 县委常委（扩大）会议召开。县委书记崔爱国主持会议。会议传达学习市委六届七次全会精神，听取县委九届八次全会筹备工作情况和有关文件起草情况汇报，讨论县委九届八次全会报告和《关于推动全面从严治党迈上新台阶的实施意见》《响水县“为官不为”专项整治实施意见》《关于对机关工作人员作风不实和领导干部为官不为实行问责的暂行办法(试行)的通知》等文件。单永红、杨毅坚、邵礼青、朱金南、郭云、刘中连、孙庆树、裴彦贵等在响水的县四套班子领导出席。

21日 响水县召开县卫生与计生委成立大会。县委副书记、常务副县长邵礼青出席并讲话。县委常委、组织部部长郭云宣读县委关于响水县卫生和计生委人事任命的决定。

22日 全县招才引智“百日攻坚”活动暨“515”人才三年行动计划推进会召开。县委常委、组织部部长郭云到会讲话。

23日 中国共产党响水县第九届委员会第八次全体会议召开。县委常委会主持会议。县委书记崔爱国作工作报告。会议审议《中共响水县委关于推动全面从严治党迈上新台阶实施意见》《关于推动担当作为防治为官不为的暂行办法》等文件，表决通过《中国共产党响水县第九届委员会第八次全体会议决议》。县委副书记、代县长单永红，县委副书记曹炳泰、邵礼青，县委常委朱金南、郭云、李运连、刘中连、孙庆树、王洪亮及县委委员、县委候补委员出席会议。县纪委委员、县各有关方面负责人、20家重点企业主要负责人、20名县党代表和各村居党组织书记列席会议。

△ 全市工业经济稳增长促转型推进会在响水召开。副市长周绍泉到会讲话。市政府副秘书长朱金明主持会议。市经信委主任苏冬通报2015年以来全市产业发展相关情况。县委常委、宣传部部长刘中连代表响水县作交流发言。县领导崔爱国、单永红、杨毅坚、刘中连及各县(市、区)相关负责人出席。

△ 全县城乡环境整治攻坚战动员大会召开。县委书记崔爱国到会讲话。县委副书记、代县长单永红作动员部署。市住建局副局长李爱进参加会议并讲话。县委副书记、常务副县长邵礼青主持会议。县规划城管局、响水镇、陈家港镇、六套中心社区作大会发言。会议印发《响水县城乡环境整治攻坚战实施方案》等文件。县领导朱金南、孙庆树、裴彦贵及县相关部门、单位主要负责人出席。

28日 市政协七届36次主席会议在响水召开。会议专题协商“挖掘古淮河口文史资源，彰显盐城历史文化新亮点”课题，围绕加快云梯关旅游景区建设建言献策。市政协主席李驰，副主席李长见、陈还堂、蒋婉求、孙长春、尹金来，秘书长张洪达等出席。县委书记崔爱国，县委副书记、代县长单永红，县政协主席杨毅坚，副主席陈骧、陈苏红等陪同。与会市政协副主席分别对加快云梯关旅游景区开发建设提出意见和建议。

△ 响水县设分会场收听收看全市防汛防台工作视频会议。县委副书记、代县长单永红对响水县防汛防台工作提要求。县领导李运连、王洪亮、杨荣生、顾祝生及县防指各成员单位负责人出席分会场会议。

29日 县九届人大常委会召开第26次会议，会议分两阶段举行。县人大常委会副主任、党组副书记裴彦贵，副主任李刚、刘曙明、张孝将及委员21人出席会议。县委副书记、代县长单永红，县委常委、组织部部长郭云，副县长张善荣，县检察院检察长陈宏成及相关部门主要负责人列席会议。第一阶段会议由张孝将主持。会议根据代县长单永红等提请，经过审议和无记名投票，决定任命桑良举为县人民政府副县长；决定免去田国举、徐莉、杨荣生县人民政府副县长职务等人事任免事项。会议听取审议2014年县本级预算执行和其他财政收支的审计工作报告、县政府关于2015年上半年经济运行和财政预算执行情况的报告、县政府为民办实事工程建设情况的报告；审查批准2014年县本级财政决算；听取县政府对人大常委会《关于加强基础建设，全力推进教育基本现代化进程》议案办理情况的审议意见落实情况的报告，并进行满意度测评；通过议案办理情况的审议意见落实情况的报告。第二阶段会议由裴彦贵主持，对城乡供水一体化推进情况进行专题询问。张善荣及县水务、卫计委、环保等部门主要负责人，回答各位代表问题。

△ 县委书记、县人武部党委第一书记崔爱国主持召开县委常委议军议警会议。会议听取并审议县人武部、国防后备力量建设情况和县武警中队、县消防大队部队建设情况的报告，原则同意提请会议审议的议题，并慰问县人武部和县武警中队、县消防大队。县委副书记、代县长单永红，县委副书记、常务副县长邵礼青，县委常委朱金南、郭云、李运连、刘中连、孙庆树、王洪亮、徐莉、杨荣生出席会议。县政协主席杨毅坚及县有关部门主要负责人列席会议。

30日 响水县举行政务服务进社区“零距离”活动。县委副书记、常务副县长邵礼青出席。

31日 县政府常务会议召开。县委副书记、代县长单永红主持会议。会议贯彻落实县委九届八次全会精神，部署下半年工作。会议讨论并原则通过行政权力事项清单、内资企业固定

资产投资项目管理负面清单和财政专项资金管理清单。县领导邵礼青、徐莉、杨荣生、戴翠芳、张善荣、桑良举、王建成、顾祝生出席会议。县人大常委会副主任张孝将、县政协副主席陈骧列席会议。

8 月

4日 全市大气污染防治联席会议第六次会议在响水召开。县委书记崔爱国介绍响水县经济社会发展和大气污染防治情况。市环保局局长周俊传达全省大气污染防治联席会议精神，通报上半年全市环境空气质量状况和大气污染防治工作。副县长张善荣作交流发言。副市长张京麒，县领导孙庆树、张善荣及各县(市、区)相关负责人出席。

△ 副市长周绍泉在响水县德龙镍业有限公司现场会办协调企业项目用地事宜。县委副书记、代县长单永红，县政协主席、沿海经济开发区工委书记杨毅坚及市有关部门负责人陪同。

5日 县委书记崔爱国在上海拜访上海纺织(集团)有限公司副总裁沈耀庆，交流加强战略合作事宜。县委常委、经济开发区工委书记孙庆树参加。

6日 2015响水(昆山)夏季招商推介会在昆山举行。县委书记崔爱国致辞。昆山台湾同胞投资企业协会、彩晶光电科技(昆山)有限公司、昆山铨铼科技有限公司、台湾金洲海洋集团昆山大峰纤维制品有限公司等60多名企业代表出席推介会。县委常委、宣传部部长刘中连介绍响水产业发展情况。县委常委、经济开发区工委书记孙庆树主持推介会和签约仪式。县领导裴彦贵、桑良举及三大园区、各镇、中心社区，县有关部门主要负责人参加推介会。推介会前，崔爱国会见昆山台湾同胞投资企业协会常务副会长、昆山互利食品添加剂有限公司总经理黄健忠等嘉宾，会谈加强战略合作事宜。

8日 响水县举行“515”人才绿卡首发仪式。县委副书记、常务副县长邵礼青出席仪式并讲话。

12日 城乡供水一体化及农村土地承包经营权确权登记颁证两项工作推进会召开。县委常委、政法委书记李运连，县委常委杨荣生及各镇区，县相关部门负责人出席。

13日 省沿海办副主任乔德正一行在响水召开灌河开发利用座谈会。县委副书记、常务副县长邵礼青介绍响水县灌河开发过程中港口服务功能、临港产业、产城联动情况。灌河沿岸各县区主要负责人陪同。

14日 全县农村环境综合整治现场会召开。县委副书记、代县长单永红主持会议。县政府副调研员顾祝生及各镇区，县相关部门主要负责人参加。

15日 响水县设分会场收听收看全国安全生产视频会议。视频会后，响水县召开会议，部署安全生产工作。县委副书记、代县长单永红到会讲话。副县长张善荣及各镇区，县相关部门负责人出席。

17日 南京师范大学本科生党员骨干“先锋党校”第三期培训班、响水县基层挂职锻炼成果汇报会召开。县委书记崔爱国出席并致辞。县委常委、组织部部长郭云和南师大学生工作处处长贲国栋为“南京师范大学学生党员实践育人基地”揭牌。“先锋三期”学员汇报挂职情况，挂职乡镇相关负责人对挂职活动进行点评。南师大校党委副书记王建，县相关部门、单位负责人出席。

19日 省水利厅巡视员陆桂华一行在响水检查验收通榆河水源地达标建设情况。县委副书记、常务副县长邵礼青介绍响水县水源地隔离防护、污染源整治、生态修复保护、水质在线监测及联网、应急保障体系的建设情况。县水务局、环保局等部门负责人陪同。

20日 市委书记、市人大常委会主任朱克江在江苏响水生态化工园区检查安全生产工作。市委常委、秘书长潘道津，副市长夏存喜、周绍泉，县委书记崔爱国、副县长张善荣等市、县领导陪同。

△ 县委书记崔爱国主持召开推进北京环卫集团与隆亨纸业合作交流会。北京环卫集团党委书记、董事长母秉杰，总经理何亮，县领导杨毅坚、张善荣及县相关部门、单位主要负责人出席。

△ 省政协副主席、党组副书记何权在响水调研指导扶贫开发工作，并看望慰问省委驻响水帮扶工作队队员。县委副书记、省委驻响水帮扶工作队队长曹炳泰汇报有关情况。省人社厅副厅长朱从明、省扶贫办副主任朱子华，市委副书记戴元湖，县领导单永红、李运连、陈骧及省委驻响水帮扶工作队全体队员参加。

△ 省妇联、中国移动江苏省分公司联合主办，中国移动响水分公司承办的“江苏省女性大讲堂”巡回活动总第59期——“相约七夕·一路有你”在响水县举办。县委常委、组织部部长郭云，副县长戴翠芳参加。活动邀请中央音乐学院副院长、博士生导师周海宏作《走进音乐的世界》专题讲座。

21日 云梯关旅游景区总体规划专家评审会召开。副市长张京麒出席并讲话。县委书记崔爱国主持会议。南京大学、河海大学及省规划院、林科院、市旅游局等专家评议响水县云梯关旅游景区总体规划，形成专家评审意见并原则通过。县领导邵礼青、郭云、徐莉、裴彦贵、张孝将、张善荣、陈苏红及县相关部门、单位主要负责人出席。

△ 国家开发银行江苏分行行长茆君才一行在响水考察。市委副书记戴元湖，县委副书记、代县长单永红，县政协主席、沿海经济开发区工委书记杨毅坚等陪同。

22日 全县安全生产工作会议召开。县委书记崔爱国到会讲话。县委副书记、代县长单永红主持会议。副县长张善荣通报响水县2015年安全生产情况。江苏响水生态化工园区、县安监局作大会发言。杨毅坚、邵礼青、朱金南、郭云、李运连、刘中连、孙庆树、徐莉、杨荣生、裴彦贵等在响水的县四套班子领导出席。

25日 省、市文明办在响水拍摄“十佳美德少年标兵”周叶苗电视专题片。县委常委、宣传部部长刘中连及县相关部门负责人陪同。

26日 省纪委副书记、监察厅厅

长江里程一行在响水调研党风廉政建设工作。县委常委、纪委书记朱金南汇报响水县党风廉政建设情况。与会镇、村、部门、单位负责人座谈抵制“四风”和腐败问题。市委常委、纪委书记刘德民，县领导崔爱国、孙庆树及县相关部门、单位负责人陪同。

27日 县委书记崔爱国在响水会见上海电气（集团）总公司监事会主席周国雄一行，交流加快推进秸秆综合利用项目。县委副书记、代县长单永红主持座谈会，并代表县政府与上海电气环保集团签订秸秆综合利用合作协议。县领导孙庆树、杨荣生及县相关部门、单位主要负责人出席。

△ 城东新城概念性规划方案汇报会召开。县委书记崔爱国主持会议。县领导单永红、邵礼青、孙庆树、顾祝生及县相关部门、单位，省规院和市规划局专家，规划设计单位和力沃公司负责人出席。

31日 县委常委（扩大）会议召开。县委书记崔爱国主持会议并对当前工作提要求。县委副书记、代县长单永红传达全市“项目载体突破年”推进会议精神。副县长戴翠芳传达全市基层医疗卫生机构基础设施标准化建设工作现场会精神，书面传达全市义务教育均衡发展总结暨教育现代化建设工作推进会等会议精神。杨毅坚、邵礼青、朱金南、郭云、刘中连、孙庆树、徐莉、裴彦贵等在响水的县四套班子领导出席。

9 月

6日 中国盐城·第五届沿海发展人才峰会“敞开心扉，广纳英才”主题活动在上海举行。县委书记崔爱国，县委常委、组织部部长郭云，科技镇长团团长顾红，有关镇区、县直单位和企业负责人等出席。

8日 县委书记崔爱国在响水会见韩国大佳国际贸易公司会长金正元一行，洽谈交流合作事项。县领导孙庆树、裴彦贵、张善荣、桑良举及县相关部门、单位负责人等参加。

9日 第31个教师节庆祝大会召开。县委书记崔爱国到会讲话。县委副书记、常务副县长邵礼青主持会议。县委常委徐莉宣读表彰决定。大会对先进集体和先进个人进行表彰。优秀校长代表、优秀教育工作者代表作大会发言。县领导杨毅坚、张孝将、陈苏红等出席。

△ 县委书记崔爱国在响水会见国信集团江苏省新能源开发有限公司董事长郭磊一行，洽谈新能源开发利用等合作事项。县领导裴彦贵、李刚、桑良举及县相关部门、单位负责人陪同。

16日 中国三峡集团董事长、党组书记卢纯一行在响水调研。县委书记崔爱国介绍相关情况。县领导杨毅坚、邵礼青及市、县相关部门、单位负责人等陪同。

21~22日 省依法治省领导小组办公室专职副主任沈国新一行在响水调研法治社会建设工作。县委常委、政法委书记李运连汇报响水县法治社会建设工作情况。副县长张善荣及县相关部门、单位负责人陪同。

22~29日 响水县开展第12届文化艺术周活动。本届艺术周举办四市六县（区）文化联谊晚会、江苏省书法名家精品展、纪念抗战胜利70周年红色经典主题晚会、“灌河放歌”响水县第三届电视歌手大赛等系列活动。22日，举行“谱写中国梦·放歌新响水”为主题的开幕式暨四市六县（区）文化联谊活动。县委书记崔爱国致辞。人民网江苏视窗总编辑王峥嵘，县领导刘中连、刘曙明、戴翠芳、陈苏红等出席活动。29日，举行第12届文化艺术周闭幕式暨颁奖晚会。县领导崔爱国、刘中连、张孝将、张善荣、陈苏红等为获艺术周“组织奖”“优秀节目奖”“优秀演员奖”的先进集体和个人颁奖。

25日 响水县九届人大常委会召开第27次会议。县人大常委会副主任、党组副书记裴彦贵，县人大常委会副主任李刚、刘曙明、张孝将出席会议。副县长戴翠芳及县相关部门负责人列席会议。会议听取并审议关于县九届人大四次会议代表建议、批评和意见办理的情况报告，关于《中华人民共和国治安管理处罚法》贯彻实施情况的执法检查报告，关于现代农业经营主体培育情况的报告，关于推进基层医疗卫生体系建设情况的报告。会议听取关于县城小区物业管理情况的调研报告；关于《中华人民共和国安全生产法》《江苏省安全生产条例》贯彻实施情况执法检查报告的审议意见落实情况的报告，并进行满意度测评。

29日 县委书记崔爱国检查指导国庆假日期间安全生产工作。县领导张善荣及县安委会相关成员单位负责人陪同。

△ “厚德响水”先进事迹报告会举行，宣讲中国好人楚海霞、汪凤玲、李海龙及部分省、市道德模范的先进事迹。县委常委、宣传部部长刘中连到会讲话。

△ 91岁抗战老兵周仁甫以助人为己乐，捐资助学、修桥建亭，当选助人为乐“中国好人”。

30日 县委书记崔爱国主持县委中心组“三严三实”专题教育第二专题学习交流会。会议传达《中央纪委转发〈中共河南省委关于新乡市委原书记李庆贵落实党风廉政建设主体责任和新乡市纪委落实监督责任不到位问题的通报〉的通报》精神。县领导单永红、杨毅坚、邵礼青、郭云、刘中连、孙庆树、徐莉、杨荣生、谢伟、裴彦贵等县委中心组成员，各镇区党工委书记及县相关单位负责人等出席。

△ 县委常委（扩大）会议召开。县委书记崔爱国主持会议。县委副书记、代县长单永红传达全市工业经济稳增长动员大会、秋播农业结构调整现场推进会议精神。县统计局、经信委、发改委、各镇区作会议发言。杨毅坚、邵礼青、郭云、刘中连、孙庆树、徐莉、杨荣生、谢伟、裴彦贵等在响水的县四套班子领导出席。

10 月

13日 省质监局副局长李景辉一行在响水调研指导创建江苏省盐化工产业集群优质示范区工作。副县长张善荣等陪同。

15日 秋季秸秆综合利用和禁烧专题工作会议召开。县委书记崔爱国到会讲话。县委副书记、常务副县长邵礼青主持会议，并传达市委书记朱克江、市长王荣平重要批示精神。县委常委杨荣生宣读2015年夏季秸秆禁烧考核结果。各镇区递交责任状，县环保局、农委、经济开发区、六套、老舍作会议发言。县领导李刚、陆从华及县相关部门、单位负责人出席。

△ 全县开展全国扶贫日“村村到、户户访”活动动员部署会议召开。县委书记崔爱国到会讲话。县委副书记、省委驻响水帮扶工作队队长曹炳泰对2015年扶贫日活动提要求。县委副书记、常务副县长邵礼青主持会议。县委常委杨荣生对开展扶贫日活动作动员部署。县领导王红生等出席。

16日 全县科级干部轮训班开班。县委书记崔爱国出席开班仪式并讲话。县委副书记、常务副县长邵礼青主持仪式。县领导郭云、刘中连等出席。此次轮训班分两期进行，每期集中2天对200多名科级干部进行轮训。

△ 省农委主任吴沛良一行在响水调研农业生产工作。县委书记崔爱国，市农委主任乐超，县委常委杨荣生等陪同。

17日 振兴盐城北京咨询委员会副主任张有民一行在响水参观考察。县委书记崔爱国介绍相关工作情况。县领导邵礼青、孙庆树、杨荣生、桑良举等陪同。

21~22日 省人社厅副巡视员李刚一行在响水调研指导帮扶工作，并开展捐赠帮扶活动。县委副书记、省委驻响水帮扶工作队队长曹炳泰，副县长、省委驻响水工作队副队长李胜华等陪同。

22日 江苏华洋创客城项目施工建设交底会在响水召开。县委副书记、常务副县长邵礼青，县委常委、经济开发区工委书记杨荣生及县相关部门、单位负责人出席。

27日 市长王荣平在响水县镇区中小企业创业园、工业企业、农业龙头企业和高效农业项目现场，调研加快发展镇村经济工作。市、县领导周绍泉、崔爱国、邵礼青及有关部门负责人陪同。

28日 县委书记崔爱国在陈家港镇会办港城建设相关问题并对陈家港镇工业经济指标完成情况、秸秆禁烧、信访维稳等相关工作提要求。县委副书记、常务副县长邵礼青及县相关部门、单位主要负责人随同。

△ 省教育厅副厅长倪道潜一行在响水开展“扶贫日”活动。县委常委徐莉陪同。

31日 县四套班子领导集体参观市“尚德昭廉”教育馆，观看警示教育专题片。县领导崔爱国、杨毅坚、邵礼青、郭云、李运连、刘中连、孙庆树、王洪亮、徐莉、杨荣生、谢伟、裴彦贵等出席。

11 月

2日 县委常委(扩大)会议召开。县委书记崔爱国主持会议。会议听取建立领导干部挂钩重大项目制度相关情况汇报，杨毅坚、郭云、孙庆树、徐莉、杨荣生、裴彦贵等县四套班子领导交流挂钩服务企业情况。会议传达学习中共十八届五中全会精神，并书面传达苏北发展协调小组第十次会议、全市重大项目汇报会等会议精神。邵礼青、李运连、谢伟等在响水的县四套班子领导出席。

4日 响水县红十字博爱小学五(1)班周叶苗同学在“全国优秀少先队员、优秀少先队辅导员、优秀少先队集体”评选中，获“全国优秀少先队员”称号。

5日 市委常委、宣传部部长陈红红在响水调研指导工作。县委书记崔爱国介绍相关工作情况。县委常委、宣传部部长刘中连及市、县相关部门负责人陪同。

7日 全县纪检监察工作推进会召开。县委常委、纪委书记谢伟到会讲话。陈家港镇纪委、响水镇纪委、县民政局纪检组分别作表态发言。

8日 响水近海风电场最大单桩在山东省蓬莱大金海洋重工建成并通过检测验收。

9日 县委书记崔爱国在响水会见市中级人民法院代院长王世华一行，交流新形势下法院工作。县委副书记、代县长单永红及县相关部门、单位负责人参加。

△ 市食安委组织开展的“食品安全盐阜行”活动走进响水。市食药监、工商、动物卫生监督等部门有关人员组成督查组检查指导响水县食品安全工作。副县长戴翠芳等陪同。

10日 2015中国盐城沿海湿地国际公路自行车赛盐城站比赛收官。国家体育总局自行车击剑运动管理中心党委书记王宣庆，市委常委、常务副市长庄兆林，副市长马成志、夏存喜，县委副书记、代县长单永红等出席颁奖典礼，并为本站比赛前三名和各单项获奖选手颁奖。

12日 县委副书记、代县长单永红主持召开投融资工作座谈会。县城投公司、水投公司、港投公司、交投公司、东城公司及三大园区负责人交流发言。

13日 响水县九届人大常委会召开第28次会议。县委书记崔爱国出席会议并讲话。县人大常委会副主任、党组副书记裴彦贵主持会议。副主任李刚、刘曙明、张孝将及18名委员出席会议。县领导单永红、郭云、李运连、顾红，县法院院长、县检察院检察长，县相关部门主要负责人及部分市人大代表等列席会议。经县人大常委会审议和无记名投票，会议通过决定任命李运连、顾红为县人民政府副县长；决定免去邵礼青县人民政府副县长职务、免去王正祥县人民检察院检察员职务。会议对部分市人大代表向县人大常委会所作的述职进行评议；听取和审议县法院、检察院关于司法公开情况的报告；审查批准2015年县本级财政预算调整方案；审查批准县政府《关于将响水县城乡供水一体化工程项目贷款本息纳入2016-2023年度财政预算的议案》；听取县政府关于2014年度县本级预算执行和其他财政收支审计工作报告整改落实情况的报告。会议听取县政府对县人大常委会关于全县上半年经济运行情况、2014年县本级财政决算和2015年上半年财政预算执行、2014年度县本级预算执行和其他财政收支审计工作及全县企业科技创新情况、城乡供水一体化建设推进情况、全县经济体制改革推进情况等报告的审议意见落实情况的报告，并进行满意度测评。

17日　县委书记崔爱国主持召开谋划"十三五"发展研讨会。县领导邵礼青、刘中连、孙庆树、杨荣生、顾祝生及县相关部门、单位主要负责人出席。

23日　县委书记崔爱国会见中农联控股有限公司总经理刘伟一行，洽谈投资建设农产品批发大市场事宜。县委副书记、代县长单永红，县委副书记邵礼青，中农批电商建设开发有限公司拓展总监王剑锋等参加。

24日　市地税局党组书记、局长苏延法一行在德龙镍业、国华港电两个重点企业调研走访。县委常委、常务副县长李运连，县委常委、沿海经济开发区工委书记孙庆树及县相关部门、单位负责人陪同。

△　响水县淮海剧团参演的淮海戏《贴春联》在2015"中华颂"第六届全国小戏小品大展中获全国小戏小品大展金奖、优秀编剧、优秀导演、优秀演员、优秀舞美设计、优秀音乐创作等奖项。

25日　市委常委、组织部部长尹卫东在响水调研指导工作。县委书记崔爱国介绍相关工作情况。县领导单永红、郭云、孙庆树等陪同。

28日　县委书记崔爱国在上海与张江(集团)有限公司、张江高科技园区党委书记、总裁陈干锦进行会谈，达成两地合作协议。

12　月

1日　县委常委(扩大)会议召开。县委书记崔爱国主持会议。县委副书记、代县长单永红传达省委十二届十一次全会精神。会议讨论并原则通过《响水县党风廉政建设责任追究实施办法(试行)》《响水县纪检监察机关实施党风廉政建设"一案双查"的办法(试行)》两个文件，听取县直部门挂钩服务企业情况汇报。杨毅坚、邵礼青、郭云、李运连、刘中连、孙庆树、杨荣生、谢伟等在响水的县四套班子领导出席。

3日　省委宣讲团在响水宣讲中共十八届五中全会和省委十二届十一次全会精神。省委宣讲团成员、省民政厅厅长侯学元作宣讲报告。县委副书记邵礼青主持报告会。杨毅坚、郭云、李运连、刘中连、孙庆树、徐莉、杨荣生、谢伟、俞全胜等在响水的县四套班子成员，曾担任过县处级领导职务的部分老同志，县各有关方面负责人等参加。

△　新疆生产建设兵团第11师党委常委、纪委书记孙浣涛率考察组在响水调研考察沿海经济发展形势。县领导孙庆树、谢伟、桑良举等陪同。

7日　2015响水(上海)沿海新产业招商推介会在上海举行。推介活动现场签约项目24个，协议投资60.98亿元。县委书记崔爱国致辞。县委常委、宣传部部长刘中连主持推介会和签约仪式。副县长桑良举推介响水产业发展情况。上海市生产性服务企业促进会、上海张江集团、上海电器集团、上海技源集团等60多名企业代表出席。推介会期间，崔爱国会见上海市生产性服务企业促进会常务副会长、上海汇展投资控股集团董事长黄庆元，上海张江集团副总经济师楼琦，上海技源集团董事会主席、首席执行官周京石等嘉宾，洽谈加强战略合作事项。县三大园区、各镇、中心社区及县相关部门主要负责人参加。

8日　县委书记崔爱国率团参加2015盐城(上海)跨国公司投资合作说明会。康城投资(中国)有限公司与响水县签订大润发购物中心城市综合体项目合作协议。活动期间，崔爱国与杜邦中国集团有限公司、美国陶氏益农公司、意大利飒派传动有限公司、德国瓦隆公司、上海华诺有限公司、盈德投资(上海)有限公司等大型跨国公司，交流新材料、电动汽车配件等领域的项目合作事项。

△　盐城港响水港区小蟒牛作业区控制性详规初步成果汇报会召开。县委副书记邵礼青主持会议。省交通规划设计院汇报交流《盐城港响水港区小蟒牛作业区控制性详细规划》。县领导孙庆树、徐莉、张孝将及省交通规划设计院，县相关部门、单位负责人出席。

9日　市委副书记戴元湖在响水调研指导农业农村工作。县委常委、常务副县长李运连汇报响水县农业农村工作开展情况。县领导崔爱国、张善荣及市、县相关部门主要负责人陪同。

△　县委副书记、代县长单永红率团参加盐城(上海)产业创新经贸合作说明会。响水县与上海洁联环保科技有限公司签订镍铁矿渣制备无机纤维新材料项目合作协议。活动期间，单永红与上海洁联环保科技有限公司、上海长江投资股份有限公司、上海电气环保集团等多家公司，交流环保新材料、港口物流仓储、资源综合利用等领域的项目合作事项。

10日　市人大常委会原主任沙金茂，市政协原主席计高成、冯永农等曾担任过市四套班子领导职务的离退休老干部一行在响水参观考察。县委书记崔爱国介绍响水县经济社会发展情况。县领导单永红、杨毅坚、邵礼青、郭云、孙庆树、李刚等陪同。

△　省水利厅党组副书记、副厅长陶长生一行在响水调研指导水利工程建设工作。县委常委、常务副县长李运连等陪同。

13日　市委副书记戴元湖在响水检查指导扶贫开发工作。县委书记崔爱国介绍相关工作情况。县领导邵礼青、刘中连、杨荣生及市、县相关部门、单位负责人陪同。

17日　县委书记崔爱国主持召开"十三五"规划《建议》征求意见座谈会。县领导邵礼青、李运连，县部分老干部、党代表、人大代表、政协委员及部分镇区、县直部门主要负责人出席。

18日　人民日报、新华社、经济日报、中央人民广播电台、中央电视台、中国新闻社、农民日报等7家中央主流媒体及新华日报、江苏人民广播电台、江苏电视台、中国江苏网等省、市主流媒体在响水采访精准扶贫工作。市委副书记戴元湖，县领导崔爱国、邵礼青、刘中连、李胜华及县相关部门、单位负责人陪同。

24日　县委书记崔爱国在省人社厅、财政厅汇报响水经济社会发展情况。省委组织部副部长、省人社厅厅长谭颖，省财政厅厅长刘捍东会见崔爱国一行。县委副书记、省委驻响水帮扶工作队队长曹炳泰，县委副书记邵礼青，副县长、省委驻响水帮扶工作队副队长朱维国等随同。

26日　政协响水县九届13次常委会议召开。县政协主席杨毅坚主持会议。副主席陈骧、陈苏红、陆从华、于娟、武瑾，秘书长缪成等出席。会议协商通过召开政协响水县第九届委员会第五次会议的决定和议程；讨论通过政协响水县第九届委员会常务委员会工作报告和关于九届四次会议以来提案工作情况的报告；协商通过调整部分委员的决定，九届五次会议日程和讨论组名单、提案审查委员会名单和提案截止时间的决定、大会秘书处及办事机构人员名单和委组人员名单及“三好委员”、优秀提案名单。

29日　县委常委（扩大）会议召开。县委书记崔爱国主持会议，并对做好县委九届九次全会，县人大、县政协九届五次全会等相关会议准备工作提要求。县委副书记、代县长单永红传达全省经济工作会议和市委工作会议精神。县委副书记邵礼青传达省、市扶贫开发工作会议精神及响水县贯彻落实建议。杨毅坚、郭云、李运连、刘中连、孙庆树、徐莉、杨荣生、谢伟、裴彦贵等在响水的县四套班子领导出席。

△　响水县九届人大常委会召开第29次会议。县委书记崔爱国到会讲话。县人大常委会副主任、党组副书记裴彦贵主持会议。副主任李刚、张孝将及16名委员出席。县领导单永红、郭云、张瀚、曹亚及县法院院长，县检察院负责人，县相关部门主要负责人等列席。根据县委副书记、代县长单永红提请，经县人大常委会审议和无记名投票，会议全票通过决定任命张瀚、曹亚为县人民政府副县长。会议通过关于接受张志胜辞去县人大常委会委员和市县人大代表职务请求的决定草案；审议并通过关于召开响水县第九届人民代表大会第五次会议的决定；讨论县九届人民代表大会第五次会议相关事项、县人大常委会工作报告及关于设立响水县第九届人民代表大会财政经济委员会、法制委员会的相关事项；评选2015年度优秀县人大代表、先进县人大代表小组、优秀人大代表建议，并作出表彰决定。会议初步审查县政府关于响水县国民经济和社会发展第十三个五年规划纲要，关于2015年国民经济、社会发展计划执行情况和2016年国民经济、社会发展计划草案，关于2015年财政预算执行情况和2016年财政预算草案；听取县政府对县人大常委会关于2015年为民办实事工程建设情况、县九届人大四次会议代表建议办理情况报告的审议意见落实情况的报告，并进行满意度测评。

30日　响水县举行县城城东新区和港城重点项目集中开工观摩活动。崔爱国、单永红、杨毅坚、邵礼青、郭云、李运连、刘中连、孙庆树、徐莉、杨荣生、谢伟、裴彦贵等在响水的县四套班子领导，各镇区，县相关部门、单位主要负责人出席。

△　响水开放大学、响水中专举行新校名揭牌仪式。市教育工委副书记邹必俊、市开放大学校长杨怀祥、县政协副主席武瑾等出席。经省人民政府批准，盐城市广播电视大学响水分校更名为响水开放大学；经省教育厅评估，江苏省响水职业教育中心校被认定为四星级中等职业学校，并更名为江苏省响水中等专业学校。

31日　中国共产党响水县第九届委员会第九次全体会议召开。县委常委会主持会议。县委书记崔爱国作《抢抓新机遇，谋求新跨越，奋力实现“十三五”发展良好开局》工作报告。县委委员、县委候补委员出席。县纪委委员、县各有关方面负责人、20家重点企业主要负责人、20名县党代表和各村居党组织书记列席。

△　县政府常务会议召开。县委副书记、代县长单永红主持会议。会议贯彻落实县委九届九次全会精神；听取《政府工作报告》等有关材料的起草情况汇报；讨论并原则通过县卫计委、教育局、交运局和公积金管理中心提交的相关文件。县领导李运连、徐莉、杨荣生、李刚、戴翠芳、张善荣、桑良举、张瀚、曹亚、陈骧、王建成、顾祝生及各镇区，县相关部门单位、负责人参加。

△　《响水年鉴(2015)》在省地方志办组织开展的全省综合年鉴框架设计和条目质量评比活动中，整体框架获二等奖，条目“南河镇”获综述性条目三等奖。

【责任编辑　张耀清　滕仕惠】

中共响水县委员会

综　述

【概　况】 2015年，中共响水县委认真贯彻落实党的十八大和十八届三中、四中、五中全会精神，以习近平总书记系列重要讲话特别是视察江苏重要讲话精神为引领，团结带领全县人民紧紧围绕“建设新响水、发展上台阶、实现北抬头”工作布局，深入开展干部比作为、群众比创业、部门比服务、企业比创新、镇区比发展“五比”竞赛活动。经济建设、政治建设、文化建设、社会建设、生态文明建设和党的建设取得新进展，全县上下呈现加快发展、政通人和、风清气正、社会和谐的良好局面。全年完成地区生产总值244.3亿元，比上年增长10.5%；一般公共预算收入32.5亿元，增长17%；规模以上工业增加值171.3亿元，增长12%；固定资产投资250亿元，增长22.4%；工业开票销售343.7亿元，增长18.5%；外贸出口3.8亿美元，增长15.5%。工业增加值、外贸出口、农民人均可支配收入等7项指标增幅列全市第一，地区生产总值、一般公共预算收入等5项指标增幅在全市领先，工业开票销售、工业用电量等4项指标总量位于全市前列，顺利完成全县“十二五”规划目标任务。（张韦韦　刘　坚）

【2015年县委常委分工】

崔爱国：主持县委全面工作。分管县人大、县政协和县人武部党的工作。

单永红：协助崔爱国负责县委全面工作；主持县政府全面工作。兼管财政、国资、税务、审计、监察、机构编制、经济体制改革和武委会工作。

邵礼青：协助崔爱国分管党建工作。牵头抓好农业和农村改革发展、新一轮扶贫开发工作；牵头抓好全县规划建设管理、基础设施建设工作；牵头抓好综合绩效考核工作；负责县城和港城规划建设管理工作；分管县委办公室、县委督查与研究室、台办、保密办、机要局工作。

郭　云：负责县委组织部工作。分管干部和人才工作，分管干部培训、知识分子、老干部、关工委、老促会、老龄委等工作，分管统战、民族宗教、工会、共青团、妇联、科协、红十字会、机关工委、社区工委、企业和社会组织工委、工商联党的工作。

李运连：协助单永红负责县政府全面工作，负责县政府日常工作。协助分管财政、国资、税务、审计、机构编制、武委会等工作；分管县政府办公室（外事、侨务、接待、保密、研究室、政府法制、应急处置）、发展和改革、社会保障和就业、信访、统计、公安、司法、民政、双拥、残联、物价、政务服务、招标投标、机关事务、依法行政、城市土地经营、金融、金融生态建设和投融资工作；分管党史、档案、地方志工作。

刘中连：负责县委宣传部工作。分管意识形态、精神文明建设和文化建设工作；分管文化产业、新闻出版、舆论宣传、媒体协调、卫生城市和文明城市创建、文联、社科联等工作。牵头抓好工业经济、外向型经济、民营经济和全民创业工作。分管招商引资、项目建设、科技创新、生态环境建设工作。

孙庆树：负责沿海经济开发区工作。牵头抓好沿海和灌河开发开放工作。

王洪亮：负责县人武部工作。分管人民武装建设、民兵建设、国防动员和驻响部队联系工作。

徐　莉：负责县委政法委工作，分管政法工作。具体负责抓好信访稳定工作；分管社会治安综合治理和社会管理创新、平安建设、依法治县等工作。牵头抓好教育、卫计、体育和“三产”服务业发展工作。

杨荣生：负责县经济开发区工作。牵头抓好接轨上海、南北共建、区域经济合作工作。

谢　伟：负责县纪委工作。分管党风廉政建设、惩治和预防腐败、纠正不正之风、权力运行监控、制度创新、优化经济发展环境工作。

重要会议

【县委九届七次全体会议】 2015年1月17日，中共响水县第九届委员会第七次全体会议在响水召开。县委委员、候补委员出席会议。县纪委委员、县各有关方面负责人、20家重点企业主要负责人和各村(居)党组织书记列席会议。县委常委会主持会议。县委副书记、县长崔爱国作《建设新响水 发展上台阶 奋力实现响水发展北抬头》工作报告。会议期间，与会人员围绕工作报告分组讨论，表决通过《中国共产党响水县第九届委员会第七次全体会议决议》。全会学习贯彻习近平总书记视察江苏重要讲话精神，回顾总结2014年工作，研究部署2015年任务，动员全县上下统一思想，凝心聚力，建设新响水，发展上台阶，奋力实现响水发展"北抬头"。会议指出，全县上下要把学习领会、贯彻落实习近平总书记视察江苏重要讲话精神，作为当前和今后一个时期最重要的政治任务，全面落实省、市委工作部署，汇聚响水发展"北抬头"强大力量。会议要求，按照省委十二届九次、市委六届六次全会部署，围绕"建设新响水，发展上台阶，奋力实现响水发展北抬头"总定位，主动适应经济新常态，把握稳中求进总基调，坚持以提高经济发展质量和效益为中心，以绿色发展为方向，以改革创新为动力，以改善民生为根本，以从严治党为保障，把转方式调结构放在更加突出位置，确保经济持续健康发展和社会大局和谐稳定，推动响水经济社会发展迈上新台阶。会议强调，要全面推进从严治党，大力提升执行力、战斗力，为实现响水发展"北抬头"提供坚强保证。以"干部比作为、群众比创业、部门比服务、企业比创新、镇区比发展"竞赛活动为抓手，提振精气神，强化执行力，在全县上下营造干事创业、争先创优浓厚氛围。

【县委九届八次全体会议】 2015年7月23日，中共响水县第九届委员会第八次全体会议在响水召开。县委委员、候补委员出席会议。县纪委委员、县各有关方面负责人、20家重点企业主要负责人、20名县党代表和各村(居)党组织书记列席会议。县委常委会主持会议。县委书记崔爱国作工作报告。全会总结上半年工作，部署下半年任务，动员全县干部群众再接再厉、奋发作为，确保完成2015年各项目标任务。会议期间，与会人员围绕工作报告进行分组讨论。县经济开发区、响水镇、黄圩镇负责人作交流发言。表决通过《中国共产党响水县第九届委员会第八次全体会议决议》。全会对从严治党做出专题部署。要求做到"四个坚持、八个从严"：坚持思想建党与制度治党紧密结合，在思想理论武装上切实从严，在依规治党上切实从严；坚持统筹推进和突出重点相互统一，在党员队伍建设上切实从严，在干部管理监督上切实从严；坚持改进作风和锤炼党性同步加强，在作风建设上切实从严，在严肃党内政治生活上切实从严；坚持严明纪律和严惩腐败同向发力，在执纪问责上切实从严，在惩治腐败上切实从严。会议强调，当前和今后一个时期，要深入贯彻落实习近平总书记系列重要讲话精神特别是视察江苏重要讲话精神，按照省委十二届十次全会和市委六届七次全会部署要求，以全面从严为主基调，突出思想建党与制度治党紧密结合，以密切党同人民群众的血肉联系为核心，以落实管党治党责任为关键，以深入实施党建工作创新工程为抓手，切实加强党的思想、组织、作风、反腐倡廉和制度建设，大力营造干部清正、政府清廉、政治清明的良好政治生态，形成为民、务实、清廉的作风常态，为"建设新响水，发展上台阶，奋力实现响水发展北抬头"提供坚强的政治保证。

【县委九届九次全体会议】 2015年12月31日，中共响水县第九届委员会第九次全体会议在响水召开。县委委员、候补委员出席会议。县纪委委员、县各有关方面负责人、20家重点企业主要负责人、20名县党代表和各村(居)党组织书记列席会议。县委常委会主持会议。县委书记崔爱国代表县委常委会作题为《抢抓新机遇，谋求新跨越，奋力实现"十三五"发展良好开局》工作报告。与会人员围绕工作报告分组讨论，审议并表决通过《中共响水县委关于制定响水县国民经济和社会发展第十三个五年规划的建议》和《中国共产党响水县第九届委员会第九次全体会议决议》。县沿海经济区、陈家港镇、南河镇负责人在会上发言。会议指出，全县上下要进一步强化主动适应新常态意识、抢抓新机遇意识、开拓创新意识、奋发有为意识，制定和实施好响水县"十三五"规划，描绘好未来五年发展蓝图。加强和改进党的领导，卓有成效推进各项工作，为全县跨越发展提供坚强的组织保证。持续深入开展"五比"竞赛活动，大力弘扬"马上就办、真抓实干"好作风。加大惩治腐败力度，加大问责追究力度。各级干部要牢固树立纪律和规矩意识，以过硬形象赢得人民群众的拥护和支持。

【县委常委(扩大)会议】 2015年1月15日上午，县委副书记、县长崔爱国主持召开县委常委(扩大)会议，讨论研究县委九届七次全会召开方案、工作报告等事项。在响水的县四套班子领导人以及各镇区、相关部门主要负责人出席会议。县四套班子领导，各部门、镇区负责人分别发言。1月24日上午，县委副书记、县长崔爱国主持召开县委常委(扩大)会议，传达学习市"两会"、省纪委全会精神，并就做好当前工作提出明确要求。在响水的县四套班子领导人出席会议。杨毅坚、朱金南、裴彦贵在会上传达政协盐城市七届四次会议、省纪委十二届五次全会、盐城市七届人大四次会议精神。2月12日晚，县委副书记、县长崔爱国主持召开县委常委(扩大)会议，传达省委书记罗志军视察响水时讲话精神，研究部署贯彻落实工作。在响水的县四套班子领导人出席会议。3月4日上午，县委副书记、县长崔爱国主持召开县委常委(扩大)会议，讨论有关会议方案、工作报告以及推进响水经济发展提质增效一系列文件，对当前重点工作提出要求。在响水的县四套班子领导人

工程。陈家港港城学校、星海城市广场二期等功能性项目竣工使用，港城医院、美食城等重点项目开工建设。大力推进城乡环境综合整治，全县894个自然村庄通过省环境整治全域考核验收。

【全面深化改革】 大力推进行政审批制度改革，在全市率先建立网上审批系统，审批周期明显缩短，审批费用全市最低。大力推进体制改革，整合组建县卫计委、市场监督管理局。扎实推进农村改革，全县50%行政村完成土地承包经营权确权登记。大力推进投融资改革，成功发行企业债券，县级政府平台融资26亿元，重大基础设施和民生项目建设得到有力保障。

【沿海开放开发】 高起点编制响水港控制性详规，组建县港务公司，启动中心港区5万吨级码头群建设。建成荣鑫港务万吨级码头6个，成为全省最大内河码头群。临海高等级公路灌江口大桥建成通车，连盐铁路工程进展顺利。响水港港口吞吐量突破2000万吨，连续两年位居全市第二。与国企合作成效显著。德龙公司与中国一重集团合作投资上马连铸连轧一体化项目；隆亨公司与北京环卫集团合作，建成全省最大的环保再生纸项目；华旭药业与国药集团合作迈出实质性步伐；响水县与上海金桥经济开发区和上海电气集团建立战略合作关系。积极鼓励企业走出去，德龙公司在印尼投资年产300万吨镍铁合金冶炼工业园项目，投资规模全省第二。联化科技对外出口全市第一。

【推进农业现代化】 全年新增高效设施农业3.2万亩、联耕联种38万亩，发展家庭农场81家，新增农村经济合作组织39家，引进投资超千万元农业龙头企业21家。中粮响水生猪养殖和全省单体规模最大的温氏生猪养殖项目建成投产，沿326省道高效农业示范带成为全市新亮点。抓好秸秆禁烧和综合利用工作，全县连续三年实现"零火点、零通报"目标。"绿色响水"建设成效显著，年内新增绿化造林面积560公顷，林木覆盖率27%，城市绿化率41.23%，空气优良天数308天。

【民生"三大攻坚战"】 全年投入6亿元，推进教育"双创"工程，建成12所镇区中心幼儿园，新建改造教育工程259项，教育硬件条件实现后发赶超，顺利通过国家和省义务教育基本均衡县、教育基本现代化考核验收。投入4亿元，实施城乡供水一体化工程，2930公里镇区二、三级管网全部铺设到位，3220公里入户管网和11.2万户"一户一表"安装工程加速推进，县、镇两级水务公司全面组建，沿海水厂扩能工程、运河水厂竣工制水。抢抓渠北片区扶贫开发机遇，全面落实精准扶贫要求，全县9个经济薄弱村、2.1万低收入人口全面脱贫，"资产收益扶贫"等创新做法得到国务院扶贫办充分肯定并在全国推广，被人民日报、中央电视台等多家中央媒体宣传报道。

【"作风建设深化年"活动】 通过开展"干部比作为、群众比创业、部门比服务、企业比创新、镇区比发展"五比"竞赛活动，全县各级干部特别是领导干部立足岗位、履职尽责，敢于担当、勇于争先、奋发有为，以一班人带动一层人、一群人，在全县营造出干事创业、争先创优浓厚氛围。认真贯彻落实中共中央党风廉政建设"八项规定"和省市委各项纪律，坚定不移惩治腐败，查办顶风违纪案例，全年立案查处各类违纪违法案件159件，推动形成风清气正的良好政治生态。

【民主政治建设】 支持县人大及其常委会围绕全县发展大局依法履行职能。全面贯彻落实中共中央和省、市委《关于加强县乡人大工作和建设的实施意见》，在全市率先实现乡镇人大干部专职配备，率先开通"响水人大发布"公众号，编纂首部《响水人大志》。认真落实中共中央《关于加强人民政协协商民主建设的实施意见》，支持县政协围绕团结和民主两大主题履行职能，不断规范协商程序，围绕县委重大决策部署，实施民主监督，促进和推动工作落实。认真落实党管武装原则，积极支持驻响部队建设。支持工商联、工会、共青团、妇联、科协、残联、关工委等群团组织发挥联系群众的桥梁和纽带作用，加强党校、统战、宗教、老干部、党史、档案、老区开发等工作，努力营造政通人和、和衷共济的良好局面。

【从严治党和干部队伍建设】 持续、循环整顿软弱涣散基层党组织，扎实推进村(居)党群服务中心建设，实现基层党组织统一活动日常态化。认真贯彻落实《干部选拔任用工作条例》，进一步完善干部选拔任用事前沟通报告、干部提名"两推荐一征询"、讨论决定票决、干部选拔任用"一报告两评议"制度。把基层一线作为培养锻炼干部主阵地，年内选派59名年轻干部在农村担任村第一书记、20名年轻干部到招商引资一线驻点招商，促进干部在基层一线干事创业、成长成才。加强基层组织带头人队伍建设，出台全县村(居)干部考核激励办法，推进村(居)"项目书记"队伍建设做法得到省、市委肯定。

(张韦韦　刘　坚)

县委办公室工作

【概　况】 2015年，中共响水县委办公室(督查与研究室、保密办公室)紧紧围绕县委工作中心，尽心尽责开拓创新，服务能力和水平不断提高。全年收到上级来文355份，办理县委及县委办发文114份，处理各级各部门文件、传真、请示、领导批示件近千份，做到快速、准确、无差错；起草、修改、审核各类文字材料近500篇，其中县领导讲话稿、致辞、主持词等230多篇。认真筹备县委九届七次、八次、九次全会以及县委常委(扩大)会议、2015响水(上海)春季招商推介会、响水(上海)沿海新产业招商推介会等重大会议和活动，承办各类会议100多场次。县委九届七次、八次、九次全会报告、"十三五"规划建议等综合文稿受到广泛好评。及时了解县四套班子对全局工作意见和建议，增进沟通协调，促进全县工作协调、统一、有序推进。

【调查研究】 围绕县委重要决策，积极开展专题调研，形成一批有价值、有分量调研文章，为县委决策参考和宣传推介响水做出积极贡献。在全局性问题研究方面，《奋力建设新响水，推动发展上台阶》《奋力实现响水经济发展北抬头》等一批较高质量文章在省级以上刊物发表。在重点难点问题和对策性问题研究方面，《五轮驱动齐发力，打胜脱贫攻坚战》《全面加强党的建设为实现响水发展北抬头提供坚强保证》《加强生态建设，建设美丽响水》《加快“六个转变”进程推进镇村农业发展》等文章被全国多家刊物转载。

【信息工作】 认真贯彻落实省、市委部署要求，紧紧围绕工作中心，细化目标任务，分级落实责任，严格考核奖惩，信息工作取得较好成效。全年组织上报省、市信息3253条，被采用320条。其中被《盐城快讯》采用78条，市转报省84条，省用信息123条；获省领导批示7条、市领导批示3条，被省、市评为优秀信息14条。

【保密工作】 以落实市保密委员会有关要求为重点，提高全县保密工作整体水平。各单位均成立保密工作领导小组，由“一把手”担任保密工作领导小组组长，对保密工作负总责。采取分层考核、分类汇总办法，落实党政领导干部保密工作责任制考核，全县科级以上领导干部全部签订年度保密工作责任书。根据“谁上网、谁负责”原则，定期对各单位计算机逐台检查，安装隔离卡，将政务内网与互联网物理隔离，杜绝泄密隐患。认真做好高考保密工作，会同县公安局、教育局认真制订高考保密工作预案，对县招办高考保密室保密环境及视频、红外线监控、报警装置进行严格检查，对监考教师进行保密纪律教育，保证高考顺利进行。

（吕海舟　王绿茹　周大童）

组　织

【概　况】 中共响水县委组织部挂县委社区工作委员会、县级机关工作委员会、县委企业和社会组织工作委员会、县委组织员办公室、县人才工作办公室牌子。下设办公室、干部监督科、研究室(宣传信息中心)、综合干部科、党政干部科(青年干部科、干部信息管理中心)、企事业干部科(“两新”工委办公室)、干部教育科、组织科(党代表联络工作科)、党员管理科。县党员干部现代远程教育管理办公室与县党员电化教育中心合署办公，隶属县委组织部管理。县委社区工委、县级机关工委下设办公室，增设“两新”工委纪工委，县人才办下设人才资源开发科和人才培育服务科。2015年，全县组织部门深入贯彻落实中共十八大，十八届三中、四中、五中全会精神，紧扣县委工作中心，按照年初全县组织工作会议部署，扎实推进党建工作，服务经济建设又好又快发展。

开展“三严三实”教育，优化党员干部作风。根据中共中央和省、市委统一部署，牵头做好“三严三实”专题教育组织实施工作。县处级领导干部以“六查六看六整治”为主线，扎实开展专题党课、专题学习研讨、专题调研，进一步增强忧患意识、使命意识、进取意识。充分运用基层党组织统一活动日、中心组学习、“三会一课”等载体，着力解决基层党员干部中存在的“不严不实”问题。在全县基层党组织中开展“争当‘三严三实’好干部，推动响水发展上台阶”大讨论活动。通过学习讨论，党员干部接受了内容生动、入心入脑的精神洗礼，进一步端正思想认识，改进工作作风，树立党员干部新形象。

坚持从严管理要求，提升干部队伍素质。认真贯彻从严管理干部要求，按照德才兼备、以德为先要求，选优配强科级领导班子。纠正超职数配备干部、领导干部在社会团体兼职等问题，全年清理消化超配干部120人、超编制进人245人、在编不在岗48人、企业兼职74人、调动工作未转工资关系7人。建立健全在重点工作一线锤炼干部工作机制，选派59名干部在经济薄弱村、软弱涣散村兼任党组织第一书记，选拔20名优秀年轻干部到工业园区招商引资，抽调10名优秀年轻干部在县项目办工作。举办科级干部轮训班、村(居)党组织书记培训班、大学生“村官”培训班、招商引资培训班等各类干部培训班8个，参训834人次。推行新提任科级干部个人重大事项公开制度，建立科级干部考察对象个人重大事项报告抽查核实机制。

实施人才优先战略，壮大全县人才队伍。制订出台“盐城市‘515’人才引进响水县三年行动计划”，引进高层次人才45名(其中长江学者1人、国家杰出青年2人)、专门人才500多人、大学毕业生2000多人。与华东理工、上海师大等7所高校签订校企合作协议，洽谈“产学研”合作。实施“985”高校“村官”工程，46名“985”高校毕业生在响水县参加驻村实习活动，与其中13人签订在响水任“村官”意向书。

落实党建工作责任制，构筑基层战斗堡垒。出台《响水县村(居)干部考核激励办法》，量化村(居)干部绩效考核。举办村(居)“两委”负责人培训班、非公企业党建负责人专题研修班、村干部大专学历班，全面提高基层干部队伍素质。循环整顿软弱涣散基层党组织，扎实推进未达标村(居)党群服务中心建设，夯实党建工作基础。认真落实“三会一课”“统一活动日”“远教固定学习日”制度，促进基层党员立足岗位，发挥先锋模范作用。优化升级党员干部远程教育平台，“江苏先锋”平台在全县124个远教站点实现全覆盖。积极推进村级党务公开，“周末夜话”工作法在全省推广。

（单高年　刘志杰）

【村(居)干部队伍建设】 拓宽视野，从大学生“村官”、能人大户、创业能手中选拔人才充实村(居)“两委”班子；从县、镇机关事业单位选派优秀年轻干部到村挂职，增强村级班子战斗力。把村级“三大员”培训纳入全县干部培训总体规划，会同县纪委、县委农办等部门围绕学习贯彻习近平总书记系列重要讲话精神、农村基层组织建设、基层民主法制建设、农村工作政策及发展镇村经济、全民创业等10个专题对全县村(居)干部进行分批系统培训。与江苏农林职业技术学院合作，举办村干部大专学历班，全县41名村(居)“两委”干部通过笔试和面试入学。建立健全激励、约束并重的村(居)干部考核机制，对连续两年考核排名靠后的村(居)党组织进行集中整顿，调整村(居)党组织书记33名。在整体提高村(居)干部报酬基础上，把村居干部报酬与村集体经济、群众增收实绩挂钩，大力培养致富能力强、服务能力强的“项目书记”。

【基层服务型党组织建设】 将服务型党组织建设作为基层党建考核的重要内容，全县打造出一批“村帮办”“支部网格化服务群众”等服务型党组织品牌。县财政拨款1000多万元，帮助23家配置不到位、发挥作用不充分的村党群服务中心改、扩建，提升服务功能。积极探索县、镇两级党代表在闭会期间发挥作用新途径，党代表每月20日在村(居)党群服务中心接待群众制度化。以个人领办、组团协办、重点督办方式，帮助群众解决问题。按照“受理登记——承诺期限——交办答复——跟踪督办”程序，做到“事事有回音，件件有落实”。

【党员教育管理】 对照发展党员新“十六字方针”，以《中国共产党发展党员工作细则》为依据，把保证质量放在发展党员工作首位。建立健全全程推优、集中培训测试、部门联审、全程记实等发展党员质量保证机制，严把发展党员质量关。认真落实“三会一课”“统一活动日”“远教固定学习日”制度，加强党性党纪教育、群众观念教育和社会责任教育，深化无职党员设岗定责工作，促进基层党员立足岗位，发挥先锋模范作用。强化流动党员双向管理，运用现代通讯手段，及时掌握流动党员思想动态、参加组织生活和发挥作用情况。培育驻京面食工艺党总支、驻锡流动党支部等一批流动党组织品牌。按照省、市党员组织关系排查工作会议精神，召开全县党员组织关系排查动员会，通过集中排查、整改规范、总结巩固三个阶段工作，摸清全县党员底数，理顺组织关系，从严加强管理。

(刘学忠　陈　广)

【党员干部远程教育】 开展“百村调查”、抽查暗访，全面提高站点使用率。利用每月党员统一活动日、远教固定学习日，对各基层站点设备保管、运用情况进行检查，优化教学服务平台。以“权威及时、可亲可近”为目标，改版升级响水党建网；持续推动共产党员微信易信、“江苏先锋”、盐城党建微信的订阅工作，把订阅对象从普通党员扩大到各级干部和要求入党积极分子。创建“响水潮”党建微信，为全县党员干部打造党建资讯新窗口。对全县14个镇区站点管理员、组织干事及大学生“村官”进行远程教育业务培训，内容包括规范日常操作技能、更新应知应会知识、“江苏先锋”综合服务平台操作使用、手机微信应用等。

【“580”党员志愿服务】 县委组织部成立“580”党员志愿者服务工作领导小组及其办公室，统筹推进党员志愿服务工作。成立全市首家“580”党员志愿者网站服务队临时党总支，按条线建立农林水务、民政医疗等7个专业党支部，把党员志愿者服务工作纳入全县党建年度目标考核，各镇区组织委员、成员单位分管党务负责人加入“580”党员志愿者队伍。年内新招募党员志愿者500多人。建立党员志愿者档案，强化动态管理，形成党员志愿者人才库；组建“580”党员志愿者QQ交流群，即时在线交流；督促“580”党员志愿者实行实时在线互动服务，提高“580”服务网问题解答效率；按照党员志愿活动方案开展主题活动，建立活动记录制度，作为评先评优重要依据；运用规范化管理模式，党员志愿者统一佩戴党员志愿者徽章，亮明身份、塑造形象。充分利用电视、报纸、党建网站等宣传阵地，大力宣传党员志愿服务精神，引导党员积极参与志愿服务活动。“五一”劳动节前夕，在《响水新闻》连续两周展播“580”党员志愿者风采宣传短片，在《今日响水》报同步刊登“580”党员志愿者先进事迹。卫生系统党员志愿者服务队发挥技术优势，开展免费体检、义诊以及健康教育宣传活动，普及医疗卫生和保健知识；交运系统“580”党员志愿者在南河镇开展为期2个月的“邻里守望”和“暖冬行动”服务，投入帮扶资金1.6万元，为空巢老人、留守儿童及残疾人送上亲情与温暖。响水县“助力微梦”公益协会和美国哥伦比亚大学吉米公益组织志愿者在黄圩中学开展为期2周的科技创新类志愿服务活动。反映响水县“580”党员志愿服务工作专题片《与爱同行》《雨润芳华》《春风拂税》《熔铸警魂》在江苏卫视《时代风范》播出。

(殷　强　刘　伟　周利娅)

【干部选拔任用】 年初，成立9个考核组，对全县科级领导班子和科级干部进行考核，依据考核情况，制定干部调整方案。全年调整科级干部170人，其中提拔17人，改任非领导职务41人，退休20人。严把股级干部选拔任用关，严格审核干部“三龄两历一身份”等任职基本条件，全年审批正股级干部112人、副股级干部111人，轮岗交流股级干部18人，调出县外39人。选派200名县直机关中层干部挂钩农村联系点，参与新农村建设和结对帮扶促小康工作；通过基层锻炼、多岗位锻炼、急难险重任务锻炼等形式，提高干部队伍整体素质和工作能力。

(王子明　单以东)

【干部监督管理】 2015年，响水县被中共江苏省委组织部列为全省新提任领导干部个人有关事项公开制度试点单位之一。按照省、市委组织部要求，全县800多名科级干部填报《领导干部个人有关事项报告表》。建立科级干部社区登记制度，全县在职科级干部一律在所住社区登记、报到，新提拔科级干部任职3天内填写登记表上报所住社区，家庭住址或工作单位变动的科级干部及时在新社区报到。建立健全干部选任社区征询制度，将干部考察、任用公示、评先评优的公示范围扩大到其居住社区，听取社区党组织意见，

接受群众监督。（陈玉文　牛文轩）

【人才队伍建设】及时调整充实县人才工作领导小组成员，建立人才工作领导小组工作例会、重要事项集体审议、重大决策集体研究制度和成员单位分工协作、联络交流机制，确保人才工作顺利推进。县财政按照不低于3%比例投入经费，用于人才引进、载体培植和人才创新创业资助。县委、县政府在上海、浙江、深圳等招商点设人才工作站，落实驻点招商引才任务，招商引资与招才引智同部署、同推进、同考核。开展“百家企业高校行”“专家教授响水行”活动，邀请高层次人才到响水调研，洽谈“产学研”合作。投资1亿元创办江苏灌河创客孵化园，与21家企业成功签约。32家企业实验室获批省、市级企业技术中心和研发中心，联化科技获批省博士后科研实践基地。全县有37人获评盐城市创新创业领军人才，响水县在盐城市第三届高层次人才创业大赛中获组织奖；获批国家中小企业科技创新资金项目3个、省重大成果转化项目1个、科技型企业技术创新资金项目4个。江苏天容集团股份有限公司承担的“超高含量杀虫双母药系列产品绿色生产技术研发及产业化”项目获省重大科技成果转化专项资金项目立项，获省资助经费800万元。

（周　亚　赵　鹏）

【干部教育培训】制订《响水县2015年干部教育培训工作计划》，围绕贯彻“四个全面”、践行“三严三实”、弘扬铁军精神、持守从政之道、新《安全生产法》等11个课题，全年举办党政干部、专业技术人才、企事业单位负责人等各类培训班22期，培训各类人员2851人次。围绕学习中共十八大和习近平总书记系列重要讲话精神、农村基层组织建设及发展党员、“评定升”工作业务、农村基层民主法制建设、农村党员干部党风廉政建设、发展镇村经济推进全民创业等10个课题，举办全县村（居）党组织书记培训班，280人参加培训；举办全县招商引资培训班，各镇区招商引资工作分管负责人、招商人员，县选派在园区外出招商青年干部，部分部门单位招商引资或项目服务分管负责人等70多人参加培训；举办中小企业适应新常态发展专题培训班，全县中、高层管理人员220人参加培训；举办大学生“村官”培训班，15名大学生“村官”参加培训；在青岛大学举办为期4天非公企业党建工作专题研修班，全县非公企业党组书记、企业出资人共50人参加培训。（刘卫星　吴梦瑶）

【公务员管理】会同县人社部门做好县镇机关公务员和参照公务员法管理单位工作人员招录网上报名资格初审、面试资格复审、体检以及考察政审工作。全年计划招录公务员和参公单位工作人员67人，其中县直机关47人，镇区20人。因报名未达到开考比例取消岗位1个，实际招录岗位66人。有1个岗位未达最低分数线，1个岗位体能测试无人通过，实际招录64人。年内完成机关事业单位离退休人员增加离退休费、2013年应休未休年休假工资，2014年10月国标工资标准调整，市管干部工资上报审批及部分单位2015年两年升档、五年升级正常晋升工资审核审批工作，保证工资政

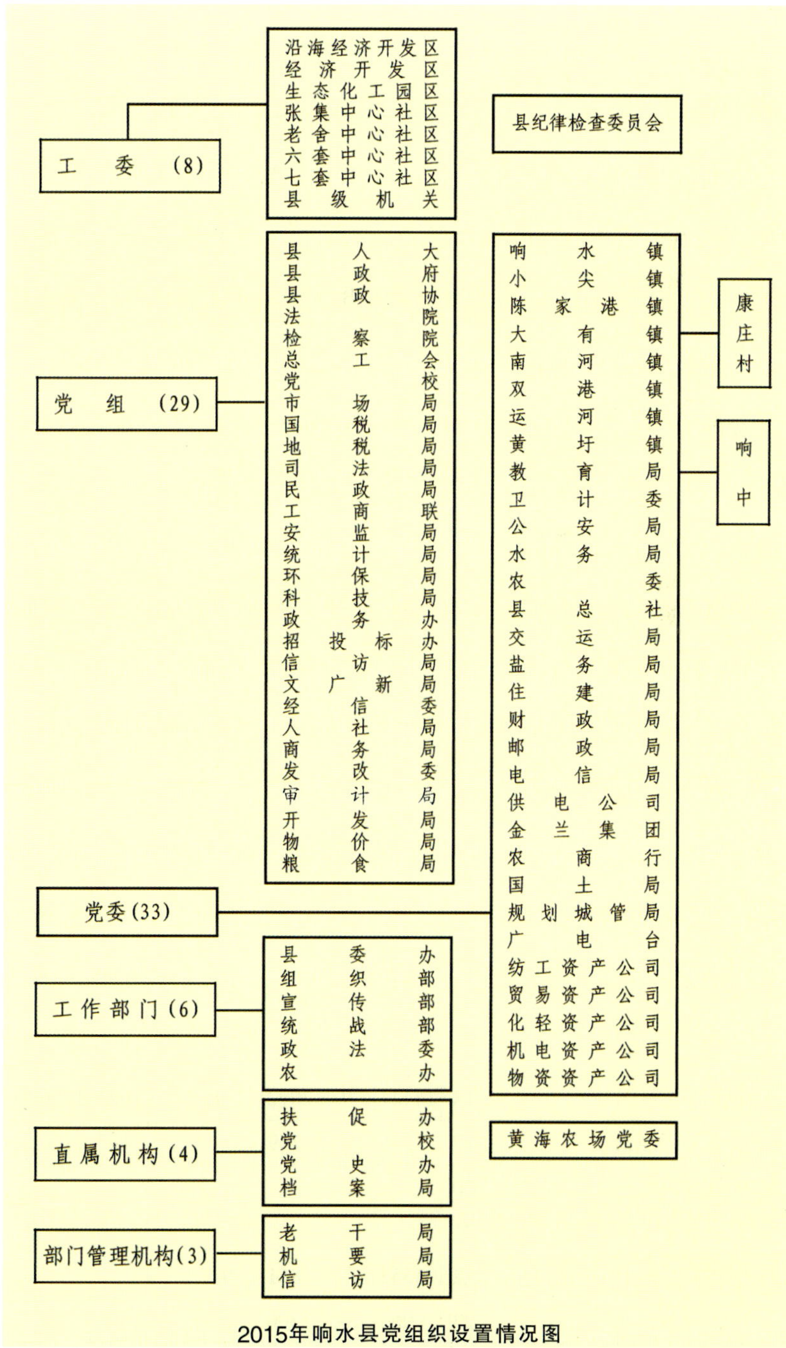

2015年响水县党组织设置情况图

策及时贯彻和有关待遇按时落实。

【大学生“村官”管理】 实行大学生“村官”年度目标承诺、月度例会和工作日记制度，加强大学生“村官”日常管理。年内，开展“每月之星”评选活动，将“村官”获“星”数量作为年度评优、考录选拔重要依据。会同团县委举办大学生“村官”“创业基层·焕彩青春”主题网络创业大赛，获奖创业项目推荐参加省、市大赛，优秀项目向农商行等金融部门和优秀企业推荐，为优秀创业方案付诸实施争取信贷资金。利用人脉资源、网络平台和到“985”高校宣传推介等方法，全年引进11名“985”高校优秀毕业生在响水县任职“村官”。（徐姗红　张　旭）

【2015年响水县党内统计概况】 中共响水县委下辖沿海经济开发区、经济开发区、生态化工园区、张集中心社区、六套中心社区、七套中心社区、老舍中心社区、县级机关8个工委，一级基层党委31个，二级基层党委2个（响水中学党委、大有镇康庄村党委），党组29个，党总支227个，党支部1510个。其中镇党委8个，村（居）党委1个，村（居、社区）总支151个，支部976个。

截至2015年12月底，全县实有在册党员31887人。其中正式党员31578人，预备党员309人；男党员26067人，女党员5820人；少数民族党员58人；农村党员14427人；公有经济单位党员8930人，非公有经济单位党员2013人。45岁以下党员11471人，占35.97%；高中及以上文化党员20333人，占63.77%；中专及以上文化党员12430人，占38.98%；大专及以上文化党员9466人，占29.69%；大学本科及以上文化党员4464人，占14.00%。

2015年响水县党员基本情况

表10　　　　截止时间：2015年12月31日

项目		总数	预备党员	女	少数民族	台湾省籍	年龄：30岁及以下	31至35岁	36至40岁	41至45岁	46至50岁	51至55岁	56至60岁	61至65岁	66至70岁	71岁及以上
甲		A	B	C	D	E	F	G	H	I	J	K	L	M	N	O
总计	1	31887	309	5820	58		3540	2335	2617	2979	2947	3063	3086	3515	2933	4872
一、在岗职工	2	10943	150	2561	19		1354	1115	1523	1883	1905	1685	1478			
公有制单位　合计	3	8930	130	2052	19		986	888	1259	1550	1550	1416	1281			
公有制单位　党政机关工作人员	4	1905	34	382	6		312	144	251	280	310	302	306			
公有制单位　事业单位管理人员	5	1063	31	248	2		122	137	163	183	151	153	154			
公有制单位　事业单位专业技术人员	6	2797	36	911	3		297	412	530	569	414	334	241			
公有制单位　企业管理人员	7	667	12	90	1		47	31	50	97	143	156	143			
公有制单位　企业专业技术人员	8	565	4	102			74	34	57	62	114	123	101			
公有制单位　工勤技能人员	9	1933	13	319	7		134	130	208	359	418	348	336			
公有制单位　农民工	10															
非公有制单位　合计	11	2013	20	509			368	227	264	333	355	269	197			
非公有制单位　企业管理人员	12	465	3	96			89	57	56	60	83	66	54			
非公有制单位　企业专业技术人员	13	623	14	168			125	69	95	113	103	70	48			
非公有制单位　民办非企业单位管理人员	14	41		10			17	8	9	5	1	1				
非公有制单位　民办非企业专业技术人员	15	47		11			21	4	8	8	4	1	1			
非公有制单位　工勤技能人员	16	837	3	224			116	89	96	147	164	131	94			
非公有制单位　农民工	17															
二、农牧渔民	18	14427	93	2092	27		1623	1106	1005	1031	992	1328	1518	1869	1430	2525
外出务工经商人员	19	1231	4	179			187	150	121	165	114	161	114	111	49	59
三、军人、武警	20															
四、学生	21															
五、离退休人员	22	5552		861	9							13	63	1638	1498	2340
六、其他	23	965	66	306	3		563	114	89	65	50	37	27	8	5	7

2015年响水县发展党员情况(一)

表11　　　　起止时间:2015年1月1日至12月31日

项目			总数	女	少数民族	年龄 25岁及以下	26至30岁	31至35岁	36至40岁	41至59岁	60岁及以上	学历 研究生	大学本科	大学专科	中专	高中中技	初中及以下
甲			A	B	C	D	E	F	G	H	I	J	K	L	M	N	O
总计		1	204	49		56	57	39	29	23		1	100	40	17	22	24
一、在岗职工		2	109	36		29	37	19	12	12		1	82	19	4	2	1
公有制单位	合计	3	100	33		27	32	19	12	10		1	76	19	3		1
	党政机关工作人员	4	20	4		8	9	3					20				
	事业单位管理人员	5	25	10		7	9	7		2		1	20	4			
	事业单位专业技术人员	6	31	15		7	7	7	8	2			27	4			
	企业管理人员	7	11				4	1	2	4			3	6	2		
	企业专业技术人员	8	4			3	1						3	1			
	工勤技能人员	9	9	4		2	2	1	2	2			3	4	1		1
	农民工	10															
非公有制单位	合计	11	9	3		2	5			2			6		1	2	
	企业管理人员	12															
	企业专业技术人员	13	6	2		1	5						6				
	民办非企业单位管理人员	14															
	民办非企业单位专业技术人员	15															
	工勤技能人员	16	3	1		1				2					1	2	
	农民工	17															
二、农牧渔民		18	48	4		11	7	14	8	8			6	10	6	11	15
	外出务工经商人员	19	4			1	2	1						2			2
三、军人、武警		20															
四、学生		21															
五、离退休人员		22															
六、其他		23	47	9		16	13	6	9	3			12	11	7	9	8

2015年响水县发展党员情况(二)

表12　　　　起止时间:2015年1月1日至12月31日

项目			总数	女	35岁及以下
甲			A	B	C
一、生产、工作第一线		1	49	16	35
	企业生产第一线	2	8	4	3
	农村生产第一线	3	2	1	1
	教学科研第一线	4	6	2	5
	机关第一线	5	5	2	5

续表12

项目			总数	女	35岁及以下
二、企事业、民办非企业单位具有专业技术职务的	合计	6	29	14	19
	高级专业技术职务	7	3	2	2
	中级专业技术职务	8	7	2	1
	初级专业技术职务	9	19	10	16
三、乡(镇)、建制村		10	123	23	93
	建制村	11	58	3	40
四、先进模范人物		12			
	省(部)一级及以上命名或表彰	13			
五、特殊情况下		14			
六、共青团员		15			–
	经过“推优”	16			–
七、台湾省籍		17			

机关党建

【概　况】 2015年，全县县级机关党建工作以“三严三实”专题教育活动为契机，不断提高科学化、制度化、规范化水平。机关党员服务群众“助力微梦计划”获中央文明办、国家民政部、共青团中央、中国残疾人联合会、中国志愿服务联合会“志愿服务重庆交流会暨第二届青年志愿服务项目大赛”铜奖，成为盐城市第一次获全国性大奖志愿服务项目，被中央电视台、新华日报、江苏电视台、扬子晚报、光明网等媒体报道。

【夯实机关党建工作基础】 年初，提请县委常委会研究，由县编制部门报告市编制办公室将县级机关工委单设。原下放到各级党委管理的机关总支、支部全部收归县级机关工委管理。年内，与县委宣传部联合举办科级干部“四个全面”战略布局培训班4期、县级机关科级干部轮训班2期。开设“周六学堂”“书记讲台”两个学习教育平台，每周六上午邀请县内外领导、专家讲课，形成常态化教学。及时配齐因机构合并、人事变动产生缺额的基层党组织书记13名，保证基层党组织工作正常运转。认真抓好发展党员工作，新发展党员18名。开展廉政文化进机关活动，分批组织机关干部在县警示教育中心接受教育，组织机关党组织负责人在连云港监狱，听取服刑的本县原党员干部现身说法，接受反面典型教育。协同县纪委制定《家庭护廉建议书》，构筑预防和抵制腐败的家庭防线。结合党员年统工作，对直属22个党总支、29个党支部逐一过堂，排查党员组织关系“空挂”“失联”等问题，规范党员组织关系管理，确保机关每一名党员都纳入党组织有效管理。

【打造机关党员志愿服务平台】 在机关党员志愿服务大队基础上，成立机关党员志愿者协会，下设党员志愿服务小队30个，构建协会、大队、小队三位一体网络体系，注册党员志愿者1000多人。把每月第二个星期天作为党员志愿服务日，开展志愿服务留守儿童、文明执勤、千人洁城、党员义工在行动等活动1200多次。以“助力微梦”公益品牌为载体，开展“青春微梦夏令行”“响娃快乐行”“响娃中秋乐”“爱您久久”等形式多样的志愿服务项目20多个，帮助留守儿童和空巢老人实现微心愿、微梦想2000多个，向582名特困学生捐资50多万元。在县城商业中心设立全市第一个党员志愿者综合服务平台——助力加油站，免费提供便民服务。建成全市第一个党员志愿服务体验中心——助力仓储中心、全市第一个党员服务社区和村(居)活动基地——助力成长屋，形成党员志愿服务可持续、可循环模式。开通响水机关党建微信公众号，设立时政关注、党建专题、邀您参与三大栏目和理论导读、机关动态、史海钩沉、特色展示、在线书屋、党务问答、在线投稿、活动报名等12个子栏目，实现党员志愿服务便民性、快捷性和透明性。

【发挥机关党建工作效能】 坚持围绕县委工作中心，推进机关党建工作。在县政务服务中心开展“亮党员身份，当服务标兵”活动，每季度评比优秀服务科室、优秀党员服务窗口，评比结果及时在媒体上公示。组织机关党员干部深入农村、社区、企业基层一线，走访调研，帮助解决实际困难。全年有2411名县级机关党员参与8个城市社区服务，报到率100%；累计走访群众8700多户，结对帮扶困难户2936户，为基层解决实际问题523个，落实各类帮扶资金2500万元。在纪念抗日战争暨世界反法西斯战争胜利70周年期间，组织机关党员开展看一部抗战题材影视片、听一场抗战故事报告会、写一篇抗战纪念文章、唱一首红色经典歌曲“四个一”主题活动，向境内抗日烈士纪念塔、国耻碑和“2·6惨案”纪念碑敬献花篮，发放《响水地区抗日史话》2000册。

（吉　旺　刘　伟）

企业和社区党建

【概　况】 2015年县委企业和社区工委认真贯彻落实中共中央和省、市委有关会议精神，切实抓好企业和社区党建工作。全县在三大工业园区建立党组织95个，覆盖企业135家，非公企业党组织覆盖率达94.2%。8个城市社区全部建立党组织，达到党建工作合格标准。

【非公企业党建】 年内，县委企业工委举办非公企业党建专题培训班4期，印发《非公企业党组织阵地建设标准化指导手册》《非公企业党务知识汇编》等党建资料2000多册。定期召开企业工委会议，研究解决“两新”组织党建工作中遇到的重要问题。按照产业为纵、行业为横、区域延伸“三位一体”模式推进党组织联合组建、交叉覆盖，“两新”组织党建不留“空白地带”。通过定向培训、重点培训、送教培训等方式，把非公企业出资人列入教育培训规划，培训企业出资人200多人次。推荐“两新”非公企业优秀出资人参选县党代表、人大代表、政协委员，支持他们参政议政、建言献策。在各级推优评选中为民营企业家留足名额，大力宣传民营企业家创业创新事迹。

【社区党建】 通过部门协商将县经济开发区闲置办公楼无偿划拨给长期靠租房办公的灌江社区使用，为响港、西园2个社区新建1000多平方米办公用房。全县8个城市社区申报为民服务项目51个，涉及使用专项资金151.1万元。5164名在职党员依托社区认领服务岗位7233个；组织社区党员文体宣教、党代表进社区、帮扶慰问困难党员（居民）、文明宣讲、科普推广、应急救灾培训、关爱未成年人等活动18500多人次。响水县“助力加油站”社区服务点被评为江苏省优秀社区志愿服务站点，响水“助力微梦”公益协会被评为江苏省优秀社区志愿服务组织。

（吉　旺　张红新）

宣　传

【概　况】 中共响水县委宣传部（县文明办）内设办公室、理论教育科、宣传教育科、新闻文化科、活动管理科、未成年人思想道德建设科、志愿者工作科、国防教育科，下设县委通讯站、县网络文化建设和管理中心2个副科级事业单位。2015年，全县宣传思想文化战线认真贯彻落实省、市推进文化建设迈上新台阶会议精神，大力加强思想理论建设，提升舆论引导水平，推动文化改革发展，提高社会文明程度，为“建设新响水，发展上台阶，实现北抬头”提供精神动力和舆论支持。

【理论武装工作】 认真组织宣讲、征文、调研、党员干部冬训轮训等活动，学习贯彻中共十八大、十八届三中四中五中全会和省、市、县委全会精神，学习贯彻习近平系列重要讲话精神，大力弘扬社会主义核心价值观。落实基层中心组学习巡听制度，以领导班子学习带动全县党员干部学习。连续第五年开展学习型党组织建设创评活动。办好各类讲坛、论坛，推进理论教育大众化。把“周六大学堂”作为提升党员干部综合素质主要抓手，以“夜话课堂”为载体，推进党员干部冬训教育。

【正面舆论宣传】 大力宣传全县主动适应经济发展新常态，推动经济社会发展迈上新台阶的生动实践。反映响水县经济社会又好又快发展的各类新闻报道，被中央电视台、《人民日报》《新华日报》等国家和省级主流媒体采用150多篇，提升响水的知名度和美誉度。全年在互联网刊发正面宣传稿件610多篇（次），广泛宣传响水县招商引资、软硬环境等方面优势，向外界展示全面、立体响水新形象，为招商选资、文化品牌推介做出贡献。

【深化文明创建】 成立苏北首家、全省第二家县级美德基金会，在全县评选2015年度“十大最美人物”和系列“最美人物”。年内，响水县有2人入选“中国好人榜”，1人被评为全国“优秀少先队员”和江苏省“十大美德少年标兵”，2人被评为盐城市“道德模范”。成立社会组织孵化园，培育义工协会等民间志愿服务组织9家。实施“助力微梦计划”，获第二届中国青年志愿服务项目大赛铜奖。由响水县中心小学创作的《姐姐的烦恼》获第六届江苏省中心小学“校园心理剧”优秀剧目征集评选活动特等奖。响水县被省文明委评为江苏省文明城市，响水县检察院被中央文明委表彰为第四届全国文明单位。

【文化响水建设】 成功举办响水县第十二届文化艺术周暨周边四市六县（区）文化联谊活动。大力实施“三下乡”“三送村村到”文化惠民工程，全年送戏下乡200多场次。县文广新局组织创作的小戏《贴春联》《绝对保密》等一批作品获国家及省、市级奖项。本土作家吴万群创作长篇小说《潮涌灌江》，获省作家协会重点扶持。文化产业逐年壮大，其中规模以上企业22家。文化产业增加值占全县GDP比重达3.05%，居民文化娱乐服务支出年增长18.2%。

【学习型党组织建设】 制发《2015年全县基层中心组专题学习计划》《2015年基层中心组学习巡听计划》，成立巡听小组，有计划开展对基层中心组学习巡听和机关周六学习督查活动，促进基层中心组学习教育规范化。连续第五年评选表彰学习型党组织创建工作先进集体、学习型领导干部和学习型党员，以学习型党组织建设带动学习型社会建设。

【党员干部冬训】 认真贯彻落实省、市委对党员干部冬训要求，结合响水县实际,开设5个专题。在响水宣传网开辟专栏、编发宣讲提纲,方便党员干部学习交流。开设党员干部冬训"夜话课堂",提升冬训效果。响水县获盐城市党员干部冬训工作组织奖、创新项目奖。双港镇被评为全省党员干部冬训工作示范镇,小尖镇、七套中心社区被评为盐城市冬训工作先进单位。

【理论教育大众化】 继续办好县社科理论刊物《灌河论坛》、响水宣传网"智慧响水"栏目和"响水手机报",布设理论教育培训网络。组织开展纪念抗战胜利70周年知识竞赛和学习贯彻县委全会精神知识竞赛,扩大理论教育覆盖面。充分利用"青年干部夜校""社会大讲堂""周六大学堂"等载体举办各类专题讲座。县税企大学堂被评为省社科普及示范基地,2个社科项目获省社科联奖励。

【对内宣传】 县主要媒体围绕"建设新响水、发展上台阶、实现北抬头"目标定位,紧贴中心,聚焦基层,开辟专题专栏40多个,推出主题报道1000多篇。县电视台全年制播《响水新闻》节目310多档(次),播出各类新闻稿件4000多篇,精办专题栏目100多期,创办以关注县内民情、民意为主旨的新闻栏目《新视界》,受到广泛好评;《今日响水》报全年出版220多期,刊登各类稿件6000多篇,发挥新闻宣传主渠道作用,为全县经济转型发展提供了强有力舆论支持。

【对外宣传】 年内,响水县被中央电视台新闻频道、《人民日报》《光明日报》、江苏卫视、《新华日报》等国家和省级主流媒体采用稿件150多篇,其中《三夏小麦跨区机收拉开序幕》在央视《新闻联播》播出,《江苏响水乡规民约约出好民风》在《人民日报》刊出,《江苏响水两个乡土能人的电商期待》在《农民日报》头版刊出,《响水:精准帮扶让低收入户长久脱贫》在《新华日报》头版头条刊出,《响水:乡规接地气 干群都叫好》在《新华日报》头版倒头条刊登;在江苏电视台国际频道播出专题外宣片10部。

【网络文化建设】 办好"中国·响水"网、响水宣传网、响水新闻网和"响水手机报",大力弘扬社会主义核心价值观。积极开展互联网文化活动,致力于用优秀文化占领网络阵地,发现、挖掘、讲述一批县内"最美人物""最美故事",在互联网上产生积极反响,其中多位人物和多篇故事被中央电视台、江苏电视台、《扬子晚报》《现代快报》等媒体报道、转载。组织文明网站评比,开展网络公益活动,建立健全网络评论员和网络"红军"队伍,强化舆情监测研判。即时编发《互联网舆情专报》,有效处置不良舆情。

【响水县第十二届文化艺术周】 9月22~29日,响水县举办第十二届文化艺术周,围绕"谱写中国梦·放歌新响水"主题。县委宣传部协同有关部门组织艺术周开幕式暨"谱写中国梦·放歌新响水"周边四市六县(区)文艺联演、"苏风墨韵"江苏省书法名家精品展、"深入生活、扎根人民"江苏书法名家书法讲座、"体彩杯"响水县第二届广场舞比赛、廉政话剧《一梦醒来是早晨》专场演出、响水县纪念抗战胜利70周年红色经典主题晚会、"喜迎中秋·国庆"响水县业余团队文艺调演、"灌河放歌"响水县第三届电视歌手大赛、"小戏之乡·响水"戏曲专场晚会、闭幕式暨颁奖晚会10场大型活动。

【文艺精品生产】 长篇小说《潮涌灌江》获省作协重点规划扶持。小淮海戏《贴春联》获中国宜兴梁祝艺术节一等奖、中国第六届小戏小品展演优秀剧目奖,参加"中华颂"第六届全国小戏小品大展获金奖,同时获优秀编剧、优秀导演、优秀演员、优秀舞美设计、优秀音乐创作5个奖项。廉政话剧《一梦醒来是早晨》获市政府文艺奖,小戏《绝对保密》《磕磕碰碰》获市创作一等奖,小戏《小豆豆》获市创作二等奖。

【舆情信息】 紧紧围绕各阶段思想文化宣传重点,敏锐捕捉宣传思想文化领域遇到的新情况、新问题,及时搜集干部群众对重大事件、重大活动等方面思想反映,上报舆情信息。发现有倾向性、苗头性社会问题,有针对性地提出对策建议。全年响水县2100多篇舆情信息被市以上宣传部门《舆情简报》采用,年度信息工作积分在盐城市位居前列。 (王建生 李卫卫)

统 战

【概 况】 2015年9月,经中共响水县委批准,县委统战部与县宗教事务局实行机构分设。核定行政编制5人。全县12个镇(区)各设统战委员1名。全年,县委统战部紧紧围绕"建设新响水、发展上台阶、实现北抬头"目标,凝心聚力,积极作为,统战工作取得新突破。被县委、县政府表彰为全县民生幸福和社会事业工作先进集体。

【学习宣传统战理论】 组织全县各部门、单位深入学习《中国共产党统一战线工作条例》和中央、省、市统战部长工作会议精神。通过交流研讨、专题解读、撰写学习体会等活动,进一步深化党员干部对统战工作重要性认识,领会统战理论和方针政策。

【经济领域统战工作】 发挥统战部、工商联等部门组织、协调、引导作用,为无党派人士、工商联会员、非公经济界人士搭建发挥优势平台,为他们提供便捷、优质服务。年内,帮助企业协调解决用工、用电等问题16个。协调人行、经信委、人社局等单位在县三大工业园区召开银企对接、人才招聘专题会。积极参加招商引资活动,全县统战系统引进工业项目2个。

【党外代表人士队伍建设】 在党外代表人士中开展树立和践行社会主义核心价值体系主题教育活动,增强政治共识,年内推荐5位党外人士在省社会主义学院进修,提高政治理论水平。建立党外干部、党外知识分子人才库,做好党外干部、无党派代表人士的政治安排和实职安排。党外人士在县人大代表、政协委员和常委会组成人员中占较高比例。组织党外干部参加“三服务”“三解三促一加强”等走进企业和基层活动。县“两会”召开期间，党外代表、委员围绕经济社会发展、统筹城乡建设等群众关心的热点问题，提出议案、提案100多件。县法院、检察院年内聘请10名符合条件的党外人士担任检察、审判特约监督员。

【推进民营经济发展】 县委统战部积极关注非公企业生产经营情况，帮助企业解决经济转型中遇到的困难问题，营造非公经济健康发展的政策环境、市场环境和社会环境。全县新建非公经济创业载体8个。邀请省内专家、教授在响水举办发展民营经济专题讲座，200多位民营企业负责人参加培训，提升思想政治素质和经营管理能力。在非公经济人士中深入开展理想信念教育，大力弘扬和践行社会主义核心价值观，鼓励和引导民营企业家积极履行社会责任，投身光彩慈善事业和其他社会公益活动。年内，裕廊、联化、大和、金兰、润生广场、康生药业等多家民营企业捐出一定数额资金参与助学、扶贫济困等光彩活动。

（刘宽做）

农村工作

【概　况】 2015年，中共响水县委农村工作办公室（扶促办）坚持以农业增效、农民增收、农村发展为己任，积极深化改革，创新创业，有效促进农业农村经济发展，全面完成各项目标任务。全县新增年投资额100万元以上农业企业31家，总投资4.85亿元，完成投资2.35亿元。发放扶贫小额贷款1.12亿元，9200个农村无劳动力困难户全部纳入低保。新增承包土地流转面积4000公顷，比上年增长5.54%。化解村级公益性债务1408万元。

【扶贫开发】 全年实施帮扶项目160个，占计划数130%。2.04万低收入户脱贫，9个经济薄弱村达“八有”标准。组织全县2.12万名机关干部职工、村组干部、农村能人大户、有带动能力的共产党员，与低收入户结对帮扶，新上或扩大增收项目2.07万个，户均1个以上。采取扶贫小额贷款全额贴息，低收入农户普通种植业保险、家庭财产险全额补贴，公益性岗位全额购买等方法，扶持经济薄弱村发展、低收入户增收。组织县级相关单位、县内定报企业及省、县委扶促工作队，与经济薄弱村挂钩帮扶，村村增加集体积累。创新扶贫小额贷款投放机制，年内发放贷款1.12亿元，有效解决低收入户上项目缺资金难题。响水县低收入劳动力创业培训工作，在国务院扶贫办公室召开的全国“雨露计划”座谈会上作典型交流发言。

【农业产业化】 年内，新开工农业项目31个，总投资12亿元，其中规模以上农业龙头企业5家。全县规模以上农业龙头企业86家，其中省级2家、市级18家；实现销售收入124亿元，辐射带动农业产业化面积37333公顷，提供就业岗位1.8万个。天荷源食品饮料有限责任公司跻身省级农业龙头企业行列，万洋农副产品有限公司被表彰为江苏省农业电子商务示范单位。

【农村财务监管】 县委农村工作办公室与县财政局联合转发盐城市《关于全面加强农村集体财务预决算管理的意见》，对全县农村财务预决算工作进行部署；下发《2015年村务公开工作要点》，规范村务公开工作。抽调县14个相关职能部门组成专项督查指导组，对农村财务工作每季度进行督查，督查结果在全县通报。全县村务公开实现事务、党务、财务、政务4个方面54个项目全覆盖。县委办公室、县政府办公室出台《响水县村（居）干部考核激励办法》，将村务公开作为考核内容，考核结果与村干部绩效报酬挂钩。

【发展村级集体经济】 协同县财政局，对2014~2015年县6个支持村级集体经济发展项目进行联合验收。对3个市领导挂钩项目，组织人员与有关镇区对接，不定期督查，3个项目年内全部开工，12月底完工。年底，全县村级集体经营性收入15万元以上的村101个，15万元以下村47个。

【农民资金互助合作社管理】 加强对农民资金互助合作社理事长考核力度，细化考核项目，明确考核标准，进行诚信信用评分。统一为镇区购买“软件狗”，配置专门电脑及打印机，委派镇区经管站定期不定期对农民资金互助合作社进行动态监管。对农民资金互助合作社年度审计结果，落实专人跟踪督查，确保问题整改到位。邀请市委农办，县公安局、县人行共同举办全县镇区经管站长、记账员、农民资金互助合作社理事长、会计业务知识培训班，提高农民资金互助合作社管理水平，强化规范管理，保证农民资金互助合作社健康稳步运行。

【发展新型农业经营主体】 全年新登记农民专业合作社42家，总数800家。新增省级示范社5家、市级示范社20家。全县农民专业合作社年销售农副产品60万吨，销售收入24亿元，成为带动农户进入市场基本主体、发展农村集体经济新型实体。全县注册家庭农场142家、注册资金11637万元，经营土地面积2222公顷，土地流转面积2137公顷。其中，省级示范农场3家，市级示范农场4家，注册品牌商标3家。

【“一事一议”工作】 2015年，全县核定86个试点村、101条道路，纳入“一事一议”奖补项目，累计投入1915.9万元。其中省财政奖补1534万元，群众自筹资金233.78万元，村集体资金79.09万元，社会捐赠69.03万元。响水县“一事一议”项目获2015年度江苏省评比一等奖，获项目奖励资金80万元。

【土地承包管理】 大力宣传土地流转益处，激发农民土地流转积极性和主动性。采取多种措施保障发包农民合法权益，保护承租主体合法经营权；确保流转土地农业用途，实现土地资源可持续发展。全年处理土地承包纠纷信访件43起，其中行政复议2起，结案41起。

【土地确权登记】 全县132个村(居)完成土地确权登记资料收集、入户核实和工作底图绘制工作。其中,114个村（居）完成外业测绘工作,111个村(居)完成内业地块图勾绘,83个(村)居完成图表审核公示,28个村(居)完成第一轮公示,44个村(居)完成第二轮公示。县土地确权登记办公室组织培训2500多人次，发放宣传资料127821份。通过培训,使镇、村、组工作人员充分掌握土地确权登记相关政策和技术要求。

【统筹城乡发展】 以改善城乡居民生活质量为目标，以试点镇村重点项目建设为抓手,大胆创新工作举措,全力加快试点镇村发展，全县统筹城乡发展工作稳妥有序推进。完善县域统筹城乡发展规划、县城城东新区详规编制，引领人口向县城集中。对陈家港镇、小尖镇,生态化工区沙荡村、双港镇兴华村区域统筹规划调整修编。陈家港镇、小尖镇,生态化工区沙荡村、双港镇兴华村共实施涉及产业发展、社区建设、基础设施等方面重点项目20个,完成投资16亿元。其中,陈家港镇福港星城、星海城市广场等项目超序时完成,新镇区雏形初现。沙荡村、兴华村、合心村新社区初步建成。陈家港镇、小尖镇、沙荡村、兴华村通过市统筹城乡发展试点示范镇村验收,兴华村被评为盐城市十佳最美乡村。

【政策性农业保险】 全县农业保险常规种植业参保率98%，能繁母猪等养殖业应保尽保，高效农业保费占比50%以上。农业保险为农民增收、农业发展、农村稳定发挥了积极作用。

(汪　蔷　赵玲玲)

老干部工作

【概　况】 2015年,全县离休干部108人。其中:机关单位49人,事业单位22人,企业37人;享受副县(处)级待遇54人,乡(科)级待遇19人,其他待遇35人;1937年7月7日~1942年12月底参加革命工作3人,1943年1月1日~1945年9月2日参加革命工作27人,1945年9月3日~1949年9月底参加革命工作78人。县委老干部局立足本县实际，认真贯彻全国、省、市离退休干部工作会议精神,全面落实老干部“两个待遇”,为老干部提供优质服务；积极发挥老干部在精神文明建设、革命传统教育等方面模范作用，较好完成老干部工作任务。离休干部周仁甫、退休干部张正华、姚开标、张正江以及县教育局、检察院、响水镇3个离退休干部党支部分别被省、市委组织部和老干部局表彰为老干部工作先进集体和先进个人。离休干部周仁甫入选2015年“中国好人榜”(参见分目“精神文明建设”)。

【落实已故离休干部配偶生活待遇】 在全面调查摸底基础上，与县委组织部、财政局、人力资源和社会保障局联合审核,严格把关,为全县105名已故离休干部配偶“双无”(无工作、无固定收入)对象办理社会保障卡,平均每人2.7万元,县财政年投入280多万元。

【纪念抗战胜利70周年】 根据省、市委组织部和老干部局通知，县委老干部局在规定时间将33枚由中共中央、中央军委颁发的纪念抗日战争胜利70周年纪念章，以及每人5000元的一次性慰问金送每位参加抗战离休干部手中。在全县开展“让红色记忆永存——听抗战老战士讲中国好故事”活动,组织抗战老战士刘其友、周仁甫等在农村、学校、县广播电视台宣讲抗战故事。组建由12名离退休老干部参加的合唱团，历时两个月，排练《长征组歌》,参加全省纪念抗战胜利70周年老干部歌咏比赛,获优秀奖;参加县第十二届文化艺术周汇演，展现老干部风采,得到较高评价。

【提升老干部服务水平】 全县建有老干部党支部33个，每月10日为统一活动日，县委老干部局每逢活动日派员前往传达上级文件、会议精神,听取老干部意见、建议,了解面上情况。年内继续开展为老干部服务“家家到”活动,走访慰问老干部120人,建立离休干部健康卡70份、子女台账60份,解决和化解有关矛盾20例。组织老干部元旦扑克比赛、重阳节歌咏会等文化娱乐活动,丰富老干部精神生活。举办两次离退休老干部座谈会，组织两批老干部党支部书记赴省、市参加支部书记培训。

【响水县老年大学】 响水县老年大学创办于1985年。依托县老干部活动中心,拥有固定教室12间、办公室2间、会议室1间、综合演艺厅1间、阅览室1间、棋牌活动室4间，室外活动场地620平方米。2015年,在校学员368人,聘请专、兼职教师24人,开设地方戏曲、保健养生、音乐、舞蹈、京剧、乐器、国画、诗词、太极健身、书法10个班级。县老年大学被省老年大学协会评为“江苏省示范性老年大学”。　(蔺海萍)

党校教育

【概　况】 中共响水县委党校（县行政学校、县社会主义学校)是县委、县政府培训全县党员领导干部、国家公务员和马克思主义理论骨干主阵地,同时承担马克思主义、毛泽东思想、邓小平理论、“三个代表”重要思想、科学发展观、习近平系列重要讲话精神、党的最新理论创新成果课题研究和各类继续教育任务。实行一套领导班子、三块牌子办学。内设办公室、党教科、政研科、培训科、基层工作科、研究室、财务科、工会。在编人员17人,其中专职教师13人。教师队伍中,高级讲师5人,讲师6人,助理讲师2人。2015年,自办各类班次23期，培训党员干部3200人次,学历教育500多人。党校工作人员中，被中共江苏省委党校表彰为优秀教师1人,被中共盐城市委党校表彰为优秀教育管理工作者2人、优秀教师1人,受县委、县政府嘉奖4人,被评为县学习型党员1人。

【党员干部教育】 年内，围绕中共党史和党的建设、中共十八大以来方针政策、马克思主义理论、中国特色社会主义理论开课。举办基层干部培训班3期，参训学员610人；举办为期1个月科级干部班培训2期，参训学员400多人；举办青年干部班培训1期，参训学员350人；举办副科级及后备干部培训班11期，培训学员1500多人次。会同省委驻响帮扶工作队和县委组织部创办响水县首届新型职业农民培训班，培训学员300多人；开办新任大学生“村官”培训班，参训学员21人。利用扬州大学师资力量，举办响水县第二期职业农民(经纪人)培训班，参训学员70人。开办全县非公企业党建工作培训班，特邀全国优秀党务工作者、沪士集团党委书记陈惠芬讲课，参训学员171人。

【学历教育】 与南京林业大学联办农业推广专业研究生课程班，首期学员顺利毕业。与四川农业大学、郑州大学联办网络教育大专、本科学历班，在册学员420人，毕业300人。

【职称培训】 会同县财政局举办小企业会计继续教育培训班，400多人参加年度考核培训。会同县人社局举办事业单位参照公务员管理人员培训班，560多人参加培训并顺利通过考核。

【宣讲教育】 配合全县群众路线教育实践活动，选送党校教师在北京、南京、常熟、淮安等地学习；组织学习中共十八届四中、五中全会精神等专题培训，在有关部门及下乡宣教65场次。

【课题调研】 围绕马克思主义理论、中国特色社会主义理论开展课题调研，教师陆从峰等人撰写的《关于人民民主专政的内涵》等文章获省委党校奖。围绕中共十八大以来方针政策及省、市委会议精神进行课题调研，王俊文、王耀虎撰写的《对响水北抬头的理论价值和实践意义的探讨》一文获市委党校二等奖。吴中撰写的《浅谈新四军在华中根据地的廉政建设》(项目编号：15-SKTJJS-30)，经盐城市专家组评审，准予结项并获市哲学社会科学一等奖。党校课题组会同国华电厂课题组撰写的《道德讲堂探讨》获神华集团调研成果三等奖。 (吴　中)

党史工作

【概　况】 中共响水县委党史工作办公室为正科级行政事业单位，与响水县地方志编纂委员会办公室合署办公，两块牌子，一套班子。内设办公室、党史编纂科、地方志编纂科，参照公务员管理。2015年，县委党史办公室认真贯彻中共中央、省、市、县委关于加强和改善新形势下党史工作意见，创新创优做好史志工作，充分发挥“存史、资政、育人”作用。党建论文《浅谈农村基层党组织建设》在《党史资料与研究》(2015年第2期)上发表，《浅谈农村基层服务型党组织建设》在《唯实·现代管理》(2015年第5期)上发表。

【编印《响水县大事记》】 每月编印《响水县大事记》简报，送县四套班子领导，各镇区、各部门、各单位及县内重点企业负责人参阅，及时为县委、县政府及有关部门提供资政服务。继《响水县大事记(1928~1988)》《响水县大事记(1989~1996)》后，年内组织编纂《响水县大事记(1997~2015)》，向响水建县50周年献礼。

【党史宣传教育】 以抗战胜利70周年为契机，积极开展各类党史宣传教育活动。一是参与《江苏见证——抗战时期人口伤亡与财产损失调研报告》《江苏惨案》等书的修订出版工作。二是向《铁血铸魂——盐城抗战百名英烈传》提供李文广、周玉珍、王商、陈树德4位响水籍烈士生平事迹。三是向市党史工办提供抗战时期党员干部、非烈士人物徐禹民抗战事迹材料。四是整理抗战课题调研相关档案资料。五是接受市、县广播电视台采访，制作抗战胜利70周年专题片。5月，县委党史办公室王志迁、吕海燕、顾霞飞接受市广播电视台“铁血丰碑·红色遗址”系列访谈，6月，播出“陈家港战斗”录音访谈；8月，接受盐城电视台采访，拍摄陈家港战斗遗址，制作《红旗首扬陈家港　海盐千垛分人民》专题片，在“串场星空”栏目播出。六是配合盐阜大众报社《寻访盐阜报铭刻的抗战印记》系列活动，提供张爱萍指挥陈家港战斗相关图片、资料，并接受访谈。七是在《今日响水》报开辟响水抗战专题“烽火响水”，介绍在响水发生的7个抗日战事。八是在《今日响水》报开辟响水抗战专题“永不忘却的记忆——致抗战英烈”，提供6位抗战烈士传略。九是会同组织、宣传等部门做好纪念抗战胜利70周年相关活动。十是和县委组织部、宣传部，县级机关工委等部门组织观看党史专题教育影片《没有共产党，就没有新中国》。

【党史研究成果】 8月，组织力量撰写党史论文《抗日根据地民主政权建设的历史价值与现实启示》《新四军是苏北抗日战争的中流砥柱》，参加盐城市“铁军精神”理论研讨会，入选《铁军精神与新四军抗战理论研讨会论文集》，并被列为盐城市社科应用研究项目课题(项目编号：15-SKTJJS-19，15-SKTJJS-1)。《抗日根据地民主政权建设的现实启示》在《盐阜大众报》刊登。9月，撰写论文《习仲勋与陕甘边革命根据地》参加省党史学会纪念抗战胜利70周年学术研讨会；撰写《响水抗日史话》在《今日响水》报刊登。

【为江一真诞辰100周年纪录片提供资料】 2015年是中央顾问委员会委员、卫生部原部长江一真诞辰100周年。6月10日，军事科学院研究员徐占权、《东南卫视》采编王毅、项南研究会常务副会长曾海泉等组成采访团在响水采访了解江一真1946~1948年在滨海县(今响水县)担任县委副书记、组织部长、县大队副政委时期的工作、生活情况，县委党史办公室为纪录片拍摄提供大量翔实资料。

(张耀清　滕仕惠)

档案管理

【概　况】 响水县档案局(馆)为中共响水县委直属行政事业单位，参照公务员管理。内设办公室、监督指导科

(法制科)、保管利用科、征集编研科,核定编制7人。县档案馆建筑面积1040平方米,其中库房面积650平方米,为局部4层砖混结构,设有库房、政府信息公开查询室、开放档案室、阅档室、办公室、会议室等。2015年,馆藏档案101个全宗、35351卷档案及馆藏资料;编制馆级、全宗级、案卷级、文件级目录以及开放档案目录340册。全县有各类基层档案室264个,专、兼职档案员412人。

【档案安全】 县档案馆制定档案安全管理制度,明确责任人,落实安全责任。严格按“九防”要求,定期对库房清扫、杀虫消毒和安全检查,防止档案发霉虫蛀。每天对库房温、湿度进行监控,检查灭火器、去湿机、消防栓安全性能,检查电路、用电设备运转情况,确保万无一失。对基层档案室进行档案业务指导,从档案法律法规宣传学习、档案工作机构体制建立、档案安全保管、档案移交接收、档案开发利用以及档案保管场所是否符合安全要求等方面进行同步检查,督促各基层档案室建立健全规章制度,配备必要设备设施,落实保管、保护措施。

【档案利用】 按照《中华人民共和国档案法》和档案安全利用有关规定,积极审慎开发利用档案,保证在档案利用过程中无失、泄密情况发生。全年开放档案、接待查档人员2200多人次,解释涉档法律规定530多人次,妥善化解因职工主管单位档案收集不齐全、档案保管工作不力等造成的档案遗失、缺损而引发的信访问题800多起,为查档人员依法提供档案证明400多份。

【档案业务指导】 组织工作人员深入县级机关、镇区、企业调查研究,编制出全市第一家《县档案馆收集档案范围实施细则》,并通过省、市档案局评审,为县档案馆和各立档单位收集档案提供科学依据。年内,指导县国土局、检察院创建省五星级和5A级档案室,国华陈家港发电有限公司创建省四星级档案室,县劳动保险处、医保中心、劳动就业处创建省三星级档案室。对县农商银行、黄海农场、城投公司档案整理进行全面培训和指导。制作《农村土地承包经营权确权登记各级档案归档范围、保管期限和整理要求》课件,对镇区经管站长、村会计进行业务培训,推动全县农村土地确权档案建设有序开展。

(李 蓉)

台湾事务

【概 况】 2015年,中共响水县委台湾工作办公室(县政府台湾事务办公室)牢牢把握两岸关系和平发展主题,积极策应省“四个新高地”建设,扎实开展对台交流交往、招商选资工作,积极服务台商台属,各项工作有序稳步推进。

【参加市赴台经贸活动】 4月,以县委主要领导为团长的响水分团在市委书记朱克江带领下参加市在台举办的江苏盐城经贸合作说明会及江苏盐城现代农渔业合作说明会、江苏盐城旅游业合作说明会三个专场活动。活动期间,由响水经济开发区负责对接的安威机具等项目参加市集中签约。10月,以县政府分管领导为团长的响水在台经贸考察团随市长王荣平参加“盐城·台中经贸合作恳谈会”,响水县沿海经济区参加签约。

【服务台商台属】 承办盐城市在响水召开的台属自主创业现场观摩交流会。坚持以人为本,切实保护台胞、台属合法权益,全年为台胞、台属办实事30多件,妥善解决涉及低保、子女入学、房屋拆迁、赴台探亲等实际问题。

【涉台信访稳定工作】 根据省、市台办统一部署,全面排查并积极做好涉台信访案件调处和服务工作,主动对接县经济开发区和县有关部门,配合省、市台办在响水成功召开三方协调会,妥善处理涉台投资纠纷案1件,并对可能发生的涉台信访案件进行认真排查,明确处置方法,确保社会稳定。

(王 飞 陆 尧)

机构编制

【概 况】 响水县机构编制委员会办公室,既是县委工作部门,又是县政府工作机构,正科级建制,核定行政编制12人,主要负责全县行政管理体制、机构编制管理、机构改革及事业单位登记管理工作。2015年,完成工商、质监、食药监“三合一”整合工作。整合后组建的县市场监督管理局围绕机构整合、职能融合、力量聚合目标,按照“三定”方案落实人员定岗定编,实现人心不散、工作不乱、平稳过渡。完成卫生、计生部门整合。新组建的县卫生和计划生育委员会领导班子调整到位,挂牌运行。完成相关涉改部门职能划转。按照“人随事走”原则,对涉及人口政策规划、生猪定点屠宰、餐饮环节食品安全监管等职责划转进行面对面交接,相应划转有关人员和编制,保证职责划转无缝衔接。推动不动产登记职责统一整合工作。实地走访国土、房产、林业、海洋渔业等相关登记部门,从技术层面进行业务指导,为推进改革创造条件。

【“六张清单”编制】 把推行“六张清单”作为全县深化行政审批制度改革、简政放权、转变政府职能的主要抓手。一是行政审批事项流程清单。对县本级行政审批事项服务流程进行全面清理和规范,清理结果经县政府常务会议通过后,以县政府名义发文公布,并在县政府门户网站、《今日响水》报、响水电视台进行公开。清理后,县本级行政审批事项保留182项,取消38项,挂起169项,转为公共服务和日常监管129项。行政审批流程申报资料精减220个,审批环节精减246个。二是涉企收费清单。对全县涉企的行政事业性收费和政府定价的经营服务性收费项目进行全面清理,取消上级明令停止征收的涉企、民生收费项目12个,压降涉企收费31项。行政事业性收费项目压降幅度1/3,经营服务性收费项目压降幅度超过1/3。三是行政权力清单。以政府办名义印发《关于全面清理行政权力建立权力清单制度的通知》,由县编委办公室、法制办公室、监察局等部门组成权力事项合法性审查小组逐一甄别审核,保证行政权力清单的时效性、准确性。四是财政专项资金管理清单。《响水县财政专项资金管理使用办法》和清单目录经县政府常务会议讨论通过,由县财政局具体承办。五是投资负面清单。根据国家产业政策,结合县内主导产业和传统优势产业规划和发展现状,制定产业投资鼓励、限制、禁止类目录,指导镇区、工业园区招商选资。六是权力事项责任清单。建立全方位、经常化、立体化监督和责任追究机制。政府离开不该插手的经济领域,当好市场秩序"裁判员"和改革创新"守护神",防止政府部门及工作人员权力"寻租行为",促进创业投资和民生服务便利化。

【事业单位法人年度报告】 县编委办公室印发《事业单位法人年度报告书格式》《事业单位法人提交年度报告操作流程》《事业单位设立、变更、注销登记操作指南》等指导性文件,对全县事业单位提交的年度报告严格把关审核,认真检查职责履行情况和核定事项运行情况,对材料不全、表格填写有误、签字不到位的,一律不予审批和办理年度报告,退回主管部门重新按规范填报,使年度报告时限性、真实性、证书实效性、部门联动性得到强化。

【机构编制管理】 严格遵守"严控总量、盘活存量、增减平衡"原则,出台《进一步加强和规范全县机构编制管理若干规定》,建立健全机构编制管理监督约束机制,增强机构编制管理科学性、规范性和严肃性。盘活用好机构编制资源,建立控编、减编长效机制,破解控制机构编制增长与适应事业发展需要矛盾,降低行政成本。全县行政编制总量(含政法专项编制)低于国家和省市下达限额。

【政务中文域名注册】 全面推进网络"红页"建站服务。积极利用门户网站等渠道大力宣传网络"红页"建站工作,提高全县党政群机关、事业单位对网络"红页"认识,提升人民群众认知度;学习网络"红页"使用和更新方法,及时更新网络"红页"基础项内容,充分发挥模板作用,提升自身业务技能。继续做好域名初始注册工作。严格按省、市要求,对全县党政群机关和事业单位申请政务和公益域名初始注册情况进行管理,查缺补漏,督促未注册单位申请注册,确保注册数量只增不减。截至10月底,全县党政群机关、事业单位网站中文域名实现全覆盖,机关事业单位网站挂标单位383家。

【事业单位法人治理结构试点】 根据上级编制部门统一部署,县编委办公室会同县组织、人社、财政等部门召开全县事业单位法人治理结构建设试点工作动员会议,印发《响水县事业单位法人治理结构建设试点工作指导意见》,以县第二人民医院和第二实验小学作为全县第一批试点单位。通过试点,积极探索理事会主导下的法人治理结构新型管理模式,逐步走向政事分开、管办分离,科学化、制度化、高度自治的发展轨道,为全县事业单位改革提供经验,发挥示范作用。 (汪卫华)

【责任编辑 苗其培】

知识链接

毛泽东两次巧遇蒋介石

1945年8月28日下午,毛泽东抵渝后,当晚蒋介石在林园官邸设晚宴。翌日,当晨光微熹时,毛泽东便起床散步了。透过繁枝密叶,毛泽东依稀看见一人低头背手向他走来。行至跟前,毛泽东叫了声"蒋委员长",蒋介石一愣,继而笑着说:"哦。润之先生,你怎么不多睡会儿,听说你有夜晚工作,白天睡眠的习惯?"毛泽东莞尔一笑:"有道是前三十年睡不醒,后三十年睡不着啊!委员长是否有同感?""有的,有的。"蒋介石一边应付着,一边说:"好吧,润之先生,坐下聊聊。"此乃毛泽东首次邂逅蒋介石。

9月3日,毛泽东又行出访。本拟造访国民政府监察院院长于右任,但又闻蒋介石在于处,于是决定先行拜访居于左近的考试院院长戴季陶。从戴宅出来后,毛泽东再到于处,突然见前面有人来,走近一看又是蒋介石,他客气的问毛泽东:"先生何往?"毛泽东坦然告之,蒋介石不乏怔忡,旋即佯笑道:"好,见见好……"此乃毛泽东第二次邂逅蒋介石。

本文出自中国历史故事网

响水县人民代表大会

综　　述

【概　况】 响水县人大常委会下设办公室、研究室和内务司法委员会、财政经济委员会、农村工作委员会、科教文卫委员会（民族宗教侨务外事委员会）、环境资源城乡建设委员会、人事代表联络委员会。2015年，县人大常委会全面落实中共中央和省、市委关于加强县、乡人大工作和建设文件要求，切实履行法律赋予职责，圆满完成年初既定各项目标任务。

年内，召开县第九届人民代表大会第四次会议。召开常委会会议9次，审议县人大常委会执法检查组执法检查报告3份，审议县人民政府和县人民法院、县人民检察院(以下简称县“一府两院”)工作报告14份，形成审议意见14份；依法任免县国家机关工作人员37人次，作出决议、决定21项，举办法律讲座5次。召开县人大常委会主任会议9次，依法决定县人大常委会会议日期、议程和处理机关重要工作，听取县“一府两院”有关工作汇报。

县人大常委会及其工作机构组织省、市、县三级人大代表开展各项调研视察，集中活动2次；召开全县基层人大工作座谈会2次；安排镇人大主席或副主席、县人大代表列席常委会会议80多人次，参加视察调研260多人次、执法检查50多人次。成功举办县第三届人大代表论坛活动，组织省、市、县、镇四级人大代表，紧扣“同心谋划十三五，合力共建新响水”主题，深入调查研究，撰写论文87篇，为全县科学制定“十三五”规划提供参考。在人大代表中开展“两争一创”活动，评选产生先进代表小组5个、优秀人大代表10名、优秀建议20件，对13名驻响市人大代表进行述职评议。召开县人大工作理论研究会第四届理事会第一次会议暨2015年年会，印发《响水县人大常委会会报》7期。完成首部《响水人大志》初稿编纂工作。通过响水人大网、代表手机报、县电视台专栏、《今日响水》报专版等媒介做好对外宣传工作。县人大常委会机关工作人员全年在上级人大系统及有关报刊发表人大理论探讨、工作研究、通讯报道等文章和信息100多篇，多篇稿件在省、市获奖。县人大常委会办公室被省人大常委会研究室评为《人民与权力》杂志通联先进集体，研究室连续三年被评为盐城市人大宣传工作先进集体。 （张海冬）

【县人大常委会主任、副主任分工】

马俊健　负责县人大常委会全面工作。

裴彦贵　协助负责县人大常委会全面工作，负责县人大常委会日常工作。分管县人大常委会办公室、研究室和人事代表联络委员会工作。

李　刚　分管县人大常委会农村工作委员会工作。

刘曙明　分管县人大常委会内务司法委员会、环境资源城乡建设委员会工作。

张孝将　分管县人大常委会财政经济委员会、科教文卫委员会(民族宗教侨务外事委员会)工作。

重要会议

【县第九届人民代表大会第四次会议】

2015年3月6~7日，召开响水县第九届人民代表大会第四次会议，出席代表226人。会议议程：听取和审议县人民政府县长崔爱国所作政府工作报告；审查和批准县2014年国民经济和社会发展计划执行情况与2015年国民经济和社会发展计划草案报告，批准县2015年国民经济和社会发展计划；审查和批准县2014年财政预算执行情况与2015年财政预算草案的报告，批准县2015年县本级财政预算；听取和审议县人大常委会副主任裴彦贵所作县人大常委会工作报告；听取和审议县人民法院院长谭斌所作县人民法院工作报告；听取和审议县人民检察院检察长陈宏成所作县人民检察院工作报告；举行县人大代表“两争一创”表彰仪式。会议收到代表建议、批评和意见162件。

【县第九届人民代表大会常务委员会会议】 2015年，县第九届人大常委会共举行9次会议。审议县政府关于经济工作、财政预算调整以及县人代会议案、代表建议、批评和意见办理情况报告；全县城乡污水处理厂和压缩式垃圾中转站投运，企业科技创新，为民办实事工程建设，现代农业经营主体培育，推进基层医疗卫生体系建设，县法院、检察院司法公开情况汇报；《中华人民共和国体育法》《江苏省全民健身条例》《中华人民共和国安全生产法》《江苏省安全生产条例》《中华人民共和国治安管理处罚法》等法律法规在全县贯彻实施情况执法检查报告。听取县政府落实县人大常委会12项审议意见情况报告，进行满意度测评。

1月，第21次会议补选崔爱国为市人大代表；审议并通过县人大常委会代表资格审查委员会关于终止樊小彬、周青青代表资格报告；听取县政府对县人大常委会关于全县养老服务体系建设、全民创业工作审议意见落实情况报告，进行满意度测评；评选“两争一创”活动先进集体和先进个人，通过《关于表彰2014年度先进县人大代表小组、优秀县人大代表、优秀代表建议的决定》；讨论全县城乡联网供水一体化情况调查报告；通过相关人事任免事项。

3月，第22次会议作出《关于召开响水县第九届人民代表大会第四次会议的决定》《关于接受马俊健同志辞职请求的决定》《关于接受李玉彦、王中林同志辞去县九届人大代表职务请求的决定》《关于许可对县九届人大代表王兴宇采取行政拘留强制措施的决定》；听取并通过代表资格审查委员会关于代表变动和代表补选情况报告；审查批准响水县国民经济和社会发展第十二个五年规划调整方案；对2014年国民经济、社会发展计划执行情况和2015年国民经济、社会发展计划草案，2014年财政预算执行情况和2015年财政预算草案进行初审；讨论响水县人大常委会工作报告(征求意见稿)和响水县第九届人民代表大会第四次会议其他事项。

4月，第23次会议通过《关于接受崔爱国同志辞去县人民政府县长职务请求的决定》，任命单永红为县人民政府副县长、代理县长；审议通过《关于全面推进法治响水建设的决议》；审议县政府关于全县城乡污水处理厂和压缩式垃圾中转站投运情况报告、县人大常委会执法检查组关于《中华人民共和国体育法》《江苏省全民健身条例》在响水县贯彻实施情况执法检查报告；举办《中华人民共和国安全生产法》法制讲座。

5月，第24次会议审议县人大常委会执法检查组关于《中华人民共和国安全生产法》《江苏省安全生产条例》在响水县贯彻实施情况执法检查报告、县政府关于企业科技创新情况报告；通过相关人事任免事项。

6月，第25次会议审议通过《响水县人大常委会关于同意将响水县城乡供水一体化工程项目建设资金纳入县财政年度预算的决定》《响水县人大常委会关于同意将响水县保障性安居工程项目建设资金纳入县财政年度预算的决定》。

7月，第26次会议审查批准2014年县本级财政决算；审议2014年县本级预算执行和其他财政收支审议工作报告、县政府关于2015年上半年经济运行和财政预算执行情况的报告、为民办实事工程建设情况的报告；对全县城乡供水一体化建设推进情况进行专题询问；听取县政府对县人大常委会《关于加强基础建设，全力推进教育基本现代化进程》议案办理审议意见落实情况报告，进行满意度测评；通过相关人事任免事项。

9月，第27次会议审议县政府关于县第九届人民代表大会第四次会议代表建议、批评和意见办理情况报告，关于现代农业经营主体培育情况报告，关于推进基层医疗卫生体系建设情况报告；审议县人大常委会执法检查组关于《中华人民共和国治安管理处罚法》在响水县贯彻实施情况执法检查报告；听取县人大常委会关于县城小区物业管理情况调研报告、对县政府贯彻实施《中华人民共和国安全生产法》《江苏省安全生产条例》执法检查审议意见落实情况报告，进行满意度测评。

11月，第28次会议听取并评议部分市人大代表向县人大常委会述职报告；审议县法院、检察院关于司法公开情况报告；审查批准2015年县本级财政预算调整方案；讨论通过《关于同意将响水县城乡供水一体化工程项目贷款本息纳入2016~2023年度财政预算的决定》；听取县政府关于2014年度县本级预算执行和其他财政收支审计工作报告整改落实情况的报告，对县人大常委会关于全县上半年经济运行情况、2014年县本级财政决算和2015年上半年财政预算执行、2014年度县本级预算执行和其他财政收支审计工作以及全县企业科技创新情况、城乡供水一体化建设推进情况、全县经济体制改革推进情况审议意见落实情况报告，进行满意度测评；通过相关人事任免事项。

12月，第29次会议通过《关于接受张志胜同志辞职请求的决定》《关于召开响水县第九届人民代表大会第五次会议的决定》；讨论并通过代表资格审查委员会关于部分代表资格审查报告；讨论县人大常委会工作报告(征求意见稿)，关于设立响水县第九届人民代表大会财政经济委员会、法制委员会相关事项，召开县第九届人民代表大会第五次会议其他事项；评选“两争一创”活动先进集体和先进个人，通过《关于表彰2015年度先进县人大代表小组、优秀县人大代表和优秀代表建议的决定》；审查县政府关于响水县国民经济和社会发展第十三个五年规划纲要(草案)，关于2015年国民经济、社会发展计划执行情况和2016年国民经济、社会发展计划草案，关于2015年财政预算执行情况和2016年财政预算草案；听取县政府对县人大常委会关于2015年为民办实事工程建设审议意见，县第九届人民代表大会第四次会议代表建议、批评、意见办理审议意见落实情况报告，进行满意度测评；通过相关人事任免事项。 (张海冬)

重要活动

【办理县人代会议案和建议、批评、意见】 在县第九届人民代表大会第四次会议上，收到代表建议、批评和意见162件。其中，由县政府牵头办理的141件，占总数87%。内容涉及工业类6件，占4.3%；农业农村类35件，占24.8%；城建、交通、国土类44件，占31.2%；财政、金融、社会保障类11件，占7.8%；科教文卫类36件，占25.5%；服务业类4件，占2.8%；其他类5件，占3.5%。

3月，县第九届人大常委会第26次主任会议经过讨论，将10件县人大代表建议确定为重点建议。分别是："关于疏浚工业园区新民支渠的建议""关于科学推进沿海滩涂绿化工作的建议""关于切实解决创建'法治先进县'工作中关键问题的建议""关于进一步规范响水县房地产抵押登记管理的建议""关于加快黄响河公路桥东接解放路工程的建议""关于县城住宅小区物业管理规范化建设的建议""关于解决机关事业单位人员房改补贴遗留问题的建议""关于尽快落实职工带薪休假制度的建议""关于切实解决县城部分学校大班额问题的建议""关于加强群众性文体设施开发利用的建议"。根据工作分工，10件重点建议分别由县人大常委会一名领导牵头督办，县人民政府一名分管县长领办；县人大常委会相关委、室具体督办、县政府有关部门具体承办。

7月，县第九届人大常委会召开第26次会议，对县第九届人民代表大会第四次会议确定的1号议案"加快城乡供水全覆盖，保障饮水安全惠民生"推进情况开展专题询问。针对常委会组成人员提出的小水厂改制推进慢、资金筹措难等问题，县政府分管副县长及县水务、卫生、环保等职能部门主要负责人分别围绕工程建设、经费投入、小水厂处置、后期管理等相关工作进行答询，会后形成审议意见交县政府办理；听取县政府对2号议案"关于加强基础建设，全力推进教育基本现代化进程"落实情况报告，进行满意度测评。

9月，县第九届人大常委会召开第27次会议，审议县政府关于县第九届人民代表大会第四次会议代表建议、批评和意见办理情况报告。会议指出，各承办单位按照《响水县人民代表大会议案、建议处理办法》要求，认真办理人大代表提出的建议、批评和建议。162件人大代表建议、批评和意见，已经解决或基本解决的53件，占总数的32.7%；正在解决或列入规划以后逐步解决的99件，占61.1%；因客观原因暂时无法解决的10件，占6.2%。有少数承办单位存在重视程度不够，办理工作拖拉、答复含糊其辞、与代表沟通交流不足、重答复、轻落实等现象。会议要求，各承办单位要进一步提高认识，增强办理主动性；加强与人大代表交流沟通，提高办理满意度；狠抓落实，努力提高办结率。会后形成审议意见交县政府继续办理。关于审议意见办理落实情况，县政府于12月在县第九届人大常委会第29次会议上进行汇报。由县政府牵头办理的141件人大代表建议、批评和意见，办结和基本办结率超过60%，通过满意度测评。

【法制工作监督】 4月，县第九届人大常委会召开第23次会议，审议通过《关于全面推进法治响水建设的决议》。要求全县上下充分认识全面推进法治响水建设重大意义，准确把握依法治县方向、目标和基本原则，全面推进依法执政、依法行政，建设法治政府；深化司法体制改革，提高司法公信力；推进全民守法，加强法治社会建设；发挥地方国家权力机关作用，保障《中华人民共和国宪法》和各项法律法规在全县充分实施。审议县人大常委会执法检查组对《中华人民共和国体育法》《江苏省全民健身条例》在响水县贯彻实施情况执法检查报告。会议认为，近年来，全县体育事业取得一定成绩，但存在宣传《中华人民共和国体育法》和《江苏省全民健身条例》力度不大、出台的相关文件和制度不够健全、公共体育设施建设与人民群众健身需求差距较大、学校体育有待加强、专业体育师资缺额较大、公共体育投入经费没有正常纳入财政预算、体育设施管理有待加强等问题。要求县政府及相关部门加大对《中华人民共和国体育法》和《江苏省全民健身条例》宣传力度，提高贯彻执行的自觉性和责任感；加大体育健身设施配套建设与管理力度，为全民健身提供有效设施保障；加大学校专业体育教师配备力度，提高学校体育教学质量；加大组织全民健身活动力度，不断提高公民身体素质；加大对镇区体育工作领导力度，管好用好镇、村体育设施。会后形成审议意见交县政府办理。

5月，县人大常委会执法检查组对《中华人民共和国安全生产法》《江苏省安全生产条例》在响水县贯彻实施情况进行执法检查，县第九届人大常委会召开第24次会议，审议执法检查报告。会议要求，县政府及相关部门对安全生产宣传常抓不懈，进一步提高和拓宽宣传的频率和范围，在全县营造"时时讲安全、处处讲安全"的浓烈氛围；进一步完善综合监管、行业监管和属地监管体系，将安全隐患排查工作延伸至全县所有行业和场所，实现全覆盖；建立县、镇、村三级安全生产监督网络，加大政策扶持和经费投入力度，不断增强安全监管和应急处理能力。会后形成审议意见交县政府办理。

6月，县人大常委会召开全县人大规范性文件备案审查工作会议，传达全省人大规范性文件备案审查工作会议精神，下发《县人大常委会规范性文件备案审查规定》，为县人大常委会聘请的7位规范性文件备案审查专家组成员颁发聘书。

9月，县人大常委会执法检查组对《中华人民共和国治安管理处罚法》在响水县贯彻实施情况进行执法检查，县第九届人大常委会召开第27次会议，审议执法检查报告。会议要求，县政府及相关部门要加大法律宣传教育力度，营造良好执法环境；完善社会防控体系建设，加强部门协调配合，强化社会治安管理职能，加强对重点场所和重点人员的管控；加大执法力度，规范执法行为；加强公安队伍建设，提高干警综合素质。会后形成审议意见交县政府办理。

11月，县第九届人大常委会召开第28次会议，听取县法院、检察院司法公开工作情况报告。会议充分肯定"两院"在司法公开方面取得的成绩，指出在司法公开宣传力度、实效性、机制完善、保障措施等方面存在的不足之处，要求县法院、检察院进一步构建开放、动态、透明、便民的司法机制，打造多元化载体；完善问责奖罚机制，加强督查通报，及时纠正工作中存在的问题和不足。会后形成审议意见交县法院和检察院办理。

【工业经济工作监督】 3月，县第九届人大常委会召开第22次会议，审议通过《关于批准响水县国民经济和社会发展第十二个五年规划调整方案的决定》，对2015年度国民经济和社会发展计划草案报告进行初审。县第九届人民代表大会第四次会议国民经济社会发展计划和财政预算审查委员会，听取县发改委对草案编制情况说明，并进行审查，审查报告提交人代会主席团审议。

5月，县第九届人大常委会召开第24次会议，审议县政府关于企业科技创新情况报告。会议要求，县政府及其相关部门要紧紧围绕习近平总书记2014年在江苏视察时就科技创新工作提出的“四个对接”要求，进一步加大创新驱动战略实施力度，培育创新文化，为企业科技创新提供优质服务；加大创新资源向企业聚集力度，充分发挥政府科技投入对全社会的示范和引导作用，造就多元化科技创新投入机制；加大企业人才队伍建设力度，建立人才引进良好机制；加大科技孵化器建设力度，不断完善创新平台软硬件建设。会后形成审议意见交县政府办理。

7月，县第九届人大常委会召开第26次会议，审议县政府关于上半年经济运行情况报告。会议认为，上半年全县招商引资成效不够明显，项目层次有待提高；部分企业受资金、土地、用工等要素制约，运行较为困难。要求县政府及相关部门要重抓稳增长调结构，整合现有资源，推进经济体制各项改革措施落地生效；重抓招商引资，不断提高项目层次，形成新的经济增长点，增强发展后劲；将相关政策、规定落实到位，建立和完善中小企业贷款担保风险补偿机制，优化发展环境，破解发展难题。会后形成审议意见交县政府办理。

2015年，县第九届人大常委会还多次召开会议，分别听取县政府对县人大常委会关于全民创业、经济体制改革推进等工作审议意见落实情况汇报，并进行满意度测评。在肯定成绩的同时，要求县政府进一步强化组织领导，尽快配备专业人员专职从事全民创业工作；加大行政体制改革推进力度，进一步优化创业环境，再掀全民创业新高潮；继续加大推进力度，把改革各项措施推向纵深；进一步加大考核督查力度，强化奖惩措施，严格责任追究。

【农业农村工作监督】 7月，县第九届人大常委会召开第26次会议，审议县政府上半年经济运行情况报告。会议针对响水县农业标准化水平低，高效农业仍处于初级发展阶段；农田基础设施不能满足现代农业发展需求；劳务输出服务、管理水平有待进一步提高；农民专业合作组织作用未能充分发挥等问题，要求县政府进一步夯实“三农”基础，深化农村改革，培育、壮大新型农业主体；调整优化农业结构，促进农业提质增效；加大基础设施投入，改善农业生产条件；提升劳动者素质，拓展农民增收空间。会后就“三农”问题形成审议意见交县政府办理。

9月，县第九届人大常委会召开第27次会议，审议县政府关于现代农业经营主体培育情况的汇报。会议针对全县存在的政策支持、土地流转、融资贷款、公共服务不到位和部分农民专业合作组织制度不够完善、合作松散，少数家庭农场定位不准、缺乏抗风险能力，一些农业龙头企业没有自身产业基地、联农带农作用不强等问题，建议县政府和相关部门围绕解决“谁来种地、地怎么种”的问题，加大政策资金扶持力度，倾力打造现代农业主力军；强化对经营主体服务指导，努力创造良好的发展环境；加强体制机制创新，提高各类主体的生命力。会后形成审议意见交县政府办理。

年内，县人大常委会还多次召开会议，分别听取县政府对县人大常委会关于农业农村工作监督审议意见落实情况汇报，并进行满意度测评；对沿海滩涂绿化、农村河道整治、农产品质量建设等工作进行视察，推动相关工作开展；协助市人大常委会对响水县联耕联种、镇村经济发展等工作进行调研；对《中华人民共和国渔业法》《江苏省渔业管理条例》在响水县贯彻实施情况进行执法检查。

【民生工作监督】 4月，县第九届人大常委会召开第23次会议，审议县政府关于全县城乡污水处理厂和压缩式垃圾中转站投运情况报告。会议认为，全县城镇污水处理厂、压缩式垃圾中转站建设虽然取得重要进展，但在设施的管理和运行上存在诸多问题，影响响水生态县创建和投资效益。会议要求县政府专题会办研究，强化责任，明确城乡污水处理厂和压缩式垃圾中转站建设和使用的时间节点、方法步骤、推进措施；落实资金，加快建设，确保不影响省级生态县验收；明确主体，尽快实现正常运行，各相关部门按照各自职能负责督查指导考核；以点带面，建立长效管理机制。会后形成审议意见交县政府办理。

7月，县第九届人大常委会召开第26次会议，审议县政府关于2015年为民办实事工程建设情况报告。会议指出，20件实事工程绝大部分基本达序时进度，但少数工程项目责任部门存有畏难情绪、筹融资力度不大、项目实施进度不快等问题。会议要求，县政府及相关部门进一步提高思想认识，增强大局意识、责任意识；强化责任落实，保证项目顺利实施；继续加大对民生项目投入，加快工程进度，确保按时按质按量办好民生实事。会后形成审议意见交县政府办理。

9月，县第九届人大常委会召开第27次会议，审议县政府关于全县基层医疗卫生体系建设情况报告。会议针对全县基层医疗卫生机构基础设施较差、人才瓶颈问题突出、政策规定奖补资金未能完全到位、基层医疗机构服务质量不高等问题，要求进一步强化政府主导作用，不断加大财政投入力度；加大人才培养和招引力度，不断充实基层医疗队伍；贯彻落实上级政策，确保各项奖补资金足额及时到位；提升镇村医生素质，夯实医疗优质服务基础。会后形成审议意见交县政府办理。

年内，县第九届人大常委会还多次召开会议，分别听取县政府及相关部门对县人大常委会民生工作监督审议意见落实情况汇报，并进行满意度测评；组织部分县人大代表对县城小区物业管理工作进行调研，对全县农村环境综合整治、县城房地产建设和土地出让金收缴、全县文化产业发展和民族特色村建设等工作情况进行视察，推动相关工作开展。

【财政工作监督】 7月，县第九届人大常委会召开第18次会议，审议2014年县本级财政决算草案报告、关于2014年度县本级财政预算执行和其他财政收支情况的审计工作报告、2015年上半年财政预算执行情况的报告。关于2014年县本级财政决算和2015年上半年财政预算执行情况，会议要求县政府及相关部门提升预算法制意识，保证预算的严肃性；创新预决算管理模式，提升科学理财水平；加强财政监督管理，提升资金使用效率；坚持收支并重，促进应收尽收，优化支出结构，提升保障发展能力。会议经过审查，通过《关于批准响水县2014年县本级财政决算的决定》。关于2014年度县本级财政预算执行和其他财政收支情况的审计工作报告，会议要求县政府建立和落实审计问题整改责任清单，召开专题会议，制定有效措施，从体制机制上加以防范和解决；建立审计问题整改一把手负责制，明确整改责任，提高整改效果；加强审计成果运用，强化与纪检、监察、检察等部门的联动协作，严肃追究相关人员责任；接受群众监督，提升审计透明度。会后形成两份审议意见交县政府办理。县政府接到审议意见后，在2014年财政决算和2015年上半年预算执行方面，努力提高预算法制意识，做好预、决算公开工作；强化预算管理，推进项目绩效管理；加强财政监管，提高资金使用效益；完善收入考核体系，调整支出结构，提高财政保障功能。在县本级预算执行和其他财政收支审计工作报告整改落实方面，县政府及财税部门根据审议意见提出的要求，对审计发现的46个问题整改到位和基本到位的占71%，移送纪检监察机关核查处理事项2个，纠正违规款项1669.86万元。11月，县第九届人大常委会召开第28次会议，听取县政府对上述两项审议意见落实情况报告，并进行满意度测评；审议县本级财政预算调整情况的报告，通过《关于批准2015年县本级财政预算调整方案的决定》。

年内，县人大常委会还审议通过《关于同意将响水县城乡供水一体化工程项目建设资金纳入县财政年度预算的决定》《关于同意将响水县保障性安居工程项目建设资金纳入县财政年度预算的决定》和《关于同意将响水县城乡供水一体化工程项目贷款本息纳入2016~2023年度县财政预算的决定》。

【招商引资和服务项目】 年内，县人大常委会领导班子和机关干部引进的国信黄海风电项目一期工程5万千瓦、二期工程10万千瓦风场竣工发电，引进投资超亿元的华润苏果超市项目10月份竣工开业。常委会领导高度重视服务企业工作，帮助瑞泰盐业、之江化工、大和氯碱、森达热电等挂钩企业解决生产经营中遇到的矛盾和问题。扎实做好县委交办的重大项目服务工作，完成响水港一类口岸开放省级层面申报工作，进入审批程序；一类口岸第四轮临时开放延期报批工作获国家交通运输部等部门批准；宏海码头临时进靠国际航行船舶查验工作顺利开展。

【人大理论研究与对外宣传】 年内，召开县人大工作理论研究会第四届理事会第一次会议暨2015年年会，研讨人大工作理论，对优秀文章作者给予表彰奖励，选举理事会会长和副会长。创办全市首家人大微信发布公众平台，编辑发送人大代表手机报96期，编发《今日响水》报"人大专版"21期，编辑制作并在响水电视台黄金时段播放以镇区为单位的人大工作专题片18集。做好响水人大网维护和内容更新工作，网站总点击率超过90000人次。在省、市级报刊杂志和网站发表稿件近百篇。《响水县人大创新方式，发挥代表主体作用》一文，2015年6月26日被《新华日报》"人民与代表"专版刊用，被新华网、光明网、华龙网、凤凰资讯、江苏大讲堂、江苏省人大网、和讯网等多家媒体转载。电视专题片《南潮河畔景色新》获盐城市人大新闻评选二等奖、全省人大新闻评选三等奖。

【服务代表和代表履职】 3月，县第九届人民代表大会第四次会议对2014年度"两争一创"活动先进集体和先进个人进行表彰。响水镇代表一组、小尖镇代表一组、运河镇代表组、大有镇代表组、法律专业代表组5个先进县人大代表小组，樊财芳、季言霞、吴殿光、王绪梅、高勤文、罗时涛、杨国强、张贵成、姚海林、周林昌10位优秀县人大代表，"关于打造地产农产品名牌的建议"和"关于解决老城区居民区消防问题的建议"等20条优秀代表议案和建议提出者受到表彰。10月，在县电视台演播大厅举办主题为"同心谋划'十三五'，合力共建新响水"响水县第三届人大代表论坛。全县14名省、市、县、镇四级人大代表围绕响水"十三五"规划编制，分别就城镇开发、基础设施、生态文明、民生保障等多个方面问题表达建议和意见。论坛收到人大代表报送文章87篇，评选出特别奖3篇、一等奖5篇、二等奖10篇、三等奖18篇。年内，组织全县各级人大代表调研视察260人次，开展执法检查50多人次；对13名驻响市人大代表进行述职评议，进一步增强履职为民的使命感和责任感。

【县人大机关建设】 县人大常委会党组按照中共中央和省、市、县委统一部署，扎实开展"三严三实"专题教育。结合人大工作特色制订"三严三实"教育实施方案和工作计划。党组成员通过"三解三促一加强""党组织统一活动日"等活动，开展专题调查研究，围绕"严以修身""严以律己""严以用权"三个主题撰写心得体会。常委会机关结合工作实际，开展"争当'三严三实'好干部，推动响水发展上台阶"大讨论，找准、排细"不严不实"问题，完善问题清单，提出改进方法。年底，结合贯彻落实全省人大机关信息化建设工作会议精神，建成县人大常委会电子会议系统并投入使用，提升会议效率和质量。

（张海冬）

【责任编辑　苗其培】

响水县人民政府

综　述

【概　况】 响水县拥有43公里黄海岸线和46.5公里灌河岸线。县域面积1461平方公里，辖8个镇、4个中心社区、1个省级经济开发区、1个沿海经济开发区、1个生态化工园区和152个村（居）。2015年，总人口62.37万人；实现地区生产总值244.3亿元，比上年增长10.5%；一般公共预算收入32.5亿元，增长17%；外贸进出口总额4.5亿美元；固定资产投资250亿元，增长22.4%；城镇居民人均可支配收入23642元，农村居民人均可支配收入13088元。获"全国中医先进单位""江苏省文明城市"荣誉称号。

【工业经济】 扎实开展"项目载体突破年"活动，组建县项目办和驻北京、上海、杭州投资促进服务中心，举办沿海新产业招商推介活动。全县实现规模以上工业增加值171.3亿元，增幅全市第一；实现全口径工业开票销售收入343.7亿元，总量位居全市第三；企业设备抵扣增值税2.38亿元，增长161.6%，总量全市第二、增幅全市第一；工业用电量43.2亿千瓦时，总量和增幅全市第一。全年新申报规模以上工业企业25家，开票销售超亿元工业企业48家，入库税收超千万元工业企业18家。其中，德龙公司开票销售超100亿元，国华电厂纳税3.58亿元。

【农业经济】 全年新增设施农业2133公顷，推广联耕联种25333公顷，新发展家庭农场81家、农民专业合作社39家，粮食总产量54.37万吨，实现"十二连增"。南河万亩现代农业园区成为全市现代农业新亮点，陈家港、南河、双港、老舍等镇区在326省道沿线新建的千亩连片设施农业基地、高效设施农业示范带建设初具规模。全县新增大中型农业机械790台（套），主要粮食作物机械化率80%以上，基本实现机械化。

【第三产业】 全县服务业增加值90.3亿元，社会消费品零售总额59.9亿元，服务业增加值、投资、税收比上年分别增长12.5%、20.5%、13.8%，新增规模以上、限额以上服务企业34家。润生广场城市综合体、华都不夜城、港城大润发等大型服务业项目建成营业，浙江商贸城等重点服务业项目进展顺利，港城迎宾馆、美食城等项目开工建设。响水港区全年货物吞吐量突破2000万吨，总量全市第二。云梯关旅游景区规划建设全面启动。

【沿海开发】 编制响水港控制性详规，推动灌河深水岸线和腹地资源回收利用，建成荣鑫港务万吨级码头6个。建立灌河口航道整治协同维护机制，保证灌河航道常态化疏浚。大力发展临港产业，推进德龙公司金属新材料全产业链和三峡新能源首批海上风机并网建设，荣鑫伟业新材料项目基本竣工，隆亨纸业与北京环卫集团完成合作重组，临港产业开票销售额占全县53%。

【城乡建设】 大力开展"城市建设推进年"活动。高标准编制响水县城城东新区规划，市民服务中心等一批项目开工建设，完成珠江路全线贯通、灌江路提升工程；陈家港港城医院、福港二期等项目启动建设，港城中学基本竣工。加快推进镇村建设。投入16.5亿元，建成集镇重点工程36项、新农村社区8个，新增农民集中居住面积5.6万平方米；改造农村公路280公里，新建农桥175座；完成响陈线等5条县道大、中修工程。投入6.9亿元，完成灌河治理等重点水利工程。电力、邮政、通信等设施建设取得新进展。

【生态文明建设】 大力保护生态环境，全县生态红线保护区域扩大至300平方公里，占县域面积五分之一。"绿色响水"建设成效显著，全县新增绿化造林面积560公顷，林木覆盖率27%，城市绿化率41.2%，PM2.5平均浓度保持全市较低水平。年内，响水县被评为江苏省文明城市。响水镇、陈家港镇、小尖镇、黄圩镇、大有镇、南河镇、双港镇通过国家级生态镇验收；894个自然村庄通过省环境整治全域考核验收，总分列连云港片区和盐城市第二，云梯关村被评为盐城市最美乡村。

【社会事业】 全年，财政用于民生支出37.8亿元，占一般公共预算支出73.6%。完成教育新建、改造工程259项，响水县被评为“国家义务教育发展基本均衡县”和“省定县域教育基本现代化县”。推进23个不达标农村党群服务中心建设，打通联系、服务群众“最后一公里”。完成3个镇卫生院、21个村卫生室标准化改造工程，响水县实行基本公共卫生网格化管理创新做法被中央电视台报道。建成县社会福利中心，成立全国首家县级红十字备灾救灾中心。

【人民生活】 年内，城乡居民人均可支配收入分别达23642元、13088元。新增城镇就业16597人，下岗失业人员再就业7693人，城镇登记失业率1.84%。大力推进扶贫开发，年人均纯收入4000元以下低收入人口全部脱贫，连续第9年被评为“全省扶贫开发工作先进单位”。城乡居民基本养老保险实现全覆盖，企业退休人员基本养老金实现“十一连增”，困难群众托底救助实现全覆盖。建成各类保障性住房10.2万平方米。私人拥有汽车3.45万辆。

（刘必升）

【2015年县政府领导成员分工】

单永红（县委副书记、县长）：主持县政府全面工作，兼管财政、国资、税务、审计、监察、机构编制、经济体制改革和武委会工作。

李运连（县委常委、常务副县长）：负责县政府常务工作，协助负责县政府全面工作。分管发展和改革、沿海开发、人力资源和社会保障、全民创业、信访、统计、物价、司法、民政、双拥、政务服务、招标投标、机关事务、依法行政、城市土地经营、金融、金融生态建设、投融资、档案、地方志工作。协助分管财政、国资、税务、审计、监察、机构编制、武委会等工作。分管县政府办公室（政府研究室）、发改委、沿海办、人社局、统计局、物价局、法制办、接待办、应急办、外事侨务办、司法局、民政局、双拥办、政务办、招投标办、金融办、地方志办公室。协助分管县财政局、国资办、审计局、监察局。联系县残联、国税局、地税局、人行、驻响各银行、保险机构、国家统计局响水调查队。

戴翠芳（副县长）：负责服务业发展、文化、广播电视、新闻出版、文化产业、文明城市创建、环境保护、生态环境建设、市场监督管理、老龄工作。分管县文广新局、环保局、商务局（服务业）、市场监督管理局。联系县烟草局、邮政局、电信公司、移动公司、联通公司、新华书店。

张善荣（副县长）：负责工业、信息化、中小企业发展、招商选资和项目建设、镇村经济、民营经济、安全生产、外向型经济、接轨上海、南北共建、区域经济合作、盐务，以及纺织、贸易、物资、机电、化轻资产经营管理工作。协助分管沿海开发工作。分管县经信委、中小企业局、安监局、商务局（外经外贸）、盐务局、项目办。联系县工商联、供电公司、石油公司、盐务稽查局。

桑良举（副县长）：负责城乡规划建设、交通运输、城市管理、城市防洪、国土资源管理、住房保障和房产管理、口岸管理、农村环境整治。协助分管全民创业。分管县住建局、规划城管局、国土局、交运局、港口局、口岸办、人防办。联系县住房公积金管理中心。

张瀚（副县长）：负责县公安局工作。联系边防大队、消防大队、武警中队。

曹亚（副县长）：负责教育、体育、卫生、人口和计划生育、红十字会、妇女儿童、卫生城市创建工作。分管县教育局、体育局、卫计委。联系县总工会、团县委、妇联、红十字会。

顾红（副县长）：负责科技（地震）、知识产权、产学研用、旅游工作，协助分管投融资工作。分管县科技局、地震局、旅游局。联系县科协。

王建成（县政府副调研员）：分管民族宗教工作。

顾祝生（县政府副调研员）：分管农业农村（农业、林业、畜牧业、海洋渔业、农机管理、绿化）、农业招商和农业产业化、新一轮扶贫开发、水务、防汛抗旱、农业资源开发、滩涂开发管理、

2015年响水县人民政府机构设置

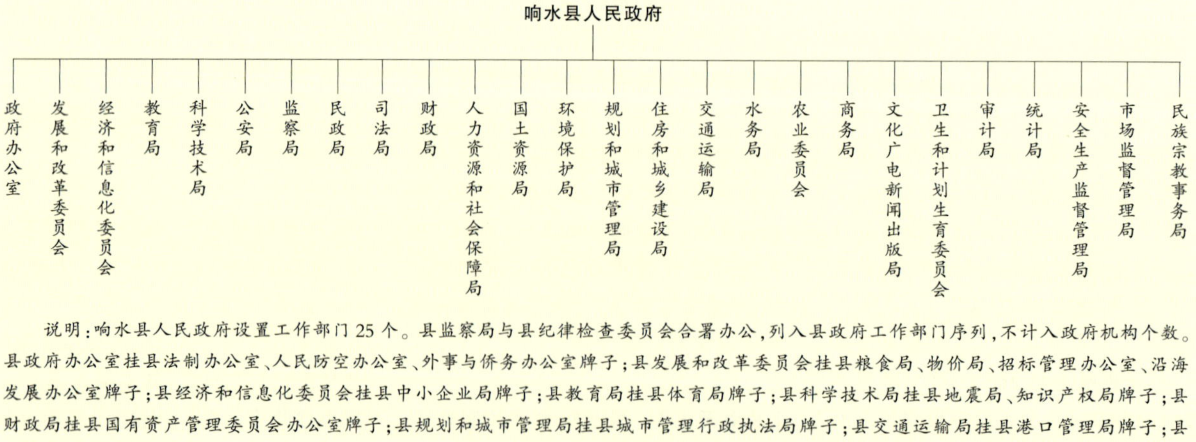

说明：响水县人民政府设置工作部门25个。县监察局与县纪律检查委员会合署办公，列入县政府工作部门序列，不计入政府机构个数。县政府办公室挂县法制办公室、人民防空办公室、外事与侨务办公室牌子；县发展和改革委员会挂县粮食局、物价局、招标管理办公室、沿海发展办公室牌子；县经济和信息化委员会挂县中小企业局牌子；县教育局挂县体育局牌子；县科学技术局挂县地震局、知识产权局牌子；县财政局挂县国有资产管理委员会办公室牌子；县规划和城市管理局挂县城市管理行政执法局牌子；县交通运输局挂县港口管理局牌子；县农业委员会挂县海洋滩涂与渔业局、农业资源开发局、林业局牌子；县商务局挂县旅游局、招商局牌子；县市场监督管理局挂县食品药品监督管理局牌子。

粮食、供销工作。分管县农委、水务局、海洋局、开发局、粮食局、供销社、林业局。联系县气象局。

重要会议

【城乡供水一体化工作推进会】 2015年5月14日，召开全县城乡供水一体化工作推进会。县委书记崔爱国出席会议并讲话，县委副书记、代县长单永红动员部署工作。会议指出，加快城乡供水一体化建设，关系全县千家万户生产生活，是一件功在当代、利在千秋的惠民工程。全县上下要提高思想认识，增强做好城乡供水一体化工作的责任感和紧迫感。会议要求，明确目标任务，加快铺设改造镇村二、三级供水管网，迅速启动运河水厂和沿海水厂扩能工程建设，因地制宜做好镇村小水厂善后工作。创新体制机制，理顺供水服务体系，形成多元化投入机制，推行精细化管理，确保年底实现城乡联网供水，让全县人民吃上干净、安全的放心水。

【响水港建设座谈会】 2015年6月9日，县委副书记、代县长单永红主持召开响水港建设座谈会。会议指出，响水港具有得天独厚资源优势，要抢抓当前港口发展新机遇，主动策应国家“一带一路”战略，推动响水沿海有质量、有效益、可持续发展。会议要求：规划要彰显响水港江、海、河联运优势，科学合理布局；充分利用中转、仓储集散便捷优势，体现智能化港口理念，启用现代化装备，减少转运环节，降低运输成本，不断提升港口竞争力；按照“一港两区多节点”要求，组建县港务公司，整合现有资源，寻求合作伙伴，与产业布局、港口建设、港口竞争者抢时间，以港口的大建设、快突破推进响水经济大发展、快发展。

【农村土地承包经营权确权登记颁证工作动员会】 7月4日，召开全县农村土地承包经营权确权登记颁证工作动员大会。县委副书记、代县长单永红出席会议并讲话。会议指出，开展农村土地承包经营权确权登记颁证，是全国统一部署、统一行动的一项重要工作，要高度重视，切实把确权登记颁证工作摆上重要位置，增强责任感和紧迫感，全力以赴，狠抓落实。会议要求，强化组织推进，加大宣传力度，保证工作质量，确保确权登记颁证工作有序推进；加强协作配合，严格落实责任，保证确权登记颁证工作取得实效。

【农村环境综合整治现场会】 8月14日，召开全县农村环境综合整治现场会。县委副书记、代县长单永红出席会议并讲话。会议指出，农村环境综合整治，是贯彻落实习近平总书记“建设经济强、百姓富、环境美、社会文明程度高的新江苏”要求的实际行动，也是建设美丽盐城“北大门”的现实需要。要奋力攻坚，加大环境整治力度，突出整治重点，建立健全长效管护机制，以冲刺姿态做好农村环境综合整治工作。会议强调，要强化组织领导，加大宣传发动力度，加强督查考核，形成抓好农村环境综合整治工作的强大合力，确保整治工作落到实处、见到实效。与会人员实地观摩运河、六套、老舍、南河、双港等地集镇和农村环境整治现场。

【投融资工作座谈会】 11月12日，召开全县投融资工作座谈会。县委副书记、代县长单永红主持会议并讲话。会议指出，全力做好投融资工作，做大做强投融资平台，事关响水长远发展和民生改善。全县上下要高度重视投融资工作，大力支持国有投资公司发展，保证融资项目募集资金顺利到位，确保中长期、低成本资金尽快落实，进一步保障事关响水长远发展的基础设施和民生项目建设。会议要求，县国资办要进一步完善国有投资公司监管机制，加强对国有投资公司融资项目和融资成本监管，加大对公司人员规范管理研究力度，进一步提高工作效能，促进国有投资公司良性发展。各镇区要全面清理、规范社会融资行为，全力做好高成本融资资金清理工作。重视投融资队伍和投融资体系建设，加大引才聚才力度。会议强调，要培植投资理念，树立成本意识，采取市场化运作方式，确保国有资产保值增值，力争通过几年努力，使响水县国有投资公司在“新三板”、主板上市，为响水经济社会长远发展打下坚实的资金基础。

（刘必升）

重要活动

【德龙镍业与中国一重合作项目开工建设】 3月16日，县德龙镍业公司与中国一重集团签订的总投资50亿元、年产250万吨不锈钢制品项目正式开工建设。该项目是镍铁冶炼的延伸产业，采用国际先进自动化生产线。11月10日，德龙镍业公司总投资30亿元的天龙不锈钢项目竣工投产。全年，德龙公司开票销售突破100亿元，是响水县首家开票销售超百亿元企业，成为全国最大的镍铁合金生产企业。

【中粮生猪养殖和温氏现代化生猪养殖项目建成投产】 中粮50万头现代化生猪养殖项目，由世界500强之一中粮集团在响水县投资兴建。2015年7月，一期出栏20万头生态生猪规模化养殖基地项目竣工。项目秉持绿色发展理念，是集饲料生产、生猪养殖、产品深加工、运输销售为一体的全产业链。温氏50万头现代化生猪养殖项目——响水县平湖第一种猪场竣工，年出栏生态生猪18万头，项目自动化程度高、生态环保效益好，带动400户以上适度规模养殖户，吸纳农村劳动力1000人以上。

【县城新区和港城重点建设项目集中开工】 12月30日，响水县举行县城城东新区和陈家港港城重点建设项目集中开工仪式。包括县城市民服务中心、创客城金融中心、电信综合楼、移动大厦、创客产业孵化园区，港城迎宾馆、美食城、港城医院8个项目，总投资120亿元。

【响水县被评为“江苏省文明城市”】 响水县把创建省文明城市工作摆在

总揽全局的突出位置，通过全民创建、全城创建、全面创建，充分发挥和调动广大干群参与创建的积极性、主动性；实行网格化管理，坚持重点突破与整体提升并举、整治与长效管理并举、硬件改善与素质提升并举，推动文明建设上台阶。2015年6月9日，响水县被省文明委评为“江苏省文明城市”。

【城乡供水一体化工程】 2015年，县政府投入4亿元，集中半年时间，组织近千名施工人员推进城乡供水一体化工程。铺设镇区二、三级供水管网2930千米，入户管网3220千米，安装“一户一表”11.2万户，县、镇水务公司全面组建，完成运河水厂设备安装调试，沿海水厂扩能工程竣工制水，全部工程年底完工。

【淮海戏《贴春联》获全国小戏小品大展金奖】 在“放歌中华、筑梦北京”2015“中华颂”第六届全国小戏小品展览中，响水县创作演出的淮海戏《贴春联》获金奖，同时获优秀编剧、优秀导演、优秀演员、优秀舞美设计、优秀音乐创作等7个奖项。

【资产收益扶贫工作】 2014~2015年，响水县结合推广联耕联种经营，先后投入扶贫财政奖补资金1836万元，购置大型农机具121台（套），交村集体公开发包使用，使有限的扶贫资金，通过资产收益帮助村集体增加积累、低收入户增收。2015年7月24日，国务院扶贫办公室在响水专题调研资产收益扶贫工作，对响水县投入扶贫资金购买大型农机具交村出租，实行管理归县、产权归村、收益到村到户做法给予较高评价，认为这种资产收益扶贫方式，对经济薄弱的平原地区是一种可复制、可推广的长效帮扶模式。 （刘必升）

法制工作

【概 况】 响水县人民政府法制办公室为正科级建制，挂靠县政府办公室。现有专职人员4人、兼职1人，内设法制综合科、行政复议科，附设行政复议庭和行政调解室。2015年，全县依法行政工作认真贯彻落实“依法治国”理念，按照省、市要求，以“依法行政措施落实检验年”活动为载体，加大依法行政开拓创新力度，推进法治政府建设，优化经济发展环境，较好完成全年依法行政目标任务。

【依法行政考核】 在县依法行政工作领导小组领导下，将依法行政各项任务分解落实到责任部门，分步实施，整体推进。把依法行政考核作为政府效能建设重要一环，纳入全县2015年度目标任务综合考核，突出依法行政重要地位，为法治政府建设奠定良好基础。

【法制队伍建设】 及时调整充实政府法制工作机构。年内，县政府法制办公室抽调、考录工作人员2名，并通过合理分工解决法制审查、行政复议、行政应诉、执法监督、规范性文件审查“大杂烩”的工作难题，保障各项工作规范有序开展。

【推进依法行政】 面对新《行政诉讼法》带来的行政应诉压力，及时举办学习《中华人民共和国行政诉讼法》与依法行政工作培训班，邀请省、市行政事务专家对县各执法部门负责人、镇区分管领导进行培训，提高行政机关应诉能力，推进行政执法规范化、法制化建设，加快依法行政、建设法治政府进程。

【提高行政决策水平】 完善合法性审查机制。凡是政府重大决策性措施，重要行政、经济、民事合同等涉法事项，均经承办部门法制机构和县政府法制办两级审查，未经法制审查或经审查属明显不符合法律法规的，不得提交决策、决定。法制部门负责人固定列席同级政府常务会议，加强对政府常务会议全过程的法制监督，确保政府决策合法合规，在法治轨道上运行。加强政府法律顾问资政工作。按照省、市统一部署要求，科学界定政府法律顾问职能定位，在全县初步形成一支具有专业素养和丰富实践经验、以本地律师为主体的政府法律顾问队伍，全面介入政府规范性文件制订、重要行政决策、涉法事项法制审查和法律保障工作。做好规范性文件备案及日常管理。在规范性文件起草和法制审查过程中坚持有件必备、有备必审、有错必纠原则，认真落实规范性文件管理合法性审查制度、有效期制度、备案制度和定期清理制度，全面实施风险评估，确保制定出台的规范性文件合法性、合理性和可行性的有机统一。年内制定出台县政府规范性文件2件，清理2013年以来县政府规范性文件32件。

【完善行政争议调处机制】 县政府法制办公室坚持发挥职能优势，不断探索以法治方式化解行政争议和社会矛盾，努力构建多元化矛盾争议调处机制。一是依法公正办理行政复议案件。坚持以事实为依据、以法律为准绳，严把事实关、法律关和廉洁关。全年收到行政复议申请27件，审结27件。其中维持2件、撤回22件（自我纠错6件，调解后撤回16件）、不予受理3件。二是积极开展行政调解工作。制定下发行政调解实施意见和行政调解办法，协调综治、信访、公安、司法、民政、国土等部门，建立联席会议制度，整合调解资源。全县受理行政调解案件1386件，调处成功1371件，维护了社会安定稳定。

【提升行政应诉能力】 制定出台《响水县行政首长出庭应诉工作规定》，明确规定行政机关负责人出庭应诉案件范围、相关程序和制度。全县行政首长出庭应诉率90%以上。建立健全与法院工作联系制度，及时了解法院行政审判监督工作情况和典型案件审理情况，敦促相关部门认真执行行政机关负责人出庭应诉制度。在行政诉讼案件集中领域，通过召开府院联席会议，共同探讨、分析案件中存在问题及改进方法，从源头上预防和化解行政纠纷。

【规范行政执法主体资格】 通过开展行政执法主体清理审核，着力解决行政执法机构林立、行政职能交叉和行政执法混乱等突出问题。在行政执法主体资格确认工作中，全县审核确认、公布行政执法机关主体资格88个，取消不具备法定授权和委托资质的执法机构7个。同时，在县政府法制信息网站进行公示，方便行政相对人查询行政执法主体情况。（周而辉）

信访工作

【概　况】 响水县信访局为正科级建制，内设综合科、接访科、督查科、调处分流科4个科室，核定行政编制10人。下设县人民来访接待中心，股级建制，核定事业编制5人。2015年，县信访局以解决信访问题、维护群众合法权益为导向，通过开展矛盾纠纷集中排查化解、信访积案化解、领导干部接访、领导干部下访"金桥行动"等活动和实行信访工作定期研判等制度，全县基层信访基础加强，一批矛盾纠纷得到化解。全年发生到县上访481批、2390人次，到市上访82批、336人次，到省上访217批、529人次，进京上访61批、140人次，信访形势总体平稳可控。抗战胜利70周年、中共十八届五中全会召开等敏感时期，全县未发生进京非法上访，得到市领导和驻京信访工作组较高评价。

【矛盾纠纷排查化解】 实行县、镇区(单位)、村(居)、组四级排查机制，组每天、村(居)每周、镇区(单位)每半月、县每月一排查，全年排查各类矛盾纠纷905件，化解862件，化解率95.2%。

【金桥行动】 根据市统一部署，4、8两个月，全县组织科级以上领导干部下基层，带案下访，倾听群众呼声，会办信访问题。活动中，重点抓好对省、市交办信访案件化解工作，按照"一位县处级领导、一个工作班子、一套工作方案"要求，逐件落实。全县科级以上领导下访833人次，接待上访群众916批、1112人，解决各类问题871个。

【百日百案专项化解】 全县开展"百日百案"和"进京到省重复访集中化解"行动。集中力量化解国家、省信访局交办上访案件33件，办结33件。市信访联席会议办公室滚动交办上访案件37件，办结37件。"进京到省重复访集中化解"交办8件，化解息访率100%；"百县千案"交办8件，办结8件；"百日百案"专项化解行动交办20件，办结20件；国家投诉办网上投诉交办98件，按期办结95件。

【群众来信办理】 落实专人负责，将群众来信逐件交办有权处理镇区、部门，在规定时间内办结、上报并反馈信访人。全年办理群众来信684件，其中省委书记、省长信箱188件，有效防止群众由信访变为走访，越级信访量同比大幅下降。

【信访信息系统建设】 积极开展"阳光信访"信息化综合服务系统建设，在人员、资金、场所上作出全面安排，全县15个镇区和25个县直重点信访单位全部接入"阳光信访"信息系统，信访事项办理实现网上流转、互联互通。建成"信访零距离"一体化自助终端，全县布设15台一体机，12月投入使用，信访事项办理结果实现网上自助查询。

【信访法规宣传月】 5月，全县集中开展以"阳光信访、责任信访、法治信访"为主题的信访法规宣传月活动，由县信访联席会议办公室牵头，县纪委、国土、规划城管、住建、教育、卫生、公安、民政等部门参加，在县城滨江路通过悬挂横幅、发放传单、现场咨询等形式，宣传信访法规。活动中，全县张贴宣传标语230多条，悬挂横幅40多幅，发放宣传资料5000多份。

【信访权益保障卡】 根据省信访局统一安排，从6月1日起在全县试行信访权益保障卡，按照"初次走访领卡、逐级走访凭卡、处理结果记卡、保障权益用卡"的要求，引导群众依法逐级上访。截至年底，全县发放信访权益保障卡172张，办理情况全部及时录入"阳光信访"信息系统，对信访群众和办理责任单位起到双向规范作用。（于泽联）

民族宗教

【概　况】 2015年9月，响水县民族宗教事务局与中共响水县委统战部实行机构分设，列入县政府工作部门。内设办公室和民族宗教科，核定行政编制5人。全年，县民族宗教事务认真贯彻落实国家、省、市民族宗教工作会议精神，紧扣"一条主线"(确保全县民族宗教领域大局稳定)，以创建"和谐教堂寺观"为抓手，加强和创新民族宗教事务管理，稳步推进各项工作，为全县经济社会又好又快发展营造和谐稳定的民族宗教环境。

【发展少数民族经济】 做好少数民族发展项目筛选申报工作，积极向上争取少数民族专项资金，做大牛羊屠宰加工销售传统产业，使杨回村村民走上贩、养、屠、加、售一体化致富之路。该村年饲养菜牛5300多头，屠宰销售4000多头，回民户均年收入5万元以上，"杨回村"牛羊肉成为知名品牌。省开发局年内投入600多万元，在杨回村2000亩土地上兴建黄河故道回民种植、养殖绿色基地，种植菊花600亩、绿色蔬菜900多亩、牛羊牧草400多亩；兴办杨回村胶合板材厂，实现年销售收入5000多万元，带动回民就业30多人。

【建设回族特色村寨】 聘请有资质设计单位进行规划设计，绿化、路灯、健身广场、门楼等设计方案均注入伊斯兰文化元素。投资3000万元在回族特色村寨居住区建设回民广场、回民幼儿园、回民饭店等设施，打造回民文化一条街；新建占地100多亩生态农庄1处，集学习、休闲、娱乐、交流、观光等功能为一体，为当地回民和外地游人提供休闲旅游场所。

【宗教堂点财务统管】 在全县宗教堂点开展财务管理规范年活动，成立全县财务托管中心，负责全县所有宗教活动场所财务管理工作。具体运行模式概括为"五统一不变"。"五统"即：统一建帐、统一票据、统一审批程序、统

县人大代表视察少数民族村建设情况

一财务公开、统一调度资金。"一不变"为:各堂点的资金、资产、债权债务所有权不变。为便于督查,基督教活动场所实行"四簿三册一帐"(即会议记录簿、大事记录簿、宗教仪式记录簿、奉献情况记录簿、慕道友花名册、受洗人员花名册、受浸人员花名册、财务收支明细帐)管理模式。修订教堂建设、重大开支上报、外出活动上报、信访安全和突发事件上报等系列制度,有效堵住管理漏洞。

【教堂安全管理】 县民族宗教事务局下发"宗教公共场所安全知识"宣传单6000多份,让信徒了解安全常识,提高安全意识。成立县宗教安全工作领导小组,构建由县民族宗教事务局统筹指挥、宗教团体具体负责、镇区属地管理、各宗教活动场所全面落实的安全管理模式。每月组织一次全县范围宗教堂点安全隐患大排查,通过抽查、互查等方式,全力整改到位。 (于 春)

行政服务

【概 况】 2015年,县政务服务中心受理办件71480件,办结71068件,办结率97.8%。"12345"政府公共服务呼叫中心全年派发工单1196件,办结1143件,办结率95.57%,群众满意率97.78%。年内建成镇区便民服务中心11个,便民服务站139个。县政务服务管理办公室获盐城市政务服务工作先进单位、信息调研宣传工作先进单位和服务创新奖。响水县政务服务标准化创建工作被省质监局和发改委立项。

【行政审批制度改革】 根据国家、省、市行政审批登记制度改革要求,及时制订实施方案,召开专题会议,引进软件系统,组建"三证合一""一照一码"综合窗口,率先在全市将网络系统延伸至基层分局。改革后,企业注册审批流程由12个精简到3个;申请材料由4份申请、110多条信息精简到1份申请、20多条信息;办结时限由10个工作日缩短到3个工作日。4月30日、10月9日成功颁发全县第一张"三证合一""一照一码"登记证书。在县政务服务中心下设人社、国税、地税、车管、农机、交通6个分中心。全县27个部门、207项审批事项基本纳入县政务服务中心和分中心办理,服务大厅项目进驻率由初期43%提升到80%。

【创新政务服务方式】 开展政务服务"园区行、企业行"活动,组织经信、发改、市场监管、住建、消防等涉企窗口业务骨干,定期到国华电厂、力禾印染等企业提供上门服务,了解企业需求,为企业提供股权转让、证据保全验收等各类咨询32次,会审项目报批手续难题12次,现场帮助办理施工许可、抵押登记等手续20件。民政、人社、公安、市场监管、烟草等11个窗口组织工作人员走进社区为群众提供行政审批预约、延时、上门服务,平均每月50多次,解答热点、难点问题100多个。

【行政审批平台建设】 根据省、市打造行政审批线上、线下"两个平台"要求,县政府投入近300万元对县政务服务中心大厅和网上审批两个平台进行改造升级,新增取号、叫号、受理、手机短信提示、网上办理查询等功能。构建网上审批、电子监察、绩效考核、智能化服务、镇村便民服务"五位一体"电子政务服务新系统,实现大厅与部门之间、部门与部门之间的网络互联互通;所有办件采用"一事一号一流程"方式,统一入口,统一出口,对各环节审批时限实时电子监察,有效防止事项办理过程中存在"两头受理、体外循环"等问题,提升政务服务工作效能。

【政务服务管理】 修订完善《响水县行政服务窗口及工作人员考核办法》,安装电子监察系统,开发绩效考核管理系统,对各窗口及工作人员进行科学管理。每天安排一名领导班子成员带班、一名科长在服务大厅值班,负责接待咨询、综合协调和日常考核,每周二、周五由值班领导带队对服务窗口工作秩序、卫生情况、安全防范等进行检查,形成每月一考核、季度一点评、年度一表彰的监督考核表彰机制。

(马春海)

地方志

【概 况】 响水县地方志编纂委员会办公室与中共响水县委党史工作办公室合署办公,两块牌子,一套班子。2015年,县地方志办公室在中共响水县委、县人民政府和上级地方志部门领导下,认真贯彻落实《全国地方志事业发展规划纲要(2015-2020)》《地方志工作条例》,创新创优做好史志工作。《响水年鉴(2013)》获中国版协

第五届年鉴编纂质量评比综合三等奖，框架设计、装帧设计二等奖，第三届江苏省年鉴评比综合二等奖、装帧设计奖。编纂出版《年鉴编纂指导手册》。《年鉴编辑应注重“十种素质”培养》在《新疆地方志》(2015年第2期)上发表。

【编纂出版《响水年鉴(2015)》】 以县人民政府办公室名义下发《关于认真做好〈响水年鉴(2015)〉编纂工作的通知》，将年鉴编纂工作任务、要求部署全县各镇区、部门和单位。9月，终审稿送出版社排版，11月，出版发行。《响水年鉴(2015)》在继承固有风格和自身特色、保持与前鉴连续性基础上，对版式和框架结构加以创新，新增“图说响水”栏目，以图片形式，让读者直观了解响水经济、社会、文化发展重要成就。同时加载富有响水地方特色书画作品，全面提升《响水年鉴》文化品位。

【宣传利用《响水年鉴(2014)》】 与广东、浙江、上海、山东、安徽、河南、陕西等外省市及周边县市交流《响水年鉴(2014)》。向县四套班子领导，各镇区、各部门、各单位、县内重点企业负责人及办公室主任赠送《响水年鉴(2014)》。向县地方志办公室联系点——响水镇南园社区赠送全套《响水年鉴》，向响水迎宾馆客房提供《响水年鉴(2014)》。在中国知网、响水县政府网站建立《响水年鉴》窗口，供各界人士阅读使用。

【编辑出版《年鉴编纂指导手册》】 结合年鉴编纂实际，编辑《年鉴编纂指导手册》。包括“编纂指南”(年鉴编纂基础知识、指导思想、资料采集、框架结构、条目编写、编校出版、年鉴撰稿、年鉴相关资料征集等)，“参考资料”(国民经济行业分类、民族宗教用语宣传规范、涉台用语宣传规范、涉港用语宣传规范、统一战线问题表述、新华社新闻报道中的禁用词、当代汉语出版物中最常见的100个错别字、常用标点符号用法、第一批异形词整理表、第二批异形词整理表、出版物上数字用法的规定、中华人民共和国法定计量单位等)，“文献选编”(《地方志工作条例》《地方综合年鉴编纂出版规定(试行)》《新闻出版保密规定》《图书质量管理规定》《图书编校质量差错认定细则》《中华人民共和国国家通用语言文字、图书校对工作基本规程》《出版物汉字使用管理规定》)3个部分内容，全书约15万字，公开出版发行。

【加快二轮修志进程】 全力推进水务、国土、住建等“大块头”单位志稿编纂进度，以县政府督查室名义，对未完成志稿单位进行督查，通报督查情况，形成反馈函与各单位对接。对国土、住建、卫生、水务等单位采取上门对接方式，督促并帮助解决实际困难，取得实质性突破。注重凸显响水沿海县域特色，反复修改志稿，提升编纂质量。

(张耀清　滕仕惠)

接待工作

【概　况】 响水县接待办公室（响水县外事与侨务办公室）为正科级建制，实行两块牌子、一套班子。2015年，认真执行中共中央党风廉政建设八项规定，省、市委十项规定，县委“20个一律”要求，坚持“热情周到、规范高效、安全廉洁”工作宗旨，精心做好公务接待、外事侨务工作。全年接待到响水公务活动各类宾客300多批、近万人次，成功办理因公出国（境)7批、18人次，涉及德国、韩国、美国、澳大利亚、俄罗斯等8个国家和地区。所有出国(境)手续办理及时、无误，护照及时上缴率100%，未发生一例利用公款出国(境)旅游现象。

【公务接待】 坚持“围绕发展搞接待、搞好接待促发展”理念，突出“三服务”(服务政务、服务经济、服务客商)主题。努力丰富接待工作内涵，全面提升接待工作水平。较好完成对省部级领导、外省市领导、重要客商、新闻媒体、专家学者、有关部门来宾的公务接待工作。年内出台《响水县公务接待管理办法》，进一步完善接待工作流程及规章制度体系，实现从经济型、粗放型管理转变为制度化、规范化管理。坚持勤俭办接待，从严控制经费开支。围绕“一专多能”目标，强化服务意识、效率意识、奉献意识，培养一支由单一型向复合型，传统型向创新型转变的接待队伍，推动接待工作上台阶。

【外事侨务】 按照“因事定人、人事相符”原则，以服务地方经济社会发展为宗旨，努力做好外事、侨务工作。全年办理因公出国(境)手续7批、18人次。坚持因公出国会审制度，坚决取消无实质性和照顾性出访，杜绝公款出国旅游现象；实行团组出访前公示和出访后信息公开制度，加强对出访过程和出访成效督查，确保对外友好及经贸交流取得实效。通过多平台密集宣传、上下联动，大力推广使用APEC商务旅行卡，为民营企业拓展国际市场、简化因公出国(境)审批手续提供优质服务，方便企业人员走出“国门”，助推企业发展壮大。广泛开展侨法“进社区、进侨户、进侨民”活动，加大侨法宣传，维护归侨、侨眷合法权益。认真落实相关规定，解决困难归侨和侨眷子女就业、再就业等生活困难。

(吕园园)

【责任编辑　苗其培】

政协响水县委员会

综　述

【概　况】 中国人民政治协商会议响水县委员会下设办公室、研究室、提案委员会、农业农村委员会、经济科技委员会、社会事业委员会、人口与资源环境委员会。为便于开展活动,创新组织形式,在县城设立11个界别委员联络组,在镇区分片设立7个委员联络组。2015年,县政协组织动员全体委员和社会各界人士,高举团结之旗,大兴学习之风,共谋发展之策,为推动响水经济社会又好又快发展发挥积极作用。

加强学习,把握思想政治大方向。主席会议带头学。有计划组织主席会议成员学习中共十八大和十八届三中、四中、五中全会以及习近平系列重要讲话精神,认真撰写心得体会,在中心组学习会交流。常委会议组织学。每次常委会议都印发学习材料及辅导资料,集中讨论、相互交流、共同提高。邀请县委宣传部负责人辅导学习中共十八届五中全会精神,做到学深学透,入脑入心。政协委员自主学。县政协委员结合工作实际,通过电视、报刊、网络等主流媒体进行学习,提升理论水平和素养。邀请市政协领导、县委党校教员、县有关部门负责人授课,对县政协委员进行分期分批集中培训,先后举办工业园区项目建设、镇村经济发展、社会主义市场经济理论、现代科学技术、"世界格局变动与中国大国外交"等专题讲座,提高委员综合素质和参政议政能力。

围绕中心,投身经济发展大潮流。积极参与招商引资、服务企业。年内,由县政协领导班子成员带队,组织有常委、委员参与的招商团在台湾、浙江、上海、北京、安徽、山西、苏南等地招商20多次,洽谈游艇、房车、特钢、高压泵闸、水漆涂料等项目。成功引进项目2个,其中"千峰皮件"项目开工建设,"皇朝家私"项目建成运营。县政协组织专委会和政协机关工作人员,挂钩联系全县45家政协委员企业,帮助排忧解难。协调经济主管和执法部门为亚邦药业、祥瑞药业、恒康医疗器材等企业研发新品提供帮助,处理工业园区内强买强卖、围堵厂门、干扰企业正常生产秩序等违法行为,为企业发展保驾护航。

发挥优势,奏响履职为民大合唱。围绕县20件实事工程,组织委员多次在相关职能部门、园区、企业实地调研,开展多种形式的协商活动。组织社会救助、行政审批事项清理和流程优化、农村环境综合整治专题协商,公共卫生服务网格化管理、非物质文化遗产传承保护对口协商。年内,立案的141件县政协委员提案全部办复,委员对提案办理满意率98%。其中,《关于推进我县企业"三证合一"登记制度改革》等10件重点提案,办理结果在《今日响水》报公示,较好回应社会关切。成立重点课题调研组,撰写《大力推进网格化管理　提升卫生服务能力》《策应沿海灌河开发　加快推进港城建设》等调研报告,为县政府及相关部门加快实施网格化管理和港城建设等工作提供决策参考。经常委会议协商通过,向中共响水县委、县人民政府提出《关于进一步加强服务企业的建议案》《关于推进现代保险服务业发展的建议案》,县委主要领导对建议案作出批示,要求有关部门认真采纳。政协委员应邀多次参与环保、安监、市场监管、公安、国税、地税、住建等部门政风行风评议,对教育"双创"、秸秆禁烧与综合利用、优化服务环境、职能部门效能建设、司法部门依法行政等方面进行民主监督,促进全县行政服务环境改善和效能提高。

【县政协主席会议成员分工】

杨毅坚:主持县政协全面工作。联系陈家港片委员工作。

陈　骧:协助负责政协全面工作,负责日常工作、民主监督工作。分管办公室(研究室)、提案委员会。联系响水片委员工作。

陈苏红:分管社会事业委员会。联系教育体育界、医卫界、文艺新闻界委员和小尖片委员工作。

陆从华:分管农业农村委员会。联

系农业农村界、民族宗教台侨界委员和大有、运河片委员工作。

于　娟：分管经济科技委员会。负责招商引资、沿海开发、云梯关开发等工作。联系中共界、科技科协界、经济界、工商联界委员和陈家港、双港片委员工作。

武　瑾：分管人口资源环境委员会。联系社科政法界、工青妇界委员和南河片委员工作。

缪　成：负责办公室(研究室)、各专委会协调工作，协助分管民主监督、招商引资、提案工作。联系黄圩片委员工作。

重要会议

【县政协第九届委员会第四次会议】 县政协第九届委员会第四次会议于2015年3月5日至6日在响水召开。县委书记崔爱国在开幕式上讲话。县政协主席杨毅坚代表政协响水县第九届委员会常务委员会作工作报告，副主席陈骧作提案工作报告。县政协全体委员列席响水县第九届人民代表大会第四次会议，听取并讨论县政府工作报告和县人民法院、检察院工作报告。2015年，县政协在中共响水县委领导下，围绕中心，服务大局，认真履行政治协商、民主监督、参政议政三项职能，团结动员政协委员和社会各界人士，为实现全县经济社会又好又快发展贡献智慧和力量。常委会工作报告指导思想明确，目标定位准确，履职重点突出，推进措施实在。会议期间，委员们围绕经济社会发展和关系群众切身利益等方面问题，通过大会发言、小组讨论、撰写提案等形式，提出意见和建议。

【县政协常委会议】 2015年，县政协第九届常委会召开4次会议。3月1日，县政协九届十次常委会议在县政协会议室召开。会议协商通过九届四次全会有关事项和2015年工作要点。4月24日，县政协九届十一次常委会议在县政协会议室召开。会议听取关于发展镇村经济和园区经济讲座，讨论修改《关于进一步加强服务企业的建议案》《关于推进现代保险服务业发展的建议案》。11月4日，县政协九届十二次常委会议在县政协会议室召开。会议听取县委宣传部负责人解读中共十八届五中全会精神辅导，学习“三严三实”有关内容，协商通过《关于进一步加强服务企业的建议案》《关于推进现代保险服务业发展的建议案》。12月26日，县政协九届十三次常委会议在县政协会议室召开。会议协商通过召开县政协第九届委员会第四次会议有关事项。

【县政协主席会议】 2015年，县政协召开4次主席会议。3月1日，县政协九届十次主席会议在县政协会议室召开，会议协商通过优秀提案和“三好”委员建议名单和委员调整等事项。4月24日，县政协九届十一次主席会议在县政协会议室召开，讨论通过2015年工作要点和10件重点提案等内容。11月5日，县政协九届十二次主席会议在县政协会议室召开，协商通过将《关于进一步加强服务企业的建议案》《关于推进现代保险服务业发展的建议案》作为重点建议案。12月26日，县政协九届十三次主席会议在县政协会议室召开，明确县政协九届五次全会各项准备工作任务。

重要活动

【办理委员提案】 在县政协第九届委员会第四次会议上，政协委员围绕中共响水县委、县人民政府“四个全面”战略布局，通过提案履行协商监督职能。提交提案158件，经审查，立案141件。其中委员个人提案113件，政协各界别、专门委员会以及委员联名集体提案28件。提案内容丰富，重点突出，问题导向鲜明，针对性强，体现政协委员、政协各参加单位的高度责任感、使命感。截至2015年10月底，所立提案全部办复，办复率100%。其中：已解决或分批解决的82件，占58%；列入计划解决的54件，占38%；作为工作参考的5件，占4%。

【组织委员视察】 10月15日，县政协研究室、经济科技委员会组织部分县政协委员对全县科技工作进行调研。县科技局主要负责人作工作汇报，县政协副主席于娟参加调研和座谈。10月16日，县政协农业农村委员会组织部分县政协委员视察全县城乡供水一体化工程进展情况。县水务局主要负责人汇报沿海厂水、运河水厂管道铺设和融资等情况。县政协副主席陈骧、陆从华参加调研视察和座谈。11月

县政协委员调研企业安全生产情况

11日，县政协副主席陈骧、于娟带领中共界委员视察黄圩镇云梯关旅游开发和中小企业园建设情况。黄圩镇主要负责人作工作汇报，和参加活动的委员进行座谈。11月24日，县政协副主席陈苏红带领医卫界委员视察全县公共卫生网格化管理工作，实地参观双港、六套卫生院和张集中心社区、黄圩镇云梯关村卫生室。县卫计委主要负责人作工作汇报，和参加活动的委员进行座谈。12月9日，县政协副主席陈骧带领陈家港地区政协委员视察港城建设，先后参观星海城市广场、港城医院、港城中学、淮海安置小区等项目现场。陈家港镇主要负责人汇报福港大酒店二期工程、港城美食城、邻里中心、市民活动广场和中兴河观光带等项目进展情况，和参加活动的委员进行座谈。

【上级和友邻政协领导在响水视察】 3月10日，灌云县政协副主席王宽磊率政协委员70人考察响水县沿海经济带发展情况。县政协主席杨毅坚，副主席陈苏红、陆从华、于娟、武谨等陪同。4月23日，盐城市政协副主席尹金来率调研组7人在响水调研镇村经济发展情况，县委书记崔爱国、县政协主席杨毅坚等陪同调研。6月16日，大丰市政协主席韦新率市政协委员和机关工作人员25人，在响水考察沿海经济发展情况，实地参观响水县德龙镍业、国华陈家港电厂、荣鑫伟业等公司生产情况。县政协主席杨毅坚，副主席陈骧、陈苏红，秘书长缪成等陪同。7月28日，盐城市政协七届三十六次主席会议在响水召开，会议分两个阶段进行。第一阶段，中共响水县委书记崔爱国作响水经济社会发展情况汇报，市政协主席会议专题协商“挖掘古淮河文史资料，彰显盐城历史文化新亮点”课题；第二阶段，学习贯彻中共盐城市委六届七次全会精神，研究市政协月度工作。11月13日，市政协副主席王锦胜一行10人在响水考察工业重大项目进行展情况，县政协主席杨毅坚，副主席陈骧、秘书长缪成等陪同。

【招商引资和服务项目】 全年，县政协组织有常委、委员参与的招商活动20多次。政协机关组成专职招商队伍，定向招商、委托招商、敲门招商、以商引商。经过努力，委员提供项目信息118条，成功引进项目2个，其中外资项目“千峰皮件”开工建设，“皇朝家私”项目建成运营。同时跟踪游艇、房车、特种钢等在手项目4个，做好各项签约落户准备工作。在服务项目方面，县政协主席会议成员每月至少到挂钩联系企业和项目两次，配合县委、县政府主要领导做好德龙公司、荣鑫伟业、隆亨造纸等企业服务工作。

【县政协机关建设】 县政协领导成员积极投身脱贫攻坚、结对帮扶工作，上门了解帮扶户生产、生活情况，为帮扶户出主意、想办法、筹资金、上项目；多渠道争取项目资金，帮助挂钩村铺路、架桥、修建灌溉水渠，慰问留守儿童、孤寡老人。各专委会每年组织分界别委员开展特色活动2~3次，通过座谈、视察、调研等形式，反映社情民意；深入地头、生产车间和项目现场，察看镇区中小企业园建设、房地产开发、城乡供水一体化建设、农业农村收入倍增计划实施等情况，提出具体意见和建议，推动有关部门改进工作。县政协机关制订县政协委员列席会议、调研视察、提交提案等系列制度，修订《县政协优秀提案评比办法》《县政协“三好”委员评比办法》，调动委员履职积极性、主动性；通过公共邮箱、内刊等平台，为委员履职提供服务，使县政协机关成为委员之家；积极做好文史资料征集、政协工作研究和宣传、与外地政协开展联谊活动等工作。 （胡正东）

重要议案

【关于进一步加强服务企业的建议案】 县政协第九届委员会第四次会议根据中共响水县委总体工作要求，将服务企业作为政协围绕中心、服务大局重要职责和重点工作写进会议决议；作为2015年重点调研课题，专门成立调研组，多次到机关职能部门、工业园区、企业实地调研，先后3次组织不同层面座谈会，听取有关方面意见，在充分论证基础上，形成《关于进一步加强服务企业的建议案》。

议案认为：面对全县经济下行压力加大、招商引资难度加大、实体经济运行困难等严峻挑战，服务企业就是服务实体经济，扶持企业就是培植现实经济增长点。县委、县政府一直高度重视服务企业工作，主要领导带头，定期走访企业，会办企业遇到的困难和问题；成立服务企业领导小组和项目办公室，服务工作和水平有所提高。但存在问题也不容忽视，必须采取有力措施予以解决：一是服务企业认识不到位。少数部门服务人员认为服务企业主要是园区、镇区以及经济职能部门责任，与本部门关系不大，帮助企业解决实际困难担当意愿不强，服务效率不高。虽然门好进，话好听，但事更难办，给企业带来一定困难。二是服务体系不健全。县政府虽出台关于服务企业相关政策文件，形成县直部门挂钩服务企业机制，但与企业得到实际帮扶情况相比，还有很大差距，存在前紧后松现象，不能解决“最后一公里”问题。有些部门在服务企业上存在“踢皮球”现象，相互推诿，互为钳制，甚至搞权力寻租和交换，没有从机制体制上保障企业得到实效性服务。三是服务主体责任不明确。有的镇区招引企业不在辖区范围，企业服务主体责任不明确，镇区项目进园区难，遇到问题得不到及时解决。有些职能部门服务与履职方式关系处理不当，正常检查还是过度检查缺少制度界定和沟通宣传，把服务和履职推向对立面。议案建议：

（一）强化落实，提高服务企业组织化程度。设立服务企业专业机构。在县服务企业领导小组统一领导下，细化成立审批、融资、环境治理、人才及用工、市场开拓、技改扩能、信息反馈等专业机构，分工负责，协调运作，使服务企业成为系统工程。各专业机构在运行中遇到不能解决的问题，可提交县委、县政府研究解决。健全服务企业制度体系。建立国土、环评、安全、融资等部门专题会办机制，县服务企业领导小组根据会办纪要和企业需求，实行“派单制”，明确主要任务、目标、主办单位、协办单位、主要责任人、解决问题时间节点等，及时与企业对接，跟踪落实。建立服务企业考核制度。县政府出台服务企业考核制度，鼓励各镇区支持现有企业技改扩能、转型升级。把服务企业产生的社会效益和企业认可度作为服务企业工作成效的“标杆”，使考核奖励制度成为服务企业的“指挥棒”。

（二）深化改革，促进行政审批提速增效。加大行政审批职能整合力度，按照“能进都进”原则，所有部门、行政审批事项均进“中心”设立窗口，集中办理。给予“中心”窗口充分审批权，既受理又办理，改变“体外循环、两头办理”现象。对一些法定必须由部门负责人签发的审批事项，通过依法授权，由分管领导或职能科室进“中心”履行手续。加强管理，把素质高、业务精的工作人员安排到行政审批服务中心，健全行政审批服务中心工作人员考核奖惩制度，落实福利待遇，赋予行政审批服务中心对窗口工作人员管理和调控权，避免“看得见的管不着，管得着的看不见”现象。进一步整合行政审批服务管理信息系统，在符合法律法规的条件下，加快实施并联审批，实行网上同步审批流转，对规定并联审批范围内审批事项，实行重大项目统一受理、联办联审，相互监督、相互制约。

（三）积极探索，拓宽帮扶企业渠道。客观对待中小企业财产权属证贷款抵押。由于历史原因，部分企业证件不齐全，难以发挥实际资产应有融资功效。政府有关部门应妥善研究和处理中小企业发展中涉及厂房、土地等方面资产权属问题。对具备条件可以补办权证的，要引导和帮助企业补办土地、房产证；对确实不具备权证补办条件的，要按照“严格控制、减少数量”原则，通过办理中小企业权属证，让已具有企业法人资格的企业通过财产权属登记，提高融资能力。规范涉企服务和收费。凡是能推向市场的，必须按照市场化运作。对行政机关和事业单位借助行政监管职能指定服务、捆绑收费等问题，要加大检查和监管力度，一经发现，严肃查处，切断主管部门与行业协会的利益链，从根本上解决中介组织利用政府职权乱收费、乱摊派等损害企业利益行为。做好企业用工服务。按照专业化、制度化、社会化要求，加强劳动力市场建设，使劳动力市场成为供需双方便捷、可靠的交换场所。加强技工培训基地建设，坚持“就业引导培训，培训促进就业”原则，采取校企联合、定向培训、订单培训等方法，大力培养企业急需的技能人才。大力改善融资环境。争取国有商业银行和股份制银行为企业提供多样化金融服务和金融产品，对有产品、有市场、有发展前景、符合国家产业政策的企业要重点扶持，帮助其融资，加大贷款贴息力度。充分发挥财源担保作用，对发展形势好，工人工资、电费缴纳、税费缴纳正常的企业提供过桥资金、银行贷款等方面的正常担保，让流水经营正常的企业实现资金良性循环，避免银行釜底抽薪。逐步取消园区反担保，把园区从资金担保中逐步解放出来，保障园区良性运行发展。（于海湘）

【关于推进现代保险服务业发展的建议案】 2015年7月，县政协组织部分经济界委员走访基层、企业、农户，到相关部门了解情况，并多次召开座谈会，对如何发挥现代保险服务业作用，促进全县经济社会发展，进行专题调研。在此基础上形成《关于推进现代保险服务业发展的建议案》。

议案分析了全县保险服务业发展现状及存在问题。2014年，全县专业保险机构15家，其中产险公司7家，寿险公司8家，保险从业人员2000人左右。保险服务业实现保费收入30197.91万元，较2013年净增4231.74万元，增长16.3%。种植业参保面积85万亩，占应保面积90%，其中大麦、小麦、水稻、玉米的参保面积和农户参保率均居全市前列。县政府购买太平洋保险为群众大病医保提供服务，48.8万人参保，1277人获得总计650万元赔付。老年意外伤害保险工作在全市处于领先位置，80岁以上老人和60岁以上低保户保险款项由县财政全额拨付。民政部门为退伍军人和优抚对象提供人身意外伤害保险。生态化工园区将园内企业缴纳的风险抵押金用来购买安全生产责任险，为所有化工企业安全生产撑起一把保护伞。政府和相关职能部门在购买保险服务方面做了大量实事。但随着经济和社会发展，全县现代保险服务业的发展与人民群众的需求还存在较大差距。突出问题主要表现在四个方面：一是广大群众对保险的认知水平不高和信任程度较低。大部分人包括部分领导干部在内对保险作用认识不够，对保险知识缺乏了解，甚至认为保险有欺骗嫌疑。落后的观念和保守的思想在很大程度上阻碍了保险知识和保险业务的普及和推广。二是保险服务业密度和深度偏低，增速缓慢，不能适应全县深化改革和经济社会发展需要。从统计情况看，2014年全县保险深度与保险密度分别为1.36%和483.32元/人，增速较去年同期分别下降33.5%和31.39%，与国家、省、市提出的到2020年实现保险深度与保险密度目标存在较大差距。三是政府购买保险服务力度不大。从保险收入构成看，2014年全县保费收入30197.91万元，政府购买保险费用4452万元，占比14.7%。新型农村合作医疗保险、环境污染责任险等条件都已成熟，而政府却没有购买这些服务，影响政府效能发挥。四是保险服务水平有待提高。县内保险业发展初期，销售人员中专业素质不高的社会闲散人员比例较大，销售中掺杂不实和夸张介绍。理赔过程中，上级保险公司授与基层保险公司理赔权限较小，核保核赔手续繁琐，多次取证，周期长、不透明，容易引发矛盾纠纷，导致客户满意率低。据此，议案提出推进全县现代保险服务业发展建议：

（一）提高组织化程度，营造现代保险服务业发展环境。加大发展现代保险服务业宣传力度，把保险知识纳入县政府及有关部门学习培训内容，在全县普及现代保险服务业知识。通过多种形式宣传，让保险贴近大众、走进百姓生活；推进保险进社区、进农村、进企业、进学校，在全社会形成学保险、懂保险、用保险的良好氛围。抓好政府和职能部门采购保险服务工

作，利用现代保险服务业功能和产品，解决经济社会发展中的问题。完善保险行业与政法部门合作机制，严厉打击保险欺诈行为，提高保险诉讼案件审理效率。建立、完善保险理赔纠纷调处机制，降低纠纷解决成本，维护保险合同双方权益。

（二）提升规范化水平，强化保险惠农服务意识。进一步提升农业保险规范化水平。认真组织农业保险法律法规学习培训，制定实施细则，规范惠农政策公开、承保情况公开、理赔结果公开、服务标准公开和监管要求公开“五公开”和承保收费到户、保险凭证到户、损失确定到户和赔款支付到户“四到户”服务，抓好承保核保和查勘理赔工作。支持农业保险机构增设基层服务网点，建立适应农业保险需求的服务网络体系。做好农村小额人身保险和各类种植养殖业保险工作，提高高效农业保险占农业保险比重和生物无害化处理水平。及时、足额支付赔偿保险金，保护投保人利益。

（三）加大购买保险力度，提高管理服务水平。购买“新农合”医疗保险服务。按照管办分开、政事分开要求，鼓励政府有关部门通过招标等方式，向有资质的商业保险机构购买医疗保险经办服务，为公众提供丰富、优质健康公共服务产品；鼓励商业保险机构积极参与医保基金管理、异地就医结算、异地就医调查等各类医疗保险经办业务，发挥商业保险机构网络系统和专业技术优势，降低运行成本，提升管理效率和服务质量；规范与保险机构服务协议，建立激励和约束相结合的评价机制。购买重点领域责任保险。按照政府引导、市场运作、立法保障的责任保险发展模式，规定各类生产性企业参保雇主责任保险；鼓励公众聚集场所和易燃易爆危险物品生产、储存、经营等火灾高危单位投保公众责任保险，购买与公众利益关系密切的环境污染、食品安全、医疗责任、医疗意外等领域的责任保险，增强灾害事故风险救助和处置能力。做好农户、小微企业贷款信用保证保险。根据政府引导、市场运作，平等互利、风险共担原则，推进“政银保”合作项目，探索建立政府、银行、保险公司合作，解决农户、小微企业贷款难的有效模式。政府设立贷款保证保险风险保障基金，对为小微企业贷款提供保证保险业务的保险公司适当减免税费；对国家鼓励发展的新兴产业、高新技术产业小微企业提供适度保费补贴，银行在保险公司给予充分保险保障情况下，提供优惠利率。通过工商、税务等相关部门收集企业资信信息，建立符合小微企业实际的信用档案，进一步完善企业信用评价制度和银行、保险、政府赔款补偿办法。

（四）加快发展商业健康保险，有效增加医疗保障供给。鼓励商业保险机构积极开发健康管理服务相关产品，发展疾病保险、失能收入损失保险、护理保险；鼓励开发健康养老、养生保健、残疾人康复、托养等保险产品。积极探索多部门参与的协同监管机制，严肃查处违法经营行为。保险机构坚持商业保险与社会保险紧密衔接，坚持市场主导与政策引导有效配合，坚持经济效益与社会效益相互促进，让现代保险服务业在更加广阔的天地大有作为。（胡正东　徐振翔）

【责任编辑　苗其培】

灌江口大桥

纪检　监察

综　述

【概　况】 中共响水县纪律检查委员会(监察局)内设办公室、干部管理监督室、党风政风监督室、宣传教育室、信访室、案件管理监督室、案件审理室、纪检监察一室、纪检监察二室,派驻纪检监察工作室5个。县优化办、县委廉政办、县纠风办挂牌运行。2015年,全县纪检监察组织认真贯彻落实中共中央和省、市、县纪委部署,以推动全面从严治党迈上新台阶为目标,聚焦监督执纪问责,党风廉政建设和反腐败工作取得明显成效。

加强纪律建设。在全县举办党风廉政建设专题讲座26场次,2万多名党员干部参加培训和集中测试。出台《关于对乡科级领导干部进行谈话函询的暂行办法》,全年约谈党员干部186人,给予纪律处分136人。受理涉纪类信访举报393件,处置问题线索167件;立案159件,同比上升67.4%。查处科级干部18人。重点查处县卫生系统腐败窝案,5人被处理,其中4人移送司法机关。

落实"两个责任"。建立从严治党县、镇、村三级党组织责任清单,形成上下贯通、齐抓共管的责任链条。建立镇区党委(工委)落实主体责任双报告、向县委常委会述责等制度,年内召开镇区党委(工委)书记履行主体责任汇报会2次。由县委常委、党员副县长带队对25个单位(部门)党风廉政建设责任制落实情况进行检查考核。出台《党风廉政建设责任追究办法》,严格实行"一案双查",年内追究主体责任5起、监督责任2起,以强化问责倒逼党风廉政建设责任落实。

持续整治"四风"。召开全县机关作风建设典型案件通报会,集中曝光典型案件6个。组织明查暗访64批次,查处违反党员干部作风规定问题33个。出台《关于进一步改进机关作风、服务经济发展的八个严禁》,开展奢侈浪费专项整治活动,全县公务接待、因公出国(境)、公车购置运行费用同比分别下降37%、56%、39%。严查群众身边的"四风"和腐败问题,中央、省、市纪委交办的63个问题线索均按期办结。

权力制约监督。认真落实"一把手""四不直接分管"和末位发言制度,规范权力运行。改版"灌江廉潮"网,开通"清风响水"微信公众号,加大廉政宣传力度。组织13批次3000多名党员干部在县警示教育中心接受廉政教育,组织120名科级干部连云港监狱接受警示教育。积极推动政府部门简政放权,督促县直35个部门在全市率先编制权力清单。

践行严实作风。县纪委常委会带头践行"三严三实",率先锤炼严实作风。在全县纪检监察干部中开展"学、思、践、悟"活动,选派5批次12名纪检监察干部参加中纪委培训,举办纪检监察干部"周末讲堂"12期。全面清理

廉政话剧一梦醒来是早晨

县、镇纪委参与的议事协调机构，严格规范纪委书记（纪检组长）兼职分工，及时完成县纪委内设机构调整。

重要会议

【县纪委第九届第五次全会】 2015年2月16日，县纪委召开第九届第五次全体会议，县纪委委员14人出席会议。各镇区、县级机关各部门、县各直属单位主要负责人和纪检监察组织负责人等191人列席会议。全会认真学习中共中央纪律检查委员会第五次全体会议，省、市纪律检查委员会第五次全体会议和中共中央总书记习近平重要讲话精神。县委常委、县纪委书记朱金南作《依规从严治党 强化执纪监督 推动党风廉政建设和反腐败工作迈上新台阶》工作报告，总结2014年全县党风廉政建设和反腐败工作情况，部署2015年反腐倡廉工作。会上，县委、县政府与各镇区、部门党政主要负责人签订党风廉政建设责任书。

【全县纪检监察工作推进会】 2015年7月31日，县纪委召开全县纪检监察工作总结交流暨落实纪委监督责任汇报会。会议回顾总结全县各镇区及县直部门纪委（纪工委、纪检组）工作情况，研究并部署下一阶段任务。县化工园区、陈家港镇、老舍中心社区等6个单位负责人作交流发言。县委常委、县纪委书记朱金南在会上就如何落实好县、镇纪委监督责任提出明确要求，进行工作部署。

重要活动

【内设机构调整】 根据省、市纪委统一部署，在2014年机构改革基础上，完成县纪委（监察局）内设机构调整。撤销纪检监察三室、四室，将纪检干部管理监督室和案件监督管理室单列，调整后内设科室9个。其中，从事监督执纪问责科室6个，占内设机构总数66.7%；保留纪检监察室2个，占内设机构总数22.2%。从事监督、执纪、问责工作人员28人，占编制总数80%，达到省、市纪委规定比例。

【纪检监察干部周六讲堂】 县纪委、监察局高度重视纪检监察干部学习培训，以响水县“纪检监察干部理论沙龙”为基础，推出“纪检监察干部周六讲堂”，在全县纪检、监察队伍中大力培育“学、思、践、悟”良好风尚。县纪委、监察局印发《关于开办响水县“纪检监察干部周六讲堂”的实施意见》，把举办“纪检监察干部周六学堂”纳入机关日常工作统筹部署，纳入年度目标任务绩效考核常抓不懈。

【搭建村情发布桥梁】 充分挖掘利用农村有线广播资源，在全县村（居）开通“周末夜话”平台，搭建村情发布桥梁，畅通村（居）党组织和群众沟通渠道，扩大群众知情权、参与权和建议权，提升农村基层党风廉政建设水平。村（居）“两委”负责人为“周末夜话”组织者，定期与村（居）民沟通、公开村（居）“三资”管理情况、宣传政策法规、传送经济信息、调解矛盾纠纷、化解群众困难。“周末夜话”活动开展以来，全县共收集群众反馈建议486条，帮助解决问题263个。《光明日报》《中国纪检监察报》《农民日报》《新华日报》等媒体先后对响水县“周末夜话”活动予以报道。

【基层纪检书记（组长）队伍建设】 县纪委出台《镇、中心社区、园区纪（工）委书记提名考察办法（试行）》《县纪委派驻纪检组组长、副组长提名考察办法（试行）》《县属企事业单位纪委书记提名考察办法（试行）》3个文件。规定基层纪检书记（组长）提名考察人选应当具备党政领导干部选拔任用基本条件和资格，从履行党风廉政建设主体责任、监督责任表现突出的优秀干部中选拔，拓宽纪检监察队伍选人用人视野和渠道。全年通过提名考察，选拔基层纪检书记（组长）2人。全县基层纪检监察干部65人，按编制全部配齐。

（刘维成）

10月31日，县四套班子领导参观市“尚德昭廉”教育馆

【责任编辑 苗其培】

社会团体

工商业联合会

【概　况】 响水县工商业联合会（简称县工商联）内设机关事务管理工作、经济联络工作、会员组织工作办公室，在编4人。3月，组建黄圩镇商会；年末，行业商会16个，其中异地商会2个；非公有制经济人士副主席16人、副会长17人，会员578个，其中企业会员423个。

2015年，县工商联认真贯彻落实中共中央、国务院《关于加强和改进新形势下工商联工作的意见》，紧扣县委工作中心，履行职能，维护商会、会员合法权益，促进非公有制经济健康成长。被省工商联、省总商会表彰为"先进集体"；被市工商联表彰为"服务经济先进单位"。

【参政议政】 围绕经济建设和群众关注的热点、难点问题，工商联界人大代表、政协委员深入调查研究，形成有价值、针对性强的议案、提案，及时掌握外部环境对民营企业发展的影响，分析企业面临的困难和问题，提出有关建议，为响水经济社会发展建良言、献良策。联合县有关部门开展调查研究，解决企业老大难问题。

【服务企业】 联合县科技局、县委农办帮助企业申报项目、产品创新、成果转化；联合县优化办、县公安局帮助企业解决涉企治安问题；联合县市场监督管理局为轴承座商会会员、色纺纱商会会员集中年检，简化办事手续、节省年检费用；与市纤维检验所对接，为色纺纱商会会员争取收费优惠政策。联合县人民法院成立法律维权中心，为30多家企业提供法律合同、调解、民事诉讼服务，挽回经济损失3000多万元。组织会员企业、基层商会与金融部门对接，解决中小企业贷款难；成立中小企业互助资金会，为企业融资5000多万元。校企服务。与江苏科技大学、扬州大学对接，为会员企业解决科技服务和项目合作问题。请南京大学商学院教授韩顺来为响水企业家讲课。邀请清华大学阎旭临教授培训响水企业家。协调企业与县职业中心校联合办学，定向培养企业急需人才。广泛联络在外创业人士和有关工商联（商会）组织，宣传响水投资发展环境，为招商选资牵线搭桥。组织民营企业家外出考察学习，开阔眼界，增长见识，提升创新力。接待山东、高邮、徐州等地工商联客商参观考察响水。信息宣传。《响水浙商报》每月发行1期，每期5000份；《响商》杂志每季度出刊，每期1万份。报刊免费赠给在外工作领导、企业家，省、市工商联，友好商会，县领导、企业、机关、学校、宾馆、酒店，宣传响水企业、企业家。

【光彩事业】 倡导民营企业家守法经营，带动地方经济发展，带动周边群众共同致富，弘扬社会主义道德风尚。会员主动帮助弱势群体，投身光彩慈善事业和社会公益活动。春节前后，裕廊、联化、大和、金兰、润生广场、康生药业等公司济困、助学，上海响水商会资助县博爱小学孤儿。

【会员教育培训】 成立理想信念教育领导小组，出台开展理想信念教育实践活动方案，在非公有制经济人士中开展以守法诚信为重点的理想信念教育实践活动，组织企业家学习习近平总书记系列讲话，引导和教育非公有制经济人士树立守法诚信意识，提高诚信立业、依法治企、守法经营、创新发展能力和水平，践行社会主义核心价值观，做到政治自信、发展自强、守法自觉，推进非公有制经济转型升级，投身经济社会建设。10月，与江苏大讯台公司、无锡大未来培训公司合作，建立县总商会大讲堂，每月培训2天，全年培训会员200多人次。　（刘　宇）

总　工　会

【概　况】 响水县总工会内设办公室（经审办）、组宣部、生产劳动保护部、维权保障部（民管部）、财务部（女工部），核定公务员编制9人，在编7

人。下辖职工技术培训中心，核定事业编制13人，在编10人。年末，有独立基层工会组织730个，其中，机关事业单位工会组织184个、镇区工会组织15个、企业工会组织531个；当年建立工会组织51个；基层工会组织覆盖法人单位1380个，会员总数75842人，其中，女性会员32332人、农民工会员45956人。

2015年，被县委、县人民政府表彰为综合先进集体；连续第六年被市总工会表彰为综合先进单位。

【第八届第九次全委会议】 3月28日，在县总工会第五楼会议室召开，应到会29人，实到会20人。会上，免去游弋、夏玉楼、赵宝传、朱宝中、顾娟、孙同华县总工会第八届委员会委员职务，免去游弋县总工会第八届委员会常务委员会委员、副主席职务，替补曹杭华、周荣生、季克高、嵇金良、李正金、高慧云为县总工会第八届委员会委员，选举曹杭华为县总工会第八届委员会常务委员会委员、副主席。

【第八届第九次全委(扩大)会议】 3月28日，在县总工会第六楼会议室召开。县委常委、县委组织部部长郭云讲话；县总工会主席、党组副书记汪海洪对2014年工会工作作总结，部署2015年工会工作；表彰2014年度工会工作先进集体、先进基层工会组织15个、26个，表彰2014年度优秀工会工作者32人。

【第八届第十次全委(扩大)会议】 7月17日，在县总工会第六楼会议室召开，应到会67人，实到会60人。会上，选出参加盐城市总工会第六次代表大会代表35人。

【职工教育】 3~5月，开展劳动模范先进事迹进企业、进校园活动，举办报告会20场次；4月，开展文明职工、五一文明班组、最美职工评选表彰活动，县电视台、《今日响水》报宣传其先进事迹；6~8月，联合县委文明办开展“读书成就人生　劳动创造幸福”万名职工读书活动；11~12月，举办职工报告会、研讨会12场次，学习中共十八届四中、五中全会精神和中共响水县委九届七次、八次全会精神。

【劳动竞赛】 100多个单位、1800多个车间班组、20000多人次参加10项重点工程劳动竞赛活动；开展技术练兵、技能比武60多场次，参加5000多人次；涌现技术标兵、技术能手200多人，晋升技术等级120人；收到合理化建议2000多条，小发明、小创造200多项。

【民主管理】 企事业单位建立职工代表大会制度397家，实行厂务公开民主管理405家，开展工资集体协商421家；13个行业、15个镇区建立行业、区域工资集体协商制度。3月，县粮食购销行业“分块递进协商　行业健康发展”做法入选《江苏省工资协商案例选编》一书；10月，县餐饮行业工资协商经验在全省行业工资协商推进会上交流。

【劳动保护】 全年排查劳资隐患121个，处理劳动争议案件50件，化解劳资纠纷50起；发动职工排查安全隐患2000多起。3月，“纺机安全五字操作法”获中华全国总工会班组建设成果一等奖。6月，劳动保护片区工作站和安康驿站建设经验在全省工会会上交流。11月，“职业健康快车行动”等3项劳动保护先进操作法被省总工会推广。全年建成安康驿站13个、“爱心母婴室”10个、劳动保护片区服务站3个。

【职工帮扶】 春节期间，筹资14万元，帮扶困难职工70户。5~7月，免费培训下岗职工3期200人。7月，“送清凉、送安全、送法律”活动开支5万元。8月，筹资16万元，资助贫困学子80人。12月，筹资52万元，送给1109名困难职工。

【文体活动】 6月，18支代表队300多人参加县职工羽毛球比赛，千余名职工参加县第三届职工广场舞大赛。9月，16支代表队480名职工参加县职工篮球赛。9月，12个代表队180多人参加县职工乒乓球联赛。

【“五一劳动奖章”评选】 4月，经公开推选，县新荡中心小学教师张微被省总工会授予“五一劳动奖章”称号。4月，经公开推选，县邮政局理财经理任婷婷、江苏亚邦爱普森药业有限公司技术中心主任杨绪跃、县农业技术推广站站长张德兰、江苏国华陈家港发电有限公司总经理封官斌、县国家税务局局长张劲松等被市总工会授予“五一劳动奖章”称号。

【“工人先锋号”评选】 4月，经推选，响水迎宾馆前厅部、中国农业发展银行响水县支行会计出纳部、县恒瑞物业管理有限公司名门春天物业服务处、县政务服务中心国土窗口、县供电公司营业班等被市总工会授予“工人先锋号”称号。

【“五一文明示范岗”评选】 4月，经推

县总工会开展夏季送清凉活动

荐评选，县委宣传部、县委文明办、县总工会授予县住房和城乡建设局城市建设科等26个岗位为“五一文明示范岗”称号。

【“文明职工”评选】 4月，经推荐评选，县房地产管理所刘津成等92人被县委宣传部、县委文明办、县总工会授予“响水县文明职工”称号。

（王　军　薛荣华）

共青团响水县委员会

【概　况】 共青团响水县委员会（简称团县委）内设办公室、组宣部、城工部、学少部（权益部），核定编制7人。年末，有4个基层团工委、8个镇团委、4个中心社区团工委、39个机关事业单位团委（团总支、大学生村官团委），755个团支部；团员18644人，其中，学生团员8497人、镇区团员4905人、企业团员4894人、县直机关单位团员348人。新建机关团组织4个、非公有制企业和合作社团组织70个。

2015年，被团市委表彰为综合先进集体。

【杰出青年表彰】 5月4日，在县广播电视台举办响水县第二届“十大杰出青年”颁奖仪式。县委常委、县委组织部部长郭云，团市委副书记郝瑞耀等出席。团县委授予王一娟等10人为“十大杰出青年”称号，表彰杰出返乡创业青年、优秀团干部、优秀团员代表。

【九届二次全体（扩大）会议】 3月16日召开，团县委委员、候补委员，各镇区团（工）委、各中学团委、县有关单位团委负责人出席会议。团县委书记龚伟伟作“勇担新使命　争创新业绩　努力推动响水共青团工作迈上新台阶”报告；郭云代表中共响水县委肯定团县委工作。

【服务发展获团市委表彰】 引导青年创业。年初，召开助力返乡青年创业推进会，邀请市优秀创业青年担任导师，引导青年返乡创业；举办青年创业培训班14期，培训青年500多人次。帮助青年创业。响水农村商业银行发放青年创业贷款800万元，资助300多名青年创业；在企业建立青年创业基地15个，200多名青年到基地实践。促进青年创业。建立“优秀青年人才库”，150多名青年入选；举办青年创业联谊会、“985工程”“211工程”高校响水籍新生代表座谈会”，促进青年人才成小家、立大业。激励青年创业。9月，与县人力资源和社会保障局举办大学生村官网络创业大赛，11个项目参加；县电视台新闻栏目宣传优秀创业青年事迹；表彰“青年文明号”单位10个、“最美青年”10人、创业先进人物10人。

【关爱弱势群体】 “希望工程”。承办团市委“希望工程—暖冬行动”启动仪式，筹集助学金及物资10万元。承办团市委“科学盒子志愿活动”“春暖童心”启动仪式，筹集助学金、过冬物资、书籍等价值7万元。“圆梦行动”。筹集助学金9.50万元，帮助25名大学生圆梦大学。省希望工程项目资助陈家港义新小学建综合楼1000平方米。留守儿童“爱相随5+1”活动。筹集资金5万元，从信仰、梦想、阅读、安全、艺术等5个方面关爱留守儿童。阳光助残活动。六一国际儿童节期间，帮助留守儿童300人次。10月，“助力微梦计划”获团中央公益大赛铜奖。

【青少年教育】 法制教育。联合县公安局、县人民法院、县司法局开展青少年法制教育，提高青少年法制意识；组织参加市中等职业学校模拟法庭大赛。“我的中国梦”主题教育。组织团员学习习近平总书记系列重要讲话；五四青年节、六一国际儿童节，开展“红领巾相约中国梦”“与信仰对话”“彩虹人生”等活动，深化“入团第一课”“成人仪式”活动。9月，举办“童心童画”核心价值观书画大赛、纪念抗战胜利70周年书信大赛，50多名青年儿童参加。10月，召开“团干部如何健康成长”座谈会，开展“三严三实”教育、“寻访红色记忆”活动，提升团干部党性修养。榜样示范教育。10月，选出“我们身边好青年”“崇德向善好少年”“创业好青年”各10人，团县委授予县第二实验小学周叶苗“优秀少先队员”称号；11月，康生药业公司王惠娟被团省委表彰为青年岗位能手。网络舆论引导。引导青年在“清朗网络·青春力量”网络空间发声，传播正能量；10月，成立“爱相随”媒体工作室，创作文艺精品；建立“青年之声—响水”网络平台，帮助青少年答疑解惑。

（丁　宁）

妇女联合会

【概　况】 响水县妇女联合会（简称县妇联）内设城乡经济发展部、权益部、组织宣传部、儿童工作部、办公室，县妇女儿童工作委员会办公室挂靠县妇联，核定编制7人，在职5人。2015年末，有8个镇、4个中心社区、2个工业园区妇联，152个村居妇代会，32个机关事业单位妇委会、女职工委员会。

2015年4月，县妇联党支部被县委组织部表彰为先进党支部；12月，被市妇联表彰为年度综合先进奖和信息调研、巾帼文明创建工作奖。

【举办巾帼创业电子商务讲座】 3月5日，邀请江苏通联民富商务服务有限公司总经理周达祥、江苏云天翼付数据信息技术服务有限公司行政总监宋卓功在县委组织部第四楼会议室举办“适应新常态　建设新响水”巾帼创业电子商务专题讲座，女大学生村官、妇联干部、女性创业能手100多人参加，为女性创业提供新思路、新方向。

【牵手结对创业就业】 组织创业典型与有意愿创业女性牵手结对，提供资金、技术、场地和销售服务，帮助快速创业、平稳创业。3月5日，组织镇区妇联主席、女大学生村官40多人观摩巾帼创业示范基地，听取妇帮家政、桔园教育创业经验介绍。3月6日，与县人力资源和社会保障局联办“迎三八·帮助女性就业”招聘会，为女性提供服装、电子等就业岗位212个。2月，范宇宏被市妇联、市经信委授予“巾帼创业之星”称号，王成琴被市妇联、市经信委

国际劳动妇女节女性就业专场招聘会现场

授予“巾帼创业明星”称号；10月，市妇联举办第三届妇女创业大赛，陈二霞、王春燕分获二、三等奖。

【“标准妇女儿童之家”建设】 3月，申报西园、灌河等23个村居、朱浦等5个经济薄弱村为省级“标准妇女儿童之家”，开展制度上墙、设施完善、资料档案回头看。5月初，获省财政以奖代补资金16.50万元。

【走访帮教活动】 3月8~11日，联合县司法局走访响水镇、老舍中心社区女性社区服刑人员，了解身体状况、家庭生活、就业情况、矫正表现，赠送普法书籍。

【“最美家庭”评选】 4月，《今日响水》报专版宣传吕宏燕、金成芳、杜娟、尚紫娟、陈育东、王云、王海红、王远琴、王加丰、吴同财、张菊英、苗素红等12户响水县“最美家庭”事迹。5月，推荐陈家港镇杜鹃家庭参加省“最美家庭”评选。11月，李兆林、卢慧、边有成、汪远伟、徐兰芬、黄永娅等6户家庭被市妇联授予“书香家庭”称号；楚静、陆迎春、徐文萍、张海梅、徐小丽等5名女性被授予“书香女性”称号；县医院徐兰芬家庭被省妇联授予“百佳书香家庭”称号。12月，王春霞、黄永玲、张海梅、翁娅等4户家庭被市妇联、市人民法院授予“崇法尚德家庭”称号；沈善云、张彩虹、金德娟、尤晓红、裴华英、马丹、王金艳、高迎娣、王春霞等9名女性被市妇联授予“崇法尚德好母亲”称号。

【“最美巾帼志愿者”评选】 5月15日，牛利霞等20名女性在会上介绍志愿服务情况，被县妇联授予“最美巾帼志愿者”。

【妇联官方微信开通】 6月，注册“响水县妇女联合会”微信公众号，编发“走进妇联”“打造坚强阵地　构筑温暖之家”“情系留守　守望未来”“最美家庭系列”等图文信息，开辟妇联工作新路，加强广大妇女沟通联系。

【关爱贫困家庭儿童】 5月7日，在大口小学开展“助力微梦　关爱困境儿童”活动，送给10名小朋友夏凉被、羽毛球拍、乒乓球拍等礼物。5月26日，开展“圆梦蒲公英”巾帼志愿者行动，送给县第一小学100名贫困家庭儿童衣服、书包、文具、图书等节日礼物；5月，王素芹获省妇联、省儿童基金会“敬业奉献奖”。6月6日，开展“关爱贫困孤儿”慈善救助活动，发给15名贫困孤儿助学金1.50万元。全年资助音乐种子春蕾班100名贫困孤儿4万元。9月25日，开展“与爱同行—和你在一起”中秋圆梦活动，爱心妈妈送给运河镇孙埝幼儿园留守儿童月饼、牛奶、毛毯、学习用品等价值8000多元。

【县首届“最美巾帼人物”评选】 9月，联合县委文明办举办。10月，县评审小组收到“最美巾帼人物”典型材料50多份，经过走访、座谈、表决，10人作为县首届“最美巾帼人物”候选人。11月，候选人事迹在《今日响水》报、“响水妇联”微信平台展示，投票选出朱彩红、孙琴、耿宏枚、杜娟、蔡玉梅5人为县首届“最美巾帼人物”。

【关爱弱势群体】 全年慰问妇女52户，发放慰问品价值2.50万元；送给灌江社区患病妇女孙霞、王玉英、刘德芹每人600元；赠给16个“妇女儿童之家”弹力棉裤280条；送给大口村10位老人棉被、保暖内衣等物品。

【女性社会组织培育】 围绕“培育更多　联系更紧　作用发挥更强”目标，加强女性社会组织培育、培训和指导服务。年末，有村妇女合作组织22个，成员750人；妇女行业协会5个，成员2500人；妇女爱心社会组织5个，成员1500人。20多个妇女合作组织吸纳600多名农村女劳动力就业，带动周边200多名妇女发展种植、养殖业，走上致富路。“彩云妈妈”工作室、女法律工作者协会、女文艺工作者协会、女知识分子协会等开展20多次巾帼维权、普法宣传、关爱留守儿童等活动。响水红烛义工协会巾帼志愿者10多次到敬老院送温暖献爱心；响水粉红丝带协会定期开展乳房保护知识讲座，为30多名患者捐赠义乳；响水剑桥英语培训学校、响水小桔灯作文培训中心常年开展“关爱留守　送教下乡”活动，送给100名留守儿童书籍500本。

【妇女维权宣传】 3月5~8日，联合县司法局、县公安局、县人民法院、县人民检察院、县国土资源局开展“‘三八’维权社区行”活动，14名机关干部、4名法律巾帼志愿标兵参与。图片展览、现场解答、印发资料宣传反对家庭暴力，贯彻男女平等、女职工权益保护法等法律法规，现场解答咨询。9月，QQ群、展板、电子屏、座谈会等宣传男女平等基本国策，发给科级干部《男女平等基本国策宣传手册》100册。“发挥联字优势　做好家庭文章”在国务院妇女儿童工作委员会办公室创办的《两纲通讯》刊载；“平凡的故事静静分享”在《江苏妇运》刊载；省、市妇联网站用稿60多篇。“爷爷一定有办法”家庭教育情景剧获市妇联一等奖、省妇联三等奖和优秀表演奖。（王素红）

科学技术协会

【概　况】 响水县科学技术协会（简称县科协）下设科学技术普及部、学会部（科技咨询部）和办公室。核定编制5人，在职6人。全系统学协会组织34个，其中，县级学协会组织15个、企业科协组织3个、民间科协组织4个、镇和中心社区科协组织12个。

2015年，县科协被市科协表彰为“先进单位”；大有镇科协秘书长被中国科协、国家财政部表彰为“科普惠农先进个人”；康庄村科普惠农服务站被省科协授予“优秀服务站”称号；县特种农产品种养技术协会被省科协授予“农业龙头科技协会”称号，响水镇城南居、五河居被市科协授予“科普示范社区”称号；姚广发等6人被市科协授予“优秀中小学科技辅导员”“青少年科技创新标兵”称号。

【科普惠农】 明确分工，落实责任，一把手负总责，两名副主席包片，科室人员定点，筛选镇区科普惠农重点项目，落实指导方案，做好跟踪服务。3月24日，县召开科普惠农工作推进会，表彰奖励科普惠农先进单位（示范项目）27个；宣传大有镇韩品成普及科普知识、推广新品种，帮助农户致富事迹。

【“科普宣传周”活动】 在县城迎宾广场、大有集市、响水实验小学举办3场科普演出活动，普及实用科学知识；利用广播、电视、报纸等媒体集中宣传科普活动主题；在县城、大有、南河等地举办科普集市；在校园、社区、机关举办科普讲座；组织科技工作者100多人次，在小尖、七套、双港等地开展“科普进万家”活动，发送科普资料5万多份，为基层群众和种养大户现场解决难题52个。

【科普平台建设】 全年科普网站发送科普短信2000多条，科普微博平台编发实用科普知识1200多条；尝试微信科普，利用县计算机协会公众号“大风”平台，发布科普讯息，点击过百万人次。10月，投入10万元，购置4台红外线触控一体机，置放人员密集场所，供市民查阅科学知识。

【引智创业】 协助工业园区、有关企业落实海外智力引进工作计划。科力普公司引进海外高科技人才1名；荣生电子公司与海外人才建立稳定协作关系；广泛宣传，引导、动员科技工作者投身大众创业、万众创新活动。

（张志强）

县科协开展科普宣传活动

哲学社会科学联合会

【概　况】 响水县哲学社会科学联合会（简称县社科联）办公室设在县委宣传部内，下设党建、人口、检察官、法律工作者、内部审计、招商、私营个体经济、集邮、计算机、广播电视新闻等10个协会和档案、教育、农村卫生、农学、农业资源开发、交通、钱币、金融、农村金融、税务、质量技术监督11个学会。

2015年，县社科面向大众、面向基层、面向实际开展学习型党组织创建、阵地建设、巡回宣讲、荐书赠书等形式多样的理论教育活动，推进社科理论知识普及。

【学习型党组织创建】 配合县委宣传部做好学习型党组织创建、评选工作，评选出年度学习型党组织10个、学习型领导干部10名、学习型党员10名。利用中心组学习、周六学习日、周一早会和基层党组织活动日，突出重点，用通俗易懂的语言向基层党支部书记宣讲理论。全年上好“微党课1600多场次。

【理论阵地建设】 《灌河论坛》年发行4期，每期1000本，免费赠给县直部门、单位，镇区、村居，重点企业。办好响水宣传网“智慧响水”栏目和手机报，架设教育培训“空中课堂”。创新宣传载体，利用灌河大讲坛、税企大学堂、社会大讲堂、青年干部夜校等阵地举办专题讲座，促进科学理论走进基层、深入人心。

【巡回宣讲】 12月3日，邀请中共江苏省委宣讲团成员、省民政厅厅长侯学元宣讲中共十八届五中全会、中共江苏省委十二届十一次全会精神，县全体领导、县处级离退休同志，镇区、部门、县直单位负责人，党校教员等300多人参加。12月28日，邀请中共盐城市委宣讲团成员、市卫计委主任徐杰在响水经济开发区、响水镇宣讲党的十八届五中全会精神。中共响水县委成立以常委、宣传部部长刘中连为团长，市林业局副局长及县委宣传部、组织部，县纪委，县委党校、卫计委、发改委等单位负责人及下访干部为成员的百人冬训宣讲团。召开宣讲动员会，开展分片巡回宣讲活动。宣讲团成员在镇区、县直、企业宣讲100多场，受教育1.80万人次。

【荐书赠书】《灌河论坛》每期设立"佳作选读""新书推介"栏目，推荐《习近平关于全面依法治国论述摘编》《法治热点面对面》《全面小康热点面对面》等新书、好书。向县直单位、镇区、村居免费赠送《习近平总书记系列重要讲话精神读本》《精神之钙》《支部党课》书籍及《灌河论坛》刊物4000多本，促进理论学习普及。

【开展知识竞赛和征文】8月，组织开展纪念抗战胜利70周年知识竞赛和学习贯彻县委九届七次、八次全会精神知识竞赛，扩大理论教育覆盖面。12月，开展学习中共十八届五中全会和中共省、市、县委全会精神征文活动，收到党员干部学习体会、调研文稿90多篇，优秀文稿分期在《今日响水》报、《灌河论坛》刊载；评出特等奖5篇、一等奖6篇、二等奖9篇、三等奖10篇，县教育局、国税局、交通运输局获组织奖。

【社会救助政策宣传】6月5日，与县民政局、县人社局、县教育局、县住建局等单位在县城举办社会救助政策宣传咨询活动，向群众发放宣传资料，接受咨询，宣传城乡低保、灾害救助、临时救助、五保供养、老年优待、教育、司法救助，住房保障、计生救助等政策。《灌河论坛》设立"'社会救助'之窗"专栏，第25~27期刊登和解读党和人民政府社会救助政策法规专稿。

（彭冬艳　王德芬）

文学艺术界联合会

【概　况】响水县文学艺术界联合会（简称县文联）办公室设在县委宣传部内，辖作家、集邮、书法家、美术家、音乐舞蹈家、摄影家、京剧票友、检察、诗词楹联9个协会，会员789人。

2015年，县文联被市文联表彰为先进集体。

2015年县文联下辖协会情况

表13

序号	协会名称	成立年月	主　席	会员	办公地点
1	作家协会	1987.4	王化杰	130	县新闻信息中心
2	集邮协会	1987.4	张耀群	65	县集邮公司
3	书法家协会	2000.11	朱卫东	150	县文联
4	美术家协会	2000.11	张铁山	70	县文联
5	音乐舞蹈家协会	2005.9	高　华	90	县教育局
6	摄影家协会	2006.3	薛恒宝	62	县关工委
7	京剧票友协会	2006.3	朱宝忠	85	县老干部活动中心
8	检察文联	2012.3	陈宏成	32	县人民检察院
9	诗词楹联协会	2014.12	程柏林	105	县新闻信息中心

【文化惠民活动】元旦、春节期间，分别举办迎新春儿童专场文艺演出、有奖灯谜竞猜、新春京剧专场演出、棋牌乒乓球友谊赛、迎新春书画展及书法家送福进万家、书画家义写春联等活动。5月上旬，组织儿童合唱团参加第二届江苏紫金合唱节盐城地区选拔赛，获银奖。六一国际儿童节，举办"美丽新响水"第八届儿童书画百米长卷现场创作大赛，优秀选手参加第九届盐城市儿童书画长卷展演活动。6月上旬，协助中国人民解放军江苏省军区战士演出队开展"文化服务老区行"慰问演出。中秋节、国庆节前夕，举办县第十二届文化艺术周活动，开展纪念抗日战

2015年2月12日在黄圩镇开展文化惠民演出

争胜利70周年专题文艺演出、“灌河情”六县区文化联谊、“苏风墨韵”省书法名家精品展及书法讲座、淮海戏专场晚会、广场舞比赛等10项文化活动。社团文化活动。向乡镇、社区、村居、学校、企业等派遣辅导团队，举办文艺大讲堂活动，开展“结对子种文化”活动，着力打造“文艺之家”创作基地，举办艺术沙龙、文艺评论等活动。送书下乡活动中，举办读书讲座、“书香家庭”评选表彰活动。“送戏”下乡活动中，文艺家下乡“种”文化，演出一场戏，辅导培训一批文艺骨干，专业文艺队伍常下乡演出辅导，指导业余团队下农村、进企业、搞庆典演出，组织乡镇和企业演出团队进城演出，提高演艺水平。

【打造文艺品牌】 着力打造特色活动、“一镇一品”“四大文化圈”品牌，促进艺术创作；突出“五大宫曲”非物质文化遗产传承保护，创作演出地方小戏精品。小戏“贴春联”在“放歌中华筑梦北京”2015“中华颂”第六届全国小戏小品大赛中获金奖；9月，举办“小戏之乡·响水”戏曲专场晚会，集中展示“南淮海戏”。

【获奖文艺作品】 全年获市级以上文艺作品奖14篇，其中，国家级文艺作品奖1篇。 （朱　邈）

2015年县文联会员获奖作品

表14

作　者	名　称	作品类别	获奖等级	获奖月份	授奖单位
吴万群	风　景	散　文	二等奖	5月	市文联
赵　斌	东乡羊肉-佛跳墙	散　文	优秀奖	5月	江山文学网
潘朝阳	寻宝	摄　影	三等奖	10月	市科学技术协会
李登鹏	叠罗汉	摄　影	优秀奖	10月	市科学技术协会
徐　宁	黑色公文包	小　品	二等奖	10月	市文化广电新闻出版局
李习仁	一张汇款单	小　品	二等奖	10月	市文化广电新闻出版局
李习仁	路遇	小　品	二等奖	10月	市文化广电新闻出版局
徐　宁	卖石头	小　品	一等奖	10月	市文化广电新闻出版局
孙智宏　徐　宁	妈妈下江南	小　戏	二等奖	12月	市文化广电新闻出版局
火艳芳　孙智宏	小豆豆	小　戏	三等奖	12月	市文化广电新闻出版局
王体苏	绝对保密	淮海戏	优秀表演奖	12月	市文化广电新闻出版局
孙智宏	贴春联	小　戏	金奖	12月	中国戏剧家协会艺术发展中心
徐亚玲	磕磕碰碰	淮海戏	特别奖	12月	市文化广电新闻出版局
史沐南	磕磕碰碰	淮海戏	新人奖	12月	市文化广电新闻出版局

消费者协会

【概　况】 响水县消费者协会（简称县消协）下设响水、小尖、运河、大有、陈家港、南河6个分会。3月3日，召开县消费者协会第四届第五次理事会，推选县市场监督管理局副局长孙昌亚任会长，原副会长人选相应调整，张慧任秘书长；11月，县消协张荣坤被省消协聘为消费维权志愿者专家团成员。

【国际消费者权益日活动】 3月15日，联合县有关行政机关和25家经营单位及服务行业商会等，在县城滨江路广场举行纪念和义卖活动，县工商联主席出席，现场接受消费者咨询206人次，受理消费者投诉18件，发放普法宣传资料1万多份，大型义卖收入2万多元，资助给重病李奶奶。

【老年消费维权月活动】 6月20日至7月20日，联合县老龄办举办县“第五届老年消费维权月”活动，发放宣传资料，围绕“科学消费幸福生活”主题，教育老年消费者树立安全消费、节俭消费、绿色消费、文明消费观念，把安全放在第一位，谨防消费影响身体健康。

【消费者投诉全部结案】 全年接待消费者上访422人次；受理消费者投诉83件，解决83件，为消费者挽回经济损失5万元。消费者投诉案件中，商品质量问题26件、营销合同问题25件、价格问题2件、广告问题1件、其他问题29件；按商品类别分，服务类35件、家用电子电器类17件、百货类13件、房屋及装修建材类5件、家用机械类2件、其他商品11件。全年受理消费者投诉比2014年增32件，其中，家用电子电器类、百货类、服务类、房屋及装修建材类增加较多。

【轿车质量案】 4月20日，陈某在县城某汽车销售公司购速腾牌FV7166G轿车1辆，价格12.88万元。4月30日，发现该

2015年响水县受理消费者投诉情况

表15

年　份	2014年	2015年
受理数(件)	51	83
解决数(件)	51	83
挽回损失(万元)	5.34	5
加倍赔偿(万元)	0	0
支持起诉(件)	2	0
罚没款(万元)	110	140
来访(人次)	439	422
表扬信　锦旗(件)	7	6

2015年响水县受理消费者投诉分项目情况

表16

项　目	2014年(件)	2015年(件)
质量	19	26
安全	0	0
价格	0	2
计量	1	0
广告	0	1
假冒	0	0
虚假品质表示	0	0
营销合同	19	25
人格尊严	0	0
其他	12	29

2015年响水县受理消费者投诉分品种情况

表17

分类品种	2014年(件)	2015年(件)
家用电子电器类	7	17
家用机械类	3	2
百货类	3	13
房屋及装修建材类	3	5
农用生产资料类	1	0
服务类	28	35
其他	6	11

车座椅、保险杠、车门等部件被更换，多次要求该公司调换，经营者不同意，认为是消费者撞坏。陈某申请县消协调解。经县消费与县人民法院调解：该汽车销售公司补偿陈某3.60万元，修理费等由陈某承担。（张　慧　张荣坤）

私营个体经济协会

【概　况】 响水县私营个体经济协会（简称县个私协会）为社会团体法人，办公室设在县市场监督管理局内，下设响水、小尖、南河、陈家港、运河、大有、响水经济开发区6个分会。理事会理事27人、常务理事9人，高巍任秘书长，孙昌亚任会长；个体会员21779人，企业会员7386人。

【编印《品牌宣传画册》】 与县市场监督管理局联合编印县内“三名商标”（中国驰名商标、省著名商标、市知名商标）会员企业《品牌宣传画册》2000本，30家企业入选。用于对外交流、相关宣传和商贸活动，发到企业，提升品牌企业知晓度。

【参与非公有制企业党建】 组织会员企业50人在灌南县学习。开展非公有制经济组织和“两新”组织（新经济组织和新社会组织）调查。年末，个体私营企业有党组织9个、党员141名。

【“诚信之星”评选】 上半年，企业申报，分局上报，县有关部门联合审核，6户企业参加市个私协会举办的“百名诚信之星”评比。12月，省农垦农业发展股份有限公司黄海分公司、大有翠苑草鸡专业合作社、江苏中天消防设备有限公司、双港镇以标商店、陈家港镇富豪商务酒店、响水镇国恒装饰材料经营部等6家私营企业和个体工商户被授予“诚信之星”称号。

【资助困难家庭学生】 实施市个私协会“三年千人助学计划”，全年资助在校大学生、中学生、小学生各1人，分别资助2000元、1000元、500元。

【慰问困难会员】 春节前，多方筹集资金，慰问困难个体私营经济会员30人，发放慰问品价值2万元。

【康生药业公司关心下一代做法在全市交流】 8月，康生药业公司参加市关工委民营企业家培训班，交流其关心下一代做法。2015年，该公司志愿者服务大队实施“留守儿童小黑板计划”，资助张集中心社区等困难小学生200人，资助金16万元；资助县博爱小学现金3万元、物品价值5万元。（高　巍）

【责任编辑　赵凤昆】

法　治

政法综治法治

【概　况】 县委政法委和县综治委两块牌子一套班子，合署办公，设办公室、综治协调室、执法督查室、国家安全人民防线办公室和法治办公室。

2015年，政法综治法治工作以法治响水建设统揽全县政法工作，以维护社会大局稳定为首要任务，以提升法治和平安建设质效为着力点，深入推进平安建设、法治社会建设，全县社会大局、治安形势持续平稳。

【维护社会稳定】 年内，县委政法委根据全市统一部署，对社会矛盾纠纷、治安安全生产隐患、社会稳定风险、网络负面舆论、干部作风问题开展百日排查专项活动。制定《深入开展社会稳定风险问题"五项排查"化解整治百日行动的实施方案》。4月20日和5月4日分别召开会议进行专题部署。成立由县委常委、县委政法委书记任组长、相关部门主要负责人为成员的"五项排查"化解整治百日行动领导小组，下设办公室，办公地点在政法委，负责整个活动的牵头协调、情况收集、信息反馈、交办督办工作。县纪委、宣传部、政法委、信访局、安监局五个牵头部门，根据各自承担的排查化解任务，制定相应工作计划。对社会矛盾纠纷排查，"县不漏镇、镇不漏村、村不漏组、组不漏户、户不漏人、人不漏项"全覆盖；对治安安全生产隐患排查，凡是涉及安全的生产企业、集市贸易、建筑工程、饮用水安全、校园安全、交通消防、危化品管理等进行拉网式排查；对社会稳定风险排查，特别是对各类涉众型群体性事件隐患排查不留盲点；对网络负面舆情排查，加大网上巡查力度，在第一时间发现问题，及时处置；对干部作风问题排查，畅通群众反映干部作风问题渠道和方式，及时调查处理反馈。对市维稳办交办的9件涉稳重点事项逐一会办，落实关键措施、明确时限，至年底，全部化解稳控到位；对市安委办交办的9件安全生产隐患，下发整改通知，限期整改，组织复查，全部整改到位；对市委宣传部交办的2件潜在敏感网络舆情，县委宣传部网管办和县公安局网监大队实行24小时网上巡查，县内网站及时处理，县外网站加大沟通力度，未发生有较大影响负面舆情。排查问题责任单位、包案领导、化解措施、完成时限"四落实"，包案领导对所包案件"包问题协调处理、包人员教育稳控、包停访息诉"，问题不解决不脱钩。高等级风险级别问题，制定应急预案，采取"一案一策"办法，妥善处置。从9月底开始，在五项排查基础上，全面部署"集中开展危爆物品、寄递物流清理整顿和矛盾纠纷排查化解"三项专项行动。开展危爆物品清理整顿专项行动由县公安局牵头，县安监局、环保局等相关部门参与开展物流快递寄递清理规范专项行动由县交通局牵头，县邮政管理局等相关部门参与；开展矛盾纠纷排查化解专项行动由县综治办牵头，县信访局、司法局等相关部门参与；工作有序推进。

【法治响水建设】 年内，响水县紧紧围绕盐城法治社会建设"三步走"战略，咬住争创全省法治工作先进县目标，全面贯彻落实市法治办统一部署，结合响水实际，积极探索有效机制，强势推进法治社会建设工作。1月17日和7月23日召开县委九届七次、八次会议，将"全面推进法治政府、公正司法和全民知法守法，创成省级法治先进县"写入县委工作报告。召开动员会、推进会、会办会、现场会，全力推动各项创建措施落实。

全面落实创建工作措施。坚持依法行政，建设法治政府。县政府把简政放权作为行政体制改革关键，推进审批制度改革，建立行政审批事项清单。出台《关于进一步规范和改进行政审批服务工作的实施意见》《响水县行政审批违纪行为责任追究办法》等文件，推行"一窗受理、内部运作、电子处理、电子监察、限时办结、公开公示、统一送达"行政审批新模式。4月30日，颁发全县首张企业"三证合一"营业执照。加强约束，健全政府决策机制。重新修

法治报告会进校园

订县政府《重大行政决策程序规定》和《进一步健全重大决策社会稳定风险评估工作的实施意见》，县人大、县政协领导列席县政府常务会议、参与重大事项决策，政府工作进一步法制化、规范化、民主化和制度化。出台全县《规范性文件制定程序和备案审查办法》，实现规范性文件统一制定、统一文号，统一报备。县政府法制办对过去政府规范性文件进行专门清理，2006年5月至2015年6月期间，政府发布的规范性文件，确定有效32件，废止6件，修改7件。县法治办、县法院联合举办"全县行政执法大讲堂"，至2015年底，在县住建局、国土局、城管局、烟草局等行政执法单位举办12期讲座，提高全县行政执法人员业务水平，促进全县依法行政工作规范化。严格公正司法，提升司法水平。县委政法委牵头制定《响水县执法巡视暂行办法》，聘请20名县人大代表、政协委员、纪检监察人员为执法巡视员，每月组织开展一次执法监督巡视活动，采取明查暗访和随机抽查等形式，对行政、民事、刑事案件办理进行监督，重点评议审判人员、公诉人员及律师的综合素质和作风形象，确保司法公正、廉洁高效。县法院出台《错案责任追究办法》，对上级法院发回重审或予以改判、本院再审改判案件一一追查责任。出台《青年干警列席审委会制度》和院、庭长带头办案制度。强化庭审公开，审判法庭使用"三同步"设备，庭审过程同步录音录像，选取部分案件庭审进行网络直播。率先在淘宝网上进行网络司法拍卖，被《人民法院报》等多家媒体报道。县检察院紧紧围绕"强化法律监督、维护公平正义"主题，积极履行检察职能，强化刑事侦查和审判监督，强化民事审判和行政诉讼监督。创设"三微三网三编"模式，构建微信群、指导微博客、拍摄微电影，完善检察内网，充实检察外网，打造检察公众网，编发响检手机报，编辑《灌河清风》，编制廉政档案，增加队伍管理科技含量，取得明显成效，先后被表彰为"全国先进基层检察院""全国百优警示教育基地"，被省委省政府表彰为"江苏省文明单位标兵"。加强法制宣传，增强法治观念。县财政投入200多万元建设响水湖法治文化主题公园、响水法治文化广场和灌江路法治大道。高标准推动"六五"普法工作，全县公务员人手一册《公务员法律知识周周学》读本，每周一学一考，组织全县1580名公务员参加闭卷考试。举办全县基层劳动人事争议预防调解中心主任培训班，全县重点企业和基层调解组织办公室主任、劳资管理人员122人参加培训。组织律师、公证员、基层法律服务人员在各镇区举办"法律下乡""百案说法村村行"专场活动；制作案例展板，在全县各村居巡回展出。在全县各镇区播放法治电影30多场。开通响水普法网，普法微博、微信，新浪微博。开办"六五"普法"短信平台"，每周向全县移动手机用户发送1条法制短信。政法委在电视台开办《政法视野》栏目，以电视为载体，展示县法院、检察院、公安局、司法局等政法单位公正司法、执法为民的工作风貌。组织部门联动，先后开展学雷锋法律服务、保护妇女儿童权益法律宣传、"3.15"消费者权益保护法广场宣传活动，提升广大干群法治观念和对法治建设认知度。

村民自治探索。县政府出台《全面推进制定乡规民约加强基层村民自治工作的实施意见》。由县政府办牵头，组织县相关部门就乡规民约制定召开多层面座谈会，广泛听取意见。县镇村三级联动，进村发动群众，展开立体宣传，征集群众意见。通过"三上三下"程序和方式制定乡规民约，贴民意、接地气。各镇区对《乡规民约》会议有宣讲、广播有声音、电视有画面。群众自己定规矩，自觉执行乡规民约，在和谐村居建设中发挥积极作用。8月2日，《人民日报》以题为"江苏响水乡规民约'约'出好民风"作了介绍，新华日报、盐阜大众报等媒体也作了宣传报道。

创建帮办服务体系，拓展联系群众渠道。创新社会治理方式，全面建立"村帮办"制度。坚持"自愿、便民、公开、依法、无偿、高效"原则，按照"走访、受理、帮办、回复"流程，全程帮助群众办理证照审批、缴费报销、民情诉求、政策咨询、公益服务5大类29种服务项目。各村居成立群众事务帮办工作室，安装帮办热线电话，各村支部书记为第一责任人，每天安排一名村"两委"成员轮流值班无偿服务，接受群众咨询，受理群众诉求，为群众提供帮办事务。对村里无法解决的事情，由村帮办集中带县、镇代办解决，变"群众跑"为"干部跑""多次办"为"集中办"。全县范围形成"干部热心、群众放心"的服务群众新格局。创新做法被《新华日报》等媒体报道。

严格问责推进依法行政。县纪委、县监察局突出问题导向，加大问责力度，以强力问责规制"权力任性"，严肃问责行政执法不公、政策执行走样以及贪污侵占专项资金等行为。厘清权力职责，细化行政执法流程。通过畅通群众举报渠道、建立案件移送机制、问责纠错败诉案件等方式，对行政复议被纠错和行政诉讼败诉案件等行政过错行为进行责任追究。年内，县纪委、县监察局查处行政问责、行政诉讼败诉案件13件，对行政不作为、失职渎职相关责任人立案11人，其中科级干部9人；查处严重损害群众利益的违法违纪行为8起。

开展响水县首届“最美法治人物”评选活动。采取自下而上、逐级推荐、集体评定方式，评选出全县各行各业在法治建设中积极参与法治实践活动，大力传播法治精神，弘扬法治理念，在维护社会公正、确保社会诚信、保障社会秩序和创新社会治理等方面发挥积极作用的社会各界人士作为候选人，由群众投票产生5人为响水县首届“最美法治人物”，在响水报、电视台公布。

全面加强基层法治建设。9月11日召开争创“全省法治工作先进县”推进会，10月16日召开基层民主法治建设和典型培植工作专题会议，推进基层民主法治建设。根据2014年市委朱克江书记在响水调研时提出的基层民主法治建设“六个深入推进”要求，及时制定出台《全县基层民主与法治建设推进工作方案》。组织开展“推进基层民主政治建设、推进基层民主自治、推进基层民主管理、推进基层依法治理、推进基层社会服务、推进基层法治宣传”等加强基层民主法治建设的“六个推进”活动。县委组织部、县综治办、法治办、农办、民政局、司法局六个单位为“六个推进”牵头单位，根据各自职能成立相应专门工作领导小组，明确分工领导，落实专人负责。培植典型，形成创建现场，提炼有价值的经验材料整理上报。活动开展后，总结推广“周末夜话”村情发布和“村帮办”等一批便民服务新举措，夯实法治创建群众基础。

【社会治安综合治理】 年内，县委政法委根据全市综治平安建设现场会议要求，紧扣“保持全省社会治安平安县，争创全省法治先进县，努力实现综治平安建设工作北抬头”目标，围绕三级平台、综治信息化、平安法治示范社区、技防“村村通”建设四项重点工作，搞好社会治安综合治理。

落实市会精神，提升组织化程度。县多次召开综治平安建设重点工作推进会贯彻落实市会议精神，分析本县综治平安建设重点工作形势，举一反三、对标找差、明确时序、倒逼期限、挂图作战。对重点工作由综治办牵头，在响水镇、运河镇大通村、双港镇新华村调研，出台相关文件，科学合理安排各项工作任务。县综治办每周会办，项目运作管理模式推进重点项目建设，实行目标化管理、项目化推进、实体化运作，逐一明确任务、工作要求、责任主体、完成时限。将综治信息化、三级平台、平安法治示范社区、农村技防“村村通”建设列为年度综治平安、信访稳定工作考核重要内容，组织专门力量，对相关重点工作开展实地督查、网上督查并及时下发通报要求整改。

三级平台建设，县级中心提档升级。县级服务中心挂牌成立于2014年10月，建筑面积约1200平方米。中心设有“一办、一厅、五大中心”。“一办”即综治办，“一厅” 即社会管理服务中心办事大厅，“五大中心”，即视频指挥中心、信息研判中心、涉法涉诉联合接访中心、社区矫正教育管理服务中心和社会矛盾调处服务中心。上半年，县级中心进行提档升级，综治办整体进驻；司法局大调解中心、社区矫正，检察院检察室和公、检、法系统抽调的涉法涉诉信访人员全部进驻上班。中心有涉法涉诉、法律援助、法律公证、流动人口管理、特殊人群管理、矛盾纠纷调处、社区矫正服务7个窗口。实现“四屏合一”（政法指挥中心屏、综治信息化屏、阳光信访屏、社会面监控屏）。镇级中心规范化建设做到中心资源整合、场所规划建设、中心日常管理、服务、部门及项目进驻、经费保障“六到位”。在推进大集中建设的响水镇、小尖镇、双港镇，设置农水、民政、残联、社保、计生、国土、村建、财政、信访、人民调解、法律服务等窗口，在中心分设的南河、黄圩等5个镇，设置信访、矛盾调解、法律服务、社区矫正、法律援助等窗口；进驻中心窗口部门后台整体进驻中心办公，实现前后台联动运行，一名班子成员负责镇服务中心日常工作，完善运行体制。村级服务站按照“一站三室”要求，建设好调解室、警务室、综治办（法治办、司法站、网格办）；配强工作人员，按照相关要求配齐村居综治维稳力量；完善运行机制，建立健全受理、代办、分流等服务机制；强化信息化建设，落实“一村两员”，加强综治信息的录入、更新等。

示范社区建设。制定《响水县“平安法治示范社区” 建设工作方案》，按照法治镇整体验收要求，进行一体化推进，以社区工作“网格化、便民化、信息化、法治化”为重点内容，经过三年努力，把全县各村（居）基本建设成为无非法上访、无群体性事件、无民转刑事件、无社区服刑人员再犯罪、无邪教问题、无两委班子成员违纪违法的“六无”社区。在双港镇试点经验基础上，各镇区结合实际，制订创建工作方案。

综治信息化建设。年内，县政府投入60多万元为全县152个村集中配备电脑和手机。推进综治信息化建设，根据各镇不同特点，分四种类型选配综治信息员队伍，一类为村居班子文化层次较高，明确维稳专干为信息员。第二类为村（居）年青人做党建信息员，把党建信息与综治信息工作结合。第三类为村（居）干部年龄偏大不能胜任综治信息工作，明确分工干部为分工村（居）的综治信息员。第四类把镇安排在各村（居）的专职社工明确为综治信息员。年内，县政法委组织3次培训，对各镇、中心社区、各综治成员单位的综治信息员进行技术、业务和工作纪律等系统培训。8月，组织县综治信息员、电信局技术人员在各镇进行对接培训10多次，确保各镇、村（居）信息员既会登录上线又会录入内容。同时，县综治办专门明确2名工作人员用电话和网络对各村（居）手机、电脑使用情况进行督查，组织人员在各村进行跟踪督查，落实整改，减少休眠账户。

技防“村村通”工程。年内，县政法委多次召开公安、电信等相关部门负责人会办会，制定《全县视频监控“村村通”建设总体规划》。率先在运河镇大通村完成“村村通”试点，所有15个探头接入派出所。在原有全县农村283

个探头基础上，9月10日，县公安局在小尖、陈家港、大有、双港等镇布点215个。在黄圩、南河等镇勘验布点110个，年底进入施工阶段。

社区网格化管理。年内，县政法委全面总结响水镇城东社区网格化管理经验，积极探索以“满足居民愿望、解决居民困难、实现居民需求、赢得居民拥护”的新型社区管理模式，制定响水县城镇社区网格管理整体推进方案，6月底城镇社区实现网格化管理全覆盖。总结推广黄圩镇三级民情网格管理经验，完善农村村居网格化管理。将信访部门的信访责任体系网和社区管理网、综治信息网整合，矛盾纠纷调解员、民情联络员、综治信息员交叉兼职，统筹人力、物力资源，实现资源、信息共享，促进社区网格化管理工作持续发展。

【政法队伍建设】 年内，县政法各部门通过抓好科学理论学习、开展“三严三实”专题教育等活动，深入持久贯彻中央八项规定、省市县委十项规定及全市政法系统“五个严禁”、17项规定，针对容易发生腐败问题的重点领域，健全内外监督制约机制，加大干部交流轮岗力度，堵塞执法司法权寻租空间。健全政法干警职业培训体系，分层分类开展业务培训，深化全员岗位练兵、技能比武，提升政法干警履职能力、实战本领。县法院制定实施《青年干警培养实施意见》《能力作风建设年实施意见》《勤俭促发展，廉洁伴我行》等教育实施方案，选派干警参加省、市法院培训50多人次，定期在联系村居实行“便捷立案”，设立“巡回审判”法庭，现场开庭、当场调解、当庭宣判，以贴近群众的形式宣传法制，审理一案、教育一批、影响一片。县检察院组织开展“能力建设年”系列活动，加大信息化建设力度，开展信息化技能培训，以信息化保障和促进执法办案方式转变，着力提升检察信息化应用能力。抓住人民群众反映强烈的突出问题，开辟群众信访“绿色通道”。召开预防农村干部职务犯罪典型案例剖析会，全县400多名村干部参加会议接受警示教育，最高检察院、省检察院有关领导亲临现场，给予充分肯定。公安局开展民警能力素质提升计划，每期培训班均将规范执法作为一项重要课题，加强对修改后《刑事诉讼法》的学习培训，教育民警转变执法理念，严守执法安全底线，正确处理惩治犯罪和保障人权关系，以公安内网法律网校、学法考试活动、新老民警帮带等载体，实现民警执法素质全面提升。县政法委连续三年组织152名政法干警担任全县152个村居法治建设指导员，深入基层一线，融入群众，零距离倾听群众呼声，体察群众疾苦，解决实际困难，加强法制宣传，化解矛盾纠纷。组织116名政法干警主动联系服务全县116家重点定报企业，深入企业开展法律宣传咨询，积极参与调处涉企矛盾，解决涉法事务，提供司法援助，维护企业合法权益。指导依法治企工作，帮助企业建立健全各类规章制度，加强内部管理。

【“最美法治人物”评选活动】 为全面展现响水县法治社会建设中涌现出的学法、守法、用法、执法典型，在全社会形成学习先进、崇尚先进、争当先进的热潮。年内，县政法委在全县范围内组织开展响水县首届“最美法治人物”评选活动。采取自下而上、逐级推荐、集体评定方式，评选出全县各行各业在法治建设中积极参与法治实践活动，大力传播法治精神，弘扬法治理念，特别是在维护社会公正、确保社会诚信、保障社会秩序和创新社会治理等方面发挥积极作用的单一、刘治刚、杨娜、沈利、顾少楼5人为响水县首届“最美法治人物”。 （刘新春）

公　　安

综　　述

【概　况】 2015年，响水县公安机关主动置身公安部“四项建设”部署、省厅“一体两翼”布局和全县经济社会发展大环境，强化“以人为本、务实创新”理念和“提质增效、跨越赶超”思路，坚持问题导向，着力法治引领，高效履职尽责，深入推进平安响水、法治响水、过硬队伍建设，不折不扣完成各项工作任务，推动公安工作和队伍建设取得新发展、新进步。年内，全县未发生有影响的群体性事件和不稳定事端。扎实开展“作风建设深化年”“三严三实”“秉公执法，人民公安为人民”主题教育活动，固化全警能力素质提升计划，组织庭审旁听、跟班学习、实弹射击、坐堂听课等系列培训活动，围绕落实重大敏感警情处置、涉案人员审查管理、在押人员出所监护、案件审核会办把关等刚性纪律，实现执法隐患、执法问题、有责信访“三下降”；推进执法办案场所改造，全局近90%办案场所达省厅新建设标准；局领导出庭应诉率和行政拘留执行率100%，110接处警、讯问犯罪嫌疑人全程录音录像工作有较大改进。年内，县公安局被县委、县政府表彰为2015年度全县综合考核综合先进单位。43人受到县以上表彰。

【维稳处突】 年内，县公安局大力推进以“提升质量、发展高端、淘汰低端秘密力量”为重点的人力情报织网行动，投入10万元用于情报“一事一奖”“一案一奖”，实现全县重要事项、重点问题预警率和核查率100%；开展社会稳定隐患风险排查整治行动，摸排处理涉及基督教堂、房产开发、讨薪讨债及盐连铁路、公墓迁建等各类涉稳事项174起，成功处理除交通事故以外的非正常死亡事件58起，依法处理闹事、闹访人员89人；调整优化配置全县反恐工作领导小组和反恐力量，月均流进流出本县的3名疆籍人员48小时内全部“见人、见证、见住地、见随身物品”；发生的5起因感情纠纷、个人泄愤等引发的个人极端事项全部得到快速稳妥处理；摸排51名易肇事肇祸精神病人全部得到及时送医收治；圆满完成“两节”“两会”纪念抗战胜利70周年、国庆、十八届五中全会等各类敏感节点维稳安保工作任务，实现涉法涉诉进京非访“零登记”；全县在公安部、省厅信访人数同比下降43.7%、41.6%，被公安部、省公安厅、市公安局接待处理的信访件化解58件，化解率90.6%，纳入省公安厅重点考核的30件信访件化解20件，化解率66.7%；着力跟进网上“四个事关”负面舆情监测处置，依法处理涉事人员4名，全县未发生有重大影响的群体性突发事件、不稳定事端和涉警负面舆情炒作。

【管理服务】 年内，县公安局大力摸排整治交通、消防、危爆等领域安全隐患，巩固三轮车主非法载客营运整治成效，摸排上报核定吊销毒驾人员驾照35本，办理消防行政案件236起，省挂、县挂的2个重大火灾隐患和市挂的1个化工危爆隐患成功摘牌；严打严整涉企、涉众型经济犯罪，打掉以武某东等人为首的敲诈勒索和强迫交易涉企犯罪团伙4个，年内侦破涉企案件46起，为企业和群众挽回经济损失3500多万元，打击整治成效得到县委、县政府肯定；强推涉娼涉赌重点问题整治，年内接报娼赌警情同比下降，市挂的2个治安重点地区成功销号；深入开展“缉枪治爆”行动，查缴烟花爆竹销售门市兜售的“鱼雷”等危险爆炸物1200枚，打掉涉及跨省购销6人犯罪团伙1个；推进企事业单位内部安防建设和平安企业、平安校园创建，旅馆、网吧等场所人口信息传输，差错率在全市较低；开展打击防范电信诈骗犯罪专项行动，破获电信诈骗案件4起，发放防骗宣传资料5万多份，通过警银临柜堵截措施成功预防电信诈骗案件6起；办理拒不支付劳动报酬案件7起，为工人挽回经济损失200多万元，成功化解社会矛盾，维护社会稳定。深化经济、治安防范宣传，打击整治假币警银收缴比超60%，发案后上门推动技防产品普及600多次；开展“门牌楼”清理整治，实施预约、急办、特办便民服务举措，开展结对帮扶慰问活动，为群众办实事、做好事93件，获赠锦旗35面。

【基础建设】 年内，县公安局强推“210工程”和“810强基工程”，置换改善刑侦、巡特警、水警等部门办公条件，优化局机关各科室办公布局。建成204国道灌河大桥市际卡口和小尖派出所办公用房；228国道市际卡口和七套派出所办公用房正在施工；城西、南河派出所办公用房完成立项许可、土地划拨等前期手续；开展视频监控“村村通”工程建设和监控系统运行维护“亮眼”行动，新布点建设社会面治安监控探头384个，建成视频监控“村村通”工程运河镇大通村试点项目，完成省、市下达的“技防城”“一个实战平台、两道电子防线、六张技防网络”建设目标任务；完成204国道和228国道“平安长廊”建设任务，建成集多功能于一体的交通安全教育基地；建成DNA实验室并投入实体化运作，推动刑事技术装备、设备购置及检验新技术、新手段、新方法的学习引进，抓好入所审查嫌疑人手机信息采集应用；投入500多万元为一线所队配齐配强枪支、盾牌等警用器械装备，为一线所队更新、增配警车和特勤车9辆，完成110指挥调度系统升级改造，推动350兆集群电台信道扩容建设，为社区民警和办案民警人手配置警务通一部、对讲机一台，车载通信网络和车载移动监控实现全覆盖；完成保安公司脱钩改制工作，为辅警缴纳“五金”，建立辅警工资与全县经济发展同步增长机制。

【队伍建设】 年内，县公安局扎实开展“作风建设深化年”“三严三实”“秉公执法，人民公安为人民”主题教育活动，开展“为警不为”、立案突出问题、“小金库”等问题集中清理整治，综合运用各种手段问责处理民警3人；成立执法监督管理委员会，落实法制员派驻制，落实“日清、周结、月通报”制度，借助网上视频督察平台，摸排整改涉及执法办案场所、案件卷宗制作、人员审查管理等一批执法突出问题；组织招录民警19名，落实年轻民警“传帮带”和接处警“一老一少”搭档负责制，助推新警快速成长；保护民警合法权益，为民警依法维权9起；安排35名民警年休，为民警争取抚恤互助资金4.8万元，完成警员职务套改工作；树立鲜明的选人用人导向，不单以年龄划线、考试分数和推荐票数取人，选拔41名中层干部；全局34名民警受到县以上表彰，树立全县“十大杰出青年”李旭、全市“公安青年岗位能手”张勇等一批先进典型。

刑事案件侦破

【概　况】 年内，县公安局扎实开展各类专项斗争，积极落实盯案、盯逃、盯嫌“三盯”侦查责任和刑侦、技侦、网侦、图侦、导侦“五侦”规定，开展城乡区域联动设卡盘查检查活动，深化刑事高危重点人员动态管控，年内抓获各类刑事作案801名，抓获涉黑涉恶犯罪嫌疑人91名，抓获逃犯134名，全县违法犯罪总警情、刑事总警情同比下降5.5%、7.4%；完成公诉497人，其中完成侵财犯罪公诉105人、判3年有期徒刑侵财犯罪20人、涉娼涉赌犯罪公诉33人、涉毒犯罪公诉49人、经济犯罪公诉65人、“食药环”犯罪公诉7人、交通犯罪公诉109人，打处主要核心指标全部超过市公安局下达的年度目标任务；发生的3起命案、6起亡人交通肇事逃逸案件全破，“八类”案件发49起，破45起，破案率91.8%，破获刘某广故意杀人、孙某故意伤害致人死亡、马某成抢劫等一批有影响的案件，破获的刑事案件数、破案绝对数和盗窃、入室盗窃、电信诈骗刑事案件数分别同比上升6.4%、15%、5.7%、3.4%、33.3%，年内刑事案件破案率26.4%，位列全市第二；“禁毒会战”“百日侦防会战”等专项行动绩效处于全市前列。

【百日侦防会战】 7月1日~10月10日，县公安局根据上级部署在全县范围内组织开展“百日侦防会战”专项行动，严厉打击涉枪、黑恶犯罪等严重暴力犯罪的同时，打击入室盗窃、盗窃电动车、通讯网络诈骗等多发性侵财犯罪；严密社会面治安巡逻防控，严密重点要害部位安全防范，确保社会治安大局持续稳定。县公安局坚持打击、防范、整治、管控、宣传多措并举，同步推进，扎实开展为期一百天的“打防会战”，严厉打击严重暴力犯罪、黑恶势力犯罪和多发性侵财犯罪，剑指夏季高发案件，取得明显成效。会战期间，全县立刑事案件635起，破148起，破案率23%，入室盗窃案立194起，破40起，破案率20.6%，盗窃电动车案立64起，破7起，破案率11%；抓获各类犯罪嫌

疑人277人，刑拘164人，逮捕94人，与2014年同期相比分别上升24%、65%、20%。

【严厉打击严重暴力犯罪专项行动】 自2015年6月起至年底，公安部在全国开展严厉打击严重暴力犯罪专项行动。期间，县公安局严格落实上级要求，全力打击涉枪、个人极端、一杀多人、暴力袭警、暴力抗法等五类严重暴力犯罪，打掉严重暴力犯罪分子嚣张气焰，维护法律尊严。抓获严重暴力犯罪嫌疑人6名，破案件5起，抓获公安部督捕逃犯1人。

【打击侵财犯罪质效提升年活动】 根据省市安排，县公安局于4月10日至年底在全县组织开展打击侵财犯罪质效提升年活动，建立现场勘查、情报研判、合成侦查、串并侦查、整体移诉“五位一体”的打击多发性侵财犯罪新机制，侵财犯罪总量有效压降，侦办流窜犯罪案件和通讯网络诈骗案件能力明显提升，侵财案件破案率、侵财犯罪打处质效和防控成效明显提高。确保全县社会治安大局持续稳定。行动期间，公诉侵财犯罪嫌疑人54人，侵财判3年以上犯罪嫌疑人6名，破获3~10起串案14个、10~20起串案5个、20起以上串案4个。

【打击通讯网络诈骗犯罪净网行动】 5月16日~8月31日，县公安局根据上级公安机关部署，组织开展打击电信诈骗“净网行动”，全面推进破案打击新机制，动员社会力量，利用社会资源，加大破案攻坚力度，推进预防网络诈骗宣传活动。活动期间，全县发生电信诈骗案件6起，抓获涉嫌电信诈骗犯罪嫌疑人陈某华（男，25岁，福建省人），破案1起。在县城滨江路商业街、县农行等处开展集中宣传5次，悬挂横幅90条，发放宣传资料3万份、上门入户宣传3000多户。

【打黑除恶】 年内，全县打掉恶势力团伙4个，抓获涉黑涉恶犯罪团伙成员63人，刑事拘留、逮捕团伙成员44人，破获涉黑涉恶犯罪案件71起；缴获管制刀具108把，打黑除恶各项工作实绩显著，公众安全感和满意度不断提升。

【刑事DNA实验室建成使用】 2015年12月，县公安局DNA实验室历时1年建设投入使用，实验室位于县公安局西2楼，建筑面积260平方米，设置有搜证室、初检室、常量提取室、微量提取室、扩增加样室、检测室、检材保管室、试剂配置室、值班室等功能区，工作人员4名，其中专职技术民警3人，具有本科以上文化程度3人，大专以上文化程度1人，可独立开展DNA检验鉴定工作。投入使用后，为全县打击破案件提供了重要的生物学线索。

【命案侦破】 年内，全县发生命案3起，全部侦破。2月11日晚，大有所巡逻民警在大有粮管所附近发现一辆闪灯滨海籍出租车，车内无驾驶员，车内有点状血迹、散落的头发及胶带等物，车主疑似被侵害。当晚县公安局立即启动命案侦破机制，查获出租车司机系滨海县人孟娟（女，47岁），当晚载一陌生男子从滨海至响水县境内。根据空中信息同轨，及时捕获该陌生男子手机信息，并于次日凌晨3时许在县城幸福小区一出租屋将该男子抓获。经核查，该男子为刘某广（男，40岁，张集中心社区人），该交代了因经济拮据萌发抢劫念头，于11日晚乘坐受害人孟娟出租车至七套中心社区境内，用事先准备好的“麻鱼器”（电鱼用具）将孟娟电晕，劫得现金600多元，孟醒后反抗时，刘某持匕首将孟刺死，就地抛尸后驾车到大有镇弃车逃匿，后民警根据其交代找到孟尸体。6月4日晚，犯罪嫌疑人朱某祥（男，55岁，县经济开发区人）因与其弟弟家有纠纷，持刀将其弟媳陈秀英刺伤致死，犯罪嫌疑人朱某被当场抓获。7月22日晚，在县城204国道与双园路交叉路口发生一起斗殴事件，犯罪嫌疑人孙某（男，35岁，灌云人）持刀将受害人顾明捅伤后潜逃，后顾经抢救无效死亡。孙在潜逃22日后在灌云家中被抓获归案。

【其他重大案件侦破】 *破获系列盗窃保险柜案* 2015年6月，县经济开发区厂企财务室连续发生3起保险柜被盗案，案值近20万元。案发后，县公安局采取图像侦查结合传统赃物布控、调查走访等手段于7月19日中午在县城听潮阁公园附近一出租屋内抓获犯罪嫌疑人陈某（男，36岁，小尖镇人）。

破获马某成抢劫案 2015年11月14日晚，陈家港镇李燕（女，33岁）驾驶电动三轮车在陈家港国华电厂附近搭载一名中年男子前往德龙公司，途中被该男子使用钝器击伤头部致其昏迷，翻抢现金等物。李女苏醒后奋力反抗将男子甩下车，并驾驶三轮车至灌云境内报警。案发后，县公安局立即启动重大案件侦破机制，抽调精干警力成立专案组，开展图侦、排查等措施，参战民警夜以继日、连续作战，于11月19日晚在陈家港抓获犯罪嫌疑人马某成（男，35岁，射阳县临海镇人，在陈家港打工）。

破获王某连强奸幼女案 2015年9月18日下午，灌南女童张某（10岁）被一中年男子以帮助找妈妈为由，从县城响水大酒店广场附近哄骗至城南农田内实施强奸。案件发生后，群情激愤。县公安局随即开展侦查，于21日下午在县经济开发区一工厂抓获犯罪嫌疑人王某连（男，39岁，小尖镇人）。

破获陈某国强奸积案 2015年10月15日，县公安局根据研判，在小尖镇抓获涉嫌强奸犯罪嫌疑人陈某国（男，49岁，小尖镇人）。该归案后交代于2014年9月24日晚驾驶电动三轮车搭载乘车受害女子周某去县城途中，在204国道西出口附近将受害人拖拽至路边实施强奸的犯罪事实。

破获系列入室盗窃案 2015年1月13日，县公安局分别在苏州市和响水县七套中心社区抓获盗窃犯罪嫌疑人张某（男，25岁）、吴某春（男，25岁，均为七套中心社区人），破获自2014年10月份以来发生在县城、大有、小尖、南河等地入室盗窃案件27起，案值12万多元。

破获谢某江系列盗窃两车案件 2014年9月份以来，在县城、陈家港、南河、小尖等地发生盗窃摩托车、电动自行车等多起案件。2015年1月24日，县公安局抓获盗窃犯罪嫌疑人谢某江

(男,40岁,响水镇人),起获被盗电瓶车32辆,案值10万多元。

江苏悦诚环保科技有限公司污染环境案　年内,在东台市注册的江苏悦诚环保科技有限公司,将化工固体废弃物运至响水境内处置,被响水县环保局发现,3月6日,县环保局向公安局移送江苏悦诚环保科技有限公司涉嫌违法案件,县公安局初查后立案侦查,经查江苏悦诚环保科技有限公司在无处置化工固体废料资质的情况下,伪造相关公文手续,招募车辆开展化工固体废弃物处置业务,通过挖坑填埋方式进行非法处置。公司成立至2014年底,非法处置盐城、常州等地9家化工企业固体废弃物1600多万吨,非法获利300多万元。抓获该案涉案犯罪嫌疑人28人。

治安管理

【社区警务】　年内,县公安局召开社区警务例会21次,组织社区民警业务培训4次,把实地检查与网上巡查纳入常态化考评,建立常态督导检查机制,定期分析研判数据,在县局网站上专门建立社区警务专栏,将成绩在专栏内公示。对每月"一网考"中派出所排名前后各3名、社区民警前后各5名进行通报,奖优罚劣,开展社区民警"上门入户"工作,累计走访群众6万多户,物建治安信息员2400多名,有11名社区民警受到市局表彰。

【危管工作】　年内,全县办理涉枪涉爆刑事案件4起,治安案件4起,抓获违法犯罪嫌疑人6人,治安处罚4人,捣毁非法买卖爆炸物窝点1处,收缴仿真枪62把,管制刀具59把,弩3把,炮弹1枚;检查危险化学品单位103家次,发现安全隐患42处,下发安全隐患整改通知书17份,其中响水同舟建材厂、响水宏宇化工有限公司、响水新金兰纺织制衣有限公司三个单位因违反《安全生产管理条例规定》被行政处罚。年内,全县危管工作未发现涉危特大事故案件。在纪念抗战胜利70周年、十八届五中全会、中东欧领导会晤安保期间,安检客车518辆次,无一漏检失控。

【场所行业管控】　年内,县公安局组织开展场所行业硬件达标攻坚会战,拆除各类违规设施32处,全面核对、更新、采集经营单位基础信息和从业人员信息167条,大力挤压娼赌等社会丑恶现象生存空间;集中开展整治收销赃"端点行动"。检查生产性废旧金属收购、二手物品交易点128家,取缔二手机交易2家,责令限期整改5家,捣毁收销赃窝点2个,破获案件2起,抓获犯罪嫌疑人2名;强化对全县旅馆业清理整治,取缔无照无证黑旅馆5家,新发证8家,新安装系统9家,对285名旅馆业经营者及从业人员进行教育培训,对不按规定登记传输信息的17家旅馆进行处罚。年内,全县旅馆业传输率、娱乐场所刷卡率、传递率及特种行业物品交易率明显提高。

在液化气站督导检查消防安全监管工作

【经济文化保卫】　年内,县公安局着力开展防范通讯网络诈骗活动宣传8次,受教育群众4万多人,成功拦截电信诈骗6起;开展"护蕾行动2015",会同教育部门开展校园安全防范检查工作,在全县中小学、中心幼儿园建警务室,统一购买警棍、钢叉等六件警务装备及保安制式服装。将全县各学校技防设备联网,全县学校监控自成体系。举办安全防范业务知识讲座28次,发现治安隐患52处,查处校车违规运行1次。顺利完成小高考、高考、中考安全保卫工作;在抗战胜利70周年纪念活动期间检查单位356家次,发现问题34个,整改22个,限期整改10个,发限期整改通知书4份,立案查处一家,为企事业单位解决各类困难和矛盾25个;加强保安监管,做好保安员岗前培训、考试和发证,参考1377人,通过1201人,通过率87%。组织"平安企业"创建活动,10家企业通过市级"平安企业"评比验收;对全县9家寄递企业的基本信息数据进行采集、上报。检查寄递业40家次,发现问题10个,整改5个,限期整改2个;严密管控涉医高危人员,着力建立医院警务室、保卫组织和安防设施建设,年内未发生一起医闹事件。

【户政管理】　至2015年底,全县实有人口643232人,其中常住人口623815人,暂住人口17806人,人户分离人口1611人。是年,清理漏登人口63人,清理监护人缺失29880人,清理无图片人员4493人,注销重户口480人,换发户口簿8862本。办理准迁入户1796人。对姓名、出生日期及民族的主项变更更正审批1421人,次项变更73275人,提供人口查询出具户籍证明683人,办理居民身份证28661人,办理临时身份证7979人,办理异地证5人。列管重点人员188人,监管对象9人。录入重点上访人196人,收治肇事肇祸精神病人46人。全年清理整顿流动人口7002人,登记房屋出租户1596户,办理居住证6326人。完成全县户籍窗口警务公开栏、警务监督台等规范化建设,统一标识、统一内容,印发户籍服务指南1万

多张，完善全县户籍窗口工作制度。

【见义勇为】 年内，县公安局牵头做好见义勇为工作，组织开展见义勇为奖励评选活动，全年发放见义勇为奖金2万多元。集中表彰见义勇为先进人物，提高社会动员能力，见义勇为积极分子汪凤玲被评为“中国好人”。

交通管理

【概　况】 年内，县公安局处置交通类警情7119起，其中轻微事故4420起，一般以上交通事故227起，亡人交通事故106起，死亡111人，伤2379人，直接经济损失302.1万元，立刑事案件127起，其中交通肇事案47件，危险驾驶案80件，刑事拘留47人，逮捕23人，办理行政案件42起。道路交通安全总体形势保持相对稳定。

【车管业务】 全年完成市管车科目一考试10555人次，科目三文明驾驶考试9301人次，“一号窗”受理疑难问题135条；补、换驾驶证10293人，市管车驾驶员年审2962人，新办“五小”车辆行驶证300辆，新办小型汽车行驶证3098辆，受理“五小”车辆驾驶证198人，市管车年审4320辆，“五小”车辆年审1039辆，危化品车检验971辆次，受理实习期满驾驶人考试1637人。

【交通安全管理】 年内，县公安局以校车、客车、危化品运输车和重点驾驶人管理为重点，抓住极易引发交通事故的重点交通违法行为，加大查处力度，全年查处各类交通违法行为为98146起，其中简易程序2000起，一般程序136起。通过狠抓执法规范化建设，执法能力、规范化程序均有提高，投诉、诉讼明显下降。6月1日~9月8日县公安局认真落实市公安局组织开展的全市道路交通安全隐患大排查整治百日行动，排出隐患40起，交给交通局、城管局和有关镇政府落实整治。年内，建成乡镇交管办11个，在12个村聘用交通安全协管员，农村面包车核载提示牌喷涂粘贴51辆，农村大喇叭安装率36%，安装路口提示标牌、减速装置28处，张贴标语挂图59个，进学校幼儿园讲授交通安全课38次。

【黄标车清理整治】 年内，县公安局认真落实省公安厅关于淘汰报废老旧机动车辆的通知精神，对全县黄标车进行梳理，是年，全县报废淘汰2005年前注册登记的营运黄标车476辆，淘汰报废其他黄标车64辆，圆满完成淘汰报废任务。

【危化品运输车管理】 年内，县公安局把“县城不出现、县内不出事”作为危化品运输车辆管理目标，全年检查登记危化品运输车辆17180辆次，督促整改危化品车辆213辆次，批评教育危化品运输车辆驾驶员、押运员476人次，查处危化品车辆运输案件6起，24小时无缝衔接路面管理。做好危化品运输车辆管理的宣传，制作各类宣传用品。创新管理手段，采集危险品运输车辆的车主、公司负责人、驾驶员、押运员等信息资料，制作完善相关台账，建立短信群、QQ群、微信群等，定期编辑交通安全宣传短信，实时提醒，及时互动。是年，全县未发生一起危化品运输车辆道路交通事故。

【“护学岗”被评为全县十佳文明新事】

位于县城黄海路与银河路交叉口的“县第一小学和实验初中护学岗”自2010年设立以来，县公安局交警大队民警李勇（现调至射阳县公安局工作）、魏坚兢兢业业、风雨无阻，带领多名辅警及交通志愿者，扎实履行交通秩序疏导、护送学生上学、查处交通违法、道路隐患排查、规范车辆停放等工作职责。多年来，护学岗工作受到广大师生和家长的一致肯定，县公安局收到县第一小学赠送的“人民警察为人民、护卫孩子勇担当”锦旗1面，收到群众感谢信25封。2015年，该护学岗被评为响水县“十佳文明新事”，护学岗事迹先后被多家市、县媒体报道。

【系列交通专项整治】 2015年春运期间，县公安局出动警力2500多人次，出动警车700多辆次，投入使用固定测速点3处，流动测速点2处、设立春运交通安全服务站2处，查纠各类交通违法2500多起。其中超速行驶400多起，抓获违法犯罪嫌疑人2人。春运期间，全县发生交通事故573起，死亡1人，伤70人，直接经济损失70万元，四项指数同比均有下降，较好完成2015年度春运交通安全管理任务。8月，以纪念中国抗日战争暨世界反法西斯战争胜利70周年和十八届五中全会安保工作为主线，开展“打四非纠四违”专项行动。启动执法服务站2个，设置临时执勤点2个，检查危化品运输企业5家，危化品运输车辆700多辆次，检查客运企业7家，客运车辆680辆次，对凌晨2至5时违规营运的客车、危化品运输车实行严查严管，有效维护全县交通秩序的总体平稳。9月，县公安局与教育部门

县公安局开展交通专项整治

联合对全县中小学校进行联合大检查，与校方签订安全责任状，通过校方向家长发放宣传单。各中队对辖区乡村公路进行一次大排查，排出事故隐患点30多处，加大对小“面的”、三轮车运载学生的整治力度。10月，开展“六打六治”打非治违专项整治行动，车管部门对全县5家客运公司进行专门检查，路面中队按方案要求加大查控力度，通过监控系统梳理出7辆违法达200起以上的车辆，组织专门力量查扣。行动期间，查处套牌车3辆，涉嫌诈骗车1辆，报废车2辆；查处严重超载的黑校车1辆，涉枪案件1起，毒驾人员1名；暗访检查重点企业26家，排查重点驾驶人381人，查获超速78起，酒后驾驶6起；组织异地执法小分队3个，组织异地交叉督察3次；刊播新闻稿件12条，曝光典型案例2个，公布交通安全隐患30处，印发宣传品6000多份，设置宣传标语23条，发送短信12条。10月，集中整治道路危化品运输违法行为，突出对过境危化品车辆进行登记检查，其他路面中队积极配合，行动期间，出动警力1346人次，出动警车384辆次，启动市际执法服务站3个，启动县际执法服务站4个，设置临时执勤点9个，组织执法小分队3个，检查危化品运输企业5家，检查危化品运输车2469辆次，检查危化品运输驾驶人2617人次，检查机动车安全技术检验机构3家，查获不符合安全技术标准的危化品运输车1辆，查处非法伪装普通货车用以运输危化品1起。

【重大交通肇事逃逸事故全部告破】 年内，全县发生重大交通肇事逃逸案件25起，全部破获。2月5日上午，县开发区黄东二队苏荣物流附近发生一起亡人肇事逃逸案件，受害人于某被沿响陈路由东向西驶来的二轮摩托车撞倒。事故发生后，两名犯罪嫌疑人将于某抬至路北侧隐藏后逃逸，致于某颅脑损伤后溺水死亡。接案后，县公安局通过现场勘查、沿途勘验走访、调阅视频资料，于当日上午在距现场西2公里处的的黄东村卫生所门口查获被遗弃的无号牌肇事二轮摩托车，并于当日中午相继抓获犯罪嫌疑人杨某玉、朱某峰，交代当日杨某玉酒后驾驶摩托车搭载朱某峰，行驶至案发路段将行人于某撞倒，2人合力将于抬至路边藏匿置其死亡的犯罪事实。

【204国道灌河大桥市际卡口楼落成】 2015年7月，204国道灌河大桥市际卡口正式投入使用。卡口点于2014年10月1日开工，工程历时9个月，总建筑面积1400多平方米，系交警卡口一中队、卡口二中队、县城中队和水警大队四家办公场所，楼内设有综合勤务指挥室、办案区、办公区和生活区。灌河大桥市际卡口楼是集人员安检、信息核查、高空监控、车辆底盘扫描等功能于一体的标准化查缉区。配套建设卡口监控系统、应急指挥系统、智能识别报警系统、情报推送系统子系统，卡口民警配备便携式盘查终端、移动警务通等信息化装备，软硬件配套使用，实时捕捉、碰撞和关联各类信息。卡口一楼勤务指挥室是集交通管理与治安管控于一体的现代化指挥室，全县接入探头1980个，县城范围589个，具备网上巡逻、违章抓拍、研判预警等一系列功能，基于大量的监控探头覆盖，县城辖区基本实现空中视屏接力。投入使用以来，在嫌疑人员布控查缉、临时布控堵截、交通安全疏导、服务旅客群众等方面发挥重要作用。

公安法制建设

【概　况】 年内，县公安局以“执法规范化建设”为引领，以规范执法行为、转变执法理念、提升执法形象为基础，以公安部组织开展的立案突出问题专项治理为抓手，开展执法规范化建设，落实各项执法工作制度，成立响水县公安局行政复议委员会和执法管理委员会，出台《响水县公安局派驻法制员工作管理规范(试行)》《讯(询)问违法犯罪嫌疑人全程录音录像制度》《主办侦查员制度》等规范性文件，不断加强执法队伍建设，提高全体执法民警的办案质量和执法水平。年内，立刑事案件2114起，刑事拘留534人，批准逮捕194人，取保候审590人，起诉515人，监视居住15人。查处行政案件2070起，拘留874人，罚款1280人，强制隔离戒毒53人次，收容教育8人次。全年受理行政复议案件3起，维持3起；出庭行政诉讼案件10起，撤诉1起，维持5起，未开庭3起，未宣判1起；无国家赔偿。

【涉案物品管理】 年内，涉案财物管理系统录入3982件涉案物品，其中无需入库2710件，入库214件，出库795件。年内销毁违禁品177件，其中赌博机46台，赌博机主机2台，麻将20副，麻将牌40张，扑克11副，牌九牌20张，冰壶5个，筒子杠2副，麻将牌筒子杠2副，玻璃导管1个，赌博机主办3块，刀14把，木棍1根，红缨枪1根，损坏的气步枪1支，骰子2只，仿真枪62支，小钢锯1把。

【民警学法考试和培训】 督促民警积极参加学分积分考试，参考率、合格率纳入各单位的执法质量考评和通报，民警网上学分积分考试参考率合格率100%。坚持法制员例会以及其他全局性会议上“逢会必考”，青年民警“轮考”以及中层干部“抽考”制度，对连续考试成绩排名靠后的民警进行约谈。全年召开法制员例会8次；按照《响水县公安局派驻法制员工作管理规范(试行)》文件精神，综合考评法制员6次，对排名靠前和靠后的法制员分别给予相应的奖励和处罚措施。

【执法资格等级考试】 年内，县公安局5次组织民警在盐城、苏州、南通等地开展人民警察执法资格等级考试。至年底，县公安局副科级以上领导全部通过全国公安民警中级执法资格考试，部门、所队长全部通过全国公安民警中级执法资格考试。全年内分别有24、95、26人次参加基本级、中级、高级执法资格考试。对于通过高级执法资格考试和司法考试的民警给予奖励和表扬。

涉外管理

【概　况】 年内，县公安局以出入境管理服务工作为主线，严密各项出入境管控措施，做好品牌服务，深化外管工作，全面提升出入境管理服务工作水平，维护全县正常出入境秩序。年

内,出入境管理窗口相继被县政府、县行政审批中心表彰为“红旗窗口”,2名窗口工作人员被表彰为“服务标兵”,民警陈思被县妇女联合会授予“最美巾帼志愿者”称号,民警薛峰被市出入境管理支队表彰为“青年岗位能手”。

【窗口服务】 年内,县公安局出入境管理大队新增自助填表机、窗口受理前台通、高拍仪、港澳通行证制证机等相关设备设施,有力推动窗口服务提档升级、提质增效。9月,市出入境管理支队将响水县公安局定为全市县级部门中港澳通行证单签制证权下放的首家试点单位。是年,响水出入境微博及微信公众号开通,平台实时发布动态受理量、受理程序、申请资料等提示及出入境证件知识和出行须知等内容,市民可以网上预约办证,有效缓解窗口受理高峰拥堵现象,为群众营造一个便捷、舒适的受理环境。

【制证服务】 年内,全县受理各类出国(境)申请9800多人次,其中受理护照4937件,中国港澳通行证4350件,中国台湾通行证548件、中国台湾居民往来大陆通行证1件,外国人居留许可签证11件。为群众提供咨询服务14000多人次,为群众提供送证上门、节假日预约办证、特事特办等便捷服务473人次,所有受理件100%提前办结。

【涉外管理】 年内,登记境外人员住宿信息316条,临时住宿境外人员信息采集及时率98.3%。受理外国人签证申请11人次,对越南9名,澳大利亚1名,中国台湾4名实行一人一档跟踪管理,信息采集率100%。年内开展外管业务集中培训2次,培训外管社区民警78人次,培训宾馆前台服务人员134人次,对各场所单位开展涉外安全检查12次。查处违反出入境管理案件8起,处罚违法单位2家,违法人员6名(其中外国人2名),对违法行为人信息采集率100%。

【“两库”人员管理】 年内,认真开展法定不准出境人员管理和国家工作人员登记备案数据清理工作,对全县811名法定不批准出境人员进行报备并及时录入系统进行查控,通过网上信息比对及询问查证,阻止15名法定不批准出境人员申办证照。新增和更新限制出境国家工作人员备案数据700多条,撤控300多条,其中264条数据的证件信息向县委组织部门通报反馈。年内限制9名国家工作人员未按组织程序规定出境。“两库”(法定不准出境人员库、国家工作人员登记备案数据库)控制对象中未发现有隐瞒身份、冒名顶替、骗办证件的现象。 (尹 杰)

检 察

【概 况】 响水县人民检察院(简称县检察院)设办公室、政治处、侦查监督科、公诉科、反贪污贿赂局(内设侦查一、二科、综合科)、反渎职犯罪侵权局(内设侦查一科、二科)、刑事执行检察科、民事行政检察科、控告申诉检察科、警务科、监察室、人民监督员办公室、案件监督管理中心、技术科、职务犯罪预防局15个科室,另设陈家港检察室、小尖检察室、警示教育中心3个下属机构。全院在编干警78名,其中领导班子成员9名,检察官36名,书记员21名,法警8名。

2015年,县检察院围绕“强化法律监督、维护公平正义”检察工作主题,忠诚履行宪法法律赋予的职责,紧盯争创“更高水平的全国先进基层检察院”“更高层次的文明单位”和“人力资源人才化、执法办案精品化、特色亮点品牌化”“双争三化”目标,主动适应新常态,着力服务发展大局,着力强化法律监督,着力探索检察改革,着力加强队伍建设。加强党风廉政和队伍纪律作风建设,贯彻落实中央“八项规定”精神和省、市、县委的纪律要求,推行“双阳光工程”,督查干警八小时内外个人行为。大力实施“文化文明繁荣工程”,开设道德讲坛,邀请响水籍“中国好人”和本院被评为全县“十大孝子”“盐城好人”的4名干警在院宣讲。加强业务能力建设,开展规范司法行为专项整治,提升干警履职能力。评选出本院“业务标兵”“创新标兵”和“服务标兵”。在全市检察机关公诉人大赛中,两名干警分获“十佳公诉人”“最佳业务能手”称号。年内,县检察院被县委、县政府表彰为2015年度全县综合考核综合先进单位,盐城市先进检察院和全国文明单位,第三次被表彰为盐城市文明单位标兵。

【服务全县发展大局】 年内,县检察院充分发挥检察职能作用,将“民生检察”理念贯穿于司法办案全过程,结合“三解三促一加强”“结对帮扶”“法律巡回服务”等活动,走基层访农户,倾听群众心声,宣传法律知识。强化生态环境司法保护,实施服务生态文明建设“蓝剑行动”,与相关部门互动联动,构建全方位生态文明建设保障体系,提前介入侦查并依法批捕一起无证经营、非法处置“三废”1544吨的重大污染环境案犯罪嫌疑人。全力保障经济平稳发展,构建“惩防控”三重防护体系,遏制非法集资类案件高发态势。与公安、工商等部门联手开展“非吸类”案件专项整治行动,办理案件7件7人,葛某非法吸收公众存款3700多万元、施某某非法吸收公众存款2000多万元等案,保障全县金融安全和人民群众财产权益。

【投入平安响水建设】 年内,县检察院认真分析社会治安动态,严厉打击容易引发社会矛盾的各类刑事犯罪。注重“以案释法”、舆情引导和信访化解,办理与群众利益密切相关、具有广泛社会影响案件,开展释法说理。推行不捕不诉、追捕追诉、改变定性、立案撤案监督,羁押必要性审查“六种情形说理制度”“释法说理月月行”活动深入村居、学校、宗教场所进行普法宣传。努力增进社会和谐。谨慎使用刑罚措施,对涉嫌犯罪但无社会危险性的交通事故、轻伤害等案件,决定不批准逮捕3件3人,对犯罪情节轻微,依法不需要判处刑罚决定不起诉4人;刑事和解5件5人。努力为未成年犯罪嫌疑人创造改造自新机会。开展司法救助,年内办理司法救助11起,发放司法救助资金2万多元,促进社会和谐稳定。

【刑事检察】 年内,县检察院依法批

准逮捕198件227人，无捕后撤案、不诉、判无罪情况发生，出台《响水县行政执法与刑事司法衔接工作实施办法》，大力推进两法衔接工作。提起公诉396件510人，积极开展“逐案评议”工作，对审查起诉阶段办结的每一起案件都进行评议，对退回补充侦查案件进行跟踪监督，确保“带病”案件不进入起诉、审判程序。

【反贪污贿赂检察】 年内，县检察院严查涉农案件，围绕民生热点及群众反应强烈的问题展开线索摸排和案件查办，在农村改厕、种粮补贴、拆迁补助、土地增减挂钩、农业开发项目补贴等行业和领域开展专项行动，全年立案查处贪污贿赂案件6件8人。加大追逃力度，检警联动成功将潜逃两年之久挪用公款超百万元的职务犯罪嫌疑人李某某抓获归案。

【反渎职侵权检察】 年内，县检察院把影响构建和谐社会、妨碍经济发展、扰乱市场经济秩序、破坏社会公平正义和损害人民群众切身利益的渎职侵权案件作为查办重点，立案查处渎职犯罪案件1件2人，移送起诉2件3人(2014年立案、2015年侦查终结)，法院在2015年作出有罪判决3件4人。

【职务犯罪预防】 年内，县检察院开展预防调查、案例分析17次，行贿犯罪档案查询472次，预防宣传和警示教育52次，为县内外52家单位4000多人提供警示教育。联合县内知名网络媒体“大风说网事”栏目开展警示教育，成立预防职务犯罪志愿者服务队，预防职务犯罪典型案件剖析会“镇村行”深入乡村，面对面与干群互动交流。

【刑事执行检察】 年内，县检察院对监管场所开展安全检查17次，个别谈话147人（次），约见在押人员44人(次)，办理在押人员及其亲属申诉、控告12件，开展羁押必要性审查9件9人，督促未及时履行财产刑判决12件12人，缴纳金额2.2万元，对4名特赦人员逐人见面，逐人检察。

【控告申诉检察】 年内，县检察院受理各类信访案件290件，其中来访150件，来信140件。做到“一二四一”，即做好一份笔录，遵循两个程序，坚持“四项审查”，出具一份文书，扎实做好诉访分离，确保实效。出台《处置非正常信访事项应急预案》，及时发现风险隐患，处理妥当。

【民事行政检察】 年内，县检察院发出支持起诉书1件，审判程序监督检察建议1件，再审检察建议3件，督促履行职责检察建议2件，采纳2件，发出执行监督检察建议3件，采纳1件。汇编《民事行政执行案件申请监督文书制作便民指南》，为群众申请监督提供便利。1起提请抗诉案件入选中共盐城市委政法委汇编的首届“精品案件、优秀示范案例”。

县检察院与县国税局定期召开职务犯罪预防联席会议

【诉讼活动法律监督】 年内，县检察院不断加强和改进诉讼活动法律监督，致力维护公平公正，强化刑事诉讼监督。全年对证据不足案件依法不批捕34件47人，不符合法定起诉条件案件依法不起诉10件17人。推行“审查起诉阶段退回补充侦查案件跟踪监督机制”，提升侦查监督质效，推行逐案评议侦查活动制度，对办结案件“一案一评”、逐案反馈、综合评议。办理的大有镇张某某寻衅滋事案被评为全市检察机关优秀侦查活动监督案件。强化刑罚执行和监管活动监督。开展财产刑执行检察，对被县法院判处财产刑的在矫人员、留所服刑人员进行调查核实，开展财产刑执行监督，执行到位12人，财产刑执行检察工作取得新突破。书面纠正监管活动违法2件，监外执行罪犯监管改造违法3件，监督脱管、漏管2人，监督收监3人。开展羁押必要性审查9人，审查的南河镇沈某某涉嫌掩饰、隐瞒犯罪所得案被最高人民检察院评为全国检察机关羁押必要性审查十大典型案例。强化民事行政诉讼监督。重点打击民事虚假诉讼案件，全年提请抗诉2件，发出再审检察建议3件，法院裁定再审改判8件。办理的浙江某建设有限公司与陈家港镇陈某某民间借贷纠纷抗诉案被市委政法委评为盐城市首届优秀司法案例。

【检务公开】 年内，县检察院着力构建面向社会大众的开放型、互动型检务公开体系，打造“阳光检察”，最大限度保障人民群众对检察工作的知情权、批评权和建议权。打造便捷式检民沟通平台。建设功能齐备的一站式检察为民服务中心，整合业务咨询、控申举报受理、律师接待、视频接访、行贿犯罪档案查询、案件信息查询、电话举报等功能。全年检察为民服务中心受理信访案件269件、办结203件，受理、办结刑事申诉案件4件，律师接待88人次，办理行贿犯罪档案查询560次。运行网络化检务公开平台。开通响水检察微信、微博，编发微信63期、微博350余条。大力推进法律文书网上公开、重

县检察院开设道德讲堂

要案件信息网上发布和案件程序性信息网上查询等业务，方便诉讼当事人、代理律师和群众适时网上查询。在响水检察网、阳光检察法治广场开辟检务公开专栏，公开检察机关职责、执法权限、程序、期限等内容，即时公布检察工作开展情况以及院重大活动等。全年公开法律文书329份，重要案件信息28条，案件程序性信息603条，互联网点击率近19万人次。主动接受人大及社会各界监督。认真执行县人大及其常委会的决定决议，自觉接受县人大及其常委会的监督。11月，向县人大常委会专题汇报检务公开和反渎职侵权检察工作，接受审议。主动征求人大代表对检察工作意见建议，认真答复代表提出的意见和询问。召开专门会议研究并制定措施，加以改进并答复。不断扩大监督主体范围，全年新聘6名特约检察员，全年邀请人大代表、政协委员、人民监督员出席检察机关活动26次，接受监督频度不断提高，范围不断拓展。在“检察开放月”活动中，省检察院组织全省部分人民监督员在响水检察院进行视察观摩。年内，县检察院被表彰为盐城市公信示范检察院。（孟　玲）

法　　院

【概　况】 响水县人民法院（简称响水法院）设办公室、政治处、监察室、行装科、审判管理办公室、刑庭、民一庭、民二庭、行政庭、立案庭、司法鉴定科、诉讼服务中心、执行局、审监庭、法警大队，下辖小尖、南河、陈家港3个人民法庭。全院在编干警97人，具有审判职称49人，其中硕士研究生15人(含在读)。

2015年，响水法院紧紧围绕“让人民群众在每一个司法案件中都感受到公平正义”目标，狠抓执法办案第一要务，充分发挥审判职能作用，为全县经济社会发展稳定提供优质高效的司法服务和保障。年内，受理各类案件9318件，审、执结7028件，同比分别上升50%和35%，一线办案法官人均办案195件，同比上升13%。年内，县法院从严改进司法作风，开展“三严三实”系列专题教育活动，不断强化干警廉政观念，开展“510”自警教育活动，开展“整顿司法作风，规范司法行为”专项活动，以“三严三实”作风推进法院各项工作有序开展。加强队伍司法能力建设，出台《响水法院办案季评方案》，营造创先争优氛围。注重法官司法能力提升，组织法官及辅助人员参加全省法院“司法大讲堂”视频培训和全市法院办案、服务、创新“三大技能”培训班，参加省、市法院业务培训600多人次。加强法学理论与司法实践研究，2篇案例被《江苏省人民法院公报》《审判研究》采用，1篇案例被评为盐城市首届优秀案例。5篇调研文章获省、市法院学术研讨会一、二等奖；加大对青年干部的培养使用力度，15名优秀年轻干部走上中层领导岗位，优化队伍结构。年内，响水法院被县委、县政府表彰为2015年度全县综合考核综合先进单位，被盐城市政法委表彰为先进政法单位，31名法官及辅助人员获得省、市法院表彰奖励，3名法官获最高法院“荣誉天平奖章”。

【民商事审判】 年内，响水法院受理民事案件4981件，审结4341件，同比上升60%和48%。审慎认定借贷关系，审结民间借贷案件2626件，涉案标的3.59亿元，规范和促进民间融资市场健康发展。审结婚姻家庭、道路交通损害赔偿、相邻关系案件1218件，注重以调解方式化解矛盾，促进建立和谐的人际关系。审结劳动争议、医患纠纷案件60件，注重平衡各方利益，减少对抗冲突，促进建立和谐劳动关系、理性医患关系。严惩虚假民事诉讼行为，依法撤销2件虚假民事调解、判决，追究3名诉讼当事人刑事责任。受理商事案件637件，审结509件。依法审结172件买卖、保险、保证合同纠纷案件，平等保护各类主体的合法权益，倡导公平、诚信市场交易理念。

【刑事审判】 年内，响水法院受理刑事案件441件，依法审结385件，判处罪犯484人，其中判处五年以上有期徒刑26人，收缴罚金260多万元。依法严厉打击故意伤害、两抢一盗、寻衅滋事等严重影响社会治安犯罪，审结案件107件。依法惩治非法金融活动，审结非法集资类案件12件，涉及105名被害人，涉案款项2600万元的施某某，被判处有期徒刑六年。深入推进反腐败斗争，审理贪污、受贿、渎职案件10件。严格执行非监禁刑的适用标准，审理涉毒和危险驾驶犯罪案件126件，无一件判处非监禁刑。积极参与社会治安综合治理，对23名未成年刑事被告人加强帮教，对其犯罪记录进行封存，彰显司法人文关怀。

【行政审判】 年内，响水法院受理行政诉讼案件97件，审结77件，同比上升42%和24%。充分发挥司法审查职能，促进行政机关依法行政，切实维护行政相对人合法权益，对3件确有错误的行政行为依法撤销。着力加强法律释明，释明后原告主动申请撤诉行政案件30件。积极支持行政机关依法行政，共审结行政非诉执行审查案件12件，切实维护行政机关执法权威。完善行政机关负责人出庭应诉制度，确保行政机关负责人出庭、出声、出效果。

【执行工作】 年内，响水法院受理执行案件2157件，办结1594件。建立“远程执行指挥中心”，快速处理和应对执行突发事件。建立和完善失信被执行人信息公开披露制度，通过网站、微信、户外电子大屏幕等平台公开曝光失信被执行人4批224人，上报最高法院失信被执行人名单895人，25名被执行人在曝光后主动履行判决。与县国土、住建、工商、银行等多部门和单位建立点对点快速查控机制，查询银行存款、房产、车辆3300人次，冻结扣划存款1600万元。重点加大涉民生案件执行力度，开展“飓风行动”“执行清案”等系列活动，对110名被执行人发布限制高消费令，对82人实施司法拘留。加强与其他司法机关协调联动，将长期逃匿、拒不执行、暴力妨碍执行的84名被执行人移送公安机关处理，其中1人被以拒不执行判决裁定罪逮捕，2人被以妨害公务罪采取刑事强制措施。

【服务发展】 年内，紧紧围绕全县发展总定位，响水法院出台《关于为全县经济新常态下发展提供司法保障和服务的实施意见》，围绕项目建设、沿海开发、新型城镇化、生态文明、民生事业健全完善司法保障和服务机制。审慎审执各类涉及县重点企业、重点工程的案件，年内审结德龙镍业、大和氯碱等重点企业案件11件，帮助县内企业收回债权9000多万元。主动服务经济新常态发展，依法受理大明化工破产重整案，盘活存量资产，助推企业转型升级。继续开展“送法进企”活动，组织法官到企业调研走访4次，指导企业依法规范经营，防范市场风险；与县仲裁委联合召开劳资矛盾预防调解座谈会，依法保障劳动者合法权益与维护企业生存发展并重。

【职能延伸】 年内，响水法院积极拓展行政审判的服务职能，坚持行政审判工作年报制度，督促指导行政机关严格执法程序，规范具体行政行为，及时向行政机关提出司法建议30份。举办行政大讲堂活动，邀请包括卫计委等多个行政执法部门负责人针对行政执法过程中出现的问题进行探讨，年内组织行政执法人员座谈500多人次，从源头上促进行政机关依法行政水平的提高；年内，出台《响水县人民法院双拥工作实施方案》，充分发挥法院拥军职能优势，采取有力措施妥善处理涉军案件。组织法官走进社区、企业、校园开展法治宣传，年内开展打击虚假诉讼专项宣传活动，深入开展宪法进校园、交通安全进校园及庭审进校园活动，受众1000多人次。

县法院组织开展“法院公众开放日”活动

【维护稳定】 狠抓多元化解信访，不断拓展纠纷解决渠道，加强诉前调解与人民调解的衔接配合，充分发挥庭前调解、诉外调解的过滤功能；进一步完善院长接待日制度，定期通报接访情况，年内，院领导共接待群众273人次，及时解决群众问题。深入开展百日千案专项化解活动，采取“四定一包”、因案施策、司法救助等方式，妥善化解涉诉信访案件。做好源头预防，及时做好判后答疑，消除当事人的对立情绪，引导当事人息诉、息访。做好导访入诉，对符合申诉条件的，引导当事人进入申诉程序，2015年成功导访入诉案件10件，成功化解信访矛盾。

【审判管理】 年内，响水法院出台《关于开展清理积存案件和12月以上未结案件活动的实施方案》，每周公布法官结案和未结人数，建立预防和清理积案常态化工作机制，法官人均结案数全市法院第一；改变院庭长管理案件模式，健全院庭长办案机制，全年院领导人均办案38件，庭长人均结案215件，院庭长办案数占全体法官办案数的50%，居全市法院第一，引入第三方省高院信息报道响水法院院庭长办案制度。严格落实疑难复杂案件、重点热点案件、群体系列案件报告制度，对年内发改案件逐案评查，落实承办法官责任。

【司法公开】 年内，响水法院出台《进一步加强司法公开工作实施方案》，完善审判流程、裁判文书、执行信息“三大公开平台”建设，增强法院工作透明度。全面推进庭审“三同步”，全院建立12个科技法庭，实现同步记录、同步显示以及同步录音录像，并硬盘保存；全面落实生效裁判文书上网制度，全年在中国裁判文书网公开生效法律文书3840份，无一差错；积极落实执行进展定期通报制度，主动向申请执行人通报案件进展情况。重大案件的执行全程使用执法记录仪，存入电子卷宗。推行网上司法拍卖，全年在淘宝网拍卖财产45件次2357万元，实现零佣金成交拍卖。推进数字档案建设，对2005年以来的5.7万册诉讼卷宗全部电子扫描，方便当事人及时查询诉讼档案。落实人民陪审员"倍增计划"，对人民陪审员进行3次专业培训。改进人民陪审员参审机制，按照随机抽取的方式选取人民陪审员参与案件审理，人民陪审员参审案件1330件，陪审率78%。

【司法为民】 年内，响水法院注重司法审判工作与社会生活融合，增强司法为民效果。完善服务平台。立案大厅和诉讼服务中心增设自动缴款设备，方便当事人缴纳诉讼费用。推行网上立案，预约立案、邮寄立案等诉讼服务，完善12368诉讼服务热线，为当事人提供诉讼须知、风险告知、刷卡缴费等一站式服务，方便群众诉讼，指定专人担任诉讼引导员，负责诉讼指引和对不予受理等案件当事人的法律释明。成立自愿者服务分队，提供导诉服务，邀请公益律师入驻诉讼服务中心，为群众提供法律咨询、案件查询等170人次。认真落实司法救助制度，年内，为32件案件当事人减、缓、免缴诉讼费近10万元，为困难刑事被告人指定辩护人9人次，帮助联系法律援助律师58人次，为16名行动不便的群众提供上门立案、咨询等服务。推进"阳光信访"，做好"三查一回访"，坚持来人访专人接待、来信访院长督办、电话访登记交办、网上访值班阅评四项制度。全年接待信访273人次，依法实质性化解信访案件37件，其中1件长达15年的信访案件成功化解，导访入诉20件，终结7件。

【外部监督】 自觉接受外部监督，坚持工作报告制度，向县人大常委会专题报告司法公开工作，并按审议意见落实整改。积极办理人大代表、政协委员提出的意见建议，办结率、回复率100%。加强与代表、委员的联系，邀请召开座谈会、交流会5次，旁听典型案件庭审60人次，增进代表、委员对法院工作的理解和支持。接受检察机关诉讼监督，依法审理抗诉案件、检察建议案件5件，共同维护司法公正和法律权威。广泛接受社会监督，举办公众开放日活动，向公众发放调查问卷2000多份，组织群众旁听庭审1000多人次，召开新闻发布会4次，发布微信、微博200条，向社会公众通报法院重点案件、重点工作情况。

县法院邀请人大代表、政协委员视察、调研立案登记制改革情况

【司法改革】 根据上级法院统一部署，年内，响水法院稳妥推进各项改革，保障司法公平正义。审判权运行机制改革。积极实施立案登记制改革，保障群众诉权，立案登记制实施以来新立案5500件。改变院庭长管理案件模式，健全院庭长办案机制，全年院领导人均办案38件，庭长人均结案215件，院庭长办案数占全年法官办案数50%。完善主审法官、合议庭办案责任制，落实法官裁判权力，明确合议庭、主审法官拥有案件裁判权和文书签发权，"让审理者裁判，由裁判者负责"。进一步规范审判委员会讨论案件程序和范围，减少讨论案件数量。人员分类管理改革。按照上级法院部署，完成法官职务套改，依规对49名法官评定等级。建立法官助理制度，协助法官送达、调解、撰写法律文书，让法官从繁琐的事务中解放出来，专心于案件审判。在民一庭试行"法官+助理+书记员"审判运行模式，6名法官审结案件1338件，结案数同比增加31%。推进书记员管理体制改革，建立科学考评管理办法，综合书记员的能力、资历和业绩定员定位定责，推动书记员队伍的职业化、专业化。人民陪审员制度改革。落实人民陪审员"倍增计划"，对人民陪审员进行专业培训，协助市中院做好人民陪审员改革试点工作，6名响水居民被盐城市人大常委会任命为人民陪审员。改进人民陪审员参审机制，按照随机抽取的方式选取人民陪审员参与案件审理，人民陪审员参审案件1330件，陪审率78%。强化陪审员民意代表作用，除个案参审外，在制定院规范性文件、改进法院工作过程中充分听取陪审员意见，确保民意对司法的有序参与和司法对民意的理性吸纳。《中国审判》第19期对响水县人民法院做优基层司法产品进行报道，推进人民陪审员制度改革。（陈　琳）

【典型案例】 维持行政机关的处罚决定　2015年2月2日13时30分左右，南京某物流公司一辆苏A90180—苏A5750挂重型半挂罐式货车，装载着24.58吨浓度为99.9%的氨溶液，由西向东行驶至326省道与沈海高速响水出口路段时，被县公安局交通巡逻警察大队民警在检查登记过往危险化学品运输车辆时发现该挂车一轴、二轴左侧多个轮胎磨损严重。县公安局依法作出响公（交巡）证保决字〔2015〕0202号证据保全决定书，决定对该车予以扣押30日。2015年2月3日，响水县公安局民警对该挂车进行查验，并制作机动车查验记录表，该表中查验结论为不合格，备注栏内载明：1、挂车一轴左右四只轮胎冠状花纹深度小于1.6mm，已基本磨平；2、挂车二轴左侧内胎有影响使用的缺损，缺损长度达

20cm；3、挂车三轴左侧两只轮胎基本磨平，胎冠花纹深度小于1.6mm。在该记录表中有该挂车驾驶员王某与押运员沈某签名确认。2015年2月9日，县公安局向该物流有限公司告知拟作出公安行政处罚的内容和听证的权利，制作了《公安行政处罚告知笔录》。2015年2月27日，县公安局针对拟作出的行政处罚与物流公司进行听证。2015年3月11日，响水县公安局对该公司作出响公(交)行罚决字〔2015〕698号行政处罚决定书，决定责令南京某物流公司改正，并对该公司处以罚款伍万元。该物流公司收到处罚决定书后不服，向县法院提起行政诉讼，要求撤销上述处罚，县法院经过审理后维持上诉处罚，物流公司继续上诉至盐城市中级人民法院，经市中院审理，维持原判。

依法判处一起重大非法吸收公众存款案　2009年7月至2014年11月，被告人施某某违反国家金融管理法律规定，未经有关部门依法批准，以经营酒店需要周转资金、店面装修、投资上海的饭店等为由，以高额利息为诱饵，采取“口口相传”等方式先后向杨某某、宗某某、张某等105户非法吸收资金，合计人民币2511.08万元，县公诉机关向县法院提起公诉，法院审理后认为，被告人施某某非法吸收公众存款，扰乱金融秩序，数额巨大，其行为已经构成非法吸收公众存款罪。公诉机关起诉指控被告人施某某犯非法吸收公众存款罪罪名成立。判处施某某有期徒刑六年，并处罚金人民币25万元。施某某服判息诉。

拒不履行法院生效判决被判刑案　2015年4月22日，响水法院院作出(2015)响陈民初字第00213号民事判决书，判令被告人李某某于该判决发生法律效力之日起15日内向马某建支付人民币50000元借款及其利息。被告人李某某拒不履行生效判决，马某建于2015年6月15日向响水法院申请强制执行。2015年7月6日，响水法院作出(2015)响执字第00888号执行通知书，限被告人李某某于2015年7月13日前按照法律文书所确定内容履行义务。被告人李某某未于限定期限内履行义务，响水法院于2015年7月21日作出(2015)响执字第00888号民事裁定书，裁定查封被告人李某某所有的苏J6G270号起亚牌轿车一辆，10月27日至陈家港镇六港村强制执行查封苏J6G270号起亚牌轿车，被告人李某某将车钥匙交给其妻将车辆转移致执行未果。直至被告人李某某被本院执行司法拘留，仍拒不履行法院生效判决、裁定。法院审理后认为，被告人李某某对法院的判决、裁定有能力执行而拒不执行，情节严重，其行为构成拒不执行判决、裁定罪。公诉机关起诉指控被告人李某某犯拒不执行判决、裁定罪的罪名成立，依法判处李某某犯拒不执行判决、裁定罪，判处拘役五个月。

(王加冠)

司法行政

综　　述

【概　况】　响水县司法局设办公室、法制宣传科、基层工作科、法律援助管理科(法律援助中心)、法律服务管理科、社区矫正科(安置帮教科)、政治处七个科室，行政编制49名，行政附属编1名。下辖事业单位公证处，事业编制4名。

2015年，县司法局以打造“人民满意的服务型司法行政机关”为总目标，实行项目化管理，坚持实战引领，夯实基层基础，全面加强司法行政基层组织建设、业务建设、队伍建设和装备建设，深化“四个全覆盖”，取得显著成绩。完成司法所体制改革，进一步提升司法所规范化建设水平和实战化能力，全面推进司法行政工作向村(居)延伸，建成响水法治主题公园。年内，县司法局被市局表彰为年度司法行政工作二等奖，17个村(居)被市委市政府表彰为“民主法治村”，获全省“法网杯”社区矫正信息化竞赛优秀奖，陈家港司法所、小尖司法所被省司法厅表彰为年度优秀司法所，中心法律服务所、公证处、东方司法鉴定所被盐城市司法局表彰为司法行政系统先进集体，王佳伍、陈爱红、陆树旺、王洪林等多人受省、市表彰。

【理顺基层司法所管理体制】　年内，县委、县政府出台《关于加强全县司法所建设的实施办法》，进一步理顺司法所管理体制。基层司法所实行县司法局与各镇区双重管理，以县司法局管理为主的管理体制；司法所在编在职在岗人员行政关系隶属县司法局，司法所占编不在职人员实行双向选择；司法所政法专项编制人员的工资津贴、办公经费、专项业务经费、司法所业务经费和司法所公益性岗位人员经费等纳入县财政预算，由县司法局统一管理；成立沿海经济区、经济开发区、生态化工园区司法所，由县司法局管理。

【司法所规范化建设】　投入150多万元，加强基层司法所业务用房、外观标识等硬件设施建设，为基层司法所统一增配电脑、打印机、复印机、办公桌椅、空调、电动车等办公设备，满足信息化办公要求。司法所设置所长室、办公室、调解室、档案室等，确保基层司法行政工作全面开展。规范人民调解、法治宣传、社区矫正、安置帮教、法律援助、法律服务等工作制度，实行定人、定岗、定职责，上墙公示。公开监督投诉电话，接受群众和社会监督。加强档案管理，统一司法所各类工作文书，所务管理和业务工作整体化、统一化。

【司法行政工作延伸】　依托村(居)人民调解委员会，设立村级司法行政服务站，提升基层司法行政工作水平。全县建立司法行政服务站148个。加强基层法律服务社建设，全面建成资源整合、设施完备、职责明确、制度健全、服务规范的司法行政实体服务平台，深入开展矛盾纠纷调处、法律援助、法治宣传、法律服务咨询、特殊人群管理等与群众密切相关的服务管理活动，提高司法行政工作社会公信力和群众满意度。9月底前在陈家港、双港两镇完成村(居)民小组法律服务社建设试点工作，年底前普建面50%以上，2016年6月底前实现全覆盖。

(王佳伍)

法治宣传

【概　况】 2015年是"六五"普法考核之年，县司法局组织"六五"普法考核验收，市检查组对县交通运输局、烟草局、县二中、陈家港镇、小尖镇郭庄村、响水镇城东居委会6个单位进行逐项考核，开展形式多样的法治宣传活动，加强法治文化建设，推进法治文化阵地建设。

【"六五"普法考核验收】 6月，启动"六五"普法考核验收自查，按照县委办《"六五"规划实施情况考核验收办法》要求，完善各项内容，部署考核验收任务。县委宣传部、县法宣办联合检查组进行全面督查，对达不到省、市考核标准的单位提出整改意见。市委检查组在听取汇报、观看专题基础上，参观法治广场、法治一条街，对县交通运输局、烟草局、县二中、陈家港镇、小尖镇郭庄村、响水镇城东居委会6个单位逐项考核。

【法治宣传活动】 年内，县司法局与有关单位配合，以"3·8"妇女节、"3·15"消费者权益保护日、"3·22"世界水日、"6·25"土地日、"6·26"国际禁毒日为依托，搞好每年一度的节日法治宣传，结合"12·4"法治宣传日、法律颁布纪念日，开展各类专业法的宣传。拍摄"法润千万家——响水县部门（镇区）领导干部访谈录"专题片，每周1期，每期5分钟，在县电视台《政法视野》专栏中播出，全年播放25个部门访谈录。邀请市法学专家在机关、企业、学校、村（居）开展法治讲座8场。组织阜宁县法治文化艺术团在黄圩、小尖、老舍等镇区开展"法耀盐阜"法治文艺基层行活动。由居委会、部门工作人员和退休教师等20多人组成的七套中心社区普法宣传队，深入村（居）、学校、企业、教堂，开展有针对性的法治宣传教育活动。双港镇洪南村的"周末夜话"，定期向居民宣讲政策法规、村务公开、惠民信息。黄圩镇的"乌兰牧骑"宣传队自编自演法治节目。响水镇把电影与普法相结合，全年播放100场法治电影。邀请盐城工学院王红梅教授在全县村（居）党组织书记培训班上讲授《加强基层民主法治建设，夯实法治社会基础》。组织普法自愿者在县各镇区及运河镇正茂村、双港镇兴华村等地开展预防农村干部职务犯罪"镇村行"活动。以本县近年来查办的农村基层干部职务犯罪典型案例进行解读，指导与会农村干部填写预防职务犯罪"三色卡"。由35名优秀律师、基层法律服务工作者组成的县司法局干部下访活动法律顾问团，每人下访一个村（居），提供法律服务。

【法治文化建设】 在各镇区建起规模不一的法治一条街、法治文化长廊、法治广场，形成"一镇一品"法治文化格局。由县淮海剧团参演的法治文化题材淮海戏《贴春联》，获全国小戏小品展金奖。在响水湖公园南门建设法治公园，以广场、景点、宣传画廊为框架，用法治雕塑、人物塑像、法制宣传手法，反映古今中外法治人物、重要法典、法治典故、法治格言、法律条文等内容，与公园景观有机统一，为居民提供法治文化宣传阵地。 （单　一）

社区矫正

【概　况】 年内，接收社区服刑人员261人，解除矫正306人，接受矫正328人。在接受矫正人员中，缓刑290人，占88.4%，假释21人，占6.4%，暂予监外执行17人，占5.2%。从犯罪类型看，妨害社会管理秩序罪占38.1%，危害公共安全罪占25%，侵犯财产罪占15.2%，侵犯人身民主权利罪占12.5%。从性别看，男性占87.8%，女性占12.2%。从年龄层次看，重点犯罪年龄段是19~45岁，占77.7%。至2015年底，全县刑释解教人员1475人，安置帮教在册人员2041人。

【社区矫正管理】 按照分级管理的原则，层层抓落实。现从事社区矫正的社工27人，均为大专以上学历，社区矫正工作日趋制度化、标准化。6月，举办《社区矫正条例》《社区矫正权利义务清单》培训，加强矫正工作人员对工作程序全面掌握，提高社区矫正工作人员责任感，提升执法能力和业务水平。着力完善执法技术装备配置，每个司法所均配备办公电瓶车、扫描仪、执法记录仪、录音笔、脸部识别仪等，提高执法效能。

【社区矫正监管】 根据服刑人员特点和危险程度及其表现分为严管、普管和宽管三个级别，可适时变更管理级别。一人一档的纸质档案和内网电子档案同步，将矫正对象报到、个别教育、集中教育、公益劳动、每周电话汇报、每周书面汇报、每月考核、请假审批等都记录在案，以手机定位为载体，对矫正对象实施动态监管和考核。全县社区矫正人员定位管理率92%。搞好入矫教育。在矫正人员入矫报到的第一环节，上好第一堂课，构筑第一道防线。每月下旬，对新入矫社区服刑人员举行集中入矫宣告宣誓教育仪式。司法所带队人员参加仪式，县检察院到场监督。开展"迎三八、送法律、话亲情、促改造"活动。县司法局联合县妇联对女性社区服刑人员开展走访帮教活动。清明节前夕，各司法所组织辖区内所有社区服刑人员进行扫墓缅怀先烈活动。7月10日，县司法局联合关工委举办未成年社区矫正人员法制教育讲座，剖析犯罪根源和宽严相济的刑事政策，以及刑事法律制度中缓刑制度目的、意义及撤销缓刑条件。警示未成年社区矫正人员正确对待自己所犯罪行，正确处理人际和社会关系，成为守法公民。年内，省司法厅在全省开展"法网杯"社区矫正信息化应用竞赛活动，响水县取得较好成绩。8月，县司法局和县检察院成立联合检查组对全县社区矫正人员财产刑执行情况进行督查，促进社区矫正人员财产刑执行工作法治化和规范化。开展社区服刑人员"学习清单、履行义务"竞赛活动。年内，县司法局社区矫正科组织开展全县社区服刑人员学习和履行《江苏省社区服刑人员义务清单》，处理违规行为。4~5月和8~9月，在全县范围内部署开展清理人头底数、清理外出人员、清理期满人员、清理违规人员、防脱管、防漏管、防重新犯罪的"四清三防"活动。对不按时报告活动情况、不参加学习教育、未经批准，擅自外出的42名社区服刑人员实施警告处罚，3人因不符合保外就医被收监，1名社区服刑人员因吸毒被撤销缓刑、收监执行。抓好“一周一活动”督促检查工作，布置一周集中教育一周公益劳动，交替进行，每周有活动，每周见到人。落实社区矫正管理相关规定，提高社区矫正管理质效。开展社区矫正和刑满释放人员拉网式大排查活动，全面排查特殊人群监管措施落实情况，及时治理不稳定因素，消除安全隐患。

【特困人员帮扶】 春节期间，县司法行政系统对社区服刑人员进行走访慰问，对生活上有特殊困难的人员，积极向民政部门反映，为其争取救济，对符合低保条件的，积极协调民政部门为其办理低保。节前集中走访，争取临时救助。向困难家庭累计发放救助金9000多元，救助物资折币5000多元。动员社会力量，多方帮困解难。动员有关单位开展“送温暖”活动，为家庭生活困难的10名服刑在教人员未成年子女送温暖。响水镇司法所对未能获得民政救助，但生活确有困难的特殊人群，动员村居入户送温暖2000多元。

【社区服刑人员特赦】 县司法局认真研读司法部、省司法厅、市司法局有关文件要求，准确把握社区服刑人员特赦适用条件和认定标准，对拟特赦的四类人员条件进行细化，严格按照特赦决定要求进行匹配，做到符合条件的一个不漏，不符合条件的一个不放。县司法局成立特赦评审委员会，对矫正情况、罪名、刑期、判决日期、犯罪年龄等内容进行摸排甄别。集体评审研究。特赦评审委员会进行集体研究，审核确定是否报请特赦，邀请县检察院派员列席会议，听取意见。做好上传下达。县司法局社区矫正科工作人员在认真研读掌握政策文件的基础上，及时对司法所反馈的问题进行解释。组织社区服刑人员学习特赦决定，知晓本次特赦范围、对象和条件。强化工作纪律。严格按照法定程序做好特赦工作，杜绝以权谋私现象发生。年内，四名社区服刑人员获特赦。

【“百日安全大会战”活动开展】 8月30日，县司法局联合县检察院召开全县社区矫正重点管理对象“百日安全大会战”集中教育大会。50名社区矫正重点管理对象参加会议。会议学习传达省市有关文件会议精神，通报社区矫正教育监管情况；监狱挂职民警对社区矫正重点管理对象进行警示教育；县检察院、县司法局分管领导到会作训诫讲话和总结。9月起，县司法局联合县检察院对全县社区矫正工作开展专项执法检查。围绕省司法厅、市司法局关于开展“百日安全大会战”活动精神，检查社区服刑人员监督管理、教育学习制度执行情况等，11月份结束。

（马步清）

人民调解与基层工作

【概　况】 年内，全县发生各类矛盾纠纷2268件，调解成功2241件，调解成功率98%以上，组织开展矛盾纠纷排查6972次，防止矛盾纠纷激化11起，接待群众来访298批次，劝阻群体性上访69人次，未发生因调处不及时或调解不当而引起自杀事件和“民转刑”案件。

【矛盾纠纷调解制度建设】 年内，县司法局坚持重大矛盾纠纷主动介入调处制度，对重大矛盾纠纷实行“日报告、零报告”制度，直至纠纷妥善解决。按季组织各级基层调解小组开展社会矛盾纠纷分析、研判活动，提升各级调解组织预防化解纠纷的能力。健全镇村两级矛盾纠纷月排查分析例会制度，镇（区）每月召开村（居）民调主任例会，听取各村纠纷排查调处情况，分析研判纠纷新特点、新动向，交流纠纷调解经验，制订相关防范措施。强化对重大政治活动、节假日、敏感时期矛盾纠纷排查。加大矛盾纠纷相关法律法规宣传力度，采取多种形式，宣传学习贯彻《江苏省人民调解条例》。在《今日响水》《政法视野》等媒体宣传《条例》；在局网平台刊登《条例》全文，对《条例》亮点特色进行解读；组织编印《条例》宣传单行本、《条例》知识宣传手册和制作《条例》流动展板，深入全县各广场、超市、车站等人流密集区域进行集中宣传；举办全县专兼职调解员《条例》知识培训班，对《条例》内容进行专项培训；在县公共法律服务中心电子显示屏滚动播放《条例》实施宣传标语，宣传《条例》，规范矛盾纠纷排查调处情况报送制度。年内，全县人民调解组织、专兼职人民调解员队伍和调解纠纷信息内网录入率100%。

【矛盾纠纷调解组织建设】 县级调处中心（调委会）整体进驻社会管理服务中心，配备五名专职调解员。完善和提高镇村两级调委会，足额配备专职调解员。全县成立镇（区）人民调解委员会12个，镇（区）分别配备2名以上专职

县司法局人员走上街头宣传省人民调解条例

调解员，成立村（居）人民调解委员会148个，村（居）分别配备1名以上专职调解员。全县专职调解员207人，兼职调解员476人。加强行业性、专业性、企业调解组织建设，人民调解覆盖到消费、医疗、交通、物业管理等群众生产生活各方面，有效遏制矛盾纠纷产生源头，维护社会稳定大局。加强基层派出所人民调解工作室建设。全县基层派出所调解工作室13个，组建率100%。

【矛盾纠纷调解队伍建设】 按照省司法厅、市司法局5:2:1的比例要求，配足、配强县、镇、村三级专职人民调解员。指导各镇（区）对调处服务中心和村（居）专职调解员进行足额配备。打造人民调解工作志愿者队伍。积极吸纳有志于从事人民调解工作的退休老党员、老干部、老教师、老军人等加入人民调解工作志愿者队伍。组织开展各类培训活动，学习法律法规、业务知识，提升矛盾纠纷化解能力；针对全县专兼职调解员分散面广、人数众多特点，建立按片业务指导制度；复杂纠纷调解后，总结成功经验，查找不足。落实社会矛盾纠纷调解个案补贴工作，标准为简易矛盾纠纷每件补贴10元，一般矛盾纠纷每件补贴30~50元，重大疑难复杂矛盾纠纷每件补贴100~150元。

（王俊芳）

公　　证

【概　况】 年内，县公证处办理各类公证事项1905件，其中国内经济427件，国内民事1283件，涉港、台公证事项22件，涉外公证事项173件。业务收费69万元。签订常年公证服务单位4家。国内公证事项无错证假证，涉台、涉外公证事项无偏差。

【法润江苏春风行动】 年内，响水县公证处全面参与全省“法润江苏春风行动”，创新完善对老、弱、病、残等特殊人群服务举措。残疾人王某是退休教师。子女都在外地工作，住在南京女儿处。丈夫李某2014年12月病故，在响水县城有一套房产，2015年电话咨询办理继承权和委托书公证。县公证处按照特事特办原则，指派公证人员前往南京王某居处，为其办理继承权公证，办理委托书公证。开展“公证农村行”业务，对2万元以内小额遗产继承适用简易程序，简化证据材料收集，简化办证流程，实行一次性告知，一个继承人办理，一次办结，当日出证，减免公证费。

【公证新业务开辟】 年内，响水县公证处经县司法局批准，推出“二手房公证全程服务”，内容包含房产中介、房产买卖合同公证、房款提存、代办过户、代办银行贷款、代缴税费等。全年办理二手房公证业务65件。“二手房公证全程服务”做法在新华网、盐城电视台、响水电视台、今日响水报报道。

【公证服务】 在“三严三实”专题教育活动中，县委、县政府把解决中央花苑住户土地使用证问题作为为民办实事的一项内容，组织公证、住建、国土、规划等部门，专题研究制定具体办证方案。面对开发商不配合办证，业主提供的合同票据真伪无从核实等困难。县公证处做了大量工作，调查核实购房业主提供的相关材料真实、合法，为业主办理土地使用证出具公证书705份。

【公证宣传】 县公证处因地制宜采取多种形式，通过各种宣传渠道，深入宣传《公证法》及有关法律法规。除在日常办证过程中对当事人进行公证工作宣传外，在“12·4”宪法宣传日、“公证敬老月”等活动中，为咨询群众解答法律疑难问题，讲解公证制度、本质、属性和职能作用，宣传公证服务。（赵井群）

法律援助

【概　况】 年内，县司法局扎实开展“法律援助服务规范年”活动，为困难群众提供优质、便捷、高效法律援助服务，维护困难群众合法权益，接待来访群众2300多人次，接听“12348”电话800多个，办理法律援助案件698件。其中民事644件，刑事54件。民事案件中涉及农民工维权案件309件，未成年人案件130件。

【法律援助质量监管】 重大案件集体讨论。多次组织律师、基层法律服务工作者对省、市领导交办的汪某礼讨要工程承包款、费某俊交通暨工伤、农民工群体性讨薪等案件进行专题讨论，制定援助方案和案件最佳代理策略，最大限度保护受援人合法权益。严格案件审批程序，不定期对受理的案件进行检查、旁听、回访，定期检查登记、统计、案卷归档，规范受理、审查、指派办案程序，做到“接待咨询、受理指派、结案归档”三规范。开展质量检查活动。对2014年办结的案件，组织人员进行电话回访，了解承办人员办案情况和受援人满意度，杜绝援助案件有偿服务现象，确保法律援助案件群众满意率。定期开展交流。每月25日，组织中心窗口接待人员集中交流接待心得和办案经验，组织学习依法治国十大亮点和四中全会《决定》，学习工伤赔偿、环境保护等法律专业知识以及法律援助工作职责、工作程序，法律援助机构工作人员职业道德和执业纪律等内容，提高政治素养和业务水平。

【法律援助宣传】 利用“‘法耀盐阜’法治文艺基层行”活动契机，在市干部下访活动的黄圩镇云彩、均平村，小尖镇小广村、老舍大口村进行法律援助宣传，发放法律援助宣传资料1500多份，解答群众咨询200多人次。开展“12348法润千万家”“《信访条例》颁布实施10周年”等街头宣传活动。与响水电视台合作，开设法律援助宣传专栏，对工伤认定陷困境的陆某远等18名农民工追索劳动报酬，异地打工遇车祸陷困境的38名职工快速维权等群体性、影响大的法律援助案件进行宣传报道。与县文广新局联合，在淮海剧团送戏下乡中，开展送法下乡活动。为运河镇敬老院老年人提供法律咨询服务，发放法律援助指南和老年人服务手册“财产篇”“婚姻家庭篇”“社会保险篇”等宣传材料。

【提供优质服务】 4月29日，县公交公司38名职工在县信访局集访讨薪，中心获知情况后，及时介入，引导职工放弃上访、依法讨薪。38名职工委托中心向法院递交诉状。经法院调解于5月底与公交公司达成协议，公交公司偿还拖欠职工70多万元工资。春节期间，县法律援助中心开展农民工维权法律援助专项活动，畅通法律援助申请渠道，拓宽法律援助范围、简化法律援助申请程序，引导农民工依法维权，帮助农民工讨回工资60多万元，工伤索赔200多万元。（陈爱红）

基层法律服务

【概　况】 年内，全县增设基层法律服务所2家，至年底，全县基层法律服务所13家，执业人员52名。担任234家法律顾问，诉讼代理836件，非诉讼代理73件，法律援助644件，挽回经济损失2100多万元，业务收费206万元，基层法律服务行业健康有序发展。

【基层法律服务队伍建设】 年内，邀请县检察院民行科就如何辨别、防范虚假诉讼对全体执业人员进行专题培训。与县检察院联合开展打击、防范虚假诉讼活动，严明执业纪律，严禁执业人员代理虚假诉讼或怂恿当事人打虚假诉讼官司，严禁执业人员帮助当事人逃避债务、转移财产、毁约，骗取非法利益。年内，执业人员发现民间借贷虚假诉讼3起，向县检察院告诉，案件被市中院发回重审或移交公安机关处理。重视业务知识培训，10人参加司法考试，占总人数的19.2%，执业人员王军以402分的好成绩通过司法考试。积极参加远程视频教育。利用省律师协会对律师开展业务知识远程教育的契机，组织全体基层法律服务执业人员积极参加省律师协会主办的律师业务知识远程视频教育，不断提高执业人员业务水平。

【基层法律服务督查】 每双月28日召开基层法律服务所主任会议，总结交流业务工作开展和内部管理情况，开展职纪教育，严明执业纪律。建立完善学习、会议、收案收费、案件审批、财务管理、考核奖惩等各项规章制度，检查执行制度情况。受理市局交办、局领导交办以及当事人投诉9件。对执业人员违反执业纪律情况进行批评教育，明确代理费与诉讼费、差旅费不得合并收取等财务制度。开展行风建设年活动。年检注册期间，对全体人员进行职业道德执业纪律教育，所主任作为主要责任人，与县司法局和协会签订行风建设责任状。（陈爱红）

律　　师

【概　况】 9月，县新设阳晨律师事务所，至年底，全县3家律师事务所，13名执业律师，1名实习律师。全年参与办理各类案件314件，其中诉讼代理301件，非诉讼代理13件。法律援助54件，解答法律咨询2600多人次，担任法律顾问41家，业务收费172万元。为企事业单位避免和挽回经济损失2000多万元，社会效益和经济效益双增长。

【律师队伍素质提高】 年内，县司法局根据市司法局部署认真开展依法治国教育，组织集体学习，坚持律师队伍正确政治方向。组织律师参加省律协远程视频培训5期，律师向永被盐城市司法局评为“第四届盐城市十佳青年律师”。组织律师参加第一届盐城律师运动会，取得较好成绩，县司法局被市局授予优秀组织奖；组织律师参加各类征文活动。各所每月最后一个周末集中开会、学习，进行经常性职业道德和执业纪律教育，警钟长鸣。对所内重大疑难案件或社会中出现的热点问题进行研究探讨，互相学习交流，增强律师职业风险意识，提高律师谈判与沟通能力。6月30日，县委组织部、县司法局、县法律工作者协会联合举办律师、基层法律服务党组织负责人培训班，20多人参加培训。11月，律师蔡卫民、朱建分别被市委组织部、市司法局、市律师协会表彰为“律师党务先进工作者”“优秀律师党员”。8月，开展向袁为国学习活动。

【律师执业监督】 强化对律师遵守职业道德和执业纪律监督检查，端正律师执业理念，树立“守信者得益，失信者受损”价值取向。年初，各所均聘请3~5名行风监督员，公布监督电话，置于社会公众监督之下。县司法局开展两次行风评议活动，对律师工作、社会效益进行测评。利用市局年检契机，采取“案卷倒查”等方式，对各所业务卷宗中当事人权利义务告知书使用、谈话内容记录、案件质量监督卡反馈、代理词和答辩状书写等情况进行检查，有效监督各律师事务所和律师提高执业风险防范意识，加强内部管理、规范执业行为，为群众提供优质高效的法律服务。

【改善律师执业外部环境】 年内，县司法局严厉打击“黑诉师”“诉讼掮客”，严肃查处长期以公民身份从事有偿法律服务、损害当事人合法利益的宋某某，并向公安、法院、物价等部门函告查处情况。县司法局与县人民法院，制定出台《关于建立法官与律师、基层法律服务工作者良性互动工作机制的实施意见》，建立与法官职业协作配合机制，增进互尊互重，推进诚信诉讼建设，倡导互助协作，严禁行业内不正当竞争。针对“取证难、会见难、阅卷难”问题，与公安、检察、法院等部门沟通，保障律师执业权利，改善律师执业环境。与县电视台政法视野栏目合作，宣传律师行业先进人物和典型案例，树立律师良好社会形象，改善社会舆论环境。（陈爱红）

【责任编辑　顾霞飞】

军　事

人民武装

【概　况】 2015年，响水县人民武装部党委全面贯彻落实军委主席习近平一系列重要指示精神，按照上级决策部署，依据军分区年度军事工作指示，以强军目标为统领，着力铸军魂，强力抓备战，完成以军事斗争准备为龙头的各项任务，部队和后备力量建设保持全面发展稳步提升的良好势头。

【县委常委议军议警会】 2015年7月29日，响水县委召开常委议军议警会，军地双方领导共商国防和军队建设大计。县委书记、县人武部党委第一书记崔爱国主持会议。县委常委和县政协主要领导、县政府相关领导参加会议，县有关部门主要负责人列席会议。会议听取并审议县人武部、国防后备力量建设情况和县武警中队、县武警消防大队全面建设情况的报告，原则同意提请会议审议的议题，并对县人武部、县武警中队、县武警消防大队、县边防大队进行慰问。崔爱国充分肯定驻响水部队、武警部队在服务发展、拥政爱民、自身建设等方面取得的成绩。要求坚持以习近平总书记系列重要讲话精神为根本遵循，牢牢把握党管武装工作正确方向。坚持用中国特色社会主义理论体系指引和统领武装工作，确保任何时候、任何情况下都坚决听从党中央、中央军委和习主席指挥，要把“四个全面”战略布局贯彻到国防后备力量建设全领域全过程，充分发挥好部队官兵和民兵预备役人员在推动经济社会发展中的重要作用。要深化军民融合，推动全县经济建设和国防建设协调发展、平衡发展、兼容发展。全面推动党管武装有效落实，全县各级要继续发扬拥军优属光荣传统，切实为部队备战打仗解除后顾之忧，谱写鱼水深情。要紧紧围绕双重领导双重保障的原则，切实为驻响水部队、武警部队全面建设提供有力支持。不断健全完善领导体制和工作机制，认真落实议军议警制度，着力解决驻响水部队遇到的困难和问题，统筹军地两种资源、两种力量，加大统筹协调和推进实施力度，真正做到兼容发展、互促共赢，为“建设新响水、发展新台阶、实现北抬头”提供安全保障。

【思想政治建设】 年内，县人武部结合党委中心组理论学习，贯彻中共十八届三中、四中、五中全会和全军政治工作会议精神，学习习近平总书记系列重要讲话精神，加强军魂教育，把干部职工思想统一到上级决策部署要求上来。9月，在第三季度党委中心组理论学习中，聆听省军区曹德信政委关于“深刻汲取郭伯雄徐才厚案件教训，真正做严守政治纪律政治规矩的坚定践行者”的党课辅导，广泛开展“读经典，学哲学”活动，购置哲学、军事、历史等书籍300多册，干部职工在读书学习中打牢理论基础，提高人文素养。抓教育引导。制定《干部职工经常性教育计划》，严格落实每月一次集中教育制度。广泛开展谈心交心活动，通过组织生活、集体谈心、个别谈话等形式，及时了解掌握干部职工思想动态，有的放矢做好引导和疏导工作。结合学习身边的典型全国道德模范候选人李大美（义务维护国防工事）、民兵李海龙（江苏省跨国捐献造血干细胞第一人）先进事迹，深入开展“正确面对得与失、凝心聚力抓准备”和“新一代革命军人样子”讨论活动，用身边人谈身边事，引导干部职工正确看待政治形势和利益得失，进一步强化“生在好环境，干出好事业”的思想认识，增强“部兴我荣、部衰我耻”的集体荣誉感。按照省军区、盐城军分区党委部署要求，以抓本级、正自身为重点，以转作风、整风纪为目标，扎实抓好“三严三实”专题教育整顿活动，纠治干部工作、财务工作、训风演风考风等8个方面存在的突出矛盾和问题，梳理出干部管理存在令位不符、零星工程手续不齐全、重要目标协防方案结合实际不紧密、非战争军事行动预案不完善、正规化管理细则落实不严格、车辆“三证一匙”制度落实不经常、安全保密办公不正规等问题，切实做到问题见人见事、整改触筋动骨。贯彻边整边改要求，4项零星工程相关手续全部补齐，发票清理整改票据664张。着眼常抓长效，制订《响水县人武部加强作风建设暂行规定》《响水县人武部加强财务管理规定》等6项制度，建制度促规范，有效推动教育整顿活动不断深入。

【军事斗争准备】 年内，县人武部根据军分区年度党委1号文件指示精神，对照“两表一图”要求，深化作战准备，筹划部署，梳理制约作战能力生成和提高的5大类9个问题，制定军事斗争准备倒计时计划，如期确保问题清零。按照盐城军分区小型作战会议要求，及时召开本级作战部署会，在战场勘察基础上，1月，开展“情报战备值班加强月”活动，组织民兵信息员骨干集中训练。3月，加强应急处突准备，按照迅即能动要求，修订完善非战争军事行动总体预案和18个子方案。深化作战能力检验评估。按照军分区统一部署，作好迎接作战能力检验评估准备，通过逐条对照、动静结合、量化评估方式，查找问题敢亮丑、不遮掩，整改方案落实到人。求成效，按要求细化任务，限定时限，完善软件建设，升级改造硬件设施，如期完成军分区组织的检查。4月，响水县人武部完成整体防卫作战方案和6个子方案的修订并通过盐城军分区会审。深化日常战备常态保持。贯彻省军区扬州会议精神，结合本级实情，深化日常战备综合整治，推进“四化”建设，促进基层规范化建设。一季度，调整全县民兵战备值班分队，按照《内陆军分区(人武部)战备值班规定》加强民兵战备值班分队建设，提高遂行应急任务能力。利用一周时间组织作战值班人员学习南京军区、省军区有关作战值班规定，进行战备值勤相关知识辅导，组织值班人员岗位资格论证考核并全体通过。

【实战化训练】 年内，县人武部坚持用能打胜仗标准，强化适应战场的基础训练。1月上旬，以培养民兵干部骨干组训、教学能力为目标，组织全县部分民兵“四会”教练员集训，有效促进全县民兵军事训练向实战化聚焦。6月，参加盐城军分区组织的体能考核，通过率87.5%。按纲落实“三实”(实弹、实投、实爆)训练，每人完成3枚手榴弹实投，大抓训练预备期训练。强化基于系统的指挥训练。加强“四知一明白”针对性学研，突出识图用图、战术计算、作战指挥等实际运用，参加盐城军分区组织的半年军事普考，军事理论满分率60%，优秀率100%；作战计算优秀率20%，良好率60%；识图用图良好率60%；作战标图良好率100%。加强指挥谋略训练，深化典型战例研究，7月，按纲落实指挥员专业、战术作业指挥所演习。强化紧贴实战的实兵演练。突出军地联合实兵演练，11月，结合防卫作战指挥所演习，按照军分区统一部署，动用边防、公安、民兵(重要目标警戒分队、海上侦察分队、民兵情报信息员、国华电厂内部保安人员)等力量，围绕4个阶段24个内容完成陈家港热电厂二类重要目标防卫为课题的实案、实编、实地、实抗军警民联合演习。

【国防后备力量建设】 年内，县人武部利用军民整合途径创新国防后备力量建设。深化国防动员准备。5月，结合“苏防-2015”演练，组织县国防动员委员会动员交通战备办、卫生局、交运局等进行保交护路演练。7月，利用一周时间，修订大规模作战国防动员方案，完善10个配套计划，组织动员潜力数据核查，做好“十二五”国防动员建设检查评估准备。11月，完成全要素综合演练。抓好民兵组织建设。优化民兵组织结构，扩大行业系统、高新技术产业编兵比例，全员编足军兵种民兵分队，按编落实通信、医疗救护、交通运输等分队，新近编组海防战备执勤、重要目标警戒分队。编实海上侦察、运输分队，编好新型民兵分队。5月，迎接军分区组织的民兵整组点验。加强后备力量训练。积极参加省军区、军分区组织的“跨区联训”，按计划组织海上侦察、应急处突、情报信息、工程保障、抗洪抢险等5类专业分队干部骨干6批次37人次集训。扎实抓好民兵信息员队伍建设，年初组织全县民兵情报信息骨干集训。突出抓好专武干部训练，1月，组织全县专武干部考核，4月，组织新任职专武干部参加省军区集训和资格论证，南河镇武装部长被省军区表彰为优秀学员。是月，组织6名专武干部参加全市专武干部集训并考核，取得全市第二的成绩。6月，认真贯彻省军区关于扎实做好防汛抗洪准备指示要求，以军事训练与考核大纲为依据，结合辖区汛情实际，组织全县抗洪抢险干部骨干围绕16个课目中的8个内容

县人武部帮助学校高一新生军训

集训，培养一批具备较强专业素质和教学组训能力的骨干人才。8月，组织响水中学、响水二中、响水职业技术中学2300多名新生军训。11月，协调海洋渔业局一名领导参加省军区组织的渔业船舶系统业务培训。是月，组织民兵应急连干部骨干强化训练，并按期完成全市比武竞赛，5人100分以上。创新兵员征集工作。认真抓好《江苏省征兵工作条例(修订草案)》贯彻落实，常态开展适龄青年兵役登记工作。加大征兵政策宣传，加强检查督查，落实挂钩政策，定期通报网上报名进度，妥善处理各类矛盾，超额完成直招士官征集任务和高标准圆满完成2015年度新兵征集任务。

【武器装备管理】 年内，县人武部坚持高效管用措施，抓好武器装备管理。抓好枪支弹药管理。2月，按照军分区要求对枪支进行封存，进行安全风险评估，逐箱开箱检查，核实枪支零部件数量，计算装车等一系列前期工作，12月，按照军分区部署，将应上交军分区的武器弹药悉数上交，一次交接成功。加强武器装备维护保养。加强武器装备日常维护保养力度，动态武器每周保养，训练武器每日保养。加强库室值班，每天查库3次，超要求1次，定期组织应急训练，年内，协调地方公安应急演练，组织弹药库职工开展防火救援训练等。4月，组织弹药库职工开展“三熟悉四会”活动，围绕所属武器分解结合，掌握技术性能，熟记武器装备管理制度，熟练掌握安防系统操作等，提高业务技能。

【正规化建设】 年内，县人武部坚持依法从严治军提高部队正规化建设水平。1月，开展“正规值班秩序”活动，规范各类值班。督促响水镇完善应急排装备物资器材，做好迅即能动准备。扎实抓好节假日战备值班，值班员、值班分队随时保持在位。上半年，深入开展“学法规、明职责、严纪律、正秩序”活动，规范场所设置和台账资料，落实基本职责、基本制度、基本工作。6~9月，开展“暑期安全竞赛活动”，抓季节性事故预防。7月，开展“全面学法、严格执法、自觉守法”活动，抓问题纠治、清理不符合形势要求、不利于推进作战准备的制度规定。突出正规化建设与管理，突出重大安全问题防范，建立安全常态化机制，抓好节假日和政治敏感期、重要时节安全管理。加强保密办公常态化建设，每季度对办公电脑进行清理清查。狠抓重大演训活动安全监管，强化风险评估，落实针对性防范措施。突出重要目标安全警戒和管控，开展经常性安全隐患排查整治，随时做好上级不打招呼检查准备。规范重要部位值班、值勤秩序，抓好重点部位安全管理。

（陈　茗）

公安边防

【概　况】 2015年，响水边防大队围绕“四项建设”(基础信息化、警务实战化、执法规范化、队伍正规化)，维护边防稳定。全年查破各类案件72起，化解矛盾纠纷120起。强化党委班子建设，坚持民主集中制，团结协作，增强核心领导和战斗堡垒作用。开展“学习践行强军目标，做新一代革命军人”、党风廉政等教育活动；抓好经常性思想工作；开展廉政文化试点工作，部队面貌焕然一新。

【边防维稳】 组织开展治安问题突出整治、治暴缉抢和集中查港查船等行动，查破各类案件22起，化解矛盾纠纷79起，其中刑事案3起，行政案19起。开展打击成品油走私专项行动，全年查获成品油30吨，涉案价值12万元。开展“三防四见”活动，规范上门汇报、述职述廉、召开警民座谈会、防范提示、网上警务走访联系，运用边防服务窗口评价系统和公安边防博客等手段，联合辖区相关部门一同走访。派出所领导带头全员额、全区域、全覆盖走访辖区实有人口。杨篪口派出所开通“邻里微信”构建警民桥梁；陈港边防派出所开展“警地联创筑堡垒”活动和“警民联系卡”，方便辖区老年群众；灌河口派出所开展“治安红绿灯周”警示活动，维护边防稳定。建立流动人口服务中心和流动人口信息采集点，解决流动人口“散、杂、难”管理难题；建立社区警务平台，掌握辖区人口基本信息与分布情况；建立与群众“面对面”“键对键”交流平台，开辟网上派出所、网上警务室、网上警民微博、网上警民QQ群等，警民交流简易化、便捷化。陈港边防派出所建立“海上流动服务中心”，灌河口边防派出所开展“夏季送清凉”活动，大队开展“双驻三贴近”活动，紧密联系群众，密切警民关系。

强化矛盾纠纷排查化解，防范突发情况。规范综治维稳组织、调解队伍，建立“矛盾纠纷调处服务中心”，协调建立突发事件、群体性纠纷处置预案，完善矛盾纠纷排查化解责任、社会稳定风险评估、立体排查掌控、联合调处、信息提供奖励、处置群体性事件联动等机制，每月进行风险评估。灌河口派出所连续多次处置群体事件和非正常死亡事件，确保一方稳定。

推动边防“两反”。坚持依法管理港口、船舶和渔船民，集中查港查船统一行动与经常性管理相结合，促进港口治安管理。加强情报信息收集，物色特情朋友，密切掌握港口治安动态和渔船民动向，了解海上生产情况和治安动态。与公安、海事、渔政等部门沟通配合，开展以维护渔业安全生产及反偷渡、反走私等联合行动，严厉打击海上违法犯罪活动，净化辖区出海港口治安环境。年内，陈港边防派出所与海事执法部门联合执法8次，对灌河沿线的出海船舶进行有效治理，全年无重大违法事件发生。

【后勤保障】 按照《盐城市边防支队基层单位财务管理补充规定》，规范经费使用，“三项费用”支出比2014年减少36%，提升基层管兵的福利待遇。争取3000元帮助困难官兵解决生活难题。

【执法规范化建设】 年内，大队按照支队《行政案件操作指南》和《执法质量网上巡查操作办法》，完善案件评查工作机制。民警接处警必报，法制员把好审核关，集体通案，执法办案全过程运行规范。在涉案物品管理上，制定明确管理流程和制度规范，设立专门物证保管室和临时物品保管柜，专人负责出入库、登记保管与依法处理。对每一起案件卷宗，定期开展自查，确保案件办理公平公正无隐患。把控执法理念与执法程序，严禁刑讯逼供。建立民警执法档案和个案考评机制。年内，县政府解决4万多元，为大队购置电脑、单警装备、警用器材等，规范办案场所，建成标准办案场所1个，新增监控摄像头11个。初步实现信息化、扁平化、实战化指挥。

【部队正规化管理】 建立部队工作绩效考评机制，制定绩效考评细则，研制绩效考评系统，实现对部队工作实绩和日常管理的常态化评价。大队和下属派出所按照标准进行管理、教育、训练。开展支队部署的“知兵、爱兵、争当带兵模范”和“整饬警风、严肃警纪、规范部队管理”活动，开展岗位技能练兵。建立健全应急处突预案体系，开展应急拉练，部队实战能力得到提升。建立督察工作常态化机制，按照《部队管理规章制度汇编》，开展“牢记强警目标，履行边防使命”等主题教育活动。

（陈　龙）

武装警察

【概　况】 2015年，武警响水县中队深入贯彻落实军委习近平主席“建设一支听党指挥、能打胜仗、作风优良的现代化武装警察部队”的建军要求，按照总队、支队党委扩大会议部署和要求，提升执勤正规化水平，开展执勤和勤务专项教育活动，治理执勤隐患，提升执勤目标安全系数。完成武装押解、春运执勤、城市武装巡逻、现场警卫等勤务，处置突发事件。抓好冬训、新训、勤训轮换工作，开展战法训法研究、实兵实装演练，促进部队全面建设稳步发展。年内1人立三等功，5名战士被支队表彰为“优秀士兵”，9名官兵受支队嘉奖。

【思想政治教育】 年内，中队贯彻学习习近平总书记重要讲话精神，深入领会中共十八届四中、五中全会和全军、武警部队政治工作会议精神，开展“学习践行强军目标，做新一代革命军人”主题教育。发挥载体作用，及时化解矛盾，稳定官兵思想，构建和谐警营。狠抓营区政治文化建设，打牢官兵政治思想基础。突出加强党支部建设，充分发挥党支部战斗堡垒作用和党员先锋模范作用。开展与响水地方单位联谊活动，丰富官兵业余文化生活，组建花样轮滑和口琴两支特色文化队伍，提升部队建设内涵底蕴。修订完善经费管理、公务接待等制度，加强作风建设常态、长效措施，落实民主集中制。

【军事训练】 中队依据新《军事训练与考核大纲》，严格按照“缺什么，练什么”要求，牢固树立“练为战”思想，全年完成训练时间496小时、162个训练日、30个训练科目，有效提升新形势下遂行多样化军事任务能力。参加“卫士—15”演习，根据形势需求狠抓应用射击、情况处置、哨兵反袭击、擒敌术等重点课目训练，有效提高部队执勤处突能力。对训练成绩突出的班和个人给予表彰奖励，积极营造爱军精武氛围。注重发挥骨干和小教员监督示范作用，采取分类训、逐项考、互相比方法，提高中队训练水平，为“处突”和“反恐”作战打下坚实基础，拉得出、打得赢，保一方平安，为驻地社会稳定和经济建设提供有力保障。

【执勤战备工作】 年内，中队始终坚持中心居中，认真落实《军队基层建设纲要》和《正规化执勤等级评定标准》，实施互助互管、共教共育、联系联防、联检联评4项制度，促进执勤任务圆满完成。运用执勤“正规化执勤等级评定”标准，组织勤务正规，哨兵业务熟悉，执勤动作规范，处置情况灵活，固定目标安全。“3·14”“6·4”“7·5”敏感时期，中队官兵保持战备状态，随时准备“上一线，打头阵”。中队狠抓执勤训练，加强勤务管理，针对执勤任务特点，进行“钢枪在手，责任在肩”的经常性执勤教育，做好哨兵执勤工作。

【行政管理】 年内，中队贯彻落实条令条例，以人为本、依法治警、从严治警、文明治警。抓8小时以外管理，强化各类人员职责，落实请销假制度，管控人、车、枪、弹、酒、水、火、电、毒、密；对干部、勤杂人员管理一视同仁，杜绝特殊化。由营区管理延伸至集训点、医院、家乡，及时掌握在外人员思想和表现，加强跟踪管理；重点加强对武器弹药动态管理，保证武器弹药完好率；除给养员因公外出外，严禁战士驾车、骑机动车外出。中队全年安全稳定，内部关系融洽。

（肖　亚）

公安消防

【概　况】 2015年，县消防大队及各有关部门按照“党政同责、一岗双责”要求，严格执行各项消防法律法规，健全完善消防工作责任制，加强和改进消防工作，消防形势持续平稳。年内，全县发生火灾435起，火灾造成4人死亡，直接经济损失203.16万元，没有发生较大以上火灾事故。全年接警出动515次，出动车辆1342次，出动警力8029人次，扑救火灾435起，抢险救援62起，社会救助18起，抢救被困人员21人，疏散被困人员48人，抢救财产价值2531.9万元。同比2014年，火灾起数上升20.5%，死亡人数与2014年持平，直接财产损失下降51.39%，圆满完成“全国两会”“9·3消防安全保卫”等重大活动和重要时段的安保任务。年内，大队被总队表彰为信息调研工作先进基层单位，被支队表彰为基层建设先进中队；中队政治指导员严志勇被总队记个人三等功一次、被支队表彰为“优秀警官”；大队副大队长吴文松被总队表彰为“信息调研工作先进个人”和“宣传工作先进个人”；大队政治教导员李迎军被支队表彰为“优秀副团职领导干部”。

【火灾形势分析】 2015年，全县发生火灾435起，死亡4人，受灾136户，烧毁建筑4817.5平方米，直接财产损失203.16万元。年内没有发生较大以上火灾事故，成功扑救“小尖创业园厂房”“沿海高速”火灾等。从火灾发生的原因分，生活用火不慎、电气火灾是引起火灾主要原因。生活用火不慎火灾126起，占火灾总数的28.83%；电气火灾112起，占火灾总数的25.63%；用火不慎81起、生产作业49起、自燃23起、玩火9起、吸烟6起、其他原因31起。从起火场所分，住宅、农副业场所火灾居多。住宅火灾197起，占总数的45.08%；农副业场所火灾91起，占总数20.82%；其他依次是垃圾固废物64起、厂房仓库24起、交通工具23起、其他38起。从火灾发生的地区分，农村、城乡结合部火灾比例较高。2015年，农村、城乡结合部共发生火灾319起，占火灾总数72.99%。其中，发生火灾起数最多的镇区为南河镇51起，其他镇区发生火灾起数分别为：黄圩43起、大有38起、运河36起、陈家港31起、小尖29起、双港23起、张集21起、七套18起、六套15起、老舍14起。从火灾发生的月份分，2、5、6三个月火灾较为集中。2月，全县发生火灾61起，5月发生77起，6月发生火灾94起，三个月火灾起数占火灾总数的49.66%。其他月份分别为1月38起、3月32起、4月28起、7月25起、8月22起、9月26起、10月38起、11月至年底6起。随着经济快速发展，各类企业、场所数量增加，社会面各类起火灾害荷载比过去有所增多，人民群众用火、用电、用气增多，导致火灾发生大幅增多。群众消防安全意识薄弱。一些企业、个体经营者缺乏消防安全意识和常识，未批先建、未验先用现象仍大量存在，企业员工甚至负责人、管理人员不懂消防知识，既不会“防”，也不会“灭”。农村孤寡老人、残疾人、年幼儿童等弱势群体所处消防安全环境监护不到位，自身防范能力弱。社会消防基础仍处于低水平。县城和各镇区老旧式建筑仍较多，建筑耐火等级低，电气线路老化严重，用火用电不规范，火灾隐患多。一些街道、园区，甚至企业内部建筑布局不合理，消防设施缺乏。县城市政消火栓布点不足，新修道路消火栓未及时跟上，许多镇区仍无市政消火栓或布点严重不足，无专用消防码头等公共消防基础设施。各镇区均无专业消防规划，企业分布不合理。镇区建筑设施缺乏或未严格按照规划要求实施。经济不景气带来的连锁反应。主要表现为企业、场所对消防安全的重视程度下降，投入减少；一些生产单位库存积压增多，造成火灾荷载增加；各地群众创业，产生大量小作坊式厂房、仓库，火灾隐患大量增加。

【消防安全责任落实】 加强消防工作组织领导。年内，县政府召开消防工作会议，消委会组成人员会议6次，与15个镇（区）签订年度消防工作责任书，县政府主要领导多次对消防工作作批示，实地检查调研，帮助解决瓶颈问题。强化部门监管职能，公安、民政等部门定期组织召开联席会议，加强对消防技术服务机构的日常管理。公安、安监等部门联合对全县乡镇长、村“两委”负责人和重点单位人员消防培训。文广新局、教育等部门加强对娱乐场所、学校的消防安全管理。消防部门定期组织消防安全形势评估，及时向政府提出加强和改进消防工作的意见建议，推动单位落实主体责任。公安、安监等部门督促化工企业、人员密集场所开展消防安全标准化管理，推动26家单位建立“户籍化档案”，推动500多家单位自查自纠，组织签订消防安全责任书、承诺书400多份，单位自主管理水平显著提高。

【消防监督执法】 年内，相关部门和县消防大队按照上级统一部署，开展冬春火灾防控、劳动密集型企业消防治理、夏季消防大检查、9·3消防安全保卫等治理行动。全年检查单位1749家，发现火灾隐患1989处，责令整改火灾隐患1970处，下发整改通知书1166份，受理一般程序处罚案件145起，下发行政处罚决定书137份。实施临时查封28家，“三停”34家，拘留2人。对4家单位实施省级、市级、县级重大火灾隐患挂牌督办，除佳讯电子还未销案外，其他均已销案。大队严格按照公安部消防局“八个一律”要求，顶住压力，严格执法，整治新金兰纺织、康生药业等15家企业，督促拆除泡沫夹芯板约3.6万平方米。

【消防区域联防】 年内，县消防大队根据化工支柱产业特色，探索并启动消防区域联防。将49家企业按照区域、行业、消防专职队辐射面等实际划分成3块区域，由3家上市公司、龙头企业安全副总担任区域组长并设办公室，制定区域联防企业分布图、企业联系表、协同联动职责制度、运行考核办法等。大队指派业务骨干担任网格挂钩

县消防安全委员会在县医院组织开展消防器材使用演练

联系人，负责协调、培训、指导考核等。依靠园区1个政府消防队、2个企业消防队对三块划分区域进行灭火救援战备值班，落实“每日巡逻检查，每周综合检查、每月单位互查”联防制度。

【消防宣传教育】 年内，县消防安全委员会针对各重点时段不同行业、部门及单位的防火特点，不断拓展消防宣传渠道平台，加强与县电视台、广播电台等媒体联合开展消防宣传活动，依托县体育馆投入5万元建成消防体验中心，投入使用；结合行业消防安全管理规定宣贯，召开公共娱乐、劳动密集型企业、化工企业等10多场专题培训，对8200多人次相关责任人、管理人、员工进行培训教育。全县120家二级消防重点单位有95家将活动开展情况分别以报表、记录、视频等形式报县消防大队备案。开通《响水消防》官方微博、微信公众平台，专人负责信息更新，融合图、文、视频，方便市民随时随地学习到各类安全知识。至年底，“盐城响水消防”微信粉丝超过5000人，点击量超过15万次，制作的“熊孩子、巧识消防诈骗、夏季日用危险品、柳絮防火”等8个专题原创微信社会反响较好。

【经费投入及装备建设】 响水县委、县政府高度重视消防安全经费投入，将消防事业和部队建设经费保障纳入地方经济社会发展规划之中。2015年争取消防经费282.56万元，比去年增长近50%。省财政拨付扶持经费50万元；大队积极协调县财政拨付10个派出所保安消防队年度运行保障经费38.4万元。2月，县政府投资3500万元新建的沿海特勤消防站建成并投入使用；5月底投入280万元购置的1辆25吨水罐车和1辆照明充气车交付并投入执勤。7月，县委召开常委议军会，决定投入230万元购置一辆大功率消防车；12月20日，县政府决定结合“城乡供水一体化”建设同步开展市政消火栓建设。

（赵威善）

2015年全县火灾情况

表18　　单位：个、万元

地区＼情况	起数	死人	伤人	直接经济损失
合计	435	0	0	203.16
响水镇	40	0	0	31.5
陈家港镇	31	2	0	20.7
小尖镇	29	0	0	36.6
大有镇	38	0	0	6.8
南河镇	51	0	0	19.3
双港镇	23	0	0	17.6
黄圩镇	43	0	0	10.9
运河镇	36	1	0	11.8
张集社区	21	1	0	9.4
六套社区	15	0	0	5.3
七套社区	18	0	0	7.3
老舍社区	14	0	0	6.46
经济开发区	21	0	0	11.7
沿海经济区	5	0	0	5.3
生态化工区	6	0	0	6.1
黄海农场	7	0	0	2.6
灌东盐场	4	0	0	1.2

人民防空

【概　况】 2015年，县人防办贯彻落实全省民防工作会议精神，围绕省、市民防工作要点，以军事斗争准备为龙头，突出法治建设，规范人防工程建设管理和易地建设费征收使用，加强人防宣传教育，全年工作目标任务基本完成，人防各项工作再登新台阶。

【人防法治化建设】 年内，县人防办推进依法行政，加大执法力度，人防法治化建设得到加强。推进依法行政。根据县委、县政府《关于进一步规范行政审批工作的意见》规范和改进行政审批服务工作。按照在全市“三少一短”（申报材料、收费标准、审批环节最少，办结时限最短）原则梳理本单位行政审批服务事项设立依据、申报材料、审批流程、每个环节责任人、办结时限和收费依据及标准等，报县规范和改进行政审批服务工作领导小组进行审核确认。根据市民防局行政权力下放和质量监管属地化要求，做好承接工作。派员参加市民防局举办的行政审批业务工作和人防工程质量监督管理人员两期培训，学习领会业务知识，提高依法行政能力。单位内部人员定岗定职，规范内部工作流程。完成内控机制平台建设，防范和化解权力运行风险，进一步形成风清气正的民防执法环境，加大执法力度。工程审批以开发项目为重点，严把规划许可、施工许可、商品房预售和竣工验收“四道关口”，确保未建人防工程项目和建设面积不足项目易地建设费都能征收到位。借助全省民防内部审计工作契机，从县规划办调取2013年以来规划许可证办理台账，核对审批项目，查找“跑、冒、滴、漏”。加大历史陈欠费用清收力度，对缴费态度不积极、不配合的，作出行政征收决定书依法清收。对江苏诺贝投

资置业有限公司、盐城富建置业有限公司两家房地产开发企业欠缴的人防易地建设费申请法院进行资产保全。根据市局的统一组织，抽调两份易地建设人防工程行政执法案卷参加全省民防行政执法案卷评查。

【人防应急准备】 推进重点项目建设。中型机动指挥所建设做到早立项、早规划、早审批，并积极参与市局组织的考察、可行性研究报告会等建设流程，年内中型机动指挥所建设招投标完成。依托县东鸣湖公园建设人防疏散基地，在规划方案的不断调整中，人防办一直积极参与，确保把人防疏散基地功能要素融入到方案设计当中，该项目已进行土方开挖。完成人防专业队和志愿者队伍整组。根据专业队员的年龄、身体、工作调动等实际情况进行调整补充。整组后的医疗救护、防化防疫、抢险抢修供电分队、通信电信分队4支队伍80人和志愿者队伍40人共120人，参加与民兵整组同步进行的点验大会。参点分队着装统一、精神饱满，到点率和专业对口率均达100%。组织警报集中试鸣暨人口疏散演练。做好全县警报器维护、保养和检查、测试工作，“9·18”全省防空警报集中试鸣活动中防空警报器正常鸣放，警报鸣响率100%。结合防空警报试鸣活动，响水县实验初级中学于当日上午10时举行防空防灾疏散演练，全校3600名师生参加防空防灾疏散演练。演练以空袭、地震、火灾和建筑物倒塌等灾害事故为背景，在防空警报试鸣时，组织全校师生有秩序地紧急疏散到教学楼附近的开阔地带。全校师生进一步了解防空防灾警报规定信号，增强防灾减灾意识，熟悉应急疏散路线，完善防空防灾应急疏散预案，掌握逃生避难技能，提高自救互救能力。

【人防工程建设管理】 年内，县人防办基本完成人防工程建设指标。年内，新开工工程3个，约1.46万平方米。其中：“海阅华庭”小区防空地下室0.59万平米，“天筑未来府”小区防空地下室0.26万平方米，“天工锦绣花园”小区防空地下室0.61万平方米。竣工工程2个，约0.56万平方米。县城“润生广场”防空地下室0.17万平方米，“御景豪庭”小区防空地下室0.39万平方米。

严把工程建设质量关。根据江苏省民防局新制定的《江苏省人民防空工程监理管理办法》《江苏省人民防空工程质量监督管理办法》，对每一开工工程都严格按质量监管程序进行质量监督。对关键环节和部位验收现场进行核查，对现场验收查找问题，督促建设单位整改到位。在“弘旭金海湾”小区平战转换示范工程验收过程中，发现防化设备存在质量和安装问题，防化产品涉嫌假冒注册商标，已报市场监督管理部门进行调查处理，其中涉嫌犯罪的，公安机关已立案侦查。

【易地建设费征收管理】 年内，县人防办应收尽收易地建设费，全年征收易地建设费440.73万元。在易地建设费收费流程、票据使用等财务会计管理、运行方面更加规范、有序。弄清人防资金存量，为今后用好、用活资金服务人防建设发展打下基础。

【人防宣传教育】 贯彻落实市民防局《关于加强全市民防宣传教育工作的意见》，继续推进人防宣传教育进机关、学校、社区和企业活动。一方面，以传媒宣传为载体，加强民防基础知识普及性教育。在《响水报》开设3期人防宣传专栏，宣传人防任务、方针、原则，人防工程建设和使用，人防经费筹集范围和标准，防空警报知识等。以社会宣传为手段，不断提升民防部门知晓度，提高广大城市居民应急救援能力，转化民防教育成果。在响水镇城东、城南等3个社区设立多个宣传栏，宣传民防应急常识，向群众发放500多份应急手册和宣传卡片；将新征订的1350册新版《民防知识》及时发放到开设民防知识课的初级中学；在响水县第一小学开展小学民防知识教育试点工作，征订980套小学生民防知识读本，分发给学生学习，增加人防知识。

（王琳琳）

【责任编辑　顾霞飞】

城乡规划和城市管理

综　　述

【概　况】 响水县规划和城市管理局(简称县规划城管局),系县人民政府直属工作部门,挂县城市管理行政执法局牌子,内设办公室(财务审计科)、法制科（行政许可服务科)、市容管理科、规划科、工程管理科、整治办、数字化城管办7个科室。下辖规划市容监察大队、规划办、环卫所、园林所、路灯所、渣土所6个事业单位,全系统有干部职工513人,其中党员130人。

2015年,县规划城管局围绕县委、县政府"建设新响水、发展上台阶、实现北抬头"总体部署,大力提升城乡规划管理水平,开展环境综合整治行动,强化市容秩序管理,提高环境卫生保洁质量,加快绿化亮化基础设施建设,全面提升城市品位,打造宜居宜业城市环境。县规划城管局被市政府表彰为"绿色盐城建设先进集体",被市城管局、市城市管理行政执法局表彰为"全市城市管理行政执法工作综合先进集体",被县委、县政府表彰为"全县目标任务综合考核先进集体""生态文明和绿色响水建设先进集体""政法综治和信访稳定工作先进集体""政务服务工作先进集体""扶贫开发工作先进集体"。

城乡规划

【城乡规划】 年内,县规划城管局委托省城市规划设计研究院完成城东新城城市设计和控制性详细规划,委托南京博来规划设计院完成县城老城区控规修编,并通过专家评审。推进新型城镇化、城乡一体化发展,主动服务各镇(区)做好相关规划编制工作。委托南京博来规划设计院完成港城控规编制,全面实现近期建设范围内控规全覆盖,待县政府批准。委托清华大学专家编制力沃创客城概念性规划与城东新城规划的衔接即将进入规划编制程序。县城、港城公共绿地、综合交通、给排水(含水环境整治)、综合防灾、环卫等专项规划正在编制中;基本完成城东新城市民服务中心、星级酒店等重要地段项目修建性详细规划的编制,其中市民服务中心方案已进入单体方案施工图设计阶段;星级酒店已按照规划要求在邀请设计单位进行方案编制工作。东鸣湖水库方案已报县政府审批通过。港城美食城、核心区规划及五星级酒店规划编制工作已启动。抓住城市环境综合整治契机,突出做好老城区更新改造规划编制工作,以棚户区改造为抓手,以优化城区道路交通系统和完善公共服务配套设施为目标,完成城郊结合部、棚户区、公共设施完善、防灾、公园绿地、交通与停车设施、环境景观提升等一系列规划编制,着力提升老城区品位和质量,努力打造宜居之城。

【创新规划管理机制】 年内,县规划城管局建立由局长主持的"审查备忘制",即通过建立专业的方案审查审批团队,集中人力精力,采取"流水线"式审查方法,提升审批品质效率;同时,在审查审批项目方案中尝试使用先进信息软件,引入"BIM"建筑信息模型理念,由二维设计向三维设计转变,实现审批工作的高效、快捷、规范。建立规划评审顾问咨询组,由县外专家,本籍在外专家,县内专家,人大代表、政协委员以及关心热爱响水规划且具有一定专业技能的人士组成专家库,据此成立规划评审咨询顾问小组,对规划编制及项目方案进行评审,为领导审批决策提供帮助,提升规划方案的艺术性、实用性、合法性及可操作性。

【规划服务】 年内,县规划城管局为城东新城星级酒店、双语学校、红星美凯龙、阅江楼等重点项目进行专人服务、跟踪服务,做好城中片拟招拍挂地块设计要点及范围图出具等相关规划服务工作。全年发放行政许可《建设项目选址意见书》4份,《建设用地规划许可证》20份,《建设工程规划许可证》78份,准确率100%。

【规划监察管理】 年内,县规划城管局对城乡规划、项目管理严格实行选址、实测、放线、验线、验收五到场制度。针对房地产建设项目的基础定位、基槽确认、正负零复验、主体造型、外立面装饰和竣工验收等主要节点，实行专人节点巡查、节点验收的方式，及时了解工程建设情况，切实抓好规划批后管理，杜绝随意变更规划的现象。同时，不断强化违法建设的监管，实行“错时巡查、分片管理、三级监督”等手段，保证违建发现一起拆除一起。全年现场制止停工、拆除违法建设84起，其中现场停工24起；拆除55起，房屋面积1190平方米、围墙680米；补办手续5起。核发行政处罚事先告知书16份。在对县域骨干道路两侧500米范围内沿线监管中向镇区发放督查函告78份。

城市管理

【概　况】 年内，县规划城管局以“全省三年城市环境综合整治行动”为契机，组织和动员全系统干部职工围绕“让城市更靓丽、让市民更满意”为目标，以“巩固、提高、长效”为要求，以“科学规划、民主决策、依法行政”为理念，积极探索城市管理的新思路、新方法，进一步优化工作机制，加强队伍培训，改进工作作风，提高管理、服务水平；强化舆论宣传引导，提升市民素质，本着“县城区巩固提高，开发区严管重罚，乡镇区引导规范”的原则，促进市容市貌、镇容镇貌根本性转变，创建文明、卫生、整洁、有序的城镇环境，不断提高规划和城市管理水平。

【环境综合整治】 年内，县规划城管局按照“点、线、面”相结合的方式对县城开展综合整治活动，有效提升市容秩序。4月起，组织开展县城“四个周边”(校园、医院、菜场和重要商圈周边)市容秩序整治行动，重点查处流动摊贩、占道经营现象、出店经营行为，处置违规占道经营行为5640多起、流动经营行为3520多起。在5~6月集中整治月期间，查处无照流动经营行为340起、暂扣经营工具376件，黄海路两侧店招店牌及户外广告全部按照规划设计要求进行审批、整改；开展门前非机动车辆摆放秩序专项整治，规范非机动车辆摆放5700多起。开展规范金海路市容秩序及204国道钢材市场经营行为专项整治，规范门店经营行为420多起，清理占道钢材200多吨。

【户外广告管理】 年内，县规划城管局委托苏州大学完成《县城户外广告规划》编制并获县政府批准，实现县城户外广告管理法制化。同时制订《县城区户外广告、店招店牌审批管理办法》，强化户外广告管理，严格按照户外广告规划审批，拆除、整改违规设置和破损广告牌。全年按规划审批广告牌384块，发出整改通知书110多份，拆除广告牌95块，整改430多块。

【建筑渣土管理】 年内，县规划城管局重抓建设工地场内道路硬化、车辆冲洗设备配置、渣土车辆密闭化运营工作，严防随意乱倒建筑垃圾行为，严管渣土污染源。全年开展工地施工环境建设、渣土运输车辆专项整治40多次，对25家施工工地进行定期不定期抽查，整改不规范行为30多起。同时，指导成立渣土运输公司，投入运营车辆15台，实行渣土密闭化运输，大幅减少路面污染。

【提高保洁质量】 年内，县规划城管局全面抓好“清扫、清运、清洗”三大基础作业，定点垃圾转运机械化处理率80%以上；城区道路机扫率40%。全年清运城区生活垃圾6.4万多吨，清运粪便1万多吨。后街背巷保洁25万平方米，新增金海路慢车道、城东干道、灌江东路、珠江路等保洁，总保洁面积160万平方米。保持城区2.2万户居民生活垃圾上门收集与转运，48座公厕管理和52座垃圾池垃圾清运处理，县城环境卫生水平得到有效提升。

【园林绿化管理】 年内，县规划城管局以创建省级园林城市为总抓手，以道路绿化、河道绿化、公园游园绿地建设为重点，加大特色绿化建设，全年完成绿化总投资1亿多元，县城绿地面积增加到804公顷，绿化覆盖面积892公顷，绿地率38.4%，绿化覆盖率41.5%。实施总投资1.2亿元的东鸣湖水库综合性大型公园，占地40万平方米，基本完成湖体开挖；投资3000万元东海路绿化带工程，新增绿地面积14.5万平方米，完成栽植乔木7000株，灌木50000株，地被7000平方米；投资4500万元迎宾大道绿化带及道路外侧景观带工程，将新增绿地面积24万平方米，已完成土方工程；投资1500多万元的灌江东路、银海路、四排河、通榆河堤、晨曦公园等绿化工程，完成新增绿地面积10万平方米。投资300万元改造纪念碑广场公园，通过局部改造增加绿量、提升品位；投资200万元完成灌江路与锦绣路交叉口、灌江路与开发路交叉口、灌江路与通榆河堤路交叉口等10个节点绿化工程；督促46个机关单位、67个企业进行单位庭院绿化改造建设；在珠江路等适宜植树的道路两旁添植双排行道树，增加道路绿量。县城20多万平方米绿化养护全部推向市场，养护水平和质量显著提升。绿化精品意识、特色意识明显增强。

【路灯亮化管理】 年内，县规划城管局建立路灯长效管理机制，落实两组人员每晚轮流巡查路灯亮化故障，及时发现、及时处理。加强路灯日常巡查维修维护工作，及时处理更换钠灯泡345只，镇流器567只，触发器890只，节能灯700只，电缆5200米，保证路灯亮灯率99%，设施完好率98%以上。为了打造更加绚烂的城市夜景，县规划城管局投资660多万元，启动县城楼体立面改造和亮化工程。其中投资237万元实施黄海路、双园路、金海路等主要街道62栋楼宇亮化，完成新响中门前节点、新中医院门前节点、滨江路与黄海路交汇处节点等20处景观亮化，完成新中医院东侧、五排河、三洪河约3600米长河道景观亮化，完成东海路、灌江东路、13条后街背巷344杆路灯安装，完成迎宾大道等7条道路774杆路灯改造建设；投资424万元实对主要街道两侧40栋楼宇立面进行改造出新。年底基本形成一横两纵三条主要干路两侧楼体风格统一、节点突出、色彩明快、交相辉映的城市新形象，提升城市品位和文化内涵，广大市民生活环境得到明显改善。(喻学奎　高浏涛　刘炳刚)

【责任编辑　杨道贯】

住房和城乡建设

综　　述

【概　况】 县住房和城乡建设局（简称县住建局）内设办公室、财务审计科、住房保障和物业管理科、房屋开发和房政管理科、城市建设管理科、村镇建设管理科、安全生产监督和建筑业科(建设工程抗震管理科)、法制科(行政许可服务科)8个职能科室，下辖县拆迁办公室、县房地产管理所、县建设工程质量和安全监督站、县建筑工程管理处、县墙体材料改革办公室、县燃气管理办公室、县建筑设计院(县村镇规划设计室)、县住房和城乡建设监察大队、县装饰装修管理办公室、县城市建设档案室、县工程造价管理处、县建设职工学校12个事业单位和县房屋拆迁服务中心、县广厦测绘公司、县天宇房地产评估事务所、县腾达房地产信息服务有限公司4个企业单位。

2015年，县住房建设系统广大干部职工紧紧围绕全县工作中心，紧扣城乡建设重点，攻坚克难，真抓实干，创先争优，较好地完成年度各项工作任务。县住建局被县委、县政府表彰为“全县目标任务综合考核先进集体”，被县政府表彰为“住房保障、房屋征收工作先进单位”。

【市政建设】 年内，组织实施10多项市政基础设施工程建设，完成11条主次干道、13条后街背巷等项目建设任务。

【房屋征收】 年内，根据两城动迁工作难以推进的实际，县住建局主要领导亲自挂帅，创新工作机制体制，突出补偿安置政策，充分引导群众参与，完成灌河堤二期扫尾的协议签订及房屋拆除工作、2015年环境整治拆迁用地等11个地块的前期调查工作；完成陈家港镇港城医院项目68户协议签订及房屋拆除工作；美食城项目、陈家港镇石港路扫尾项目基本结束。全县房屋征收210户，面积4.25万平方米。

【住房保障建设】 年内，完成保障房新开工建设1350套，新增租赁补贴25户，租赁补贴实际发放382户，圆满完成省、市下达目标任务。

【行业管理】 年内，县住建局加大行业管理力度，建立落实建设工程质量和安全检查通报制度，组织开展建筑市场、房地产市场、燃气市场、建材市场等专项整治行动，严肃查处各类违法违规行为，全县建筑市场、燃气市场安全生产形势总体平稳、可控。积极开展工程质量治理两年行动活动，工程质量得到较大提升，工程质量合格率100%，获市优质工程2项；创建省级文明工地3项，市级文明工地5项。建筑节能和墙改工作得到进一步加强；完善“双清工作”方法，建立农民工工资发放实名制和应急机制，确保农民工合法权益；小区物业管理工作得到加强，物业服务质量有所提升，协助社区指导三个小区成立了业主委员会。

城乡建设

【概　况】 2015年，县住建局重点组织实施县城建设工程7项，其中道路建设工程6项，新建桥梁工程1项，全部竣工。

【县城道路与桥梁建设】 年内，县住建局在城建重点工程建设上，坚持抓早抓实，质量第一，采取责任到人，挂图作战的方式，圆满完成县委、县政府年初安排和明确的项目任务。完成珠江东路(航海路至建安路)、珠江西路(幸福路至沿河路)建设，实现珠江路全线贯通；完成军民西路(汇豪小区东围墙至红旗路)、开发路(珠江路至灌江路)、灌江路(开发路至幸福路)等主路面施工；完成解放路人行道(响灌路至双园路)、金海路人行道(灌河路至珠江路)等7条主次干道、4条人行道项目建设。珠江路宣圩河桥竣工通车。

【市政管护】 年内，县住建局充分发

2015年响水县城道路桥梁建设情况

表19

序号	项目名称	项目概况	总投资(万元)	实施情况	责任单位	承建单位
1	珠江东路	西起航海路，东至建安路，长约1200米，道路红线40米，建设道路、排水、人行道等。	1600	竣工	住建局开发区	江苏天石建设有限公司
2	珠江西路	西起通榆河堤路，东至幸福路，长约190米，道路红线20米，建设道路、排水、人行道等。	200	竣工	住建局	江苏宏远建设有限公司
3	灌江路(改造工程)	西起幸福路，东至开发路，长约1800米，，新铺设沥青混凝土、安砌侧平石、更换检查井盖、画标志线等。	804	竣工	住建局	江苏乾丰工程建设有限公司
4	金海路等人行道(改造工程)	北起灌河大桥，南至灌江路，长约2800米，新铺设水泥混凝土路面、铺设人行道、安砌侧平石、安砌树池石、更换检查井盖等。	242	竣工	住建局	江苏圣厦建设有限公司
5	解放路人行道(改造工程)	北起响灌路，南至双园路，长约495米，新铺人行道和路面、更换检查井盖和雨水井篦等。	65	竣工	住建局	江苏圣厦建设有限公司
6	军民西路(维修工程)	东起幸福路，西到红旗路，长约210米，新铺沥青混凝土、更换雨水井篦等。	32	竣工	住建局	江苏润成建设工程有限公司
7	珠江路宣圩河桥	桥长31米，桥宽40.6米，上部采用钢筋混凝土简支空心桥梁，下部采用桩接盖梁墩台，钻孔灌注桩基础。设计荷载：城-A级，人群：3.5KN/平方米，由重庆中设工程设计股份有限公司设计。	235	竣工	住建局开发区	江苏天石建设有限公司

珠江路航海路至建安路段沥青层铺设

掘城市路网和排水管网功能，对县城13条主次干道破损路面进行维修，对缺损侧平石、雨水井盖进行添置、更换、维修，对后街背巷破损路面、排水管网进行维建。全年维修主次干道路面3780平方米，改造排水管道1300米，清掏下水道30000米，维修窨井84座，添置、更换窨井盖、雨水篦157套。

【农村环境综合整治】 年内，农村环境综合整治工作按照“突出重点、点线结合、连片整治、整体推进”的工作思路，抽调人员，集中力量，继续坚持高标准、严要求，对列入2015年整治计划的232个自然村庄进行集中整治；对已整治过的村庄进行“回头看”，巩固提升整治成果，较好完成全县894个自然村庄整治任务。在综合整治中，全县农村疏浚各类中沟级以上河道90多条，小沟级河道、沟塘1000多条，疏浚长度600多千米，完成土方500多万方；清理各类垃圾50000多吨，清理乱堆乱放等杂物30000多处，拆除小厕所以及破旧禽舍4000多座。全县新建垃圾池11530个，配备垃圾桶5750只，所有镇区全部组建了环卫所和市容监察中队，配备环卫人员1200多名。9月底，通过省级考核验收。

【农村危房改造】 2015年，省下达响水县农村危房改造任务600户，其中新建150户，维修450户。9月底前，完成危房改造摸底和公示工作。至年底，全县所有危房改造工程全部完成，并通过省、市验收。

【城建档案管理】 年内，县住建局城市建设档案室按照部、省城建档案立卷质量标准和规定，利用深圳伟图的档案软件、大型图纸扫描仪和高速扫描仪，对馆藏档案进行数字化扫描处理。全年收集各类档案1600多卷，整理档案1056卷，完成扫描工程档案130卷，接受照片档案500多张，出具档案预验收证明17份，签订档案报送责任书27份。同时做好档案异地备份工作。接待档案查询200多人次。

【燃气管理】 年内，县燃气管理办公室与各燃气企业签订安全目标责任状，明确企业主体责任，构建安全生产网络。邀请外市燃气专家组对全县4个天然气公司、7个液化气站（40个供应点）进行全方位安全和执法检查，查出并治理安全隐患76处，没收违章充气导管枪12支，暂扣15公斤气瓶15只，下达整改通知书29份，有效遏制瓶装燃气违规现象。利用安全生产月、119消防日举行燃气企业应急预案演练，强化了企业应急处置能力。加快天然气汽车加气项目建设，中油紫源天然气汽车加气站6月份正式投入使用。

【创建文明城市】 年内，县住建局在创建省级文明城市工作中，积极主动，瞄准目标，分解任务，责任到人，做到一级抓一级、层层抓落实。在建筑工地管理上，按照省文明工地标准要求，严格做好建筑工地的隔离护栏围挡、建筑材料堆放、建筑垃圾倾倒、运输、车辆冲洗及职工食堂、宿舍卫生的管理工作，并开展经常性督查活动，发现问题，当场责令其按照标准、要求整改到位。在县城环境整治上，狠抓市政道路建设和破损道路维修，完成军民西路、珠江路、开发路、灌江路等道路部分路段的改造提升、沥青铺设工作；完成10多条主要道路路面坑塘修补和后街背巷道路维修工作。在规范住宅小区管理上，按照县文明办《响水县创建省文明城市社区物业注意要点》要求，逐一检查对照，发现问题，限期整改，小区的生活垃圾、楼道小广告、杂物乱堆乱放等问题都在限期内清理到位。同时督促所有工地、物业小区做好社会主义核心价值观和厚德盐城（响水）榜的宣传。

住房保障和房产管理

【概　况】 新增公供租赁住房500套，发放租赁补贴382户，办理房产登记6838件，商品房预告登记2754份。

【住房保障】 年内，县住建局对县城中低收入居民、新就业人员、外来务工人员的住房和收入情况开展调查摸底和登记工作，将低收入线家庭人均年收入标准调整为13026元，家庭人均住房保障面积为18.5平方米；建立健全保障对象的分户档案，做到一户一档。同时严格按照公平、公开、公正原则，扩大住房保障覆盖面，做到应保尽保。全年完成新增公共租赁住房500套，面积29000平方米；完成棚户区改造安置住房550套，面积38629.5平方米；征收300户，面积43200平方米；新增公共租赁住房补贴25户，租赁补贴实际发放382户，超额完成省、市下达的保障房建设目标任务。

【物业管理】 年内，县住建部门与物业服务公司签订物业服务目标责任书，创建"平安小区"目标责任书，同时制订出台《县城物业小区环境整治方案》，要求各物业服务公司明确目标，加强环境整治，优化服务管理。局物业管理科加大对物业服务监管力度，通过全面定期检查、随机抽查、现场互查等多种方式，对县城30个已入住的物业小区进行综合检查，排出名次，及时通报公布；严格执行前期物业招投标程序，完成7个新建小区和老旧小区的前期物业招投标工作；对2015年之前的维修基金交缴情况进行检查核对，将各小区维修情况录入计算机系统备案；协助社区指导3个小区成立业主委员会，推动物业管理工作良好开展。积极配合民政局和社区试点居家养老项目，得到业主一致好评。

【房地产开发】 2015年，全县完成房地产开发投资7.07亿元，比上年下降10.8%，其中住宅投资4.81亿元，比上年增长4.0%。房地产开发项目房屋施工面积135万平方米，比上年下降0.7%，其中住宅竣工面积27.6万平方米，比上年下降34.9%。商品房销售面积34.5万平方米，比上年增长19.9%；商品房销售额14.44亿元，比上年增长21.5%。商品房成交均价4487元/平方米，比上年增长3.8%，其中住宅成交均价3969元/平方米，比上年下降2.6%。

【商品房预售资金监管】 年内，县住建局加强新建商品房预售资金监管，对开发企业资金申请和使用情况严格按照《响水县房地产开发项目商品房预售资金监督管理暂行办法》执行，将监管系统账户信息与银行余额信息核查，对账目不符或达不到使用节点的开发企业坚决不予核发资金申请书，切实解决和防范房地产开发企业违规使用预售资金而造成拖欠工程款和农民工工资等问题，促进房地产市场健康发展。全年监管预售资金18.4亿元，核放预售资金17.7亿元，此项工作走在全市前列。

【房屋产权管理】 年内，县房产管理部门办理房产初始登记、转移登记业务6938件，登记面积156万平方米，抵押登记5688件，登记面积171万平方米，受理房产登记信息档案查询8898宗。商品房预告登记2754份，登记面积30.14万平方米。开通运行存量房网备案系统，实施存量房交易资金监管。进一步简化房产登记手续，推出一系列便民举措，办证时效再提速。积极协调解决中央花苑小区1000多户业主房产证办理工作，受到社会各界好评。

【装饰装修管理】 全年办理装饰装修施工许可证8份。查处小区业主装修过程中违规侵占公共部位案件2起，对其行为进行行政处罚。

建筑业及行业管理

【概　况】 2015年，全县完成建筑业总产值37.2亿元，比上年增长13.5%，完成全年目标任务103%；建筑业增加值13.9亿元，比上年增长16.1%，完成全年目标任务105%；出市施工总产值15.3亿元，比上年增长17.7%，完成全年目标任务109%。建筑企业从业人员0.86万人，比上年下降16.6%，全县有建筑业企业68家，其中一级总承包资质企业1家，二级总承包资质企业21家。

【建筑市场开拓】 年内，县住建局积极实施“走出去”战略，在巩固南京、无锡、苏州、连云港等传统市场的基础上，积极拓展上海、安徽、浙江等新兴市场。全年出市施工总产值15.3亿元，超额完成全年目标任务。全县建筑外施产值超亿元以上的建筑企业达12家。

【工程质量监管】 年内，县住建局制定出台《响水县工程质量治理两年行动实施方案》，全面开展建筑工程质量治理两年行动活动。对在建工程及新办理工程质量监督的项目将质量终身责任制落实到人，项目负责人承诺书、授权书全部收集到位。开展在建工程管理人员在岗履职情况进行专项检查，对主要管理人员经常不在岗，职责履行不到位的部分项目立案处罚。强化对地基基础、主体、竣工验收的监管，确保工程主体结构安全。强化对桩基础质量控制，对工程使用的预制桩全部开展综合性能检测，控制预制构件质量，同时开展6次突击性基桩静载检测现场检查。全年新注册质量监督工程53项，建筑面积82.5万平方米，结转工程47项，合格率100%。福港大酒店被评为省优质工程，响水县残疾人托养服务中心、御景豪庭B-11、12#楼工程两个项目被评为2015年度市优质工程。

【安全生产管理】 年内，县住建局强化对建筑施工安全生产的监督管理，督促企业落实安全生产主体责任。坚持每月一次安全监督检查，检查做到全覆盖，不留死角，对排查出的事故隐患，以铁的手腕抓执法治理，事故隐患消除在萌芽状态。积极开展建筑起重机械、脚手架、卸料平台等专项检查4次，涉及154个项目，建筑面积210多万平方米，发出施工安全限期整改通知书63份，停工整改通知书6份，涉及安全事故隐患300多条，事故隐患整改率在95%以上，有力促进安全水平的提高。组织联系市房屋安全专家对东海岸深基坑、天工房产深基坑、银都小区二期高支模等10个项目进行专家论证，优化专项施工方案，明确专人跟踪督查，保证按照方案要求组织实施。全年未发生一起安全责任事故，全县建筑施工安全处于可控状态。

【墙改和建筑节能】 年内，县住建局进一步贯彻落实《江苏省新型墙体材料管理条例》，强化领导，依法推进，落实责任，坚持“禁实”“限粘”“推新”并举，墙体节能工作取得较好成绩。全年墙体材料生产总量4.0亿块（折标砖），其中新墙材产量3.52亿块（折标砖），占墙材总量88%，新墙材应用面积占总建筑面积86%，县城区新墙材应用率100%，园区、镇重点工程项目新墙材应用率在90%以上。储存淤泥660万方，粘土多孔砖产量比上年下降20%，关停砖瓦轮窑6座（已拆除3座）。新墙材专项基金征收率100%。各项指标均完成省、市下达任务。积极做好建筑节能新技术、新材料的推广应用，严把建筑节能图纸设计、施工质量、专项验收关。

【工程造价管理】 全年发布工程造价信息12期。根据省、市要求设立人员工资、材料信息监测点5个，及时准确地收集市场信息，积极做好文明施工措施费考核工作，全年核定文明施工措施费项目42项。

【建筑市场管理】 全年审批施工许可证108本，建筑面积127万平方米，工程总价13.4亿元。严格进入响水勘察、设计、施工、监理企业的备案管理50件，确保企业在资质等级许可的范围内承揽工程；开展文明工地创建活动，创建省级文明工地3家，市级文明工地5家。强化“双清”工作，规范施工企业工资支付，全年调处农民工工资纠纷52起，涉及金额3700多万元，解决农民工工资发放问题。 （汪树明）

城市资产投资

【概　况】 响水县城市资产投资有限公司（简称县城投公司）成立于2007年5月，公司注册资金10000万元。公司设立董事会、监事会、经理层及总工室，内设办公室、管理部、工程部、资产部、财务部、销售部、金融部、绿化部、法务部9个部室。下辖江苏响水港港务有限公司、响水县旅游发展有限公司、响水县华辰新农村建设发展有限公司、盐城滨湖物业服务公司、江苏广发投资担保有限公司、响水城投广告有限公司、响水绿岛园林绿化工程有限公司、江苏泽华建筑有限公司、响水县经纬房地产营销策划有限公司等13个子公司。现有职工82人，其中本科学历以上22人，大专学历41人，高级职称5人，中级职称8人，初级职称42人。

2015年，县城投公司紧紧围绕年度工作目标，发扬“精志立德、精细敬业、精品奉献、精业求精”的精神，积极履行政府重点项目建设的投资主体、融资载体、建设实体三大职能，在沿海开发、城市基础设施建设、旅游发展、融资担保、广告传媒等方面开展工作，取得较好成绩。

【推进响水港中心港区建设】 年内，县城投公司加快推进港城建设，实施“三港联动”战略，将港城、港产、港口有机结合，全力推进响水港中心港区项目建设。该项目位于响水工业区内、灌河南岸，总投资27.2亿元，占地面积122.4公顷，岸线1211米，新建5个泊位，设计年吞吐量1310万吨，其中1个2万吨级杂货泊位，4个5万吨级散货泊位。至年末，与江苏宏铭船舶有限公司达成意向性收购协议。收购资产最终评估价格为2.48亿元，其中包括104.3公顷土地、1211米岸线及相关建筑物等资产。委托江苏交通科学研究院股份有限公司编制的小蟒牛作业区控制性详规通过专家评审；中交武汉港湾工程设计院有限公司编制的可行性研究报告已完成发改委备案和项目立项工作；前期的通航安全影响报告、节能评估报告、航道论证评估报告、防洪影响评估报告、水土保持等报告已通过专家评审；陆域环境影响评价报告、海域论证和海洋环境影响评价等报告正在编制；岸线已呈报省港口局。

【启动城东新区项目建设】 年内，县城投公司按照县委、县政府“做大县城，快出形象”的要求，充分发挥自身优势，主动谋求作为，积极探索城市建设投融资模式，挖掘潜力，群策群力，倾力参与城东新区建设，完善城市功能，塑造创新的、现代的响水新城。积极配合规划部门编制城东新区近期建设项目计划，项目计划涵盖管廊、市政道路、绿化亮化、宾馆、医院、市民服务中心、东鸣湖公园、全民健身馆等20个基础设施及功能性项目，总投资31.6亿元，为城东新区建设提供项目支持。委托国家甲级一流设计单位开展设计工作，并与央企合作高等级建设本项目。在城市基础设施建设项目中率先采用PPP合作模式，将城东新区20个基础设施及功能性项目进行包装整体打包，本着互利互惠、合作共赢、共同发展原则，与中建一局、中建八局就城东新区开发PPP项目建设达成意向。市民服务中心项目总建筑面积25万平方米，项目集商务、办公、商业、公寓于一体的现代地标性建筑群，该项目于12月下旬正式开工建设。

【启动云梯关项目建设】 年内，县城投公司坚持规划总领、编制先行的原则，投入1100多万元，委托国家甲级旅游规划资质浙江麟德旅游规划设计有限公司编制《云梯关旅游经济区总体规划》《云梯关旅游经济区控制性详规》《云梯关旅游经济区修建性规划》，8月20日，云梯关旅游经济区总体规划通过专家评审，报经县政府批复。控制性详规已编制完成，通过规划审查和公示，并报上级政府审批。修建性规划正在编制之中。云梯关旅游经济区项目是江苏省“十二五”黄河故道综合开发规划项目，项目总面积10.91平方千米，总投资65亿元。规划建设入关服务营、云梯关文化遗址公园、海神庙、古淮口博物馆、黄河故道生态文化长廊、沧海桑田湿地公园、现代农业园、水韵关城、大河卫营地、禅亲休闲养生养老小镇、杨氏民俗文化村、黄淮桑篱园等景区景点，彰显地方特色旅游，着力打造国家5A旅游景区。在做好规划编制的同时，先行启动云梯关前期手续办理，推进云梯关项目建设进展。云梯关旅游经济区项目已完成发改委立项、项目环评、节能评价及土地预审等前期手续。项目出让土地的规划指标已上报政府审批。景区入关服务营、云梯关文化遗址公园、黄河故道生态文化走廊、沧海桑田湿地公园建筑景观施工图已进入设计阶段。

响水城东新区规划图

【创新拓展融资】 年内，县城投公司以港口、云梯关环境整治、棚户区改造项目为载体，积极开展项目贷款。与中国农业发展银行、江苏银行、徽商银行、东吴证券、浦发银行等多家银行洽谈项目贷款。涉及项目贷款金额69.35亿元。与中国农业发展银行洽谈的港口18亿元，年利率为6%，期限15年的项目贷款，已完成前期对接及部分资料的提供。与中国农业发展银行洽谈的黄河故道环境整治项目贷款10亿元。江苏银行结构性贷款5亿元，材料已上报审批。港口项目债券8亿元，与东吴证券合作，年底前上报省发改委。同时积极探索新型融资方式，从原来单一的流动贷款向项目贷款转型，以水投公司发债为蓝本，尝试企业发债融资方式。研究探索融资租赁模式，以县人民医院、中医院为项目载体，开展医疗设备资产租赁融资，与融汇融资租赁（上海）有限公司洽谈融资租赁事项，多元化创新融资方式。全年公司贷款额74442万元，其中转贷25642万元，还贷17778万元，新增贷款28800万元。

【资产保值增值】 年内，县城投公司加大投资规模，年末形成资产总量31.14亿元，比上年增长10%。提高房屋出租率，对水岸桃园、星港杏苑、桃园滨河3个小区的商业用房业态进行科学规划、规范租赁流程，通过市场化运作方式，对外公开招租。精心策划商业用房业态和竞争力，努力提升商业用房价值，至年末，商业房屋售价15600元/平方米，商业用房总出售价1073万元。完成尾盘销售房屋31套，销售面积1610.49平方米，销售金额1242万元。

【桃园四期棚户区改造工程（滨河学府）】 桃园四期棚户区改造工程位于通榆河堤路东侧、桃园路南侧，总规划面积41978.60平方米，总投资约1.01亿元，由县建筑设计院设计，通过招投标方式确定江苏大洋建设工程有限公司和江苏创盛项目管理公司为施工单位和监理单位，项目于12月21日正式开工建设。 （孙玉国）

【责任编辑 杨道贯】

交通运输

综　述

【概　况】 响水县交通运输（港口管理）局内设办公室、财务审计科、综合计划科、宣传法制科、安全监督科、港口规划（管理）科，挂响水县国防动员委员会交通战备办公室牌子。下属县公路管理站、县运输管理处、县航道管理站、县地方海事处、204国道响水收费站5个副科级建制事业单位，县农村公路养护管理办公室、县港口监察管理大队、县交通工程质量监督站、县交通职工学校4个股级建制事业单位；下辖县交通投资有限公司、县汽车运输有限公司、县灌河航道公司3个具有独立法人资格股份制企业。

2015年，全县交通运输系统坚持水陆并驾，客货齐驱，城乡统筹，整体推进，较好完成全年各项目标任务，引导和支撑全县经济社会发展能力显著增强。全年完成交通基础设施投资6亿元，其中公路2亿元，港航4亿元；完成征收车辆通行费2728万元，超征928万元；完成港口货物吞吐量2030万吨，位列全市第二；完成公路客运量1090.1万人次，客运周转量11.64亿人千米；公路货运量953.3万吨，货运周转量34.8亿吨千米；水路货运量10130万吨，货运周转量215.4亿吨千米。县交通运输局被县委县政府表彰为“2015年度全县综合先进单位”“服务发展创新创优工作先进集体”“宣传思想和文化发展工作先进单位”“全县学习型党组织创建工作先进集体”“先进基层党组织”；被市文明委授予“盐城市文明单位”，被市政府法制办表彰为“全市法治社会建设先进单位”；被市交通运输局表彰为“全市交通运输系统依法行政和法治建设工作先进单位”“全市内河港口安全管理工作先进单位”“全市水上交通安全管理先进单位”。

【设施建设】 全年完成交通基础设施建设投资6亿元，其中公路2亿元，港航4亿元，各项重点工程项目公开招投标率和工程质量监督覆盖率100%。连盐铁路响水段土地征用、房屋征收工作基本完成；204国道响水绕城段、326省道响水西段改扩建工程完成项目报批，响水火车站连接线工程、苗寨大桥连接线完成项目路线方案研究，3座通榆河跨线公路桥建成通车；完成南河、张集、老舍等镇（区）农村公路提档升级项目34个、79.22千米；按三级公路标准新建海堤线33.82千米，完成大石线、小石线、双三线、响陈线、双六线5条县道养护改善工程76千米；完成全县8个镇（区）农村公路危桥改造34座；灌河口二期5万吨级航道整治工程进入导堤施工；灌河口5万吨级航道整治工程完成初步设计批复，项目资金补助已上报国家交通运输部，大桥作业区4×1000吨级公用码头工程完成项目立项及初步设计审查；小蟒牛作业区二期2×5万吨级公用码头工程完成项目工可编制和前期工作，并已开工建设。

【行业监管】 年内，县交运部门查处各类运输违章案件1122件、路政案件1200多起、违章船舶10700艘次，纠正涉航违章20起，水陆运输市场秩序明显好转。县运政、路政、地方海事工作位居全市前列；公路养护管理工作首次被评为全省公路养护管理优胜单位，成为全市唯一获此殊荣的公路站。

【法治交通】 全年开展各类法治培训15次，法治宣传56次。办理行政许可两大类74件，其中路政2件，货运57件，维修14件，航政1件；清理交通运输行政权力454项，其中许可类40项，处罚类340项，强制类39项，征收类2项，确认类2项，裁决类1项，其他类30项，全部在政府网站对外公示；查处交通违章案件1122件，其中处理113件、处罚1009件，无超越法律权限和不按规定程序实施行政许可行为，无行政复议、行政败诉案件和“三乱”现象。

【安全维稳】 年内，继续开展“平安交通”“打非治违”专项行动，突出工程施工、水陆交通、港口码头等重点领域安全监管，高度重视行业信访、举报及投诉事项。全年开展各类安全检查250次，排查整改安全隐患86起、违章170起，事故排查整改率100%；妥善办结信访、投诉及举报事项260件。连续保持49年渡运安全无事故、40年航道管理安全无事故。

港口建设

【概　况】2015年，响水港区有500吨级至3.5万吨级各类码头44座，码头泊位53个，码头总延长3660米。全年完成港口货物吞吐量2030万吨，同比增长33.3%，位居全市第二。货种主要为金属矿土、煤炭、矿建材料、化工产品、石油、粮食、海盐、钢铁等。灌河口5万吨级航

陈家港国华电厂码头

2015年响水港区主要码头、泊位情况

表20

码头名称	单位（座）	位置	规模（吨）	泊位（个）	前沿水深（米）	建造年月	经营单位
响水二区码头	1	灌河、响水经济开发区	1000	1	6	1988.9	县港务处
中石油响水油库	1	灌河	1000	1	6	1994	中石油响水油库
勤丰船厂	1	灌河	35000	1	8	2010.10	勤丰船厂
大和氯碱化工码头（临时码头）	1	灌河	500	1	5.5	2010	大和氯碱化工有限公司
裕廊化工液体码头	1	灌河	3000	2	7.0	2007	江苏裕廊化工有限公司
森达热电煤码头	1	灌河	3000	1	7.0	2004	江苏森达热电有限公司
国华电厂	1	灌河	35000/50000	2	12	2011	陈家港国华电厂
宏海港务公司	1	灌河	20000	2	9	2010	宏海港务公司
三圩运销站码头	1	灌河	500	1	6	1981	三圩盐场
灌东盐场	1	灌河	3000	1	6	1981	灌东盐场购销站
丰瑞运输码头	1	灌河	800	1	6	2010	丰瑞运输有限公司
正奎砂石站	1	灌河	800	1	6	2008	正奎砂石站
兴隆沙石购销站	1	灌河	800	1	6	2008	兴隆沙石购销站
云标沙石站	1	灌河	800	1	6	2008	云标沙石站
洪成水利砂石站	1	灌河	800	1	6	2008	洪成水利砂石站
航运物资中转站	1	灌河	800	1	6	2008	航运物资中转站
金梅砂石站	1	灌河	800	1	6	2006	金梅砂石站
响水交投公司	1	灌河	3000	1	6	1989	响水交投公司
响水交投公司	1	灌河	1000	2	6	1982	响水交投公司
荣鑫伟业	1	灌河	5000	7	8	2014	荣鑫伟业
中联水泥（在建码头）	1	灌河	1000	4	8	2014	中联水泥
三友拆船	1	灌河	5000/100000	1	6	2010	三友拆船

道整治工程已完成初步设计批复，项目资金补助已上报国家交通运输部；灌河口二期5万吨级航道整治提升工程进入导堤施工。新建大桥作业区4×1000吨级公用码头工程，完成项目立项及初步设计审查；新建小蟒牛作业区二期2×5万吨级公用码头工程，完成项目编制和前期准备工作，现已开工建设；启动双港作业区物流码头项目建设。

【港口管理】 县港口部门切实履行港口管理职能，全力服务港区重点项目建设，积极推进港口监管、岸线整合和口岸调研工作，把沿海、内河港口经营纳入有效管理范畴。全年换发《港口经营许可证》10家，辖区内危险货物码头现场管理和现场作业人员持证上岗率100%。

运输管理

【概　况】 县运输管理处内设综合股、财务装备股、客货运输管理股、车技驾培股、稽查管理股、安全监督股6个职能股室，下辖大有、小尖、响水、陈家港4个中心交管所以及城市客运管理所。2015年，县运输管理部门围绕全年工作目标，履行行业监管职能，全县运输市场秩序健康有序运行。

【运输市场整治】 年内，县运管处组织开展以204国道县城段以及新客站周边为重点的客运市场整治活动，采取定时不定点、定点不定时机动稽查、重点稽查等各种办法，规范运输市场秩序。全年查处各类违章案件438件，处罚案件41件，收取罚没款65.2万元，无一起行政复议或诉讼败诉案件发生。全年投诉案件326件，做到有诉必查，有查必果，结案率100%，全力维护经营者和广大旅客的合法权益。

【汽修行业管理】 全县有汽车维修企业141家，年维修车辆13.13万辆次。车辆检测企业1家。针对全县汽车维修行业的"多、小、散、乱"状况，集合优势资源，推进兼并重组，做大做强企业。

【驾培行业管理】 全县有驾校5所。其中，一级驾校1所(响水县曙源机动车驾驶员培训有限公司)，二级驾校4所（响水县安通机动车驾驶员培训中心、响水县华泰机动车驾驶培训中心、响水县安利达驾校有限公司、响水县华顺机动车驾驶员培训中心）。培训点分布在县城、黄圩、张集、小尖、陈家港和大有等镇（区），拥有教学培训场地11.67万平方米，教练车147辆(其中大型货车34辆，大型客车6辆，小型汽车107辆)，教练员178名(其中理论教员17名，操作教员161名)，并配备科技含量高的模拟器教学，为全县培养大批合格驾驶人才。2015年，全县培训驾驶员10878人次，培训从业资格人员856人次。

航道管理

【概　况】 县航道管理站内设政秘股、工程机料股、财务征收股、航政航标股4个职能科室。2015年末，全县内河航道10条，通航总里程239.6千米（见下表）。其中，经国家交通部、省政府批准的三、四级航道2条74.1千米。

【航道管理】 2015年，县航道管理部门出动航政艇、执法车巡航7876千米，维护辖区航标12座次，代维临海高等级公路灌河大桥专用侧面浮标8座，航标正常率100%；受理并办结行政许可1件，收取航道赔(补)偿费17.7万元。协助市航道处进行临海高等级公路灌河大桥桥涵标、桥柱灯、界限标、禁止通航等标志的安装，航道标志标牌功能正常，辖区内未发生因管理职能履行不到位而造成24小时以上断航事故。积极做好服务发展各项工作，推行"三结合两落实一研究"巡航工作法，对涉航企业上门进行事前服务管理，做好许可前的

航道安全巡查

2015年响水县航道情况

表21　　单位：千米

序号	航道名称	起讫地点	现状等级	规划等级	里程
1	灌河	一帆河—燕尾港	三级	三级	48.5
2	通榆河	中山河—灌河	四级	三级	25.6
3	中山河	果林—头罾	七级	四级	41.0

续表21

序号	航道名称	起讫地点	现状等级	规划等级	里程
4	响坎河	灌河—中山河	六级	四级	24.5
5	唐响河	灌河—周集条房	等外级	等外级	9.6
6	黄响河	灌河—黄圩	等外级	等外级	23.8
7	民生河	灌河—福昌闸	等外级	等外级	21.8
8	陈坎河	南河张庄—陈坎闸	等外级	等外级	15.1
9	南潮河(1)	灌河—南河闸	等外级	等外级	18.7
	南潮河(2)	小尖—老舍	等外级	等外级	4.8
10	一帆河	灌河—三口渡口	等外级	等外级	6.2
合计					239.6

预控和可控，确保批建的涉航项目符合相关法规规定和技术标准要求。对已取得行政许可在建项目做好后期跟踪监管，得到业主的一致好评。

公路管理

【概　况】 县公路管理站内设办公室、工会、财审股、安全股、工程养护股5个股室；下设养护工程处(下辖工程公司、养护公司)，挂盐城市响水路政大队(下辖综合股和4个路政中队)牌子，合署办公。2015年，全县境内公路总里程1813.26千米。其中，高速公路26.89千米，一级公路122.82千米，二级公路216.33千米，三级公路127.85千米，四级公路1227.23千米，等外公路92.14千米。

【公路养护】 年内，县公路部门坚持“科学养护、全面养护、预防养护、精品养护”的工作理念，强化路政巡查、路域环境整治、超限运输治理。全年完成沥青路面灌缝36600米，路面及坑塘维修11000平方米，更换百米桩 1060 根、防眩板 26 套，处治桥头跳车16座，桥梁伸缩缝维修62米，修剪绿化83000平方米。国省干线平均优良路率94.4%、县道76.5%。

【路政管理】 年内，县公路部门大力推行管养联动机制，加大对渣土车、商砼运输车污染路面违法行为查处力度，全力维护路产路权，清除公路违章堆放210多处，拆除公路“非标”130块；建立G228临时治超点，严厉查处全县干线公路超限车辆，在全市率先开展路面治超“非现场执法”工作，立案查处超限运输车辆1036辆。全县公路超限运输率控制在2.5%以内。2015年，响水公路养护管理工作继续保持全市领先，并被评为全省公路养护管理优胜单位。

海事管理

【概　况】 县地方海事处内设综合股、航行监督股、船舶检验股3个职能股室。2015年，县地方海事处认真履行地方海事监管职能，实施24小时全方位水上监管。全年海巡车艇GPS在线运行率、巡航巡检计划完成率、水上搜救成功率均达100%，未发生重特大水上交通责任事故和辖区干线航道8小时以上责任堵航事故及重大船舶污染水域事故，未发生重特大险情事故漏报、瞒报或超时限报告事件，确保辖区水上交通安全形势持续稳定。获“全市水上交通安全管理先进单位”“全市内河港口安全管理工作先进单位”。

【船舶检查】 年内，县地方海事处组织开展通榆河通航环境、渡口专项检查、水上危险化学品运输安全、船舶“两标两超”“六打六治”打非治违等水上交通安全专项整治活动。全年出动海巡车(艇)460辆(艘)次，巡航里程1.7万千米，检查各类船舶30132艘次，查处违章船舶10679艘次，核查过境危化品船舶445艘次，载重吨位24.2万吨。开展辖区渡口检查14次、重点渡口检查11次。全县水域未发生一起船舶污染水体事件，切实维护辖区水上交通安全。船舶检验和船标工作扎实推进。全年检验各类船舶181艘，征收船舶检验费39.71万元，代征车船税6.97万元，协同县运管部门现场监督拆解船舶97艘，无任何船检质量事故和群众投诉案件。

水陆运输

【概　况】 年末，全县有客运企业5家、货运企业164家、水运企业22家、海运企业1家。拥有公路客运车辆343辆10891座，全年客运量1090.1万人次，客运周转量11.6亿人千米；拥有货运车辆2096辆3.03万载重吨位，其中危险化学品货车56辆，1267.5载重吨位；大型普通货运车辆1153辆11000个吨位。全年完成公路货运量953.3万吨，货运周转量34.8亿吨千米；完成水路货物运输量10130万吨，货运周转量215.4亿吨千米。

(边有成)

【责任编辑　杨道贯】

土地资源　环境保护

土地资源管理

【概　况】 响水县国土资源局(简称县国土资源局)内设办公室、监察室、信息中心、财务审计科、规划与耕地保护科、建设用地科、地政地籍科(测绘管理科)、地质矿产科、法规监察科、行政许可服务科10个职能科室，辖土地执法监察大队、土地储备交易中心、土地复垦整理中心、土地勘测队4个企事业单位和13个镇区国土资源所（分局)。全系统干部职工180人。

2015年，县国土资源局围绕保护资源、节约集约、维护权益、改革创新工作，主动服务，规范管理，取得新成绩。被省妇女联合会表彰为“巾帼文明岗”;响水经济开发区分局分别被团省委、省妇联表彰为“2013~2014年度青年文明号”“巾帼文明岗”;被市文明办表彰为“2013~2014年度文明单位”;被团市委表彰为“五四红旗团委”。

【全国“土地日”活动】 印发宣传资料3万多份，制作宣传板块10块，悬挂横幅60条，宣传车在城乡巡回宣传16次，发送宣传短信160多条。宣传“节约集约利用土地—推动土地利用方式根本转变”主题。

【基本农田保护】 年初，层层签订耕地保护目标责任书，明确镇区、村居负责人为基本农田保护主要责任人，落实耕地保护责任；强化基本农田保护警示，设立基本农田保护责任标识牌13个、保护片牌145个、界桩2625个。全县划定基本农田保护片145个，实行特级监控，由县土地执法监察“110”机动大队会同基层国土资源所(分局)逐区逐片全天候巡查，及时通报监控情况，在局政务大厅电子大屏幕上制作耕地动态巡查监控情势图，定期更新监控情况，提示耕地监察力量投向重点，接受社会监督。

【土地整理】 8个镇、4个中心社区、响水经济开发区全年实施项目库项目47个，面积376.10公顷，新增耕地139.40公顷。工作把好“四关”:项目进库关，逐一筛选项目，进行可行性论证、现场勘察，群众代表签字认可，核对台账、地类、图斑，确保符合入库标准；公平公正关，实行招标投标制度，公开确定施工单位；工程质量关，加强工程质量全程监管，严把原材料进场关，杜绝不合格原材料进入施工场地，严格按操作规程和施工要求施工，杜绝“豆腐渣工程”;资金管理关，工程完成一半付施工费30%，项目经市国土资源局验收合格后付施工费60%，不符合要求限期整改，剩余施工费作为质量保证金在项目验收合格一年后结清。全年实施项目库项目47个，全部完成，通过市国土资源局验收。

【建设用地】 全年上报建设用地7个批次(项目)，总面积162.39公顷(农用地109.07公顷、耕地74.51公顷)。其中，宅基地批次1个，面积1.97公顷；村镇建设用地2个批次，面积47.86公顷；增减挂钩3个批次，面积92公顷；调整盘活1个批次，面积20.57公顷。全年供地48宗，面积205.49公顷。

【土地出让】 坚持市场配置土地资源，加大土地收储和出让力度，为基础设施建设提供资金保障。全年出让土地46宗，面积268.16公顷，合同收取土地出让金48035万元；其中，挂牌成交经营性用地11宗，面积14.56公顷，合同收取出让金19792万元，溢价4590万元；挂牌成交工业用地35宗，面积253.71公顷，合同收取出让金28243万元。

2015年镇区土地整理情况

表22

镇　区	项目(个)	整理土地(公顷)	新增耕地(公顷)	镇　区	项目(个)	整理土地(公顷)	新增耕地(公顷)
响水镇	2	24.8	9.68	小尖镇	13	34.08	33.78
陈家港镇	2	3.04	2.11	响水经济开发区	1	3.19	0.47
大有镇	5	42.73	15.28	张集中心社区	4	40.32	8.69
双港镇	2	6.59	2.6	六套中心社区	2	16.21	4.74
黄圩镇	2	4.67	3.02	七套中心社区	5	36.68	22.34
运河镇	3	16.14	10.93	老舍中心社区	3	33.09	13.23
南河镇	3	114.56	12.54				

2015年响水县收回国有土地使用权情况

表23

序号	宗地位置	原土地使用者	收回土地	
			总面积(公顷)	其中建设用地(公顷)
1	响水经济开发区疏港路东、东进路南	县花卉示范场	0.37	0.37
2	县城银河路北、通榆河东堤路东	县城市资产投资有限公司	0.26	0.26
3	响水县沿海经济开发区内	响水沿海经济开发区管委会	5.28	5.28
4	响水县沿海经济开发区内	响水沿海经济开发区管委会	11.77	11.77
5	响水县沿海经济开发区内	响水沿海经济开发区管委会	3.54	3.54
6	响水县沿海经济开发区内	响水沿海经济开发区管委会	1.48	1.48
7	响水县沿海经济开发区内	响水沿海经济开发区管委会	21.11	21.11
8	响水县沿海经济开发区内	响水沿海经济开发区管委会	10.22	10.22
9	响水县沿海经济开发区内	响水沿海经济开发区管委会	1.75	1.75
10	响水县沿海经济开发区内	响水沿海经济开发区管委会	2.21	2.21
11	响水县沿海经济开发区内	响水沿海经济开发区管委会	4.55	4.55
12	响水县沿海经济开发区内	响水沿海经济开发区管委会	6.04	6.04
13	响水县沿海经济开发区内	响水沿海经济开发区管委会	0.87	0.87
14	响水县沿海经济开发区内	县海珍品养殖总公司	0.99	0.99
15	县城沿河路东侧、黄河路南侧	县城市资产投资有限公司	1.37	1.37
16	黄圩镇黄圩居	安利达汽车零部件制造厂	0.89	0.89
17	县城体东路东侧、长江路北侧	蒯茂树	0.33	0.33
18	县城体东路东侧、长江路北侧	蒯茂树	0.50	0.50
19	县城幸福路东侧、五排河南侧	响水镇城南居	0.58	0.58
20	陈家港镇金港南路西侧	港南居	0.18	0.18
21	陈家港镇金港南路西侧	港南居	1.98	1.98

2015年响水县出让土地供应情况

表24

序号	受 让 方	位 置	面积(平方米)
1	江苏永兴建材科技公司	珠江路北、开发大道北	18907.00
2	县港城建设发展公司	港城玉潮路南、玉港路东	26093.00
3	县港城建设发展公司	港城玉潮路北、玉港路东	23833.00
4	县港城建设发展公司	港城银港大道东、银滩路北	42412.00
5	县港城建设发展公司	港城银港大道东、黄海大街南	40324.00
6	江苏力禾颜料公司	响水生态化工园区内	64621.00
7	响水富晨天然气公司	灌江路南、美鲈路东	2038.00
8	县城东建设发展公司	银河路北、开山路东	4752.00
9	县博裕置业公司	黄圩中学南、黄响路西	9618.00
10	江苏国信风力发电公司	黄海农场境内	14845.00
11	县振宇混凝土公司	响水经济开发区灌河南、小黄河东	8665.00
12	江苏宏锦房地产开发公司	县城长江路南、体东路西	2746.00
13	县龙发置业公司	北海路西侧、双园路南	1915.00
14	响水正润房地产开发公司	双园路北侧、北海路东	10946.00
15	响水润丰投资管理公司	G204 国道西侧、迎宾大道南	44457.00
16	联化科技(盐城)公司	江苏响水生态化工园区内	185190.00
17	江苏天筑房地产开发公司	珠江路南、北海路东	7769.00
18	江苏德龙镍业公司	S326 路东、临海高等级公路北	190732.00
19	江苏德龙镍业公司	S326 路东、临海高等级公路北	684415.00
20	响水澳玛金属制品公司	开放大道东、珠江路北	20248.00
21	响水永州窗业公司	响水经济开发区工业园	10453.00
22	响水亚欧重汽贸易公司	临海高等级公路北、S326 路西	38069.00
23	响水金天马纱业公司	迎宾大道南、响坎河西	8939.00
24	盐城中正置业公司	双港镇富民路北、以刚河西	14747.00
25	江苏国华陈家港发电公司	响水沿海经济开发区黄海大道东、港电大道南	104000.00
26	市灌江化工开发公司	响水生态化工园区	16666.00
27	江苏天源化工公司	响水生态化工园区	85247.00
28	县荣鑫精毛纺织制衣公司	响水经济开发区开园工业园	1889.90
29	县天安机械制造公司	珠江路北侧、开放大道西	12643.00
30	盐城裕邦科技公司	珠江路北侧、开放大道西	18493.00
31	县润丰纺织公司	响水经济开发区开园工业园内	13789.00
32	县润丰纺织公司	响水经济开发区开园工业园内	8787.00
33	响水新宇环保科技公司	响水生态化工园区	65375.00
34	县港城建设发展公司	陈家港镇淮海大街北、石港路东	11142.00
35	县港城建设发展公司	陈家港镇淮海大街北、银港大道西	52589.00
36	县城市资产投资公司	通榆河东堤路东、黄河路南	8168.00
37	县城市资产投资公司	通榆河东堤路东、黄河路南	13257.00

续表24

序号	受 让 方	位 置	面积(平方米)
38	响水华宸置业公司	港城金港大道西、银滩路南	1797.10
39	响水华宸置业公司	港城金港大道西、银滩路南	19793.00
40	响水旭辉家居公司	开发区长江路北侧、银海路西	14197.00
41	县通和实业公司	响水经济开发区双园路南、银海路东	67023.00
42	江苏灌河建材公司	响水经济开发区开放大道西、灌河南	28773.00
43	江苏灌河混凝土公司	响水经济开发区沿海高速路西、灌河南	7122.00
合计			2027485.00

2015年响水县划拨土地供应情况

表25

序号	单位名称	宗地位置	项目名称	用途	批准面积(平方米)
1	黄海基督教活动点	黄海农场	活动点	公共管理服务	3108
2	县康宝老年公寓	双园路北、北海路东	老年公寓	医卫慈善	3693
3	县中医院	黄海路西、六排河路北	新建二级医院	医疗卫生	3362
4	县中医院	黄海路西、六排河路北	新建二级医院	医疗卫生	2767
5	县自来水公司	城南居	地面水厂	市政设施	14454
	合计				27384

2015年响水县挂牌出让土地情况

表26

受让单位(人)	出让面积(平方米)	出让金(万元)	受让单位(人)	出让面积(平方米)	出让金(万元)
县正和城镇建设开发公司	3457	311	县润丰纺织公司	8787	107
江苏天筑房地产开发公司	7769	1026	响水新宇环保科技公司	65375	803
县城市资产投资公司	8168	864	响水欧力金属制品公司	139844	1500
刘星花	2111	139	响水欧力金属制品公司	118011	1267
陈家港镇富豪宾馆	894	132	响水欧力金属制品公司	35421	378
县城市资产投资公司	13257	1481	响水欧力金属制品公司	22118	236
县港城建设发展公司	11142	1636	响水欧力金属制品公司	45478	489
县港城建设发展公司	52589	7735	响水欧力金属制品公司	52805	560
江苏华洋力沃创客城公司	36250	5982	响水欧力金属制品公司	211051	2264
省农垦农业发展公司黄海公司	3550	129	响水欧力金属制品公司	102242	1091
县新胜城镇建设开发公司	6365	357	响水欧力金属制品公司	17458	187
江苏欧丽华纺织品制造公司	108049	1093	响水欧力金属制品公司	8719	93
响水县振宇混凝土公司	8665	103	响水欧力金属制品公司	117652	1248
江苏天源化工公司	85247	1035	响水欧力金属制品公司	14828	159
江苏德龙镍业公司	190732	2025	响水欧力金属制品公司	60448	641
江苏德龙镍业公司	684415	7264	江苏灌河建材公司	28773	395

续表26

受让单位(人)	出让面积(平方米)	出让金(万元)	受让单位(人)	出让面积(平方米)	出让金(万元)
县荣鑫精毛纺织制衣公司	1889.90	25	江苏灌河混凝土公司	7122	98
响水永州窗业有限公司	10453	144	响水旭辉家居公司	14197	195
县鑫州有色金属新材料公司	3497	44	响水县通和实业公司	67023	919
江苏金天马纱业公司	8939	112	江苏艾传动件公司	37608	516
江苏金鼎基础建材公司	43341	629	江苏爱纺纺织公司	8923	117
江苏国华陈家港发电公司	104000	1111	江苏华洋力沃创客城公司	80000	1099
县华顺交通设备科技公司	10274	129	县润丰纺织公司	13789	167

【土地利用数据变更】 年初，向国土资源部上报2014年土地利用变更数据成果。国土资源部下达全县2015年度遥感监测图斑775个，面积287.25公顷。局成立变更调查工作小组，招标确定作业单位，组织业务培训，保证变更调查工作。2月初，报省国土资源局、国土资源部核查。6月，上报2014年度城镇变更数据，完成2014年度土地变更调查工作。

【登记发证】 全年发放土地登记证7452宗，登记面积729.60公顷；其中，发放国有土地使用证7451宗，集体土地使用证1宗；抵押登记634宗，抵押面积4149.06公顷，抵押金额40.63亿元。

【建设用地地籍审查】 全年审核120个建设项目土地勘测报告地类、面积及权属，完成第一次地理国情普查。5月，通过省地理国情普查办公室专家组预验收；8月，通过国土资源部验收。

【土地收储出让】 全年收储土地21宗76.27公顷。挂牌出让土地17宗183.37公顷；其中，挂牌出让经营性土地1宗0.21公顷；挂牌出让工业用地16宗183.16公顷。合同收取土地出让金20513万元。

2015年响水县挂牌出让工业用地情况

表27

序号	受让单位	面积(平方米)	金额(万元)	序号	受让单位	面积(平方米)	金额(万元)
1	江苏德龙镍业公司	190732	2025	10	响水欧力金属制品公司	211051	2264
2	江苏德龙镍业公司	684415	7264	11	响水欧力金属制品公司	102242	1091
3	国华陈家港发电公司	10400	1111	12	响水欧力金属制品公司	17458	187
4	响水欧力金属制品公司	139844	1500	13	响水欧力金属制品公司	8719	93
5	响水欧力金属制品公司	118011	1267	14	响水欧力金属制品公司	117652	1248
6	响水欧力金属制品公司	35421	378	15	响水欧力金属制品公司	14828	159
7	响水欧力金属制品公司	22118	236	16	响水欧力金属制品公司	60448	641
8	响水欧力金属制品公司	45478	489	合计		1831622	20513
9	响水欧力金属制品公司	52805	560				

【执法监察】 2月4日，联合县公安局、县规划和城管局等单位200多人，强制拆除运河镇曹某某、周某某违法建筑1360平方米，在县电视台曝光。全年巡查145次，制止违规用地132次。加强农民宅基地管理，引导农民科学建房、节约用地。12月15日，出台加强农民宅基地管理的紧急通知(响政发〔2015〕33号)，从严控制用地审批，建立农民住房信息档案，加大违法监管力度，落实管理责任。推进“慧眼守土”工程，与移动公司合作，安装高清监测探头，全天候、全覆盖监控辖区内土地。

【窗口服务获市表彰】 行政许可、非行政许可事项向行政审批科（窗口）前移，实行“一窗受理、内部运转、限时办结、统一送达”。建立首问负责制、一次性告知制、限时办结制、AB岗工作制。实现盖公章最少、申报材料最少、审批收费最少、审批流程最短目标。“保姆式”服务。重大项目用地，专人全程服务，为特殊人群代填写相关表格，诚心、耐心、细心解答申请人咨询，获客商和群众好评。全年延时、预约、上门服务820件，特事特办1020件，提前办结率96%。“五零式”服务。服务零距离，所有行政审批服务事项和涉及测绘、地价评估中介服务全部前移到窗口；受理零退件，严格审查收件资料，确保材料齐全、真实可靠，不发生退办件；办件零积压，实行网上运作，规定时限完成，不拖不压，高效运转；办理零差错，办理业务无错登、漏登；服务零投诉，窗口受理办件8423件，土地登记7452宗、抵押登记623宗、个人补办出让168宗，为企业融资10.60亿元，收取土地出让金692.63万元，办结率100%。被市政务管理办公室授予“优秀服务窗口”，被市国土资源局评为“政务服务工作先进集体”。

【网络建设】 改版、补充局网站“群众来访信箱”“土地供应信息”“网上办事流程”等栏目，新增“划拨供地结果”“棚户区改造用地年度供应计划”“法治国土建设”专栏，网上实时更新“工作计划总结”“土地登记结果”“土地征转用”“招拍挂”信息。地籍、规划、用地等数据库、影像图、历史资料、发证记录在市国土资源局信息中心定期备份；存储电脑实行物理隔离，保证数据安全完整，确保信息系统安全运行。8个镇、4个中心社区国土资源所（分局）与县国土资源网联网，实现公文网上收发，土地登记发证、农民宅基地审批等事项在所辖镇区范围上报审批。

（张继耀　殷　乐）

环境保护

综　　述

【概　况】 响水县环境保护局（简称县环保局）内设办公室（法制宣传科）、污染控制科（行政许可服务科）、科技生态科、核与辐射安全监管科（固体物安全监管科）4个职能科室。下辖“四局一站”5个直属单位，分别是县环境监察局（环境监察大队）、生态化工园区环保分局、沿海经济区环保分局、经济开发区环保分局和县环境监测站（环境科学研究所合署办公）。

2015年，县环保局以贯彻落实新法为契机，坚持问题导向，强化环保为民，注重“四突出四坚持”，全面加强环境保护，扎实开展“清水”“蓝天”“生态建设”三大工程，推进环境监管网格化，全面完成全年各项目标任务。县环保局被县委、县政府表彰为“全县综合考核综合先进单位”“全县沿海开发工作先进单位”；被市环保局表彰为“全市环境监测工作先进集体”“全市环保宣传工作先进集体”“全市环保系统政务信息工作先进集体”等。

【建设项目环保审批】 年内，县环保局在不碰生态红线基础上，坚持在加强管理中优化服务，在优化服务中转变作风，严把环保审批关，对不符合准入条件的项目坚决予以否决。对于满足环境准入条件的，实行“六零”（服务受理“零推诿”、服务方式“零距离”、行政审批“零收费”、审批事项“零积压”、服务质量“零差错”、服务过程“零投诉”）承诺，着力打造环保绿色通道，将行政审批事项全部集中在县政务服务中心环保窗口一次办理。6月1日起降低45个类别项目的环评等级，减少环评审批前置要求，实行“专人负责、全程服务、当日办结”制度。10月1日起在全部取消试生产审批基础上，对登记表、报告表项目不再明确环保验收要求。确实需要办理环保验收的，执行简易验收程序，确保项目能够顺利投入生产。

【环境执法】 年内，县环保局坚守环保底线，实行环境监管网格化，持续开展环境保护大检查、危险废物大排查、违法违规建设项目清理、集中式饮用水源地整治等环保专项执法行动，严厉惩处环境违法行为，环境执法始终呈高压态势。同时强化司法联动，建立联动执法联席会议，常设联络员和重大案件会商督办制度，完善案件移送、联合调查、信息共享和奖惩机制，实现行政处罚与刑事处罚无缝衔接。全年出动检查人员2000多人次，下达限期整改通知书215份，责令停止建设22家，责令停止排污25家，处罚环境违法企业30家，罚款金额175万元，向公安部门移交环境违法案件4起，依法对2家企业设备进行查封。征收排污费1450多万元。

【重点区域环境监管】 年内，县环保局突出重抓三大园区环境监管，加快推进回顾性环评和固废处置中心、污水处理厂、热电厂等环保设施建设及正常运行，年处置9800吨危险废物焚烧处置中心生产设备已调试完毕，进入办理经营许可证阶段。总投资3个亿，20万立方米全刚性结构危废填埋场，正在完善规划设计、办理注册手续，部分配套工程已开工建设。强化对化工生产企业等重点污染源“三废”整治，邀请专家对废水预处理设施进行后评估，针对排放的特征污染物，改造提升废水处理设施16台套；委托南京大学环科院开展酸性废水综合利用、高盐废水脱毒直排研究，降低废水处理压力；通过清洁生产审核、节能减排从源头控制废水排放量。按照危险废物规范化管理要求，推进企业危险废物有效收集、安全贮存、合法处置，全年无一起危险废物倾倒事件发生。进一步加大投入、完善环境风险防控，组织企业开展应急演练，提升应急处置能力。大力推进环境信息公开和公众参与工作，保障群众的知情权、参与权和监督权。

“清水工程”建设

【概　况】 2015年，全县以水环境整治为重点，实施新一轮清水走廊计划，开展饮用水源“清水雷霆”行动，切实消除影响饮用水源安全的重点污染隐患，全面提升水环境质量。通榆河水质达到国家Ⅲ类水标准以上，水质达标率100%。

【饮用水源保护】 年内，县环保部门始终注重饮用水源安全工作，开展全县主要供水河道沿线涉污企业专项排查整治。严厉查处饮用水源保护区及通榆河一级保护区范围内未批先建、未批先产、批建不符、久试不验等违规违法行为，关停或搬迁禁养区域内的畜禽养殖场（点）。县地面水厂增加深度处理工艺，提高自来水公司应急处理能力，保障居民用水安全。县城市污水处理厂二期工程建设投入运行，陈家港镇将生活污水接入化工园区管网工程。开展城市内河整治工程，全面完成三洪河、伏堆河等6条河道的水环境整治。坚持日巡查、日监测、日上报，通榆河水质自动监测站全天候对上游来水进行监测。开辟第二水源，制定饮用水源突发事件应急预案。积极筹备通榆河入境堆根断面处、海堤河两个水质自动监测站建设。全县水环境质量明显提升，通榆河水质达到国家Ⅲ类水标准以上，水质达标率100%。

【地表水环境质量】 年内，县环境监测站在灌河的西城湾、大堰、港务局第二作业区、陈家港和通榆河洪圩、堆根布设6个断面11个监测点。监察结果表明，灌河、通榆河水质均达国家规定的各自水域功能标准。5个小康社会地表水考核断面水质达标率100%；3个城市环境综合整治定量考核断面水质达标率100%。

“蓝天工程”建设

【概　况】 2015年，县环保局积极牵头开展“十三五”环保规划编制工作，全面启动“蓝天工程”建设行动，组织实施县《大气污染防治行动计划实施方案》《燃煤锅炉大气污染整治工作方案》《高污染燃料禁燃区实施方案》。重点抓好工业废气、施工扬尘、道路扬尘、机动车尾气、燃煤废气等大气污染物治理，切实保障公众环境权益。全县空气环境质量继续保持全市前三。

【空气环境质量】 年内县城环境空气中的SO_2、NO_2、O_3、CO四项指标年平均值全面达《环境空气质量标准》（GB3095-2012）二级标准，$PM_{2.5}$和PM_{10}二项指标超过《环境空气质量标准》（GB3095-2012）二级标准。全年环境空气良好（空气污染指数<100）以上天数为311天，占全年总天数比例85%。全县空气环境质量处于全市前列。

【烟尘整治】 年内，以二氧化硫、氮氧化物、烟尘、粉尘、挥发性有机物控制为重点，强化工业污染防治，江苏之江化工有限公司等7家企业完成挥发性有机物综合治理。完成省环保厅下达的6个农药企业环保核查工作任务。加强机动车绿标管理，核发机动车环保标志15756份，核发率95%以上。落实施工扬尘防治责任，强化城市拆迁和建设施工扬尘、道路扬尘等控制，积极开展省级文明工地、绿色工地创建工作。按照县政府办公室《关于印发〈响水县燃煤锅炉大气污染整治工作方案〉的通知》，对44座10吨以下燃煤锅炉进行整治。

【废气治理】 年内，县环保部门继续采取“专家找问题、企业搞整改、部门抓验收”方法，强化对化工生产企业等重点污染源整治。委托省环科院专家“一企一策”指导园区废气污染较重的企业进行整治，维护、更换废气吸收装置100套。加大治理设施投入，推进挥发性有机物在线监测工作，不断完善生态化工园区大气污染监测预警系统建设，基本实现对园区大气环境质量及重点企业特征污染物排放实时监控、及时预警。县环保部门公开新建项目环境影响评价、企业污染物排放、治污设施运行情况等环境信息；实施重点排污企业根据环境管理的要求，公开自行监测污染物排放数据以及企业污染治理、环境管理等相关信息，接受社会监督，取得较好效果。

“清洁家园”建设

【概　况】 2015年，以创建国家级生态县为抓手，全面推进生态文明建设工作。组织开展生态文明重点工程家家到活动，推进各镇区污水处理厂和压缩式垃圾中转站建设。开展创建国家、省、市级生态镇、村、学校、农场、社区建设，加强城乡环境综合整治，鼓励建设友好型企业，创建宜居宜业的人居环境。

【实施生态创建】 年内，组织实施《响水县生态文明建设规划》，实行县、镇、村“三级共建”。全县8个镇中有7个创成国家级生态镇，1个创成省级生态镇。投入近亿元完善六个镇污水处理厂管网建设，新铺主管网25千米、支管网42千米。实施全县所有集镇、村环境进行综合整治。对落实连片整治任务的20个村投入1600万元，购买垃圾桶2300只，新建小垃圾房1027座，垃圾清运房5座、购买垃圾转运车11辆、垃圾清运车18辆；新建三座农村分散式污水处理站，894个自然村庄通过省级环境综合整治全域考核验收，总分列连云港片区和盐城市双第二，全县农村环境呈现新风貌。

【声环境质量】 年内，分类实施工业噪声、建筑施工噪声、交通噪声等综合整治，致力打造宁静环境。实施工业噪声“全面达标”工程，对县城建成区内工业噪声源进行全面排查，特别加大噪声敏感建筑物集中区域内机械切割金属材料、机械加工非金属材料等2类工业生产活动的禁止力度，逐一落实整改措施，全面实现工业噪声源达标排放。落实施工噪声管理“四项措施”，依法实施建筑施工噪声排放申报制度，依法禁止夜间建筑施工作业，依法实施特殊需要连续作业申请制度和夜间建筑施工作业公告制度，依法在中考、高考等特殊期间，对产生环境噪声污染的建筑施工作业时间和区域作出限制性规定。落实交通噪声控制和监测，县公安局依法划定禁止机动车辆行驶和禁止鸣笛区域、路段和时间，设置标志，并向社会公告；县环保局在县城以网格法布设102个区域环境噪声监测点；同时布设县城区7条道路，监测路段总长25.6千米交通噪声监测点。经监测，县城区域环境噪声平均值53.4分贝，交通噪声平均值64.7分贝，县城区声环境质量均达《响水县环境噪声标准适用区域划分》规定的相应功能区标准。

2015年响水县大气污染物平均浓度

表28 单位:微克/立方米

项　目	SO_2	NO_2	PM_{10}	$PM_{2.5}$
GB3095-2012 二级标准	60	40	70	35
2015 年	38.8	20.8	84.2	41.9

2015年响水县水环境污染物平均浓度

表29 单位:毫克/升

项　目	pH	溶解氧	CODcr	CODMn	BOD5	氨氮
GB3838-2002Ⅲ类标准	6~9	≥5	≤20	≤6	≤4	≤1.0
通榆河洪圩	7.74	7.12	16	5.7	2.4	0.35

2015年响水县区域环境噪声平均值

表30 单位:分贝dB(A)

监测点数	监测时段	Leq	GB3096-2008 2 类区标准
102	昼间	53.4	60

2015年响水县交通噪声平均值

表31 单位:分贝dB(A)

监测路段条数	监测路段总长度(千米)	监测时段	Leq	GB3096-2008 4 类区标准
7	25.6	昼间	64.7	70

(周　波　张园园)

【责任编辑　赵凤昆　杨道贯】

知识链接

如何去除衣服上的锈迹

1.用15%的醋酸溶液(15%的酒石酸溶液亦可)揩拭污渍,或者将沾污部分浸泡在该溶液里,次日再用清水漂洗干净。

2.用10%的柠檬酸溶液或10%的草酸溶液将沾污处润湿,然后泡入浓盐水中,次日洗涤漂净。

3.白色棉及与棉混织的织品沾上铁锈,可取一小粒草酸(药房有售)放在污渍处,滴上些温水,轻轻揉擦,然后即用清水漂洗干净。注意操作要快,避免腐蚀。

4.最简便方法:如有鲜柠檬,可榨出其汁液滴在锈渍上用手揉擦之,反复数次,直至锈渍除去,再用肥皂水洗净。

本文摘自《中国健康报》

水务　电力

水　　务

【概　况】 响水县水务局内设办公室、农村水利科、水政水资源科、财务审计科、规划基建科、水务科、行政许可服务科7个科室，核定编制15人。辖防汛防旱指挥部办公室、工管处、设计室、质监站、水政监察大队、供排水管理所、水资源费征收所、水利建筑工程处、水利物资站、打井队、县自来水公司、沿海自来水公司、城市污水处理厂、通榆河堤防管理所14个单位，海堤所、运响河闸、黄响河闸、运河套闸、南潮河闸、中山河闸、北闸、海安闸、红旗翻水站、县城市防洪与河道管理等10个水利工程管理所及响水、小尖、张集、黄圩、运河、六套、七套、大有、双港、老舍、南河、陈家港、响水经济开发区13个水务站，全系统干部职工712人，其中，高级技术人员16人，中级技术人员89人，初级技术人员112人。

2015年，水务工作紧扣现代水利发展主题，适应新常态，把握新机遇，实现新作为，防汛防旱、水利项目建设、农田水利基础设施网络、城乡供水一体化建设、招商引资等工作取得新成绩。连续第六年获县委、县人民政府年度考核综合先进集体，获招商引资与项目推进、安全环保、沿海开发3个单项奖；局党委连续第五年被县委表彰为“先进基层党组织”；获盐城市水利系统年度综合先进单位；“六年企盼梦　半年把梦圆”文稿获盐城市水利系统“水润盐阜·五讲三创”创新创特活动一等奖。

【水利项目投资】 抢抓国家水利投入政策机遇，加大项目申报、规划力度，争取国家和省水利项目支持，争取黄河故道整治、灌河治理、河道疏浚、小农水重点县、黄响河灌区改造、区域供水、农村饮水安全、海堤达标等省级以上项目16个，补助资金6.80亿元。开工项目7个，当年投资4.96亿元。竣工项目4个，当年投资1.54亿元。

2015年响水县水利项目建设情况

表32

项目名称	当年投资(亿元)	开工月份	竣工月份	实施地点
黄河故道治理	1.70	8	—	黄圩　张集　运河　六套　七套　大有　黄海农场　头罾盐场　灌东盐场　滨淮农场
灌河治理	1.50	10	—	响水镇　响水经济开发区　陈家港镇　沿海经济区
海堤达标	0.59	上年结转	12	蒲港闸两侧　洪港闸东侧
县乡河道疏浚	0.30	上年结转	4	各镇区
标准农田示范重点县	0.34	上年结转	5	陈家港　双港　南河 3 个镇 39 个村
黄响河灌区改造	0.22	4	—	响水　黄圩　小尖　张集
500 千克粮	0.30	2	5	南河 3 个村　陈家港 2 个村

【农田水利建设】 投入2990万元，疏浚县乡河道50条226.90千米，完成土方297.57万立方米；清理小沟780条358.45千米；投入3430万元，完成2014年度中央财政“标准农田示范重点县”工程，在南河镇、双港镇、陈家港镇39个村建设防渗渠47.75千米，新建泵站25座，拆建泵站32座，改造泵站1座，建成渠系配套建筑物2956座；疏浚中小沟完成土方16.50万立方米；铺设机耕路24千米，建成生产桥3座、渡槽7座、涵洞114座。投入3000万元，完成2014年“新增千亿斤粮田”工程，南河镇、陈家港镇5个村新建、拆建、改造电灌站22座，新建、维修防渗渠63.50千米，新建箱涵1座、涵洞60座、农门194座，完成土方22.70万立方米；投入2202万元，实施黄响河灌区节水配套改造项目，响水镇、黄圩镇、小尖镇新建防渗渠11.20千米，拆建节制闸2座，新建过路涵63座、农门73座、泵站9座，拆建泵站33座。

【重点水利工程建设】 灌河治理工程，全年投资1.50亿元，占总投资50%；黄河故道整治工程，全年投资1.70亿元，占总投资78.7%；海堤达标蒲港闸防护、背水坡防护工程竣工，总投资0.59亿元；民生河闸拆建工程，全年投资0.26亿元，占总投资70%。

【城乡供水一体化】 全年投资4亿元，新建运河地面水厂，日供水能力5万吨；沿海地面水厂扩能，日供水能力2.50万吨；铺设二三级自来水管网2930千米，延伸自来水入户管网3650千米，建设黄圩、七套增压泵站2座和县城地面水厂深度处理项目；全年新增地面水供应50个村，收益人口15.70万人；县、镇两级水务公司供水服务全面开展，初步形成以县城、沿海、运河、黄海农场水厂“四厂支撑”，黄圩、七套、双港、南河增压泵站“四泵接力”，主干支管网覆盖镇村户规范化供水格局。

【防汛防旱】 建立中山河、灌河、海堤、通榆河堤、城区5个分指挥部，落实流域性堤防和涵闸行政、技术责任人。修订完善防洪、防旱、防台应急预案10个；储备块石1.60万吨、编织袋61万只、木桩1.20万根、土工布1.50万平方米、木材85立方米、救生衣4000件。5月14日，召开防汛防旱工作会议，县委书记崔爱国批示，县长单永红讲话，与镇区、县有关部门主要负责人签订责任状。完成蒲港闸两侧海堤防护、海堤背水坡及海堤道路工程，筑好防洪屏障，应对梅雨初期暴雨袭击。6月用水高峰期，与省、市协调，科学调度水资源，合理控制河道水位，满足生产、生活、生态用水需求。

【城市河道整治】 县城7条河道、总长26.50千米，划成3个标段（Ⅰ标段四排河、五排河、六排河；Ⅱ标段八排河、通榆河伏堆河；Ⅲ标段三洪河、中心河），实行公开发包，签订管护合同，落实保洁范围、责任、报酬，确保河坡、河岸、河道无垃圾、无杂草、无漂浮物；定期巡查、跟踪考核；完成县城河道整治三年计划。年底，申请省环境保护厅验收。

【水资源管理】 分配年度用水计划，监测地下水位，当年地下水位降幅控制在0.50米之内，全年用水4.11亿立方米，万元地区生产总值、万元工业增加值消耗水分别174.27立方米、20.14立方米。开展浅层地下水开采专项整治活动，遏制无序开采，全年封填封存深水井38眼。投入536万元，完成饮用水达标工程建设；8月，通过省水利等部门验收。全年执法巡查43次，查处水事案件21件，立案2起，结案2起。

【节水型社会创建】 县城亚美国际花园小区申报省级节水型社区；汇豪都市绿洲、灌江碧桂园、滨河现代城、老舍中心小学、响水解放路小学、县第二实验小学、七套中学、大有中学、运河中心小学、张集实验小学等被县水务局授予“节水型学校（社区）”称号。年末，有省级节水型企业6家、社区7个、学校1所、灌区3个，市级节水型企业2家、社区2个、学校4所。

【水法宣传】 第二十三届“世界水日”、第二十八届“中国水周”期间，发放宣传资料1.23万份，悬挂宣传条幅32条，《今日响水》报专版宣传“水与可持续发展”“节约水资源保障水安全”主题、水资源费征收政策、法律法规等。

【服务企业发展】 扩建响水沿海经济开发区供水管网，为企业提供用水保障；铺设灌东新材料产业园、中交第三航务工程局有限公司、长江风力发电有限公司供水管网3.20千米；做好响水生态化工园区中山化工、永农化工占用灌河滩地退堤论证、勘察工作；投资50万元，解决亚邦药业公司排水难题；帮助荣鑫伟业、宏海港务有限公司做好灌河防洪工程验收；签约牧场养殖基地项目，协议投资3000万元；洁康管业项目竣工投产，总投资5000万元；江苏瑞格新材料项目开工，计划投资3亿元。

【水务道德模范评选】 4月，开展县首届水务道德模范评选活动。经过民主推荐、组织考察、群众投票，选出救人不留名顾俊杰、爱岗敬业会计花刚、助人为乐杨洪、守护海堤30年刘洪柱为水务道德模范。

【编制“十三五”水利发展规划】 3月启动编制，年底完成规划初稿。遵循“节水优先、空间均衡、系统治理、两手发力”水利方针，围绕“建设新响水”“水利现代化”“构建水安全保障体系”目标，突出水利改革发展重点，结合县情、水情、农情，补短板、破瓶颈、增后劲、上水平、促发展、惠民生。规划期末，海堤、灌河堤能抗击50年一遇高潮和10级风浪；中山河堤、通榆河堤能抗击20年一遇高潮；水资源总量控制在5.07亿立方米；农业用水保证率75%以上，生活用水保证率97%；重点工业用水保证率95%，万元工业增加值用水小于31.9立方米，工业用水重复利用率70%以上；水功能区水质达标80%，集中供水饮用水源地达标100%，地下水超采面积比在12.5%以内；城镇污水处理率85%；基本建成现代化水利综合保障体系，实现水利均衡发展。

【响水县灌江水务投资有限责任公司成立】 12月，经县人民政府批准成立，设董事会、监事会，内设办公室、财务部、投资与市场部、工程项目部、资产经营管理部、人力资源部，注册资本1亿元。徐子春任董事长，韩品江任总经理，王加忠、王平东、周春华任董事，蒋建业任监事会主席，赵如超、刘必伟、周青、杨征成任监事。中国建设银行响水支行授信该公司贷款额度2亿元。

（宋树林）

2015年响水县地下水井封存情况

表33

坐落镇区场	井　　名	成井年份	井深（米）	取水用途	年取水（万立方米）	封井方式
陈家港镇	金港居水井 2#	1985	182	生活	2.63	永久填埋
陈家港镇	金港居水井 3#	1987	185	生活	2.75	监测井
陈家港镇	金港居水井 1#	1978	180	生活	2.69	永久填埋
陈家港镇	蟒牛居水井 2#	1984	183	生活	2.81	永久填埋
陈家港镇	蟒牛居水井 1#	1983	180	生活	2.53	永久填埋
响水生态化工园区	草港居水井	1996	180	生活	2.91	封存备用
响水生态化工园区	沙荡居水井	2007	180	工业	2.46	封存备用
响水生态化工园区	王商居水井	1995	180	生活	2.38	封存备用
小尖镇	豫东居水厂水井	1991	184	生活	3.87	封存备用
小尖镇	拐圩村水厂水井	1998	190	生活	2.68	封存备用
小尖镇	豫南水厂水井 2#	2001	187	生活	4.75	监测井
小尖镇	自来水厂水井 3#	1980	185	生活	5.09	监测井
张集中心社区	宏润植物胶公司水井	1992	185	工业	3.78	永久填埋
张集中心社区	月港村水井 2#	1990	182	生活	2.46	永久填埋
大有镇	康庄村水井 2#	2002	190	生活	2.4	永久填埋
大有镇	友联油脂化工厂水井	1989	186	工业	4.94	封存备用
七套中心社区	自来水厂水井 2#	2000	190	生活	4.87	监测井
七套中心社区	中心村港尾水井 2#	1992	190	生活	2.63	封存备用
南河镇	王集居水井 2#	1989	185	生活	3.65	封存备用
双港镇	合蒲村水井	1996	183	生活	2.23	永久填埋
双港镇	环南村水井	1998	183	生活	2.87	永久填埋
双港镇	兴华居水井	1999	186	生活	2.58	封存备用
双港镇	洪南村水井	1998	185	生活	2.59	封存备用
双港镇	自来水厂水井 1#	2007	189	生活	22.15	监测井
老舍中心社区	尚圩村水井 1#	1998	184	生活	1.69	永久填埋
老舍中心社区	尚圩村 2# 水井	1997	188	生活	1.94	永久填埋
老舍中心社区	老舍针织厂水井	1995	140	工业	2.39	封存备用
老舍中心社区	四烈村水井 2#	1997	182	生活	1.95	封存备用
黄圩镇	东盛村水井 2#	1973	180	生活	2.75	封存备用
运河镇	桃园村水井 2#	1989	189	生活	2.72	永久填埋
六套中心社区	引河集村水井 2#	1991	190	生活	2.67	永久填埋
六套中心社区	双民村水井 2 号	1992	190	生活	2.39	封存备用
黄海农场	新荡加工厂水井 2#	1973	185	生活	2.39	永久填埋
黄海农场	新荡窑厂水井	1997	185	生活	2.54	永久填埋

续表33

坐落镇区场	井　　名	成井年份	井深(米)	取水用途	年取水(万立方米)	封井方式
黄海农场	水井 1#	1969	185	生活	8.05	封存备用
黄海农场	水井 2#	1979	185	生活	12.05	封存备用
黄海农场	水井 3#	1986	188	生活	10.89	封存备用
黄海农场	水井 4#	1979	185	生活	5.46	封存备用

水务投资

【概　况】 县水务投资有限责任公司2008年5月成立，设董事会、监事会，内设办公室、财务部、投资与市场部、工程项目部、资产经营管理部、人力资源部，注册资本1亿元。县城自来水公司、沿海自来水公司、县城市污水处理厂均为全资子公司。

【城市污水处理】 县城市污水处理厂日处理污水3万吨，年排放污水1298.34万吨，处理污水1082.80万吨，年减少化学需氧量995吨、氨氮95吨。12月，被省环境保护厅授予"绿色企业"称号。

【集镇污水处理】 全年铺设小尖镇、双港镇、黄圩镇、大有镇、南河镇、运河镇污水处理厂管网20千米，集镇年排放污水227.95万吨，处理污水154.65万吨。

【企业债券发行】 2014年11月，县人民政府决定水务投资公司为企业债券发行主体，整合城市投资公司、灌东经济开发投资公司、县港城建设发展有限公司资产。2015年12月29日，国家发展和改革委员会批准，县水务投资公司发行债券13亿元。

（宋树林　张海山）

电　力

【概　况】 国网响水县供电公司(简称县供电公司)位于响水县城金海路125号，承担响水县及黄海农场、灌东盐场1473.80平方千米、63万人口供电营业任务。公司内设办公室、发展建设部、安全监察质量部、人力资源部、党团工作部(纪委办公室、工会、团委)、电力调度控制分中心、运维检修部、营销部、财务部9个职能部室；下设检修(建设)工区、客户服务中心、响水县新农电有限公司、盐城响供集体资产运营中心4个直属部门；下辖12个镇(区)供电所。至年末，公司有220千伏变电站3座，110千伏变电站7座，35千伏变电站9座，主变压器38台，总容量1862.6兆伏安；35千伏以上输电线路35条，总长度454.5千米。配网10千伏线路129条，全长2403.82千米，其中城网线路26条，农网线路103条。配变2910台，城网配变392台，农网配变2518台，总容量87.31万千伏安。

2015年，县供电公司积极履行社会责任，全力服务社会经济发展，各项工作取得较好业绩。县供电公司获"全国安康杯竞赛优胜企业""国家电网公司一流县供电企业""江苏省文明单位""江苏省学习型组织标兵单位""江苏省劳动关系和谐企业""省五一劳动奖状""江苏省电力公司先进集体""盐城市三个文明建设综合奖""盐城市文明标兵行业""盐城市先进基层党组织""盐城市安全生产工作先进集体"等称号。

【经营指标】 2015年，县供电公司完成供电量47.81亿千瓦时、售电量46.70亿千瓦时，分别比上年增长9.96%、10.51%；线损率2.33%，比上年下降0.47个百分点；电压合格率、供电可靠率为99.95%和99.87%，均好于年度目标值。

【安全生产】 年内，县供电公司以开展安全性评价为主线，落实各级安全生产责任制，组织各类安全培训和测试680人次；全年督查现场261处，查处违章51起；系统排查各类隐患111条，治理完成率100%。加强配电线路特别是集镇、交跨、沿河线路的绝缘化改造，做好季节性安全检查和社会安全用电宣传工作。与县电力设施保护小组联合开展"创建用户安全用电标准化示范单位"活动，组织和指导重要电力用户提升安全管理水平，发现与督促整改缺陷451条，发出缺陷告知书82份，有效防范用电事故的发生。江苏联化科技有限公司获"盐城市重要用户安全用电标准化示范单位"。县内19座35千伏及以上用户变电站未发生大面积停电和影响电网系统安全的事件。截至2015年12月31日，县供电公司实现安全生产无事故纪录5808天。

【电网建设】 年内，县供电公司对接响水经济社会发展需求，着力提升电网规划与建设的前瞻性以及与地方经济发展的适应性和契合度。坚持适度超前的原则，做好电网发展规划。密切关注沿海港区及产业集中区负荷需求，开展响水电网"十三五"规划编制。完成基建2018年项目编报工作，35千伏三村变升压和110千伏响东响园线改造项目列入2018年竣工投产计划。落实保障措施，密切与规划、国土、环保等部门和各镇(区)的沟通，超前做好变电所站址、线路通道的预留和控制，为核准项目尽早开工创造条件。推进基建项目实施，履行属地公司责任，主动协调解决电网建设矛盾，推进项目建设进度。110千伏响尖线单改双输变电工程按计划建成投运；110千伏老舍输变电工程、

110千伏大有输变电工程、35千伏七套2号主变更换工程、220千伏恒久变3号主变扩建工程均按年度计划开工建设，工程进展顺利。

【供电保障】 年内，县供电公司坚持以民生改善为根本，加快推进新一轮配（农）网改造升级，强化特殊时期的电力供应保障，让广大用户真正用到省心电。进一步优化城乡电网，年内完成457个配网和705个农网项目，全县居民户均配变容量提升至4.848千伏安；全年县内10千伏线路跳闸24次，指标成绩居于全市前列。强化电网运维水平，出台《配电网运维及应急处置管理规定》，统筹好配电网运维、调控、应急处置等方面管理；开展配变停送电专项管控，重抓频繁停电考核，频繁停电占比由8月份的54.12%降低到25.98%。超前部署迎峰度夏工作，针对冬夏两季用电高峰，公司在县经信委等部门指导下，综合全县招商引资、重点项目等多方面因素，超前分析电力供应形势，编制完成迎峰度夏期间的供电方案和应急预案，科学安排运行方式，合理调度，最大限度保障电力供应。同时，加强各类设施的检查维护，安排24小时值班人员129人，值班抢修车辆26辆，中低压线路抢修出动人员2887人次，出动车辆1255台次，电网成功经受“灿鸿”台风严峻考验，电网平稳度夏，为全县生产生活提供用电保障。

【优质服务】 年内，县供电公司坚持以社会满意为宗旨，倾力服务重要用电客户和重点项目，将“你用电，我用心”理念真正落实到行动。密切关注招商引资动态，倾力服务重大项目，公司领导带队每月至少走访重点园区、企业两次，主动对接发展需求，实行一对一服务，积极策应地方经济发展，保障大型用电企业、重点项目的用电需求。主动对接江苏荣鑫伟业、中山化工等重点工程，缩短业扩流程。根据用电企业用电量和用电负荷，对其进行用电分析，合理确定用电方案，助力企业减支增收。年内，公司为高压用户优化供电方案32份，帮助企业节省投资263万元。每月向政府机关报送供用电信息，为县政府准确把握经济运行态势、制定宏观政策提供决策参考。

【助推生态发展】 年内，县供电公司坚持以绿色发展为己任，扎实推进节能减排，支持风电、光伏产业等新能源产业发展。积极推进220千伏海上风电线路工程工作；主动与经信委、交运局、环保局等政府部门进行对接，完成德龙宏海港务岸电调研和方案编制工作，在江苏荣鑫伟业码头成功推广岸电系统，完成内河码头小容量岸电建设25套。做好电能替代工作，联合县经信委淘汰高损耗变压器57台，初步形成县人民医院燃煤锅炉改造方案。

【企业管理】 坚持以管理创新和内部挖潜为手段，定期召开安全生产、同业对标、优质服务、经济活动分析等各类专业会议，完善公司督察督办制度，举办“30分钟微讲堂”12期，着力消除职责界面不清晰，指令执行不顺畅等问题，并强化对上级管理规定的解读和理解。修订公司全员绩效管理办法，严格制度执行，全年考核120人次，累计考核金额21万元。建立年度关键性指标体系，对84项指标开展运营监测分析，重点加强电网运行、营销数据、物资管理异动分析诊断，及时预警，改善提高。同业对标夺得省公司业绩进步标杆。稳妥推进集体企业改革改制，建立集体企业招投标管理制度，启动2012~2014年税收自查，全面消除税务风险。严格落实中央八项规定，抓好“三公”经费管理，进一步落实公务用车使用管理规定，出台公司车辆修理办法，降低运营成本，杜绝各类不良事件。

（杨　林）

【责任编辑　赵凤昆　杨道贯】

人力资源和社会保障

综　　述

【概　况】 响水县人力资源和社会保障局(简称县人社局)内设办公室、就业促进科、养老保险科、职业能力建设科、工资福利科、医疗和工伤保险科、农村社会保险科、规划财务科、军官转业安置科(县军官转业安置工作领导小组办公室)、事业单位人事管理科、专业技术人员职称科(县专业技术人员职称工作领导小组办公室)、公务员管理科、政策法规和调解仲裁科、劳动监察科14个职能科室,下属县劳动保险处、劳动就业管理处、医保中心、机关保险处、农保处、劳动监察大队、县劳动争议仲裁院、人才服务中心、人才市场、机关事业单位工人技术考核办公室10个事业单位,全系统共有干部职工110人。

2015年,列入市委、市政府综合考核12项核心指标实绩再次取得全市第4的好成绩,“全民创业灌河潮行动”获市人社局“年度创新工作奖”;被县委、县政府表彰为“全县综合先进单位”“服务经济发展工作先进单位”“沿海开发工作先进单位”“政法综治和信访稳定工作先进单位”,获奖数在县直部门中位列第二。

【推进统筹就业】 全年全县新增就业16597人,下岗失业人员再就业7693人,援助就业困难人员1183人,扶持创业2381人,带动就业9432人。大力实施就业创业培训,举办各类培训班259期,实施城乡劳动者就业技能培训5603人,企业职工技能提升培训3285人,创业培训1586人。认真做好响水籍离校未就业高校毕业生实名制调查登记702人,实名登记率、就业服务率100%。全年为1100名就业困难人员发放社会保险补贴473万元、岗位补贴115.6万元。

【提高保障水平】 全年全县完成企业养老保险、城镇职工医疗保险、失业保险、工伤保险、生育保险参保人数49715人、87904人、46320人、39817人、32316人,分别完成市计划任务的101.0%、106.2%、106.0%、100.3%、100.7%;征缴养老保险基金、基本医疗保险基金、失业保险基金、工伤保险基金、生育保险基金28589万元、18818万元、2023万元、1615万元、528万元,分别完成市计划任务的102.5%、117.6%、101.2%、124.2%、132.0%。机关事业单位养老保险基金征缴率100%;城乡居民养老保险基金征缴5100万元,占全年计划任务的133%。企业退休职工养老金待遇11年连增,月人均基本养老金提高到1850元;失业保险待遇最低标准由每月585元提高到637元;城乡居民基础养老金最低标准每月提高到105元;适时调整基本医疗保险报销三个目录和支付比例,提高报销封顶线,居民医疗保险住院报销标准实现与市级统一。

【人才队伍建设】 年内,县人社局组织人员进企业、进校园,多形式、多途径宣传引才政策,在上海交大、上海大学等高等院校建立引才基地。全年招录机关和事业单位工作人员424人,通过网上学习、办班轮训等形式组织公务员在职培训2500人次;组织申报各类职称565人,开展10类职业资格考试审核638人次。

【和谐劳动关系】 全年受理各类劳动人事争议案件415件,立案处理315件,其中调解290件,裁决25件;案外处理100件。为劳动者支付经济补偿金、工伤待遇、工亡抚恤金、重大疾病医疗补助、劳动报酬等898万元,维护劳资双方权益。主动监察用人单位432户,涉及劳动者11680人;书面审查用人单位898户。对38户违反劳动法律法规的用人单位发出限期整改指令书,督促用人单位补签劳动合同3874份;与法院、工会、司法等部门建立联席会议制度,对办案规程、疑难案件进行定期会商。(办公室)

就业和再就业

【概　况】 2015年,全县以高校毕业生、城镇登记失业人员、农村劳动力转移为重点，将服务企业引才用工和促进就业有机结合，实施创业带动就业，促进返乡创业就业。扶持失业人员实现再就业7693人，为有就业愿望的就业困难人员实施就业援助1183人，对702名响水籍2015年度离校高校毕业生进行实名制调查登记并及时提供就业创业服务，实名登记率、服务率100%；新增转移农村劳动力3576人，组织城乡劳动者就业技能培训5603人，创业培训1586人；发放小额担保贷款1460万元，扶持城乡劳动者创业2381人，带动就业9432人；创建黄圩镇返乡人员创业园、南河镇农民创业示范园等4个市级创业孵化示范载体；镇区人社平台标准化建设达标率100%。村级人社平台标准化建设达标率90%；年末失业保险参保人数46320人，征缴失业保险费2023万元。省级创业型城市建设、省充分转移乡镇村创建顺利通过省评估验收。

【创建省级创业型城市】 围绕“大众创业、万众创新”出台系列文件，强化政策宣传，提升知晓率，推进创建省级创业型城市活动的开展。全年扶持城乡劳动者创业2381人，带动就业9432人。举办创业典型事迹报告会，被县政府表彰的“十佳回乡创业标兵”在响水电视台作创业典型事迹报告和演讲等系列活动，充分发挥典型示范引领作用。

【就业援助】 年内，县劳动就业部门深入社区、农村、企业印发就业和再就业政策宣传资料6万多份，通过政策咨询、电视、报纸、短信等形式大力宣传就业政策，完善“就业困难人员申报登记制度”“零就业家庭援助制度”，及时为就业困难人员提供就业援助，确保城镇零就业家庭动态为零；积极协调工会、妇联等职能部门开发就业岗位，帮助1183名就业困难人员实现再就业。全方位宣传落实社保补贴、岗位补贴、职介补贴、培训补贴、税费减免等援助政策，鼓励各类企业吸纳就业困难人员，帮助1100名从事灵活就业和个体经营就业困难人员发放2015年度社会保险补贴473万元、岗位补贴115.6万元。

【就业服务】 全年举办“新春服务企业用工、帮助群众就业牵手行动”“外出务工人员回乡就业专场招聘会”“高校毕业生就业创业专场招聘会”“就业困难人员就业援助活动周”“实施515服务企业用工专场招聘会”等大中型招聘活动18场次，帮助企业招聘12200多人，其中外来技能员工2400多人，保障全县重点企业用工。开展人力资源市场常态化服务，在县电视台开设招聘信息发布专栏，及时通过电视台、报纸、移动短信等信息平台全方位发布就业信息；积极组织开展“春风行动”、服务企业“家家到”“小升规”等活动，帮助解决企业用工问题；指导镇区、村级公共就业服务平台，及时为用工企业和城乡求职人员提供个性化指导，促进劳动者在本地企业就业；加大内招外引力度，指导组织德龙、裕廊、联化、天容、南方化工等企业8次开展校园招聘和省外招聘行动，帮助企业引进人才500多人。

【培训绩效显著】 年内，县劳动就业管理处以就业前培训、岗位技能提升培训和创业培训为重点，加快政策落实，规范补贴流程和标准，全县举办各类培训班259期，着力提升城乡劳动者就业创业能力。全年组织城乡劳动者就业技能培训5603人，企业职工岗位技能提升培训3285人，创业培训1286人，农村劳动力获证奖补3322人。

【基层平台建设】 年内，为推进县、镇、村人社平台建设，以镇区平台（六到位）标准化建设带动村级平台规范化建设。协调县编办落实人社服务中心专职工作人员，镇区人社平台工作经费全部纳入财政预算，项目经费根据任务另行安排。人员和经费的落实，有力推动基层平台建设和服务水平的提升。

【失业保障】 年内，全县失业保险参保人数46322人，征缴失业保险费2023万元，全年失业保险金支出328.41万元，领取失业保险金4076人，保障失业人员基本生活。 （陈晓玥）

企业职工养老保险

【概　况】 2015年，全县企业职工养老保险参保人数49715人，实际缴费人数48332人，比上年末净增1186人；工伤保险参保人数39817人，比上年末净增1611人；生育保险参保人数32316人，比上年末净增580人；全面超额完成市下达的目标任务。全年征缴养老保险基金28589万元，比上年末净增1504万元，占县计划指标106.4%，占市任务指标102.5%；清收企业陈欠养老保险基金330万元，占市任务指标110%。全年为21082名离退休人员发放养老金40942万元，社会化发放率100%。

【社会保险扩面】 年内，县政府成立以分管领导任组长，人社、财政、地税、法院等单位为成员的社会保险联动征缴工作领导小组，加强领导和协调。相关部门抽调精干力量，对全县90户中小企业参保登记、参保人数、缴费基数、欠费等情况进行全面稽核检查，约谈企业负责人15人次，督促其依法参保512人。同时通过报纸、电视、网络、短信以及集市咨询等方式进行宣传，形成多层面、立体式宣传格局，提高全社会参保意识。通过上述活动，促进符合条件人员参保，全年新增参保职工1186人。

【基本养老保险基金征缴】 年内，在6月份申报新一年度缴费基数时，向县内所有企业专门发出通知，要求严格执行《社会保险法》《征缴条例》，不得瞒报职工人数，不得瞒报工资总额，不得搞选择性参保，更不得要求职工以灵活就业人员身份参保缴费。开展“社会保险费突击征收月”活动，动员广大个体工商户和自由职业者缴纳2014年度社会保险费2537万元，再创历史新高。加大部门协调配合力度。每月与地税、财政部门联合召开“社保基金征收协调分析会”，对工作当中遇到的问题进行会办，及时解决基金征收、计划传递中遇到的难题。加大保险费清欠力度。深入欠费企业调查了解经营状况，与企业签订还款协议，并做好跟踪，确保社保基金应收尽收。至年末，全县征缴养老保险基金28589万元。

【社会化管理服务】 年内，把离退休人员社会化管理服务作为一项重要工作来抓。4月22日，举办响水县第三届"社会保险杯"门球比赛，8支代表队85名退休人员参加。4月27日，组织退休人员开展老年健身舞比赛，有110名老同志参加。"重阳节"期间，劳保处组织走访慰问部分高龄退休人员，发放慰问品。通过开展一系列活动，丰富离退休老同志精神文化生活，使他们老有所养、老有所乐。

【档案规范管理】 年内，县劳保处按照省、市业务主管部门要求，加大软硬件设施投入，做好2000~2004年期间的档案收集、整理、归档和录入工作。完善档案管理规章制度，规范社会保险业务档案管理工作，顺利通过省三星级档案室的创建验收，提高社会保险业务经办效率。

【企业退休人员养老金"十一连增"】

年内，县劳保处按照企业退休人员养老金调整方案，为2014年年底前退休的18500人调整养老金。调整后，全县企业退休人员养老金月人均1850元。

（程彩红）

职工和居民医疗保险

【概　况】 2015年，全县城镇职工和居民基本医疗保险参保人员142615人，比上年净增6083人，完成市目标任务的104.86%；其中职工基本医疗保险参保人数87904人，比上年净增5357人，完成市下达目标任务的106.16%。全年征缴医保基金18818万元，完成市下达目标任务的117.61%。全年医保基金支出15528万元，当期积余3290万元，累计积余19877万元，医保基金达到收支平衡和略有积余。

【扩大医疗保险覆盖范围】 年内，县医保中心把参保扩面工作当作首要任务，把参保扩面同依法行政、服务企业、政策宣传有机结合，大力推进和有效开展扩面征缴工作。重点加强对参保单位缴费基数和参保人数的稽核，防止少缴、漏缴现象发生，做到应收尽收。对陈欠基金的单位上门了解情况，开展政策宣传，收到明显效果，全年清收陈欠基金300多万元。切实做好困破国有及集体企业退休人员纳入职工医保的登记、审核、缴费工作，共纳入困难群体人员443人，征缴基金665万元，促进社会和谐稳定。全年参加职工医保人数87904人，比上年增长6.5%。

【提高医疗保险待遇】 年内，将"新生儿"与"婴幼儿"的区分时限由出生后28天扩大到2个月，即出生后28天以上，2个月以内参保缴费的婴儿视同新生儿，起始时间由参保之日提前到出生之日，享受医保待遇。提高城镇居民医保特殊医用材料至7万元最高限额，个人先自支15%后，纳入住院医疗费用补偿；城镇严重精神障碍患者全部纳入城镇职工和城镇居民基本医疗保险及大病保险范围。同时将精神病纳入门诊特殊病种，按规定及时调整基本医疗保险药品目录中精神障碍药物。

提高城镇居民医疗保险筹资标准，享受待遇按全市统一政策执行。对一般城镇居民、学生及其他未成年人参保的补助标准为每人每年380元，下一缴费年度一般城镇居民个人缴费标准为60周岁以下每人每年220元，60周岁以上（含60周岁）每人每年200元，其中城镇低保、特困、重残、城市"三无"人员个人不缴费，个人应缴部分由财政全额补助。学生及其他未成年人参保的，个人缴费标准为每人每年50元。其中城乡低保、特困、城市"三无"人员家庭中的学生及其他未成年人、重残学生和重残未成年人个人不缴费，个人应缴由财政全额补助。

根据市统一部署，县医保中心积极推进大病商业保险。全年全县大病商业保险金筹资334.2万元，有254人享受大病商保待遇，获得补偿金额177.9万元，避免部分家庭"因病致贫、因病返贫"情况发生，社会反映良好。

【定点单位监管】 年内，县医保中心在定点医疗机构建立医保医师信用档案，将医保预付金支付比例与医疗机构诊疗行为相挂钩，引导医疗机构及医师自我约束医疗行为。开展定点药店信用等级评定，出台定点药店管理暂行办法，双方签定协议，明确责任，严格执行。鉴于医疗卫生行业的特殊性，导致医疗保险费用不合理上涨，医保中心组织专门人员成立考核组，对全县定点医疗机构和定点零售药店逐一走访，进行摄像和现场打分考核，收到较好效果。同时启动"挖掘软件信息监控系统"，自动设置筛选违规疑点，加强对定点医疗机构医疗数据的分析，特别关注特殊检查、门诊特定项目等费用异常增长情况，获很多有价值的信息，有效提高医保基金的监管能力。全年通过对定点医疗机构的日常巡查和挖掘软件的数据分析，发现涉嫌违反协议行为32起，拒付违规金额45万元。

（王　翊）

城乡居民基本养老保险

【概　况】 2015年，城乡居民养老保险参保人数12.7万人，参保率99.9%；新增参保人数3000人，占全年计划任务的100%；基金征缴5100万元，占全年计划任务的133%；有6.9万60周岁以上城乡居民按月领取基本养老金，领取率100%；被征地农民社会保障覆盖率100%。

【组织宣传发动】 年初，县政府召开全县城乡居保工作会议，以政府文件形式分解下达各镇(区)目标任务，出台年度考核奖惩办法，并奖惩兑现2014年度扩面征缴工作先进单位。组织春季城乡居保扩面征缴突击月活动，发放宣传资料，开展"城乡居保——农民群众自己的养老保险"为主题的送戏下乡巡回演出50个场次，与县淮海剧团合作演出小品、相声、快板等通俗易懂的城乡居保作品，深受广大观众欢迎。

【出台政策惠民】 年初，根据省人社厅出台文件的规定，及时提高全县城乡居民基础养老金标准，4月底前全部补发到位；调整后，全县城乡居保基础养老金为每人105元/月。根据《省政府办公厅关于进一步完善城乡居民基本养老保险制度的意见》要求，结合响水实际，报经县政府同意，适时调整全县城乡居民个人缴费档次及财政补贴标准，调动参保群众选择较高档次缴费的积极性。为解决特殊困难群体参保缴费问题，10月出台《响水县给予特殊困难残疾人参加社会保险补贴的实施细则》，从本年度起，全县户籍的特殊困难残疾人将全额享受城乡居保缴费补贴，进一步巩固城乡居保社会养老保障"双覆盖"，提升残疾人享受社会基本养老保障水平。

【征地居民保障】 年内，根据省政府93号令精神，县政府多次组织国土、财政、人社、镇(区)等部门单位一起"走出去、沉下去"，开展被征地农民保障工作调查研究，先后在射阳、盐都、赣榆等县(区)取经学习，同时深入镇(区)召开镇村干部和征地农民座谈会，认真听取他们的意见和建议，草拟全县被征地农民社会保障办法细则，经县政府常务会议研究批准，七月出台《响水县被征地农民社会保障实施办法》，全县被征地农民社会保障覆盖率100%。

【便民服务】 年内，县人社部门将城乡居保便民服务纳入全县社会保障建设的重要内容，借助村级劳动保障服务平台，打造"四个不出村"(参保登记、缴费、待遇领取、权益查询)便民服务工程，至年底，全县14个镇(区)152个村(居)群众足不出村就能经办社会养老保险服务，有效推动城乡居保工作的开展。 (徐　杨)

机关事业单位养老保险

【概　况】 2015年，全县机关事业单位养老保险参保单位284个，参保人数15039人，其中在职人员9899人，离退休人员5140人。全年征收养老保险基金23117万元，征缴率99.9%。

【养老保险改革】 年内，根据国发〔2015〕2号、苏政发〔2015〕89号等养老保险制度改革文件，全县养老保险同步省、市改革进程，参加省、市组织的"视同缴费指数验算培训"，开展相关数据的采集、整理、验算等工作，测算出全县视同缴费指数与盐城市北四县进行验算比对。根据省、市文件要求，整理出试点期间参保单位人员、缴费基数、基础信息和数据的登记核对工作。

【实施业务规程】 年内，县机关保险处根据苏劳社机管〔2002〕9号和盐劳社〔2006〕5号文件规定，结合响水实际，出台《响水县机关事业单位养老保险业务规程(暂行)》。建立和完善社会保险登记制度，登记率100%；建立和完善缴费基数申报制度，申报率100%；业务处理表单规范，签署完备；建立和完善复核、审批制度，强化内部控制，提高业务处理准确率，使业务工作逐步走向规范化、制度化。

【开展保险稽核】 年内，县机关保险处通过核查在职、离退休人员缴费基数、离退休人员的生存情况和待遇领取情况等，确保缴费基数准确，养老金按时、足额发放，有效防止瞒报缴费基数现象，人员参保率在99%以上，离退休人员支付率100%。全年稽核在职人员6055人，在职人员稽核率61.17%；稽核离退休人员3276人，离退休人员稽核率63.74%。核查出12名离、退休人员存在多领养老金现象，多领冒领养老金10.4万元，采取有效措施，如数追回多领冒领养老金，实现稽核资金到帐率100%。 (朱　强)

劳动仲裁与监察

【概　况】 2015年，全县受理及处理各类劳动人事争议案件415件，立案处理315件，其中调解290件，裁决25件；案外处理100件。支付劳动者经济补偿金、工伤待遇、工亡抚恤金、重大疾病医疗补助、劳动报酬等898万元，较好维护劳资双方权益。

【维权办案】 年内，县人社部门组织开展农民工工资支付情况、社保法规、整顿劳动力市场秩序等专项执法检查7次，形成多部门联动、常态化管理工作机制。主动监察用人单位432户，书面审查用人单位898户，涉及劳动者11680人；其中对38户违反劳动法律法规的用人单位发出限期整改指令书，补签劳动合同3874份。接待受理举报投诉143起，其中立案20起、调解处理123起；集体性突发事件5起，全部结案，结案率100%。为1021劳动者追讨工资669万元，较好维护劳资双方权益。

【信访维稳】 年内，接待群众来访386人次，集体上访8批256人次，处理"12345"及"12333"案件交办单63件，努力维护劳资双方权益。积极落实困难企业军转干部解困政策，建立"八一"等重大节日和重要时段企业军转干部维稳情况日报制度，继续保持企业军转干部无赴省进京上访的良好局面。积极会同相关部门解决企业破产改制中的实际问题，切实做好企业破产改制扫尾工作。 (顾正红　孙亚东)

人力资源工作

【概　况】 2015年，县人社局组织实施机关、事业单位人才引进计划，新招录机关和事业单位工作人员424人，其中公务员(含参照公务员法管理事业单位工作人员)68名，教育系统191人，卫生系统83人，其他事业单位82人，并对新招录人员进行初任培训。健全全县目标任务综合考核机制和机关事业单位绩效考核办法，调整公务员津贴补贴和事业单位绩效工资标准，提升机关和事业单位工作人员工资福利待遇。

【人才引进和赞助项目】 年内，县委、县政府出台《盐城市"515"人才引进响水县三年行动计划》，制订对大学生、专门人才、领军人才认定奖励的实施细则，在县政务服务中心专门设置"515"人才服务窗口开展服务。组织人员进企业、进校园，多形式、多途径宣传引才政策，全面完成市下达引才任务。在上海交大、上海大学等高等院校建立引才基地7个。加大高层次人才引进力度，引进2名外国专家，申报入选省"六大人才高峰"项目2个，省"双创"人才项目1个。 (高宇君)

【目标任务综合考核】 年内，县人社局在广泛征求各镇(区)和县直部门意见及建议基础上，修订完善全县年度目标任务综合考核意见，经县委常委会审定后，以县委、县政府文件形式下发《响水县2015年度目标任务综合考核和表彰奖励工作意见》。 (苏洪波)

【专业技术人员管理】 年内，深入企事业单位了解专业技术人员情况，及时为企事业单位技术人员提供方便快捷的职称申报评审服务。全年全县有147人通过高级职称评审，136人通过中级职称评审，199人通过初级职称评审。组织339人参加信息化素质培训考核，组织11名享受政府特殊津贴专家体检，申报引进国外技术、管理人才项目1个，入选省"双创人才"资助对象1名。 (刘迎春)

【工资福利和退休管理】 年内，进一步深化收入分配制度改革，规范机关津贴补贴和事业单位绩效工资工作，完善机关事业单位福利待遇制度；对全县机关事业单位津补贴调整方案进行细致测算，经省有关部门批准，完成审批工作。严格按照统计标准，对全县机关事业单位工作人员工资情况进行统计；开展企业薪酬调查填报、最低工资标准调查等工作，严格审核企业特殊工时、劳务派遣等事项。全年为1968名到龄退休人员办理退休手续。 (李科雄 顾启兵)

【军转干部安置】 年内，按照"量化积分，公开选岗"原则，完成2名军队转业干部安置任务。其中1名军转干部安置在县纪委；1名军转干部安置在响水国税局。严格落实企业军转干部帮包责任制，组织企业军转干部体检，建立健康档案。认真做好"国庆"和"八一"期间信访稳定工作，实现全县企业军转干部无去市赴省进京上访。 (苏洪波)

【为大学生村官排忧解难】 年内，为15名选聘在村任职的高校毕业生提供良好的创业、实习环境，组织任职前培训，注重日常培养和管理工作，及时为他们办理列编、工资审批、养老保险、医疗保险、公积金、失业金等手续，解决其后顾之忧。 (高宇君)

2015年响水县取得高级专业技术资格人员名单

表34

序号	专业技术资格名称	姓　　名
1	高级政工师(2人)	罗忠海、段泽琪
2	高级会计师(6人)	高娟(女)、谢以华、吕燕(女)、朱国画(女)、钱梅(女)、陈清(女)
3	高级统计师(1人)	金达付
4	高级经济师(15人)	韩珊(女)、王芹(女)、胡海玲(女)、陈群(女)、陈艳(女)、皋娅萍(女)、李学志、史悦(女)、崔如松、姚建忠、高红农、王旭东、王永、徐海梅(女)、石红梅
5	高级经济师(认定2人)	王筑中、郭晓明
6	高级工程师(9人)	程杰兵、顾继高、吕国军、蔡志春、高水森、季红军、王通林、杨飞、周一标
7	农业技术推广研究员(1人)	张德兰(女)
8	高级兽医师(3人)	单以军、潘青梅(女)、王中梅(女)
9	高级农经师(6人)	殷芬(女)、周海燕(女)、张君鸿(女)、潘龙岭、贾良荣、谢以忠
10	高级城市规划师(2人)	高巍巍、林方平(女)
11	高级讲师(2人)	吴建云(女)、杨金生
12	副主任医师(14人)	魏志成、刘井山、周庆华、潭秀丽(女)、鲍留平、戴希友、张进增、朱辉、徐丽莉(女)、张孝海、朱立军、孙桂前、崔玉华、杨秀清(女)
13	社区副主任医师(3人)	焦克琴(女)、赵海军、吴梅(女)
14	社区副主任护师(6人)	张凤英(女)、施林芹(女)、王玉珍(女)、张海娟(女)、杨青红(女)、陆步红(女)
15	社区副主任药师(1人)	陈亚君
16	主任医师(5人)	龚洪春(女)、殷勤(女)、王洪华、陈强、刘芳(女)
17	副主任技师(2人)	张梅香(女)、唐彩云(女)
18	副主任护师(6人)	陈娟(女)、朱林梅(女)、田国素(女)、尹翠平(女)、胡礼华(女)、张素华(女)
19	副主任中医师(1人)	周卫红
20	高级教师(60人)	吴红梅(女)、许欣欣(女)、刘宝、单进、林建明、刘春雷、施月书、林树华、李玉学、汪春波、陈盛松、郑亚军、陈波涛、陈仕东、孙芳(女)、叶红兵、周毕军、龚艳森、柏艳华(女)、施正建、高巨浪、李红霞(女)、纪金凤(女)、苏培华、张红玲(女)、赵巍巍、陈秀芹(女)、马兰(女)、兰九红(女)、周伟平(女)、杨中菊(女)、李忠霞(女)、陈萍(女)、傅联琴(女)、蒋清明(女)、张凤珍(女)、王秀红(女)、唐丽娟(女)、单亚平(女)、黄树林、史成亮、王雷、蒋民、张珍金、陈其锦、单康中、陆春军、单亚年、毛保运、单以云、沈旗军、乔千红、刘宽国、孙国平、徐永成、季昊然、张锦忠、马爱桥、高培军、张红亮

【责任编辑 杨道贯】

信息产业

邮　政

【概　况】 响水县邮政局内设综合管理部、市场经营部2个职能部门；直属机构有金融业务局、电子商务局、文化传媒中心、邮政快递中心；下辖小尖、陈家港、运河、大有等18个镇区邮政支局。全系统邮政职工218人。

2015年，县邮政局紧紧围绕"做实新常态，发展上台阶，全面推动响水邮政北抬头"为目标，不断加大转型创新力度，上下同心协力，攻坚克难，促进企业三个文明建设全面发展。县邮政局持续保持省、市文明单位荣誉称号。

【邮政业务收入】 年内，县邮政局坚持以人为本，效益优先的理念，加大转型创新力度，做实新常态，邮政业务收入迈向新台阶。全年实现邮政业务收入2746.93万元，完成年计划的101.82%，比上年增长9.90%。其中：代理金融类业务收入1904.76万元，完成年计划107.1%，比上年增长20.68%；函件业务收入117.23万元；发投业务收入215.13万元；电子商务业务收入203.83万元；分销业务收入85.88万元；集邮业务收入116.34万元；快递业务收入71.64万元；其他业务收入32.12万元。

【提升邮政服务质量】 年内，县邮政局出台《2015年全县邮政通信服务质量KPI指标及考评办法的通知》，同时加强对全县网络系统以及相关设备进行维护，不断提升窗口服务和信息化水平。不断强化行风建设，加强投递环节监督管理，及时处理投诉，在投递高峰期开展投递服务质量专项整治月活动，如高考录取通知书寄递以及"双11"、"双12"，做好寄递准备工作，积极融入和谐社会建设中去，受到顾客的好评。

【人力资源管理】 年内，县邮政局优化人力资源配置，按照营业、投递、内部处理和营销4个工种"双定"标准，开展操作层面的定员定额工作。实施岗位轮换制度，保证金融安全。不断盘活人力资源，出台《关于加强网点轮岗人员月度考评的通知》，开展非转型网点规范服务培训活动。轮岗结束后，加强教育培训，全年自培和送培32期240人次，覆盖全工种。同时开展邮储岗位练兵，投递岗位练兵各4期。优化用工结构，全年转B类工14人，至年末，全县A类工95人，B类工25人，C类工98人，劳务工占比45%。完善人才体系，通过启动"531英才培养计划"，建立后备人才库，营造引才、聚才、练才、用才的氛围，构建人才后备梯队。根据考评得分，县级英才3人，支局长后备人才4人。

【邮政安全管理】 年内，县邮政局下发邮储A类问题管控办法，开展"代理金融网点风险评价""合规文化深化年""合规回头看"活动。同时加强邮银协作配合，每个月召开邮银联席会议，形成会议纪要，着重对存在风险网点的检查梳理，对多次发生问题的网点进行重点排查与整改。对各支局B、C类问题，县局同样予以高度重视，进行专项检查督促整改到位。

【农村电商平台建设】 年内，县邮政局在南河支局试点的基础上，出台《全县邮政农村电商平台建设实施意见》，至年末，农村电商平台建设取得较好成绩。全县建成样板店、精品店3个，普通店35个，计划完成率100%；安装邮掌柜40处，计划完成率114%；建立粮食种植合作分社47个，发展会员7424人，计划完成率103%；建成县城城南支局和农村黄圩支局邮政网点体验区各1个。同时已申报在县公司办公区内建仓储一处，面积480平方米，并办理相关手续；县级电商中心拟在城南邮政一楼建设门面，面积约80平方米，与办公大楼一并进行改造。

【商务会员平台建设】 年内，县邮政局成立响水邮政商务会员服务中心，并明确其职责，隶属电子商务局领导。现已发展商务会员670户，同时精选本地有影响的优质商户30户，签订加盟协议。商务会员服务中心建立起响水"自邮一族"微信群，对一些旅游、自驾游以及"自邮一族"的有关规定进行及时发布，深受商务会员好评。

【邮政网点改造】 年内，县邮政局对新区、六套和双港支局网点进行改造，已正常营业；在新增省级转型网点1个基础上，对剩余新装修以及即将装修的5个网点进行自主转型，转型网点覆盖率78.6%。

【经营机构调整】 2015年6月，县邮政局结合包裹快递改革，成立邮政快递中心，整合邮务类专业经营机构，成立文化传媒中心，机构的适时调整和转型，促进全县邮政工作的开展。

（毛佩佩）

电　　信

【概　况】 中国电信股份有限公司响水分公司（简称响水电信）内设办公室、销售部、维护安装部、政企客户部、渠道运营中心5个职能部门。下设小尖营业所、周集营业所、黄圩营业所、张集营业所、运河营业所、六套营业所、七套营业所、大有营业所、新荡营业所、陈家港营业所、海安集营业所、双港营业所、南河营业所、老舍营业所、县城营业厅15个营业所（厅）。县、镇区、村三级服务网点200多个，覆盖全县所有村（居）。

2015年，响水电信以"创新、变革、合作、提效"为抓手，深入实践"一去两化"（去电信化，市场化、差异化）战略，发扬钉子精神，创新思路，积极作为，大力推动规模发展，持续强化能力建设，天翼、4G用户净增列市前茅，宽带用户增长稳定，宽带提速步伐加快，全面完成年初各项目标任务。年末，实现主营业务收入9360万元，上缴税金460万元。

【经营工作】 年内，响水电信加快20~100M高速宽带体验，提高电信宽带的核心竞争力，不断提高城市、农村宽带渗透率，持续开展宽带老用户的宽带提速工作，牢固树立"电信光宽带，上网就是快"这一品牌形象。充分利用"元旦""春节""五一""暑期学生""国庆""中秋"等特定的营销时机，以智能终端引领，建立主推机型动态调整机制。持续开展县城和农村集镇的精扫活动，加快农村市场拓展和重点产品规模提升。年末，拥有固定电话用户6.82万户，其中农村电话用户4.5万户；移动电话用户8.03万户，其中4G移动电话用户2.2万户；互联网宽带接入用户5万户。

中国电信响水分公司营业楼开工典礼

【渠道拓展】 年内，响水电信加快渠道建设，扩大覆盖，提升渠道产能，全力打好"全网通卖场建设、牵手乡镇强商、城区社区店拓展和行政村机卡代销点建设"四场战役，明确各类手机卖场定位，优化渠道布局，加强内部人员配置，强化运营支撑团队，加强门店经理队伍建设和管理。全年新建门店19个，其中县城6家，乡镇集镇13家；核心商圈卖场4家，中小卖场15家。改造全网通门店31家。县城分局按网格划片，装维经理和客户经理下沉，建成14个社区店。

【网络建设】 年内，响水电信光网建设投资1100万元，实现全县152个行政村（居）光网全覆盖，16.98万城乡住户全覆盖，FTTH覆盖率100%。4G网建设上，全年新建4G站点102个，室内部分4个，共开通宏站204个，室内分布9个，关键站点开通率100%，超额完成市公司下达目标任务。

【劳动竞赛】 年内，在市公司组织开展的4G建设劳动竞赛中，响水电信专门成立领导小组和4G建设团队，狠抓落实，攻坚克难，关键站址谈点完成率100%，为响水4G网络质量提供强有力的保证。分别获得2015年"4G迎春"劳动竞赛一等奖，2015年"双百兆4G争先"劳动竞赛二等奖。

【装维服务】 年内，响水电信开展送教下乡活动，对全县55名线务人员进行手机掌上综调使用，爱运维，即销即装，充值提速，延伸服务培训，受训人员293人次；同时开展"装维标准化班组创建"工作，强化装维队伍建设，激发员工活力，以多种形式增强员工服务意识，努力将电信服务品牌提升到一个新的水平。

【农村经营目标责任制】 年内，响水电信为持续实施农村支局机制创新，优化农村市场全业务经营机制，激发农村支局活力，充分调动支局员工积极性，开展农村支局经营目标责任制工作。公司19个经营单元，其中有3个实行自主承包都认领R1指标，2个经营单位分别认领R0和R2，其余14个经营单元都认领R1指标。通过实行经营目标认领制，创新激励机制，鼓励多发展多受益，提高支局长及基层员工的积极性，实现企业业务发展与个人收入提升的良性循环。

【工会建设】 年内，响水电信开展多种形式的劳动竞赛，促进业务发展和收入提高。建立和完善工会劳动保护监督检查机制以及责任制，继续加大对员工的关心关爱力度，推进农村支局"四小"建设。电信外包员工李海龙被中宣部、中央文明办授予助人为乐类"中国好人"，维护安装部主任薛志明被国务院授予"全国劳动模范"称号。

（于学林　刘井元）

移　动

【概　况】 中国移动通信集团江苏有限公司响水分公司（简称响水移动公司）内设综合部、市场经营部、政企客户部和技术业务支撑中心4个职能部门，下辖城区、北区、东区、西区4个区域中心，现有员工113人。年末，拥有在网移动用户33.2万户，有线宽带用户3.6万户，互联网电视用户1万户，固定电话用户1.1万户，县、镇（区）、村三级服务网点230个，全县移动通信从业人数近千人。

2015年，响水移动公司围绕"引领新增长，发展上台阶"目标定位，秉持铁军文化理念，以用户为基石，以效益为目标，以聚焦4G发展为契机，集中抓好"二追求、三突破、四提升"，统筹传统市场、全业务市场与新兴市场转型工作，全年收入、用户份额等主要指标在全市名列前茅，取得优异业绩。全年实现主营业务收入2亿元，上缴税金700万元。响水移动公司获"省先进分工会""市五一劳动奖状""效能提升奖""市公司先进基层党组织""县综合先进集体""县先进基层工会"等称号。

【锻造卓越团队】 年内，响水移动公司通过三次用工改革招录考试，113名员工成为全市唯一合同制员工占比100%的团队。其中党员42名，占比36.52%，本科以上学历61名，占比53.04%，团队平均年龄31.5岁。公司聚焦营销区域，优化组织架构，在全市率先成立4个区域中心，即城区中心，下设渠道中心和社区中心、黄海南路沟通100店，县城45家渠道与58家便民网点；北区中心，辖区负责陈家港、双港、老舍三个镇区；东区中心，辖区负责大有、南河、六套、七套四个镇区；西区中心，辖区负责小尖、运河、黄圩、张集四个镇区。全面实施EAP、员工培训、卓越班组建设三大计划，不断促进管理者、员工、技术专家三支队伍的能力提升。

响水县移动智慧大厦开工典礼

【4G网络建设】 响水移动公司将致力打造"无处不在的优质网络"视为企业发展的生命线，为构建和谐响水提供顺畅的信息沟通渠道。年末，全县移动通信基站320个，网络人口覆盖率99.9%，地理覆盖率99.9%，信道完好率、接通率等网络指标高于国家标准，与200多个国家和地区的400多家移动通信运营商开通国际漫游业务，其中在73个国家和地区开通4G漫游服务。移动4G，快人一步，城乡建成4G基站297个，实现全县4G信号全覆盖，方便用户手机高速上网。响水4G套餐渗透率42.7%、新增4G转化率94.1%、新增4G换卡率99.1%、新增4G套餐匹配率78.8%，均列全市县公司第一名。4G流量渗透率、上网普及率等6个关键项目指标优于周边对标公司。

【全业务运营】 响水移动公司注重均衡发展理念，从最初的单一产品、网络服务和通信服务转变到目前的"固定和移动语音业务+数据与增值业务+宽带业务+互联网电视业务+政企信息化服务"全业务运营模式。担当起"信息化建设主力军"责任，以信息化带动工业化，由"移动通信专家"向"移动信息专家"转型，以政府、电力、交通、水利、金融等部门及行业服务为重点，先后推出集团总机、集团短信、GPS定位、气象信息采集、水利监测等一系列行业应用。面向各类市场贴近客户需求：校园市场，推进数字校园建设；农村市场，紧密贴合农村用户需求开发业务，不断升级的农信通产品有力助推农村发展；集团市场，创新开发中小企业信息化平台和一网通产品，增强对集团客户的信息化服务水平。全年新增的蓝天卫士二期、国土卫士、乡镇村村通、政府创客孵化园、社会救助信息管理系统等行业专属信息化产品应用效果显著，实现社会效益与经济效益并举。

2015年响水县监控秸杆焚烧监测点分布情况

表35　　单位：个

序号	区　域	监测数	序号	区　域	监测数
1	大　有	21	7	县　城	13
2	小　尖	20	8	老　舍	12
3	陈家港	19	9	六　套	10
4	南　河	16	10	张　集	8
5	运　河	16	11	双　港	7
6	黄　圩	14	12	七　套	7

【监控秸杆焚烧】 年内，响水移动公司投入近200万元，在全县分二期建成163个“蓝天卫士”监测点，实现信息化监控秸杆焚烧，将人防与技防相结合，实行全方位自动巡航监控，实现重点区域监控全覆盖，节省人力物力，提高工作效率，为绿色响水建设作出贡献。

【优质满意服务】 响水移动公司把“追求客户满意服务”作为企业经营宗旨，秉承“沟通从心开始”服务理念，以完整的服务支持体系（遍布全县的230多家服务网点和服务热线）、统一的费用结算体系（包括银行扣款、电话充值卡、直接交款等收费模式及账单服务），构成全方位、全天候立体服务网络、7×24小时人工服务，加上网上营业厅、短信营业厅、掌上营业厅、10086、自助终端等电子渠道，以人性化的客户服务理念满足客户多样化、个性化的需求，方便用户随时随地办理业务。（葛红燕）

联　通

【概　况】 中国联通响水分公司（简称响水联通）内设综合部、市场部、集团客户部、建设维护部4个职能部门，有员工30多人。

2015年，响水联通秉承“4G领先和一体化创新战略”，坚持以发展为第一要务，通过加快经营模式转型、改善用户结构，全面整合业务资源，形成经营合力，主要经营业务呈现稳步发展的良好态势。至年底，拥有联通用户2.7万户，其中4G用户1.5万户，固定电话用户0.3万户，宽带用户0.3万户，实现主营业务收入2200万，较好完成上级公司下达的目标任务。

【队伍建设】 年内，响水联通本着以人为本、才尽其用的原则，明确员工转岗及晋升通道，擅长与人沟通和业务公关的人员转向直销，具有管理能力的人员转向组织层，岗位与人员互选，真正实现人岗匹配，为分公司高效开展各项经营工作提供坚实基础。

【渠道建设】 年内，响水联通加大渠道建设力度，鼓励现有分销商开厅，利用帮扶政策和4G时代联通的自身优势，使得自建、连锁、一级合作渠道网点达到60个，形成了全面渗透和覆盖，布局日趋完善，渠道掌控得到加强，响水联通的形象和客户接触面得到质的提升和扩张。

【基础设施建设】 年内，响水联通在响水县城和各镇区集镇新增4G基站310个，同时对响水县城区150个基站进行网络工程的优化和改造，有效改善城乡4G/3G网络质量，较好满足响水城乡用户通信服务需求。（陈　军）

【责任编辑　杨道贯】

农　业

综　述

响水县农业委员会(简称县农委)内设办公室、政策法规科、财务管理科、科技教育科、市场科、农产品质量监管科、农业科、畜牧兽医科、屠宰管理科、农机科;下设县农业执法大队(种子管理站)、植保植检站、粮油作物栽培技术指导站、农产品质量安全检验检测站、土壤肥料管理站、蔬菜生产技术指导站、农业干部学校、农业技术推广试验站、农业环保与农村能源站、农机监理所、农业机械化技术推广服务站、农业机械化职工学校、畜牧兽医总站、畜禽改良站、动物卫生监督所、林业工作站、蚕桑技术指导站、粮棉原种场、林苗圃、双港农作物病虫害测报站、黄圩农作物病虫害测报站、12个基层畜牧兽医站;核定公务员编制21人,事业编制243人,专业技术人员211人,其中,农业技术推广研究员3人、高级技术人员53人、中级技术人员82人。

2015年,全县农业工作突出抓好现代农业、生态农业、联耕联种工作,再创农业新佳绩,粮食生产连续12年丰收。2月,县粮油作物栽培技术指导站获省人民政府"农业技术推广三等奖",县农委获市农业系统效能考评第一名;12月,县粮油作物栽培技术指导站、县农业技术推广试验站、县农业机械化推广服务站、县农业干部学校分别被省农委授予农业丰收奖二等奖;县农业执法大队(响水县种子管理站)行政处罚案卷被省农委评为"2015年度江苏省农业行政处罚优秀案卷";县农业机械化推广服务站被省农业机械化技术推广站表彰为"油菜生产机械化技术示范推广先进单位"。年度考核,被省农委表彰为"工作效能建设成效显著单位""畜牧工作先进县";县林业局被市人民政府表彰为"绿色盐城建设先进集体";县农委被县委、县人民政府表彰为"综合先进单位";县农业干部学校被省农业广播电视学校表彰为省级农民培训工作先进集体。

(办公室)

农业资源综合开发

【概　况】 响水县农业资源开发局(响水县海洋滩涂与渔业局)内设办公室(科教科)、财务审计科、项目规划科(区划规划科)、项目管理科(农业产业化科、外资项目办)、项目监督科、海监渔政科(防灾减灾科、行政审批科)、渔业科(水产品质量安全监管科)、海域管理科(资源环境保护科),核定编制21人。下属县滩涂开发管理局驻陈港办事处、渔业行政监督大队(中国海监响水县大队)、国家海域动态管理中心、县农业开发服务站、县水产养殖技术指导站、县海洋环境监测站6个事业单位。

2015年,农业资源开发坚持规划、监督、管理三权分离,公开透明阳光操作机制,干群联动开发取得新成绩。

【2014年度农业资源综合开发项目建设】 完成项目3个,总投资6952万元,其中,中央财政投资2140万元、省级财政投资4253万元、县级财政投资327万元,改造农田3399.66公顷。

土地治理项目。开发面积1733.33公顷。第一批投资2288万元,七套中心社区开发666.67公顷、运河镇开发400公顷。第二批投资1430万元,南河镇开发333.33公顷、小尖镇开发333.33公顷。2015年8月,通过市有关部门验收。

黄河故道农业资源开发项目。总投资1694万元,开发面积933.33公顷,其中,六套中心社区开发333.33公顷、七套中心社区开发266.67公顷、运河镇开发333.33公顷。2015年9月,通过市有关部门验收;11月,通过省有关部门验收。

滩涂垦区配套项目。总投资1540万元,建设三圩盐场东源高效海水养殖区666.67公顷。2015年9月,通过市有关部门验收;11月,通过省有关部门验收。

【2015年度农业综合开发项目】 财政总投资7532万元,改造农田3267公顷,新建电灌站32座、渠系建筑物5453座,

衬砌防渗渠166.32千米，修筑机耕路67.37千米。

土地治理项目。总投资4616.21万元，其中，财政投资4550万元，群众自筹66.21万元；老舍中心社区、运河镇、南河镇建高标准农田1666.67公顷，陈家港镇、黄圩镇生态综合治理666.67公顷，基本完成。

黄河故道开发项目。总投资1540万元，其中群众自筹140万元，开发面积933.33公顷；其中，张集中心社区开发266.67公顷、七套中心社区开发266.66公顷、运河镇开发400公顷，基本完成。

滩涂垦区配套项目。总投资2472万元，开发总面积800公顷，其中，东源沿海滩涂海水养殖333.33公顷，东阳沿海滩涂淡水养殖466.67公顷，基本完成。

【2014年度农业产业化项目】 实施项目3个，总投资920.40万元，其中财政投资440万元，项目区自筹480.40万元。

10万羽优质蛋鸡标准化养殖基地（新建）。总投资614万元，其中，财政投资240万元、项目区自筹374万元，江苏天蓬饲料有限公司建设。2015年，通过省、市有关部门验收。

300吨斑节对虾、梭子蟹养殖基地改扩建项目。总投资155.40万元，其中，财政投资100万元、项目区自筹55.40万元，县东海海产品专业合作社实施。通过省、市有关部门验收。

5000头山羊高架床养殖基地（改扩建）。总投资151万元，其中，财政投资100万元、项目区自筹51万元，县强胜畜禽养殖专业合作社实施。7月，通过县有关部门验收；2015年10月，通过省、市有关部门验收。

【2015年度农业产业化流动资金贷款贴息项目】 2500吨海鲜菇基地项目。总投资1150万元，其中，流动资金贷款1050万元，县福利达农业科技有限公司实施，等待审批。

7000吨色纺纱籽棉收购项目。总投资5300万元，其中流动资金贷款4800万元，江苏新金兰纺织制衣有限责任公司实施。等待审批。

3600吨色纺纱籽棉收购项目。总投资2200万元，其中流动资金贷款2000万元，响水县嘉亿纺织有限公司实施。等待审批。

750吨色纺纱籽棉收购项目。总投资600万元，其中流动资金贷款550万元，申报财政贴息资金319.50万元，县宝龙纺织有限公司实施。待省批复。

（浦铭明　刘洋生　卫　纯　张根培）

海洋资源保护

【概　况】 全年核查6宗高涂养殖、6宗贝类养殖，海域贝类护养面积1338.22公顷、紫菜养殖面积129.20公顷。办理高涂养殖、贝类护养海域使用证面积554.89公顷；全年审核海域使用权12宗，征收海域使用金24.45万元；完成长江风电公司37台风机和沿海投资有限公司等企业8宗工业用海核实工作；向国家海洋局、省人民政府、省海洋局报送“响灌线”海域勘界申请。5月11日，响水县海域资源管理中心更名为响水县国家海域动态监管中心，核定事业编制3人。

【岛屿动态监测】 7月，开展开山岛周边海域基本属性、地形地貌、岸线变化趋势监测，补充完善海岛动态监视监测系统，普查海岛地名，查明岛屿归属历史与现状，为“响灌线”勘界打好基础。

【海平面调查评估】 开展灌河入海口海堤东侧、小东港、三圩港区岸线侵蚀与淤涨标志桩监视监测，形成侵蚀与淤涨数据，掌握岸线变化情况，建好资料档案，完成境内海岸线侵蚀与淤涨现状图。年内，小东港岸段因受灌河入海口航道东导堤影响，部分滩面淤涨1米左右，三圩港等部分岸段侵蚀比较严重。

【养殖用海现状核查】 处理、分析养殖用海数据，完成养殖用海核查现状图。开展潮间带和潮下带开放养殖用海核查。批准驻陈港办事处5宗用海申请，发放海域使用证19宗，面积1280.58公顷。

【海洋功能区划实施】 2014年编制完成，翌年实施。划定农渔业区、港口航运区、旅游休闲娱乐区、工业与城镇用海区、特殊利用区，总面积123101公顷。划定海岸基本功能区9个，面积20035公顷；其中，农业围垦区2个，面积904公顷；养殖区1个，面积10851公顷；港口航运区1个，面积1161公顷；航运区1个，面积3077公顷；锚地区1个，面积1412公顷；工业与城镇用海区1个，面积2491公顷；旅游休闲娱乐区1个，面积68公顷；特殊利用区1个，面积71公顷。划定近海基本功能区5个，面积103066公顷。其中，养殖区1个，面积9067公顷；捕捞区1个，面积93536公顷；旅游休闲娱乐区1个，面积197公顷；特殊利用区2个，面积713公顷；保护区1个，面积713公顷。

【服务沿海开发】 服务5万吨航道疏浚工程。与国家海洋局、省海洋局对接，海域使用论证报告书、海域使用环境评价报告获省海洋局批准；倾倒区安全影响评估报告获省海事局批准；完成生态补偿实施方案编制，抛泥区选址规划论证报告通过国家海洋局审核。年底，5万吨航道通航。跟踪监视监测响水近海风电场200兆瓦项目建设、灌河航道疏浚工程、浦港至新滩港段海堤达标工程6次，规范企业用海行为。

（浦铭明　刘洋生　殷昌生　陈兆军）

农业执法

【概　况】 县农业执法大队编制6人，年末，有执法人员8人、执法车1辆、种子发芽试验设备1套，执法记录仪3部、电脑8台，其他设备3套。2015年，开展放心农资下乡进村、打击侵犯品种权和制售假劣种子行为，出动执法人员584人次、车辆196次，监测场所139个，检查经营门店691个次，检查水稻品种32个、玉米品种42个、小麦品种32个、农药产品43个、肥料产品11个，查处一般程序案件20件，其中种子案件18起、农药案件2起。

【农资市场监管】 源头治理。重点检查农民投诉、举报有质量问题的农资产品和省、市抽查发现问题的农资产品。加强农资生产企业日常监管，农资生产企业检查率100%，督促企业执行产品质量管理制度，规范生产经营档案，健全产品质量控制体系。开展放心农资下乡进村活动，推进"放心农资店"建设，农资连锁经营占60%以上。加强家庭农场、专业合作社等新型农业经营主体、集中育秧、病虫害统防统治管理。市场整顿。2月21日至5月24日，8个镇、4个中心社区举办种子法规技术培训15场次，培训农民928人次；3月，开展"农资打假保春耕"行动，发放宣传资料6000份，接受法律咨询380人次；落实"农资守法经营责任状"230户，加强县域交界地、经营集中区、秩序混乱点、有违法经营记录者和镇村流动商贩监管，农药经营示范点悬挂"禁限用高毒农药经营规范标牌"，禁止经营未取得生产、经营许可的农资产品，适宜种植区域不在境内的种子。案件查处。检查未审先推、包装标签不规范种子，农药标签一证多用、套用、冒用及擅自修改农药标签标注内容等违法行为；强化近似品种名称标注TM标识种子和高毒高风险农药经营监管，严禁销售甲胺磷等禁限用高毒农药；加强6个区域13个复合肥经营大户检查，突出叶面肥有效成分不足、未经登记、一证多用、假冒伪造登记证、擅自修改包装标识及以药充肥等违法行为监管。

【"333"办案工作法被市农业行政执法支队推广】 6月，列入响水县"2015~2016年依法行政示范点"，全面推广"333"办案工作法。查处农业违法行为，不仅追究本级经营环节违法责任，而且追溯到上一级进货环节和下一级销售环节，延伸执法长度，确保不能违法。苗头性问题对当事人预警提示，轻微违法初犯或者一时难于解决共性问题，责令限期整改；整改期过后，仍然存在相同或类似违法行为，依法立案查处，构建执法梯度，确保不想违法。对违反行政法律当事人依法追究行政责任，造成生产损失，辨析原因，当事人承担民事责任；涉嫌违反刑法的，移送司法机关，拓展执法宽度，确保不敢违法。其做法被市农业行政执法支队推广。全年办理涉农案件20起，件件事实清楚、证据确凿、程序合法、量罚适当、完备规范，准确率100%。"响农(种子)罚(2015)12号经营假种子案件"被省农委评为"农业行政处罚优秀案卷"。公开行政处罚案件信息，全年县农业信息网公开20个一般程序案件，接受社会监督。 （李居春）

渔政海监

【概　况】 县渔业行政监督大队挂省渔船检验局响水检验站、县海洋监察大队牌子。年末，有人员21人，其中：工程师1人、验船师3人、执法资格证18人；882千瓦钢质渔政执法船1艘，总吨位190吨；有电台、卫星电话、卫星导航仪、雷达、录音录像设备和办公自动化设备，110.25千瓦和84.53千瓦执法艇各1艘。5月18日，在境内通榆河第十一次投放青鱼、草鱼、鲢鱼苗50万尾。发放进港渔船签证32本，审验渔船捕捞证770本。

【平安渔业创建】 全年开展渔船安全事故隐患检查31次，参加检查155人次；出动检查车(船艇)63次，检查渔船1263艘次。重点检查船舶和船员持证情况和渔船救生、消防、通讯、信号设施配备情况，整治渔船安全生产事故隐患，连续第十五年渔业安全生产零死亡。

【海洋伏季休渔】 县成立海洋伏季休渔工作领导小组，落实管理措施，严管重罚，严督细查。6月1日12时起，县境海域实施伏季休渔，北自灌河口、南至套子口(中山河口)滩边向外延伸75千米近海海域为经济鱼虾幼体保护期，近海范围内捕捞幼鱼幼虾大网、小网、拐网、安网、机动渔船底拖网一律禁止生产，流网网眼、鲳鱼流网眼、围网网眼、拖网网眼直径和海水鱼捕获标准不小于规定标准；河渠、沟塘禁止使用不合规格捕捞工具，休渔期，县内126艘海洋渔船船进港、网入库、人上岸、证集中，不得从事加油、加冰、加水等活动。渔政执法船开展海上巡航102航次，检查渔船285艘次；开展港口执法行动11次，参加港口执法55人次，检查渔船836艘次。

（浦铭明　刘洋生　姜　玮）

农业执法检查

农业机械化

【概　况】 县农委设农业机械管理科，辖农机安全监理所、农机推广站、农业机械化职工学校。8个镇、4个中心社区农业服务中心各设2个农机管理服务岗位。

2015年末，有农机从业人员20256

人，其中，有拖拉机、联合收割机、农用运输车驾驶员资格证8124人，取得农机职业资格证书3394人；农机维修网点35个，维修工135人；农机经销网点64个，销售人员237人；农机作业服务组织139个，成员14661人，其中农机合作社89个，社员10500人；农业机械总动力74.09万千瓦，其中，柴油发动机动力57.71千瓦，汽油发动机动力3.24千瓦，电动机动力13.14千瓦；农业机械原值97834万元，净值76278万元。农机经营总收入62665万元，纯收入34650万元。

【农机作业】 全县三麦机播、机收面积分别占三麦种植面积85%、100%；水稻机种、机收面积分别占水稻种植面积87.5%、98%，其中，机械插秧23333公顷、机播稻3340公顷；玉米机播面积8000公顷、机收面积7670公顷；油菜籽机收面积3100公顷；稻麦秸秆机械还田面积40010公顷。农机跨区作业面积15.25万公顷，其中，机收面积13.98万公顷，机耕面积2700公顷，机播和机插秧面积10000公顷；农机跨区作业总收入14500万元。

【农机推广】 全年推广到户新型、适用农用机械2371台套，其中步进式插秧机135台、乘坐式插秧机55台、秧盘播种成套设备12套、简易保鲜储藏设备62座、喷杆式喷雾机12台、平地机2台、深松机1台、微灌设备8台、增氧机382台、轮式拖拉机315台、粮食烘干机22台、秸秆还田与旋耕整地机523台、玉米播种机102台、条播机61台、抓草机14台、开沟机(器)35台、水产养殖机械30台套、其他谷物收获机械600台。

大型植保机械在田间进行防控作业

【农机监理】 全年出动500多人次、车辆150多辆次，检查上路农机325台，纠正违章121例，整改农机安全隐患400多起；培训镇区农机监理员、农机合作社成员300多人次。平安农机通发布信息200多条，发放“给机手一封信”1.66万份。年末，拖拉机、联合收割机挂牌率64.3%、持证率65.3%、检验率75.9%。

【农机培训】 全年举办农机技术培训班20期，培训1733人次；其中，大中型拖拉机驾驶员67人次、收割机驾驶员24人次、修理工48人次、植保机防手162人次、秸秆还田机驾驶员1332人次、其他100人次；农机职业资格鉴定301人。

【农机补贴】 中央和省财政拨付全县农机购置补贴2422.71万元，其中，中央补贴资金2222.71万元、省补贴资金200万元。当年使用资金3556.32万元，其中，中央补贴资金3372.66万元、省补贴资金168.86万元、报废补贴资金14.80万元。 （高劲松）

2015年响水县农机购置补贴情况

表36

序号	农机名称	台数(台)	享受人(人)	金额(万元)	序号	农机名称	台数(台)	享受人(人)	金额(万元)
1	自走轮式谷物联合收割机	153	150	514.30	12	穴播机	102	98	14.28
2	自走履带式谷物收割机	354	313	760.10	13	育秧播种成套设备	12	12	4.08
3	半喂入联合收割机	70	56	352.10	14	低温保鲜库	62	4	139.84
4	深松机	1	1	0.22	15	水稻插秧机	190	57	284.55
5	喷杆喷机	12	6	6.00	16	旋耕机	397	310	85.86
6	抓草机	14	13	12.50	17	开沟机	35	27	3.50
7	秸秆粉碎还田机	126	124	24.97	18	微灌设备	8	1	0.32
8	粮食烘干机	22	6	79.20	19	自走式玉米收获机	23	20	85.00
9	轮式拖拉机	315	245	1163.14	20	平地机	2	2	3.60
10	增氧机	382	5	11.46	21	水产养殖环境监管设备	30	2	4.80
11	条播机	61	58	6.50					

【"十佳农机合作社"和"优秀农机手"评比】 10月22日，县农机跨区作业协会开展县第二届"十佳农机合作社"和"百名优秀农机手"评选活动。经群众推荐，村居推选，镇区初评公示，协会审查，现场投票，评出南河镇军正、庭河、康达、裕丰、宝隆、鑫禾、双盈、生军、文喜、大洋等"十佳农机合作社"、100名"优秀农机手"。

（袁舒杰　高劲松　朱海鹏　顾立荣）

百名优秀农机手

刘怀兵	董伟伟	付开进	葛　勇
顾克胜	胡明珠	雷守连	李文松
林正法	蔡士俭	陆步现	钱俊坤
水玉山	孙树全	王　春	王付春
王辉江	王克林	陈建军	程树标
范才法	傅为钱	顾正林	陈文连
丁荣华	冯宝龙	葛万成	顾海兵
胡晓亚	金建华	李士能	林永健
刘贵宝	刘中能	潘国举	史善林
孙全亚	汪维生	王得意	王化富
王井友	蔡正洋	陈兆亮	胡为红
李　波	李武举	刘树松	孙延春
王达雨	王海军	王加国	王立高
陈开善	崔建华	高登友	谷立华
何位松	贾海卯	李富军	李左光
刘高海	缪素喜	孙发永	汪发海
王得标	王洪林	王　建	王声西
王万里	王学田	吴保家	徐　建
张昌林	张华国	张龙成	朱洪兵
王万双	吴从伟	徐学军	许永兵
杨应超	张建国	张庆岭	张耀中
朱礼功	王卫松	王中财	夏井树
徐正军	薛佃龙	张金虎	张善忠
周中青	王秀连	韦金华	邢洪军
许华站	张井龙	张子良	朱国锋

传统农业

【概　况】 全县种植业技术推广服务机构有县农业技术推广中心、植保植检站、粮油作物栽培指导站、农产品质量安全检验检测站、土壤肥料管理站、蔬菜生产技术指导站、农业干部学校、农业试验站，8个镇、4个中心社区种植业技术推广工作由镇区农业技术服务中心负责。

粮食、棉花、油料、经济作物等种植业为境内传统优势产业。2015年，粮食总产543721吨，油料总产21320吨；蔬菜瓜类种植面积28600公顷；高效农业面积4.10万公顷，设施园艺面积8287公顷。

【粮食作物】 粮食作物播种面积78640公顷，总产543721吨；其中，夏粮播种面积36970公顷，总产223967吨；秋粮播种面积41670公顷，总产319754万吨；水稻种植面积27470公顷，总产245827吨；玉米种植面积11930公顷，总产73927吨。

【油料作物】 油料作物播种面积5970公顷，总产21320吨；其中，油菜种植面积3650公顷，总产10950吨；花生种植面积2320公顷，总产10370吨。

【经济作物】 蔬菜瓜类种植面积28600公顷，其中，浅水藕种植面积2890公顷，牛蒡种植面积356公顷，菊花种植面积195公顷，蔬菜瓜果种植面积8827公顷。

【农业技术推广】 全年推广水稻精确定量栽培27470公顷、麦秸全量还田轻简稻作栽培11330公顷、水稻塑盘湿润育秧高产栽培23466公顷、水稻塑盘旱育抛秧栽培1200公顷；推广小麦超高产栽培23330公顷、小麦适期半精量播种8660公顷，小麦免（少）耕机械匀播栽培21330公顷、稻田套播小麦高产栽培3300公顷、晚茬小麦独秆栽培2000公顷；推广鲜食玉米高产高效栽培330公顷，推广移栽油菜秋发冬壮高产栽培1933公顷、直播油菜高产高效栽培1066公顷、油菜"油蔬两用"高效栽培330公顷。

【新品种推广】 水稻品种主要推广连粳6号、7号、9号、10号、11号，宁粳4号，华粳5号、武运粳21号、镇稻99；连粳7号种植面积约占水稻种植总面积72.2%。小麦品种主要推广济麦22、烟农19，淮麦20、23、24、29、30、33，良星99、徐麦30，济麦22和烟农19占小麦种植总面积70.2%。大麦品种主要推广扬饲麦1号、大中88-91、港啤1号、苏啤6号；玉米品种主要推广郑单958、蠡玉16、35、登海3622、济单7号、浚单20、金海5号、702号，苏玉20、27、29、30、33；郑单958、蠡玉16占玉米种植总面积56.2%。油菜品种主要推广秦优7号、8号、10号、11号，秦研211、淮杂油5号、苏油4号、史力佳、淮油18号，秦优7号、8号、10号种植面积占油菜种植总面积92%。

【农作物病虫害防治】 小麦：赤霉病、纹枯病、白粉病发生程度中等偏重至大发生。赤霉病病穗率2.9%；纹枯病病株率30.2%，病茎率21.0%，白穗率1.3%，病指15.5；白粉病病叶率39.8%，病指16.2。麦蜘蛛偏轻发生，穗蚜偏轻发生，粘虫轻发生。麦蜘蛛每33厘米麦行28.7头；蚜虫百株蚜量9.4头；粘虫零星见虫。油菜：菌核病、蚜虫偏轻至中等发生；菌核病病茎率5.5%；百株蚜量12.7头。水稻：稻瘟病、纹枯病、四代稻纵卷叶螟偏重发生，其他病虫害偏轻发生。纹枯病防治差，病重田块病株率66.9%，病指42.7，防治好、发生轻田块病株率7.9%，病指2.6；稻瘟病病穗率：移栽稻防治差的田块86.0%，直播稻14.5%；稻曲病病穗率0.18%；条纹叶枯病病株率0.12%，黑条矮缩病病株率0.17%；百穴稻褐飞虱4.9头；百穴稻白背飞虱13.5头；百穴稻纵卷叶螟漏治田526.6头，防治田7.2头；每公顷水稻大螟1758.0头，螟害率1.3%；每公顷水稻二化螟7909.5头，螟害率0.6%。玉米粗缩病、纹枯病、褐斑病、二点委夜蛾轻发生，玉米螟偏轻到中等发生；玉米锈病中等至偏重发生。蔬菜霜霉病、灰霉病、白粉病、蚜虫、蜗牛偏重发生，其他病虫害发生较轻。病虫防治坚持"预防为主、综合防治"植保方针和"绿色植保、科学植保、公共植保"理念，全年发布植保信息15期，在县电视台《响水新闻》《新农村》栏目发布病虫防治信息8期，字幕发布病虫防治信息10期，利用报纸、广播、手机短信发布病虫防治信息10期，印发病虫防治宣传单8期。全年病虫草害发生面积40.55万公顷次，防治面积53.90万公顷次。

【粮油生产补贴】 落实水稻直补98441户，面积23122.58公顷，补贴资金693.68万元；落实农资综合补贴98441户，面积35372.97公顷，补贴资金3928.69万元；落实水稻良种补贴82270户，面积26611.19公顷，补贴资金598.75万元；落实玉米良种补贴73431户，面积16282.29公顷，补贴资金244.24万元；落实小麦良种补贴94490户，面积38425.30公顷，补贴资金576.38万元；落实油菜良种补贴32114户，面积2328.43公顷，补贴资金34.93万元。

（陈 进 陈洪新 张红叶 缪学田）

南河镇万亩现代农业示范园大棚南瓜育苗

现代农业

【概 况】 2015年，重抓招商引资、项目建设、园区建设、联耕联种、品牌创建、配方施肥等工作。实施农业项目30个，实际投资4826.78万元；新增联耕联种面积2.53万公顷次；加强园区服务平台建设，集智能温室展示园、园艺生产标准园、种苗育供中心、农产品交易中心于一体；测土配方施肥7.33公顷，施用配方肥面积4.53公顷。

【农业项目建设】 全年争取现代农业发展、畜牧生态健康养殖示范创建、耕地质量建设农业废弃物资源利用、农机购置补贴、秸秆综合利用、户用沼气、粮食高产增效创建、农业服务体系建设、农技推广、农业实用技术培训、科技入户、挂县强农、农民培训、联耕联种、三新（新品种、新模式、新技术）工程、农产品质量建设、现代种业发展等农业项目30个，项目资金4826.78万元。围绕设施蔬菜、浅水藕等特色产业和农业载体建设，主动招商、以商引商；依托农产品展销会、农业信息网等平台，引进高效种养项目，带动传统农业转型升级。

【农业示范基地】 县现代农业示范园坐落南河镇南大线两侧，规划面积800公顷，涉及上王村、新南村、薛荡村、王集居1763户，年初被认定为市级示范园区，园区建成智能温室展示园、园艺生产标准园、园艺种苗中心、农产品交易中心；智能温室展示园玻璃温室大棚占地4608平方米；园艺生产标准园为连幢大棚、标准钢架大棚，占地面积533.33公顷；园艺种苗中心为智能玻璃温室、GSW-8430连幢大棚，占地面积13.33公顷；农产品交易中心占地面积2公顷。S326路沿线设施园艺产业带坐落S326路沿线小尖镇、双港镇、南河镇、陈家港镇，建成设施农业面积1333.33公顷，新建连片设施蔬菜基地8个，面积1100公顷。

【高产示范方创建】 全年创建部级、省级粮油高产“万亩示范片”18个，其中，水稻10个、玉米2个、小麦6个；5个示范片被省农委评定为A级示范片，其中，水稻2个、小麦2个、玉米1个。水稻高产示范片辐射面积9079.63公顷，涉及44个村31250户，示范片统一育秧机插，统一连粳7号品种；参与服务专业化合作组织37个，集中育秧面积69.07公顷，机械播栽、耙地、整地、植保统防统治面积2.80万公顷以上。玉米高产示范片辐射面积1815.83公顷，涉及8个村5245户，示范片统一机械播种，统一为蠡玉16或郑单958品种。小麦高产示范片辐射面积5318.53公顷，涉及20个村18062户，示范片统一机条播，统一为济麦22或烟农19品种。双港镇小麦高产示范片经市农委专家组测定，每公顷单产9183千克。

【联耕联种】 夏季95个村居实施水稻联耕联种示范片111个，面积7240公顷；秋季132个村居实施小麦联耕联种示范片147个，面积21420公顷。

【测土配方施肥】 按照统一测配、定点生产、连锁供应、指导服务运行机制和集成技术推广模式，抓好测土到田、配方到厂、供肥到点、指导到户五个环节，推广测土配方施肥技术，指导农民科学施肥，免费发放《测土配方施肥技术》手册3200本，“为农服务联系卡”6500张、“施肥建议卡”20多万张；培训技术人员、肥料销售户、种田大户1300多人；建立测土配方施肥示范区12个，推广测土配方施肥面积7.80万公顷，施用配方肥2.10万吨，覆盖115个村居7万多户。

【家庭农场】 年末，经登记家庭农场169个，注册资本（出资总额）13611万元，经营土地面积2622.25公顷，其中流转面积2525.84公顷，家庭劳动力672人，雇工116人。（孙国跃）

2015年末响水县家庭农场情况

表37

序号	名　称	经营者姓名	坐　落	注册资本或出资总额（万元）	主要产业（产品）	经营面积（公顷）合计	流转面积	流转期限（年）	家庭劳力（个）	雇工（人）	机械设备	工商登记时间
合计				13611		2622.25	2525.84		672	116		
1	一品缘生态	张智琛	县城黄海路西	100	园艺种植	24.00	24.00	15	3	1	有	2013.4.9
2	井友	王井友	平湖村一组	50	谷物种植	11.67	10.67	10	2	—	有	2013.5.6
3	正红	何正红	朱圩村二组	88	谷物种植	45.73	45.33	10	3	1	有	2013.5.6
4	润洋	赵长洋	黄响公路西测	50	谷物种植	8.00	6.87	5	4	—	有	2013.5.16
5	江山	江　山	五河村	10	谷物种植	7.87	7.87	20	4	2	否	2013.5.21
6	文庆	李文庆	二套村友谊路	20	谷物种植	17.33	17.17	6	7	—	否	2013.5.21
7	爱民	张仕海	合蒲村六组	100	蛋鸡养殖	3.33	3.07	18	5	2	有	2013.5.21
8	中山河	朱太书	同兴村朱庄组	50	谷物种植	16.00	15.40	12	4	—	有	2013.5.22
9	万原	周光明	周集居三组	30	蔬菜种植	4.00	3.33	7	3	2	否	2013.5.22
10	峻杰果蔬种植	张耀静	四港村三组	120	水果蔬菜	34.00	33.33	12	6	—	否	2013.6.5
11	金国	王金国	黄北居	15	谷物种植	16.93	16.00	10	5	2	有	2013.7.4
12	梦荷缘	单益生	张集中心社区	60	莲藕种植	100.40	100.00	16	4	—	否	2013.7.15
13	广源	彭寿峰	湾港村	50	水果种植	21.47	21.13	10	4	2	有	2013.8.30
14	强胜	凌加梅	兴南村	400	畜牧养殖	19.66	18.07	7	4	2	有	2013.9.18
15	凡亮	凡　亮	新建村	100	谷物种植	14.53	13.33	15	4	—	否	2013.9.26
16	红泰	周士刚	腰庄村	100	谷物核桃	23.93	23.66	18	6	1	否	2013.9.22
17	金润	张军民	黄北村一组	10	谷物种植	20.07	19.60	17	3	—	有	2013.10.18
18	正平	张正平	金港村八组	30	养殖山羊	3.73	3.72	—	4	—	否	2013.10.30
19	宏祥	施小祥	五河村	30	生猪养殖	0.93	—	—	4	—	否	2013.11.21
20	玉权	王玉权	湾港村	16	谷物种植	13.52	13.33	10	2	—	否	2013.12.3
21	文猛	殷文猛	湾港村	16	谷物种植	13.49	13.33	10	2	—	否	2013.12.3
22	金穗粮食种植	解子洪	新光村三组	55	谷物种植	21.40	19.47	6	4	—	有	2013.12.9
23	绿优果蔬种植	叶恩君	陈家港镇中心居	20	果蔬种植	26.67	26.67	10	2	1	有	2013.12.13
24	二东	陈秀龙	丰大村	300	谷物种植	19.00	18.67	10	5	—	否	2013.12.24
25	吴氏	吴中青	环南居	500	谷物种植	18.73	18.33	10	5	1	有	2013.12.25
26	五条沟	刘进波	产旺村条河组	5	谷物种植	7.33	5.33	10	5	—	有	2013.12.26
27	开心	沈永翠	新北村	100	草鸡饲养	5.00	4.67	5	2	1	有	2013.12.27
28	惠民	周春龙	豫东居三组	10	谷物种植	9.20	7.80	5	4	—	有	2013.12.30
29	共赢粮食种植	姚正华	新光村一组	50	谷物种植	13.60	13.20	6	3	—	有	2014.1.9
30	朱氏	朱从礼	朱圩村九组	10	谷物种植	24.33	23.33	5	2	—	否	2014.1.17
31	绿利源	崔如连	朱圩村	99	谷物种植	34.53	33.87	5	3	2	有	2014.1.23
32	金鑫	邵中守	兴南村	300	绿化树苗	17.33	17.33	15	4	2	无	2014.1.24
33	达利	吴开权	东吴居	50	谷物种植	36.71	35.78	10	4	—	有	2014.2.24
34	益鹏	许益鹏	东吴居	135	谷物种植	9.21	9.00	7	2	—	无	2014.2.27

续表37

序号	名　称	经营者姓名	坐　落	注册资本或出资总额（万元）	主要产业（产品）	经营面积（公顷）			家庭劳力（个）	雇工（人）	机械设备	工商登记时间
						合计	流转					
							面积	期限（年）				
35	灌河老高	高明云	月港通榆河堆	10	果树种植	5.63	5.33	20	2	2	否	2014.3.5
36	源浩	王玉珍	徐洪村	10	生猪养殖	3.00	2.67	15	4	—	有	2014.3.26
37	福乐	王秀芹	五河居四组	20	谷物蔬菜	9.27	7.93	8	4	—	有	2014.3.26
38	秀海	张秀海	双港镇S326路	80	蔬菜种植	34.00	33.33	6	2	1	有	2014.4.10
39	德刚	陈德刚	丰大村	30	生猪谷物	7.59	6.99	10	6	—	无	2014.4.11
40	兴旺	王得群	兴华居四组	100	谷物养殖	11.87	11.32	10	4	—	有	2014.4.14
41	玮玮	梁值玮	豫北居	10	猪羊养殖	7.33	6.07	15	4	—	无	2014.4.16
42	欢乐	施胜兵	五河居十一组	20	谷物养鸡	9.27	8.93	5	4	—	有	2014.4.16
43	亭泉水产养殖	冯善军	亭泉村冯庄组	30	水产养殖	5.20	4.00	10	4	—	无	2014.4.23
44	红杏	陈志荣	朱圩村六组	20	葡萄种植	17.06	16.73	14	2	—	无	2014.4.24
45	健丰	王静健	大口村	100	谷物种植	8.97	8.23	10	5	2	有	2014.4.30
46	全安谷物种植	林海泉	运西村林庄组	20	谷物种植	3.84	3.24	14	3	—	无	2014.5.14
47	宝亚谷物种植	吕宝亚	唐友村	10	谷物蔬菜	7.20	6.00	8	4	—	有	2014.5.29
48	锦标	高井标	头甲村二组	100	水稻水产	13.79	13.59	5	2	1	有	2014.6.6
49	大翥淡水养殖	田正刚	中心居八组	100	水产养殖	3.67	3.33	5	5	1	无	2014.6.6
50	永昌浅水藕	薛　飞	双套村	9	藕养殖	17.27	16.53	7	2	1	无	2014.6.16
51	本味园	谢庆生	同兴村	10	蔬菜种植	9.33	8.80	10	4	2	无	2014.7.10
52	富祥豆类种植	顾从明	富民村二组	90	养鱼	8.15	7.89	17	4	—	无	2014.7.11
53	春玉水稻种植	杜生军	小港村三组	10	谷物种植	7.92	7.46	5	4	—	有	2014.7.24
54	东盛	王声娟	太平村	200	谷物种植	13.01	12.75	14	3	—	无	2014.7.23
55	佳苑	潘如忠	友爱村	50	谷物种植	7.89	7.52	14	4	—	有	2014.7.17
56	图强	郭焕强	尚圩村	47	谷物种植	15.33	15.33	5	3	2	有	2014.7.24
57	鼎顺	罗树梅	尚圩村	50	谷物种植	15.13	14.67	5	5	—	有	2014.7.24
58	豪运	卞龙青	东吴居	30	谷物种植	12.53	12.00	6	6	—	有	2014.7.29
59	响水农夫山庄	杜平久	大口村	500	果蔬种植	6.54	6.34	13	5	4	无	2014.8.6
60	李前谷物种植	李军光	孙埝村老庄组	5	谷物种植	7.67	6.67	5	4	—	有	2014.8.19
61	其全	傅齐全	双港居	300	谷物种植	14.46	14.06	5	4	—	有	2014.9.30
62	戈正山羊养殖	殷作山	张集居六组	10	山羊养殖	4.60	4.00	5	3	—	无	2014.9.23
63	宏达农作物种植	胡可伦	新光村一组	500	谷物种植	15.60	15.40	14	3	1	无	2014.10.22
64	吴庄	吴　忠	淮河村七组	200	种养结合	8.17	7.10	10	4	2	有	2014.11.5
65	军芹	吴宝军	徐洪村	100	谷物种植	8.44	8.44	4	4	2	无	2014.11.19
66	言兵	王步梅	均平村	500	种养结合	35.07	35.070	14	4	—	无	2014.11.25
67	润昌农作物种植	张宝国	灌东盐场	100	谷物种植	55.67	55.47	5	5	3	有	2014.12.4
68	勇昌	田向东	双港居	100	谷物种植	10.87	10.33	14	4	2	有	2014.12.15
69	五田谷物	李国栋	四套村小港组	20	谷物种植	12.70	12.43	10	4	—	有	2014.12.26
70	禾益	康　磊	黄北村一组	30	种养结合	13.87	13.33	14	4	1	否	2014.12.31

续表37

序号	名称	经营者姓名	坐落	注册资本或出资总额(万元)	主要产业(产品)	经营面积(公顷)			家庭劳力(个)	雇工(人)	机械设备	工商登记时间
						合计	流转					
							面积	期限(年)				
71	东星海水养殖	王俊前	三圩盐场场部	100	淡水养殖	33.86	33.33	5	4	3	否	2014.12.31
72	美芹有限公司	张玉亮	七套民生路	100	淡水养殖	7.87	7.33	10	5	3	否	2014.12.31
73	宝铭	顾启宝	新南村	100	瓜蒌樱桃	7.67	7.67	15	4	3	有	2015.1.22
74	德龙	仇德龙	新南村	50	西瓜种植	20.00	20.00	16	4	3	有	2015.2.5
75	众旺牛羊养殖	刘开众	民强村	500	牛羊养殖	3.87	3.67	10	6	3	否	2015.2.16
76	王加禄	王加禄	东吴居前王村	10	谷物种植	9.20	8.80	10	2	—	有	2015.3.3
77	芳德	林芳德	王集居顺兴路	40	果蔬种植	7.07	6.67	15	4	—	有	2015.3.4
78	老梁	梁春利	树圩村	30	葡萄种植	3.80	3.53	10	5	2	否	2015.3.5
79	农富	刘学标	新舍村一组	20	谷物种植	9.09	8.23	12	5	—	有	2015.3.11
80	加贵谷物种植	王加贵	康庄村二十组	100	谷物种植	20.57	20.03	10	5	3	否	2015.3.11
81	军云谷物种植	陆立军	康庄村一组	80	谷物种植	18.22	17.70	10	2	1	否	2015.3.11
82	金禾谷物种植	于正猛	康庄村十组	60	谷物种植	19.41	18.93	10	3	2	否	2015.3.11
83	水稻种植农场	高进之	正茂村	10	谷物种植	9.93	9.00	7	5	—	有	2015.3.11
84	满仓谷物	单　磊	富民村	58	种养结合	10.60	9.73	16	4	1	否	2015.3.16
85	耀国	张耀国	双港居	30	谷物种植	13.33	12.20	10	4	—	有	2015.3.27
86	郡谣	秦德祥	东盛村二组	20	藕谷物	13.67	12.00	6	6	2	有	2015.4.7
87	红星水稻种植	周祖刚	六套街北	90	谷物葡萄	7.86	7.55	13	5	1	有	2015.4.8
88	新扬	张令站	新海村七组	180	谷物种植	9.87	8.81	15	6	—	有	2015.4.15
89	兆银谷物	王兆银	双民村	13	谷物种植	9.02	8.22	5	2	—	有	2015.4.21
90	旺达	李江团	韩荡村六组	9	种养(猪)	9.93	9.53	12	4	1	有	2015.4.21
91	广源	彭大跃	湾港村跃进新河	300	核桃谷物	25.02	24.77	5	6	2	有	2015.4.22
92	万国	何万国	红旗村四组	30	谷物种植	10.40	9.27	10	2	1	有	2015.4.23
93	定虎	徐定虎	红旗村四组	30	谷物种植	7.73	7.07	10	4	—	否	2015.4.23
94	华珍	吴清华	新建村九组	50	种养(猪)	3.67	3.00	10	4	—	有	2015.4.29
95	皂角树水果	费尚洋	皂角村	50	西瓜种植	8.00	7.20	14	3	—	否	2015.5.12
96	小顾	顾以圣	双套村	50	甘薯种植	9.97	8.35	5	5	—	有	2015.5.13
97	伟业谷物种植	顾克胜	四港村一组	10	谷物种植	8.13	7.80	5	4	—	有	2015.5.14
98	谷丰	朱红明	毕圩村	10	谷物种植	86.67	86.67	3	2	—	有	2015.5.19
99	大杰水果种植	孙卫东	六套街居S308路北	29	水果种植	19.93	19.33	6	3	—	否	2015.5.19
100	苏建	崔海霞	双港居	30	谷物种植	10.80	10.67	10	3	2	否	2015.5.20
101	海法	王海法	花枝村三组	50	谷物种植	15.65	15.38	5	3	—	否	2015.5.21
102	学俊	杨学俊	洪南村	30	谷物种植	13.73	13.33	14	3	1	否	2015.5.22
103	洪其	王洪其	洪南村	50	西瓜蔬菜	27.07	26.67	16	4	2	有	2015.5.22
104	沃邦	辛立国	张集居	500	谷物种植	26.73	26.53	14	5	—	有	2015.5.22
105	培军	刘培军	新建居	50	养殖菜牛	3.93	3.53	10	4	—	有	2015.5.25
106	玉春	陆玉春	大东村	10	种养结合	10.81	10.23	5	5	—	有	2015.5.27

续表37

序号	名　称	经营者姓名	坐　落	注册资本或出资总额（万元）	主要产业（产品）	经营面积（公顷）			家庭劳力（个）	雇工（人）	机械设备	工商登记时间
						合计	流转					
							面积	期限（年）				
107	颜海霞粮食种植	颜海霞	小港村二组	10	谷物种植	10.22	8.69	5	4	2	有	2015.6.2
108	如伟粮食种植	刘如伟	六港村八组	10	谷物种植	12.33	11.73	10	4	2	有	2015.6.2
109	开兵粮食种植	施开兵	新光村一组	10	谷物种植	8.21	7.41	5	4	2	有	2015.6.2
110	保卫谷物种植	刘保卫	新条村七组	40	谷物种植	10.67	8.67	5	6	—	有	2015.6.3
111	合心	朱海东	黄河居二组	200	谷物种植	47.37	46.67	10	4	1	有	2015.6.5
112	宏牧种植	吴刚山	南河村吴庄组	20	谷物种植	21.40	21.00	14	4	—	否	2015.6.5
113	丰盈谷物	杨宁建	大通村	20	谷物种植	20.15	19.55	13	4	—	否	2015.6.5
114	云里农作物种植	孙云里	七套居	60	谷物种植	34.400	34.00	10	3	—	有	2015.6.10
115	云本	薛云本	老舍居S308路北	60	蔬菜种植	7.30	6.87	13	4	2	否	2015.6.12
116	品飞	徐品飞	老舍居S308路北	100	水产养殖	8.00	7.47	13	3	2	否	2015.6.12
117	国华	刘国亚	东盛村	10	谷物种植	7.89	7.49	6	4	—	有	2015.6.16
118	益盛谷物	徐甫俊	大通村	20	谷物藕	73.60	73.33	14	4	2	有	2015.6.29
119	龙康家禽养殖	谢以清	中兴村六组	10	肉鸡养殖	6.36	5.29	3	1	—	否	2015.7.1
120	应柏	谢应柏	尚圩村	10	谷物种植	12.60	10.93	6	6	—	否	2015.7.7
121	华盛蔬菜	刘　蕾	三套村	60	黄瓜洋葱	8.38	7.92	5	3	1	否	2015.7.8
122	蓝海果木种植	张以春	灌东船闸沿路	10	果木林木	40.53	40.00	10	4	1	否	2015.7.10
123	中友	王中友	兴南村	50	西瓜蔬菜	7.46	7.06	6	3	1	否	2015.7.14
124	波康谷物种植	王波康	王商居	100	谷物种植	29.15	29.15	5	4	—	有	2015.7.16
125	刘正林	刘正林	恩覃村	22	养鱼	10.53	10.07	10	5	—	否	2015.7.27
126	任海和	任海和	恩覃村	18	养殖对虾	9.53	8.80	8	3	—	否	2015.7.27
127	树全	孙树全	加庆村	50	谷物种植	14.27	13.87	5	5	—	有	2015.7.29
128	二永谷物种植	张树磊	立礼村	20	谷物种植	7.26	6.78	6	5	—	有	2015.7.30
129	鑫之源海鸭养殖	赵跃跃	沿海滩涂	50	海鸭养殖	4.20	4.00	5	5	2	有	2015.7.30
130	李氏	李章科	王集居	30	水果蔬菜	7.53	7.20	5	5	3	有	2015.8.6
131	树勇谷物种植	张树勇	立礼村	10	谷物种植	7.28	6.80	8	4	—	有	2015.8.11
132	德利	张本芹	东盛村	10	谷物种植	10.33	9.00	5	4	—	否	2015.8.11
133	鑫伟	朱召林	头甲村	120	谷物种植	8.27	7.73	5	5	1	否	2015.8.12
134	青宇	薛良军	新荡村	100	谷物种植	10.73	7.79	10	4	—	有	2015.8.13
135	正洲	于正洲	新荡村	10	谷物种植	7.86	7.20	10	4	—	—	2015.8.19
136	丛草	李中华	腰庄村	150	谷物种植	17.66	17.33	14	3	1	否	2015.8.27
137	张四	张祖祥	新荡村	100	谷物种植	10.70	10.03	10	5	—	有	2015.8.27
138	广进蔬菜种植	纪广进	六港村	10	蔬菜种植	45.1	414.83	6	4	1	否	2015.8.28
139	双子	曹海东	双港居	100	谷物种植	8.22	8.15	16	4	—	否	2015.8.31
140	树歌	孙树歌	加庆村	20	谷物种植	7.93	6.93	5	4	—	有	2015.9.2
141	蒋家	蒋素平	老舍居	500	养殖鱼虾	21.13	21.00	7	3	—	否	2015.9.2
142	珍丽	彭海珍	小广村	500	谷物种植	8.33	8.00	5	3	—	否	2015.9.15

续表37

序号	名　称	经营者姓名	坐　落	注册资本或出资总额（万元）	主要产业（产品）	经营面积（公顷）			家庭劳力（个）	雇工（人）	机械设备	工商登记时间
						合计	流转					
							面积	期限（年）				
143	孝龙	张孝龙	新荡村	20	谷物种植	14.50	14.03	10	5	—	有	2015.9.15
144	德满	杨连旭	杨回村	300	蔬菜种植	11.36	11.03	10	5	—	有	2015.9.17
145	丽云	唐丽云	上王村	58	大棚蔬菜	3.00	2.33	14	2	1	否	2015.9.24
146	瑞子丰谷物种植	王子苹	合心九组	10	谷物种植	16.13	15.60	13	3	1	有	2015.10.9
147	红亚	江红亚	云彩村	9	种养	10.80	10.00	10	5	—	否	2015.10.12
148	梅湾谷物种植	张万伯	七套梅湾	10	谷物种植	7.89	7.23	20	6	—	有	2015.10.20
149	立峰	单以伟	杨回村	10	谷物种植	7.37	6.84	10	4	—	有	2015.10.26
150	源盛	周序礼	潘庄村	50	谷物种植	8.70	8.30	—	4	—	有	2015.10.26
151	金润禾谷物种植	程廷河	民强村四份	10	谷物种植	11.05	10.45	13	3	—	有	2015.10.28
152	志豪谷物种植	孙忠诚	新光村	10	谷物种植	8.19	7.39	5	4	—	有	2015.10.27
153	玉祥	谭玉祥	老舍居	150	谷物种植	98.00	98.00	6	3	1	有	2015.10.27
154	康庄艳成	王永青	康庄村	10	谷物种植	12.34	11.94	10	5	—	有	2015.10.29
155	博汇有限公司	张　峰	大有居	100	鹅羊养殖	0.93	—	—	6	—	否	2015.10.29
156	亭盛水产养殖	何乃龙	亭泉三组	10	特水养殖	8.93	8.47	15	4	—	否	2015.10.16
157	中胜	桑胜久	潘庄村七组	50	生猪养殖	10.61	10.35	20	6	—	否	2015.10.21
158	成海	杜成海	洪南村	40	谷物种植	7.73	7.33	13	4	—	否	2015.10.27
159	业兴	李伟港	头甲村	100	谷物种植	11.38	10.98	5	6	—	否	2015.11.5
160	宁安	张锦花	农场村	50	种养（猪）	20.07	19.07	14	4	—	有	2015.11.9
161	兆勤	李兆军	四烈村	35	谷物种植	8.67	7.42	10	4	—	有	2015.11.16
162	广胜家禽养殖	唐文飞	四港村六组	50	种养结合	4.03	3.49	8	4	1	有	2015.11.23
163	星汝	陈洪高	尚圩村	10	谷物种植	14.30	14.13	10	3	—	有	2015.11.24
163	泓宇	沈友军	合浦居七组	10	谷物种植	10.80	10.53	13	4	—	否	2015.11.27
164	晟丰	朱雷雷	陈沟村	200	养猪	5.33	5.00	10	4	—	否	2015.12.15
165	青云陈家港镇	印义青	何圩村	10	谷物种植	11.73	9.93	10	4	—	有	2015.12.16
166	悦丰	江登亮	友爱村三组	10	谷物种植	17.82	17.12	13	4	—	否	2015.12.21
167	红丰	汪立云	黄河居五组	30	水产养殖	5.00	4.67	10	3	1	有	2015.12.29
168	金穗谷物种植	王加友	康庄村	10	谷物种植	35.20	34.67	13	4	2	否	2015.12.30
169	雨后	王生知	头甲村	150	谷物种植	18.41	17.75	5	4	—	有	2015.12.30

生态农业

【概　况】 2015年，突出抓好绿色响水建设、清洁能源建设、无公害农产品生产、秸秆综合利用等工作。年末，成片林553.60公顷、农田林网3666.67公顷，林木覆盖率26.93%；无公害农产品239个；沼气服务网点30个、农村户用沼气池10995处、畜禽场沼气工程45处，发酵池总容积109660立方米；8.64万公顷农作物生产秸秆62.55万吨，利用62.08万吨，利用率99.25%。

【绿色响水建设】 全年成片造林553.60公顷（国债生态林333.33公顷），新建和完善农田林网3666.67公顷，四旁植树85万株（义务植树60万株），新建省级绿化示范村10个（森林生态示范村2个），新建和完善花卉苗木、经济林果专业村各1个，自然湿地保护率65.02%，森林抚育1000公顷；园区绿化率30%，建城区绿化覆盖率40.6%；新建和完善绿色通道45千米。

【秸秆综合利用】 推进秸秆多种形式利用，重抓机械还田，实现综合利用全覆盖。全年农作物秸秆用作肥料53.97万吨（机械还田40.70万吨），用作能源、饲料、工业原料、收贮销售等8.11万吨。

【农业环保与农村能源】 以改善环境、提升农业生态水平为目标，推进生态循环农业上台阶。全年新建养殖场沼气工程10处，省级以上投资2115万元；其中，中型沼气工程9处，省级投资315万元；特大型沼气工程1处，国家投资1800万元。新建户用沼气池800处。年末，有沼气服务网点30个、农村户用沼气池10995处、畜禽场沼气池45处；发酵池总容积109660立方米。

【农产品品牌】 全年新增无公害农产品62个、绿色食品1个；新制定农产品生产技术规程72个。年末，有品牌农产品290个；其中，无公害农产品254个、绿色食品33个、有机食品1个、地理标志农产品2个；品牌农产品种植面积66887公顷，总产55.16万吨，占农产品总产37.13%。年末，有农产品生产技术规程134个。 （韩伟斌 赵凤仙）

地理标志产品响水浅水藕

2015年响水县获无公害农产品情况

表38

序号	申请人	产品名称	年产量(吨)	证书编号
1	运河镇四套蔬菜专业合作社	番茄	6300	WGH-15-03300
2	运河镇四套蔬菜专业合作社	茄子	3150	WGH-15-03299
3	运河镇四套蔬菜专业合作社	辣椒	4845	WGH-15-03298
4	响水县富华蔬菜专业合作社	青花菜	13500	WGH-15-03308
5	响水县食安农产品专业合作社	黄瓜	4800	WGH-15-03303
6	响水县食安农产品专业合作社	南瓜	2700	WGH-15-03304
7	响水县食安农产品专业合作社	辣椒	3150	WGH-15-03305
8	响水县苏北农副产品销售专业合作联社	小麦	1010	WGH-15-00676
9	响水县建美粮食专业合作社	小麦	2720	WGH-15-00678
10	响水县姜圩长绿蔬菜专业合作社	辣椒	7868	WGH-15-07293
11	响水县东旺浅水藕农民专业合作社	莲藕	13500	WGH-15-07295
12	响水县田友果蔬农民专业合作社	番茄	6525	WGH-15-07286
13	响水县舒然种植专业合作社	西瓜	6750	WGH-15-03302
14	响水县豫顺食用菌专业合作社	斑玉蕈	1830	WGH-15-03294
15	响水县卫伍农产品产销专业合作社	稻谷	4455	WGH-15-00679
16	响水县惠农粮食专业合作社	稻谷	4855	WGH-15-00677
17	响水县福孝德生态农业专业合作社	西瓜	4522	WGH-15-07294
18	响水县美乐农产品专业合作社	西瓜	4020	WGH-15-03220
19	响水县腰庄蔬菜专业合作社	番茄	6300	WGH-15-03296

续表38

序号	申请人	产品名称	年产量(吨)	证书编号
20	盐城天润农业科技有限公司	稻谷	1980	WGH-15-00684
21	响水县惠农粮食专业合作社	小麦	2614	WGH-15-00682
22	响水县双丰农产品专业合作社	西瓜	13500	WGH-15-03301
23	响水县腰庄蔬菜专业合作社	辣椒	5250	WGH-15-03295
24	盐城天润农业科技有限公司	大麦	1110	WGH-15-03297
25	响水县建美粮食专业合作社	稻谷	4851	WGH-15-00683
26	响水弘益葡萄专业合作社	葡萄	3000	WGH-15-03307
27	响水县灌河农业科技发展有限公司	糯玉米	2800	WGH-15-03219
28	响水县秀芹农副产品专业合作社	稻谷	5025	WGH-15-00685
29	响水县洪桥葡萄专业合作社	葡萄	3600	WGH-15-03306
30	响水县苏北农副产品销售专业合作联社	稻谷	1931	WGH-15-00681
31	响水县秀芹农副产品专业合作社	小麦	2850	WGH-15-00686
32	响水县美乐农产品专业合作社	青花菜	13275	WGH-15-03221
33	响水县田友果蔬农民专业合作社	辣椒	5625	WGH-15-07285
34	响水县美合蔬菜专业合作社	黄瓜	5328	WGH-15-07280
35	七套永丰蔬菜专业合作社	辣椒	4532	WGH-15-07288
36	陈家港镇正明谷物种植家庭农场	稻谷	940	WGH-15-04718
37	六套湾港玉权家庭农场	稻谷	893	WGH-15-04719
38	六套广源家庭农场	稻谷	897	WGH-15-04721
39	响水县二东家庭农场	稻谷	926	WGH-15-04723
40	响水县朗林谷物种植专业合作社	稻谷	4733	WGH-15-04725
41	响水县开俊设施蔬菜专业合作社	茄子	6030	WGH-15-07283
42	六套中山河家庭农场	稻谷	907	WGH-15-04722
43	双港镇勇昌家庭农场	稻谷	889	WGH-15-04724
44	黄海农场	稻谷	28500	WGH-15-04726
45	六套湾港文猛家庭农场	稻谷	884	WGH-15-04720
46	南河镇芳德家庭农场	青花菜	4420	WGH-15-07279
47	七套永丰蔬菜专业合作社	番茄	4680	WGH-15-07289
48	响水县立本粮食专业合作社	稻谷	4687	WGH-15-04731
49	六套本味园小麦家庭农场	小麦	565	WGH-15-04732
50	响水县兴达小杂粮专业合作社	稻谷	4800	WGH-15-04733
51	响水县佳苑家庭农场	稻谷	945	WGH-15-04734
52	黄海农场	小麦	23785	WGH-15-04735
53	六套回龙港蔬菜专业合作社	青花菜	13275	WGH-15-07282
54	盐城万洋农副产品有限公司	西瓜	19710	WGH-15-07290
55	响水县姜圩长绿蔬菜专业合作社	茄子	5622	WGH-15-07292
56	响水县开俊设施蔬菜专业合作社	番茄	7245	WGH-15-07284
57	响水县美合蔬菜专业合作社	西葫芦	4620	WGH-15-07281

续表38

序号	申请人	产品名称	年产量(吨)	证书编号
58	七套永丰蔬菜专业合作社	茄子	4365	WGH-15-07287
59	响水县鑫伟蔬菜专业合作社	稻谷	4557	WGH-15-04797
60	响水县兆海西甜瓜专业合作社	西瓜	19536	WGH-15-07291

2015年末响水县有效绿色食品名录

表39　　　　单位:吨

序号	企业名称	产品名称	商标名称	证书编号	产品类别	批准产量
1	银宝盐业有限公司	粉洗盐(非碘)	淮+拼音+图形	LB-54-1308109818A	食盐	20000
2		海精盐	雪涛、图形	LB-54-1308109819A	食盐	3000
3		加碘粉洗盐	淮+拼音+图形	LB-54-1308109820A	食盐	30000
4		加碘海精盐	雪涛、图形	LB-54-1308109821A	食盐	5000
5		加碘食用盐	雪涛、图形	LB-54-1308109822A	食盐	10000
6		精制海盐(加碘)	淮+拼音+图形	LB-54-1308109823A	食盐	30000
7		精制海盐(非碘)	淮+拼音+图形	LB-54-1308109824A	食盐	9000
8		精制颗粒盐(自然晶)	淮+拼音+图形	LB-54-1308109825A	食盐	40000
9		精制泡菜盐	淮+拼音+图形	LB-54-1308109826A	食盐	7000
10		精制食用盐(海盐)	淮+拼音+图形	LB-54-1308109827A	食盐	3000
11		普通腌制用盐(粉碎洗涤盐)	雪涛、图形	LB-54-1308109828A	食盐	60000
12		未加碘食用盐(粉碎洗涤盐)	雪涛、图形	LB-54-1308109829A	食盐	50000
13		腌制盐(精制型)	淮+拼音+图形	LB-54-1308109830A	食盐	10000
14		腌制盐(普通型)	淮+拼音+图形	LB-54-1308109831A	食盐	20000
15	大有翠苑草鸡合作社	草鸡(活)	大有翠苑+图形	LB-28-1311109651A	鸡肉	15
16		草鸡蛋	大有翠苑+图形	LB-31-1311109652A	鸡蛋	34
17	江苏桂花养殖公司	冻光鸭	黄海	LB-28-1312109700A	鸭肉	2000
18	银宝盐业有限公司	日晒细盐	淮	LB-54-1311103808A	食盐	30000
19		加碘粉洗盐	中盐	LB-54-1311103809A	食盐	40000
20		腌制盐(精制盐)	中盐	LB-54-1311103810A	食盐	40000
21		腌制盐(普通型)	中盐	LB-54-1311103811A	食盐	50000
22		自然晶盐(颗粒盐)	中盐	LB-54-1311103812A	食盐	40000
23		精制泡菜盐	中盐	LB-54-1311103813A	食盐	20000
24		雪花盐	中盐	LB-54-1311103814A	食盐	10000
25		精制盐	中盐	LB-54-1311103815A	食盐	30000
26		精制食用盐(海盐)	银莹	LB-54-1311103816A	食盐	40000
27	黄海农场	西瓜	苏垦田园+图形牌	LB-18-1203103755A	西瓜	20000
28	兴旺小杂粮农民合作社	花生	苏响+图形	LB-09-1403104316A	油料	75
29		黄豆	苏响+图形	LB-07-1403104317A	大豆	75
30		玉米	苏响+图形	LB-05-1403104318A	玉米	75
31		大麦	苏响+图形	LB-13-1403104319A	谷物杂粮	260
32	农垦米业集团黄海公司	星佳米	星佳	LB-03-1402100428A	大米	12000

2015年末响水县有效有机农产品

表40 单位:吨

序号	企业名称	产品名称	商标名称	证书编号	产品类别	批准产量
1	莲万家莲藕合作社	莲藕	神荷	134OP1300312	29	4230

2015年末响水县地理标志农产品

表41 单位:吨

序号	企业名称	产品名称	商标名称	证书编号	产品类别	批准产量
1	特种水产养殖协会	四鳃鲈鱼	四鳃鲈鱼	11221852	29	—
2	县浅水藕协会	浅水藕	响水浅水藕	1419/2508	29	—

林　业

【概　况】 响水县林业局为县人民政府直属事业局，副科级建制，计划、财务单列，归口县农委，核定公务员编制4人、全额财政拨款事业编制12人，其他事业编制31人。内设综合科、林业科(行政审批科)，下辖林业站、蚕桑站、林苗圃。各镇区设林业事业编制2人。

2015年，全县突出抓好绿化重点工程、森林资源管护、培植林业典型等工作，推行树塘拍卖、返租倒包、承包经营、树随田走、合股合作等营林机制，超额完成“绿色盐城”建设任务。全年完成成片造林553.60公顷，其中国债生态林333.33公顷；新建和完善农田林网3666.67公顷，四旁植树85万株，新建省级绿化示范村10个，新建和完善郭庄村花卉苗木专业村、小广村经济林果专业村；新建成昔阳渠、黄北河、四套河、五套河、高港河、新建支渠等6.67公顷以上成片林基地；均平村、湾港村20~33.33公顷干果经济林基地；林木覆盖率26.93%，超过全面小康指标6.93个百分点；自然湿地保护率65.02%，森林抚育1000公顷；全民义务植树60万株，园区绿化率30%，建城区绿化覆盖率40.6%；新建和完善绿色通道45千米。年末，全县森林覆盖面积28453公顷，其中，有林地21285公顷、特灌林地167公顷、四旁树7001公顷；活立木总蓄积量128万立方米；县级以上公路和90%以上城乡道路建成高标准绿色通道。年终，县人民政府被被市人民政府表彰为“绿色通道建设先进县”“农村绿化先进县”。

2015年末响水县镇区场经济林木面积

表42

镇区场	桑园(公顷)	水果(公顷)					特种经济林(公顷)
		梨	葡萄	桃	核桃	其他	
响水镇	—	156.71	15.00	5.00	—	10.87	4.66
陈家港镇	—	47.87	3.50	2.00	—	23.33	3.40
小尖镇	50	23.70	27.5	12.67	—	11.80	8.67
大有镇	—	17.67	—	2.33	—	9.33	2.33
南河镇	—	34.47	—	4.67	—	27.64	3.20
双港镇	—	9.83	—	1.47	20.00	16.10	5.67
黄圩镇	—	22.00	3.00	12.02	25.80	28.83	5.00
运河镇	—	20.33	—	5.00	—	29.00	2.67
张集中心社区	—	5.30	—	1.67	4.00	21.00	1.33
六套中心社区	—	12.57	3.10	3.00	18.00	9.10	13.33
七套中心社区	—	6.00	—	1.67	—	12.00	2.67
老舍中心社区	—	8.55	2.60	1.33	—	17.34	4.67
响水经济开发区	—	13.13	7.20	4.67	—	19.33	2.00
响水生态化工园区	—	8.67	—	2.00	—	7.33	—

续表42

镇区场	桑园(公顷)	水果(公顷)					特种经济林(公顷)
		梨	葡萄	桃	核桃	其他	
黄海农场	—	—	—	—	—	—	10.00
其他	—	—	—	—	—	—	49.33
合计	50	386.80	61.90	59.50	67.80	243.00	118.93

2015年末响水县镇区场林木覆盖率

表43

镇区场	林木覆盖率%	镇区场	林木覆盖率%
响水镇	23.14	运河镇	26.23
陈家港镇	29.96	张集中心社区	26.51
小尖镇	21.13	六套中心社区	26.81
大有镇	27.35	七套中心社区	25.53
南河镇	19.84	老舍中心社区	24.03
双港镇	20.57	响水经济开发区	24.04
黄圩镇	31.27	响水生态化工园区	25.25
灌东盐场	—	黄海农场	26.48

【绿化重点工程】 市下达9项绿化重点工程全面完成。农村绿化5项，建成国债生态防护林333.33公顷；新建沿海“万亩生态林”场(第二期工程)成片林133.33公顷；建成黄北村、三汾村2个森林生态示范村；新建郭庄村花卉苗木基地40公顷，总面积133.33公顷；小广村新栽植葡萄等果树20公顷。城镇绿化3个，完成东鸣湖公园绿化、东海路两侧绿化景观带、迎宾大道两侧景观带；S326路出口至G204国道段5千米绿色通道工程。

【沿海滩涂造林试验示范工程】 S326路响水沿海经济开发区段盐碱路基、海堤等新建和完善绿色通道12千米，植树成活率70%以上。

【省级绿化示范村建设】 召开会议，落实任务；印发资料，宣传发动；深入实地，指导创建；与小康村建设统一规划，同步实施。新建黄北村、均平村、南河村、运西村、康庄村、新条村、皂角村、梅湾村、三汾村、杨回村等省级绿化示范村10个。年末，省级绿化示范村50个(森林生态村8个)。

黄北村栽植女贞、红叶石楠、垂柳、白蜡等景观树种，建成农田林网155.33公顷，四旁植树6.20万株，林木覆盖率40.1%，农田林网控制率95.3%。杨回村栽植女贞、枇杷、紫薇、棕榈与常绿树种；康庄村以乡土树种为主，搭配常绿、灌木、珍贵树种及林果花卉苗木；三汾村见缝插绿，户户栽植优质梨、桃、葡萄等果树；均平村林木覆盖率40.2%，林网控制率96.1%；其他村以乔木为主，灌木

2015年末响水县省级绿化示范村

表44

镇　区	村居名(林木覆盖率35%以上)
响水镇	潘庄村　苗寨村　五河村
陈家港镇	四港村　合心村(森林生态)
小尖镇	郭庄村(森林生态)　徐洪村　四丰村　条河村
大有镇	康庄村　民强村　淮河村
南河镇	八墩村　新建村　新南村
双港镇	丰大村　兴华村(森林生态)　洪南村
黄圩镇	云梯关村(森林生态)　双套村　黄南居　东盛村 云彩村　均平村　龙马村　黄北村(森林生态)
运河镇	运西村　三套村　伏兴村(森林生态)　桃园村　南河村
张集中心社区	大东村　姜圩村　佑东村　杨回村
六套中心社区	同兴村　湾港村　新条村　唐友村　皂角村
七套中心社区	亭泉村　七套居　梅湾村　三汾村(森林生态)
老舍中心社区	四烈村　老舍居　东吴村　红旗村
响水生态化工园区	沙荡村(森林生态)　草港村

为辅，草花搭配，乔木树种20多种，优良乡土树种面积占71%。

【森林资源管护】 宣传林业法律法规，开展野生动物资源保护宣传6次，印发宣传资料1000多份，增强群众依法保护林业资源和野生动物意识。坚持依法行政，参与省"雷霆行动"和市"爱鸟周"活动，打击乱砍滥伐林木及捕杀野生动物等违法行为，查处案件9起，教育21人次，处罚1人，救治放生受伤鹰隼、野鸭3次。

【杨树虫害防治】 宣传森林病虫害防控知识，发放美国白蛾防治材料2万多份；举办森林病虫害防治技术培训班10期，培训800多人次；召开动员部署会、工作推进会、督查通报会，推进美国白蛾防控工作。搞好药物防治，投入车载式高射程喷雾机2台，担架式高射程喷雾机、背负式喷雾喷粉机、烟雾机、打孔注药机等130多台套。飞机施药防治。与山东瑞达林业有害生物防治有限公司签订协议，6月19~21日，投入140多万元，在美国白蛾重点疫区飞机施药防治林地6133.33公顷。

【森林抚育】 实施中幼龄林抚育项目。与景观绿色通道、河堤成片林建设相结合，经济效益与生态景观效益相结合。完成中幼龄林抚育1000公顷。

【绿化投入】 全年绿化投入资金12668万元，其中，上级支持480万元，县财政投入4600万元，社会企业投入5978多万元，2个村林果、花卉园项目客商投入1610万元。

【林业规模经营】 镇区各建成1个连片6.60公顷以上成片林和66.66公顷以上农田林网。年末，全县有0.66~3.33公顷林业大户218户，3.33公顷以上林业大户43户。

【经济林建设】 全年栽植银杏、薄壳山核桃、桃树、柿子、梨树等经济苗木20万株。年末，果园面积819公顷，桑园面积50公顷；全年蚕茧产量4吨；林农复合经营面积12500公顷。洪南村户户栽植常绿、优质梨、桃、葡萄等果树，郭庄村新栽女贞、枇杷、紫薇、棕榈与常绿树种4公顷，腰庄村形成13.33公顷薄壳核桃基地，郭庄村常绿苗木花卉基地133.33公顷，昌盛村花卉苗木基地33.33公顷。 （陆洪雷）

2015年末响水县林业经营大户情况

表45

镇区场	0.67~3.34公顷(户)	3.34公顷以上(户)	镇区场	0.67~3.34公顷(户)	3.34公顷以上(户)
响水镇	3	2	张集中心社区	9	4
陈家港镇	5	4	六套中心社区	22	1
小尖镇	8	5	七套中心社区	15	1
大有镇	6	2	老舍中心社区	11	1
南河镇	10	7	响水经济开发区	4	3
双港镇	7	6	响水生态化工园区	4	1
黄圩镇	26	3	黄海农场	70	1
运河镇	18	3	合计	218	43

2015年响水县木材加工企业情况

表46

企业名称	坐落	办成年月	占地面积(公顷)	投资额(万元)	年加工木材(万立方米)
县圣圆木业	运河镇	2012.6	1.3	50	3.00
县领峰木业	响水镇	2012.8	0.1	150	1.00
盐城森铭门业	响水镇	2012.9	0.09	50	0.50
江苏百丽铭泰包装材料	小尖镇	2012.9	0.4	500	3.00
县月海建材制造	小尖镇	2012.11	1.1	100	12.04
县友谊木业	大有镇	2013.3	0.4	100	1.36
县利民人造板厂	黄圩镇	2013.5	0.6	40	0.50
县一帆木业制品厂	六套中心社区	2013.6	0.4	50	0.15
江苏翼天程木业	响水镇	2013.9	0.3	20	0.15
宣圩木材收购点	响水镇	2013.11	0.5	20	0.10

续表46

企业名称	坐落	办成年月	占地面积(公顷)	投资额(万元)	年加工木材(万立方米)
县杰丰木业加工厂	响水镇	2013.12	0.2	20	0.15
县富强木业	响水镇	2014.1	0.6	100	0.15
响水森鸿木业	双港镇	2014.5	0.6	50	0.15
江苏富敏达木业	响水镇	2014.9	1.1	3000	0.50
市永晖木业	张集中心社区	2014.11	0.6	1000	0.60
县宏利木板厂	黄圩镇	2015.11	0.6	100	0.15
合计		—	9.49	5450	23.65

牧　业

【概　况】 县畜牧兽医总站(县动物疫病预防控制中心)、县畜禽改良站、县动物卫生监督所事业编制28人,年末在编24人。县畜牧兽医总站(县动物疫病预防控制中心)编制13人,年末在编10人;县畜禽改良站编制5人,年末在编5人;县动物卫生监督所事业编制10人,年末在编10人。全年出栏生猪51.37万头、羊10.77万只、家禽612.77万羽;存栏生猪21.69万头、羊7.86万只、家禽475.07万羽。

【畜禽规模养殖】 全年生猪规模养殖出栏41.95万头,其中,年出栏千头以上生猪养殖场30个,出栏15万头,年末存栏生猪12万头;年出栏万头以上生猪养殖场15个,出栏15万头,年末存栏生猪12万头。

【畜禽养殖示范创建】 8月,羽翔禽业养殖场通过农业部畜禽标准化养殖场验收;县茂盛现代农业发展有限公司通过农业部畜禽标准化示范场复检;11月,县鸿图养殖有限公司、维佳畜禽养殖有限公司、丰盛畜牧有限公司通过省生态健康养殖示范创建验收;县茂盛现代农业发展有限公司、荣昌禽业有限公司、大有翠园草鸡专业合作社、江苏德顺畜禽有限公司通过省畜牧生态健康养殖示范场复检。

【项目建设】 实施省级畜禽规模养殖项目,涉及2个养殖企业,项目总投资600万元,其中财政投资140万元。盐城市绿农农业科技有限公司新建标准化猪舍7幢6300平方米,出栏生猪10000头。县丰盛畜牧有限公司在四丰村新建标准化猪舍6幢4500平方米,出栏生猪6000头。实施省畜牧良种补贴项目,项目投资52万元。每头能繁母猪补贴40元。实施农业部标准化养殖场项目,项目投资220万元,其中中央财政投资100万元。县鸿图养殖有限公司铺设道路2655平方米,铺设水泥地坪780平方米,新建围网890米、粪污处理发酵床360立方米、粪池300立方米、电动大门1套、消毒池40平方米、兽医室32平方米;购置发酵床翻扒机3套、吸污泵6台、清粪机6台,安装监控设备1套。县羽翔禽业养殖场新建有机肥生产车间2200平方米、自动消毒房60立方米,扩建蛋库290平方米。12月,项目通过验收。

【动物防疫】 全年注射猪口蹄疫42万头次、牛O-亚洲Ⅰ型口蹄疫1万头次、羊O-亚洲Ⅰ型口蹄疫13万头次、高致病性禽流感免疫420万羽次、高致病性猪蓝耳病28万头次、猪瘟42万头次、鸡新城疫380万羽次、羊小反刍兽疫4万只。高致病性禽流感、牲畜口蹄疫、高致病性猪蓝耳病、猪瘟免疫、羊小反刍兽疫免疫密度、分类建档和耳标佩戴率均100%,免疫抗体合格率90%以上。

全年采集生猪血清样品1310份,检测生猪口蹄疫样品1310份,合格1169份,免疫抗体检测合格率89.2%;检测猪瘟样品1310份,合格1177份,免疫抗体检测合格率89.9%;检测高致病性猪蓝耳病样品1310份,合格1216份,免疫抗体检测合格率92.8%;检测禽流感样品1345份,合格1233份,免疫抗体检测合格率91.7%;检测鸡新城疫样品1135份,合格1036份,免疫抗体检测合格率91.3%;检测牛羊口蹄疫样品185份,合格177份,免疫抗体检测合格率95.7%。7月,获市动物防疫技能竞赛团体三等奖。

【五有乡镇畜牧兽医站建设】 计划投资341.47万元,其中,省财政投资330万元,自筹11.47万元;当年完成投资342.83万元,其中,省财政拨款330万元,自筹12.83万元。10个站分别建成办公室、报检(免)服务大厅、培训室、诊断检测室、应急值班室、保管室、档案室,配备有关设备。(顾　兵)

渔　业

【海洋渔业生产】 全县海洋渔业捕捞船31艘,总吨位2410吨,总动力4245千瓦。捕捞总产量10030吨,其中,鱼类5057吨、虾类768吨、蟹类792吨、贝类1951吨、藻类368吨、头足类796吨、其他298吨;刺网捕捞3695吨、张网捕捞4216吨、其他网具捕捞2119吨。

海水养殖面积4000公顷,其中,贝类3333公顷、藻类400公顷,其他267公顷。水产品产量27052吨,其中,鱼类4538吨、虾2217吨、蟹465吨、贝类19540吨、藻类132吨、其他160吨。

【内陆渔业生产】 全县淡水捕捞船730艘,总动力26161千瓦,全年捕捞水产品4895吨,其中,鱼类4294吨、甲壳类125吨、贝类476吨。

淡水养殖面积2540公顷,其中,池

塘2207公顷（当年改造池塘690公顷）、河沟333公顷、稻田400公顷。其中，养殖黄鳝124公顷、泥鳅96公顷、克氏原螯虾153公顷、青虾453公顷、南美白对虾190公顷、河蟹333公顷、观赏鱼16公顷。水产品产量22023吨，其中，鱼类20363吨。主要品种有青鱼、草鱼、鲢鱼、鳙鱼、鲤鱼、鲫鱼、鳊鱼、泥鳅、鲶鱼、黄颡鱼、黄鳝、乌鳢等；其中，虾类1162吨、蟹类386吨、贝类112吨，观赏鱼38526条。

【海参养殖基地建设】 响水海辰农业发展有限公司建设，养殖面积1466.67公顷，其中，海参面积1400公顷，海参育苗、加工管理核心区及人工观光湖66.67公顷；渔光互补工程200公顷。投入5800万元，完成塘口整理、管道增氧、网箱配套等1000公顷(三圩盐场六工区及二号水库)及渔光互补项目、人工观光湖施工等，每公顷效益6100元左右。

【科技推广】 县水产养殖技术指导站有渔业技术人员6人，镇区、养殖企业有渔业技术员15人。实施省渔业科技入户工程。全年举办渔业技术培训班8期，培训技术人员136人次；镇区举办养鱼技术培训班31期，参加培训850人次；在塘口指导养鱼3800多次，提出建议1000多条，解答问题800多个。培训职业渔民505人次，合格480人次。海淡水鱼虾蟹高效混养技术。8个镇、4个中心社区、5个县属场遴选350个渔业科技示范户，选聘21名渔业技术指导员，及时深入塘口指导科学生产，现场解疑释难；县渔业主管部门与县技术指导单位、技术人员、示范户之间签订技术指导和服务合同。全年渔业科技户养殖面积973.33公顷，辐射面积2133.33公顷。

【无公害生态养殖】 出台水产品质量安全专项整治工作方案，8个镇、4个中心社区建立水产品质量安全监管机构。从水产品生产源头抓起，加强养殖水域环境监管，推行无公害水产品养殖和标准化养殖。检测水产品药物残留。建立水产品药物残留快检室6个，全年抽样养殖户250多户、样品500个，控制违禁药物呋喃类及孔雀石绿使用。抽取市场、养殖单位、养殖户水产品样品25个，保鲜包装送市水产品质量检测中心，经检测全部合格。全县有无公害水产品养殖面积6191.50公顷，占总面积94.8%；无公害水产品品牌42个。

【水产品苗种繁育】 淡水鱼种繁育面积150公顷，加上成鱼养殖池塘套养鱼种，共繁育淡水鱼苗种2532吨，投放苗种2465吨。年末，有海水育苗场2个，育苗水体3000立方米。全年培育对虾苗4.60亿尾，其中，南美白对虾苗1.95亿尾。

【鱼病防治】 境内常见鱼病有肠炎、烂鳃、赤皮等细菌性疾病，以及锚头鳋、中华鳋、孢子虫、指环虫等寄生虫疾病。主要防治药物有强氯精、二溴海因、酮类、菊脂类等药品。无大面积鱼病发生和水产品质量问题。

【水产品质量专项整治】 开展检查5次，检查大型养殖场2家、兽药(渔药)店2家、渔机渔具店6间，出动执法人员50人次，未发现贮存、销售和使用禁用药物。

【打击内河电力捕鱼】 开展专项行动7次、执法检查68次，查处非法捕捞船82艘次；出动渔政艇13次、执法车55次、执法人员340人次，查处电力捕鱼案件68宗，没收电力捕鱼工具36台套，罚没收入110万元。 （浦铭明 徐丽平 刘洋生）

海珍品养殖

【概 况】 响水县海珍品养殖总公司内设办公室、财务科、生产科(基建科)、资产管理科(统计科)，年末，干部职工13人；设公司监事会。下属集体企业变电所、育苗二厂、饵料厂、冷冻厂。其中，饵料厂、冷冻一厂停产，厂房租赁；育苗二厂土地征用，厂房闲置。养殖区有民营金海、隆华育苗场2个，育苗水体3000立方米。

【海珍品生产】 公司有新滩港至蒲港之间海堤内养殖水面276.60公顷，全部实行租赁经营，签订新一轮租赁合同5份，租期4年，实行生产自主，盈亏自负，风险自担，服从汛期安全管理，租金收缴率100%，从事养殖人员148人。全年海珍品总产量965吨，总产值935万元。

【苗种培育】 全年培育苗种3个，培育虾苗3.20亿尾，其中，东方虾苗1.00亿尾、斑节虾苗1.60亿尾、南美白对虾苗0.60亿尾；寄养虾苗0.80亿尾。

【科技推广】 引进福建、连云港苗种培育科技人员5名。定期组织人员参加县渔业养殖技术培训，调优海珍品养殖品种结构，推广高效立体综合养殖模式。全年推广虾贝立体养殖120公顷、虾蟹混养60公顷、虾鱼混养20公顷、虾鱼蟹混养36.60公顷、斑节虾高密度深水示范养殖40公顷。养殖贝类品种蚴蛏、青蛤、花蛤、四蓝蛤、血蛤；主导品种东方对虾、斑节对虾、南美白对虾。放养贝苗35吨，其中，蛏苗16吨、青蛤6吨、花蛤苗8吨，其他苗5吨。

【基础设施建设】 投入48万元，新建桥梁1座；投入87万元，改建池塘120公顷，完成土方44万立方米；投入35万元，新建池塘涵闸8座、维修涵洞36座、闸门36座；投入8万元，疏浚排水渠2千米，进水渠1.20千米；投入18万元，新建砂石路2条2.50千米，维修砂石路4千米；投入27万元，改造高压线路8杆·千米。

【服务沿海开发】 抽调3人，在响水沿海经济开发区从事规划、管理、社会服务工作，配合搞好海上风电集控中心220千伏输出线路架设工作。

【安全稳定】 年初，与租赁人签订水产品质量安全责任书，加强水产品质量安全管理。严抓育苗、池塘消毒、进水、放苗等环节，严禁使用不安全药品、不合格饵料及添加剂。全年解决下岗退休职工养老保险金46.80万元、医疗保险金10万元，维护企业及开发大局稳定。 （高德军）

【责任编辑 赵凤昆】

工　业

综　述

【概　况】 2015年，全县工业围绕“稳增长、调结构、促发展”总体要求，积极适应、主动应对新常态，强力推进“项目招商、企业重组、技改提升、载体建设”工作，推动工业经济提质增效、较快发展。全县规模以上工业企业174家，比上年新增8家，增长4.82%；拥有资产总计523.19亿元，其中固定资产308.77亿元，分别比上年增长33.86%、40.43%；企业职工年平均人数34325人，比上年新增1895人，增长5.84%。全年规模以上企业完成工业总产值（现行价，下同）718.51亿元，比上年增长23.27%。按轻重工业分，轻工业企业81家，完成产值237.64亿元，比上年增长27.21%；重工业企业93家，完成产值480.87亿元，比上年增长21.41%。按企业规模分，大型企业5家，完成产值261.25亿元；中型企业16家，完成产值129.88亿元；小型企业128家，完成产值311.10亿元；微型企业25家，完成产值16.28亿元，分别占工业总产值的36.36%、18.08%、43.30%、2.26%，比上年增长31.98%、-16.53%、17.78%、-24.84%。按经济类型分，国有企业1家，完成产值1.72亿元；股份有限公司7家，完成产值22.23亿元，其中内资股份有限公司5家，外商投资有限公司1家，私营股分有限公司1家；独资企业8家，完成产值85.14亿元，其中私营独资企业6家，完成产值1.51亿元，外资企业2家，完成产值83.63亿元；有限责任公司158家，完成产值609.43亿元，其中私营有限责任公司54家，完成产值225.37亿元，港澳台商合资经营企业1家，完成产值6.13亿元，中外合资企业1家，完成产值0.27亿元，其他有限责任公司102家，完成产值377.66亿元。全年实现主营业务收入710.29亿元，比上年增长18.39%；实现利税112.35亿元，其中利润81.15亿元，分别比上年增长19.81%、19.39%。全口径国税工业开票销售343.70亿元，比上年增长15.72%；全县工业用电量43.24亿千瓦时，比上年增长10.26%。工业经济总量和增幅列全市第三，工业用电总量和增幅列全市第一。

【支柱产业】 2015年，全县化工、纺织、冶金、机电、能源五大支柱产业完成主营业务收入656.33亿元、利税总额105.12亿元、利润总额76.04亿元，分别占全县规模以上工业经济总量92.40%、93.56%、93.70%，分别比上年增长17.13%、15.96%、59.10%。

【工业投资】 2015年，全县完成工业投资204.47亿元，比上年增长30.73%。全年招引工业新开工项目172个，其中新开工亿元以上项目46个，10亿元以上项目1个，竣工亿元以上项目42个。

【企业重组】 引导企业重点瞄准行业中知名企业实施战略性资产重组，着力培育一批具有核心竞争力的大企业、大集团。隆亨、富星纸业与北京环卫集团实行重组；德龙镍业与中国一重实施战略合作；宏铭船厂与中国三峡集团合作；苏州东路投资公司出资5亿元收购大明化工；绍兴客商并购海宏化工项目，出资3亿元收购海宏化工全部股份；泰州臻庆化工出资3亿元收购信立颜料等，全年企业重组合作项目12个。

【技改提升】 年内，实施企业升级工程。年初，全县组织摸排筛选，确定升级企业中实施千万元以上技改项目44个，至12月底，完成投资45.31亿元，技改项目覆盖率100%。实施企业上市工程。9月26日，九州传动件在全国中小企业股份转让系统有限责任公司成功上市，天容股份、瑞泰盐业即将上市。实施大企业（集团）培育工程。德龙、天容、联化、大和、裕廊5家列入全市50强企业，全年实现开票销售166.5亿元，比上年增长27.8%。

【载体建设】 年内，县连续出台《关于进一步鼓励全民创业的意见》《关于加快推进“小升规、个转企”的实施意见》《关于进一步推进中小企业创业园建设的意见》等激励全民创业的系列政策文件。全县12个镇区大力建设中小企业园，累计建设标准厂房20.7万平方米，入园企业60户。老舍中小企业园和黄圩镇中小企业园上报省小企业创业示范基地。龙达传动件、瑞和新材料、荣生电子、联众汽配件和嘉亿纺织获市中小企业专精特新产品称号；科力普、米兰、嘉亿纺织和自行车三套轴等获市“科技小巨人”称号。

【节能减排】 单位工业增加值能耗和工业用电量增速分别完成和超额完成市下达目标任务。全年实施各类节能项目26个，其中重点节能项目6个，节约标煤6万多吨。淘汰高耗能设备218台套，完成能源审计3家，能源管理体系建设平台2家，清洁生产企业2家，节能监测17家。对综合能耗3000吨标煤以上企业实行节能执法检查全覆盖，能耗1000吨标煤以上企业完成节能执法检查20家。推广资源综合利用企业7家。组织培训技术人员100多人，推广高效照明荧光灯35000只。新能源汽车推广工作成效显著。全县已完成电动轿车2辆，电动环卫车35辆，充电桩30个；其它推广车型10辆并正常运行。新能源汽车推广财政补贴资金768.3万元全部落实到位。

【两化融合】 年内，持续推进企业“两化融合”(工业化与信息化)，组织规模以上企业普遍开展研发中心、新产品、品牌、产学研合作创建活动。组织荣生电子等企业申报省级企业技术中心，新联合化学、祥瑞药业等企业申报市级企业技术中心；爱特纺织，中天消防设备等23家申报市级新技术新产品，荣生电子申报市级新技术新产品已获批；科力普汽车部件、瑞和新材料公司等企业申报省两化融合试点企业；澜谷时代信息技术公司申报为省软件企业；荣生电子有限公司、天容集团等6家列入智能装备企业；科力普汽车部件、易宝路轮胎等3家企业列入省2015年重点技术创新项目计划；盐城联化、之江化工、天嘉宜、江苏联化等列入智能车间，超市计划100%；且4个智能车间改造已全部竣工。 (朱海志)

2015年响水县工业企业应税销售收入30强

表47　　单位：万元

企业名称	实绩	位次	企业名称	实绩	位次
小计	1964812		江苏天嘉宜化工有限公司	21617	16
江苏德龙镍业有限公司	1000990	1	响水中联水泥有限公司	16865	17
江苏国华陈家港发电有限公司	236354	2	江苏威耳化工有限公司	15440	18
江苏裕廊化工有限公司	98261	3	江苏荣生电子有限公司	14996	19
江苏之江化工有限公司	71892	4	江苏华旭药业有限公司	14913	20
江苏联化科技有限公司	45779	5	响水长江风力发电有限公司	14600	21
响水恒利达科技化工有限公司	41964	6	江苏天波化工有限公司	14194	22
江苏省农垦米业黄海有限公司	36436	7	响水雅克化工有限公司	13916	23
江苏新金兰纺织制衣有限责任	32952	8	江苏亚邦爱普森药业有限公司	13234	24
盐城南方化工有限公司	32102	9	响水长洋化工有限公司	12755	25
江苏大和氯碱化工有限公司	32093	10	响水博霖医药化工有限公司	11517	26
江苏天源化工有限公司	30568	11	响水恒生不锈钢铸造有限公司	11229	27
江苏森达陈家港热电有限公司	26286	12	盐城市虹艳化工有限公司	11067	28
江苏天容集团股份有限公司	26008	13	响水金隆化工有限公司	9890	29
江苏绿利来股份有限公司	24864	14	江苏陈氏染料化工有限公司	9309	30
江苏永庆化工有限公司	22721	15			

2015年响水县工业企业入库增值税30强

表48　　单位：万元

企业名称	实绩	位次	企业名称	实绩	位次
小计	41315		响水宏荣船务工程有限公司	505	16
江苏国华陈家港发电有限公司	19744	1	江苏佳讯电子有限公司	499	17
江苏新金兰纺织制衣有限责任	2243	2	江苏华旭药业有限公司	464	18
响水恒利达科技化工有限公司	1885	3	盐城华天船舶工程有限公司	439	19

续表48

企业名称	实绩	位次
江苏联化科技有限公司	1839	4
江苏之江化工有限公司	1517	5
江苏威耳化工有限公司	1312	6
江苏森达陈家港热电有限公司	1215	7
江苏大和氯碱化工有限公司	923	8
江苏荣生电子有限公司	850	9
江苏天嘉宜化工有限公司	812	10
江苏天容集团股份有限公司	804	11
江苏亚邦爱普森药业有限公司	761	12
江苏天源化工有限公司	723	13
响水雅克化工有限公司	640	14
响水博霖医药化工有限公司	506	15
江苏永庆化工有限公司	435	20
江苏题桥纺织制衣有限公司	415	21
江苏瑞泰盐业有限公司	364	22
响水县利华化工有限公司	342	23
江苏陈氏染料化工有限公司	323	24
江苏天波化工有限公司	314	25
响水县米兰纺织有限公司	310	26
盐城市瑞普医药化工有限公司	289	27
盐城融凡纺织制衣有限公司	282	28
响水长洋化工有限公司	281	29
盐城德力化工有限公司	279	30

2015年响水县工业企业主要工业产品产量

表49

指标名称	计量单位	2015年	2014年	±%
鲜、冷藏肉	吨	4484	5566	−19.4
饲料	吨	61378	49458	24.1
滚动轴承	万套	15.46	17.16	−9.9
服装	万件	672.2	801.99	−16.2
其中：梭织服装	万件	506.2	631.99	−19.9
针织服装	万件	166	170	−2.4
纱	吨	122653.85	109187.32	12.3
棉纱	吨	102839.85	90427.72	13.7
棉混纺纱	吨	15851.2	15007.68	5.6
化学纤维纱	吨	3962.8	3751.92	5.6
砖	万块	72884.43	70604	3.2
烧碱(折100%)	吨	185107	512525	−63.9
其中：离子膜法烧碱(折100%)	吨	185107	512525	−63.9
粗钢	吨	367576	244762	50.2
钢材	吨	343866	233966	47.0
机制纸及纸板	吨	34553	47326	−27.0
其中：箱纸板	吨	34553	47326	−27.0
发电量	万千瓦时	787030.44	788906.86	−0.2
其中：火力发电量	万千瓦时	755766	753226	0.3
风力发电量	万千瓦时	31264.44	35680.86	−12.4

（金达付　刘露露）

工业行业

【化学工业】 化学工业是响水县新兴特色重要支柱产业之一，化工企业主要集中在江苏响水生态化工园区内。2015年，全县有规模以上化学工业企业54家，从业人数1.25万人，分别占全县规模以上工业企业31.03%、36.44%。其中化学原料和化学制品制造企业46家，从业人数1.10万人；医药制造企业8家，从业人数0.15万人。拥有总资产247.54亿元，其中固定资产205.11亿元，分别占全县规模以上工业企业47.31%、53.7%。全年完成主营业务收入371.40亿元，其中化学原料和化学制品制造企业完成主营业务收入319.58亿元，医药制造企业完成主营业务收入51.82亿元，比上年分别增长17.88%、17.20%、22.22%，分别占全县规模以上工业企业52.29%、44.99%、7.30%。全年完成利税总额58.50亿元，其中利润总额41.93亿元，比上年分别增长13.50%、15.0%，分别占全县规模以上工业企业52.07%、51.66%。全年有19家企业应税销售收入超亿元，其中江苏裕廊化工有限公司98261万元，江苏之江化工有限公司71892万元，江苏联化科技有限公司45779万元，响水恒利达科技化工有限公司41964万元，盐城南方化工有限公司32102万元，江苏大和氯碱化工有限公司32093万元，江苏天源化工有限公司30568万元，江苏天容集团股份有限公司26008万元，江苏绿利来股份有限公司24868万元，江苏永庆化工有限公司22721万元，江苏天嘉宜化工有限公司21617万元，江苏威耳化工有限公司15440万元，江苏华旭药业有限公司14913万元，江苏天波化工有限公司14194万元，响水雅克化工有限公司13916万元，江苏亚邦爱普森药业有限公司13234万元，响水长洋化工有限公司12755万元，响水博霖医药化工有限公司11517万元，盐城市虹艳化工有限公司11067万元。全年化工企业用电量69737万千瓦时，比上年下降8.52%，占全县规模以上工业企业用电量16.13%。化学工业仍是全县第一支柱产业。

全兰集团色纺纱车间

【纺织工业】 纺织和服装工业是响水县重要传统支柱产业之一。2015年，全县有规模以上纺织工业企业45家，从业人数0.88万人，分别占全县规模以上工业企业25.86%、25.66%。其中棉纺织及印染精加工、缫丝加工、针织及其制品企业34家，从业人数0.65万人；纺织服装、服饰企业10家，从业人数0.22万人；化纤制造企业1家，从业人数0.01万人。拥有总资产34.10亿元，其中固定资产19.78亿元，比上年分别增长20.8%、11.0%，分别占全县规模以上工业企业6.52%、5.18%。全年完成主营业务收入112.28亿元，其中纺织企业完成73.46亿元，纺织服装、服饰企业完成38.40亿元，化纤企业完成0.42亿元，比上年分别增长25.42%、10.87%、65.23%、-4.54%，分别占全县规模以上工业企业15.81%、10.34%、5.41%、0.06%。全年完成利税总额19.99亿元，其中利润总额14.34亿元，比上年分别增长25.41%、20.40%，分别占全县规模以上工业企业17.79%、17.67%。全年有江苏新金兰纺织制衣有限责任公司应税销售收入过亿元，达32952万元；8家企业应税销售收入过5000万元，其中江苏题桥纺织制衣有限公司8607万元，响水县米兰纺织有限公司8452万元，响水县嘉亿纺织有限公司8015万元，盐城融凡纺织制衣有限公司5784万元，响水台宏针织服装有限公司5779万元，江苏华江针织有限公司5478万元，江苏金天马纱业有限公司5328万元，响水县华运纺织有限公司5308万元。全年纺织工业用电量12793万千瓦时，比上年增长22.60%，占全县规模以上工业企业用电量2.96%。纺织工业上升为全县第二支柱产业。

【冶金工业】 冶金工业是响水县新兴特色重要支柱产业之一。2015年，全县有规模以上冶金工业企业5家，从业人数0.47万人，占全县规模以上工业企业2.87%、13.70%。其中黑色金属冶炼和压延加工企业3家，从业人数0.06万人；有色金属冶炼和压延加工企业2家，从业人数0.41万人。拥有总资产73.83亿元，其中固定资产36.70亿元，分别占全县规模以上工业企业14.11%、9.61%，比上年分别增长51.79%、157.36%。全年完成主营业务收入106.15亿元，比上年增长11.40%，占全县规模以上工业企业14.94%。全年完成利税总额13.16亿元，其中利润总额10.01亿元，比上年分别下降7.39%、5.39%，分别占全县规模以上工业企业11.71%、12.34%。全年有2家企业应税销售收入过亿元，其中江苏德龙镍业有限公司完成应税销售收入1000990万元，比上年增长16.01%；响水恒生不锈钢铸造有限公司完成应税销售收入11229万元，比上年增长74.88%。

全年冶金工业企业用电量317789万千瓦时，比上年增长27.11%，占全县规模以上工业企业用电量73.50%。冶金工业退居为全县第三支柱产业。

【机电工业】 机械电子工业是响水县重要传统支柱产业之一。2015年，全县有规模以上工业企业21家，从业人数0.25万人，分别占全县规模以上工业企业12.07%、7.29%。其中通用设备制造企业7家，从业人数0.11万人；专用设备制造企业2家，从业人数0.01万人；汽车零部件制造企业2家，从业人数0.03万人；船舶和其他运输设备制造企业4家，从业人数0.02万人；电气机械和器材制造企业4家，从业人数0.05万人；电子器件和电子元件制造企业2家，从业人数0.03万人。拥有总资产10.64亿元，其中固定资产5.65亿元，分别占全县规模以上工业企业2.03%、1.48%，比上年分别下降53.19%、55.89%。全年完成主营业务收入37.46亿元，比上年增长18.62%，占全县规模以上工业企业5.27%；全年完成利税总额5.28亿元，其中利润总额3.67亿元，比上年分别增长26.32%、27.87%，分别占全县规模以上工业企业4.70%、4.52%；全年机械电子工业企业用电量5808万千瓦时，占全县规模以上工业企业用电量1.34%，比上年下降63.42%。全年有江苏荣生电子有限公司应税销售收入过亿元，达14996万元。重点企业有响水高力机械铸造有限公司、江苏佳讯电子有限公司、响水科力普汽车部件有限公司、响水龙达传动件有限公司、响水县九州传动件有限公司、响水县隆兴电子制造有限公司等。机械电子工业仍是全县第四支柱产业。

【能源工业】 能源工业是响水县新兴特色产业之一。响水县充分发挥有海、有河、有岸线、有腹地的优势，加快推进火电、热电、风电、太阳能发电等产业发展，全力打造能源产业基地。2015年，全县有规模以上能源工业企业8家，从业人数0.16万人，分别占全县规模以上工业企业4.60%、4.66%。其中火力发电企业2家，风力发电企业2家，太阳能发电企业2家，热电企业1家，燃气企业1家。拥有总资产108.88亿元，其中固定资产83.44亿元，分别占全县规模以上工业企业总量20.81%、21.84%，比上年分别增长30.87%、337.09%。全年实现主营业务收入29.04亿元，比上年增长0.62%，占全县规模以上工业企业总量4.08%。全年完成利税总额8.19亿元，其中利润总额6.09亿元，比上年分别增长71.34%、43.29%，分别占全县规模以上工业企业7.29%、7.50%。全年有3家企业应税销售收入过亿元，其中江苏国华陈家港发电有限公司完成236354万元，江苏森达陈家港热电有限公司完成26286万元，响水长江风力发电有限公司完成14600万元。全年能源工业企业用电量15767万千瓦时，比上年下降6.70%，占全县规模以上工业企业用电量3.65%。能源工业排名仍为全县第五支柱产业。

【粮油食品工业】 粮油食品工业是响水县传统产业之一。2015年，全县有规模以上粮油食品工业企业7家，从业人数0.08万人，分别占全县规模以上工业企业4.02%、2.33%。其中米面加工企业2家，饲料加工企业1家，屠宰和肉类加工企业4家。拥有总资产4.71亿元，其中固定资产2.89亿元，比上年分别增长6.32%、9.47%，分别占全县规模以上工业企业0.92%、0.76%。全年完成主营业务收入17.05亿元，实现利税总额2.29亿元，其中利润总额1.60亿元，分别占全县规模以上工业企业2.40%、2.04%、1.97%，比上年分别增长30.45%、47.74%、44.14%。其中米面加工企业完成主营业务收入4.67亿元，实现利税总额0.70亿元，利润总额0.48亿元；饲料加工企业完成主营业务收入1.66亿元，实现利税总额0.07亿元、利润总额0.05亿元；屠宰和肉类加工企业完成主营业务收入10.73亿元，实现利税总额1.51亿元、利润总额1.08亿元。全年粮油食品工业企业用电量1908万千瓦时，占全县规模以上工业企业0.44%。全年有江苏省农垦米业黄海有限公司应税销售收入过亿元，达36436万元。重点企业有盐城市费氏食品有限公司、盐城市鑫阳食品有限公司、江苏黄海新荡粮油棉有限公司、江苏桂花工贸有限公司等。主要产品有大米、面粉、精炼油、桂花鸭、浅水藕、调味品、乳制品及各类食品等。

【建材工业】 建材工业是响水县传统产业之一。2015年，全县有规模以上建材工业企业8家，从业人数0.05万人，分别占全县规模以上工业企业4.60%、1.46%。其中水泥制造企业2家，水泥制品制造企业5家，建筑用石加工企业1家。拥有总资产9.66亿元，其中固定资产5.80亿元，分别占全县规模以上工业企业1.85%、1.52%，比上年分别增长

龙达传动件产品展示

20.60%、20.83%。全年完成主营业务收入14.03亿元，实现利税总额2.49亿元，其中利润总额1.76亿元，分别占全县规模以上工业企业1.98%、2.22%、2.17%，比上年分别增长25.60%、97.62%、77.78%。其中水泥制造企业完成主营业务收入5.89亿元，实现利税总额1.24亿元、利润总额0.81亿元；水泥制品制造企业完成主营业务收入7.75亿元，实现利税总额1.23亿元、利润总额0.94亿元；建筑用石加工企业完成主营业务收入0.4亿元，实现利税总额0.02亿元、利润总额0.01亿元。全年建材工业用电量2344万千瓦时，比上年下降50.65%，占全县规模以上工业企业用电量0.54%。全年有响水中联水泥有限公司应税销售收入过亿元，达16865万元。重点企业有响水中联水泥有限公司、江苏创达新材料有限公司、江苏瑞和新材料有限公司、盐城利宇建材有限公司、江苏灌河水泥有限公司、江苏金鼎基础建材公司、响水顺意建材有限公司等。主要产品有水泥、水泥制品、混凝土及石材等。

【其他工业】 2015年，全县有规模以上其他工业企业25家，从业人数0.23万人，分别占全县规模以上工业企业14.37%、6.71%。其中皮革制品企业5家，从业人数0.02万人；木材加工和人造板制造企业6家，从业人数0.03万人；造纸和纸制品企业3家，从业人数0.09万人；橡胶和塑料制品企业3家，从业人数0.03万人；废弃资源综合利用企业1家，从业人数0.01万人；船舶等运输设备修理企业7家，从业人数0.04万人。拥有总资产29.04亿元，其中固定资产21.63亿元，分别占全县规模以上工业企业5.55%、5.66%，比上年分别增长33.95%、41.47%。全年完成主营业务收入20.24亿元，实现利税总额2.07亿元，其中利润总额1.51亿元，分别占全县规模以上工业企业2.85%、1.85%、1.86%，比上年分别增长53.22%、207.0%。其中皮革制品企业完成主营业务收入1.28亿元，实现利税总额0.08亿元，其中利润总额0.06亿元；木材加工和人造板制造企业完成主营业务收入5.06亿元，实现利税总额0.64亿元，其中利润总额0.51亿元；造纸和纸制品企业完成主营业务收入2.72亿元，实现利税总额-0.22亿元，其中利润总额-0.26亿元；橡胶和塑料制品企业完成主营业务收入8.06亿元，实现利税总额1.28亿元，其中利润总额0.98亿元；废弃资源综合利用企业完成主营业务收入0.58亿元，实现利税总额0.07亿元，其中利润总额0.05亿元；船舶等运输设备修理企业完成主营业务收入2.54亿元，实现利税总额0.22亿元，其中利润总额0.17亿元。全县其他工业用电量5396万千瓦时，占全县规模以上工业企业用电量1.25%。重点企业有盐城易宝路轮胎有限公司、响水宏荣船务工程有限公司、盐城华天船舶工程有限公司、响水县诚信皮具制品厂、响水县云梯关木业有限公司、盐城市恒盛塑料制品有限公司、盐城市承晖木业有限公司、江苏省双发塑料制品有限公司、响水县领峰木业有限公司等。

盐　业

【概　况】 2015年，全县有规模以上采盐工业企业1家（江苏瑞泰盐业有限公司），从业人数440人。拥有总资产4.71亿元，其中固定资产0.99亿元，分别占全县规模以上工业企业0.90%、0.26%。全年完成主营业务收入2.64亿元，实现利税总额0.37亿元，其中利润总额0.24亿元，分别占全县规模以上工业企业0.37%、0.33%、0.29%。全年用电量828万千瓦时，占全县规模以上工业企业用电量0.19%。

响水县盐务管理局（简称县盐务局）内设办公室、财务审计科（资产监管科）、安全生产科、运销科、盐政法制科5个职能科室，下辖江苏三圩盐场、响水县头罾盐场2个县属企业。年内，县盐务局狠抓“盐业提单产、养殖创特色、管理抓创新、维稳促和谐”四项重点工作，解放思想，开拓创新，各项工作取得较好成绩。全年生产原盐1万吨，完成盐产品销售收入405万元，养殖业收入2080.64万元，实现利税总额221.72万元，其中利润83.12万元。全系统现有干部职工719人，拥有固定资资产2292万元，缴纳职工社保资金809.2万元，上缴率100%。

【盐业产销】 年内，县盐业系统仅三圩盐场保留10份效益滩83.3公顷。三圩盐场从实际出发，把生产科和生产工区进行合并，成立生产服务中心，生产靠前指挥。同时采用领滩手承包经营的方式，责任与效益挂钩，多产多得，充分调动领滩手和产盐工人劳动积极性。面对盐产品价量齐滑的经济形势，主动走出去开拓市场，采取灵活多变的营销对策，基本形成盐产品能产能销的营销格局。全年生产原盐1万吨，销售收入405万元。

【优化养殖产业】 年内，县盐务局在前几年工作基础上，基本完成产业转型升级工作，全系统养殖面积占原盐业生产面积90%以上。三圩盐场海辰集团高效水产养殖园，已成为江苏最大的海参养殖基地。头罾盐场200公顷品种混养淡水鱼塘，引进美国养殖技术，实现机械化喂养，成为全市面积最大的单位鱼塘。随着养殖业发展规模的不断扩大，三圩、头罾盐场围绕养殖服务工作大局，不断加大硬件设施投入和软件建设，疏浚水道、加设涵闸泵站等，增强进排水能力；搞好道路桥梁等交通设施建设，方便养殖户的出行和生产生活需求；加大养殖服务的管理力度，现场处理和化解各类矛盾纠纷，为盐场养殖业发展提供良好环境。

【企业管理】 加强制度建设。局、场机关按照中央八项规定和省、市、县委十项规定以及县委“二十个一律”精神要求，建立和修订以招待费、小车费、办公费为重点的预算管理制度，从严控制费用开支。认真抓好生产、经营等各项管理费用的执行和控制，加强用电管理，严防“跑冒滴漏”。强化劳动管理，不断优化劳动组合，推进人力资源管理合规范、上水平。加强安全与防汛管理，适时进行安全防汛检查，落实整改措施，持续多年实现安全生产无事故。推进岗位目标管理，场领导班子和各部门按照年度目标责任制要求，认

真履职尽责，较好完成各自岗位目标任务。（办公室）

【江苏瑞泰盐业有限公司简介】 江苏瑞泰盐业有限公司成立于2007年10月，前身为江苏省东泰盐业有限公司，是江苏省盐业集团有限责任公司投资成立的国有股份制企业，隶属江苏井神盐化股份有限公司。公司坐落于响水县陈家港沿海经济区，总占地面积666.67公顷，水陆交通便捷。公司注册资本4000万元人民币，现有员工440人，其中管理人员40人。

公司实施的矿卤日晒制盐项目，总投资3.1亿元，2008年6月开工建设，2009年6月完成盐田主体工程建设，2010年实现达产达效，年产固体盐55万吨，液体盐57万方。其主要生产工艺是利用淮安地区管道输送的近饱和矿卤，借鉴海盐生产的主体工艺，实现低碳、清洁、高效日晒生产优质原盐，开创盐业生产新模式。公司围绕建设一流生产滩场、打造一流企业管理、生产一流盐化产品、铸强一流市场信誉“四大目标体系”，通过建立并完善矿卤日晒制盐生产工艺，持续运行QHSE管理体系和ISO9001质量管理体系，加大科技创新力度，研发“浮吸式收盐机”“牵引式活碴机”“盐用可调式破碴整池机”“机械破碴耙”等机械设备，获得国家实用新型专利，实现创新成果转化，提升企业综合竞争实力。产品以低杂高纯，晶莹透亮为特色，主要销往国内高端两碱企业。2015年12月在A股主板整体上市。（焦小东）

资产经营

【概　况】 2015年，县化建轻、机电、纺工、贸易、物资五大资产经营管理公司（简称县资管公司）实行五块牌子、一套班子合署办公。内设办公室、资产监管科、改革发展科3个职能科室，办公地点设在县城军民路208号。

2015年，县资管公司围绕“促改制，保稳定，惠民生”总目标，以深化改革为动力，振奋精神，针对全系统摊子大、问题多、人手少的特点，梳理出工作重点，任务分解到科室，责任落实到人头，合力攻坚克难，切实做好企业破产改制和稳定工作，取得较好成绩。

【汇中改制扫尾】 年内，县资管公司依据破产裁定对原汇中职工经济补偿金、内退职工生活费等进行审核发放，对遗属补助、工伤补助及自缴养老保险费、医疗保险费等与人社部门进行核对梳理，认真做好续接工作。原汇中集团因职工较多，改制时间较长，职工下岗失业自谋职业或到外地打工，联系难度较大，公司相关科室克服困难，想方设法进行联系，认真接待职工来访，帮助300多名职工做好养老、医保的续接衔接工作。

【水泥厂改制后续】 年内，县资管公司根据县政府会办会要求，组织人员对2002年陈家港水泥厂破产重组前职工债务、股权转让纠纷及其融资抵押、改制后拖欠职工社保资金、股权转让前后职工的集资款、生活区水电开户等问题进行调研，提出切块解决、分步实施建议，并逐步组织落实。经努力协调，原厂宿舍区40多户职工水电安装到户，解决了多年“老大难”问题，宿舍区职工普遍满意，情绪稳定；对响水水泥厂400多名职工债务兑现情况进行账务核对，并汇总整理，职工债务情况基本清楚，待土地挂牌出让变现后进行补偿兑现。

【基层食品站改制】 年内，县资管公司针对原贸易系统16个基层食品站均已瘫痪倒闭10多年，部分食品站职工因债务得不到清偿，多次在主管部门上访的实际情况，为切实解决职工的上岗金、集资款、养老金等问题，多次讨论研究基层食品站改制模式。派人开展调查摸底，准确掌握各食品站土地现状、职工构成等基本情况，黄圩、六套、老舍食品站就改制意向征求镇区政府意见，同时主动征求县发改委和国资办意见；按照规范改制、不留后遗症的要求，达成破产清算共识，对无资产可清算的，在系统内统筹解决职工身份问题，改制工作正在实施中。

【企业改制后续完善】 年内，县资管公司根据原神豆制药厂职工的上访诉求，组织专人在县法院和国土局查询相关情况，并形成书面材料报县分管领导；经县政府召集相关单位研究会办，依据破产规定对未清偿的职工经济补偿金组织兑付；公司相关科室明确专人从对帐入手，发布公告，组织兑付，至年末，已兑付职工248人，兑付金额88万元，占应兑付99%，对个别未兑付人员继续做好相关工作。对原县砖瓦厂生活区问题，根据资产转让协议，会同小尖镇多次深入住户了解情况，抓紧实施搬迁，以便小尖镇环保节能项目尽快实施到位。对原汇中集团生活区剥离土地进行实地了解情况，掌握各住户要求，寻找适合客商，争取尽快搬迁。同时，全年接待原五大系统所属企业150多名职工档案资料查询。

【息访维稳】 年内，县资管公司根据县部署要求，排出全系统信访对象四类100多人，信访诉求20多项，对排查出的问题，按照条线明确责任到人，结对包案化解。对企业军转干、政改企人员、伤残军人、退伍志愿兵以及出国参战等人员，认真宣传政策，开展思想疏导；对企业特困人员，做好思想稳定工作，尽力解决实际困难；对无理缠访人员，协助有关部门进行依法打击。全年未发生大的上访事件。

【招商选资】 年内，根据县部署要求，成立由主要负责人任组长，其他科室人员为成员的招商选资小组。在招商选资过程中，把选资工作与盘活企业存量资产相结合，通过招商解决原企业改制遇到的困难。全年外出招商4批次8人次，向县有关部门提供有价值招商信息3条。（办公室）

【责任编辑　杨道贯】

商贸服务业

综　　述

2015年，响水县继续坚持把扩大内需作为促进经济社会较快增长的重要抓手，立足新起点，抢抓新机遇，优化消费环境，促进消费升级。全年实现社会消费品零售总额59.9亿元，比上年增长11.6%，其中批发业、零售业、住宿业、餐饮业分别为6.92亿元、47.58亿元、0.21亿元、5.2亿元，分别增长14.57%、10.7%、23.53%、16.59%。　（张炳达）

2015年响水县社会消费品零售额

表50

指标名称	累计完成(亿元)		增长(%)
	2015 年	2014 年	
社会消费品零售总额	59.9	53.65	11.6
一、按销售单位所在地分			
1、城镇	54.23	49.02	10.6
2、乡村	5.67	4.63	22.46
二、按行业分			
(一)批发和零售业小计	54.49	49.02	11.16
1、批发业	6.92	6.04	14.57
2、零售业	47.58	42.98	10.70
(二)住宿和餐饮业小计	5.41	4.63	16.85
1、住宿业	0.21	0.17	23.53
2、餐饮业	5.20	4.46	16.59
三、按规模分			
(一)限额以上小计	17.06	14.84	14.96
(二)限额以下小计	42.84	38.81	10.38

商　　务

“十二五”商务情况

【概　况】“十二五”期间(2011~2015年)，响水县开放型经济飞速发展，协议利用外资6.92亿元，注册外资到账4.89亿美元。全县具有自营进出口权企业130家，有出口实绩企业32家，进出口总额22亿美元，其中出口额18亿美元，进口额4亿美元。

全县服务业经济总量快速扩张，“十二五”期间，全县服务业增加值由2011年49.0亿元增加到2015年的90.27亿元，年均增长12.97%，比同期GDP增幅高1.39个百分点，占GDP比重由30.42%上升到32.4%，对GDP的拉动作用日益增大；服务业吸纳就业人员10万人，占全社会从业人员比重35%。

【外资投资规模】“十二五”期间，全县新办外商独资企业54家，中外合资企业2家，增资5家。协助新宇环保科技、荣生电子、南方化工、德力化工等企业办理增资、股权变更、股权转让、进口设备免税手续，协助旭辉家居、威耳化工等企业办理批准证书有效期延期手续，保证企业正常生产经营需要。

【项目建设】“十二五”期间，县委县政府组织多次重大招商活动，开展的日韩招商、台湾招商、盐洽会、厦洽会、上海(跨国公司)投资说明会等活动都取得满意效果，成功签订新宇环保科技、思达海水养殖、旭晖家居、盈达气体、澳玛金属制品、中粮生猪养殖等一批好项目、大项目。其中澳玛金属、旭

2015 年 4 月 17 日，响水(上海)春季招商推介会现场

辉家居等总投资超3000万美元的外资项目已开工建设，并加快推进。并储备了镍铁合金、新材料、高端电子、现代物流、箱包加工等一批好项目。

【利用外资形式和投资产业多元化】 “十二五”期间，响水县利用外资手段和方法逐渐多样化。威耳化工、新宇环保、裕廊石化等外资企业先后完成增资。荣生电子、新宇环保充分利用境外资金、技术资源完成企业股权转让，实现外资到账的新形式。“十二五”以来，全县新办外资项目出现工业、农业、服务业三大产业并举局面。在工业项目中，既有新兴特色产业链上的船舶机械、化工生产项目，又有传统的轴承座制造、服装加工项目，初步改变直接招引外商投资形式单一状况。

【自营进出口经营队伍壮大】 “十二五”期间，响水县大力培植出口骨干企业，全县具有自营进出口经营权的企业从“十一五” 期末的50家增加至130家，增长1.6倍。有进出口实绩的企业由“十一五”期末的16家增加至32家，增长1倍。江苏联化科技是响水县外贸出口大户，出口额占全县出口的70%，亦是盐城市生产型企业出口的龙头老大。自营进出口经营队伍不断壮大，重点企业支撑作用明显。

【外贸出口市场多元化】 “十二五”期间，响水县通过“走出去”，广泛参加境内外各种展览、展销会，利用电子商务等新的营销方式开拓国际市场，产品出口涵盖全球五大洲，主要出口美国、德国、英国、法国、日本、韩国、波兰、印度、加拿大、澳大利亚、新西兰等国家和中国台湾地区，出口的产品种类有农药、电子、化工产品、轴承系列产品、造船、纺织服装、农产品等 10 多种；尤其是对相邻人口大国印度的出口，有飞速增长的趋势。

【出口商品结构优化】 “十二五”期间，响水县依托联化科技、天容集团、之江化工、天嘉宜纺织、梦飞斯服饰、龙达传动件、裕廊化工等一批出口骨干企业，大力实施品牌战略，扩大在国际市场上的自主品牌产品出口份额，出口商品结构得到优化。

【境外投资初具规模】 “十二五”期间，在香港成功注册投资1800万美元的富宝贸易有限公司正式启动运营。江苏德龙镍业有限公司在印尼总投资9.29亿美元、注册资本5亿美元的公司获得批准证书，成为苏北最大的对外投资项目之一。境外投资初具规模。

【商贸服务结构优化】 “十二五”期间，响水县商贸流通领域和消费品市场呈现出现代化、特色化和集聚发展的良好势头，社会消费品零售总额由2011年37.3亿元增加到2015年的59.9亿元，年均递增10%。已有著名连锁企业乐天玛特超市、农工商超市、五星电器、苏宁电器、雅家乐超市等进入响水；本土龙头企业响水康生药业有限公司、绿丰农资公司、好客隆等已建连锁“农家店”300多个，年销售额30多亿元。新兴行业加速发展。旅游资源开发步伐加快，乡村特色旅游和红色旅游知名度明显提高，其中古云梯关建设、鸿益生态园、铭阳生态园、东林生态园建成并开始运营。全县金融、租赁和商务服务、信息传输、计算机服务软件等新兴服务业增加值均大幅上升；反映市民综合素质的教育、文化、体育、广播电视业得到较快发展，体育馆、市民广场等公共服务类项目填补了城建史上“三项空白”。生产性服务业开始起步。形成医药物流、仓储物流和邮政物流等专业物流，一批面向主要产业集群服务的专业物流正在规划建设之中。

【产业集聚】 “十二五”期间，响水县围绕加快工业化、城镇化进程，积极抓好服务业集聚区和专业市场规划建设。时代家居、华阳装饰城、珠江路欧亚风情街等物流和市场集聚效应明显，产业集聚初见成效。

【集镇服务业拓展】 “十二五”期间，陈家港镇按照“三港联动”总体要求，迅速规划并实施相关项目；小尖、运河、大有等镇，有重点地对主要街道门面房进行整修或新建，兴建商业街、步行街，改造或新建集贸市场、小商品市场以及其它专业市场。随着农村集镇服务业发展载体的不断扩大，超市、连锁店、专卖店、大卖场等新型业态也迅速从县城向集镇和社区延伸，集镇服务业日益拓展扩大。

【新业态发展】 “十二五”期间，全县新业态发展迅捷，电子商务产业园、企业、示范村已经建立，快捷士同程网平台已建成，入驻企业28家；县职业中学申报省级电子商务人才培训基地；双港镇春燕鹦鹉养殖场申报省级电子商务示范企业。

2015年商务工作

【概　况】 2015年，响水县商务局坚持以市场为导向，扩大对外开放，突出外资项目建设，强化对进出口企业服务，引导企业走出去，积极发展电子商务，商务经济保持稳健发展。全年新设立外资企业5家，其中总投资3000万美元以上外资大项目4个，完成协议利用外资5406万美元，注册外资到账5637万美元。外贸出口完成38768万美元。响水县被表彰为全市开放型经济工作先进集体。实现服务业增加值90.27亿元，社会消费品零售总额59.9亿元。年内，县商务局开展“三严三实”专题教育活动，深入挂钩规上企业调研，帮助企业及时解决困难。推进反腐倡廉建设，纳入商务经济工作总体布局，同部署、同实施、同检查。开展警示教育，公开运行行政权力，执行个人事项报告制度，推进惩治和预防腐败体系建设。层层签订安全生产责任状，组织开展安全生产检查专项治理，检查加油站、超市、旅行社、规模酒店等73家，对存在安全隐患的3家提出整改意见，并督促其整改。年内，县商务局被县委、县政府表彰为2015年度全县综合考核综合先进单位。

【开放型经济】 2015年，全县完成进出口额43711万美元，其中出口额38768万美元，同比增长15.5%；进口4943万美元，同比下降32.7%。全县十大外贸出口企业为江苏联化科技公司、江苏德龙镍业公司、江苏天容集团股份公司、江苏之江化工公司、响水康阳贸易公司、江苏梦飞斯服饰公司、江苏天嘉宜化工公司、联化科技(盐城)公司、响水富梅化工公司和响水龙达传动件公司。年内，江苏联化科技公司出口额22381.6万美元，江苏德龙镍业公司出口额6661.9万美元，全县主要出口产品有农药、电子、化工产品、轴承、造船、纺织服装、农产品等10多种，产品主要销往美国、德国、英国、法国、日本、韩国、波兰、印度、加拿大、澳大利亚、新西兰等国家和中国台湾地区。进口产品主要有盐城联化从美国进口的医药中间体原料、富梅化工从韩国进口的农药中间体原料等。年内，全县新设立江苏邦迪斯顿服装织造公司、盐城中惠再生资源公司、江苏柏岸农业发展公司等企业，投资额都在3000万美元以上。在建的有总投资超5000万美元的中粮家佳康生猪养殖公司。加大跟踪服务力度，推进项目实施进程，鼓励集团公司增资扩股。外资大项目数量取得新突破。出口增幅稳中有升，重点企业发挥支撑作用。全县外贸进出口增幅保持稳涨态势，出口增幅位居全市第一。至年底，全县出口超500万美元的企业10家，超1000万美元的6家，超5000万美元的2家，超2亿美元的1家。江苏联化科技公司全年出口22381.1万美元，进口642万美元，进出口总额23023万美元，占全县进出口总额的52.67%。江苏德龙镍业有限公司新增出口6661.9万美元，成为响水新的出口增长极。联化科技、荣生电子、千壁里、丰响等企业开启跨境电子商务营销新模式。“走出去”企业运营达效。年内，江苏德龙镍业有限公司在印度尼西亚总投资9.29亿美元、注册资本5亿美元的德龙镍业有限公司获得批准证书，第一批设备已抵达印尼，成为苏北最大的对外投资项目。针对德龙公司在印尼存在用工难的问题，县商务局积极想方设法帮公司办理劳务派遣许可证，出国劳务1300人。江苏富宝贸易有限公司在香港设立的分公司正常运营，全年总产值8000万元。

2015年响水县外商直接投资情况

表51　　单位：万美元

年份	注册外资实际到帐		协议注册外资		新批总投资3000万美元以上项目
	本年累计	较上年同期	本年累计	较上年同期	
2015	5637	-25.11	5406	-60.88	4
2014	7527	-20.49	13819	-29.06	3

2015年响水县外贸出口计划执行情况

表52　　单位：万美元

年份	合计		其中			
	累计		出口		进口	
	实绩	同比%	实绩	同比%	实绩	同比%
2015	43710	6.8	38768	15.5	4943	-32.7
2014	40909	1.8	33570	3.7	7339	-6.0

2015年响水县十大外贸出口企业情况

表53　　单位：万美元

位次	企业名称	出口额	位次	企业名称	出口额
1	江苏联化科技有限公司	22381.1	6	江苏梦飞斯服饰有限公司	1044.2
2	江苏德龙镍业有限公司	6661.9	7	江苏天嘉宜化工有限公司	868.7
3	江苏天容集团股份有限公司	1828.2	8	联化科技(盐城)有限公司	663.4
4	江苏之江化工有限公司	1133.3	9	响水富梅化工有限公司	617.3
5	响水康阳贸易有限公司	1109.3	10	响水龙达传动件有限公司	512.1

2015年响水县新设立外资企业情况

表54　　单位：万美元

序号	企业名称	投资额	注册资本	投资方
1	江苏邦迪斯顿服装织造有限公司	3000	1280	香港公民黄美玲和响水县杨帆皮具制品有限公司
2	盐城市中惠再生资源有限公司	3500	1250	加拿大单艳与盐城中惠再生资源有限公司(股权并购)
3	江苏柏岸农业发展有限公司	3500	1200	香港泰达实业发展有限公司

2015年响水县境外投资企业情况

表55　　单位：万美元

序号	境内主体企业名称	境外企业名称	总投资	中方协议投资额	国别或地区
1	江苏德龙镍业有限公司	德龙镍业有限公司	30000	30000	印尼

【国内贸易】 2015年，响水县实现社会消费品零售总额59.90亿元，比上年增长11.7%。全县服务业实现增加值90.27亿元，完成年度目标的102.58%。

住宿餐饮业消费增长势头好于批发零售业。零售业实现零售额47.58亿元，增长10.70%，批发业增长14.57%。住宿业保持高位增长，增幅23.53%，餐饮业消费5.20亿元，增幅16.59%。重点餐饮企业加快转变经营模式，开拓大众消费市场，出现10%以上增长。

乡村市场消费增幅高于城镇。由于农民收入增加和消费水平的提高，2015年，乡村市场实现零售额5.67亿元，增幅22.46%，较城镇增长高12个百分点。

限额以上单位社会消费品零售额增速好于限额以下单位。限额以上单位社会消费品零售额17.06亿元，比上年增14.96%；限额以下单位增速10.38，增4.58个百分点。

【限额以上批发和零售业】 年内，全县有限额以上批发企业31个，其中有响水县中心粮库等5个国有法人企业，响水县供销合作总社1个集体企业，江苏省黄海粮食储备库等17个有限责任公司，响水县兴国纺织1个股份有限公司和江苏康生药业有限公司等7个私营企业。全县限额以上批发业营业面积8410平方米，年末从业人员1001人。销售总额527348.4万元，其中批发额495564.1万元，零售额31784.3万元。在限额以上批发业中，私营企业销售总额378383.1万元，占整个销售总额一半以上。

年内，全县限额以上零售企业有响水农工商超市有限公司、响水新华书店有限责任公司、响水县南峰服饰广场等57个企业。营业面积27969平方米，年末从业人员1004人，销售总额75083.2万元，其中批发额585.5万元，零售额74497.7万元。在限额以上零售企业中，私营企业零售额22799.8万元，占整个零售业销售额的37%。

【限额以上住宿业和餐饮业】 年内，全县有限额以上住宿业企业8个，其中四星级旅馆1个，营业面积总计5085平方米，年末从业人员514人。其中四星级旅馆营业面积1200平方米，年末从业人员125人。限额以上住宿业企业营业额总计8064.3万元，其中客房收入4687.9万元，餐费收入3339.7万元，商品销售额1.6万元，其他收入35.1万元。年末拥有床位527个，餐位921个，拥有客房和公寓2192个。四星级旅馆营业额768.1万元，客房收入314.1万元，餐费收入454万元；年末拥有床位116个，拥有餐位290个，拥有客房和公寓880个。

年内，全县有限额以上餐饮业企业17个，其中有限责任公司16个，股份有限公司1个，皆为正餐服务、独立经营。17个限额以上餐饮业企业营业额总计8726.3万元，其中客房收入472万元，餐费收入7924.6万元，商品销售额239万元，其他收入90.7万元。年末拥有床位33个，拥有餐位66个，拥有客房和公寓2018个。

【商贸服务业发展】 重点项目建设达序时。2015年，响水县列入全市商贸服务业重点项目的荣鑫伟业、浙江商贸城、华都城市综合体、友创集团大厦、尚城国际大酒店5个项目总体进展顺利。县内重点项目23个中，港城农贸市场和港城大润发已竣工；浙江商贸城、荣鑫伟业仓储物流、古云梯关旅游集聚区、县城综合物流园、五金机电大市场、绿岛小夜曲、红星美凯龙、大型购物中心、华都不夜城、灌江农副产品批发市场、恒康养老中心等11个项目，形象进度较好。汽车4S店和5万吨级码头待开工建设。

努力培植龙头企业。年内，县商务局努力培植乐天玛特超市、农工商超市、响水迎宾馆、黄海农商行、华润苏果等县内商贸服务业龙头企业，争取一些龙头企业列入市级重点培植企业计划。

【商贸执法】 年内，县商务局完善12312商务举报投诉机制，接到举报、投诉、咨询40件，其中举报投诉9件，各类业务咨询31件。立案查处生猪屠宰、酒类流通、成品油及再生资源回收等领域违法、违规案件66起，没收未经检验检疫的肉品15.3公斤，查获假冒汤沟窖藏一号、牛栏山二锅头、洋河蓝色经典系列酒120多瓶，查处8处无证经营黑加油点，罚没收入24万多元。无行政复议案件发生。

（刘伟伟）

2015年响水县限额以上规模零售、住宿、餐饮企业情况

表56

行　业	单位名称	登记注册类型	个数
批发业	响水县供销合作总社	集体企业	1
	响水县周集粮油管理所	国有企业	5
	响水县中心粮库	国有企业	
	响水县黄圩粮油管理所	国有企业	
	响水县粮食购销总公司	国有企业	
	响水县七套粮油管理所	国有企业	
	江苏省黄海粮食储备库有限公司	有限责任公司	17
	响水县祥源纺织有限公司	有限责任公司	
	盐城市源源纱业有限公司	有限责任公司	
	响水远诚纺织有限公司	有限责任公司	
	响水飞利达棉纺织有限公司	有限责任公司	
	江苏响水亚邦医药有限公司	有限责任公司	
	江苏兴江贸易有限公司	有限责任公司	
	响水县汇源钢材销售有限公司	有限责任公司	
	响水县步树农资贸易有限公司	有限责任公司	
	响水吉宝科技有限公司	有限责任公司	
	盐城泰和化学有限公司	有限责任公司	
	响水县宏润化工有限公司	有限责任公司	
	盐城祥龙化工有限公司	有限责任公司	
	响水润华化工有限公司	有限责任公司	
	响水苏欣农机有限公司	有限责任公司	
	响水县时风农机有限公司	有限责任公司	
	响水恒丰再生资源有限公司	有限责任公司	
	响水县兴国纺织有限公司	股份有限公司	1
	江苏康生药业有限公司	私营企业	7
	响水昌隆贸易有限公司	私营企业	
	响水远东化工贸易有限公司	私营企业	

续表56

行　业	单位名称	登记注册类型	个数
批发业	响水文杰化工有限公司	私营企业	7
	响水县金马农机销售有限公司	私营企业	
	响水宝力废旧金属有限公司	私营企业	
	响水县常欣废旧物资回收有限公司	私营企业	
	合计		31
零售业	响水县陈家港福达加油站	集体企业	1
	响水县统迟商贸有限公司	有限责任公司	41
	响水县张明秀商贸有限公司	有限责任公司	
	响水县红刚商贸有限公司	有限责任公司	
	响水县体球商贸有限公司	有限责任公司	
	响水县弘益商贸有限公司	有限责任公司	
	响水县瑞源贸易有限公司	有限责任公司	
	响水县金钥匙商贸有限公司	有限责任公司	
	响水县可人纺织品有限公司	有限责任公司	
	响水县东云恒源祥羊毛衫销售有限公司	有限责任公司	
	响水县利同龙工商服装销售有限公司	有限责任公司	
	响水县农家福商贸有限公司	有限责任公司	
	响水县绍齐商贸有限公司	有限责任公司	
	响水县购物多商贸有限公司	有限责任公司	
	响水县发光华联商贸有限公司	有限责任公司	
	响水县潘铁成商贸有限公司	有限责任公司	
	响水县张以标向贸有限公司	有限责任公司	
	响水县鹏翔日用品销售有限公司	有限责任公司	
	响水县仁和黄金珠宝行有限公司	有限责任公司	
	响水县谭氏千年翠钻珠宝有限公司	有限责任公司	
	响水县顺福老庙黄金有限公司	有限责任公司	
	响水县灌河珠宝金店有限公司	有限责任公司	
	响水县广宇药店有限公司	有限责任公司	
	响水县新中心药店有限公司	有限责任公司	
	响水县永泰医药连锁有限公司	有限责任公司	
	盐城宏辉汽车销售有限公司	有限责任公司	
	响水县真爱电动车销售有限公司	有限责任公司	
	响水县永驰电动车销售有限公司	有限责任公司	
	响水县忠仁新日电动车销售有限公司	有限责任公司	
	响水县李苗电器销售有限公司	有限责任公司	
	响水县三联电器有限公司	有限责任公司	
	响水县永静电器有限公司	有限责任公司	
	盐城市恒进电脑有限公司	有限责任公司	

续表56

行业	单位名称	登记注册类型	个数
零售业	盐城创杰网络工程有限公司	有限责任公司	41
	响水县新三友手机销售有限公司	有限责任公司	
	响水县恒业机电有限公司	有限责任公司	
	响水县新世纪家具销售有限公司	有限责任公司	
	响水县旺旺家具销售有限公司	有限责任公司	
	响水县克林建材销售有限公司	有限责任公司	
	响水县万家建材销售有限公司	有限责任公司	
	响水安达气体有限公司	有限责任公司	
	响水县欣悦物资贸易有限公司	有限责任公司	
	响水新华书店有限责任公司	有限责任公司	1
	响水农工商超市有限公司	私营企业	14
	响水华小纺织有限公司	私营企业	
	响水县南峰服饰广场	私营企业	
	响水县张勇化妆品商行	私营企业	
	响水弘利源仓储有限公司	私营企业	
	响水县顺驰加油站(普通合伙)	私营企业	
	江苏省盐业总公司灌东盐场加油站	私营企业	
	响水县路路达加油站	私营企业	
	响水县永利电器有限公司	私营企业	
	响水县田园电器销售中心	私营企业	
	响水县正泰电气有限公司	私营企业	
	响水县明通物资贸易有限公司	私营企业	
	响水县丰际贸易有限公司	私营企业	
	响水县响水银达液化汽站	私营企业	
	合计		57
住宿业	响水灌江丰泽酒店有限公司	私营企业	4
	响水县新响水大酒店有限公司	私营企业	
	响水县亚邦酒店投资有限公司	私营企业	
	响水县滨江宾馆	私营企业	
	响水县怡家九九酒店有限公司	有限责任公司	4
	响水县帝豪酒店有限公司	有限责任公司	
	响水县时代宾馆有限公司	有限责任公司	
	响水县广源宾馆有限公司	有限责任公司	
	合计		8
餐饮业	响水县龙都酒店有限公司	有限责任公司	16
	响水县施美酒店有限公司	有限责任公司	
	响水县王氏酒店有限公司	有限责任公司	
	响水县新托馥咖啡餐饮有限公司	有限责任公司	

续表56

行　业	单位名称	登记注册类型	个数
餐饮业	响水县万宾餐饮有限公司	有限责任公司	16
	响水县食为先酒店有限公司	有限责任公司	
	响水县老船长餐饮有限公司	有限责任公司	
	响水县巴诺客餐饮有限公司	有限责任公司	
	响水县心连心酒店有限公司	有限责任公司	
	响水县成兵好心情餐饮有限公司	有限责任公司	
	响水县绍宏餐饮有限公司	有限责任公司	
	响水县四通餐饮有限公司	有限责任公司	
	响水县尧伟餐饮有限公司	有限责任公司	
	响水县小潘餐饮服务有限公司	有限责任公司	
	响水县福港酒店投资有限公司	有限责任公司	
	响水县香榭丽餐饮有限公司	有限责任公司	
	响水东林生态养殖有限公司	股份有限公司	1
	合计		17

粮食购销

【概　况】 县粮食局设综合科、调控监管科（行政许可服务科、市场监管科）、行业指导科和财务管理科4个职能科室，粮食工业办公室和粮食职工学校2个事业单位。下辖县粮食购销总公司、县粮油工贸总公司、响水县中心粮库3个企业，干部职工115人，其中局机关干部职工27人。全系统固定资产原值2580万元，粮食总仓容量13.72万吨。

2015年，全县粮食系统收购政策性粮食6.4万吨。全社会粮食购销总量46.85万吨，占年计划的133.86%；全社会粮食收购量22.5万吨，占年计划的112.5%；其中国有粮食企业收购16万吨，占年计划的128%。全系统粮食库存量12.96万吨。全社会销售粮食24.35万吨，占年计划的162.33%。全系统工业总产值15.6亿元，工业产品销售收入15亿元，利税0.5亿元，利润0.3亿元，加工大米26万吨，加工面粉23万吨，加工饲料0.6万吨。新建粮食生产基地666.67公顷，新发展粮食专业合作组织1个，创建收购规范化粮库2个。以保障粮食安全和促进农民增收为中心，全力打造“江苏五粮”，以信息化引领推动粮食流通产业现代化，促进全县粮食经济又好又快发展。扎实开展“三严三实”专题教育和作风建设年活动，机关干部职工克服办事“庸、懒、散、拖”等陋习，深入基层为企业服务。加大职工安全培训，保持安全生产无事故。年内，县粮食局被市粮食局授予“全市粮食流通工作先进单位”“粮食信息宣传工作先进单位”，县中心粮库被市粮食局授予“全市十佳粮食购销企业”“全市安全生产先进单位”称号。

【粮食保供】 严格执行托市收购政策，全年收购政策性粮食6.4万吨。轮出、轮入县级储备粮2.15万吨，新增县级储备0.25万吨，全县县级储备粮规模1.33万吨。全系统粮食库存量12.7万吨。全力打造“放心粮油”、“应急保

张集粮库（江苏灌河香米业有限公司）3万吨仓储加工项目建设中

供”和“军粮供应”三位一体粮油供应新格局，新增放心粮油店、应急保供点、军粮供应点各3家，保证县域粮食安全。

【粮食仓储设施建设】 年内，县粮食局向上争取“响水县中心粮库1.72万吨重建”“张集粮库（江苏灌河香米业有限公司)3万吨仓储加工”“黄圩粮库日处理300吨粮食烘干系统”“大有粮库3万吨仓储加工”“江苏灌河香米业有限公司智能化升级”“响水县中心粮库智能化升级”6个粮食仓储设施建设和粮库智能化升级项目，项目总投资7675万元，其中中央预算内投资补助200万元、省财政补助资金1991万元，县级财政配套资金1635万元。“响水县中心粮库1.72万吨重建”项目在2015年当年开工，当年建成并投入使用。“张集粮库(江苏灌河香米业有限公司)3万吨仓储加工”项目，占地1.89公顷，10月开工建设，2016年5月竣工，并在夏粮收购投入使用。其他项目将在2016年实施完成。新建智能化综合平台一个，实现县市互联互通。全市粮食仓储设施及信息化建设推进现场会两次在响水召开。

【企业改革】 根据改革方案，对全县国有粮食企业进行优化整合，组成黄圩、江苏灌河香米业有限公司、小尖、大有、双港等5个分公司，实施“总公司(粮食购销总公司)+分公司+收储库点”的分级经营管理模式，土地性质由划拨置换为出让，实行现代企业管理模式。

【市场监管】 开展粮食收购资格证核查工作，联合县市场监督管理局专项开展夏秋粮收购市场监督检查，强化巡查监管，维护全县粮食市场秩序。全县5.02万吨库存粮食账实相符。 （李兆恒）

粮食收储

【概　况】 2015年4月，注销中央储备粮响水直属库，成立中央储备粮盐城直属库响水分库，由中国储备粮管理总公司垂直管理，存储国家储备粮和响水辖区中央事权粮食管理任务。响水分库下设综合、财务、业务三个科室和周集分库一个收储库点，员工20人，仓储及计算机专业人员占80%以上，11人通过国家职业技能鉴定，其中高级工5人，中级工6人。

【粮食收购】 年内，响水分库严守“安全、稳定、廉政”底线，做好小麦、粳稻最低收购价收购，中央储备粮轮换，响水辖区14个库点收购最低收购价小麦、粳稻59393吨，其中周集分库收购最低收购价小麦18199吨；轮出轮入中央储备粮小麦粳稻58315吨，管理各类政策性储粮191699吨，数量真实、质量良好、粮情稳定、储存安全。

收购中，会同县粮食局、县农发行制定实施方案，组织收购业务培训，收购品种、质量、价格、水杂扣量、操作程序、结算方式“六公开”；从严治企，规范扦样，仪器化检定等定级，严把初复检关；机械与人工清杂相结合，统仓扦样化检与初检比对，品质相符率99.5%以上。建立与县粮食局、县农发行三方联合检查制度，公布监督电话，接受社会监督；通过网银结付粮款，不“打白条”。抓住夏粮小麦粮源丰富和轮换价格执行托市价有利时机，抓好入粮、入库，在规定期限内完成小麦轮入；轮入的粳稻水分低于15%、杂质低于1.5%、谷外糙低于4%、出糙77%以上，均符合控制标准，整体质量好于往年。

【粮储管理】 年内，响水分库实施上级粮储工作实施方案，以监督检查为手段、设施改造升级为基础、优化作业流程为核心做实储粮管理工作，中央储备粮帐实相符率、质量达标率、托市收购小麦粳稻帐实相符率均不低总公司规定标准。按照信息化要求对检验、计量、结算系统进行改造升级，规范使用粮食购销业务系统，合理设定岗位权限，把岗位责任落到实处，质检员规范检验，责任保管员现场复检监卸，签字确认，避免人工操作的随意性，提升帐实相符率。做实保管员包仓责任制，责、权、利相统一，以粮食库存数量、质量、成本、安全和损耗等作为关键控制点落实保管员包仓责任，逐人逐仓签订《保管员包仓责任书》16份。树立岗位监督牌，组织开展“红旗仓”“四无示范仓”评比，被评为红旗仓奖励300元。全年奖励3000元。做实仓储基础设施。投资96万元对周集分库老式房仓屋面进行防水改造；投资200多万元对粮情测控、消防管网、部分仓室进行保温吊顶维修改造，配足配齐除杂、通风设施，新购进12台空调并安装到位，所有储粮仓室夏季用空调制冷，必要时谷冷机补冷。高度重视值班和防汛防台工作。建立员工24小时值班、节假日领导员工共同值班和汛期领导带班、分组值班制度，配齐备足防汛设备及物资，对所有仓室均砌60公分高防水墙；定期检查排涝设备，设备完好，确保在险情发生时拉得出、打得响，所有储粮安全度夏度汛，人安、粮安、财安。执行作业“四单制”(入库检验单、质量控制单、出入仓安全作业单、熏蒸作业单)。做到事前有计划、有部置，事中有检查，事后有评价、有整改，规范做好储粮质量检验、出入库作业、熏蒸作业和日常保管等各环节工作，全年熏蒸库粮7万吨左右。

【安全生产】 年内，响水分库树立“安全生产、责任为天”的理念，贯彻落实国家新《安全生产法》，党政同责、一岗双责、领导班子集体负责，加大隐患排查治理和平安企业创建工作力度，生产安全顺利通过省级“安全生产二级达标单位”专家评审。责任落实。主要领导与板块签订安全生产责任状、主要领导与分管领导、分管领导与分管科室、科室与员工层层签订安全生产责任状，做到人人抓安全，个个管安全。培训落实。主要领导参加安监部门培训考核，持证上岗；邀请县安全生产宣传教育培训中心举办“安全生产培训班”，全体员工、装卸队作业人员50多人参加培训，经考核合格，均取得安全培训合格证，持证上岗；培训施工单位作业人员35人。考核落实。抓好隐患排查治理，限期落实整改，不留隐患，并以文件形式通报情况；针对排相出的2处隐患进行了落实整改，新增、更新灭火器药剂60个，完成消防泵房及管网维修改造。加强日常管理，在南北大门设立警示标志，做好来客登记检查工作，严禁携带火种进入库区；为每位员工、装卸作业人员统一配备安全帽，进入库区戴安全帽；进仓作业需2人以上，拆卸挡粮板等作业系安全绳。签订作业安全生产合同。无论是施工作业，还是装卸作业，一律都选定具有法人资格、安全生产资质的单位签订具有法律约束力的承包合同和安全生产合同，明确双方责任义务和安全生产管理责任。严格执行总公司安全生产作业单制度，建立领导带班、科长跟班、安全员巡查、保管员装卸作业单位现场管理的四级安全管理体系，规范化管控、痕迹化管理、常态化跟踪，杜绝违章作业、违章指挥和违反安全生产劳动纪律现象的发生。

（李文曙）

供销合作

【概　况】 响水县供销合作总社（简称县供销社）设办公室、发展规划科、合作指导科、财务审计科、资产管理科等5个科室。全系统下辖直属或参股企业12个，基层中心供销社4个，其中基层供销社11个，系统在名在册干部职工减至221人，其中社机关干部职工20人。

2015年，县供销社系统围绕工作目标，落实工作措施，各项工作稳步推进，实现三星级为农服务社提档升级15个，新建专业合作社8个，含草业合作社3个，创建市级示范专业合作社5个、省级示范专业合作社2个、创办新型农业经营主体5个；通过场内交易、参加农洽会、农产品推介等活动开展农产品交易，实现农产品市场交易7.6亿元；举办农产品经纪人培训2期，完成培训398人次；农产品批发市场建设取得预期进展，完成了一期主体工程。年内，县供销社开展“三严三实”专题教育活动，着力解决基层干部不作为、乱作为等损害群众利益问题，加强党风建设，修订完善财务、接待等制度，规范党务、社务行为，严肃工作秩序。10、11两月，跑基层、查资料、察实情，弄清系统机构、人员、资产、债务状况及为农服务基础平台情况，找出改革发展中存在问题，创建示范专业合作社。年内，响水县供销社被市供销社表彰为项目建设先进单位。

【农产品批发市场建设】 响水县润丰投资公司兴办县农产品批发市场项目，一期工程面积44457平方米，3月份正式进场施工。年内完成现场界桩点测设、980米钢结构围墙建设、现场“三通一平”、详规方案审批、土地使用权证和建设用地规划许可证办结等。如期完成市场一期建筑主体工程。

【农村经营服务网络】 年内，县供销社采取“先上车、后完善、改造提升”，发展连锁经营网点、为农服务社、专业合作社等经营服务载体，实现三星级为农服务社提档升级15个，新建专业合作社8个，含草业合作社3个、超计划1个，创建市级示范专业合作社5个、省级示范专业合作社2个、创办新型农业经营主体5个，各项指标全部完成提计划的100%。

【为农服务】 年内，县供销社创办3个草业合作社，大力推进秸杆综合利用，完成利用量5.7万吨；积极开展农产品交易活动，通过场内交易、参加农洽会、农产品推介等活动，实现农产品市场交易7.6亿元；创造条件，自办外联，举办农产品经纪人培训班2期，培训398人次。

（崔　健）

烟草专卖

【概　况】 响水县烟草专卖局（分公司）设专卖监督管理科、客户服务科、内部专卖管理监督派驻组、综合办公室和财务委派室5个职能部门，下辖县城、黄圩、陈港3个基层服务站，全局（分公司）员工80人。

2015年，县烟草局（分公司）以省局“三大战略”为工作目标，市局党组发展思路和“效率盐烟、幸福家园”企业愿景，扎实推进打假破网、客户服务、市场监管、基础管理等各项工作，严格执行中央八项规定，纠正“四风”，开展专项整治，依纪依规管理好人、车、房、款。加强队伍建设，实施岗位竞聘，19人走上新岗位，职工周正宇参加省局遴选，笔试、面试成绩第一，被省局任用。建立员工成长档案，鼓励员工提高学历层次，5位员工学历提升。发挥工会作用，丰富员工文化生活，热心社会公益，开展交通志愿服务、结对帮扶、慈善捐助、无偿献血、捐资助学等一系列活动。响水县烟草专卖局（分公司）连续23年九次蝉联江苏省文明单位，被授予“2015年度全市政府法制信息工作先进集体”、“盐城市文明单位”、“市级依法行政示范点”等荣誉称号。

【卷烟销售】 全年销售卷烟1.88万箱，完成市局（公司）年初下达的1.87万箱目标任务；实现销售额4.83亿元，同比4.40亿元上升9.77%；卷烟销售结构持续提升，卷烟平均单价103元/条，同比91.28元/条上升12.88%。实现税利1.13亿元，全年税利首次超过1亿元。其中税收6259万元，增幅位居全市前列。

【专卖管理】 全年查处各类违法违规经营卷烟案件174起，查获各类涉案卷烟913件，案值1065万元，其中万元以上案件25起，5万元以上案件16起，20万元以上案件20起，上缴罚没款18.4万元，刑拘5人，逮捕1人，判刑2人，获省局嘉奖7次，市局嘉奖19次，卷烟市场净化率保持在98%以上。被市局表彰为专卖管理楷模单位。改进行政审批工作流程，提高窗口服务质量。年内，行政许可服务窗口和一名行政许可工作人员分别获得县“巾帼文明岗”和“巾帼建功标兵”称号。建立健全行政执法制度体系，定期组织开展执法监督和“行政执法自查自纠专项整治”活动，严格按照文明执法基本要求，文明执法、公正执法，树立专卖执法的良好社会形象。至年末，全县持证卷烟零售户3216户。

【内部监管】 围绕市局整体发展思路，贯彻落实内管《工作规范》、省局执行细则，紧密结合自身实际，在内管、专卖与营销系统功能基础上，落实事前防范、事中监管、事后核查，做好订货频率与单品牌供货的核查和“高价位”卷烟与销售大户的监管，开展市场调研，拓宽监管视野，严格规范卷烟经营行为，稳步健康发展。

【基层站建设】 年内，县烟草局（分公司）基层站按照“一体二翼”运行模式和“服务客户哨所、培育品牌阵地、人才成长摇篮、展示形象窗口、客户心灵家园”的“4+1”功能定位，明确基层站职责及各岗位职能，专销共享客户信息，对区域客户花名册中的专卖证号、客户代码、客户名称、经营地址、负责人姓名、联系电话、业态分类、监管类别、订货周期、订货方式、终端类型等要素逐一核准，形成详细客户目录；专销共享“电子线路图”，按照服务线路标明主干公路、街道、村居、零售客户，打通市场和服务，控制市场，引领客户，把基层站建设好。

（李　杨）

盐务稽查管理

【概　况】 盐城市盐务管理局响水稽查局（响水盐业有限公司）实行“两块牌子、一套班子”运作模式，对全县盐业市场管理行使行政执法权和食用盐等产品特许经营权，是国有独资企业（正科级）单位，注册资本100万元人民币。公司现有员工50多人，其中各类技术人员30人。按照《公司法》要求，建立法人治理结构，设立董事会和经理层。机关设有市场营销部、盐政法制科、非盐经营部、计划财务部、资产运营部和综合管理部。公司主要经营食用盐、小工业盐、染色助剂、元明粉等。食盐品种有320克清真海藻碘食用盐、350克螺旋藻低钠盐、泡菜盐、竹盐、480克纸盒装无碘低钠盐等，以满足不同层次消费者需求。

【主营经营】 全年购进各类盐产品7245吨，比上年下降22.8%；销售各类盐产品7342吨，比上年下降24.8%。其中：食盐1674吨、工业盐5668吨，分别比上年增长1.3%、下降30%；小包装盐1150吨，与上年基本持平。全年实现销售收入1376万元，利润32万元。

【市场监管】 年内，响水稽查局全面加强市场监管，开展专项执法行动，严厉打击盐业违法犯罪行为，全力维护全县盐业市场正常秩序。强化宣传，全力造浓执法舆论氛围。深入开展减盐科普知识和低钠盐知识“进社区、进医院、进学校”活动，在六套中心小学开展碘盐知识讲座和问卷调查。在“盐政法制宣传月”“全民减盐行动宣传月”活动期间，组织局机关和门店工作人员进村入户宣传盐政法规，普及“科学用盐、促进健康”理念。对辖区内的宾馆饭店、企事业（学校）单位食堂、食品加工业主、工业用盐单位、商店、超市等进行分类盐业行政提示，腌菜季节到来之前，在陈家港车站向陈家港至响水客车驾驶员和三轮车驾驶员发放“致司机同志一封信”，宣传不得私自夹带和帮助乘客运输私盐。紧扣时节，开展系列专项行动。根据市盐务管理局统一部署，开展“元旦”“春节”期间净化食盐市场专项行动，“五一”“端午”两节期间保障食盐市场安全专项执法行动和保障全县食盐安全“雷霆风暴”联合执法专项行动，做到结合实际，目标明确，统筹兼顾，重点突出。严控源头，全面推进堵源截源工作。做到管理前移，人员下沉，全年对陈家港地区的酒店、饭店、排挡以及部分化工企业食堂用盐情况进行拉网式检查不少于一次。年初，与灌东盐场、瑞泰公司、海晶盐厂、灌东化工厂分别签订加强盐产品管理安全责任书，对酱制行业用盐情况进行检查。重抓案件，全力夯实盐政基础工作。年内，扎实做好密报网点建设和盐政管理档案的立卷归档工作。对每起盐业违法案件都能做到追根求源，弄清来龙去脉，力求以案带案，并按照处罚上限从重处罚。全年查处盐业违法案件91起，涉案盐2.29吨，没收违法盐产品1.32吨，罚没款48303元。将3起涉嫌犯罪的盐业违法案件及时移送公安机关，取保候审3人，有力震慑盐业违法犯罪分子的嚣张气焰。全年执法无行政复议和诉讼案件。

【企业管理】 年内，公司从健全管理制度入手，深化内部改革，实施民主管理，强化考核约束，使各项工作稳步推进，扎实开展。筹备召开公司职工大会。会前，广泛宣传当前转型发展形势，对工资暂时保持现有水平作进一步说明，统一干部职工思想认识，对相关方案进行调整完善，力求更贴近当前转型发展实际。会上，将公司经营管理的重大事项提交职工讨论、审议通过，对市公司下达的各项任务指标进行分解落实。同时推进人事制度改革。对机关中层、门店店长打破职务上的终身制，实行一年一聘，按实绩论英雄，优胜劣汰，进一步增强中层干部干好工作的责任感和紧迫感。严格成本控制。公司严控接待规模和招待标准，严控车辆使用，单位职工不论延迟多长时间下班一律不提供工作餐，外单位人员来联系业务一律安排工作餐，努力压缩各项费用支出。抓好安全管理工作。逢会必讲安全，对公司办公区、库区的防火防盗，对车辆安全、行政执法安全等进行定期不定期检查，节假日期间按规定对有关车辆进行封存，防控安全隐患。全年各项工作安全无事故。

【构建和谐】 年内，公司坚持以人为本，增强思想引导，关心职工生活，着力构建和谐，为推动公司转型发展、做大做强营造良好的发展氛围。贯彻落实省、市公司党代会、职代会精神，开展建功立业劳动竞赛活动，在公司三个门店开展劳动竞赛，进一步掀起比、学、赶、帮、超劳动竞赛热潮，推动各项工作任务的全面完成。加强企业文化建设，为职工办实事。“三八”“七一”期间党总支开展系列纪念活动，“五一”

"十一"期间开展员工喜闻乐见的扑克比赛活动。关心职工身体健康，为全体干部职工安排体检。对个别女职工家庭生活确实有困难的，及时调整工作岗位，充分体现组织的温暖。同时履行社会责任，参与响水县南河扶贫工作队，向扶贫乡镇提供扶贫资金5000元，和头甲村7户困难群众结对帮扶，提供1400元帮扶资金。通过系列活动开展，企业的向心力、凝聚力进一步增强。

（李晓东）

旅　　游

【概　况】 2015年，响水县旅游工作围绕省、市旅游工作会议精神，突出重点抓大项目，努力打造以"云梯关"景区为龙头的旅游生态县建设，科学编制响水县"十三五"旅游发展规划，抓紧抓实旅游重点项目建设，开展旅游推介活动。

【科学编制响水旅游发展规划】 年内，为使本县古云梯关、响水湖城市公园、七套琵琶湖、绿岛小夜曲、红色旅游、海滨浴场等旅游资源得到进一步整合和提升，科学编制"十三五"旅游发展规划。县旅游局经多方考察，邀请3家有较高资质的规划设计公司进行招投标，最终由北京大地风景有限公司以60万元中标，获取响水县旅游发展规划编制权，规划编制正在进行中。

【旅游重点项目建设】 响水"古云梯关"景区项目占地10.8平方公里，总投入100亿元。打造成国家AAAA级旅游景区，成为国家生态旅游示范区、文化产业示范区、沧海桑田世界自然地质遗址等。景区规划建设入关服务营、黄河故道生态文化长廊、云梯关文化遗址公园、现代农业园、水韵关城大河卫营地、禅亲休闲小镇、杨氏民俗文化村、黄淮桑田篱园、沧海桑田地理公园等重点景点，各项工作有序推进。年内，县旅游局将响水双港鹦鹉养殖场、响水弘益生态农庄分别申报3A级旅游景区和3A级乡村旅游景点。重点打造一日游精品路线，东林生态园经整改后旅游项目更加规范、安全，旅游环境有较大改观，园内功能布局逐步完善，旅游接待能力得到提高。

【重点项目招商】 年内，县委、县政府紧紧抓住"古云梯关"项目契机，抽调50人组成招商队伍，利用电视媒体和网络对外招商引资。除政府建设的入关服务营、云梯关古淮河文化遗址公园、黄河故道生态文化长廊修建规划景区，其它规划项目全部为重点招商项目。

【旅游推介】 中央电视台7频道"科技苑"专栏和中央电视台2频道《生财有道》专栏在三、四月份分别宣传推介双港鹦鹉养殖场旅游项目，为响水县增加一个新的旅游特色品牌，鹦鹉达人张海锦成为盐城市党员干部现代运程教育致富标兵。县旅游局多场合、多形式推介响水县一日游旅游线路，宣传推介本县生态旅游、休闲旅游、健康旅游新思路。

（刘伟伟）

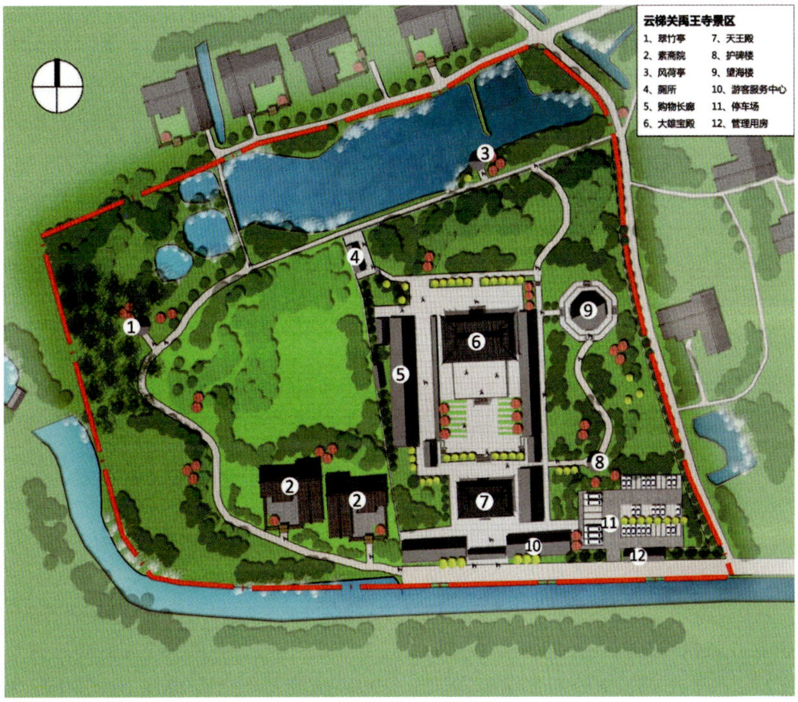

云梯关——禹王寺景区规划图

【责任编辑　顾霞飞】

金融业

综　　述

2015年底，全县有11家银行机构，包括中国人民银行响水县支行、中国农业发展银行响水县支行、中国农业银行股份有限公司响水县支行、中国工商银行股份有限公司响水支行、中国建设银行股份有限公司响水支行、中国银行股份有限公司响水支行、江苏银行股份有限公司响水支行、响水县农村商业银行、中国邮政储蓄银行股份有限公司响水支行、昆山农商行股份有限公司响水支行、响水中银富登村镇银行。36个营业网点。

2015年末，全县金融机构本外币各项存款余额135.22亿元，比年初增加18.52亿元，增长15.87%；其中非金融企业存款余额43.46亿元，新增8.93亿元，住户存款余额76.85亿元，新增9.31亿元。全县金融机构本外币各项贷款余额123.40亿元，比年初增加18.26亿元，增长17.37%。全县货币信贷实现平稳适度增长。全年全县外汇存款余额1522万美元，外汇贷款余额3162万美元。

金融服务　全年全县大小额支付系统处理往来业务29.69万笔，金额168.39亿元。其中大额支付发起6.27万笔，金额145.9亿元；大额支付接收23.17万笔，金额21.53亿元；小额支付发起0.20万笔，金额0.87亿元；小额支付接收0.05万笔，金额0.09亿元。同城清算系统办理业务1笔，清算资金20万元。全县新设人民币银行结算账户0.23万户，其中基本存款账户0.16万户，专用账户77户，临时存款帐户23户。

保险市场　至年底，响水有保险经营主体8家，即中国人民财产保险股份有限公司响水支公司、中国人寿保险股份有限公司响水支公司、中国人寿财产保险公司响水支公司、中国太平洋保险公司响水支公司、中国平安保险公司响水支公司、紫金保险公司响水支公司、安邦保险公司响水支公司、中华联合保险公司响水支公司。其中财产险6家，人寿险2家。财产险响水支公司与人寿险响水支公司两家全年实现保费收入22395万元，比上年增26.5%。其中财产险保费收入7987万元，比上年增17.9%，人寿险保费收入14408万元，比上年增31.9%。各项赔付及其他给付支出4588万元，比上年增18.1%。其中财产险赔付支出3965万元，比上年增18.2%，人寿险赔付及其他给付支出623万元，比上年增17.8%。　（谢应众）

银　　行

中国人民银行响水县支行

【概　况】 2015年，中国人民银行响水县支行树立“以特色推动发展、以管理提高效能、以调研强化履职、以学习增强素质”的工作思路，努力适应经济发展新常态。注重信贷窗口指导，执行稳健货币政策，注重维护金融稳定，强化金融监管职责，金融管理水平不断提升，加强内控内管，履职能力提升；加强党风廉政建设，从严治党，从严治队有新进展。年内，响水县支行在盐城中支考核中取得第3名。

【信贷窗口指导】 年内，县人行注重信贷窗口指导，执行稳健货币政策，强化政策工具导向，领会稳健货币政策内涵，做好辖区货币信贷调控工作。在保持贷款总体平稳增长基础上，引导法人金融机构根据真实需求和季节性规律安排好投放节奏，避免贷款投放出现大起大落。落实利率调整政策，促进辖区利率市场化进程。推动金融机构加强利率定价同业自律，组织法人机构加入省市场利率定价自律机制。加强民间借贷利率监测，提高民间借贷利率监测工作水平。完善再贷款管理，发挥再贷款资金导向作用。积极向上级行争取再贷款指标，实现5000万元新增投放。强化贷后检查评估，督促借款金融机构扩大涉农、小微企业信贷投放；引导金融机构压降贷款利率，充分发挥再贷款资金对贷款利率的导向作用。

信贷资金合理引导。按照上级行部署，认真组织实施金融服务农业“接二连三”工程。联合县委农办摸清新型农业主体资金需求，督促金融机构及时开展银企对接。至年底，实现对23家新型农业主体新投放贷款3654万元。继续推进“小微企业金融服务升级扩面三年计划”，做好“转型升级”两项工程省级重点示范项目落实、跟踪、督促。强化小微企业信贷政策导向效果评估工作，督促金融机构进一步完善定价机制，有效缓解小微企业融资困难。深化普惠金融服务，促进民生金融发展。进一步完善助学、下岗失业、扶贫贷款推广工作，提升对弱势群体金融服务水平。

营造外部良好的履职环境。建立与地方党政定期交流磋商机制，按期召开金融工作联席会议，安排部署全年金融工作目标任务，主要负责人定期向分管县长汇报金融工作情况，争取地方党政理解和支持。紧紧围绕金融热点难点问题和重点工作情况开展调研，形成有价值的政务信息和调研文章，为上级领导决策提供有益参考。积极开展金融消费权益保护、人民币反假、征信、支付结算、反洗钱等金融知识进机关、进社区、进校园、进企业、进乡镇、进农户的“六进”活动，普及金融知识，切实提高全社会的金融意识，营造支持理解金融工作的良好氛围。

【维护金融稳定】 强化金融风险监测。加大风险监测和排查力度，定期对辖区金融领域风险隐患进行排查，按月监测全县规模前10户重点企业、前10大风险企业运营状况。结合地方产业特点，持续跟踪、反馈造船、造纸等重点领域风险，协助政府部门及时处置大和氯碱、隆亨纸业等企业信贷风险，在助企业度难关同时，促进企业转型升级。加强对具有融资功能的非金融机构、民间借贷及互联网金融等新型金融业态发展及风险情况监测分析，设计制作“响水县民间借贷风险地图”“响水县农民资金互助组织分布图”，直观反映辖区民间融资及其风险情况，并就如何加强管理与引导提出针对性意见与建议。强化对法人金融机构风险监测。跟踪监测法人金融机构资产质量变化和流动性风险状况，及时掌握不良贷款底数及形成原因，着力做好金融风险提示与预警工作。《存款保险条例》实施。按照总分行要求，认真做好《存款保险条例》实施前后辖区内舆情监测、分析和相关银行业金融机构日常情况报送工作。5月22日，组织辖区所有银行业金融机构存款保险工作分管行领导和牵头部门负责人参加人民银行南京分行举办的“存款保险条例”电视电话会议培训，为做好存款保险制度实施相关工作打下坚实基础。年内，法人银行业金融机构投保手续、保费征收、信息收集与核查等系列任务全部落实到位，存款保险制度在辖区得到顺利实施。金融依法管理。贯彻落实金融机构重大事项报告制度。做好日常风险监测，及时报告涉及金融稳定、可能引发系统性金融风险的各类重大风险、重大突发事件、重大金融案件等。继续拓展和深化“两管理、两综合、一保护”工作，加强对金融机构业务监管，全面落实金融机构执行人民银行政策综合评价工作。年初组织对县域10家银行机构2014年度执行人民银行政策情况、履行金融消费者权益保护义务情况进行评价执法检查，3家银行被评为优秀。有效推动人民银行各项政策贯彻落实。金融生态创建。为进一步推动县域金融生态环境建设，增强县域融资能力，促进县域经济金融又好又快发展，在2014年成功创建“金融生态达标县”基础上积极开展2015年“金融生态优秀县”创建工作。继续将金融消费者教育工作作为推进金融生态建设的重要抓手，印制“告广大城乡居民的一封信”，通过“金融稳定工作送下乡”“远离非法集资·青春在行动”专项宣传等活动，将防范与打击非法集资知识送到千家万户。深入开展农村青年信用示范户创建工作，督促农行、农商行、邮储行认真做好农户信用档案采集与录入工作，组织开展农村信用户、信用村、信用乡镇评比工作。

【金融管理服务】 年内，县人行完善金融机构存贷款增速表，及时反映各机构存贷款及增速排名情况，丰富统计资料内容。建立与金融机构信息调研共享机制，围绕经济金融运行中热点、难点及基层央行履职，开展银保合作、民间融资、家庭农场、土地流转、保险市场、民间融资、新型农业主体发展情况等方面专题调研，以《响水金融动态信息》形式向上级行及地方相关部门反映情况，受到好评。提升结算服务效率。为提高金融服务水平，特事特办，方便存款人办理业务，对日常账户的开立、撤销、变更进行双人审核、录入系统，至年底，开销核准银行结算账户12280户。做好支付结算协调工作，推动粮食收购企业非现金支付业务开展，切实解决粮食收购资金结算困难。开展支付结算宣传，普及社会公众支付结算相关知识，推动响水地区非现金支付结算工具推广使用。开展整治银行卡网上非法买卖专项行动，加大打击银行卡违法犯罪活动力度，维护支付结算环境。推进农村金融服务站建设评级工作。12月，根据服务站评级标准，支行对全县100个农村综合金融服务站全面测评，评出A类站12个，B类站34个，C类站54个。国库资金安全。准确及时办理各级预算收入的收纳、划分、报解，保证各级库款及时准确入库和国库资金完整。至年底，完成各级预算收入入库49.17亿元、支出60.15亿元、退库2.52亿元；受理各类凭证158073笔，编制各级预算收支报表20364份。组织开展国库日常安全监督检查，严防国库资金风险，确保资金安全。开展央行经理国库30周年宣传庆祝活动，收集支行经理国库图片与资料，制作宣传版画在支行大厅展出，上报5篇活动征文，其中1篇获二等奖。开展国库执法检查，规范辖区金融机构国库经收、集中代收付和国债业务行为。联合央行志愿者组织国债宣传进社区、联合商业银行组织国债宣传进集市、联合试点银行组织国债宣传进媒体、联合助农取款服务点组织国债宣传进农户，开展国债到期约定转存业务宣传。围绕会计核算规范化二级达标要求，加强内控建设，提高核算质量。组织国库会计人员参加国库知识竞赛，2人获二等奖；组织参加会计财务知识竞赛，取得团体第一。货币金银服务。持续开展人民币流通满意工程、优化人民币流通环境、加强现金收付、全面提升现金业务处理能力与水平、建立小面额货币供应长效机制、维护金融消费者现金权益等货币金融管理活动。落实所有主办银行加大对农村金融服务站保险柜、点钞机、防盗器具等硬件投入力度，对全县助农取款现金服务功能进行再提升。借助电视台、广播、报刊等媒介，认真开展新版人民币发行宣传工作，提升其在当地知晓度和接受度，新版百元纸币在辖区顺利发行。圆满完成羊年生肖、抗战胜利70周年、航天等3种纪念币(钞)发行工作。组织对银行业金融机构人民币现金收付和反假货币业务、国库经收代理业务及金融消费者权益保护等6次专项执法检查，向被检查单位发出整改意见书6份，做好后续跟踪检查。借力“3·15”“反假货币宣传月”“12·4”等开展反假货币宣传“进社区、进学校、进车站、进乡村”等活动，宣传活动信息被总分行网站录用。

【内控内管】 年内，县人行开展“两加强两遏制”专项自查工作，排查风险点和漏洞264个，发现问题18个，提出整改措施20条。3月12日，中心支行“两加强两遏制”检查组对响水支行开展现场检查，提出12个问题，全部整改到位。全面修订内控制度，凡涉及人、财、物管理制度，均用制度管权、按制度办事、靠制度管人。开展执法案卷评查活动，及时发现问题，落实整改要求，提高职能部门依法行政能力和水平。加强应急管理工作，完善应急管理工作机制，提高应对突发事件能力。开展纠正“四风”和落实中央八项规定精神自查，严格财经纪律，厉行勤俭节约。组织档案保密知识学习、宣传，开展自查，推动档案保密工作规范化。加强对要害岗位、要害人员考核管理，堵塞安全漏洞。树立安全观念，落实安全管理责任和措施，健全安全防范网络，抓好日常督促检查，全年无重大安全事故发生。

【行长工程】 年内，县人行上报《新型农业主体“家家乐”工程》《促进内部和谐 激发员工潜能》等2项行长工程。“家家乐”工程2015年初设定目标是全年累计投放新型农业经营主体贷款超过1.5亿元。通过建立机制、走访摸底、细分市场、制定模版、分类推进、跟踪服务等工作有序推进，至年底，全县新型农业经营主体贷款余额超过1.5亿元。内部管理工程目标通过思想教育、目标激励、制度完善、志愿服务等方式方法，全行干部职工主观能动性得到较好发挥。

(谢应众)

中国工商银行响水支行

【概　况】 2015年，中国工商银行响水支行以提升市场竞争力为中心，拼市场，争份额，以抓好存款和中间业务为重点，尽力完成各项主要经营指标，旺季营销工作成效明显。至年底，存款余额57211万元，较年初净增13434万元，其中对公存款28125万元，较年初净增9288万元；储蓄存款29085万元，较年初净增4146万元。各项贷款余额80774万元，较年初净增21753万元，其中公司类贷款66048万元，较年初净增22016万元，个人类贷款14726万元，较年初下降263万元。不良资产总额1276万元，当年新增599万元。实现中间业务收入982万元。实现利润2306万元，人均65.88万元。经营及保卫工作安全无事故，被县委、县政府表彰为2015年度全县综合考核金融财税工作先进单位。

【负债拓展】 年内，工行响水支行夯实业务基础，提升存款业务同业位次。树立存款立行理念，提升存款业务竞争力，提高存款市场份额。组织对公存款和同业存款，强化项目攻关和新开户，把握沿海开发及各类投资项目信息，积极介入本地招商会、交易会、供货会，吸纳重点客户存款。走访有关客户，加强客户营销，资金流动信息，扩大机构客户数量和存款总量。梳理和排查无贷户，激活长期不动户，提升无贷户账户质量，强化有贷户资金流向流量监测，确保资金封闭运行。加大与重点券商合作，稳定证券存款市场占比。积极营销银行同业存款业务。发挥工商银行品牌、科技等优势，提升客户服务水平。储蓄存款市场拓展。深入调研薪酬类、经营类、投资类、批量类四大源头市场，制定全年市场拓展计划和各类市场营销方案，按序时进度深入推进。组织对公客户批量储蓄营销活动，以公司有贷户、无贷公存大户、其它结算类客户等为对象，营销代发工资、奖金和分红款等，提高捆绑营销成效。做好旺季揽储，加强部门和市、县行协调联动，强化网点功能建设，在业务高峰期开设存款专柜，提升贵宾理财中心和理财网点专业化服务能力，促进储蓄存款快速增长。处理好市场增量占比和控制付息成本关系，认真研究存款结构，对高成本存款产品实行差异化定价，降低存款付息成本。

【信贷投放】 年内，工行响水支行坚持结构调整导向，积极拓展优质信贷市场。抓好重点项目和主导产业市场营销，瞄准风电、火电、医院等行业，主动捕捉存量客户合作机遇。继续大力拓展小企业信贷市场，积极营销上海、浙江、福建及苏南等南北产业转移优质落地项目，寻求与信誉好、管理规范担保机构合作，继续实施开发贷款与个人住房贷款经营联动，加大个人经营贷款营销，拓宽综合消费贷款受理范围，向装饰装潢、家居家电、农副产品批发等市场延伸。开发信贷业务新品。以固定资产支持融资、商用房抵押贷款、现金管理在内的一揽子营销方案，推进链融资业务，发展国际和国内贸易融资业务，加快发展信用证、银票、保函和委托贷款等表外业务，发挥理财业务、行内银团等产品信贷替代作用。贷款均衡投放，提高综合收益水平。逐月均衡投放和平稳增长，排定用款计划，平衡信贷投放和客户需求之间关系，投放均衡、适时到位，提高贷款综合收益。

【内控管理】 年内，工行响水支行健全内控合规制度建设，推进“过程管理巩固年”活动，发挥内控引领、约束和威慑作用，降低操作风险发生频率，全年无重大差错事故发生。“过程管理巩固年”活动贯穿到业务发展全过程。落实“严禁违规私售理财产品”“远离私售”等有关工作要求，以“无差错、无违规”目标，有效控制屡查屡犯和重大操作风险，以过程管理精细化推动业务经营集约化和内涵式发展。定期不定期召开值班经理例会，通报支行开展“过程管理巩固年”活动情况，结合风险控制重点环节，压降可控风险事件，落实工作措施，专项治理活动持续扎实开展。认真审核凭证每项要素，从源头防范风险。组织开展业务检查和专项检查。支行每季根据运管专业检查提纲，对全辖网点进行检查，检查覆盖面100%，对检查中存在问题及时指出并在监督检查系统、运行管理系统录入，次季跟踪整改情况，进行针对性检查辅导。强化反洗钱内控制度建设宣传培训。按照金融法律法规，履行反洗钱义务，做好客户信息采集、维护工作。结合“普及金融知识万里行”，开展多项宣传活动，提高社会公众反洗钱意识和认知水平。支行通过值班经理例会进行反洗钱培训，各网点值班经理定期组织员工学习反洗钱知识，掌握反洗钱法律、法规、规章、制度，熟悉反洗钱操作规程，提高反洗钱工作能力。

【优化服务】 年内，工行响水支行结合自身实际，紧紧围绕创建区域服务品牌形象目标，落实服务管理各项措施，提高全员服务意识与服务能力，强化业务分流，为客户提供高效优质服务，促进服务水平不断提升。采取多种形式提高员工服务意识和业务水平，强调服务技能专业化、服务用语规范化、服务形象职业化，准确快捷、优质高效和严格规范，努力塑造一流服务形象。提高服务效率。实行主任值班制度，协助加强大堂经理分流引导。大堂经理在营业前准备好柜面各类凭证、便民设施和各类器具，随时留意进入网点办理业务的客户，主动问候客户，细心解答客户提问，主动加强对等待客户的业务宣传引导，对等待客户实施有效“干扰”。坚持晨会制度，对每日工作进行总结讲评，充实服务规范学习、新业务学习、服务技能培训、优秀员工心得交流等诸多内容。规范检查情况。完善服务考核机制，重新调整制定员工服务考核办法和指标。实行客户考评、领导检查、员工互评考核体系，将考评结果纳入个人绩效考核分配，调动员工做好服务工作积极性。

（徐文忠）

中国农业银行响水县支行

【概　况】 2015年，中国农业银行响水县支行主动适应经济新常态，坚持稳中求进的工作基调，紧扣规模、质量、效益、稳定“四位一体”协调发展的工作定位，抢抓机遇，强化管理，创新争优，扩展渠道，各项工作登上新台阶。至年末，全行本外币各项存款余额28.21亿元，比年初净增2.60亿元；其中储蓄存款余额17.59亿元，比年初净增1.62亿元；对公存款本外币余额10.62亿元，比年初净增0.98亿元。各项贷款余额18.49亿元，比年初净增1.54亿元。不良贷款1712万元，不良贷款率0.97%，好于国际一流商业银行资产质量标准。全行实现拨备前利润0.70亿元，完成市分行年度目标的113.37%；拨备后利润6913.47万元，同比上升1396.75万元，完成市分行年度目标的112.17%。实现中间业务收入2904万元，同比增加657万元，完成市分行年度目标的120.8%。年内，农行响水县支行深入开展“三严三实”专题教育，认真落实党风廉政建设“两个责任”要求，持续开展企业文化建设，积极配合支持政府中心工作，参与主流经济和主流客户市场竞争，社会形象和影响力不断提升。连续16年保持省级文明单位称号。在2015年度全县综合考核中，获全县财税金融工作先进集体。在全市农行系统综合绩效考评中，位列县域支行第一名。员工张天晓在农行江苏分行举办的第7届业务技术比赛中获支付结算知识第五名，在省总工会、共青团、妇联、人民银行南京分行等联合举办的江苏省第一届“支付清算杯”支付清算知识竞赛中代表省农行代表队成员参赛，获团体一等奖，个人二等奖，获“江苏省青年岗位能手”称号。

【做大资金总量】 年内，农行响水支行瞄准重点客户，抓综合营销。在对公存款拓展上，通过多种存款产品联动组合推介，推进有效账户开户，实施保证金存款专项营销，对公存款稳存稳增。在全行组建若干对公业务专项业务和产品营销团队，做好新客户、新业务、新产品的牵头营销，年内，支行开展新拓企业年金托管业务，托管金额2160万元，为支行带来43万元中间收入、明码绩效工资近90万元。和有关公司签订外汇资金池协议，年底相关功能开通，发生资金交易量294万美元；加大网点对公业务营销督导，全行100万元以上新注册企业在农行响水支行开户31.55%，超出全市农行平均水平17.77个百分点，依托项目和产品，带动资金揽存。注重资产项目联动营销，加强与房地产企业合作，稳定对公存款，助推个人按揭业务拓展，扩大个人客户基础。持续推进卡电产品营销，面向购房户和有车一族，大力营销房贷卡、驾驶无忧卡、苏通联名卡、漂亮妈妈卡等卡产品，新增信用卡客户2595户。开展车贷分期业务。2015年，实现零售业中间收入1834万元，占全行中收的72%。信用卡业务全部超额完成任务，专项分期总额达成5120万元，完成任务的135%，电子银行业务离柜率93.5%，位列全市第三，农村行第一。年内开展“春天行动”“激情仲夏”“赢在金秋”等专项营销活动，深化源头客户营销，预约存款、预约产品持续保持增长态势。

【信贷营销】 年内，农行响水支行主动适应经济形势，针对重点客户、中小企业、“三农”领域等，强化综合金融服务，信贷投放持续增长，信贷结构进一步优化，全行新增实体贷款1.7亿元，有效支撑全行综合业务发展，提升全行社会形象。重抓项目贷款营销。在严控贷款准入前提下，为加大项目营销力度，介入优质项目，全力做好材料撰写、客户营销以及贷款审批过程中的沟通等工作，迅速抢占优质客户市场，在竞争中赢得主动，当年，支行成功获批贷款8亿元项目1个，该项目在2015年4月提款3000万元，剩余7.7亿元在

2016年全部完成提款；另一项目贷款1.88亿元，贷款上报期间，县支行多次前往市分行、省分行汇报贷款情况，跟踪项目审批进度，及时根据上级行要求补充资料，保证贷款及时审批。该项目贷款的成功审批，为2016年对公日均存款稳步增长打下坚实基础。做好新型农业经营主体贷款营销。根据国家政策导向和上级行营销要求，县支行积极对接辖内新型农业经营主体，寻求信贷合作，公司业务部与基层网点联动，筛选名单下发网点，网点对照国家级合作社名单，逐户上门调查摸排，筛选可与本行进行信贷合作的优质客户。2015年县支行与2个国家级农民专业合作社达成信贷合作，11月成功发放金农贷。

【风险防控】 年内，由支行风险与信用管理部牵头，加强对不良贷款诉讼管理。全行所有贷款进入不良的当月必须进入诉讼审批上报程序，个人信贷业务（含卡透支）逾期超过两个月的，网点及前台部门必须准备好诉讼资料，进入不良后10日内，将全部诉讼资料移交风险与信用管理部，由分管前台行长监交，以分管行长签字监交日期为准，风险与信用管理部在1个月内完成诉讼审批手续，最迟至第5期末归款时，必须进入法院诉讼程序。零售金融部积极做好信用卡不良的核销准备工作，风险和信用管理部做好支持与配合，对逾期超过6个月5万元以内的信贷卡不良全部上报待核，做到应核尽核。做好已核销贷款诉讼时效，全年未发生一笔丧失诉讼时效现象。加强法人贷款收息工作的管理，未发生因工作不到位而出现正常类法人贷款欠息现象。

【服务“三农”】 年内，农行响水县支行以农村新型经营主体为营销对象，优化经营机制，充分激发各网点营销活力，农户金融服务取得突破。全年发放农户贷款2264万元，余额2247万元，比年初增679万元；“惠农通”站点115个；农户贷款、惠农通、惠农卡等“三农”指标均超额完成市分行年度目标。年初支行出台专项考核办法，将农户贷款净增额纳入网点综合业务考核，发放额纳入网点负责人、客户经理每月履职工资考核，按任务完成情况重奖重罚；合理提高计价水平，计价水平达上年度5倍。抓源头营销。年初将各类新型农业主体清单分解到各农村网点，逐户建立台账，详细了解并登记各主体经营范围、经营规模、资金需求等情况。加强与当地农业主管部门合作，做好产品宣传，利用地方合作社培训和农机培训机会进行金农贷、农机购置等产品宣传，起到较好效果。做好信息搜集和客户推荐工作，10月份通过主动对接，全行组建起一支由村会计为主体、覆盖全县各村居和农场分场的“三农”联络员队伍，延伸全行服务触角。

【运营管理】 年内，农行响水县支行以运营“三化三铁”创建活动为抓手，狠抓运营质量提升。全辖6个网点，其中运营“三铁”单位2个，“良好”单位4个，至年末全辖营业单位“三化三铁”创建实现“良好”标准以上，消除运营“达标”网点。全年接受省行非现场检查1次。本行模拟验收6次。在全辖开展“运营财会管理专项治理”为主题的运营提质控险活动，员工规范操作意识明显提升。常规开展现场和非现场监管，全年检查303天，发现问题1245条，发现问题立即解决。开展节假日现场突击检查3次，检查网点6个。做好内部人员岗位交流，对达到时限的网点柜员按规定实行交流；对全行3名运营主管进行网点间岗位交流；调整运营监管经理1名；选聘调整运营主管1人。精心组织确保BoEing系统四期平稳上线。经过8~9月份的多轮测试，10初上线，经过1个月特维期后平稳运行，保证业务经营的正常开展。根据上级行统一安排，对集中授权系统进行升级改造，并入BoEing核心业务系统一起上线。全行营业网点安装业务预处理系统，提高业务办结速度和正确率。对新财政非税系统进行开发、测试和按时上线（8月1日），保证本行的财政资金不流失。加强财务管理。组织全行资产负债各类数据集中排查，规范信息数据质量。按照上级行要求整合外包事项，规范执行项目和财务申请流程，严格执行财务审查制度要求。按照税法和会计制度要求，规范统一固定资产核算，执行统一固定资产标准，严格界定固定资产和低值易耗品，提高核算质量。合理控制和使用费用资源，规范全行费用项目，在项目用途规范基础上用足用好全年费用计划，不超支、不乱支。

【声誉风险管理】 9、10两月，农行响水县支行顺利完成抗战胜利70周年纪念币发行任务，在长达50天的预约及兑付过程中，经历预约政策调整，全面完成15.6万枚纪念币发售任务，没有发生一起声誉风险事件。和平化解黄海舆情风险。11月份，针对BoEing系统（四期）10月7日正式投产上线后，柜面业务办理速度慢的问题，各单位调整人力，做好大堂疏导工作，因该系统不支持个人客户活期存折1位数密码账户支取，存在舆情隐患问题，涉及本行逾1000户，主要集中在黄海农场退休职工群体。这部分客户祖籍以泗洪为主，绝大多数出生在上世纪40、50年代，部分人回原籍居住，还有部分随子女在外地生活，客户突然取不到款，对本行声誉可能产生一定影响。支行紧急向上级行请示。支行行长专程市分行向行长、分管运营行长、运营管理部负责人详细汇报。市分行当即向省分行请示，在省分行支持下，三级联运，成功化解舆情风险。系统内外多方协作，共同应对各类舆情风险。年初本行与当地10多家知名网络平台、县公安网监科座谈，互通信息，互相联络，对舆情风险防控起到一定作用。

【从严治行】 年内，农行响水县支行党委认真抓好党风廉政建设“两个责任”落实，从严治党、从严治行，扎实开展各项党建工作。制订党风廉政建设工作年度计划，提出目标任务和具体措施。明确领导班子成员在党风廉政建设责任制中应负的责任，落实责任分工；网点管理部负责对物资采购、信贷审批、招投标等环节进行全过程监督。加强党员干部学习教育。支行党委中心组组织8次集中学习，系统学习习总书记系列讲话。落实《关于领导干部报告个人有关事项的规定》，健全单位党员干部廉政档案。规范财务支出，严格执行《会议管理办法》《招待费管理办法》等管理规定，加强公务消费管理。加强对党员干部行使权力监督检查，防止权力滥用。凡涉及干部任免、人事安排、大宗资金使用、物资采购、重大项目建设等事项，必须按照民主集中制等相关制度、规定办理。

（费克松）

中国建设银行响水支行

【概　况】 2015年，中国建设银行响水支行坚持发展是硬道理，努力拓展市场，坚持合规经营，服务地方经济。至年末，实现利润4863万元，人均创利近100万元，各项存款余额10.65亿元，其中对公存款余额5.16亿元，个人存款余额5.49亿元，年新增4132万元。年末各项贷款余额18.81亿元，年新增1.17亿元。其中公司贷款余额9.15亿元，个人贷款余额9.66亿元。全年新增信用卡1655户，完成分行计划的137.9%。中间业务收入1788万元。不良贷款余额542万元，资产不良率0.29%，其中公司类不良贷款余额为零。年内，支行开展"三严三实"教育活动，营造廉洁从业文化，深化文明创建内涵，强化激励约束机制，连年安全运营无事故，各项工作亮点纷呈。支行继续保持江苏省文明单位、盐城市文明单位称号，支行党总支被市建行党委表彰为2015年度先进基层党组织，支行青年志愿者服务队被县文明委授予优秀青年志愿者服务组织称号，支行营业部、建园分理处被省建行确认为会计基础工作二级单位。建园分理处获省分行劳动竞赛"喜洋洋"网点称号。

【对公业务结构调整】 年内，建行响水支行积极与地方相关部门加强联系与沟通，及时掌握了解政府平台项目信息，在第一时间掌握第一手资料，为项目营销做好基础性工作。支行领导担任重点项目首席客户经理，提升高层营销能力。贴近客户制定服务方案，支持灌河治理、东城建设等项目实施，为快速发展奠定良好基础。

【个存个贷业务拓展】 年内，建行响水支行坚持存款立行不动摇，始终把存款作为一项基础性工作抓紧抓实，特别是对个人存款业务一着不让，毫不放松，针对旺季市场资金流向相对集中特点，抢抓存款市场，一季度个人存款基数新增9000万元。旺季手机银行活跃客户表现突出，支行成功登鼎分行C组"标王"，建园分理处获省分行劳动竞赛"喜洋洋"网点称号。善融商务活跃客户6户，发展高档BZB商户1户。个人网银旺季完成率92.15%，位居全辖前列。

年内，建行响水支行把个贷业务列为资产业务发展重点，制定相应的绩效考核办法，拓展个贷市场，全年个人贷款投放9.66亿元，新增6980万元。信用卡分期贷款完成4541万元，完成率171%，其中购车分期贷款1972万元，安居分期贷款1985万元，一般分期贷款584万元。

【中间业务渠道拓宽】 年内，建行响水支行着力推进产品营销，拓宽中间业务渠道。以银票贴现为抓手，加强对纺织、化工行业等企业贴现业务营销，全年办理贴现业务1396笔，金额2.93亿元。研究分期业务市场潜力，推进汽车分期、车位分期、现金分期业务，在信用卡业务增长空间不足情况下，紧紧抓住交通龙卡契机，走出柜台，走出办公室登门宣传营销。加强基金、保险等产品营销，超额完成个人类中间业务收入任务。

【国际业务】 年内，建行响水支行国际业务客户15户，外汇贷款2.8万美元，跨境结售汇1001万美元。境外贸易融资5000万元，外汇中间业务收入32万元，跨境人民币业务量1.03亿元。

【风险防范】 年内，建行响水支行按照上级行的统一部署，开展"讲规矩　正风纪　守廉洁"主题教育活动，严格执行操作规程，把"三防"（防诈骗、防抢劫、防盗窃）贯穿于整个业务操作。在信贷营销中严格准入条件，严格执行贷前审查、防范信贷诈骗，重点防范"假个贷""伪按揭"及个人高息集资，跟踪监控，消除操作风险隐患，做好信贷资产风险分类和信贷政策重检工作，全年公司类贷款无不良。抓好各项安全保卫制度落实，运钞人员、保安人员责任落实，各项工作安全运行。

（范　建）

中国银行响水支行

【概　况】 中国银行响水支行内设综合管理团队、公司团队、个金团队、运营团队等4个团队，现有合同工34人，其中：研究生学历1人、本科学历21人、大专学历12人；党员13人、非党员21人；行长室4人、综合管理团队3人、公司团队4人、个金团队5人、运营团队18人。

2015年，中行响水支行紧紧围绕"向南看、学南干、向南站"发展战略，始终坚持"化不良、夯基础、扩规模、建队伍"工作思路，加强企业文化、渠道建设和内控管理，难中求进，推进支行各项业务可持续发展，经过公开招聘和严格面试测评程序，年内2名员工提拔至支行中层管理岗位，1名员工提拔至支行领导岗位。年内首季开门红劳动竞赛中获得市辖个金条线组织推动一等奖，人民币贷款余额较年初净增27095万元，增幅26%。外币授信比年初增加800万美元，有力支持地方经济发展。被县委、县政府表彰为2015年度全县综合考核财税金融工作先进单位。

【绩效目标完成情况】 负债业务难中趋稳。至年底，中行响水支行人民币各项存款余额49434万元，较年初增加1427万元。其中储蓄存款33280万元，较年初上升3571万元；企业存款14931万元，较年初下降2144万元。外币存款余额145万美元。资产业务快速增长。人民币贷款余额131236万元，较年初净增27095万元，增长26%。其中公司贷款70025万元，较年初净增23925万元；个人贷款61211万元，较年初净增

14600万元。外币授信1450万美元，比年初增加800万美元，外币贷款余额为0。中间业务收入增速加快，全年完成中间业务收入1701万元，比2014年增加227万元，增长15.4%。效益指标突飞猛进。2015年度，实现拨备前利润3046万元，比上年增长3.11个百分点，完成年度计划目标的103%。资产质量实现重大突破。2015年末，不良贷款余额3079万元，不良率2.35%，比年初净下降11465万元。其中公司贷款不良余额3030万元，不良率下降8.82个百分点；零售贷款不良余额49万元，不良率0.07%。信用卡不良余额254万元，不良率1.73%。江苏隆亨纸业有限公司12500万元、大和氯碱4750万元不良贷款实现成功化解。年末，全面完成市行下达存款、贷款、中收、不良清收、拨备前利润等五项收口指标。

【不良资产化解】 年内，中行响水支行把不良贷款化解工作定为全年工作重点，通过努力，支行成功实现江苏隆亨纸业有限公司、响水晔风热镀锌13390万元不良现金清收；顺利实现大洋纺织、大和氯碱等不良客户7640万元不良化解，全面完成不良清收目标。

【负债业务止降回升】 年内，中行响水支行坚持增量拓展与存量挖潜两手抓，围绕新客户争揽、潜力客户挖潜做好工作。持续推进国结和银票保证金存款增长，强化源头营销，提高项目营销成功率。注重授信、结算类产品带动，吸纳核心存款，稳定存款来源，提升网点公司存款贡献度；突出重点时段，在2015年开门红期间，做好任务目标传导和分解，加强督查推进，明确责职，抓好旺季吸存；突出源头性业务，把代发薪业务作为战略性业务，做好理财产品"蓄水池"作用。拓展农村市场，寻求新的有效增长点。坚持厅堂维护，分层营销，加大分期、基金、贵金属、保险的销售，切实提高利润收入，提升市辖贡献率。个人存款较年初上升3571万元。

【重大项目突破】 年内，中行响水支行聚焦国企，调优授信客户结构。在贷款投放上，转变思想、改变观念，将公司贷款投向调整到央企、国企及上市公司优质客户上，全年争揽一批大中型客户，实现投放28990万元，为调优结构，改善客群打下坚实基础，获批总量、新增授信在单点支行中名列前茅。抓住机遇，择优对接政府融资平台类企业融资需求。调架构，优化资源组合。将中小企业团队从公司团队中分离下沉到营业部，加大前台营销和公私联动力度，强化前台营销责任，促进中小企业授信客户质量好转和贡献率提升。主动出击，做足个贷项目。抓好信息覆盖率百分百、对接率百分百、渗透率百分百。加强与房产开发商、房产中介、汽车经销商的沟通、营销，发挥响水中行零贷的地方影响力，做大、做强特色业务。

【绩效管理】 年内，中行响水支行在绩效管理中及时修订支行绩考方案和《员工目标承诺与绩效考核评价表》，不断完善绩效管理体系。健全和完善激励约束机制，坚持公开、公平、公正原则，细化考核和分配办法，按照个人岗位，就效益、服务、管理、学习等方面采取不同权重进行全面评价，突出岗位目标。业务发展岗位以效益为关键指标，业务管理岗位以内控为关键指标，并将全行目标有机分解到各团队、员工。

注重绩效过程管理。按月考核，及时沟通，促进业务发展。每个月度，根据支行绩效、团队绩效和个人绩效完成情况，按照支行绩考方案和《员工目标承诺与绩效考核评价表》打分，及时有效绩效考核和反馈，作为绩效奖金分配依据，在全行形成争绩效良好氛围，拉大员工之间收入差距，打破平均主义惯性思维，促进业务良性发展。

严格绩效考核兑现。根据绩考结果，对照标准，认真做好员工评级工作。根据每位员工岗位，对行为过程和结果进行绩效考核加减分；对不合规操作视不同情况予以通报批评、扣减绩效工资、扣减绩效分等，对屡查屡犯、扣分较多员工诫勉谈话。

【合规文化建设】 年内，中行响水支行以内控合规为抓手，促进合规文化建设。根据上级行要求，制订支行活动方案，扎实开展内控活动，不断提高员工合规意识，重点开展"拔钉子、治顽症""铸盾行动""双十禁"学习、"基层网点风险管控50条措施落实自查工作"以及打击非法集资宣传教育活动，有效化解3次声誉风险。抓检查，规范业务操作。按照支行年初监督检查计划，每月开展常规业务检查，组织开展对公存款、印章、账户、凭证、电子印鉴库管理及中间业务收费、会计核算、营销费使用情况等各项业务专项检查，提高员工业务操作规范性。根据支行内控管理办法对相关责任人问责，年内，支行处理违规责任人74人次，扣款20360元，其中行内检查55人次，扣减违规责任人绩效工资10160元。抓培训，提高员工素质。组织员工学习市行内控管理会议精神、各类案件通报、条线管理要求、兄弟行做法、双十禁、屡查屡犯问题清单等内容，增强员工合规操作意识；通过组织员工参加上级行主办的各类业务视频培训、现场培训、到他行实地跟班学习等方式，提高员工业务素质；出台技能测试考核办法，严格奖惩，加强技能练兵，提高员工操作水平。加强安全保卫，定期组织员工学习规章制度及案例通报，开展防案演练活动，定期组织安全检查，及时消除风险隐患，全年安全无案件。

（伊忠雷）

中国农业发展银行响水县支行

【概　况】 中国农业发展银行响水县支行，设办公室、计划信息部、会计出纳部和安全保卫部，员工17人。

2015年，县农发行拓展支持全县新农村建设领域，坚持合规稳健经营，较好履行服务全县"三农"经济和建设新农村建设的职能。全年发放贷款42429万元，其中新增中长期贷款25000万元，年末各项贷款余额39019万元；年末对公存款余额44728万元，实现利润612万元，人均创利36万元。中间业务收入70万元；资金成本率显著下降；支持新农村项目贷款得到省分行认可，被县委、县政府表彰为2015年度全县综合考核金融单位先进集体。

【支持粮食企业收购】 为保证收购资金供应，年内，县农发行向市行营业部直接引进贷款38000万元，向县粮食购销总公司、中储粮响水分库等17家收储企业支持托市粮小麦贷款32000万元，稻谷贷款6000万元，支持粮食收购企业收购小麦6.8万吨，稻谷25000吨；支持江苏黄海农场、黄海粮食储备库省级储备贷款20500万元，收购小麦1.5万吨，稻谷2.5万吨；支持县粮食购销总公司、中心粮库县级储备粮贷款3250万元，收购小麦10757吨，稻谷2500吨。

【服务新农村建设】 年内，县农发行履行服务全县"三农"经济和建设新农村建设职能，拓展支持全县新农村建设领域，直接投放响水县东城建设发展有限公司农民集中住房中长期项目贷款1.5亿元，解决响水镇、响水经济开发区农民安置房1400户；投放响水县港城建设发展有限公司农民集中住房中长期项目贷款1.1亿元；解决陈家港农民安置房1160户，改善全县部分农民居住条件，促进新农村建设。

【服务城镇化建设】 年内，县农发行直接投放响水县水务投资有限公司农村饮用水及管网改造建设贷款1.8亿元，解决农村自然行政村农民饮水安全，让农民吃上放心的自来水；投放响水县港城建设发展有限公司中长期项目贷款1.1亿元，支持陈家港镇整体城镇化建设；储备响水县农村人居环境、云梯关旅游、码头、农村路网、棚户区建设等项目，准备立项投资项目贷款67亿元。

【风险防范】 年内，县农发行通过CM2006系统操作流程，建立和完善风险预警管理体系，严格落实信贷和财会资产安全检查责任制，全力保障"资产"安全。 （陈培春）

中国邮政储蓄银行响水县支行

【概　况】 中国邮政储蓄银行响水县支行设综合管理部、综合业务部、市场拓展一部、市场拓展二部，下辖两个一类支行、11个二类支行、3个代办网点，员工71人。

2015年，邮储行响水县支行围绕经营管理目标任务，转变工作作风，拓展业务市场，强化内部管理，提高队伍素质，各项工作稳健发展，经营效益显著提升。年内，支行实现自营业务收入2835万元，拨备后利润770万元。自营业务收入中，公司业务盈利419.98万元，票据业务收入299.24万元，储蓄利差收入620.26万元，非利差收入165.92万元，小额贷款收入443.86万元，商务贷款收入205.03万元，住房贷款收入262.79万元，消费贷款收入89.41万元，小企业贷款收入146.53万元，福费廷收入152.60万元，电力资金收入29.24万元。年内，1名员工被邮储行盐城市分行表彰为优秀共产党员。

【业务营销】 至年末，邮储行响水县支行各项存款余额55868.48万元，比上年增加13127万元，增长30.25%；年末各项贷款余额30251万元，比上年增加10126万元，增长50.32%。其中中长期贷款余额23714万元。

在存款业务中，年末储蓄存款余额36868.35万元，活期占有率56.80%；公司存款年日均净增6355万元，完成全年计划比317.80%，在全市县级邮储行系统排名第一。

在贷款业务中，发放小额贷款695笔，金额9235万元，累计净增余额1412万元；商务贷款累计发放116笔，金额3606万元，累计净增余额1184万元；消费类贷款累计发放135笔，金额2966万元，累计净增余额2528万元；房贷类贷款累计发放230笔，金额6155万元，累计净增余额5485万元，零售信贷业务累计净增10454万元，各项贷款余额突破3亿元。

年内，支行票据贴现量83085万元，客户29户，票据收入261万元，完成全年计划比224%，在全市县级邮储行系统排名第一；福费廷全年业务量29163万元，在全市县级邮储行系统排名第二；对公理财全年业务量8000万元，在全市县级邮储行系统排名第二；小企业贷款全年净增628万元，完成全年计划比93%，在全市县级邮储行系统排名第三。信用卡结存发卡3892张，结存激活2335张，激活率60%，其中本年发卡1147张，激活卡886张。本年累计发卡11333张，卡均余额1606.4元；其中IC卡发卡10509张，卡均3381.6元；VIP卡累计179张，卡均余额2.1万元。网上银行本年激活6009户，手机银行净增4664户。

【财务管理】 年内，邮储行响水县支行财会工作按照"成本管控、精细化核算"要求，严格遵循会计准则要求，明确管理职责和管理目标，加强过程控制，提高成本费用使用效益。年初，财务部门将市行下达的收入和利润指标细分到各个业务部门，督促各业务按序时完成任务，对各项费用开支标准、手续、审批程序及权限进一步明确和具体规定，细化报账流程，将每一笔钱花在刀刃上。全年收入、利润达时序。

【风险防控】 年内，邮储行响水县支行加强风险防控，研讨各项风险提案，组织典型风险案例学习，提前介入新业务风险审查，从源头上控制新业务的风险，主动监测信用风险，重视信贷风险管控，对重要行业、重点产品加强风险监测，防范系统性风险和行业性风险。全年贷后现场走访客户256户，占全年新增客户的26%，达到上级行的频次要求，成功堵截客户违规获取贷款55万元，成功全部精收，全年上门走访逾期客户135户450多次，清收16户159.58万元。在一季度"春雷行动"活动中，小额贷款清收金额141.8万元，二季度"春季攻坚"活动中，小额贷款清收金额102万元，小企业贷款清收92万元，7~11月，小额贷款清收金额137万元。在市分行的指导下，组织人员对不良贷款进行核销51笔，核销金额333万元。

牢固树立"平安就是效益"观念，

完善各项内控制度，严格按照制度和程序办事。规范会计操作流程，加大检查力度、频次，对违规操作及时防范，及时纠正。强化员工合规意识，合规经营。

（林　静）

江苏响水农村商业银行

【概　况】 江苏响水农村商业银行设董事办、办公室、人力资源部、科技信息部、市场营销部、信贷管理部、授信评审部、合规风险部、审计稽核部、安全保卫部、计划财务部、运营管理部、监事办13个部室，下辖企贷、个贷、金融市场、不良贷款清收4个直属中心及22个营业网点，员工334人。

2015年，响水农商行坚持“拓市场、强基础、求规范、稳发展”业务经营总基调，实施精准营销，推动战略规划落地实施；实行规范管理，促进全行稳健持续发展；保持审慎经营，着力提高业务经营质效；提供优质服务，打造响水当地品牌银行。至年末，全行各项存款余额46.55亿元，占全县存款市场份额34.75%；各项贷款余额37.46亿元，占全县贷款市场份额30.35%，拨备后利润2739.89万元。年内，响水农商行获县委、县政府2015年度全县综合考核综合先进单位称号。在省联社组织的支付结算杯竞赛和三季度劳动竞赛中分获一、三等奖。在市人行组织的业务技能大赛中获团体一等奖。农商行团委被团县委授予“2015年度全县共青团工作综合先进奖”。被盐城市银行业协会评为2015年度最佳公益慈善贡献奖、《盐城银行业》宣传报道先进单位，获中国银监会盐城监管分局2015年度盐城银行业监管统计工作暨“监管统计业务提升年”活动法人机构综合三等奖；被响水县公安局表彰为全县银行业金融机构治安保卫工作先进集体。陈家港支行被盐城市银行业协会评为2015年度盐城市银行业文明规范服务乡镇星级示范单位。

【机构人员调整】 6月初，响水农商行领导班子调整，单体选任行长，原行长高铭调整为监事长，原监事长王胜海调整为副行长。调整后，响水农商行规范“三会一层”运作机制，强化职能发挥，畅通信息渠道，完善履职尽职考核评价，完善补充机制，建立信息对称、运作规范、风控及时、决策和执行快捷高效的治理架构，促进经营管理全面发展。利用商务转型契机，进行组织架构转型和人事管理转型。对机关部门职责、岗位编制进行重新规划设计，将机关经营层部门由13个缩减为11个，设立4个直属中心，专职营销，单独考核。人事管理推行机关岗位标准化建设，定岗、定编、定责、定系数，对全行所有中层管理人员先解聘后竞聘，启动“精英孵化”计划，打造高素质人才队伍，调优人才结构。

【商务转型】 响水农商行自2014年开始致力于商务转型，构建以市场为导向、客户为中心、信息化为基础，机制配套、体系全面、流程规范、风险可控的经营新模式，打造专业化、特色化、社区化的现代农村金融企业。

【业务状况】 至12月末，全行各项存款余额46.55亿元，占全县存款市场份额34.75%；余额比年初净增5.25亿元，占全县增量市场份额28.9%，增幅12.71%，其中储蓄存款余额32.35亿元，比年初净增3.8亿元，分别占全县储蓄存款、储蓄增量市场份额42.1%和40.2%。各项贷款余额37.46亿元，占全县贷款市场份额30.35%，比年初增加2.51亿元，其中个体贷款24752户，比年初增加1877户；余额14.36亿元，比年初增加2465万元，加上1~12月份存量到期收回未贷6821户、2.89亿元的填塘因素，2015年实际新增个贷8698户、3.5亿元。“大手牵小手”信贷产品被盐城银监分局评为创新奖。

至年末，全年清收逾期贷款本息2685万元，创历史最好成绩。其中清收个人贷款1313万元，完成清收任务131%；清收公司类贷款本息940万元。年末五级不良贷款余额1.82亿元，占比4.88%，拨备覆盖率254.96%，比2014年末提高35.47个百分点，风险抵补能力增强。

至12月末，手机银行用户19798户，比年初增加14740户，增长291.42%；个人网银15844户，比年初增加6948户，增长78.11%；企业网银1530户，较年初增444户，增长40.89%；2015年新增POS商户97户；金融便民服务村村通商户160户，其中2015年调整优化63户，全年取现交易笔数27024笔，交易金额740.27万元；开设离行式自助银行2个，酒店和医院厅堂式自助银行各一个。全年新增自助设备18台，增长51.43%，12月末电子银行柜面替代率64.08%。

在经济下行、利差收窄背景下，全年实现各项收入3.98亿元，比去年同期增0.36亿元，其中利息收入3.08亿元，较去年同期增0.06亿元。实现账面利润0.94亿元，较去年同期增0.33亿元。

【企业文化】 年内，响水农商行围绕“勤奋敬业、敢打善拼、志存高远、越位争先”企业精神，成立微信兴趣小组、写作兴趣小组、书法兴趣小组等十多个业务兴趣小组和文体兴趣小组，丰富员工业余生活，“热爱响水、热爱金融事业”的企业文化深入人心。在“三八”“五一”“十一”等节日期间开展丰富多彩的文体活动，在市银行业协会组织的趣味运动会中，获团体一等奖。

（陆卫卫）

江苏银行响水支行

【概　况】 2015年，江苏银行响水支行围绕转型升级，坚持效益、质量、规模协调发展方针，与时俱进开拓创新，强调风险防范和内控管理，各项业务再上一个新台阶。至年末，各项存款余额11.75亿元，较年初增2.64亿元；各项贷款余额10.02亿元，较年初增加2.31亿元。其中小企业60户，大中型企业28户。实现国际结算5500万美元，中间业务收入310万元，实现拨备后利润3420万元，按序时计划完成106%。年内，江苏银行响水支行被县委、县政府授予2015年度全县综合考核综合先进单位，被江苏银行盐城分行授予江苏银行资产质量控制先进集体，连续两年获市文明单位称号。

【业务创新】 年内，江苏银行响水支

行在做好传统业务的同时，推行主动资产管理，向投商行一体动作模式转变。加大票贷比压降力度。至年末，支行票贷比46.3%，比年初下降20个百分点。加大存款结构调整力度，至年末，支行保证金存款比年初下降3685万元，保存比28%，比年初下降30个百分点。组建银团贷款，年内新组建2个银团贷款，银团贷款余额1.25亿元。拓展存单收益权质押业务。至年末，成功拓展14笔存单收益权质押业务4.6亿元。营销国内信用证业务，至年末，成功办理国内信用证福费廷业务4笔，金额4000万元。

搭建整体平台，促进厅堂和外拓融合，线上与线下融合、活动引导和持续跟进融合，提升零售业务。拓宽源头性存款，推广智存宝、惠多宝等特色产品，扩展老年幸福卡、拥军卡、人才卡等专享产品，至年末，储蓄存款1.57亿元，比年初增加5000万元。发挥营业厅营销主阵地作用，以批量化营销为主要增长模式，走进机关、校园、商业集聚区办理营销业务，至年末，个人网银、手机银行、直销银行年度指标完成率105%、78%、115%。全年举办沙龙活动30场，理财产品销售5亿元，比上年同期多销售2亿元。

加强特色培育，提升区域核心竞争能力。做精小微金融，至年底，全口径小微企业客户56户，较年初新增5户，贷款余额7.45亿元，较年初新增1.53亿元，年度目标完成率191%。与税务部门合作，推进税e融业务，至年底，成功办理税e融业务3笔金额40万元；加大人才贷业务营销力度，成功办理人才贷30万元；通过台账数据分析，强抓代发薪业务，实现代发薪30户，较年初新增6户，完成年度计划101%。做优科技金融，与科技主管部门对接，提升科技金融业务影响力，至年底，成功办理科技金融贷款17户，贷款余额3500万元。做实消费金融，推进住房按揭业务，发放个人住房贷款85笔，金额2700万元。选择优质对公单位和职业客户群体，集中进行“卡易贷”路演营销，不断扩大该产品在地方市场的品牌效应，累计发放“卡易贷”196笔，金额2500万元。

【风险规范与合规管理】 年内，江苏银行响水支行落实“风险防范年”的各项要求，进一步明确风险管理职责，对各环节责任人进行明确界定。严格贷前调查，把好准入关，增强对项目的感性认识，审慎选择授信投向。提高担保措施有效性，对风险缓释措施偏弱的，逐步追加或完善担保；对信贷客户定期“回头看”，做好业务提示，引导客户经理提高识别、防范风险的能力。做实“清欠降逾”，找准风险点，集中力量专项治理，推进问题整改和积分处理，实施大额不良领导挂钩制度，细化第一责任人和管理责任人工作要求和扣罚细则。联系资产公司，启动不良打包转让和核销程序；与司法机关联手，采取有力手段追查、保全资产，至12月末化解不良贷款18100万元。推行专项检查，及时做好“一加强、两遏制”等专项检查的整改和回头看工作。认真开展年度合规大排查工作，针对经营管理中的薄弱环节和风险隐患组织专项检查，拓展自查范围和深度。针对屡查屡犯的问题，召开专题座谈会，进行原因剖析，形成风险监控合力。 （刘　丹）

昆山农村商业银行响水支行

【概　况】 2015年，昆山农村商业银行响水支行围绕总行“坚持稳中求进”总基调，以提高业务发展质量和效益为中心，把防控风险放在更加突出位置，强化管理，奋力拚搏，不断提升综合竞争能力和全面服务能力，取得较好成绩。至年末，各项存款余额6.55亿元，较年初上升2.53亿元，各项贷款余额5.48亿元，较年初增加0.91亿元，现金回收不良贷款750万元。年内，支行获得昆山农村商业银行系统公司条线先进单位、支行营业部获得盐城市公安局颁发的安全保卫集体三等功、支行获得昆山农村商业银行系统先进单位等荣誉称号。

【业务营销】 年内，全行强化“存款立行”意识，加大储蓄存款营销力度，通过全员发动、公私联动和批量业务等方法，努力提高存款的稳定性；加大对信贷客户存贷比的考核力度，努力提高信贷客户的综合回报率；加大对重点单位和企业的营销力度，努力提高业务占比。2015年末，各项存款余额6.55亿元，较年初上升2.53亿元，时点序时任务完成率253%，其中：对公存款余额5.69亿元，较年初上升2.14亿元，时点序时任务完成率329%；储蓄存款0.85亿元，较年初上升0.39亿元，时点序时任务完成率111%。年末各项存款日均余额5.46亿元，较年初日均余额增加1.49亿元，日均序时任务完成率166%；其中对公存款日均余额4.96亿元，较上年日均增加1.45亿元，日均任务完成率246%；储蓄存款日均余额0.51亿元，较上年日均增加0.05亿元，日均任务完成率16%。

根据响水经济特点及企业经营状况，对信贷客户实施一户一策，有保有压。年末各项融资余额5.48亿元，较年初增加0.91亿元，其中融资敞口余额3.87亿元，较年初下降0.66亿元。2015年末信贷客户数26户，较年初减少5户。减少客户全部为本行主动退出客户，涉及敞口融资金额1370万元。年内，将个人贷款营销作为贷款业务的营销重点，重点营销个人住房贷款、消费贷款、经营贷款，尤以个贷新产品“易贷通”为抓手，拓展一批个人优质客户。2015年末个人贷款余额10477万元，比年初新增3914万元，其中个人非按揭类贷款余额2866万元，完成全年任务的358.25%，列全行第一位。贴现余额16117万元，比年初新增15742万元，累计贴现43160万元，完成全年任务的431.6%，列全行第一位。

电子银行业务中，全年新开企业网银有效开户11户，指标完成率27.5%；新开个人渠道网银及手机银行有效开户371户，指标完成率109.12%。银行卡业务中，全年本行有效开卡1241张，指标完成率62.05%；新增日均余额221.17万元，指标完成率22.12%。通过代发工资、绑定产品等综合营销方式，增加基础客户和产品使用数。通过特色化营销活动，营销特定客户群体。通过各种信息渠道了解各行业成功经营者和POS流量大户，量身定做组合产品，实行差别化精准营销。

年内，现金回收不良贷款750万元，江苏隆亨纸业有限公司不良贷款处置取得积极进展；江苏华拓镍业有限公司不良贷款处置取得一定进展。新增不良贷款1户，2500万元。

【结构优化】 年内，整个实体经济经营压力加大，经营风险呈上升趋势。昆山农商行响水支行加大对存量客户的贷后检查，对存在较多风险因素的企业果断实施退出。全年实施退出客户9户，涉及敞口融资金额5570万元。在做实公司业务的同时，加大票据业务及个人贷款拓展力度，新增6个贴现客户一批个贷客户，取得良好成效。

【内控管理】 年内，昆山农商行响水支行认真做好贷前准确调查、贷中严格控制、贷后精细管理。新增企业贷款副行长参与调查，500万元以上的新增企业贷款行长参与调查。操作重点环节实施双人办理，提款前对审批条件落实情况和贷款资料再审查，严格防范操作风险。定期不定期走访贷款企业生产经营变化情况，规范贷后检查管理。实施人员行为排查，账户往来排查，把考核办法打造成“经营的导向，管理的助手”，加强业务学习辅导，提升员工业务水平，实现一人多岗，一岗多职。以柜员实施定期轮岗，推行兼职大堂经理制，提升服务效率。

【服务促转型】 年内，昆山农商行响水支行做好服务形象、服务环境、礼仪服务，为客户提供优质服务，员工对产品知识、操作流程及操作要点等业务技能熟练掌握，为客户提供快速服务，员工做客户的金融参谋，理财助手，通过产品和服务组合，满足客户个性化金融需求，促进柜面结算服务向柜面营销转型。 （黄晓雪）

响水中银富登村镇银行

【概 况】 响水中银富登村镇银行于2013年9月22日正式对外营业，设运营部、公司金融部、零售金融部、三农金融部、财务部、风险管理部、人力资源部等7个部门，2个网点，46名员工。

2015年，响水中银富登村镇银行大力拓展市场，坚持合规经营，服务地方经济，各项业务态势良好。至年末，各项存款余额31570.46万元，比2014年增加15024.94万元，增长47.6%；各项贷款余额29731.65万元，比2014年增加7341.63万元，增长24.7%。不良贷款349万元，不良率1.17%。全年各项营业收入2921万元，其中贷款利息净收入2490万元，金融机构往来利息收入431万元。各项业务支出1134万元，税前利润总额992万元，税后净利润735万元。年内，响水中银富登村镇银行获盐城市文明单位、盐城市银行业星级示范单位称号；运营部获市公安局表彰为安全保卫工作先进集体。

【业务经营】 年内，响水中银富登村镇银行全年存款目标32000万元，2015年末各项存款余额为31570.46万元。完成全年计划98.66%，占全县市场份额2.33%。其中公司金融部存款余额18677.10万元，占全行59.16%；三农金融部存款余额6624.31万元，占全行20.98%；零售金融部存款余额6269.04万元，占全行19.86%。创新支农贷款和小微企业贷款担保方式，为个人客户和小微企业客户量身定做多款信贷新产品，推行“准抵押”信贷模式，接受贷款客户不能正式抵押登记或不易变现的自有固定资产作担保，尽可能满足客户需求。制定到期贷款延续功能，通过部门独立评估，为部分守信用客户开放到期贷款延续，降低客户经营成本和财务费用，解决客户资金链断裂之忧。全年贷款目标40000万元，至年末，各项贷款余额29731.65万元。完成全年计划74.33%，占全县市场份额2.41%。其中公司金融部贷款余额16172.42万元，占全行51.39%；三农金融部贷款余额1666.52万元，占全行22.60%；零售金融部贷款余额11829.71万元，占全行26.01%。

【内部管理】 年内，响水中银富登村镇银行针对大部分员工从业经验不足，部分员工没有银行从业经验现状，组织全行员工进行金融法规、各项制度和信贷业务规范化操作程序及要求等内容的学习，学习运营基础业务、贷后管理政策、微型企业新政策、网银业务、现金存取款、汇出汇款新流程、押品管理要求、押品系统操作、CMS系统升级操作等，员工在业务素质、依法合规经营的思想意识上得到提高。对照员工岗位责任制和岗位职责，对运营部员工进行考核打分且与年终目标评估打分挂钩。根据银监要求，签订“三十条严禁”“十个一律” 承诺书以及员工账户监管协议等，进一步加强风险管理机制，杜绝员工异常行为发生。加强内控管理，运营部每月对现金、重空进行定期不定期检查，完善各类登记簿，管理序时合规记载，完善交接制度，明确责任；规范密钥管理，对库房保险柜密码、ATM密码按时修改，钥匙双线平行交接。监控中心加强员工行为管理，做好安全检查，特别是做好重要时点的接送箱、领缴款和柜员机加钞等安保工作，定期开展消防和安全演练。开展防诈骗、防盗窃、防抢劫的预案演练。进行断电测试演练和反洗钱业务的录入和报送工作，提高反洗钱管理水平。

【风险控制】 年内，响水中银富登村镇银行认真学习执行各项风险管理制度，风险控制抓一线，风险鉴别抓真实，风险管理抓制度，将新增贷款风险控制在最低限度。对业务部门提交的客户贷款资料，按照银行的管理制度认真、仔细、全面审查。做好贷前风险审查，严把贷时审查关，严禁发放超权限贷款；业务部门了解客户、熟悉客户，准确预测贷款户收益，监督部门确保贷款按期收回。

【合规经营】 年内，响水中银富登村镇银行设立专职合规审计岗，检查内控架构建设、制度传导、授信业务管理、运营内控管理。按照《员工违规行为处理办法》《中银富登村镇银行员工十个严禁》《中银富登村镇银行管理者十五个严禁》对照检查，强化合规意识，提升案防控制能力。合规审计人员每季制定检查方案，对各部门业务常态化检查。检查信贷政策落实情况，有无违背信贷政策、原则和总部有关规定发放贷款情况；检查信贷管理系统数据录入的及时性和录入数据资料的准确性；检查贷后管理情况，贷后检查报告是否详实，及时发现风险预警信息并采取措施，做好风险防范及处置工作。增强员工的反洗钱意识，对一线工作人员进行培训，加强其辨别可疑交易的技能，提高反洗钱操作技能。建立反洗钱工作的客户身份识别制度、大额和可疑交易报告制度、客户身份资料和交易记录保存制度，筑起防范案件发生的第一道防线。全年没有发生大的不合规经营情况。

【营销宣传】 新年伊始举办“猜灯谜”活动，吸引人员参与，在欢声笑语中宣传中银富登村镇银行；元宵节期间举办“共度元宵”抽奖活动，活动当天吸储30万元存款；三月推出“相约春天，共享美丽” 活动，与周边商铺紧密合作，取得双赢成果，吸引众多客户前来开户存款；五月推出“尊老敬老”活动系列，走进小区，为老年人服务，吸引600多名老年客户开卡存款，并在活动结束后进行跟踪服务，让老人享受幸福生活的同时，享受中银富登为老人推出的专属爱心大餐。建立与农场、养殖户、个体工商户等银企对接平台，利用短信宣传、上门介绍等方式宣传欣农贷、第三方担保人担保贷款等，扩大影响。每周组织全行员工在大街小巷向行人及商铺发放宣传单页、赠送爱心礼品等，扩大群众对本行基本情况、经营方向与价值理念的了解。

（朱　进）

保　险

中国人民财产保险公司响水支公司

【概　况】 中国人民财产保险公司响水支公司设综合部、运行支持部、直销业务部、车商部、营销业务部、农业保险业务部、社保业务部和理赔部8个部门，员工39人。

年内，响水财产险公司实现保费收入7987万元，赔付成本3965万元，综合赔付率49.64%，实现利润1072万元。认真学习十八届五中全会文件和习近平总书记系列讲话精神，开展“三严三实”专题教育，围绕“双超双优”目标，提升能力，优化机制，完善体系，公司保持持续稳定发展。被江苏省消费者协会评为2013~2014年度诚信单位。

【保险业务】 年内，响水财产险公司实现保费收入 7987 万元，与去年同期相比保费收入增加1211万元，增长率17.87%。其中企业财产保费收入280万元，比上年同期减少87万元，下降23.7%，原因是化工集中区内部分企业停产脱保；家庭财产险保费收入21万元，比上年同期减少23万元，下降52.27%，原因是部分乡镇农村家财险脱保；工程险3万元，比上年同期减少8万元，下降72.72%，主要是大型工程险减少；责任险433万元，比上年同期增加201万元，增长86.26%，部分企业意外险到期后改办雇主责任险和环境污染责任险的新办；船舶险保强费收入20万元，与去年同期相当；货物运输险保费收入115万元，比上年同期增加92万元，德龙镍业预约货运险增加；意外险保费收入100万元，比上年同期减少13万元，下降11.5%，部分企业改办雇主责任险；健康险43万元，比上年同期增加6万元；大病医疗保险344万元，比上年同期增加104万元，增长43.33%，主要城镇职工保额增加；农业保险保费收入908万元，比上年同期减少201万元，下降18.12%，高效农业保险减少；车辆险保费收入5730万元，比上年同期增加1153万元，增长25.19%。

支付各类赔款3965万元，综合赔付率49.64%，实现利润1072万元，三条产品线均实现盈利。

【车险业务】 年内，响水财产险公司抢抓新车市场，提升新车份额，加强新车团队建设，加强与汽车销售商合作力度，加大资源投入，取得良好效果，实现新车保费2000万元，同比增长48%，新车保费占比35.8%。实行客户经理制，成立存量业务续保团队，制定专门考核办法，狠抓过程管控，提升未出险业务续保率，续保率73%，在力争优质业务不流失前提下全力竞回响水市场优质存量业务，为车险业务快速优质发展提供有力保证。

【非车险业务】 年内，响水财产险公司组建非车险专业团队，对政府渠道和银保渠道设立专员，加强渠道建设提升渠道产能。2015年，安责险、环污险推广成绩显著；争取响水市场保险业务大项目，联化科技和德龙镍业责任险和货运险增加保费100多万元；分散性业务实行全员展业，严格考核，为商业非车险保费过千万作出补充。

【农业保险】 年内，响水财产险公司大力发展高效农业保险业务，在高效农业发展上依靠政府但不依赖政府，员工自主展业，自我保源，取得良好效果，高效农业保费占比50%以上，农险保费908万元；农村网点建设初具雏形，小尖、陈家港、南河三个营销服务部团队基本建成。

【调结构强管理】 年内，响水财产险公司高度重视承保管控。车险方面大力发展新车和(0+1)次优质存量业务，努力提高非车业务占比；对历史数据进行分析比较，及时调整高亏、高风险业务，改造业务质态。非车险方面对保险标的风险状况进行反复论证、做到费率合理、风险可控；挖掘现有客户资源，发展公司有效益业务。

高度重视理赔管控，努力降低赔付成本。对报案、调度、查勘、定损、人伤审核、核赔、赔款支付明确要求。加强理赔人员第一现场查勘时责任心，人伤案件医疗跟踪、医药费提前介入审核制度严格执行到位，最大限度挤压理赔水分；加大对理赔人员培训，理赔人员业务素质明显提高。

重视费用管控，合理利用好费用资源。对销售费用进行差异化配制，费用资源向优质业务倾斜，提高利用效率，提升公司业务发展和盈利能力。

（沈光华）

2015年响水财产险公司保费收入、赔款支出情况

表57　　单位：万元

序号	险种	保费收入	赔款支出
1	企业财产险	280	97
2	家庭财产险	21	2
3	货物运输险	115	–
4	工程险	3	4
5	责任险	433	70
6	意外伤害险	100	162
7	车辆险	5730	2569
8	农业保险	908	635
9	其它险	63	21
10	大病医疗保险	334	405
合计		7987	3965

2015年中国人寿响水支公司业务情况

表58　　单位：户、万元、件

险　种	户数	保费	理赔金额	件数
分红寿险	38000	5886.51	48.48	105
健康寿险	86150	1586.5	220.40	85
普通寿险	29120	6123.08	129.06	202
意外伤害及医疗险	29830	811.90	225.10	1151
合计	183100	14407.99	623.04	1543

中国人寿保险公司响水支公司

【概　况】 中国人寿保险公司响水支公司是专业经营人身保险业务的县级支公司，开办人寿保险、养老保险、健康保险、意外伤害保险四大类上百种人身保险业务。2015年，响水支公司坚持以服务民生为中心，积极转换经营方式，抢抓机遇，开拓创新，业务保持平稳增长态势，全年实现总保费14407.99万元，赔（给）付623.04万元。各项成绩保持省内系统领先，省公司表彰为“先进单位”。

【寿险业务】 2015年，实现首年标准保费1188.64万元，完成全年任务的105.93%，同比增长14.89%；寿险新单保费4685万元，完成全年任务的106.8%，同比增长17.67%；短险总保费891.9万元，完成全年任务的100.88%，同比增长11.62%，寿险首年期交保费2156万元，完成全年任务的102.85%。实现公司的双超双红目标。

【寿险队伍】 公司始终坚持以人为本发展理念，加强人才梯队建设，将管理干部和销售队伍作为增强公司可持续发展、提升公司核心竞争力的关键环节来抓。公司管理队伍31人，营销队伍606人，银保理财规划师76人，银行服务专员10人，以服务法人单位和各类政策保险业务的团体业务销售队伍23人，分布在全县各镇区。

【经营创新】 公司将客户经营作为业务发展的着力点，以客户需求为导向，加大创新力度，个人营销着重引导客户树立现代保险保障意识，使用保险成为现代家庭投资的必需品。银行代理业务以银行窗口销售为主，提供保险与理财服务，使客户资产保值增值。团体营销立足于高危行业法人的大客户销售，减少法人风险的经营成本，化不定风险损失为固定的财务成本支出，稳定法人的经营。同时公司积极配合政府部门，开展民生服务，服务经办各类小额人身险参保约10万人次，受益人近3400人。公司组建保单后续服务队伍，提升服务水平、完善服务网络。公司在推广销售的过程中，利用现代互联网工具，推出“e宝账”，国寿E家、云助理、微信等销售服务平台，便捷客户投保、保全、理赔服务流程。公司采取多种形式提升员工素质，组织培训学习，加强技能训练，提升专业水平，强化员工的服务意识和服务品质。

【经营风险应对】 依法合规是公司经营的底线，公司着力加强制度建设，优化防控手段，将控制措施分解落实到每一个岗位，每一名员工。加强销售风险管控，开展诚信合规教育。在公司大力宣传反集资诈骗、反洗钱知识，及时上报可疑交易行为。维护客户利益，落实客户信息收集和失效保单清理。严厉打击误导客户、代签名等行为，有效提高公司风险管控水平。　（李　响）

中国人寿财产保险公司响水县支公司

【概　况】 中国人寿财产保险公司响水县支公司为县级财产保险公司，公司设经理室、综合部（办公室、财务）、互动部、业务部（车行、电销、银邮、直销）和客服部五个部门，员工17人。公司主要经营企业财产保险、家庭财产保险、工程保险、机动车辆商业险及强制保险、货物运输保险、责任保险、信用保证保险、船舶保险、船舶建造险、短期健康保险和人身意外伤害保险、农业保险等。

2015年，公司完成保费收入2850万元，同比增长21%，其中非车险保费收入165万元，市场份额17.10%。理赔2237万元，赔付率82%。

【业务渠道建设】 年内，县国寿财险公司在营销渠道上，继续稳固原有资源，开发新资源，政府采购业务成功中标，公司占有份额30%。

车行渠道，2014年前，响水市场上没有一家经营汽车销售4S店，也没有规模较大、级别较高的经销商，仅有一些家庭作坊式的小门市，新车业务市场环境较恶劣，展业成本较高。2015年，公司放弃新车业务市场，拓展在二、三年车上业务，取得较理想的效果。

互动渠道，年内，公司积极执行上级公司战略意图，主动与相关部门沟通，凸显互动渠道优势，提高保费规模贡献作用。提前三个月完成全年互动任务目标。

电销渠道，公司电销业务起步较晚，专门成立4人组成的专业电销队伍，专业化运作，电销业务发展取得良好业绩。

重客渠道，利用公司是县工商联常委单位的有利条件，开展与几个大企业的非车险业务金额70多万元。巩固现有企业客户，不断寻找新的客户，加大对中小企业市场开发力度，取得较好业绩。

银保渠道，银保业务一直是公司软肋，7月，公司专门引进一名银保专业人员，专门从事银保业务拓展，年内与几大银行有所接触，打基础建感情，银保业务有望有所发展。

【业务质量管控】 年内，县国寿财险公司按照中支公司业务核保政策要求，对核保政策、批复建议以及风险提示业务有针对性的筛选，优化公司业务险种结构。严把承保业务“进口关”，以“安宁2015”活动为契机，加强打假骗赔力度，提高识别假骗赔案技能，加强与公安部门合作，对酒驾、逃逸及恶意造假案件进行彻查。突出人伤法务案件降赔减损，将降赔减损工作贯穿到理赔各岗位，落实全员降赔，突出降赔增效。突出数据真实性管控，降低车险运营风险。邀请市公司理赔部对人伤和车险大案立案指导，加大估损充足度管控。严控案件注销补报、零结案和不合理重开，缩短报案立案时间。强化各项制度落实完善和执行，加强稽核监督，全员参与降赔减损及打假防骗，加强和注重人伤绿色调解工作。加强理赔队伍建设，新进人员和老员工轮流赴中支专职学习，加快理赔结案速度，提升理赔服务时效，业务质量明显提高。 （孙中凯）

中国太平洋人寿保险公司响水支公司

【概　况】 中国太平洋人寿保险股份有限公司响水支公司位于县城清华园小区南门(体育馆对面)。设总经理室、综合部、个险部、团险部、服务营销部，员工11人，营销队伍500人。

2015年，响水支公司以“谋发展、求超越”为宗旨，坚持“聚焦营销，聚焦期缴”发展策略，全年实现总保费1391.84万元，理赔金额60.28万元。实现标保目标、标保达成率和期缴目标、期缴达成率，举绩人力、增员率等指标列全市太平洋寿险系统前列。

年内，响水支公司保险业务快速发展，大病医保项目参保额946.66万元，总承保473331人，参保数居全省前列。农村小额人身意外保险在部分乡镇推开。个险标保目标3200万元，累计生效4630万元，达成率145%，同比增长21%。

服务营销标保目标1000万元，达成1264万元，达成率126%。

【特色服务】 开通“中国太保”官方微信平台，各项服务更加便捷，客户随时可变更信息、查保单、查缴费、查积分、贷款办理等体验服务，随时掌握个人保险信息。业务人员通过太保微信可以看到自己的业绩和服务客户的信息。手机“神行太保”可以录单，可以保单签收、回访。平板“神行太保”，科技领先服务，营销员只需15分钟就能帮助客户完成全部投保与缴费流程。客户投保时可清晰直观地看到每个操作步骤，确认自己的每项权益。移动保全，便捷服务。支公司随时可提供在客户家里或办公室上门服务，办理保险业务。持续开展住院客户慰问，帮助客户收展理赔资料，简化流程免填单，小额赔案当时结案，简单理赔3个工作日内结案，复杂赔案30日内结案。 （李　静）

2015年太平洋寿险响水支公司业务情况

表59　　单位：户、万元、件

险种	客户数	保费	理赔金额	件数
分红寿险	1061	1126.54	9.42	6
传统寿险	1228	240.07	24.48	20
意外伤害和意外健康险	3088	25.23	26.38	129
合计	5377	1391.84	60.28	155

【责任编辑　顾霞飞】

财政　税务

财　　政

【概　况】 响水县财政局设办公室、预算科、国库科、基层财政管理科、综合科(非税收入征收管理科)、经济建设科、行政事业科、社会保障科、农业科(县农业发展基金管理办公室)、工贸发展科(外经金融科)、会计科、国有资产管理科(绩效评价科)、税政法制科、政府采购管理科、监督检查科等15个职能科室;下设预算审核中心、财政结算中心、财政稽查大队、政府采购中心、会计管理中心、会计函授站、控购办和农税员等8个股级事业单位。职工100名,其中行政人员20名,事业人员80名。

2015年,全县完成公共预算收入32.54亿元,同比增长17%,税占比82.5%;增幅在全市11个县(市、区)位列第4位,位于全省前列,县财政局被县委、县政府表彰为目标任务绩效考核综合先进集体。全年完成财政支出50.82亿元,同比增长16.4%。全年实现财政收支平衡。结合工作实际,定期组织学习财经法律法规、财务会计、财政管理和改革等方面知识,不断拓宽知识领域,优化知识结构。学习周边县市、先进单位工作经验,不断创新财政工作机制,转变财政工作理念,不断开创全县财政工作新局面。年内,县财政局被县委、县政府评为2015年度全县综合考核综合先进单位。

【财政收支】 2015年,全县完成一般预算收入32.54亿元,同比增长17%,税占比82.5%。其中国税部门完成35405万元,地税部门完成232929万元,财政部门完成57078万元。按项目分类,税收收入268334万元,非税收入57078万元。在税收收入中,营业税收入174591万元,占整个税收收入一半以上,其它各税收入93743万元。增幅在全市11个县(市、区)位列第四,全省前列。加强综合治税平台建设,国土、住建等24个涉税信息报送部门,及时报送税源信息,全年共反馈涉税信息近5万条,丰富税务部门稽查评估案源。做好税源监控工作,2015年,国税部门组织对245户企业进行风险应对,查补税收5754万元,总成效、户均成效、人均成效排名均为全市前列。地税部门通过对交通、国土、住建等部门的源头控管和数据比对分析,产生实体税收9056万元。财政部门强化代征工作,当年代征税收800多万元。

2015年,全年完成财政支出50.815亿元,增长16.37%。按支出功能分类,一般公共服务支出79751万元,增长12.69%;教育支出89299万元,增长20.72%;社会保障和就业支出50742万元,增长48.28%;医疗卫生支出42713万元,增长23.99%;城乡社区事业支出68128万元,增长7.29%;农林水事务支出85700万元,增长16.4%;科学技术支出17271万元,增长11.39%;交通运输支出14853万元,增长145.42%;国防安全、文化、环境保护、交通、资源勘探、电力、商业服务、国土等支出都有所增长。

【民生财政】 按照构建和谐社会要求,以建立公共财政为目标建立健全民生支出优先保障机制,在预算安排上向民生领域倾斜,全年全县公共财政安排民生支出393369万元,2015年民生支出占总支出77.4%。提高社会保障水平,社会保障支出50742万元,保证全县离退休人员养老金和调资足额到位;保证城乡居民基本养老保险、城镇职工基本医疗保险、新型农村合作医疗等保险基金支出足额安排。安排基层医疗卫生机构收支差3488万元,保证镇区卫生院700多名医护人员工资及时发放和156个村卫生室村医生活补助,医疗救助支出1970万元,全县1.3万名医疗救助对象得到救助,减轻居民重大疾病负担,投入900多万元新建残疾人托养服务中心建成试运营。

教育支出89299万元,教育经费逐年增长、生均公用经费足额拨付。年内,县投入近3亿元用于创建工作,按省优质园标准新建12所镇区中心幼儿园,启动双港中心小学等6所异地新建学校建设；实施205个校舍建设项目；新建96片塑胶场及篮球场；按照省Ⅱ类标准对全县中小学教育装备升级改造，建成专用实验室、仪器室76个，班级多媒体971套，专用多媒体教室41个，网络中心38个，配置电脑7883台；增强教育装备实力。

农林水支出85700万元。实现农业综合开发支出8377万元，对1.4万亩黄河故道项目，1.2万亩滩涂垦区项目实施综合开发。实现水利支出 25500 万元，铺设二三级管网 2180 公里，实施 3 座增压泵工程，全面启动全县“一户一表”工程；全县新建农桥131座、电灌站122座、防渗渠223公里。做好扶贫开发工作，对全县3万多个扶贫项目投放扶贫小额贷款1.12亿元，财政贴息300多万元。发放粮食直补和农资综合补贴6523万元。安排农村环境综合整治资金2512万元，秸秆还田资金1028万元；整合村庄建设资金2164万元；产粮大县奖补资金3248万元；统筹用于农村环境整治等民生投入，集中财力办大事，提高资金使用效益。

【支持企业发展】 牢固树立“产业兴、财政兴”理念，把做大“财政蛋糕”的根本出路放在振兴产业上，在推进产业发展进程中，深挖潜力、开辟财源。聚财培育。年内，县财政局落实《响水县培植财源优化财政收入结构三年行动计划》和《响水县关于加快镇村经济发展的意见》，支持镇村经济发展。加强镇村经济发展和全民创业引导资金管理，协调有关部门将扶贫资金、省村级综改项目资金、市挂钩项目资金进行整合，并积极向上争取资金，推进镇村集体经济发展。2015年，投资2000多万元，建成村级标准化厂房6个，面积2.3万平方米，实行产权到村，租金到村，提升村级经济发展能力。支持企业转型升级。投放1000万元科技创新与转型升级资金，重点对12个镇区15万平方米中小企业园标准厂房进行奖补；对森达热电等7个企业实施节能降耗工作给予补助；对恒利达、新金兰等10个企业融资及技术改造等进行奖励，促进企业效率提升。支持“创新驱动”战略。制订《响水县专利奖补资金管理办法》，设立100万元专利奖补资金，支持科技部门申报专利820件，帮助中联水泥、华旭药业等企业向上申报专利资金；天容股份科技成果转化项目获400万元奖励，推动企业科技创新。支持实体经济发展。年内，县财政为德龙、瑞邦等61户企业提供贷款担保6.4亿元；为大和、新安洲等69户企业提供过桥资金8.3亿元，帮助企业解决资金短缺问题，增强企业发展后劲。2015年，全县税收超千万元企业30户，比2014年增加8户；国华电厂累计实现税收3.58亿元，成为全市第三大纳税企业。

【财政改革管理】 根据新《预算法》要求，积极推进预、决算公开。2015年财政预算草案在县人大常委会审查批准后20个工作日内，在门户网站公开；财政总决算和部门决算会审完成后，在第一时间公开，预算和决算在第一时间首次同时全面公开。积极推进县本级预算、部门预、决算和“三公”经费预、决算公开。县本级预算在财政门户网站实行公开，部门预算按照“谁主管、谁公开、谁负责”的原则公开，187家预算单位中145家实现部门预算公开，152家单位实现部门决算公开。结余结转资金定期清理。为积极盘活财政存量资金，县财政局制订出台《关于做好财政结余结转资金清理工作的通知》，对以前年度的专项资金和不需要按原用途使用的结转结余资金，建立定期清理机制，适时编入下一年度预算，统筹用于经济社会发展急需支持的领域，全力支持经济社会发展。政府性债务管理。2015年，首次将政府性债务管理工作纳入全县综合考核。积极争取省财政对响水县存量债务置换以及新增地方债务的规模控制，全年争取地方债券置换额度5.65亿元，政府债券1.5亿元，地方债券置换有效缓解县财政资金压力。镇区财政资金就地就近监管。出台《关于做好镇区财政就地就近监管县乡联动工作的通知》，明确镇区财政资金监管工作流程，充分发挥镇区财政就地就近监管优势，切实提高各项财政资金使用效益。2015年纳入镇区就地就近监管项目245个，涉及资金3.42亿元，充分发挥就地就近监管在保资金安全、保专款专用、保资金效益、保制度规范等方面的作用。推进投融资体制改革。县财政整合以县水投公司为母公司，县城投公司、东城公司、沿海投资公司为子公司的新型国有融资平台公司，整合净资产41亿元，信用评级2A+，发行企业债券13亿元，期限7年，顺利通过国家发改委审批，资金实现一次性到位。企业债券成功发行，改变依赖银行贷款单一融资模式。

【国有资产管理】 2015 年，全县国有资产管理围绕“抓改革、稳增长、促转型、惠民生、控风险”工作目标，不断提升财政资产管理履职能力和水平再上新台阶。推进国有企业改革发展，加强国有资产监管。年内，纳入本县企业国有资产报表汇编范围的国有企业15户，进行改革改组。在原有县属6大国有资产投资公司基础上，组建有6个子公司的响水县灌江控股集团有限公司，注册资本15亿元。256个行政事业单位建立国有资产管理员系统，56户县直单位国有资产出租收入827.56万元纳入2015年部门预算，监督收益应收尽收，累计完成1216万元。

国企改革　贯彻落实国务院《关于深化国有企业改革的指导意见》，准确把握出资人职责定位，调整优化监管职能，制定深化国资国企改革的“1+9”配套文件，有效实现改革顶层设计和推进实施的良性互动。年内对15户企业进行改革改组，完成改革改制7户，新设公司4户，新批复进入改制程序企业1户，圆满完成年初制定的各项改革任务，国有经济布局结构和资源配置不断优化，各监管企业进一步加大企业内部改革力度，建立全员业绩考核制度，优化企业内部控制流程，健全全面风险管理体系，大力推进行业对标和商业模式创新，促进企业业绩提升。

国企发展　在县城市投资公司、县教育投资公司、县医疗投资公司、县水务投资公司、县文广传媒投资公司和县海洋投资公司6大县属国有资产投资公司的基础上，组建响水灌江控股集团有限公司，组建后集团公司下属6个子公司(响水县灌江新城建设发展有限公司、响水县美丽乡村建设有限公司、响水县城市资产投资有限公司、响水县创业投资有限公司、响水县沿海开发投资有限公司、响水县灌江水务有限责任公司)，组建后的集团公司总注册资本15亿元。7大国有资产投资公司资产总额96亿元，净资产41亿元，融资33亿元，承建县政府实事工程6个，累计投资12亿元。

国资监管　年内，全县列入扫尾改制企业3家企业全部破产。严把企业资产清查关，改制企业县农委拖拉机站在清查时漏报收入12万元，经人举报后逐一排队核查，追回收入12万元。把好资产评估关，评估资产现场察看，了解真实情况，做到资产价值心中有数，对改制企业小尖酒精厂资产进行重新核实。把好资产处置关，严格执行资产处置均进场公开出售。对原汇中集团的土地资产，进行公开处置，处置收入1864万元，全部缴入县财政，用于解决职工安置问题。

根据《响水县国有资产投资公司监督管理办法》规定，6大国有资产投资公司每月上报资产负债表，了解资产动态、经营亏损情况、资金收支状态。年内，6大国有资产投资公司利润-255万元，负债4.5亿元。　(王伟国)

2015年响水县公共财政收支情况

表60　　　　单位：万元

项　　目	2015年	项　　目	2015年
收入合计	417,732	支出合计	508,150
一、税收收入	268,334	其中：	
其中：		一般公共服务支出	79,751
增值税	22,709	国防支出	369
营业税	174,591	公共安全支出	16,261
企业所得税	15,827	教育支出	89,299
个人所得税	4,319	科学技术支出	17,271
资源税	129	文化体育与传媒支出	5,072
城市维护建设税	13,182	社会保障和就业支出	50,742
房产税	4,224	医疗卫生与计划生育支出	42,713
印花税	3,154	节能环保支出	14,422
城镇土地使用税	6,060	城乡社区支出	68,128
土地增值税	3,219	农林水支出	85,700
车船税	1,632	交通运输支出	14,853
耕地占用税		资源勘探信息等支出	14,408
契税	19,288	商业服务业等支出	1,304
二、非税收入	57,078	金融支出	100
三、上划中央收入合计	92,320	国土海洋气象等支出	1,141
1、消费税	3,554	住房保障支出	2,854
2、增值税(75%)	58,546	粮油物资储备支出	2,315
3、企业所得税(60%)	23,740	其他支出	131
4、个人所得税(60%)	6,480	债务付息支出	1,250
		债务发行费用支出	66

2015年响水县纳税超千万元工业企业情况

表61　　　　单位:万元

名次	纳税人名称	金额	国税	地税	名次	纳税人名称	金额	国税	地税
1	江苏国华陈家港发电有限公司	34100	32263	1837	9	江苏德龙镍业有限公司	1809	644	1165
2	江苏联化科技有限公司	9199	8145	1054	10	盐城南方化工有限公司	1578	1465	113
3	江苏森达陈家港热电有限公司	3170	3012	157	11	响水雅克化工有限公司	1264	1203	61
4	江苏之江化工有限公司	3033	2821	212	12	江苏天嘉宜化工有限公司	1261	1096	165
5	江苏天容集团股份有限公司	2510	2350	160	13	江苏荣生电子有限公司	1067	975	91
6	江苏新金兰纺织制衣有限责任公司	2450	2243	207	14	江苏天源化工有限公司	1021	723	298
7	响水恒利达科技化工有限公司	2352	2159	193	15	江苏亚邦爱普森药业有限公司	1014	761	253
8	江苏威耳化工有限公司	1944	1812	132					

国　　税

【概　况】 2015年,响水县国税局集思广益，突出管理重点，锐意改革创新,贯彻落实组织收入原则,防止和严肃查处收"过头税"、虚收空转、突击征税等违规行为，全力推动国税各项工作实现新跨越。全年完成国税收入12.65亿元,同比增长16.8%,完成公共财政预算收入3.54亿元，同比增长12.8%。年内,县国税局倾情提升能力、激发活力,队伍精神面貌、能力素质、作风形象显著提升，保障国税事业发展。重视对干部教育培训,分层分类、量才使用,分别激励。响水国税青年干部夜校培养一大批青年才干，多人被省、市局选拔录用。年内,县局领导班子被推荐为江苏省"学习型领导班子"候选单位、国家税务总局"先进基层领导班子"候选单位。在全市国税系统收入质量、税收经济分析报告、能力提升重点工作、信息宣传科调研工作、税收管理改革全员劳动、风险内控调研中,均被评为先进单位，被江苏省社科联授予"2015~2017年度社会科学普及示范基地",被市委、市政府表彰为"全市双拥模范单位",被市总工会授予"模范职工之家"荣誉称号,被市国税局连续10年表彰为目标管理考核先进集体,税收信息、宣传和科调研工作先进单位。所属第一分局被盐城市人民政府授予"全市国税系统执法示范单位""第二批三星级文明窗口"，稽查局和信息中心被市人民政府授予"市级青年文明号",第五税务分局被市人民政府授予市级"廉政文化示范点",收入核算科被盐城市总工会授予 "五一巾帼标兵岗"。县国税局被县委、县政府表彰为2015年度全县综合考核综合先进单位。

2015年响水县国税局税收完成情况

表62　　　　单位:万元

项　　目	2015年实绩	2014年实绩	增减额	增幅%	项　　目	2015年实绩	2014年实绩	增减额	增幅%
工商税收	126511	108243	18268	16.88	地方口径总收入	116549	100353	16196	16.14
其中:增值税	81254	67569	13685	20.25	其中:增值税	81254	67569	13685	20.25
其中:改征增值税	3194	2841	353	12.43	其中:改征增值税	3194	2842	352	12.39
消费税	3554	1898	1656	87.25	消费税	3554	1898	1656	87.25
企业所得税	37284	34396	2888	8.4	地方企业所得税	31741	30886	855	2.77
个人所得税	0	0	0	—	一般预算收入(剔除财政废旧退税)	35405	31378	4027	12.83
车辆购置税	4419	4380	39	0.89					

【组织收入】 年内，县国税局完成税收收入12.65亿元，同比增幅16.88%，完成公共财政预算收入3.54亿元,同比增幅12.83%，在全市国税系统收入质量竞赛中被评为先进单位。完善征管机制,掌控收入稳增长。牢固树立税收经济观念，深刻把握经济与税收关系的内在规律,准确判断收入增长态势，建立"收入预测科学、纳税评估精准、税源监控严密、依法征收有力"收入运行体系,保持税收收入可持续增长。通过税收趋势分析,全面把握经济税源、

政策变动等因素，根据预测结果及时调整收入策略，提早落实收入措施，增强组织收入工作主动权。充分发挥数据平台作用，对纳税人进行全方位体检，对税收风险实行精确制导。规范应用风险应对工作模板和法律指引，加强应对过程控制，探索团队运作专业化机制，强化应对跟踪质疑，零成效面低于10%。加大欠税追征力度，压缩清理陈欠，控制和防止发生新欠，最大限度堵塞税收漏洞。

【征管改革】 年内，县国税局紧扣税收管理改革主线，实施简政放权，重构税收业务流程，调整机构管理职能，转变税收管理方式，税收管理改革取得良好成效。机关职能转变为“实体化”。县局机关和基层分局两级管理体制改革为一级管理体制，县局机关业务科室转型直接从事涉税情报收集、税源分析、风险应对等职能，原有分局转型为机关税源管理科，全部从事稽查、评估工作，实施团队化风险管理。形成以“机关业务科室转型+分局科室化管理”为载体的“一条龙”风险管理板块。把分散在原来业务科室的全部行政事务职能整合到县局办公室、人教科和监察室，形成面向全系统“一篮子”支持保障板块。纳税服务职能全部集中到办税服务厅，纳税登记、发票、申报、纳税、资格认定、减免退税等事务，全部在一个服务机构完成，形成“一体化”纳税服务板块。

税务人员上门宣传税法

【依法治税】 年内，县国税局以《税收检查任务管理办法》《江苏省国家税务局纳税评估法律指引》和《风险应对工作模板》，实施风险应对，从法律依据、程序要求、证据固定、法律提示、法律责任、后续措施等环节，从外部执法和内部管理两个方面，推动纳税评估依法实施、规范实施。规范各类稽查文书，制作下发检查预案、稽查报告、审理报告统一模板。健全税收执法与司法衔接制度，修订涉税犯罪案件移送办法，规范涉税犯罪案件移送。全面推行税收执法责任制，加强税收执法监督，构建规范执法问题发现和纠错整改长效机制；广泛开展税收专项检查和行业专项整治活动，采取市县联动、内外协作、部门配合、团队出击，严厉打击偷税、骗税和虚开增值税专用发票等违法行为。年内，查处各类涉税违法案件16起，查补税款3302.66万元。其中，企业自查补税入库2839.57万元，加收滞纳金53.49万元，处罚款18.67万元。抓获犯罪嫌疑人40名，其中刑事拘留6人，取保候审19人，逮捕11人，依法移送起诉27人，税收秩序明显好转。落实税收优惠政策，依法办理免抵退税0.76亿元、优惠政策税款0.66亿元。

县国税局颁发首张“三证合一”营业执照

【服务创新】 年内，县国税局着力打造标准化服务流程，拓展立体化服务渠道，提供定制化服务产品。深化“纳税服务规范化示范点”建设。创建“税友QQ群”服务平台。税企人员“点、线、面”交互式沟通交流，纳税人提出的问题，税务干部第一时间给予回复。开展网上税务视频教学。运用互联网平台，以总局《纳税服务规范》为依据，做成教学辅导视频，在优酷、QQ等视频网站上发布，方便纳税人自主安排时间学习税收业务知识，掌握办税操作流程，解决办税难题。全面推行发票网上申领快递送达。借鉴网上购物模式，探索纳税服务外包实践。改造自助办税区，新增9台自助办税设备，纳税人可根据自身需求，选择非工作日时间段办理认证、领票、开票等涉税业务。

【税收宣传】 年内，县国税局成立响

水县国家税务局税收宣传工作领导小组和税收信息、税收宣传、税收科调研三个项目组；修改完善《税收信息宣传科调研考核办法》。组建45周岁以下部分在职人员组成的专、兼职信息员队伍，明确每人(男50周岁以下、女45周岁以下)每月不少于1篇，专、兼职人员每人每月不少于4篇的目标任务。召开年度、季度、月度税收信息宣传科调研工作推进会，采用篇数进行量化考核，及时兑现，形成人人有任务个个都参与的“大宣传”格局。全年投稿1216篇，被各类媒体采用124篇，其中：《中国税务报》7篇、《新华日报》3篇，国办信息5篇(国务院领导批示2篇)，省委省政府信息19篇，省局简报5篇，省局专报2篇，市局简报20篇，市局专报3篇，《税收研究资料》2篇，《江苏国税调研》1篇，江苏卫视“时代风范”专栏新闻1篇。

【国税文化】 年内，县国税局坚持尊重人、关心人、理解人理念，积极探索、大胆创新，开展践行社会主义核心价值观和“三严三实”“十大标兵”评比等活动，响水国税精神内涵更加丰富。塑造廉政文化庭院、廉政文化长廊等廉政文化品牌。进入单位处处看到“廉”，时时想到“廉”，“廉”的内涵见于眼，听于耳，入于脑，记于心。中央八项规定出台后，认真贯彻执行。在搞好廉政教育、营造廉政文化、提升廉政品牌上推陈出新。改进廉政学习教育方式方法，搭平台、创品牌，通过知识竞赛、演讲比赛、情景话剧、诗歌朗诵等喜闻乐见形式，学习、宣传各项廉政规章制度，讴歌清廉先进形象，鞭笞“四风”问题，干部在潜移默化中受到廉政文化熏陶。营造和谐人文环境。创造温馨融洽、互敬互爱、互帮互助和谐人文环境。

【纳税前十强企业】 年内，全县纳税前十强企业为江苏国华陈家港发电有限公司、江苏联化科技有限公司、江苏森达陈家港热电有限公司、江苏之江化工有限公司、江苏天容集团股份有限公司、新金兰纺织制衣公司、响水恒利达科技化工公司、盐城市烟草公司响水分公司、江苏威耳化工公司和盐城南方化工公司。纳税排名前10强企业入库税收58286万元，占全县国税总收入46.09%。在纳税前10强企业中，化工企业6户，入库税款18752万元，占前10强企业纳税总额32.17%，占全县国税总收入14.86%；电力企业2户，入库税款35275万元，占前10强企业纳税总额60.52%，占全县国税总收入27.90%；纺织企业1户，入库税款2243万元，占前10强企业纳税总额3.85%，占全县国税总收入1.8%；烟草批发企业1户，入库税款2016万元，占前10强企业纳税总额3.45%，占全县国税总收入1.2%。

(朱　峰)

2015年响水县国税税收入库前十名情况

表63　　单位：万元

序号	纳税单位名称	入库税款
1	江苏国华陈家港发电有限公司	32263
2	江苏联化科技有限公司	8145
3	江苏森达陈家港热电有限公司	3012
4	江苏之江化工有限公司	2821
5	江苏天容集团股份有限公司	2350
6	新金兰纺织制衣公司	2243
7	响水恒利达科技化工公司	2159
8	盐城市烟草公司响水分公司	2016
9	江苏威耳化工有限公司	1812
10	盐城南方化工公司	1465

地　税

【概　况】 2015年，响水县地方税务局以“依法治税、深化改革”为主线，以“灌河税韵”文化建设为引领，扎实推进地税建设，实行税费同征同管，加大基金费规范征缴力度，全系统组织各项收入29.39亿元。全口径税收收入24.83亿元，同比增收3.69亿元，增长17.47%，其中公共财政预算收入23.29亿元，同比增收3.58亿元，增长18.14%；社保费4.39亿元，同比增收0.15亿元，增长3.63%；政府性基金0.17亿元。年内，县地税局扎实推进“三严三实”专题教育，排查清理，落实干部监督管理。抓好党组中心组学习，推进党风廉政建设，接受社会监督。完善绩效考核办法，强化基础管理和日常管理。强化税法宣传培训，委托高校对业务骨干培训。实施人力资源配置，人员岗位交流，各项工作取得较好成绩。年内，县地税局获全国总工会授予“全国模范职工之家”称号、省委组织部授予“老干部工作先进集体”和省总工会授予“省级职工之家”称号；获得市级文明单位、青年文明号、廉政文化示范点等7项荣誉称号，被县委、县政府表彰为2015年度全县综合考核综合先进单位、扶贫开发先进集体和市局绩效考核文化建设单项奖。20多人获得县级以上表彰。上报3篇研究报告，1篇得到国务院领导批示，2篇被中纪委网站采用。

【组织收入】 年内，县地税系统建立完善收入责任机制，按税收贡献度严格考核，细化目标任务，严格捆绑考核，定期督查收入进度和收入质量，确保量质齐升。实行税收联络员制度，组织15名干部联系服务镇区组织收入，形成组织收入工作合力。分税种、分管理事项研究堵漏增收措施，清算建筑、房地产业项目713个，清算率74.6%，清理入库房地产业税收2580万元。大力组织税收稽查，稽查查补收入4355万元，同比增长206%，首次突破4000万元大关。加大欠费催缴、强制执行力度，执行基金费征收清单，实行基金费分类分项征收。持续加强质量管控。对申报数据不配比等情况进行事前应对；对申报期后大额异常税款备案审查，对税种配比及税收均衡入库进行事中控制；对异常税款已经入库影响总量的事后进行监督。税费同征同管同应对。社保费、基金征缴任务与税收收入任务同布置、同管理、同风险应对，积极清理社保费欠费，不断健全各类政府性基金管理机制。

【征管改革】 年内，县地税局在广泛征求意见和建议基础上，出台《完善和深化征管改革实施方案》，对机构职能、风险管理等征管工作各方面进行优化，按照市局方案规范征管模式、职能配置等，通过大集中征管系统切换，对岗位进行转换配置。完善征管状况监控分析体系，强化征管质量监督，建立涉税征管指标“按日查看、按月提醒、按季通报”制度，促进基础数据和税收征管质量提高。在全市征管质量指标考核通报中，50%以上项目达到全市先进行列。国地税合作，制作《国地税合作方案》，国税门临代征、联合办税辅导、联合稽查选案等合作加强。强化欠税分类管理，清欠率进入全市前列。数据采集渠道通畅。通过综合治税平台，采集各成员单位涉税信息。做好第三方数据重点采集利用，采集利用第三方数据46431条。

【依法治税】 年内，县地税系统全面贯彻《依法治税工作意见》，抓学法、普法、用法、执法全过程建设，严格规范执法逐步成为常态。开展“新常态、新税风”税收宣传月活动，组织税源管理事项清单。推行标准化执法，统一执法流程、文书，细化执法自由裁量基准，明确税收处罚范围和尺度，出台案件审理规范，集中审理10户重大案件。围绕收入质量、税收优惠落实等进行重点执法督察，督促整改6项。对存量房税收入管理，中高等风险应对等工作开展专项督察，对涉及存量房税收的334笔疑点逐笔核查，查补税319万元，实施责任追究8人次。创新制定税务文书送达操作规程，落实“稳增长、促转型、惠民生”调控政策，为24户企业办理2014年度企业所得税各项税收优惠，减免税款439.6万元。创建依法行政示范基地，细化落实创建举措。落实行政执法责任制，梳理完善工作流程，组织法律法规学习和业务培训，提高依法行政能力。重视案件评查及案例评析工作，1件案例获市局评比二等奖。

【税收风险管理】 年内，县地税局完善内部涉税情报采集平台，加大数据分析应用力度，开展六大行业、四大税种、多个风险事项专题分析。建立征收业务管理、税收风险监控、风险任务推送三大信息共享平台。将风险管理工作全部纳入风险平台，强化应对结果复审和应对绩效考核。规范风险管理流程，建立与综合治税，全面协同联动机制，风险绩效不断攀升。统筹风险管理事项，编制《税收风险简报》2期，有序开展风险识别、推送、督查和评价工作，推送风险提醒1013户，实现应对绩效6298.37万元。

县国地税召开合作办税联席会议

【纳税服务】 年内，县地税局执行《纳税服务规范》，简化办税流程，统一服务标准，深化行政审批改革，全面推行“三证合一”“一照一码”。落实税源事项管理清单，统筹应对检查，切实减轻纳税人负担。提升服务质量。按《全国税务机关纳税服务规范》要求，在办理涉税事项时限上提速，流程上从简，让服务对象充分了解并享受服务承诺，把服务做细、做实、做出成效，将纳税服务打造成实事工程、惠民工程，受到纳税人好评。编写税收热点问题手册，向各类纳税人发放《地方税收优惠政策汇编》等资料3000多份。结合便民办税春风行动，开展税法宣传月、国地税联合培训、纳税人之家活动等，组织企业所得税汇算清缴、12万元以上个人所得税申报等培训15次，参培人员1800多人次。2015年，响水地税局提升地税服务发展站位，深入开展调研，上报研究报告中，《盐城市纺织行业生产经营及税收情况调查》被国务院领导批示，《江苏地税30廉字金》《吸收优秀传统文化精髓》被中纪委网站采用。

【地税文化建设】 年内，县地税局持续推进地税文化建设，注重文化引领，制定“灌河税韵”文化建设规划，召开“灌河税韵”文化建设研讨会，设计“灌河税韵”文化vi标识系统，在响水报进行意见征集和公示，“灌河税韵”地税文化品牌成为市、县地税系统特色文化品牌。

(张建国)

【责任编辑　顾霞飞】

经济综合管理

发展和改革

【概　况】 响水县发展和改革委员会挂县粮食局、县物价局、县招投标管理办公室、县沿海发展规划建设委员会办公室牌子。(县政府组成部门简称县发改委)内设办公室(县国防动员委员会国民经济委员会办公室)、综合规划科、农村经济科、工业科(行政许可服务科)、服务业科、固定资产投资科、社会事业科、体改科、能源科(高新技术产业科)9个职能科室，核定行政编制13人。下辖县经济信息中心、县沿海发展服务中心。

2015年，县发改委积极当好经济发展的“研究员”，转型升级的“指导员”，项目建设的“服务员”，大力推进沿海开发，全力争取项目和资金，全面深化改革，服务全县经济社会发展大局，较好地完成年度各项目标任务。被县委、县政府表彰为“全县目标任务综合考核先进集体”“扶贫开发工作先进单位”，获市发改委调研工作先进奖。

【编制“十三五”规划】 年内，县发改委根据国家和省、市统一部署，2014年8月启动“十三五”规划编制的课题研究、资料收集、重大项目初排等前期各项工作。2015年4月通过公开招标，委托具有甲级资质的南京工程咨询中心参与规划编制。在县委、县政府领导下，组织研究20多个前期重大课题，经过全县各部门的努力，编制完成《响水县国民经济和社会发展第十三个五年规划纲要》。

【编报重大项目】 年内，县发改委积极策划、筛选、包装一批重大项目，争取进入国家、省、市规划和重大项目库。全年编报省级“十三五”项目6个，总投资额156亿元；三年滚动计划项目32个，总投资额84.6亿元；政法基础设施项目5个，涉及中央预算内资金2354万元。编制响水县2016年度光伏“领跑者”计划和实施方案，拟争取国家光伏指标50MW；编报响水县“十三五”电动汽车充电设施规划，响水县2015~2018年煤电节能减排升级与改造实施计划；完成《盐城市资源综合利用发电规划(2015~2020)》修编，德龙公司余热发电项目增列市规划；上下联动，申请县公安局拘留所、县人民法院审判法庭等项目列入省政法基础设施“十三五”规划。

【强化经济形势分析】 年内，县发改委密切关注国家重大方针政策，及时把握国家、省、市发改委动态，深入研究全县月、季度经济运行分析报告，及时向县委、县政府提出深度推进沿海开发、拓展项目源、化工产业转型等系列建议，得到县委、县政府领导肯定，为全县经济健康发展发挥参谋助手作用。

【推进重大项目建设】 年内，县发改委牵头推进全县列入市“三重”项目、八大类项目实施，5个列入市“三重”、16个列入市八大类重点工程项目，总投资63亿元，年度计划投资30.5亿元，2015年完成投资29亿元，占年度计划95.1%。沿海开发重点项目和临海高等级公路经济带项目，位列全市第三。

【服务沿海开发】 年内，灌河口5万吨级航道整治工程，在工程可行性报告缺少相关支撑文件的情况下，通过多次沟通协调，航道整治工程可行性研究报告获省发改委批复，项目已报国家交通部申请列入“十三五”规划。国华陈家港电厂二期工程项目预可研2015年1月通过华东电网公司专家评审，进入核准材料编制工作阶段。省能源局同意沿海经济开发区英奇热电厂、德龙一、二期余热发电项目开展前期准备工作；长江三峡海上风电项目完成投资10亿元，占全部投资25%；国信风电一期、二期计150兆瓦项目5月并网发电；亚玛顿5兆瓦地面集中式光伏电站项目投产试运行，是全市第一家并网发电的光伏电站项目。

【争取项目资金】 年内，县发改委争取农村饮水安全、沼气综合利用、金港家园基础设施建设等12个项目，争取中央、省级补助资金8862万元。江苏瑞和新材料股份有限公司氯化橡胶系列新材料工程中心申报省级工程中心。

【推进审批制度改革】 年内，县发改委严格落实省、市发改委精简、取消的项目审批事项，保证取消的项目立即停止审批，下放的项目对接得住，服务得好。继续推行重大项目、重要事项“主任帮办”等制度，实施简明便利的项目审批办法、核准办法、备案办法，压缩办件时间。实行重大项目审批容缺预审制度，对教育“双创”、城乡供水一体化等项目，加快项目审批进度，提高审批效能，促进重大民生工程建设。

【整治中介】 年内，县发改委根据《响水县人民政府关于公布行政审批中介事项的决定》要求，牵头全县“清理公布行政审批中介事项”工作，对县本级行政审批及公共服务、日常监管中介事项进行全面清理与规范，保留行政审批中介事项31项，公共服务、日常监管中介事项9项。

【融资工作】 年内，总投资23亿元的江苏响水港中心港区PPP项目，在国家发改委、全国工商联联合召开政府和社会资本合作(PPP)项目电视电话会议上重点推介。全程服务县水务投资公司债券发行，获得国家发改委核准发行13亿元公司债券。 (罗海来)

经济和信息化

【概　况】 响水县经济和信息化委员会(简称县经信委)，挂县中小企业局牌子，为县政府组成部门。内设办公室、行业发展科、信息化科(无线电管理科)、经济运行科、投资技术科(行政许可服务科)、经济合作科、能源与综合利用科、企业发展服务科、中小企业科9个职能科室；附设县特色产业发展办公室、县履行《禁止化学武器公约》工作办公室、县信息化领导小组办公室、县网络与信息安全协调小组办公室、县国防科学技术工业办公室、县电力行政执法办公室、县减轻企业负担工作办公室、县民营经济工作领导小组办公室等。核定机关行政编制16名。下辖县经济执法大队，核定全额拨款事业编制3名。

2015年，县经信委按照年初确定的目标任务，积极履行部门职能，大力开拓创新，全力破解发展难题，有效组织工业经济平稳运行，工业经济主要指标保持增长态势。全年全县实现规模以上工业总产值718.51亿元，比上年增长23.3%；主营业务收入710.29亿元，比上年增长18.4%；利税总额112.35亿元，比上年增长19.8%，其中利润总额81.15亿元，比上年增长19.4%；工业用电量43.24亿千瓦时，比上年增长10.3%。全口径国税工业开票343.7亿元，比上年增长15.7%，总量和增幅均列全市前列；工业用电量和增幅全市第一；新培植规模以上企业25家，超市任务数3家，新增一般纳税人工业企业180家，超市任务数50家，工业新增长点后发优势竞相显现，实现“十二五”圆满收官。2015年，工业发展与转型升级、招商引资和项目推进、镇村经济工作被市委、市政府表彰；机关综合考核、招商选资和项目推进、服务经济发展、政务服务工作被县委、县政府表彰。

【招商选资与项目推进】 年内，县经信委坚持把招商选资和项目推进作为稳增长、调结构、促转型的头等大事来抓，建立招商选资和项目推进工作周督查、旬会办、月考核、月兑现制度，对完不成招商选资任务的镇区和部门，严格实行“四个一律”制度。5月、11月、12月分别在上海和昆山举行三次重点招商推介活动，签约项目67个，协议总投资182.9亿元。及时做好县四套班子领导招商选资工作情况半月通报、镇区招商选资完成情况周通报、部门招商选资情况旬通报、重点项目建设工作月通报等工作，推进项目快建设，早达效。全年招引工业新开工项目172个，其中亿元以上项目52个，10亿元以上重大项目6个。

【发展新产业经济】 年内，县经信委加大发展新产业经济力度，经常性深入园区、企业开展调研督查工作，积极指导有关单位主攻新产业招商，强化重大项目推进，加快推进新产业经济发展。突出不锈钢全产业链。以江苏德龙镍业有限公司为核心，建设从镍铁合金材料、不锈钢精炼、热轧冷轧不锈钢板、不锈钢制品等全产业链，重点实施德顺镍业、天龙不锈钢、巨合金属、无机纤维新材料、余热发电等6个项目，全力把江苏德龙镍业有限公司打造成国内行业先进技术和节能减排标杆企业。突出清洁能源产业。重点实施风电、太阳能、新能源装备等8个项目，

响水(昆山)夏季推介会现场

大力推进海上风电场建设，有序发展陆上风电和光伏发电。突出新材料产业。实施合金新材料、化工新材料、储能新材料、其他新材料等新材料项目16个，重点发展以沿海经济区镍铁钛铁合金企业为基础的合金材料产业园、以生态化工园区化工新材料企业为龙头的化工新材料产业园和以经济开发区储能材料企业为龙头的高性能储能材料产业园，重点推进荣鑫伟业、中科永利、永大镍业等项目，打造全国知名的合金材料产业基地。突出新医药及生物技术产业。重点实施亚邦、祥瑞、华旭等企业技改和新上生物技术和医疗器械项目，打造苏北重要的生物医药生产基地。突出电子信息产业。重点实施智慧响水及荣生电子二期、通和电子等项目，使响水县成为苏北地区重要的电子信息产业集聚区。突出现代物流产业。重点实施物流服务、金融服务、商务服务等项目，把云计算、互联网+等新技术应用于运输、仓储、装卸、加工、整理、配送、信息等全过程，打造东部沿海重要的现代物流基地。突出海洋工程装备和新能源船舶产业。重点实施勤丰船业等新能源船舶及海工装备等产业类项目3个，依托现有沿海、沿河岸线港口资源，新能源船舶和海工装备产业向产业链高端延伸，提高产品附加值和竞争力，全力打造全国新能源船舶示范基地。突出创客产业。实施力沃创客城和灌河创客孵化园2个项目，灌河创客孵化园建设20000平方米新业态孵化园，着力引进培育新业态、创客孵化项目。

【运行监测】 年内，县经信委采取月度简析、季度详析方式，做好全县工业经济运行分析、20户重点企业经济运行内参发布工作；每月6日编制规上企业分行业(分镇区)开票销售及入库税收统计表、重点竣工企业投产达效情况表、转型升级企业情况表、全县工业用电量情况统计表、金融统计表、主要原辅材料价格变动情况表，每旬上报省经信委、每周上报市经信委经济运行快报；德龙镍业、大和氯碱、联化科技、裕廊化工、天容、之江化工6家重点企业在线监测填报率100%，超市计划5个百分点。为加大预警预测工作力度，开展重点活动推进工作。一是积极协助县两办做好召开全县工业经济首季“开门红”“双过半”“全年目标百日冲刺”等动员大会的各项具体工作。二是认真组织开展行业调研活动，全年确保完成4篇有质量的调研报告。三是每个月坚持深入重点企业开展“对标找差距”活动，采取扎实措施，促进企业多产多销多增效。

【企业服务】 年内，县经信委在全县深入开展服务企业“家家到”活动，以“走基层、送服务、稳增长、促发展”为主题，面对面为企业排忧解难。以县主要负责同志为首的三支小分队深入全县143家规上企业走访座谈，了解运行态势、经营状况、营销变化等，帮助企业解决市场、用工、资金等方面难题。开展服务新增规模以上工业企业活动。县政府专门出台推进规上工业企业实施意见，对新增规上企业首次开票达2000万元的由县设立专项资金给予奖励。同时，对54家重点培植企业由54个县直部门和镇区负责挂钩服务。开展服务重点工业项目“走基层、促转型”主题活动。由县领导带队对全县45个重点竣工项目和重点技改项目开展上门服务，排出56个问题，交由各服务部门限期解决。同时建立为企业服务联席会议工作制度，进一步完善企业存在问题收集、整理、交办、督查、反馈、公示等工作流程；做到每旬收集企业待解重大问题提请县委、县政府会办解决；每季度对为企业服务实绩情况进行一次督查，确保企业上报问题件件有落实、事事有交代。组织企业参加江苏产品万里行、跨采会、创新成果展等系列活动，帮助企业开拓市场。

【转型升级】 年内，县经信委根据省、市部署要求，大力推动企业升级，资产重组，兼并上市，培植大企业(集团)等，促进企业转型升级和做大做强。具体措施：一是强化组织推进。实行目标责任制，以县两办名义分解落实工业经济转型升级目标任务，督促各园区、各镇(区)把任务细化到企业、落实到项目、量化到月份、责任到人头。实行信息月报制，在园区、镇(区)、有关单位和企业明确一名分管领导和联络员，每月25日报送进度情况，重要信息实行及时报告制。每月底汇总全县工业转型升级进展情况并上报县有关领导，对有关问题集中交办、督办。实行挂钩服务制，对列入转型升级计划的所有企业，均落实县处级领导、部门科级干部及所在镇(区)领导三层挂钩服务，对转型升级方案逐一审核、完善，对重点企业实行服务全天候。实行定期分析制，每月底集中分析推进计划完成情况，排定存在问题及对策措施，查漏补缺。经县工转办审核，每季度在县电视台媒体上公布转型升级实绩，对进展缓慢的单位给予通报批评。二是强化政策激励。强化财政扶持，县委、县政府设立工业经济提质增效和转型升级等专项奖励资金，列入县财政预算，专门用于奖励实施招商引资、工业经济提质增效、“三百工程”“千百十工程”的先进单位和镇(区)，激励新特产业发展、特色园区创建、创新能力建设、节能减排等。强化要素保障，实施土地、能源、人才等要素向工业转型升级企业倾斜机制。协助企业完善用地、财务等相关手续。强化金融支持，认真落实工业转型升级的各项优惠政策，积极帮助企业争取国家和省各类扶持资金，全年帮助争取工业转型升级各类资金近900万元。三是强化宣传培训。编印转型升级政策汇编，利用省“助力成长巡诊”培训平台，邀请6名专家在响水培训、解读，所有入库企业和镇区分管负责人参训，组织10家上市培育企业参加“上市沙龙”活动，与江苏高投、海正基金、华泰紫金等机构现场互动，进一步熟知操作程序、路径和政策规定等。同时建立长效宣传平台，多次在县电视台等媒体进行宣传。通过深入持久的宣传培训，引导企业实现“三个转变”，帮助企业选准选优转型路子。四是强化考核奖惩。健全科学的导向机制，将工业转型升级纳入到对各镇(区)的绩效考核体系，出台全县工业转型升级考核奖励办法，工业转型升级工作领导小组办公室对照下达的目标任务，实行月督查、季点评、年终考评的方式，强化对工业转型升级工作成效的考核，考核结果作为镇(区)党政领导干部评先奖优、提拔任用的重要依据。

【绿色发展】 单位工业增加值能耗和工业用电量增速分别完成和超额完成市下达的目标任务；全年完成节约标煤11万吨。全县实施各类节能项目26个，其中重点节能项目6个，节约标煤6万多吨。淘汰高耗能设备218台套，完成能源审计3家，能源管理体系建设平台2家，清洁生产企业2家，节能监测17家。对综合能耗3000吨标煤以上实行节能执法检查全覆盖，能耗1000吨标煤以上企业完成节能执法检查20家。推广资源综合利用企业7家。组织培训技术人员100多人，推广高效照明荧光灯35000只。新能源汽车推广工作成效显著。全县完成电动轿车2辆，电动环卫车35辆，其它推广车型10辆，充电桩30个。新能源汽车推广财政补贴资金768.3万元全部落实到位。全年牵头安监、环保、质监等职能部门开展两次以上化工企业安全生产和环境保护大检查工作，积极配合园区和相关部门做好日常监管和园区外化工企业搬迁有关后续整改及完善工作。及时组织相关部门开展化工企业新上项目联合会审工作，第一时间上报市化治办，积极帮助企业做好协调，争取新上项目早日获批。

【两化融合】 年内，县经信委持续推进企业“两化融合”。组织规模以上企业普遍开展研发中心、新产品、品牌、产学研合作创建活动。组织荣生电子等企业申报省级企业技术中心，新联合化学、祥瑞药业等企业申报市级企业技术中心；爱特纺织、中天消防设备等23家申报市级新技术新产品，荣生电子申报市级新技术新产品获批；科力普汽车部件、瑞和新材料公司等企业申报省两化融合试点企业；澜谷时代信息技术公司申报为省软件企业；荣生电子有限公司、天容集团等6家列入智能装备企业；科力普汽车部件、易宝路轮胎等3家企业列入省2015年重点技术创新项目计划；盐城联化、之江化工、天嘉宜、江苏联化等列入智能车间，超市计划100%；4个智能车间改造全部竣工；风哥网络科技公司、澜谷时代信息技术公司等企业初步建立比较完善的信息服务网络；积极主动联系三大运营商等部门，在县城范围内开展覆盖主要公共场所的免费WIFI无线网络建设；加快智慧城市建设步伐，智慧城管、智慧医疗、智慧教育等民生服务工程得到较快发展。 (朱海志)

审　计

【概　况】 响水县审计局内设办公室、法制管理科、财政金融审计科、农业经贸审计科、行政事业与社会保障审计科、固定资产投资审计科、经济责任审计科7个职能科室，直属单位为经济责任审计办公室和投资审计中心。

2015年，县审计局围绕中心、服务大局、尽职尽责、依法审计，各项工作取得明显成效，在维护财经纪律、推进廉政建设、促进经济社会又好又快发展发挥重要作用。全年完成财政财务类审计项目16个，其中经济责任审计项目5个，发现管理不规范金额14.16亿元；完成工程决算类审计项目347个，审计总金额13.22亿元，为县财政节约资金1.45亿元。提交审计工作专题、综合性报告和信息宣传简报170多篇。向纪检监察机关移送案件线索2条，相关单位责任人得到查处。被盐城市人民政府评为市级依法行政示范点，被盐城市文明委授予2013~2014年度盐城市文明单位，被县委、县政府表彰为扶贫开发先进单位，被市审计局评为优秀审计项目、表彰审计项目各1个。

【财政预算执行审计】 年初，县审计局紧紧围绕深化财政改革，按照全口径原则，拓展财政审计监督范围，提高同级审计覆盖面，结合当前国家相关政策，全面开展财政审计工作。审计涉及10多家县直部门，同时选取审计间隔年度较长的县卫生局、县国土局两家开展部门预算执行审计，改变往年以财务审计为主的格局，从财政预算编制、执行、结果情况、存在问题等方面入手，主要审计预算执行、“三公”经费、财政存量资金、政府债务等，初步实现审计内容的全覆盖，助推改革、反腐“双轮”驱动，维护新《预算法》施行及全县经济健康发展。

【专项资金审计】 年初，县审计局围绕“民生”这一主题，重点开展专项资金和项目的绩效审计，在评价体系设置上，不单纯运用经济指标，而是既考虑经济效益、管理效益，又考虑社会效益，同时还兼顾生态效益，关注和揭示资金管理使用中存在的问题，提出针对性建议，确保各项惠民资金安全有效使用。全县选取2014年度部分国有资产使用管理收益情况、部分社保基金等进行专项审计调查，延伸调查教育系统6家学校有关情况，在审计中发现资产管理不规范，造成国有资产损失等问题。对此，县审计局提出切实可行的整改意见和建议，并责成有关单位进行整改规范。

【政府投资项目审计】 年内，围绕工程招投标、合同签订、工程造价的真实性以及财务管理、资金使用等情况，加大对政府投资项目的跟踪审计和竣工决算审计力度。全年完成固定资产投资审计项目347个，审计总金额13.22亿元，为县财政节约资金1.45亿元。

【经济责任审计】 年内，县审计局对5位领导干部实施经济责任审计。审计中，重点关注领导干部落实“八项规定”、执行政策、厉行节约、民生保障情况，突出领导干部执行“四个不直接分管”、个人职务消费等方面内容。审计结果及整改情况上报县委、县政府备用。

【审计整改】 年内，县审计局加大审计整改力度，明确审计组长为督促审计整改落实的第一责任人，对审计报告和审计决定执行期满后整改情况，进行回访考查和跟踪督查。对上一轮审计中发现的问题和审计处理处罚决定的整改落实情况，进行滚动审计和跟踪督查，以审促改。制定《审计结果公告实施办法》，从自行决定和政府审批两个层面进行操作，利用审计机关网站和地方媒体予以公告。同时，公告被审计单位整改情况，对整改不力或屡审屡犯的部门和单位在一定范围内予以公开曝光，发挥审计先导和震慑作用。

【提升审计效率】 年内，县审计局为提升审计效率，加强审计力量调配，积极推行“三三制”办法，即三分之一时间实施审前调查和编制审计方案，三分之一时间实施现场审计，三分之一时间进行审计结果分析、汇总、提炼。实行一个项目一份建议，一个问题一篇审计信息，对个别问题以建议形式向被审计单位反馈，对共性问题和重要问题以综合报告形式向政府汇报，对建设性意见和建议以审计信息的形式，向上级审计机关报送，收到较好效果。 (办公室)

统　计

【概　况】 响水县统计局内设办公室（法规科）、综合科、工业投资科（能源统计科）、服务业统计科、农村统计科5个职能科室。直属机构有综合抽样调查队（副科级建制）、统计调查中心（股级建制）2个事业单位。现有行政编制10人，实有9人，其中副科级以上在职干部5人，协理员1人，股级以下3人。事业编制10人，实有10人。实有在岗人员中，大专以上学历19人，具有高级职称2人，中级职称6人。

2015年，县统计局紧紧围绕县委、县政府和上级统计部门的工作部署，认真谋划，扎实工作，圆满完成全年各项目标任务。被县委、县政府表彰为2015年度全县综合先进单位、三产服务业工作先进单位；被县委表彰为全县先进基层党组织、全县学习型党组织创建工作先进集体；局机关效能建设工作和《统计改革解读》宣传册分别被评为全省统计系统基层规范化管理创新示范项目和优秀统计宣传作品示范项目。

【统计服务】 年内，县统计局围绕全县年度经济社会工作目标，通过召开相关部门联席会议，对全县经济运行情况进行研判与分析，同时组织业务人员深入基层单位专题调查，撰写经济运行情况分析。全年撰写上报统计分析、统计专报30篇，统计及政务类信息120篇，均被省、市统计部门内网采用。2014年度撰写的《响水县2013年规模工业经济运行简析》《2014年响水县经济社会发展情况分析》被盐城市统计局2015年9月评审为优秀统计分析报告。及时通报网络直报数据。每月自网络平台开通日起，每天下午6点前将网络直报企业上报率，数据总量、增速等情况编辑成短信，报送给县委、县政府分管领导，各相关主管部门主要负责人和分管负责人，直至当月网络数据报送平台关闭。

【小康指标监测】 年内，县统计局把全面小康进程监测作为统计工作的重中之重，局主要负责人向县委、县政府主要领导就“升级版”小康体系的监测范围、达标认定标准、体系主要特点、与旧版小康体系的变化，以及2013~2014年小康指标监测情况作4次专题汇报，并对小康监测工作提出工作建议。同时健全小康监测部门联席会议制度，明确小康监测指标各体系责任人，形成以年度监测向季度监测延伸的工作机制。7月，省、市统计部门反馈小康监测数据后，县统计局及时将全县小康监测数据完成情况以短信形式发送至19个指标监测部门主要负责人，确保各部门第一时间掌握小康指标完成情况。年末，县统计局召开19个小康指标监测部门联席会议，专题部署2015年小康监测年报及相关工作。

【统计改革宣传】 年内，县统计局为深入宣传2015年统计方法制度改革，营造浓厚改革氛围，取得各级领导对统计改革的理解与支持、相关部门和调查对象的协同与配合，在4月份组织编印《统计改革读本》，内容涵盖全国统计改革方案、全市统计“6+X”改革、统计常识问答、统计主要指标解释和全面建成小康社会5个章节。读本内容丰富，对党政领导和社会各界了解统计工作、支持统计改革、使用统计数据具有良好的促进作用。同时向县四套班子领导、各镇（区）及有关部门赠阅《2014响水统计年鉴》和《统计改革读本》500多本，深受社会各界欢迎。

【调查单位变动申报】 年内，县统计局为培植全县新的经济增长点，能及时确定联网直报调查单位库，召开2次全县专题会议和2次系统内培训会议，部署调查单位变动情况申报工作。在全县经济工作会议上，局主要负责人两次做专门业务辅导，指导“四规上”企业应报尽报。至年底，全县第一批次新增调查单位54家，其中规模以上工业企业20家，规上批零住餐企业9家，重点服务业14家，建筑、房地产业3家，固投业8家。

【1%人口抽样调查】 年内，县统计局根据国家、省、市政府《关于认真做好2015年人口抽样调查工作的通知》部署，采取多种措施，做好落实工作。建立健全组织机构。县政府于2014年12月下发《响水县人民政府关于认真做好全县2015年人口抽样调查工作的通知》（响政发〔2014〕105号）文件，成立响水县人口抽样调查领导小组及其办公室，做到人员、经费、办公地点三落实。县统计局抽调人员集中办公，地点设在经普办。同时，县政府安排30万元专项调查经费，下发50台PDA设备到各个人口抽查调查点用于调查。开展调查样本框整理工作。5月初，召开全县1%人口抽样调查抽样框整理工作专项业务会议，对抽样框整理工作进行部署。经过县、镇、村三级统计人员对人口数据的核查，全县2014年末常住人口为50.86万人，比核查数据少1500人；户籍人口62.48万人，与人口年报一致；出生人口7092人，比人口年报少116人，出生率为13.92‰；死亡人口4520人，比人口年报少102人，死亡率为8.87‰。选配调查员和调查指导员。对选配出的51名调查员进行集中培训

和专业讲解，确保能熟练掌握调查业务。人口抽样调查宣传。县人普办印发人口抽样宣传工作方案，制作宣传横幅108条，在广播电视台播放标准登记时间和刊载滚动字幕。采取有效措施，编制村级样本单位小区划分，并对小区地图进行质量检查。11月1日起，全国1%人口抽样调查进行入户登记阶段，全县严格按照调查方案要求，坚持“统一指挥，分片督导，逐一核查”方针，保质保量完成入户登记工作。

【统计装备建设】 年内，为满足1%人口抽样调查需求，50台PDA设备全部配备到位，下发到基层调查点。开通镇区统计专线网络。为全县15个镇区统计办接入2M以上的专线宽带，与县统计局信息系统互联，提高统计一条线网络的安全性和稳定性。购买专用服务器。将90年代已不能使用的服务器、以太网板卡等，通过政府采购全部进行更新，提高县、镇区统计信息化水平。

【依法治统】 年内，县统计局认真学习宣传《统计法》，全面领会掌握《统计法》确定的原则、权利、义务及法律责任，增强统计法制意识，切实做到依法统计，从源头上确保统计数据真实可信。积极完成上级下达的各项统计工作任务，依法进行独立调查、独立报告、独立监督。严把数据质量关，反对和抵制各种弄虚作假、虚报浮夸行为，严肃查处统计违法违规案件，增强政府统计公信力。全年对全县企事业单位40家进行监审，有效提升监审单位领导、统计人员依法统计的法制理念。

（葛素林）

国家统计调查

【概　况】 国家统计局响水调查队（简称响水调查队）内设综合科、社会经济调查科、住房和价格调查科3个职能科室。2015年，响水调查队深入贯彻以调查质量建队、优质服务强队、团结实干兴队为总体要求，以“建一流队伍、创一流调查业绩”为工作目标，开拓进取，迎难而上，扎实工作，较好完成年度各项目标任务。在全省考核评比中，响水调查队财务工作获优异成绩。

【城乡住户调查】 年内，响水调查队对运行一年的新一轮城乡住户20个调查点200户调查户进行全访，详细记录家庭成员基本情况，形成台账；对高、低收入户进行重访，登记信息和成因；对抽访生产经营户进行抽访，了解生产成本和效益；对不能记账、不会记账户进行巧访，寻找办法解决记账问题。推广流程化电子记账工作，通过筛选、沟通、培训、挖掘等流程，实现有条件的户全部电子记账，有意愿的户创造条件电子记账。年内已发展17户进行单轨制记账，占总记帐户8.5%，且效果良好。对镇区住户调查工作引入镇区协助管理考核辅调员制度，各镇区给予住户辅调员1000~2200元不等的年度考核奖励补贴，并纳入镇区财政预算，形成调查队主考、镇区协考的互动，有效促进镇区住户调查工作质量不断提升。2015年，全县城镇人均可支配收入23642元，同比增长8.9%。农民人均可支配收入13088元，同比增长9.4%。

【农村调查】 年内，规范开展农村抽样调查工作，主要有粮食产量调查、畜禽监测调查、农产品价格与中间消耗调查，劳动力转移调查以及规模以下工业调查，调查周期为月度、季度、年度。农村调查点覆盖全县各镇区，调查任务落实到科室，专业明确到人头，分工不分家，组织实施各项农村抽样调查工作。通过对各抽中点（户）1070个调查对象的调查，为推算定案全县夏秋季粮食产量、畜禽产量、农村劳动力转移等主要经济指标提供基础数据。

【小微企业调查】 年内，响水调查队在全县随机抽取5户小微企业开展季报调查。根据样本分布区域，统筹计划，责任到人，合理安排调查时间，逐一落实。入企调查时，送达《致小微企业和个体经营户调查对象的一封信》，宣传《统计法》等法律法规，切实掌握第一手资料。同时对企业会统人员进行面对面培训指导，了解经营现状，及时解决报表疑问，确保上报数据质量。

【调查服务】 年内，响水调查队紧扣县委、县政府各项重点工作，围绕响水经济社会发展、产业结构调整及民生等热点难点问题，列出专题性调查方案，深入调查网点进行调查研究，先后报送《响水县农业因素变化促进农民增收情况调查》《响水县家庭农场经营情况简析》《响水农村劳动力调查简析》等调研报告，为地方党政领导决策提供依据。全年撰写各类信息、分析97篇，其中工作信息29篇、经济信息13篇、调查分析12篇被江苏调查总队内网及国家局内网采用。

（王　建　马星星）

市场监督

【概　况】 响水县市场监督管理局（简称县市管局）内设办公室（财务审计科）、政策法规科、行政审批科（注册登记科）、组织人事科、市场主体监管科、市场信用监管科、质量管理与监督科、标准计量科、特种设备安全监管科、食品安全综合协调科、食品安全监管科（保健食品化妆品监管科）、药品医疗器械监管科（药品不良反应监测中心）、消费者权益保护科（投诉举报中心）13个职能科室，另设纪检监察室；直属机构设响水县市场监督管理局稽查大队；派出机构设立响水、小尖、运河、大有、陈家港、南河、经济开发区7个市场监督管理分局（挂县食品药品监督管理局xx分局牌子）；下属单位为响水县计量测试所、响水县产品质量监督检验所、响水县药品检验所。

2015年4月组建以来，响水县市场监督管理局按照“机构整合、职能融合、人心聚合”及边整合边履职原则，改革监管方式，强化监管手段，切实履行职责。机构改革、三大安全、质量强县、大众创业万众创新等重点工作齐头并进，快速发展。县市管局被县委、县政府表彰为“全县2015年度政务服务先进集体”。

【机构改革】 年内，根据《省政府办公厅印发关于调整完善市县工商质监食品药品管理体制加强市场监管意见的通知》(苏政办发〔2014〕93号)文件规定，4月22日经中共响水县委研究决定(响委组〔2015〕14号文件)，将原盐城市响水工商行政管理局、盐城市响水质量技术监督局、响水县食品药品监督管理局合并，新成立响水县市场监督管理局，为响水县人民政府工作部门，同时挂响水县食品药品监督管理局牌子。4月23日，县市场监督管理局成立；4月28日挂牌，整合原工商、质监、食药监及餐饮消费监管职能，成立新的领导班子并合署办公。按照“关口前移、重心下移”的要求，5月底前，完成新执法文书、章印制作，配发行政执法证；同时实现机关人员20%(计19人)分流目标。6月底，完成7个镇(区)基层分局、内设15个科室、1个直属单位、3个技术机构和2个群团机构的整合，部门中层正副职任命。人员定编定岗，办公室调整搬迁等全部到位，全局行政编制、参公管理、事业编制人员全部纳入编制实名制管理，理顺原三个部门财务收支帐目，实现财务收支统一。建立健全各项制度，重建门户网站，完成全局网络建设，完善办公配套设施。实行领导班子周工作例会、中层干部月度例会制度，一月一总结，每月一通报。通过整合，实现行政审批一体化、市场检查一体化、投诉处理一体化和信息化保障一体化，全体人员做到思想上不分神，工作上不松劲，监管上不出事，纪律上不越线，队伍整合达到1+1+1=1，监管服务达到1+1+1>3的目标。

【注册登记】 年内，县市管局深入推进注册资本登记制度、“先照后证”制度，扎实开展“三证合一”“一证一码”改革工作，4月颁发首张“三证合一”证书，为全市首例。10月8日，颁发首张加载全国统一社会信用代码的“一照一码”营业执照，标志响水县“三证合一，一证三号”向“三证合一，一照一码”过渡成功，至年底，办理一照一码639户。鼓励和扶持农村居民领办创办个体工商户、个私企业，民营经济的快速发展，对农民增收的贡献进一步扩大。全年新登记个体工商户2800户、私营企业1787户，分别同比增长28%和56%，总数分别达21627户、7272户，分别同比增长15%和13%，个体私营经济增幅列全市前列；个私经济发展带动近1.5万从业农民人均增收1800元以上。

【质量强县】 年内，县市管局贯彻落实《响水县质量强县活动实施意见》《响水县贯彻实施质量发展纲要2015年行动计划任务分工》，深入推进质量强县各项工作。召开全县质量强县领导小组联席会议，对质量强县工作再部署、再落实。全年坚持以企业为主体，以市场为依托，以提高经济增长质量和效益为目标，不断强化质量基础，严格质量管理，狠抓质量源头，形成企业自律、政府宏观指导、社会综合监督、中介机构有效服务的质量工作机制，全面提升产品质量、工程质量、服务质量和环境质量整体水平，带动县域经济走上质量效益良性互动的发展之路。

【品牌创建】 年内，县市管局实施品牌战略，全年完成江苏名牌申报6家，其中新申报3家(江苏金鼎基础建材有限公司、江苏农垦米业集团黄海有限公司、江苏康生药业有限公司)，到期复审3家(响水县自行车三套轴、江苏天容集团、江苏绿利来集团)；申报盐城市名牌5家、盐城市市长质量奖1家、省A级信用企业24家、省AA级信用企业7家、省AAA级信用企业1家。江苏泰隆祥床具制造有限公司被表彰为盐城市2014~2015年度百家名牌产品生产企业质量提升十佳单位。江苏天容集团获江苏省AAA级信用企业、盐城市2012~2015年度百家名牌产品生产企业质量提升成果突出单位、连续2年获盐城市企业“三项制度”最好企业，在全市质量提升工作大会上，作为全市唯一企业代表进行发言。

【商标发展】 年内，县市管局积极推进商标品牌战略，主动引导相关市场主体申请注册商标，鼓励商标所有人争创“三名”商标，至年底，全县新申请注册商标230件，指导帮扶盐城易宝路轮胎有限公司取得“盐城市知名商标”；响水县宝吉纺织、江苏快捷士润滑油等5家企业连续被认定为“盐城市知名商标”。

【食品安全监管】 年内，县市管局全面实施28类食品、食品添加剂的市场准入制度。建立健全食品添加剂和原辅材料的登记报告、索证索票制度，完善食品企业标准备案审查制度。全年有换证企业5家，新办证企业2家。深化食品安全“三分监管”工作机制，督促企业认真落实主体责任。全县32家食品生产企业(含食品添加剂)的产品，高风险3家，中风险20家，低风险9家；A级0家，B级9家，C级23家；Ⅰ等(红色)1家，Ⅱ等(橙色)19家，Ⅲ等(黄色)9家，Ⅳ等(蓝色)3家，Ⅴ等(绿色)0家。江苏乾龙酒业有限公司作为全县首批食品追溯体系建设单位，顺利完成追溯体系建设工作任务。全力做好全市“食品安全盐阜行”活动在响水的检查、汇报工作，通过两天的实地查看，检查组对响水食品安全工作予以充分肯定。《食品安全看响水》被《盐阜大众报》专版报道，《江苏经济报》刊登《响水县全力构筑食品安全防线》等大篇报道。

深入开展食品安全专项整治。做好重大节日食品市场巡查，着力解决重点区域和重点品种突出问题，保证节日期间食品市场秩序稳定；加大农村食品市场整治力度，以农村食品市场为重点整治区域，切实规范农村市场食品经营者的经营行为；加强校园及校园周边流通环节食品安全整治，严查校园周边地区各类食品经营主体的经营资格，对于无证经营户坚决予以取缔；组织开展来源不明冷冻肉制品专项整治，对冷库、集贸市场进行全面检查；开展含铝食品添加剂使用标准执行情况专项检查，抽检26批

市场行政执法人员现场查扣走私劣质无标牛肉41箱，共1066公斤

次，经检验有7批次品种不合格，对涉及的1家餐饮单位、1家超市分别予以立案查处。

【药械药品监管】 年内，县市管局严格督促药械生产企业认真执行GMP及《规范》要求，特别是原、辅料供应商审计制度的落实。强化企业日常监管，加大对三类医疗器械及基本药物等品种的监管力度，督促药品生产企业全面推行电子监管，积极推广使用“药品生产企业信息化监管系统”，对企业销售市场进行摸底调查，重点检查其执行药品GMP和对市局飞行检查缺陷项目的整改情况，祥瑞公司顺利通过省局组织的GMP认证材料。全年对辖区内2家药品生产企业检查5次，督促30多条问题全部整改到位。

开展药品市场专项整治行动。对零售、连锁企业的进货渠道、处方药销售情况、含麻黄碱类复方制剂销售情况、终止妊娠药品、计生药械销售情况及“十二个不”“八个统一”执行情况等进行全面检查。落实药品分类管理、处方药销售、药师在岗等规定，加强含麻黄碱等国家有专门管理要求药品和销售凭证开具等日常管理，杜绝出租许可证、挂靠经营、超范围、超方式经营、药师挂职等违法违规行为，不发布虚假违法药品广告。进一步建立健全不良反应监测管理制度。将此作为规范药房创建、诚信药店评比、GSP认证的重要内容，全年上报各类药品不良反应报告369份。

【特种设备安全监察】 年内，县市管局坚持日常监察与专项检查相结合。日常监督检查以学校、医院、超市等人员密集场所、近2年发生过特种设备事故单位、化工企业、气体充装单位等为重点。检查企业30家，对检查中发现的隐患督促企业整改率100%。专项整治突出电梯、涉氨制冷、打非治违和气瓶等安全。共检查电梯使用单位、维保单位26家次，复查电梯使用单位11家，查出隐患40多条；涉氨制冷整治，对2家涉氨制冷企业未及时落实整改的，通报供电部门申请停电，同时报当地政府部门；深化打非治违行动，突出检查危险化学品、油气罐区等有可能造成群死群伤的重点部位的特种设备等；气瓶专项整治，全县7家液化气充装站新增加条码瓶数8811只，对未持证上岗、安全附件未及时校验等隐患下发指令书督促整改。同时强化宣传教育。多次召开相关企业会议，组织学习新《江苏省特种设备安全条例》和《特种设备安全法》，督促企业落实主体责任。在“安全月”期间，举办大型广场咨询活动，发放各类宣传资料4700多份，发放告知书1000多份。做好特种设备作业人员培训，全年培训人员达300人。做好特种设备相关举报、投诉受理工作。全年受理群众举报涉及电梯举报案件15件，涉及锅炉举报5件、压力容器举报案件2件、管道1件、起重机械1件。加强现场监察，做好隐患闭环。全年现场监察检查130家次，发出指令书89份，发现隐患182条，立案查处22起。对整改到期未提交整改资料的使用单位实施复查制度，通过现场复查确认，使用单位提供整改资料、立案查处、查封设备、申请供电部门停电等方式，消除隐患，达到隐患闭环整改率100%。

【保化品监管】 年内，县市管部门认真做好保健食品经营临时性审核工作，接受涉及保健食品化妆品业务咨询320多次，受理保健食品经营许可临时性43件，审核办结42件。开展虫草类保健食品、保健食品标签标识和说明书等专项监督检查，未发现违法违规行为；开展“健康美丽促和谐”化妆品宣传活动，核查经营涉嫌问题银杏叶提取物保健食品企业工作，对保健食品经营企业进行突击性检查，全年检查企业154家次，检查覆盖率90%。

【餐饮服务环节监管】 年内，县市管部门组织开展高、中考期间和秋季学校食品安全专项检查。高、中考期间，落实人员全程驻点，严防死守，圆满完成餐饮安全保障任务。联合县教育局对全县学校(托幼机构)学生食堂、校园商店的食品安全工作进行督查，检查36所学校，作出责令整改12家，立案1件。开展夏季餐饮服务环节专项整治。将8月份确定为“夏季餐饮服务食品安全专项整治月”，通过为期一个月的整治，进一步规范全县餐饮服务经营行为，提升餐饮服务食品安全水平。

【工业产品监管】 年内，县市管部门完成获证企业30家工业产品许可证年审工作，做好企业生产许可证5年一换证的申报服务工作；完成市场主体5项信息公示抽查工作；做好企业经营异常名录管理，对未参加2013年度年报的1824户企业和未参加2014年度年报的3584户企业列入经营异常名录，为118户企业办理移出经营异常名录手续；加大对各类媒体广告监测，规范媒体发布行为，全年监测检查各类媒体广告52500多条次；依法开展对户外广告发布登记审查，严查户外广告经营者的资格和广告内容，对县城主要干道、公路沿线、车站、繁华路段等地段的户外广告和牌匾广告进行全面摸底调查。

【标准计量惠民利企】 年内，县市管局开展计量器具监督检查，进一步做好强制检定和计量风险管理工作，提升计量服务工业能力。全年申报计量合格确认单位1家，计量保证确认单位1家。积极开展省级诚信计量示范单位创建，选定县人民医院、中石化东方加油站等单位为创建对象。全面开展“两免费”计量检定，至年底，全县检定12家集贸市场在用计量器具964台件，检定合格率99.5%；检定154家农村医疗卫生机构在用医疗计量器具450台件，检定合格率97.2%。

稳步推进标准化战略实施。县市管局按照“改革创新、协同推进、科学管理、服务发展”基本要求，不断强化产品标准的制修订工作。全县备案企业产品标准121个，其中国家标准11个，行业标准12个，企业标准98个；新办理条形码企业6家，到期续展13家。申报县行政服务中心为第三批国家级社会管理和公共服务综合标准化试点项目。做好响水稻米和海产品养殖省级农业标准化示范区建设工作，培育发展地方特色农产品生产标准化示范区建设，组织申报江苏省油菜机械化生产标准化示范区。

【网络兴企】 年内，县市管局立足“强网立信”，开展红盾网剑“净网护信”专项行动，规范行业秩序，着力提升网络交易环境，推动全县电子商务发展。协助响水镇政府、江苏风哥网络科技有限公司等单位在响水创立电商示范基地，建立县中小企业孵化园，打造响水县网络创业优质平台，至年底，已有80多家企业或个人入驻该平台。开展135强网工程，落实帮扶措施，组织电商平台“快捷士同城”参加市“强网手牵手招商引品对接洽谈会”系列活动，为本地交易平台和盐城市特色品牌中小会员企业牵线搭桥，推动响水县电商平台与盐城市特色品牌企业深度融合，解决本土交易平台“找商家难”和实体企业“触网难”问题，推动全县网络经济加快发展。

【信用体系建设】 年内，全县有国家级“重合同，守信用”企业2家，省级“重合同，守信用”企业4家，市级“重合同，守信用”企业33家，县级“重合同，守信用”企业237家，为全县企业信用体系和金融生态县建设打下坚实基础。加强合同监管，保护消费者权益。在餐饮、银行、电信、供水、供电、供气等重点行业的专项整治行动中，全年检查所有相关企事业格式合同204份，发现违反法律法规条款5条，发出行政建议书5份，责令整改通知书1份，已全部整改到位。

【消费者维权】 年内，县市管部门推进放心消费创建活动。利用重大纪念活动宣传放心消费主题。积极利用电视、报刊、宣传栏等载体，提升消费者安全意识。在“3·15”活动现场设立宣传咨询台，就如何正确辨别食品、农药、种子等做详细介绍，接受各类咨询180多人次，发放5000份相关资料，并向群众展示日常消费中常见的部分假冒伪劣商品。开展“千村万店”食盐放心消费创建活动。把日常工作和“千村万店”进行有机结合，深入推进食盐消费环境整治，强化食盐零售经营者的诚信意识，有效排除食盐市场安全隐患。深化“红盾消费维权示范岗”创建工作。根据“强化执法、规范运行、完善网络、提升水平”要求，加大12315、12365、12331平台建设力度，积极发挥信息平台消费者咨询、申诉举报、消费预警、案件查办、应急处置等功能，及时受理和处理消费者申诉举报，促进行政执法规范化。全年全县受理179件投诉，办结率100%。

【助企融资】 年内，县市管局主动拓宽债权人登记范围，探索新的抵押方式，搭建银企对接平台，帮助企业拓宽融资渠道。全年举办银企对接活动5起，建立60户企业动产抵押融资需求台账，办理动产抵押28件，实现主债权21.89亿元，同比增长101%；抵押物价值27.2亿元，同比增长81%。其中江苏德龙镍业有限公司与中国第一重型机械股份公司签订的动产设备抵押合同担保债权达10亿元，为全市单笔最大抵押担保金额，创响水县近年之最。帮助投资人办理股权出质登记业务19笔，出质股权总额5.49亿元，担保标的总额31.1亿元，为投资人股权在更大程度上盘活运用起到促进作用。同时做好金兰集团二次股改以及隆亨纸业、中荣巨鑫、中油玉龙紫源等重大项目服务工作。

【专项整治及执法打假】 年内，县市管局扎实开展特种设备、药品、食品、盐化工产品、配电柜、电缆以及涉及商标侵权、虚假宣传等多次专项整治活动，立案查处案件226起。开展食品药品专项整治“亮剑”行动。自5月20日开始，历时2个月，出动执法人员5211人次，检查食品、药品、餐饮等生产经营单位(户)3040家次，农资、建材、珠宝等经营单位(户)5640户；查处外地仿冒响水县制药企业假药案件、劣质冰冻食品、过期食品等130件食品药品违法案件，涉案金额4200万元，查扣劣质食品6212公斤；查处镇江某公司违法使用锅炉等涉及特种设备、农资、建材、珠宝、化工、电线电缆、皮革等经营案件76件，涉案金额6120万元；在全县举办专项整治成果展示，现场围观群众5000多人次，声势浩大，有效震慑不法分子。开展“质检利剑”行动和“红盾打假”执法竞赛活动。围绕日用品等四类产品以及媒体报道和消费者反映存在质量安全问题较多及监督抽查不合格产品进行检查。从严惩治扰乱公平市场秩序的违法违规行为。全县检查餐饮、银行、电信等重点行业27家，发现违反法律法规条款事件5件，发出行政建议书5份，责令整改通知书1份。查处网络案件1起、商标案件1起，农资案件4起，特种设备案件6起。

【省级盐化工优质产业集群示范区创建】 年内，县市管部门对盐化工产业集群生产企业进行深入调查，多次邀请市质监、环保、安监等部门，对企业盐产品原料进行专项抽样检查，抽检12批次，促使企业生产经营行为符合国家有关政策要求，形成政府、部门、企业、社会共同参与、齐抓共管、联动共赢的格局。通过规范整治，创建企业能够做到100%依标准组织生产、100%签订质量安全承诺书、有市场准入要求的100%凭证生产、成品100%检验合格出厂、强制检定计量器具100%实施到位、在用特种设备100%登记使用、100%经过定期检验率、特种设备操作人员100%持证操作。26家盐化工生产企业有15家企业通过ISO9001质量管理体系认证。2015年12月14日，省考核验收组对示范区创建工作进行检查验收，并予以充分肯定。

【技术机构建设发展】 以打造响水县计量所、响水县产品质量监督检验所两大技术服务平台为重点，做好机构实验室规划设计、人员培训工作和检测检定工作。2015年，计量所检定各类计量器具10469台件，其中免费检定血压计450台，衡器964台。质检所完成检验86批次，其中化工31批次，建材25批次，能源30批次。 （于立军　何正国）

价　格

【概　况】 县物价局内设办公室、价格管理科、收费管理科、执法监督科4个科室，核定编制6人。直属行政机构有检查分局，核定编制10人；下属事业单位有价格认证中心（挂价格监测中心牌子），核定编制7人。

2015年，县物价局以“稳增长促经济转型、稳物价促民生改善、稳大局促社会和谐”为主线，认真履行工作职责，强化民生价格监管，加大涉企收费检查力度，规范市场价格秩序，服务全县经济建设，努力为全县经济社会发展营造良好价费环境。2015年，县物价局被表彰为“全市价格工作先进集体”。

【清费减负】 年内，县物价局根据省、市物价局的文件规定，全县取消4项、停征6项行政事业性收费，对小微企业免征28项行政事业性收费，对养老和医疗服务机构减免土地复垦费等7项收费；在清理收费项目的基础上，分别编纂响水县《行政事业性收费目录》《涉企行政事业性收费目录》《涉房收费目录》，并以响价费〔2015〕28号、30号和31号文件的形式公布。响水县人民政府办公室出台《关于降低部分行政审批收费项目标准的通知》（响政办发〔2015〕27号），对全县行政审批的13项行政事业性收费进行大幅压降，初步实现行政审批收费标准在全市最低。

【价费服务】 年内，县物价局根据原煤价格不断走低的实际情况，通过对供热企业相关票据、合同、报表等资料调查测算，按照《盐城市区煤热价格联动办法》，分别于2月、6月二次下调热力销售价格21元/吨，年均为园区企业减负近2000万元。

【规范事业性收费标准】 一是适时制定出台全县2015年春学期和秋学期高中代办费预收标准，规范全县非义务教育阶段学校代办费收费行为。二是会同县卫生局制定出台2015年乡村医生签约服务收费标准，规范服务收费秩序。三是转发盐城市物价局、盐城市卫计委、盐城市人社局《关于规范救护收费管理的通知》，进一步明确救护收费标准，规范救护收费行为。

【服务价格管理】 年内，县物价局根据《江苏省物业收费管理规定》《响水县物业收费管理规定》，对全县9家物业服务企业进行前期物业服务收费备案管理，对存在的收费不公示、价格标准不备案、收费文件过期未按时申报等行为责令其限期改正。同时，为县人民医院、盐阜集团响水客运站、小尖停车场等核定收费标准，维护良好价费秩序。

【价费专项检查】 年内，县物价局对全县21所中小学开展收费专项检查，对部分学校义务教育阶段择校乱收费，自立项目乱收费，公办高中违反有关政策乱收费、违反自愿和非营利原则收取服务性收费和代收费等问题进行严肃查处。积极配合省、市物价部门对响水县天筑未来府等房地产开发企业进行价格检查，对县建设、国土等部门涉企收费行为进行检查。同时，县物价局对响水凤凰房地产开发有限公司（大湖富邦楼盘）、响水恒祥置业有限公司（亚美国际花园楼盘）等重点楼盘进行价格检查，对检查发现不规范行为，责令房地产开发企业进行整改。

【价格举报件处理】 年内，县物价局受理各类价格举报、咨询102件（不含重复件），其中直收件81件，上级交办（省物价局、省政风热线、市局局长信箱、12345政府公共服务平台）21件。主要集中在涉及民生的交通客运价格、物业收费、教育收费、农村水厂收费等方面，年内全部办结。实施经济处罚0.32万元，退款给消费者或用户0.7万元，结案率100%，群众满意率99%以上。

【创建价格诚信单位】 年内，县物价局以建立“价格诚信圈”、打造价格诚信品牌为载体，在全县开展“价格诚信建设”系列活动。通过向企业印发《响水县物价局关于开展“价格诚信品牌”创建活动的通知》《响水县物价局关于开展2015年度“响水县价格诚信单位”和“响水县明码标（实）价示范单位”创建工作的通知》等文件，召开“响水县价格诚信单位”创建活动工作会议，动员和鼓励大中型商贸零售行业、药品零售行业、民营医疗机构、民办教育机构等创建价格诚信单位，形成价格诚信圈。积极开展“价格诚信一条街”创建活动，县城桃花源路一条街被命名为江苏省价格诚信区域。

【明码实价管理】 年内，县物价局在全县实行“明码实价公示牌”制度。实行该制度的企业，在经营场所醒目位置悬挂“响水县明码实价公示牌”，公示单位的名称、明码实价管理员、价格举报电话和县物价局定期签发的“明码实价等级卡”。明码实价等级的认定，以明码实价执行情况为依据，结合消费者评价情况，采用定期或不定期相结合的方式由局明码实价等级认定小组进行认定，并实行动态管理。该制度的实施，营造“百姓明白消费，商家诚信经营，社会和谐守信”的良好氛围。

【规范市场价格行为】 一是组织召开重点商家和行业负责人参加的价格诚信与价格政策培训会，部分商家负责人在会议上作承诺讲话。二是深入街道、商店、重点单位逐个宣传，印发《关于商品和服务实行明码标价的规定》《禁止价格欺诈行为的规定》等价格法律法规宣传材料100多份。三是广泛动员，积极引导，与县城重点商户签订《价格诚信承诺书》。四是开展价格巡查，督促经营者对店内商品严格实行明码标价，诚信经营，增强自律意识。

【价格监测】 年内，县物价监测人员根据城镇居民主副食品价格和农业生产资料价格所涉及的12类约100多种监测商品，实行定期采价，定时记录和汇总，严把采价关、审核关、分析关，确保数据真实、资料可靠。全年上报监测报表60份，常规监测数据5940多条，无一迟报、漏报、错报。

【价格认证】 年内，价格认证中心全面推行价格认证、鉴证“六关”制度，从严把好委托关、现场关、采价关、计算关、审核关和风险关。全年受理价格鉴证、认证417件，鉴证总金额10.54亿元。其中：涉案133件，鉴证总金额568.53万元；涉民1件，鉴证金额3.4万元；行政23件，鉴证金额73.79万元；涉税226件，鉴证金额11253万元；成本认证34件，鉴证金额93531万元。件件都做到报告出具后，零重新签定、零复核裁定。

【政务信息】 年内，县物价局上报省、市、县各类信息、调研文章71篇，被省局网站采用22篇、市局网站采用近63篇，其中《响水县物价局建立“价格诚信圈”打造诚信品牌》《响水县物价局强化监管营造良好价费环境》在《新华日报》刊登。《完善价格形成机制 促进土地科学流转——响水土地流转价格监测报告》一文，在全省价格监测报告评比中获三等奖。 （李立新）

安全生产监督

【概 况】 响水县安全生产监督管理局（以下简称县安监局）内设办公室（教育培训科、法制科）、综合监督规划协调科（安全生产应急救援办公室）、职业安全健康监督管理科、工矿商贸（烟花爆竹）安全监督管理科、危险化学品安全监督管理科（行政许可服务科）5个职能科室。组建副科级建制安全生产执法一分局、安全生产执法二分局，撤销江苏响水经济开发区、响水生态化工园区、响水沿海经济开发区安监分局；县安全生产监察执法大队升格为事业副科级建制。同时在江苏响水经济开发区、响水生态化工园区、响水沿海经济开发区管委会的经济发展局增挂所在区的安监局牌子，在镇、中心社区管委会的工贸劳保服务中心分别增挂所在镇、中心社区的安监站牌子。

2015年，县安监局坚持“安全第一、预防为主、综合治理”方针，健全安全生产责任体系，推进安全标准化建设，着力提升安全防范和应急处置能力，持续保持高压严打态势，全力保障全县安全生产形势稳定可控。2015年度，全县安全生产各项指标均未突破市政府下达目标控制值。未发生较大以上安全生产事故。在市安委会组织的2015年安全生产五项重点工作考核中，响水县安全生产标准化创建、事故隐患排查治理体系建设和安全生产培训名列全市前列，县政府安全生产工作被市政府安委会再次考评为优秀单位。县安监局被县委、县政府表彰为全县目标任务综合考核先进集体。

【安全目标管理】 年初，县委、县政府印发《响水县安全生产“党政同责、一岗双责”实施办法》，县政府出台《响水县安全生产目标管理考核办法》，县委办和县政府办联合印发《2015年响水县安全生产重点任务责任分解方案》《关于实行镇区领导干部挂钩负责安全生产工作责任制的通知》，各镇区、县主管部门分别与辖区内、系统内的单位、企业、村居、学校等层层签订安全生产责任状，政府督查责任，领导检查责任、部门监管责任、镇区属地责任和企事业单位主体责任得到全面落实。县安监局对安全生产的主要目标任务进行分解，明确到具体条线、科室和负责人，制订计划完成时间、目标、措施方案。8月，县政府印发《关于调整县政府安全生产委员会组成人员的通知》，明确由县长单永红任县安委会主任，副县长张善荣任副主任，各成员单位主要负责人为安委会成员。各镇区依此相应调整安委会成员，进一步加强对全县安全生产工作的组织领导。9月，县政府办转发《省政府办公厅关于在我省重点行业领域试行安全总监制度的通知（苏政办发[2015]81号）》（响政办发[2015]38号），进一步明确县、镇区和部门单位的安全生产工作责任、目标任务和要求。各镇区、部门和单位迅速贯彻落实县委、县政府通知要求，结合本地、本部门和单位实际，将安全生产主要目标任务层层细化分解，将目标、任务、措施、时限、责任落实到人，促进安全生产工作的开展。严格安全生产考核和奖惩兑现，对未完成目标任务的，实行“一票否决”。

【安全生产标准化建设】 年内，县安监局坚持以安全生产标准化建设为抓手，根据全县企业行业分布特点，分类组织实施安全生产标准化建设，同时加强与上级有关部门、服务机构沟通协调，积极提供专家给予技术支撑。至年底，全县标准化建设达标企业233家，其中达到二级标准化企业35家（危化企业20家、工商贸企业15家），三级标准化企业154家，小微企业44家。

【事故隐患排查体系建设】 年内，县安监部门着力强化对事故隐患排查体系运行治理工作的常态化、规范化运行，持续加大隐患排查治理督导力度，积极促进企业提升安全生产意识和管理水平，遏制安全事故发生。具体采用通知督查、突击抽查、问题通报、上门指导督办、实行重点监管等措施，有效促进企业对事故隐患排查治理工作的深入开展，并取得较好的成效。至年底，全县事故隐患排查体系已覆盖15个镇区、19个负有安全监管职责的部门、308家企业，累计上报排查隐患9287条，整改到位9232条，当年整改到位率99.41%。同时，安监部门针对省、市交办、转办、挂牌督办的7家企业201条事故隐患，及时组成专门班子、明确专人定期上门督查督办，对技术性问题，邀请专家指导企业进行整改，按要求全部及时整改到位。

【新《安全生产法》宣传】 年内，县安监部门围绕服务全县经济发展大局，坚持以人为本，坚持安全发展，及时将订购的新《安全生产法》单行本分发给县、镇区及有关部门和单位，将翻印本免费发送给全县危化、冶金、烟花爆竹等高危行业企业及规模以上企业，先后聘请专家举办3次新安法专题宣讲活动，为镇区主要领导、分管领导、安全员、安委会成员单位分管领导和安全科室负责人、企业负责人、管理人员共1200多人进行讲学。联合组织部门将新《安全生产法》列入全县科级领导干部年度轮训重要授课内容，要求安全生产培训机构将其作为对"三项岗位"人员培训的必讲课目，发放新安法宣传手册4200多本，新安法"十大亮点"宣传资料5890多份。在运用手机短信宣传平台进行安全生产宣传的基础上，6月又投入近3万元建立"安全响水"微信公众平台，进一步拓展宣传渠道。

【服务企业安全生产】 年内，县安监部门邀请市级化工等方面专家为423名高危企业班组长、111名车间主任举办安全生产知识技能专题讲座；为国华电厂一线人员开办职业病防治专题讲座。为服务园区及邻近企业，积极协调化工园区、县安全生产宣教中心在化工园区建成面积150多平方米，配置有电脑30台、桌椅100套、空调3台的培训基地。积极督导安全生产培训机构主动上门，为企业2635名"三项岗位人员"(主要负责人和安全管理人员1217名，特种作业人员1418名)提供有针对性的安全教学服务，深受企业欢迎。

【加强应急救援能力建设】 年内，县安监部门督促企业邀请专家或中介机构对事故应急救援预案进行重新修订和完善，同时监管19家企业对24个重大危险源实行自动化改造，完善应急救援预案，提升防范水平。在积极调研的基础上，提请县政府出台《响水县危险化学品事故应急救援预案的通知(修订稿)》文件。8月20日，县人民政府主办，江苏裕廊化工有限公司承办，盐城市消防支队和县安监、环保、公安、消防等多部门，联合在江苏裕廊化工有限公司开展危险化学品事故处置跨区域综合应急救援演练，进一步检验和锻炼全县应急力量，提升应急救援水平。加强应急设施装备建设投入。县投资1000多万元的沿海消防特勤站已投入使用。经积极争取，沿海(响水)危险化学品应急救援基地项目获省批准，省补800万元启动资金到位，相关建设工作正在展开。

【安全监督执法检查】 年内，县安监部门组织开展夏季高温、建设工程、电梯安全、粉尘作业和使用场所防爆、餐馆等公众聚集场所使用燃气安全等安全大检查或专项检查整治行动。天津港区"8·12"火灾爆炸事故发生后，全县于8月13日组织对化工企业仓储、罐区、装卸区等重点部位的专项检查工作。8月20日，县政府召开全县安全生产工作会议，印发关于大检查、打非治违和专项整治工作通知。县委、县政府主要领导和分管领导带队对全县安全生产大检查进行"四不两直"(不发通知、不打招呼、不听汇报、不用陪同接待，直奔基层、直插现场)督查。全年对81个企业进行安全生产监管执法检查，对查出的398条隐患，及时复查整改到位。主动开展职业健康安全检查，对50个企业存在的142项隐患和不足项督促整改到位。对在大检查活动中发现证照不齐的10家生产企业，实施暂停供电、责令停产整顿、限期补办证照等措施。在夏季安全生产大检查中，严令存在隐患的之江化工、天嘉宜化工、绿利来股份、天容股份等23家化工企业立即停产检修，有效促进隐患整改和生产安全。 (办公室)

招标投标

【概　况】 响水县招标投标管理办公室(简称县招投标办)内设综合科、工

安监执法人员查看企业安全监管平台

程建设监管科、政府采购监管科、产权交易监管科，核定编制10人。下辖招标投标服务中心(政府采购中心，相当股级建制)，核定自收自支事业编制人员3人。

2015年，县招投标办切实加强对公共资源交易的综合监管，大力加强服务平台建设，不断完善招投标制度，有效提高公共资源交易工作质量和效率，招投标监管和服务工作连续多年实现零差错、零责任投诉，招投标市场继续保持平稳有序、健康规范的良好态势。2015年，县招投标办连续第7年被盐城市公共资源交易管理办公室(市招投标办)评为“招投标工作先进集体”，被县委、县政府表彰为“全国义务教育发展均衡县”创建工作先进集体。

【项目进场和节约资金】 年内，全县进场交易项目256个，建筑面积约32.38万平方米，中标金额7.89亿元，节约资金1.93亿元，其中政府性投资项目253个，中标金额7.05亿元，节约政府性资金1.89亿元。全县公共资源交易监管和服务效能进一步提升。

【法律法规与政策宣传】 4月份，县招投标办编印2000本最新内容的《招标·采购·产权交易相关法律法规与政策汇编》，有针对性向各部门、各单位进行免费赠阅，扩大社会认知度，引起社会各界特别是招投标活动直接参与者的广泛重视，有效增强招投标人依法招投标意识，为进一步做好招投标各项工作打下坚实基础。

【推进招投标信息公开共享】 年内，县招投标办继续加大公共资源交易平台信息公开力度，依法将招标公告、资格审查结果、废标原因、成交信息、履约信息以及变更信息等在县级报纸电视、市政府采购网、省市县专网等相关渠道进行发布。同时对不影响商业机密的合同文本也上网公示，使全县招投标工作更加公开透明，取得较好效果。

【重视信访和案件查处工作】 年内，县招投标办领导高度重视信访和案件查处工作，明确专人负责日常信访和案件查办，畅通信访举报渠道，设立举报意见箱，公开举报电话，重点抓好招投标过程中的质疑和投诉处理，积极妥善化解矛盾。全年受理20个标段的投诉和质疑信(案)件，依照法定程序调查取证，发出行政处罚决定书8份，处理相关当事人，其中有8个改变中标结果，12个不成立，并及时反馈办理结果，既维护法律法规权威，又净化全县招投标市场环境。

【投标保证金管理】 年内，县招投标办按照政策规定的高限标准设定投标保证金，要求投标保证金必须从企业的基本存款帐户汇入县招标投标服务中心的专用管理账户，并保持保证金“收退同路”，增加借用多个资质围标和挂靠投标的难度。

【全面推行远程异地评标制度】 年内，县招投标办依托省招投标监管5.0系统，工程建设项目实现全过程“电子化”和“无纸化”，政府类投资的重点工程、民生工程项目全部实行远程异地评标，最大限度避免人为因素干扰。新增专家评委头像扫描、指纹识别系统，并与省评委专家库联网，实时进行监控。

【设定“拦标价”】 年初，县招投标办为防止恶意串通抬价和低价抢标，经请示县分管领导同意，突破最高限价不允许下浮的最新规定，将招标控制价设定在低于预算价90%范围内报住建部门备案确认，有效防止串通抬价；同时在招标文件中设定有效投标报价平均值下浮10%作为红线即“拦标价”，如投标价格低于此值视同低于成本，不推荐为中标候选人，有效遏制恶意低价抢标发生，保证工程质量。

【推行准入清出机制】 年内，县招投标办打破地域限制，鼓励招标人竞争择优选择代理机构。全县有资质进行招标代理的企业10多家，根据考核情况，对2家代理质量低下的代理机构进行扣分、记入不良行为记录、限制一定期限的代理资格等处理。同时通过清查，将部分不再适宜担任评委工作的评标专家上报作清退处理，保证评标专家库质量。

【强化联动执法】 年内，县招投标办积极与纪检、监察、财政、审计、住建等部门配合，创新监督管理机制，建立联动执法制度，始终保持对违法违规招投标行为严厉查处的高压态势，通过招标现场与施工现场联动措施打击违法违规行为。

【建立“黑名单”制度】 年内，县招投标办拓宽投诉渠道，严查弄虚作假、串标围标、资质挂靠等违法违规行为，对招投标过程中的弄虚作假行为，坚持“四查”(赴实地查资质、查业绩、查实力、查有无挂靠)制度，保证投标人资质的真实性。对查实存在违法违规的企业和责任人，采取罚款、列入黑名单、没收部分或全部投标保证金、限制市场准入等多种处罚措施，重拳出击，严厉打击，净化环境，取得很好的效果。

【着力服务重点项目】 一是创新工作方法，实行容缺预招标制度。对部分政府性投资的重点工程项目在土地、规划等手续一时难以到位的情况下，开辟招投标“绿色通道”，先由相关部门出具书面意见，将招标程序与前置审批程序套搭进行，保证项目按时开工。二是特殊项目与所有投标人协商，尽量缩短招标时间。对于一些政府投资的特殊工程项目，由于时间紧、任务重、社会关注度高，按期开标影响工程进度，采取特事特办方式，与所有投标人进行协商，在取得投标人一致承诺意见后提前开标，加快工程建设步伐。三是限额标准以下的项目，采取简易招标程序。对于100万元以下工程建设项目，采取灵活多样的招标方法，压缩开标时间，提高工作效率。四是急事急办，特事特办，全力服务重点工程。2015年是全县义务教育“双创”工作的关键一年，招标采购项目多、任务重，县招投标办紧紧围绕县委、县政府工作大局，急事急办、特事特办，不分节假日，确保时间节点，使全县“双创”工作顺利通过国家验收，被县委、县政府表彰为“全国义务教育均衡发展创建工作先进集体”。五是创新制度设计，建立作风长效机制。进一步深化首问负责制、限时办结制、服务承诺制、责任追究制等制度，始终做到热情接待，耐心听讲，认真受理，服务周到，彻底杜绝“门难进、脸难看、话难听、事难办”现象，为不断提高招投标服务工作绩效建立长效机制。（张玉涛）

住房公积金

【概　况】 盐城市住房公积金响水管理部(简称响水管理部)内设综合科、业务科、财务科，在编人员7人。2015年，响水管理部紧紧围绕全年工作目标，按照“三严三实”工作要求，抢抓发展机遇，强化内部管理，加强资金运用，全县住房公积金管理工作呈现稳中有进的良好发展态势，归集拓面增势明显，舆论宣传扎实推进，内控管理持续增强，服务效能稳步提升，作风建设全面改进，圆满完成全年各项目标任务。被盐城市住房公积金管理中心表彰为目标管理与绩效考核先进集体，连续九年被授予市级文明单位称号。

【主要业务】 年内，响水管理部完成归集额21982万元，同比增长13.4%，完成年计划101.3%；全年新增开户人数3325人，比去年增加1801人，同比增长84.6%；按时汇缴22719人；办理购建房贷款和还贷等提取15863笔，提取金额17260万元，归集提取率78.5%；全年发放公积金贷款478笔11444万元，同比增长56.8%；年末逾期贷款率为零。较好完成市下达的各项工作任务。

【归集拓面】 年内，响水管理部大力推进非公企业职工建制缴存为重点，通过媒体宣传、行政推动、寄发催建催缴函、主动上门服务、及时调整缴存基数和比例等综合措施，住房公积金制度覆盖面有了新突破。联化科技、南方化工、亚邦爱普森药业、温氏畜牧等一大批企业相继建制。在县人大、县政府的支持下，全县6200多名事业人员绩效考核工资纳入住房公积金缴存基数。积极催收催缴，力争应收尽缴。每月安排人员与财政、黄海农场及各缴存单位的会计、主管人员联系，按时汇缴率在90%以上。同时督促未基数调整单位进行公积金缴存基数调整，对停缴单位进行催缴、复缴。全年归集住房公积金2.2亿元。

【风险控制】 年内，响水管理部为抓好按揭楼盘管理，定期深入现场对按揭合作楼盘进行贷款风险评估，同时走访住建、规划等主管部门，了解合作楼盘的情况，制订风险控制预案，严格执行施工进度达到封顶才放贷的标准。同时在贷款审批上，把风险防范贯穿于办理贷款业务的整个过程。坚持实地调查，对借款申请人和房产担保人的供职单位、经营场所和家庭住所进行调查，了解其家庭收入情况，确保能有及时还款来源；对房产抵押的贷款，必需办理抵押登记，提供抵押房屋的他项权证外，还必须提供连带责任担保人。在放贷过程中，严格按照市中心制定的《盐城市住房公积金贷款业务操作规程》进行操作。认真进行合同填写和贷款录入，抵、质押物严格办理抵质押登记和签字手续，确保贷款手续的规范。

【内控管理】 年内，响水管理部按照标准化、精细化、规范化的工作要求，从健全制度、规范操作和提升队伍三个层面入手，着力增强内控管理。对归集、支取、贷款、财务、档案、资产、请休假管理等各项制度逐一“回头看”，进一步细化内部规章制度，做到职责明确，责任到人，使内部管理工作科学规范。强化一户一档工作，健全完善住房公积金业务系统基础信息，为做好归集拓面、行政执法、财务决策等工作创造条件。

【惠民政策】 年内，响水管理部为确保住房公积金的公平合理运用，扩大住房公积金制度的受益群体，根据市住房公积金管理中心对缴存、提取、贷款三个细则的修订规定，进一步扩容缴存受益人群，允许个体工商户、自由职业者缴存住房公积金；扩大提取范围，增设装修、支付物业管理费等提取业务；放宽贷款条件，允许在异地缴存本地购房的本地居民、转业军人进行购房贷款；降低贷款的首付款比例和贷款利率，提高个人贷款额度。同时启用新的公积金服务大厅，努力提升服务水平。

【文件宣传】 年内，响水管理部及时宣传、贯彻落实《盐城市人民政府关于推进全面建立住房公积金制度的实施意见》(盐政发〔2015〕99号)，《响水县人民政府关于推进全面建立住房公积金制度的实施意见》(响政办发〔2015〕36号)文件精神，要求全县机关事业单位、国有企业为在职职工(含与单位签订劳动合同或符合人社部门认定的形成事实劳动关系的在岗职工)全面建立住房公积金制度并正常按时缴存；全县行政区域内规模以上企业为全体在职职工建立住房公积金制度；劳务派遣单位为其派遣的职工全面建立住房公积金制度，并正常缴存住房公积金。通过宣传，进一步增强社会各界对住房公积金制度的认可，经2~3年的努力，完成全县住房公积金覆盖率在90%以上目标任务。（孙银莹）

【责任编辑　杨道贯】

科学技术

科技管理

【概　况】 2015年，响水县科技局(地震局、知识产权局)在编工作人员11人，内设办公室、综合计划科、农村科技科、科技管理科、知识产权科、地震监测科、行政审批科。全年大力实施创新驱动战略，完善科技体系创新，加强科技合作交流，加速科技成果转化，在保护知识产权、科技成果转化、科技项目申报、科技贷款、"产学研"联合等方面取得长足进步，较好地履行科技部门职能。

【落实科技政策】 年内，县委、县政府制订出台《响水县专利奖补资金管理办法》，设立100万元专利奖补资金，对企业专利申请、授权和转让进行资助。进一步加大对高新技术企业税收优惠和研发费用税前加计扣除等政策落实力度。全县科技减免税额6345.39万元，其中对高新技术企业减免额5569万元，研发经费加计扣除额776.39万元。落实科技型中小企业政策奖励资金122.1万元、"科技创新券"45.9万元。

【科技项目申报】 县科技局积极组织申报省以上各类科技计划项目5类、13项。帮助华农牧业、费氏食品等3家企业申报苏北科技专项项目，获省专项资金120万元；帮助荣生电子申报省前瞻性研究项目，获省专项资金120万元；帮助天容股份申报省重大成果转化资金项目，获省专项资金800万元；帮助科力普汽配、威耳化工、瑞和新材料、快捷士润滑油4家企业申报国家高新技术企业，亚邦爱普森、科伟化工等企业申报省级高新技术产品29个，获得批准。全县高新技术产业产值占规模以上企业产值比重达45%。

【知识产权保护】 以全县知识产权宣传周、科普宣传周等活动为载体，加强知识产权宣传，提高干部群众知识产权保护意识；结合科技项目申报在企业开展知识产权保护宣传活动，动员企业将研发成果及时申报专利；邀请专利代理人到县规模以上企业挖掘专利源，开展专利申报服务。组织县内50多家企业参加国家各类科技政策培训和专利奖评选活动。中天消防申报"一种防火保温墙"发明专利，获江苏省第九届发明专利奖，在首届世界发明创新论坛上获银奖。之江化工、威耳化工2家企业分获市专利金、银奖。年内，全县累计申报专利828件，其中发明专利275件；专利授权327件，其中发明专利16件。县科技局被省知识产权局表彰为先进集体、分管负责人陆伟被评为先进个人。

【科技金融服务】 县财政安排500万元专项资金，存入江苏银行，作为企业"苏科贷"担保资金，为企业申请江苏银行贷款创造有利条件。全年帮助21家科技型企业申领"苏科贷"补偿资金4340万元。

【"政产学研"合作】 聘请盐城工学院、师范学院、纺织职业技术学院10名专家、教授，担任响水县纺织、传动件、化工等企业科技副总经理，在政策引导、技术研发、人才引进等方面提供智力支持，提升县内企业科技创新能力；邀请10名大学教授、博士担任华旭药业、科力普汽配、恒利达化工、科伟化工等企业科技顾问；协同县人才办、人社局等部门，组织县经济开发区、生态化工园区、沿海经济区、各镇区分管领导及企业负责人参加盐城市推进校企合作宣讲会；帮助县生态化工园区和南京大学、中科院广州研究院签订"政产学研"合作协议，引进高层次人才；协助县恒利达化工、科伟化工等企业与南京林业大学签订研究生实习培训基地协议。

【科技兴农】 县科技局以县农干校、镇区农科站为基地，多形式、多渠道推广农业实用技术。全年组织送科技下乡1次，新建农业"产学研"联合体8家，引进推广农业新技术、新品种15项，申报省苏北专项富民强县项目8项，获国家富民强县资金85万元、省富民强县

资金120万元。（沈丛春　杨庆林）

防震减灾

【概　况】 响水县地震局与科技局实行两块牌子、一套班子，内设地震监测科。主要负责贯彻执行防震减灾工作方针、政策、法律、法规及有关技术规范，防震减灾联席会议日常管理，地震监测预报和地震应急，审定、审批各类工程建设项目抗震设防标准，指导和监督重大工程及重要设施抗震设防，会同县有关部门开展防震减灾宣传教育，普及防震减灾知识，提高全社会防震减灾意识。2015年，在防震减灾工作年度考核中被评为盐城市防震减灾工作先进单位；在省、市强震动观测评比中分获第三名、第二名。

【防震减灾联席会议】 2015年5月14日，召开全县防震减灾联席会议，县政府领导对全县防震减灾工作提出明确要求。会上，县政府与县各部门、镇（中心社区）、工业园区签定《2015年度防震减灾目标管理责任书》，分解落实各成员单位工作职责。

【防震减灾社会动员】 年内，县地震局以多种形式宣传防震减灾科普知识，提高群众防震减灾意识。联合县民政局、公安局、气象局、红十字会在县城滨江路广场组织以“科学减灾　依法应对”为主题的“5·12”防灾减灾宣传咨询活动，展出防震减灾宣传板20多块，发放地震、气象、火灾等防灾减灾宣传资料3000多份，现场解答群众咨询1200多人次。在各镇区悬挂防灾减灾宣传横幅16条。

【防震减灾基地建设】 县地震局协助响水中等专业学校创建省级防震减灾科普示范学校，成功获批，使全县省级防震减灾科普示范学校总数达到4家。响水中等专业学校建成盐城市首家县级防震减灾科普展馆。

（陆　伟　杨庆林）

气象测报

【概　况】 2015年，响水县气象局内设办公室、防灾减灾科，直属县气象台、防雷中心2个事业单位。干部职工20人，其中在编9人、聘用11人。县境内安装自动气象站12个，其中5要素站11个、7要素站1个，对天气变化进行全天候、不间断监控。

【气象服务】 始终把做好气象服务摆在首位。认真做好春运、春耕春播、夏收夏种、秋收秋种等重要节点气象服务，尤其是汛期、淮北雨季气象服务。全年对外发布气象服务产品97期、预警信号67次，晴雨报准确率92%。强化气象综合服务一体化工作，合理设置一体化业务岗位及班次安排，优化流程和工作职责，制订配套规章制度，形成一体化业务质量考评机制。做好气象灾害预防工作，完成县内14个镇区气象灾害应急准备认证。强化响水县南河现代农业示范园气象保障体系建设，有针对性做好气象为农服务，增强防灾减灾能力。与县总工会联合开展“创品牌、争先进”优质服务年“月度之星”评选活动，增强全体职工服务意识，提升服务质量，提高服务效能。

【防雷安全】 在全县开展防雷安全宣传，防患于未然；在防雷技术审批管理中，规范权力清单事项，简化服务流程；认真做好防雷安全监管，对生产或储存易燃、易爆、危险化学物品场所防雷安全检测覆盖率100%，为全县建（构）筑物防雷安全提供有力保障。

【精神文明与党风廉政建设】 坚持每月13日开展“助力微梦天天行”志愿活动，组织“爱心包裹”捐赠、“爱心妈妈”、无偿献血、济困助学等献爱心活动。走访慰问结对帮扶单位南河镇敬老院孤寡老人、七套中心社区梅湾村困难群众、三汾村低收入农户，弘扬新时期雷锋精神。按照县委、县政府以及省、市气象局要求，积极开展“三严三实”专题教育，抓好党风廉政建设宣传教育月活动，全体党员自觉做到公私分明、先公后私、克己奉公、崇廉拒腐、尚俭戒奢，促进响水气象事业健康发展。

（蔺芳芳）

【责任编辑　苗其培】

教育 体育

教 育

综 述

【概 况】 2015年，全县有中、小学40所。其中普通高中2所，完全中学一所，职业中学1所，公办初级中学12所、“九年一贯制”实验学校3所，民办“九年一贯制”学校2所，特殊教育学校1所，体育运动学校1所，公办中心小学17所（县直3所，镇、区14所）。隶属于中心小学管理的农村定点完小15所、教学点51个。全县有幼儿园（含办园点）94所：县直幼儿园3所，县城达省优标准民办幼儿园2所，镇区中心幼儿园12所，中心园分园及办园点77所（其中民办12所）。全县在园幼儿29590人，小学在校生48153人，初中在校生14276人，普通高中在校生6052人，职业高中在校生2084人。教职工4988人，其中专任教师4629人。 （孔 雷 单 进）

【教育“双创”】 中共响水县委、县人民政府把创建“全国义务教育发展基本均衡县”和“江苏省区域教育现代化”（简称“双创”）工作摆在全县三大民生实事之首，以前所未有的重视程度、投入力度、建设规模全力推进。全年投入近7亿元，征用土地12.2公顷，新建12所镇区中心幼儿园，建筑面积5万平方米；征用土地28公顷，异地新建县一小葛庄校区、港城中学、双港中心小学等6所中、小学，建筑面积11万平方米；在义务教育学校建设教学楼、综合楼、宿舍、食堂等校舍项目205个，建筑面积12.4万平方米；新建塑胶运动场38片、篮球运动场58个，建筑面积28.6万平方米；对全县中、小学教育技术装备升级改造，达到省Ⅱ类标准。年内，响水县顺利通过“全国义务教育发展基本均衡县”国家督导认定和“江苏省区域教育现代化”总体水平考核验收。

（杨新春 孙 根）

县委书记崔爱国检查教育“双创”工作

【学校布局调整】 结合全县教育“双创”，启动陈家港中学、双港中心小学、双港兴华小学、小尖中心小学分校、城东“九年一贯制”双语实验学校（民办）、县一小葛庄校区6所学校建设工作；将原隶属双港中心小学管理的黄河小学、小南小学、开城小学、黄东小学、兴太小学，原隶属响水中心小学管理的东风小学等6所小学划归县第二实验小学管理，理顺县经济开发区教育管理体制；根据全县入学生数增加趋势，扩大部分教学点规模，学生在原校升级就读，不再向中心小学集中。

【教育装备建设】 全县抓住教育“双创”机遇，按照省Ⅱ类标准，对学校教育技术装备进行升级改造，中小学有可用实验室76个，图书馆面积1040平方米，阅览室座位2700个，图书110万册，普通计算机4652台，教师用计算机3642台，计算机教室85个，专用多媒体教室39个，班级多媒体971套，广播系统39套，网络中心38套。在盐城市初中生物实验技能大赛、电脑制作大赛、多媒体教育软件比赛、英语口语大赛、“尚书网”读书活动、教师网络团队教研比赛中，响水县多名教师和学生获得奖项。县第一初中学生顾萌代表盐城市参加江苏省领航杯第十四届中学生英语口语电视比赛。

（卜良谟　胡为明）

【教育科研】 召开全县中、小学教学工作推进会和年度教学工作会议，定期开展全县中、小学教学视导和教学调研，强化教学质量过程监控；加大全县中、小学校本课程研究开发力度，组织中小学校本教材设计方案审定；开展教师微课全员竞赛活动，300多名选手参加县级展评，评出等级奖190个；强力推进“一师一优课、一课一名师”活动，7名教师获部级优课奖，24名教师获省级优课奖，71名教师获市级优课奖；开展中、小学教师教学基本功与课堂教学研训活动，评出等级奖312名，48名青年教师在盐城市基础教育青年教师教学基本功大赛和课堂教学竞赛中获奖，其中11位教师获一等奖；开展中、小学教师电子白板课堂教学专题研训展评活动，评出等级奖193名；选拔136名青年骨干教师在全县中、小学教研片开展课堂教学巡回展示活动；组织小学课外阅读征文评比，评出等级奖200多篇，其中获市等级奖60篇。开展教育科学“十二五”规划课题研究，2项省级课题通过结题鉴定，1项省级教研课题通过中期评估；9项市级课题通过结题鉴定，9项市级课题获得立项；教育学会2项省级课题通过结题鉴定，25项市级课题通过结题鉴定，12项课题获市级立项。响水县教育学会被评为省优秀教育学会。（周春国）

【教育行风建设】 全县教育系统参加县纪委组织的“教育杯”廉政漫画优秀作品评比，6所学校获优秀组织奖，5人获一等奖，10人获二等奖，15人获三等奖；参加“尚德昭廉”杯优秀摄影作品评比，3人获一等奖，5人获二等奖，9人获三等奖。在全县中小学、幼儿园开展民主评议行风“回头看”活动，严肃查处体罚学生、有偿家教、考试徇私舞弊和在编不在岗等违纪违规行为，4名相关责任人受到纪律处分，4名责任人被通报批评。（王红兵　徐崇锦）

【捐资助学】 县教育红十字会组织开展“献爱心、送温暖”“金秋助学圆梦”“红十字手牵手”系列活动。资助特困学生975人，资助金额32.8万元；资助特困教职工110人，资助金额5.2万元；“韩培信扶持响水孤儿贫困学生教育基金会”资助贫困孤儿金额26.08万元。接受北京杰创科技有限公司、上海华师京城、天津市商会滨海新区分会、东风悦达起亚集团、上海吴良材眼镜响水店、响水县地税局、响水苏好药店和爱心人士言恭达、周仁甫、于世清、汪大钧、薛建、王剑等助学捐赠50多万元。县教育局关心下一代工作委员会为全县18172名农村留守儿童建立档案，明确代理家长，落实结对帮扶措施；162名教育系统退休教师通过捐资助学、争取社会各界爱心人士扶贫助学820人，帮助孤、残青少年325人，资助经费28万元；争取县邮政局捐款26万元赞助留守儿童。被省、市教育系统关工委表彰为先进单位。

（汪为洪　刘宇明　贯　璐）

【勤工俭学】 2015年，全县实现勤工俭学产值9840元，纯收益1170万元。县校办工业公司经营收入397.5万元，净收益202万元。义务教育食堂由私人承包全部转为集体经营，县实验初级中学、运河中心小学、大有中心小学通过市教育局“透明食堂”考核评估。南河中学、新荡中心小学、老舍中心小学被盐城市教育局表彰为2015年度勤工俭学先进集体。（彭国高）

【科技创新教育】 举办全县中、小学“科普周”，组织科技教育活动150场次。邀请省科普专家和科技大篷车在县实验初中、实验小学、第一小学等学校开展科普活动，举办科普讲座两场；邀请东南大学教授周建中、市科协专家在响水开办中、小学科技辅导员培训班，296名中、小学科技理事参加培训。全年组织中、小学科技竞赛活动近10项。在第27届“国际科学与和平周”金钥匙竞赛活动中，响水县教育局被省教育厅、科技厅等4部门表彰为青少年科技教育先进单位，7所学校被评为省级青少年科技教育先进学校，222名师生获省等级奖；在盐城市青少年科技创新大赛中，响水县共征集作品636件，22名师生获奖，县教育局被盐城市教育局、科技教育协会、科技局表彰为青少年科技创新大赛先进集体；举办响水县首届中、小学生普及机器人大赛，橡筋动力飞机比赛，国际数棋、直线竞速赛车、飘移赛车竞赛，分别有57名、1540名、98名师生获奖。

（张尊鸿　林春景）

【学校安全管理】 年内投入162万元，为18所农村学校建围墙，实现全县学校封闭管理；投入445万元，对校园监控视频升级改造，实现全县中小学、幼儿园安全管理网上实时巡查。开展校车安全、路面执法、“护蕾2015”等活动，与中国习网联合举办“我安全、我健康、我快乐”为主题的全县中、小学安全知识网络竞赛，全县39所学校、38175师生参加。县教育局被县安委会考核为安全工作优秀单位。（张　政）

学前教育

【概　况】 2015年，全县幼儿园总数94所。其中，县直公办幼儿园3所，镇区公办中心幼儿园12所，村（居）幼儿分园或办园点77所，民办幼儿园2所；省示范幼儿园1所、优质幼儿园4所，市优质幼儿园15所。幼儿园教职员工1394人。其中，专任教师1210人（在编312人，临时聘用898人），大专以上学历51.8%。学前三年适龄幼儿30040人，入园、入托总数29590人，入园率98.5%，其中学前一年入园率100%。

【幼儿园建设】 年内，县委、县政府出

台《响水县关于加快学前教育改革发展的意见》等文件，科学制定全县学前教育发展总体规划，按照学前教育公益性、普惠性原则，坚持政府主导、社会参与、公办民办并举的办园体制，落实政府责任，全面启动全县学前教育工程建设。明确各镇区为学前教育工程建设主体，实行“以奖代补”政策。全县累计投入幼儿园工程建设2亿元，征用土地15公顷，建成园舍94163平方米。按省优质园标准建成镇区公办中心幼儿园12所，按省合格园标准改扩建村（居）幼儿园43所。县城桃园小区、陈家港棚户区改造等小区配套幼儿园建成使用，县城丽锦、哈佛2所高标准民办幼儿园建成招生。全县幼儿园整体布局、规模结构、质量效益得到优化。

【响水县城西幼儿园】 2014年9月，利用原城西小学校址，改建响水县城西幼儿园，占地面积0.72公顷，建筑面积2500平方米，户外活动面积2200平方米。幼儿园以“用爱养育、用心教育、一切为了孩子”为宗旨，遵循“高起点、高水平、高质量”原则，秉承“科研兴园、科研兴师、科研促进幼儿健康和谐、富有个性发展”的办园理念，努力把幼儿园办成让幼儿快乐、家长放心、社会认可的示范性幼儿园，成为孩子们游戏学习的乐园，快乐成长的摇篮。2015年，开设大、中、小各2班，有较高素质幼儿教师14人。年底，顺利通过“省优质幼儿园”评估。

（刘兆隽　张耀华　黄兆红）

小学教育

【概　况】 2015年，全县有公办中心小学17所（县直3所、镇区14所）、“九年一贯制”实验学校3所、隶属中心小学管理的农村定点小学15所、教学点（或班）51个、业余体校1所、特殊教育学校1所，民办“九年一贯制”学校2所。其中，省实验小学1所、博爱小学1所。在校小学生48153人，入学率100%，巩固率100%。

【响水县第一小学】 响水县第一小学2013年析分于响水县实验小学，坐落县城银河路，占地面积47824平方米，建筑面积22509平方米。2015年，有教学班98个，学生6250人，教职员工257人。学校践行“教育六年、放眼一生”育人理念，瞄准“争第一、创唯一”目标，以“德教双馨，享受教育幸福；学创俱能，体验成长快乐”为愿景，在国学文化传承、儿童剧编演、球类运动普及、困境儿童教育管理等方面积极实践探索，荣获“全国青少年校园足球特色学校”“全国语文教师专业化发展工程基地校”“江苏省书法特色学校”“苏派教育名校联盟学校”等称号。

（刘兆隽　韩　平　张耀华）

中学教育

【概　况】 2015年，全县有公办普通高中2所（省四星、三星高中各1所），完全中学1所，公办初级中学12所，公办“九年一贯制”实验学校3所，民办“九年一贯制”实验学校2所，特殊教育学校1所，体育运动学校1所。全县普通高中学生6052人、初中学生14276人。其中，留守儿童2727人、外来务工人员子女649人，入学率100%。全县2397名考生参加全国普通高校统一招生考试，被录取1672人，其中本科987人，专科685人，录取率69.8%。

【中学教育及德育】 2015年，响水中学被评为盐城市首批生态环保型学校；县第一初中、七套中学被评为盐城市内涵建设先进校；县实验初中、新荡中心小学被评为省级绿色学校，县特殊教育学校、小南小学被评为市级绿色学校；县第一初中、第一小学、南河中学、运河中心小学、周集实验学校被评为盐城市第五批和谐校园。在盐城市第三届中、小学班主任基本功大赛中，响水中学刘建娟、职业教育中心校颜玉英、第一初级中学梁立万分获普通高中组、职业高中组、初中组一等奖，第二实验小学刘红、实验初级中学李艳娜获相应组别二等奖，实验小学孙中艳、响水中学徐福园、职业教育中心校张爱华获相应组别三等奖。响水中学、第一初中、七套中学、解放路小学、陈家港中心小学获盐城市中小学德育工作先进集体。县第一初中林军、第一小学刘永怀被评为盐城市第六批德育学科带头人。实验初中李艳娜、二实小吴娟、二中花春华、小尖中心小学吕云霞、黄圩中学陈伟民、实验小学王成达、运河中学汪洪玉、老舍中心小学单跃、双港中学黄宏俊、新荡中心小学王春红被评为响水县首批德育学科带头人。县第二实验小学学生周叶苗获“全国优秀少先队员”、第三届“江苏省十大美德少年标兵”称号，刘俊池等5名学生被评为响水县“最美少年”。

【响水县七套中学】 学校建于1958年，占地面积30076平方米，建筑面积8771平方米。现有教学班12个，在校学生595人。专任教师63人，其中市、县骨干教师17人。校园基础设施先进，网络全覆盖，班班配备电子白板，功能室配套齐全，藏书18000册，建有完备的生活配套和体育健身设施。学校秉承“以人为本、追求卓越”办学理念，以德立校、以研兴校、以特促校、以质强校，致力创建“县内一流，市内知名”、让师生终身留恋的“幸福校园”。先后获盐城市“平安校园”“绿色学校”“教学改革创新奖”“社区教育工作先进单位”“语言文字工作先进校”“青少年科学教育特色学校”“德育工作先进集体”等荣誉称号，连续多年被评为全县教育工作先进集体。2015年，被评为盐城市内涵建设精致管理先进校。

【响水县第一初级中学】 始建于1976年，原名响水县向阳中学。1987年更名为响水县第二中学，2010年与响水县实验初级中学合并，更名为响水县实验初中教育集团智华校区。2013年8月独立办学，更名为响水县第一初级中学。校园占地面积44174平方米，建筑面积13979平方米，室外活动面积9779平方米。现有教学班40个，在校学生2556人。专任教师155人，其中省特级教师1人，市县学科带头人、教学能手、教坛新秀等骨干教师43人。拥有多个完善的理、化、生学生实验室，音乐、美术教室，40个多媒体教室（全部装备电子白板）和录播教室、图书室、阅览室、电子阅览室、网络中心、标准化田径运动场等现代化教学设施。学校秉承“以人为本，‘悦’满校园”办学理念，致力愉悦教育管理、书法教育、德育管理特色创建工作，强化教师队伍和主体性课堂建设。从2010年开始，获得“江苏省平安校园”“盐城市国防教育示范校”“盐城市科技教育工作先进学校”“县文明单位”“县教育工作先进集体”等43项荣誉称号。2015年，被评为盐城市内涵建设质量提升先进校。

（金厚龙）

中等职业技术教育

【概　况】 2015年3月，在响水县职业教育中心校挂牌的县教师进修学校更名为县教师发展中心，单独设置；同年12月，县职业教育中心校更名为响水中等专业学校（简称响水中专）。是全县唯一一所公办全日制中等职业学校、省“四星级”职业学校。校园占地面积12公顷，建筑面积37000平方米，拥有教学仪器设备总值约1888万元。教职工144人，其中专任教师120人，“双师型”教师47人，本科以上学历98人，全日制中等职业教育在校生2084人。设机械加工技术、电子技术、汽车维修、计算机、会计、建筑、船舶制造与修理等20个专业，其中机械、电子、船舶三大长线专业为省级示范专业。建有机械、电子、计算机、焊接四大类专业实训基地，数控加工技术和机械制造两个基地被认定为省级实训基地。

【招生就业与社会培训】 2015年，147人参加对口单招统一考试，被本、专科录取率99%。毕业生就业率98%。学校挖掘办学潜力，探索新型校企合作办学思路，扩大办学规模，将课堂办到工业园区，全年招收高中学历教育学员246人；开展农村劳动力转移培训，推进“两后双百”（对初、高中毕业后未能升学，但有培训和就业愿望的，进行100%的职业技能培训，100%推荐就业）工程；会同县有关部门举办退役士兵、家政服务、劳动力预备、扶贫技能、育婴师等各类技能培训班，培训2200人次。

【实训基地建设】 实训场所10235平方米，设有数控、车工、机械制图、PLC、传感技术、液压气动、家电维修、高级电工、电子CAD、红白案、西餐、中餐摆台等实验、实训室，基本满足各专业实训需要。与响水亚邦、悦达起亚集团等大、中型企业签订合作协议，建立长期稳定校外实习基地。2015年，完成“省高水平示范性实训基地”立项任务，创建品牌特色专业1个。

（茆训海　戴广旭）

特殊教育

【概　况】 2015年，全县义务教育阶段适龄残疾儿童433人，在校就读427人，入学率98.61%。其中，“听障”儿童40人，全部在县特殊教育学校就读，入学巩固率100%；“视障”儿童2人，1人在射阳县特殊教育学校就读，另一人在苏州盲聋学校就读；“智障”儿童391人，在县特殊教育学校就读89人，在普校就近随班就读296人，入学率98.47%。从2013年11月开始，县特殊教育学校与县残疾人联合会合作，承担0~6周岁残疾儿童抢救性康复项目，填补响水县康复教育空白。

【响水县特殊教育学校】 位与县城西部解放路，紧邻县第二中学，占地面积13764平方米，建筑面积5000平方米。是集聋教育、培智教育为一体的全日制、寄宿制综合型现代化特殊教育学校，承担响水及周边地区“听障”“智障”儿童义务教育任务。学校配置实验室、多功能活动室、图书室、阅览室、心理咨询室、感统训练室、劳动与职业技术专用教室等20多个功能教室和现代化教学辅助设施。2015年，在校址东侧征用土地5288平方米，新建康复楼1幢，建筑面积1200平方米。学校有教学班14个，在籍生129人。教职工46人，其中专任教师32人，学历达标率100%，本科学历占50%以上；具有高级职称6人、中级职称18人；中国教育学会、江苏省教育学会、市舞蹈家协会会员各1人，市学科带头人3人、教学能手4人、教坛新秀1人；县名教师2人、学科带头人1人、教学能手3人。教师中先后有近百人次被各级政府和部门表彰为“师德标兵”“先进工作者”“十佳青年教师”；17人次获省、市教师基本功优质课一、二等奖；400多篇教育教学论文在国家、省、市级发表或获奖。学校以“立足自强自立，学好一技之长，回归主流社会”为培养目标，突出艺术教育和劳动职业技术教育，开设书画、手工、舞蹈、理发、缝纫等课程，成立响水县“希望之光”艺术团。200多人次在各级各类文体竞赛中获奖。历年中考升学率均达90%，其余毕业生由学校推荐安排就业，毕业生就业率100%。学校注重民主、和谐、制度化的人本管理，实行校长负责、党支部保证监督、教代会民主管理三位一体管理体制，各项工作有序运行。学校先后被评为全国思想道德建设先进单位，盐城市助学先进单位、特殊教育办学先进单位、安全文明校园、红十字示范学校、红旗团支部。（刘兆隽　张耀华）

成人教育

【社区教育】 2015年，全县有社区教育管理人员24人；专、兼职教师146人，其中大专及以上学历62人。各镇区依托成人教育中心校，建立社区教育中心，开展老年健康保健、居民就业、青少年特长教育。年内创建省级居民学校3所，获“江苏学习在线”年、季、月度“学习之星”66人。

【富民培训工程】 全年举办农村剩余劳动力转移培训班190期，培训6200人。培训后转移农村劳动力5969人，其中就地转移2398人，向外地转移3571人。举办各种实用技术培训班386期，参训19000人次。培训转岗、下岗职工600多人，农村致富骨干660人，推广致富项目16个。

【成人高等教育】 盐城市广播电视大学响水分校（12月更名为响水开放大学），全年招收学员960人，643人通过考试，取得国家承认的高等教育文凭。2015年，全县参加高等教育自学考试264人，分文、理、法、工、农、医学等43个专业，累计考试618门次，单科合格

404门次，合格率65.4%；31人通过自学考试，取得成人高等教育毕业证书。

（陆胜荣　茆训海　傅海军　戴广旭）

教师队伍

【概　况】 截至2015年底，全县教育系统教职工4988人（不含局机关、体育场、校办公司58人）。其中教师4629人，教辅及工勤人员359人；高中教师683人（含中专、电大），初中教师1329人（含体校），小学教师2576人（含特校），幼儿园教师41人（不含编制在镇中心小学的镇公办幼儿园教师）；特级教师6人，市名教师7人，市教学能手、学科带头人204人，县教学能手、学科带头人598人。

【教师队伍管理】 县委、县政府出台《关于进一步加强中小学教师队伍建设的意见》和配套文件，从教师招聘、教职工管理、教师培训、骨干教师奖励等方面细化考核办法，为教师队伍发展提供制度保障。全年引进教师191人，其中本科学历113人，研究生学历5人。县设立“优秀教师教学奖”，对教学实绩突出的优秀教师给予1000~5000元奖励，激励教师努力工作。年内，有5名教师被市教育工委表彰为“优秀党务工作者”“优秀共产党员”；南河中心小学教师祁丽被评为“盐城市最美教师”；教师节期间，全县有10名校长、100名教育工作者受到县委、县政府表彰奖励。

【师德师风建设】 年内，三次组织对全县中小学教育行风专项检查。严肃查处教育乱收费、违规征订教辅材料和在职教师从事有偿家教行为，对4名违纪违法相关责任人给予政纪处分，在全县通报批评。在全县教育系统组织“盐城市最美教师”先进事迹巡回演讲活动，营造“比学赶超”良好氛围。各中小学每学期发放《告家长书》，向社会公布师德师风监督举报电话；由学校组织教师、学生和家长对教师进行评议。评议结果同教师年终绩效考核挂钩，提高师德师风建设水平。

【教师培训】 3月，成立县教师发展中心，整合全县教师培训资源 。年内，先后邀请全国著名教育家魏书生作专题报告，800多名教师参加；邀请“朱永新名师团”到响水开展“走进乡村，点燃激情，播种理想，成就教师”为主题的“星火教师”培训活动，600多名教师参加；邀请教育部骨干班主任远程培训辅导教师、特级教师郑立平对全县中小学班主任集中培训，680多名中小学班主任参加；邀请盐城市中考命题专家和教科院专家对全县初中学科教师进行全员培训，邀请盐城师范学院、教科院有关专家对全县中小学710多名教科研骨干进行集中培训。利用暑期举办教师培训班，对全县教师重点进行电子白板使用全员培训与考核；组织中小学课外阅读和作文教学、音乐、体育、美术、科学、综合实践活动等12个学科网络培训，600名教师参加，培训合格率100%；组织中小学数学数字化探究实验教学专题培训，100多名骨干教师参加；对新招录聘用的中小学教师集中进行上岗前培训，组织小学数学、英语学科新修订教材集中研训，200名教师参加；组织高三教师参加市级复习培训，150名高三教师参加；全县参加国家、省、市各类骨干教师集中培训300多人次。

（林方栋　王红兵　周春国　王志亮）

响水县“最美教师”张微指导学生双语阅读

教育经费

【概　况】 2015年，全县教育经费总投入97997万元，比上年增长18.89%。其中：国家财政性教育经费90217万元，比上年增加12023万元，增长15.37%。公共财政预算内教育支出89299万元，比上年增长22.11%，财政预算内教育支出占一般预算支出比例17.57%。

【教育重点工程】 全县实施教育现代化创建、中小学校舍安全、全国义务教育基本均衡县创建校舍建设工程131项，建筑面积24.79万平方米。规划投资4.09亿元，年度完成投资1.98亿元。异地新建6所学校；港城中学主体竣工，县一小葛庄校区、双港中心小学、双港兴华小学、小尖中心小学分校、城东“九年一贯制”双语实验学校（民办）开工建设。新建县特校康复楼、第一初级中学教学楼、职业中学实训楼、运河中学宿舍楼等项目105个，维修改造县实验初中、陈家港中心小学等学校教学楼、食堂项目21个，拆除危旧校舍20324平方米。全面完成市下达年度校安工程建设任务，各校校容校貌焕然一新。

【学生资助管理中心】 年内，县学生资助管理中心为占全县在园幼儿数12%的家庭经济困难学生发放生活补助190.25万元，补助人数春学期1872人、秋学期1933人；为占全县小学阶段生数10%的家庭经济困难学生发放生活补助费478.925万元，补助人数春学期4643人、秋学期4561人；为占全县初中阶段生数10%的家庭经济困难学生发放生活补助费181.075万元，补助人数春学期1318人、秋学期1416人；为占全县高中生数15%的家庭经济困难学生发放助学金196万元，补助人数春学期983人、秋学期977人；为占在校生数12%中职学生发放助学金春学期13.4万元、秋学期8.9万元。中职阶段所有在校生学费全免，春学期为1117人提供免学费金额122.87万元、秋学期为1367人提供免学费金额150.37万元；协助国家开发银行为全县1616名大学生提供助学贷款1134.14万元；为383名到苏北就业的已毕业大学生办理学费补偿，补偿金额为251.62万元。为20名高一新生提供“胡友林慈善资金”资助6万元；为9名低保家庭大一新生提供学费5.3万元；为34名家庭经济困难大一新生提供一次性补助3.4万元。

（窦清云）

体　育

【概　况】 2015年，全县认真贯彻落实中共中央、国务院《关于加强青少年体育增强青少年体质的意见》和《全民健身计划纲要》，积极开展全民健身活动和竞技体育活动，努力推进学校体育工作。年内，通过省公共体育服务体系示范区创建验收，成功承办2015年全国门球大联动江苏省启动仪式暨第六届江苏省县区门球比赛，县组田径赛再次进入省甲级县行列。响水县被评为江苏省2015年度体育彩票工作先进单位，全年实现销售总额5928万元，创历史新高，在全省排名第八、全市排名第一。

大有中学新投入使用的塑胶运动场

【竞技体育】 组队参加2015年江苏省青少年田径锦标赛暨县组田径比赛，获金牌3枚、银牌3枚、铜牌8枚，响水县再次晋升省县组田径赛甲级县行列。组队参加盐城市第七届运动会篮球、跆拳道、游泳、田径、举重等项目比赛，获金牌14枚、银牌12枚、铜牌10枚，并获市体育人才输送进步奖和体育道德风尚奖。成功承办2015年盐城市阳光体育运动联赛——体育传统项目学校乒乓球比赛，全市9个县（市、区）130多名运动员参加比赛。

【群众体育】 成功承办2015年全国门球大联动江苏省启动仪式暨第六届江苏省县区门球比赛。全省21支县区代表队、近200名中老年运动员参加。年内，举办全县元旦冬泳比赛、“德龙杯”篮球友谊赛、“足协杯”第十届足球联赛、第十二届文化艺术周广场舞比赛等各类传统赛事20多场；成立县跑步协会、游泳协会，完成县老年人体育协会换届；做好2015年全民健身场地、公共篮球场地规划、选址、建设和县体育馆消防设施改造工作。

【学校体育】 全县学校认真贯彻落实《切实保证中小学生每天1小时校园体育活动的规定》，严格执行体育课程计划，开足、开齐体育课程，大力开展大课间和课外活动，确保学生每天1小时体育活动时间。全年公开招聘体育教师10人，体育师资队伍进一步优化；暑期对全县44名体育教师进行为期5天的足球教练员培训。积极推进省农村中、小学运动场地塑胶化工程建设，总投入1400万元，完成11片塑胶运动场建设工作，建设总面积6.5万平方米，全县所有乡镇中学、中心小学、“九年一贯制”学校、特殊教育学校、高级中学、职业中学已全部建成塑胶运动场。

（潘龙跃　仉　斌）

【责任编辑　苗其培】

文化　传媒

文　化

【概　况】 响水县文化广电新闻出版局内设办公室(财务科)、文化艺术科(文物管理办公室)、广播电视科(安全播出中心)、文化市场管理科(行政管理服务科)、新闻出版科。核定行政编制9人。下属单位有县文化馆、图书馆、剧目创作室、淮海剧团(响水艺术团)、电影管理站、东方剧场、人民剧场、文化行政综合执法大队。2015年,加大公共文化服务基础设施建设,发展壮大文化产业;加强文化人才队伍建设,广泛开展群众文化活动,提高人民群众文化生活品质。全年举办各类群众文化活动20多场,放映电影2352场次,观众累计221700多人次;创作多部戏剧、歌舞在省、市获奖。

【完善文化基础设施】 县图书馆、文化馆、镇区文广中心、农家书屋、文化信息共享基层服务点、社区文化活动室和部分文物保护单位,全部向公众免费开放。文化馆除免费提供基层辅导、艺术培训等基本文化服务项目外,还扩大开放面积,新建非物质文化遗产展示馆和多功能展厅,增加免费开放项目8个;图书馆建成多功能大厅和数字阅览室,新添置15万元图书充实馆藏。

【落实文化惠民政策】 在"三送"基础上增加"村村到",年送戏下乡演出151场,每个村(居)不少于一场。认真落实惠农数字电影公益放映,全年公益放映数字电影2352场次,观众累计221700多人次。为全县各镇区文广中心图书室配备图书千余册,编印下发《科技信息》5000多份,赠送科普刊物4000多册、科普图书2000多本,展示科普图板30多块。

【群众文化活动】 利用重大节日,组织专业及业余文艺演出团队,开展群众性文化活动,集中展示全县经济、社会、文化等各方面成就,宣传县委、县政府各时期工作中心,丰富群众文化生活。春节期间,举办迎新春儿童专场文艺演出、有奖灯谜竞猜活动、新春京剧专场演出以及棋牌、乒乓球友谊赛、迎新春书画展等系列公益活动。4月,举办戏曲表演艺术与舞蹈培训班,邀请盐城戏曲表演专家与连云港舞蹈专家授课,提高镇区文化站长、业余文艺骨干演艺水平。在"4·23"世界读书日,组织县图书馆工作人员向社区群众免费赠送健康、时政、致富等书籍3000多册;挑选图书2000多本、报刊200多种送给小浦和潘庄村农民;以"法治中国"为主题精心制作展板在图书馆展览。六一儿童节,举办"美丽新响水"第

2015年文化馆新春书画展

八届少儿书画百米长卷现场大赛活动，县城及13个镇社区中小学、幼儿园300多名少年儿童参加；组织全县30名优秀少儿书画选手参加盐城市第九届“相约盐城·打开心扉”少儿广场书画大赛。9月22日，响水县第十二届文化艺术周隆重开幕，内容包括响水周边四市六县（区）文化联谊晚会、“苏风墨韵”江苏省书法名家精品展、书法名家讲座、第二届广场舞比赛、纪念抗战胜利70周年红色经典主题晚会、电视歌手大赛、“小戏之乡”戏曲专场晚会等，吸引近万名观众到场欣赏。

【戏剧精品创作】 年内，县淮海剧团（响水艺术团）倾力打造小戏《贴春联》获中国宜兴梁祝艺术节演出最佳推荐剧目奖（一等奖）、中国第六届小戏小品展演优秀剧目奖，入选“中华颂”优秀剧目进京展演，获优秀编剧奖、优秀演员奖、优秀导演奖、市政府文艺奖等7个奖项。小戏《绝对保密》《磕磕碰碰》获盐城市创作一等奖，小戏《小豆豆》获盐城市创作二等奖。

【非物质文化遗产传承保护】 举办响水县列入省、市非物质文化遗产保护名录“五大宫调”“淮海锣鼓”“淮海戏”项目传承和保护培训班。积极做好省、市级“非遗”项目保护专项资金申报工作，全县建有省级名录项目2个、市级名录项目4个、县级名录项目42个。在全国第十个非物质文化遗产日，举办“2015非物质文化遗产戏剧类项目演唱比赛”，弘扬地区优秀传统文化。建立“非遗”展示馆，全面展示响水县“非遗”历史、现状和保护成果，培养发展爱好者队伍和观众群。

响水县非物质文化遗产传承人——江尧成

江尧成，1946年出生，小学文化，县航运公司退休职工，民间艺人。退休后，他念念不忘拉纤行船的艰难岁月，尤其是那铿锵激越的船工号子，时刻萦绕心头。

“船工号子”是中国民歌体裁号子的一种，在行船中为配合航运、船务等劳动过程而传唱。包括推船号、摇橹号、撑篙号、拉纤号、测水号、绞关号、升旗号、活船号、拜年号等。各地船工号子别具特色。船工号子既是一种民俗文化，更是一种精神，一个传承。它浑厚质朴、豪气冲天，伴随悠悠纤绳给人一种浑厚之力与刚劲之美。随着现代化发展步伐，伴随江老大半生的木船逐步被淘汰，老一辈弄船人也越来越少，船工号子逐渐淡出历史舞台，濒临失传境地，江尧成对此心急如焚。为了让这一非物质文化遗产得以传承，江尧成决心自费整理拍摄资料片《船工号子》，成为全省搜集、整理船工号子第一人。没有号手，江尧成遍访周边市、县航运公司和本地老船工，把为数不多会号子的老人请到一起，帮他们回忆、整理、排练号谱；没有木船，江尧成找来原航运公司老钉船木匠，按比例制作道具模型；没有编导，他自编脚本，自学摄像，自导自拍。2007年开始，历经3年时间，终于拍摄完成响水县非物质文化遗产传承项目——《船工号子》，展现给人们一幅幅壮美的画卷：宽阔的河面上，往来的船只络绎不绝，拉纤、打篷、摇橹、升旗、撑篙，各种号子此起彼伏，响彻云霄。

除了船工号子，江尧成作为一位民间艺人，对流传响水地区其它非物质文化遗产项目传承保护也是一片痴迷。他自费创办“夕阳红”艺术团，组织县内外文艺爱好者30多人，搜集、整理、编排“花船花担”“淮海锣鼓”“淮海戏”等一批优秀传统“非遗”节目，走进社区、走进工厂、走进农村，2006年起，10年里义务为群众演出300多场，每场观众少则二、三百人，多则上千人，深受欢迎。

江尧成热心非物质文化遗产保护传承，国家、地方媒体多次宣传报道，被誉为“响水县非物质文化遗产守护神”。2008、2009年，连续两年荣获由国家多个部门联合举办的“新世纪之声·和谐中国”征评活动表彰，在人民大会堂受到党和国家领导人接见。

【文化市场管理】 坚持引导、规范与打击相结合，发挥综合执法职能，提高市场监管效率。开展文化娱乐、网吧、动漫游戏、图书报刊、电子出版物等文化领域综合执法，集中开展系列专项整治行动。全年出动执法人员1066人次，检查文化经营场所980多家次；立案查处违规经营单位18家，依法取缔无证经营户1家，责令整改13家；收缴非法出版物1900多册，非法音像制品1200多本。严厉打击文化市场违法违规经营行为，规范文化市场经营秩序，净化社会文化环境。

【规范广播电视播出行为】 积极开展广播电视播出监督检查。对市局交办的县内部分医药广告存在保证承诺、夸大宣传等违规问题，进行调查处理，约谈违规广告责任人，对违规问题迅速清理整治。严格落实广告三审制度，

制订整改方案，落实整改措施，规范广告播出。（周会昌）

广播电视

【概　况】2015年，响水广播电视台围绕“新闻立台、产业富台、人才兴台、科技强台”方针，内提素质，外树形象，较好完成全年工作任务。在2014~2015年度盐城市广播电视节目创优和技术质量评比中，《响水新闻》《灌河潮》《新视界》《2015响水春晚》等栏目和活动获技术质量二等奖，电视文艺戏曲节目《一梦醒来是早晨》获特等奖；广播文艺《秋天，我和草原有个约会——回访图牧吉散记》获一等奖，电视新闻长消息《生命种子跨国远播》等11件作品分获二、三等奖；公益广告《中国梦·百姓梦》《中国梦·我的梦》获电视类三等奖，《互助互爱》《孝心是永恒的守候》获广播类三等奖。电视社教类栏目《灌河潮》获江苏省“金帆奖”三等奖。响水广播电视台被评为盐城市文明单位。

【提升宣传质量】年内，紧贴县委、县政府中心工作，充分发挥主流媒体引导作用，广播电视节目质量显著提升。全年制播电视节目《响水新闻》310档、每档信息量10条以上，《一周关注》《看盐城·响水版》104档，播出各类新闻稿件4000多篇；广播节目《983响水新闻》实现自采、自编、自播；响水县人民政府网站上载图文稿件2000多条、视频新闻341档，编排宣传专题7个，完成全国政府网站普查自查整改工作；围绕县委、县政府各阶段性重点工作，制播电视专题片60部、工作汇报专题片32部。全年在中央、省、市广播电视台播发反映响水县重点工作新闻稿件130多篇。其中《土地改革新政激活农村新动力》在中央电视台《新闻联播》组合播出，《恋爱季节的鹦鹉》在第7套农业专题栏目播出；在江苏广电总台《新时空》《新闻空间站》《新闻360》等栏目用稿30多篇；在江苏电视台国际频道《长江视野》栏目播出《虔心砚田自耕忙》《乒乓女孩奥运梦》《爆米花机的记忆》《片片心音聚笔端》和《篆刻》等外宣专题片10部；在盐城广播电视台《盐城新闻》《串场星空》节目用稿100多篇，《建设新响水，发展上台阶，奋力实现响水发展北抬头》《响水成为央企战略布局重要基地》在《盐城新闻》头条播出。

【开播社会新闻】5月，响水电视台开播社会新闻栏目《新视界》，全年播出70期。《新视界》努力发挥杂志型电视新闻优势，突出服务性和可视性，积极报道国内重大民生政策、民生新闻，关注县内民情、民意，提升新闻报道亲和力。先后采访报道本县“运河镇打通阳光低保最后一公里”“下访干部真情办事赢民心”“村帮办服务群众零距离”等民生话题50多个，基层群众在夏收夏种、购物消费、养生保健等方面信息230多条，收集传播与百姓利益相关资讯190多条，获得较高社会满意度。

【策划专题宣传】围绕县委、县政府各时期工作中心，策划《灌河潮》《政法视野》《响水警方》《新农村》《人大之声》《卫生天地》等专题栏目220期。名优栏目《灌河潮》，创意新、品味高、寓意深，给观众以视听享受；《虔心砚田自耕忙》《乒乓女孩奥运梦》《爆米花机的记忆》《片片心音聚笔端》和《篆刻》等一批专题节目跻身精品行列，在江苏电视台国际频道《长江视野》栏目播出；与县执法部门联合开办《救助直通车》栏目，社会反响较好。

【丰富声频荧屏】响水人民广播电台开播《资讯生活》节目，主要报道国际、国内热点新闻，普及生活科学知识，发布各类便民信息；与县交警队联办《98.3交广之声》栏目，内容包括交广信息、曝光台、现场直击、车生活、交警支招等，加强警方与车友沟通互动；引进贴片节目《华语排行榜》《金曲榜》《水煮娱乐》《博物馆有的聊》《电台情歌》等，提高收听率。响水电视台综艺栏目全年播出电视剧9800集、电影560部，引进播出各类栏目2200期，满足群众精神文化需求；成功主办、联办、承办响水县2015年春节联欢晚会，“建功立业在响水”第二届“响水县十大杰出青年”颁奖典礼、响水县第三届“灌河放歌”电视歌手大赛、响水县第十二届文化艺术周闭幕式暨颁奖晚会等各类活动近20场；自主创意制作和引进各类公益广告186条，播出公益广告时长278小时。

【创新广告经营模式】实行广告创收抵押经营，继续精办《第一房产》《第一消费》《健康时空》等广告栏目。重点抓住大客户，通过反复洽谈沟通，与医疗机构、金融和房地产企业签订年度形象宣传服务协议。探索传统媒体和新媒体融合，成功签约“微信+电视”新媒体业务。举办“响水五一汽车、家装、建材消费节”探索会展宣传新模式，得到参展商家认可和支持。经济专题、文艺活动、广播和新媒体中心优化经营平台，提升自办节目和活动品味，拓宽创收渠道。

【广播电视安全播出】按照“不间断、高质量、既经济、又安全”总体要求，强化播控内部管理，确保安全播出。实行24小时值班制，做好重要播出期广播电视信号安全、优质传输。修订《广播电视安全播出应急预案》，组织应急演练，及时解决发现问题，提高处置能力。《响水新闻》《一周关注》《灌河潮》《新视界》《新农村》等自办栏目实现安全播出无事故。

【人才队伍建设】举办“新闻选题日日议”“节目质量周周评”等专业培训活动16期，邀请省、市专家分类举办专题讲座，提高采编人员业务素质。与江苏师范大学、吉林艺术学院、山东传媒学院、江南影视学院等专业院校建立合作共建关系，引进专业技术人员。面向社会选聘优秀人才，尤其是相对匮乏的播音、主持和记者岗位，通过选拔、试用、培训等程序选聘广播电视专业人才8名。

【职工思想道德建设】在全台职工中开展“梦想组岗位、奉献谱华章”主题系列活动，举办“我的岗位观”征文比赛、“我学习　我敬业　我快乐”演讲比赛、“身边好人、好记者”和“十佳文明职工”评比活动。把每月14日定为台志愿者服务日，组织志愿者深入街头、社区、农村、学校、敬老院，开展维护交通秩序、无偿献血、“爱心妈妈”“易物节”“梦想课堂”“梦想超市”计划等活动。其中，“梦想超市”计划被列为全县第一批公益项目，响水广播电视台被选为“盐城市志愿服务基地”。

(许石冲)

广电信息网络

【概 况】 响水县广电信息网络有限责任公司是按照国务院“三网融合”战略部署，贯彻中共江苏省委、省人民政府关于文化体制改革精神，按照政事分开、政资分开原则组建的国有文化信息传媒企业。注册资本2900万元人民币，由江苏省广电有线信息网络股份有限公司出资62%、响水县广播电视台出资38%共同发起设立。公司实行一级法人治理结构，在本部设综合办公室、财务资产部、集团客户部、公众客户部、运维播控中心、工程技术部等职能部门；乡镇设陈家港、小尖、运河3个管理区。主要职能为：广播电视信息网络建设、改造、经营、维护和管理；广播电视及信息网络技术开发、咨询、服务；广播电视设备及信息设备代理、销售及租赁；对广播、电影、电视、信息、传媒等产业进行投资及其管理。2015年，有员工130人，其中拥有中、高级以上专业资格职称12人，中高级技术等级26人，专科及本科以上学历36人；网络数字电视用户5万多户，网内有线电视用户6.8万户；年实现产值2125万元，利润299万元。

【市场营销】 通过上门走访、主动维护等有效措施，千方百计稳定老用户，发展新用户。有效缴费用户从2014年底4.85万户，上升到2015年底5.25万户，增长8.25%，用户续费率保持稳定。全年完成基本收视维护费收入1325万元，占主营收入62.4%，续费率94%。城乡新增数字电视用户0.4万户，数字电视入户率不断提高。开展“办广电增值业务，赢台湾免费游”有奖促销活动，增值业务渗透率大幅提升。顺利完成宽带、高清互动等发展指标，县城付费节目渗透率90%以上，城乡付费节目销售收入90.4万元，创历史最好水平。

【优质服务】 加快响应速度，提高服务效率。城乡安装维护一律实行半小时响应，县城确保故障排除当日事当日结；镇、区用户故障维修不超过1个半工作日、安装不超过2个工作日。加强窗口建设，优化服务品质。大力开展优质服务百日竞赛活动，规范营业厅及网络营维人员服务行为；老舍、双港、七套、运河、南河5个镇(区)标准化营业厅建成投入使用。强化服务监督，树立品牌形象。城乡统一报修及投诉电话，保证“96296”接听率95%以上，坚持“用户投诉零容忍”，对工作不到位的行为严肃问责，努力提高服务质量和服务水平。

【网络建设】 年内，完成县城核心区域网络双向化改造、镇(区)机房OLT前端设备安装调试，以及部分小区、村(居)光纤入户接入试点；完成7个镇(区)32个村光缆主干网优化升级，新增光缆网143.9千米，合计2132.4芯千米，新增光节点171个。全县数字电视覆盖率95%以上，同比上升6%。落实属地管理责任，规范网络维护管理，及时发现故障、及时处置，保证网络安全传输。推进农村网络整合，包括省属黄海农场在内的一批承包网络回收到位。

【基础管理】 新型网格化服务营维体系建设进展顺利，进入应用试运行阶段。绩效考核工作得到加强，建立起分类、分岗位，与网格化营维体系相匹配，以业绩为导向的薪酬管理考核制度和KPI绩效考核办法。过程控制进一步强化，对工程管理、材料采购、固定资产投入等工作进行全程监督，严格按省公司技术标准和规范操作。重大支出、重要事项、招工和人事任免，严格按管理程序报批。

(张国荣)

报 纸

【概 况】 《今日响水》报由中共响水县委、县人民政府主办，响水新闻信息中心承办。每周出版3~5期，每期印数10000份，四开四版，双面彩色印刷。由县邮政局发行投递至全县各单位、部门、镇(区)以及各重点企业。响水新闻信息中心为正科级建制、财政全额拨款全民事业单位。内设总编室、办公室、采编部、电脑室等部门；现有工作人员17人，其中正式编制8人，聘用人员9人。2015年，响水新闻信息中心坚持正确的政治方向和舆论导向，紧紧围绕县委、县政府中心工作，发挥主流媒体舆论引导作用，突出重点，开拓创新，全方位、多角度宣传报道全县经济社

技术人员在检测双向网传输系统

会发展成就和各行各业新人新事，各项工作取得较好成绩。

【专题宣传】《今日响水》报积极服务县委、县政府中心工作，在招商引资、服务企业、重点项目建设、城乡环境整治、秸秆“禁烧”等方面超前谋划、精心准备、协同配合、深入挖掘、全面报道。在要闻版、经济版、社会版开辟“学习贯彻十八届五中全会精神”“招商引资大看台”“部门比服务，发展北抬头”“大力弘扬社会主义核心价值观”“秸秆禁烧和综合利用”“发展高效农业，促进农民增收”等专栏20多个；配合县委、县政府重要活动、重要会议精神贯彻落实，适时推出系列评论30多篇。报社打破常规办报，突出新闻时效，加快出报频率，在第一时间将各类信息传递给全县干部群众，扩大报纸影响力。

【经济宣传】围绕招商引资、项目建设、服务企业等经济工作重点，策划经济宣传。扎实开展“记者走基层”活动，组织采编人员深入生产一线，采写各类经济建设重点稿件200多篇，呈现项目建设火热现场、扎根岗位勤奋工作乐于奉献的动人故事，为全县经济社会又好又快发展提供舆论支持。在宣传“力夺开门红”“冲刺双过半”“大干七八九”“奋力夺全年”活动中，根据不同时段工作特点，制定宣传方案，运用消息、通讯、评论、图片新闻、专题报道等形式，为全县“北招头、争第一”推波助澜。

【民生宣传】《今日响水》报每周五定期出民生专版。设多个专栏，图文并茂。体裁有通讯、故事、消息、专访、深度报道，受到读者的认可和好评。除针对社会热点问题及时组织稿件外，还选择一些独特视角进行报道。抗战胜利70周年，专门安排记者采访本县抗战老战士周仁甫，组织回忆“解放陈家港”“六套二·六惨案”等抗战题材文章20多篇。通过详细报道，让读者了解抗战的艰苦卓绝和胜利来之不易；在了解本地抗战历史知识的同时，增强热爱祖国、热爱家乡的情怀。配合全县环境综合整治、秸秆禁烧等工作，加大相关知识和公益广告宣传，得到社会各界好评。（柳灿红）

图书发行

【概　况】响水新华书店有限责任公司隶属于江苏凤凰出版传媒股份有限公司。担负国家重要文献、中小学课本、大中专教材、一般图书、电子音像制品的发行任务，是集图书发行，数码电子、家居生活、文化用品销售为一体的综合性国有文化企业。2015年，有销售网点2处，员工47人，固定资产3841万元，图书年销售额4000万元。书店先后获江苏省文明单位、盐城市文明单位、江苏省价格诚信先进单位、江苏省诚信单位、盐城市三八红旗集体、盐城市“三下乡”先进单位。

【免费教材发行】以高度政治责任感贯彻落实义务教育免费教材发行政策，按照科学严谨流程做好免费教材发行工作。连续第37年实现“课前到书、人手一册”服务承诺，全年发行免费教材200多万册。成立中小学教材服务中心，全力做好免费教材余缺调剂，及时解决学生缺书、丢书问题，保证教学工作有序开展。

【繁荣图书市场】面对增长乏力的大众图书市场，书店转变经营思路，以营销方式多样化，带动购买方法多元化。采取“走出去、请进来”方式围绕特定目标群读者开展营销。利用春节、儿童节、教师节、读书节等适宜开展文化产品营销商机，通过延伸上下游产品链策划营销活动。开设网上图书超市，借力集团公司网络平台，将助学读物营销引入线上预售，实现销售最大化。开通微信商城，引入商品信息查询、精选产品推荐、营销活动推广、优惠礼券领取、线上即时支付等功能，实现实体书店与线上书店联动发展。与企业联办书展，在全县中小学校开展双语阅读图书展销，做活、做全无店铺销售市场。利用集团信息平台，成功竞标全县中小学装备图书3000万元采购项目，在义务教育均衡县创建过程中，被县委县政府表彰为先进单位。

【创建星级门店】把创名店、创星级门店作为服务读者、服务社会有效载体，对照星级门店评审标准，逐条逐项抓落实。引入行风监督员和“神秘顾客”暗访制度，对服务工作进行有效监管。年内，书店被集团公司评为二星级门店。

【图书流动服务】为解决因经营网点调整、镇区门店撤并给农村读者带来的购书难问题，书店成立流动供应小分队，常年在村（居）、集镇、工厂、企业、机关、学校，开展预约展销，流动供应，年送书下乡30多场次，销售社科、文艺、养生保健、书法美术、文化教育等类图书4万多册，满足乡镇读者购书需求。积极配合政府部门实施“农家书屋”工程，为全县50多个农家书屋配齐书目、分类上架，保证农家书屋工程计划按时实施到位，解决农民群众“买书难、借书难、看书难”问题。

【强化内部管理】开展降本增效活动，推进精细化管理，全面实现工作目标精细化、工作任务定量化、工作责任明确化、工作过程流程化、工作制度标准化、工作运行经济化，提高服务质量和管理水平。实现经营过程信息流、物流、资金流高度集成和数据共享，保证经营工作高效、有序开展。

【构建企业文化】以建立现代文化企业为目标，积极探索和实践做实、做深企业文化和品牌建设的新方法、新思路，构建符合时代需要、符合企业发展需要、符合员工个性需要文化体系，打造一支政治上靠得住、工作上有方法、作风上过得硬的员工队伍。以提升社会公德、职业道德、家庭美德、个人品德为出发点，大力弘扬道德建设，提高员工思想觉悟，为构建和谐企业提供坚强思想保证。（胡维祥）

【责任编辑　苗其培】

卫生和计划生育

综　述

【概　况】 2015年7月21日，响水县卫生局与计划生育委员会合并，成立响水县卫生和计划生育委员会。内设机构：办公室、组织人事科、财务审计科、政策法规与综合监督科（行政许可服务科）、医政医管科（中医科教科、卫生改革发展科、应急办公室）、基层卫生科（疾病控制科）、妇幼保健与计生服务科、计划生育指导科（流动人口管理服务科）、计划生育家庭发展、爱国卫生运动委员会办公室。全县有公立医疗、卫生、计生机构37个。其中，副科级建制单位5个：县人民医院、中医院、妇幼保健和计划生育指导所、疾病预防控制中心、卫生监督所；股级建制单位32个：县新型农村合作医疗管理办公室、离休干部（伤残军人）医疗费用结算中心、第三人民医院（县精神病院）、计生协会和12个镇区卫生院、2个分院，以及14个镇区计生服务中心。全县每个村（居）有卫生室1个、计划生育服务室1个。2015年，全县平均每千人口执业（助理）医师2.6人，每千人口床位数5张，每千人口注册护士2.4人，传染病年发病率111.15/10万，孕产妇死亡率为0，婴儿死亡率3.03‰，人口自然增长率4.65‰，出生政策符合率95.86%，出生人口性别比控制在110以内。县人民医院、中医院业务收入33000万元、9700万元。响水县被评为全国基层中医药工作先进单位，顺利通过省“十二五”人口协调发展先进县及消除疟疾考核评估验收。

【卫生改革】 印发《响水县基层医疗卫生机构与县级医院建立双向转诊工作实施方案》，全年上转病人251人，下转82人。实行“镇财县管镇用，村财县管镇审村用”的收支两条线管理模式，被省统计局定为部门统计示范点。社会办医疗机构一级以上医院9家，开放床位608张，占全县医疗机构床位数26.8%，超过省要求6.8个百分点。县人民医院实行PDCA（计划—执行—检查—纠正）循环管理模式，有效提高服务效率，降低群众就医成本。县人民医院、中医院与东南大学附属中大医院、上海长海医院、省中西医结合医院成功开展合作。全县新型农村合作医疗参合率100%，有122万人次受益，补偿总额1.95亿元，资金使用率92%，风险可控。大病保险赔付金额638.59万元。医疗费用与上海长海医院实时结报，成为全省第一个跨省结报县。

【基础设施建设】 县人民医院投入3200万元对门诊楼进行改造。县精神病院实现整体搬迁。投入2000万元，新建双港、老舍、七套3个卫生院业务楼，建筑面积3700平方米，新建或改建32个村卫生室标准化项目。争取国家发改委扶持县妇保所项目建设100万元、镇卫生院项目建设120万元；争取省卫计委扶持镇卫生院医疗设备价值300万元。小尖中心卫生院被评为国家级群众满意卫生院，陈家港镇大湾村卫生室被评为省级示范卫生室。

【行风建设】 印发《关于在卫计系统党组织中开展“争当‘三严三实’好干部，推动响水发展上台阶”大讨论活动的通知》，动员卫计系统党员为健康响水建设献计献策。在全系统开展收受“红包”、回扣问题专项治理，退还（拒收）患者“红包”77人次、5.2万元。县卫计委党委被中共响水县委表彰为学习型党组织建设先进集体。（崔洋洋）

疾病预防控制

【概　况】 县疾病预防控制中心承担全县传染病防治、计划免疫、慢病防治、健康教育、地方病和艾滋病防治等任务。全年围绕传染病防控目标，以预防突发公共卫生事件为重点，全面开展传染病防控工作。全县报告手足口病203例，送检上级有关部门标本57份。报告腹泻病人5277例，检索832例，检索率15.77%。发现活动性肺结核229例，其中涂阳48例，涂阳占活动性肺结核比例

20.96%，达到省、市要求。报告麻风疑似病例15例，排除15例。发现艾滋病感染者和艾滋病人56例，管理HIV/AIDS68人，死亡19人；抗病毒治疗42人，死亡9人。为HIV感染者免费CD4检测23人，为AIDS病人免费两次CD4检测26人。

【“五大卫生”】 积极开展环境卫生、放射卫生、学校卫生、劳动卫生、职业卫生“五大卫生”工作。对全县25家重点医疗机构进行监测，检测样品650份，合格率95%以上。对5家托幼机构进行技术指导、消毒效果监测，检测样品91份，合格率85%以上。对县城地面水厂和全县农村138口水井进行水质监测，监测数据及时、准确。开展“四害”密度监测，做好陈家港二类口岸病媒生物防控。对全县20000多名中小学生进行身体健康监测，建立健康档案。

【健康教育】 开展形式多样健康教育系列活动，努力提高群众防病意识，倡导健康行为。举办“健康之星”评选，“健康响水、无烟生活”书面知识竞赛，开展以“全民参与爱国卫生，共建共享健康中国”为主题的健康教育宣传月活动。利用“3·24”结核病防治日、“4·25”预防接种宣传日、“5·17”世界高血压日等各种卫生节日与响水电视台、《今日响水》报等媒体合作，通过《卫生天地》《疾控在线》《健康响水人》等栏目，普及卫生防病知识。与县盐务局合作，开展“科学补碘、重在生命最初1000天”碘缺乏病防治宣传咨询活动。利用基本公共卫生网格化管理平台，让老百姓共享健康服务。全年开展网格专项活动375次，参加活动群众24000人次；发放“健康小贴士”健康宣传画册175000多份。（张昌俐）

妇幼保健与计划生育

【概　况】 2015年8月，县妇幼保健所和计划生育指导站合并，组建响水县妇幼保健和计划生育指导所，职工48人。其中卫生专业技术人员35人，具有高级职称6人，中级职称18人。全县认真贯彻各级政府妇幼卫生和计划生育工作方针，以开展“妇幼健康优质服务年”活动为载体，以贯彻实施《母婴保健法》和“十二五”妇女儿童发展规划为中心，以提高“两个系统”管理率、控降孕产妇与婴幼儿死亡率为重点，提升妇幼卫生和计划生育工作整体水平，保障广大妇女和儿童健康。

【贯彻实施《母婴保健法》】 为全县3931人进行免费婚检，婚检率92.54%。检出患有乙肝、梅毒等传染性疾病和其他疾病254人，疾病检出率6.46%。对检出疾病患者，及时给予分类咨询和治疗，保障新婚夫妇及下一代身体健康。积极做好产前筛查。筛查孕妇6458人，筛查率93.78%。查出高危孕妇197人，全部转诊到市妇幼保健院。全县出生缺陷发生率3.85‰。新生儿遗传代谢病筛查6876人，筛查率98.48%，确诊先天性甲状腺功能低下6例，肾上腺皮质增生症1例，甲基丙二酸血症1例。新生儿听力筛查6942人，筛查率99.43%，确诊先天性听力障碍35例。定期举办《出生医学证明》管理培训班，每季度对全县各助产单位《出生医学证明》办理情况进行检查，规范和提高《出生医学证明》管理工作水平。开展爱婴医院复评工作，组织高危孕产妇和新生儿抢救绿色通道拉练，确保母婴安全。加强孕产妇和5岁以下儿童死因监测，落实死因逐级评审制度，完善综合干预措施，减少和避免死亡发生。全县婴儿死亡率3.03‰、5岁以下儿童死亡率4.77‰。

【妇女保健】 县直医疗卫生单位和各镇区卫生院严格按照《孕产妇健康管理服务规范》要求，积极开展妇女健康保健知识和“母乳喂养宣传周”等宣传活动。为孕产妇免费建立保健手册，规范提供产前检查和产后访视服务。认真做好高危孕产妇筛查和专案管理，保障广大妇女身心健康。举办全县妇幼卫生信息平台录入培训班，规范孕产妇健康档案建立方法，建卡孕产妇健康体检信息全部录入县公共卫生信息平台，保证孕产妇及时得到系统保健服务。全县孕产妇保健管理率99.10%，系统管理率98.38%，产后访视率98.93%，住院分娩率100%，高危孕产妇专案管理率100%。

【儿童保健】 全县助产单位及时为新生儿建立保健手册。各镇区卫生院对辖区内7岁以下儿童定期进行访视、健康检查、生长发育监测和科学育儿知识宣教指导等系统保健管理服务。“六一”儿童节期间，县妇计所、各镇区卫生院组织人员深入辖区幼儿园，为儿童提供称体重、测量身高、心肺听诊、五官检查、视力筛查和氟离子透入防治龋齿等健康服务，体检率95%以上，将0~3岁儿童健康体检信息录入县公共卫生信息平台，建立儿童健康档案。全县7岁以下儿童保健管理率99.15%，3岁以下儿童系统管理率97.58%，新生儿访视率99.81%，体弱儿专案管理率95%以上。

【重大妇幼卫生项目】 各医疗卫生单位认真落实重大妇幼卫生项目，加强健康知识宣教，组织开展“世界艾滋病日”等宣传活动，规范叶酸、乙肝免疫球蛋白的领取、发放等环节管理。县项目办每月对住院分娩补助资料进行审核，报送县财政部门复核后及时下拨补助资金。对全县重大妇幼卫生项目每季度督导1次，举办4期项目经办人培训班，及时通报发现问题，提出整改意见，确保项目实施效果。2015年，全县住院分娩补助1797人。叶酸补服2529人，孕产妇艾滋病、梅毒、乙肝检测6660人，接受免费乙肝免疫球蛋白注射新生儿235人，实现全覆盖。各镇区卫生院组织开展农村妇女“两癌”检查项目，适龄妇女宫颈癌筛查25963例，确诊2例；乳腺癌筛查25850例，确诊1例。超额完成省卫计委下达2.5万名适龄妇女筛查任务。

【计划生育服务】 扎实做好免费孕前优生健康检查工作，通过组织站内检查、在各镇区计生办开展集中检查等方法，为3140对待孕夫妇提供孕前优生健康检查。检查出具有风险人群690人，及时为他们提供咨询指导、治疗、转诊等服务。认真落实计划生育“新五进”和“药具服务均等化、真情关爱你我他”活动，在县城及各镇区增设使用第二代身份证免费领取避孕套发放机18台，实行24小时服务。

【计划生育基层指导】 年初，县政府下达《2015年度人口计生工作指标》，出台《2015年度人口计生工作考核评估实施意见》。进一步深化人口计生工作改革，积极应对全面两孩政策实施，组织开展符合全面二孩政策目标人群生育意愿调查，形成分析报告。通过调查摸底，全县符合两孩政策目标人群27066人，有生育意愿的15174人。其中30周岁以下7596人，30至40周岁6588人，41周岁以上990人。在流动人口居住地建立流动人口计生协会16个，流动人口之家6个。全年采集流动人口信息1.53万条。慰问留守儿童、留守老人167人，发放慰问金8.35万元。

【计划生育家庭发展】 扎实开展幸福家庭创建和生育关怀行动。针对计划生育失独、伤残家庭，县设立计划生育困难家庭救助资金30万元，为76名失独人员免费办理人身意外伤害综合保险，向392名县属企业持独生子女证退休职工发放一次性奖励、543名结扎后遗症患者发放特扶金，为全县3140对准备怀孕夫妇提供免费孕前优生健康检查。慰问计生困难家庭75户，发放公益金4.5万元；慰问失独人员66名，发放慰问金3.3万元。全年增加奖励扶助对象222人，特别扶助对象9人，人口计生各类惠民政策得到有效落实。出生人口性别比综合治理形成常态化。 （王海东）

卫生监督

【概 况】 2015年，全县卫生监督实行条线执法，分地段、分镇区落实责任。健全常态卫生监督体系标准化建设长效管理机制，建立卫生监督信息运用工作责任制度，卫生监督许可、投诉举报、行政处罚信息系统运用均做到全流程、全覆盖。全年共检查3043户次，监督覆盖率100%，受理投诉举报案件22起，调查处理率、及时反馈率100%。卫生行政处罚卷宗在市卫计委评比中获二等奖1个，三等奖1个，行政许可卷宗在市卫计委评比中获三等奖。

【卫生行政处罚】 全年立案查处各类违法案件51起，罚款12.5万元。其中：非法行医案11起，罚款17000元，没收违法所得283元，没收药品和器械价值4100元；医疗机构违法案36起，罚款97119.3元（消毒产品案12起、罚款16000元，医疗废物案7起、罚款21000元，新农合案3起、罚款23119.3元，母婴保健技术案1起、罚款5000元，超范围诊疗案件1起、罚款2000元，使用非卫技人员案12起、罚款30000元）；集中式餐具案2起、罚款2000元；公共场所处罚2起，罚款4000元；放射卫生案件2起，罚款5000元。未发生行政复议撤销、行政诉讼败诉案件。

【卫生行政许可】 全年受理并办结各类卫生许可275个。其中：公共场所许可150个，医疗机构执业许可27个，母婴保健技术服务执业许可1个，供水单位许可2个，许可复核及校验95个。预防性审查2起。核发健康证明1470个，无超期办件和差错事故发生。

【医疗市场监管】 对全县217家医疗机构，全部建立监管档案。全年监督检查医疗卫生机构345家次，出具《卫生监督意见书》307份，发出不良执业行为记分通知书205份，约谈医疗机构法人代表9家。查处非法行医11起。6月，召开打击非法行医联席会议，进行医疗广告、医疗美容、牙科保健等领域专项整治，检查81家，出具《卫生监督意见书》26份。对全县28家一级以上医疗机构、11个预防接种门诊和62个村卫生室的手术室、透析室、感染性疾病科、内窥镜室、产房、消毒供应室及注射室进行专项检查。查处违法案件6起，出具《卫生监督意见书》22份。对一级以上医疗机构消毒效果及医院污水进行监测。采集消毒样品467份，检测合格467份。采集医院污水样品47份，检测合格46份。

【消毒产品监管】 对21家各类消毒产品经营使用单位进行了监督检查，收缴各类违法消毒产品6种、28盒（件），对违法经营单位，责令其立即整改，实施行政处罚8家。对10家集中式餐具消毒单位监督检查，量化分级管理实施率100%，监测餐具164份，合格149份，合格率90.9%。

【放射卫生监管】 全县开展放射诊疗医疗机构22个，其中开展放射治疗医疗机构1个（县人民医院），普通X射线影像诊断21个。配备各类放射诊疗设备48台（套），从事放射诊疗和X线技术操作人员72名。全年开展2次专项检查，指导督促放射诊疗单位建立健全放射防护档案，督办放射诊疗单位落实防护设施和警示标识配备，18家医疗机构统一配备个人防护服，对2家存在安全隐患医疗单位进行行政处罚。

【公共场所监管】 全县各类公共场所单位898家，从业人员1768人，使用集中空调通风系统7家。全年共检查各类公共场所单位1420户次，下达整改意见书228份，实施行政处罚2起。4月，进行住宿业专项整治，对33家住宿场所公共用品用具和室内空气质量进行现场检测。5月，开展公共场所控烟专项整治，对11家医疗机构单位控烟制度建立和执行情况进行督查，并进行问卷调查。6月，对7家使用集中空调经营单位进行专项检查。6~7月，对公共场所顾客用品及游泳场所空气质量进行监测，监测样品115份，合格113份，合格率98.3%。7~8月份，对游泳场所每周现场监测一次，取样监测56份，合格34份，合格率60.7%。

【生活饮用水监管】 全县有地面水厂3家，农村集中深井供水单位137个。县卫生监督所每月对县自来水厂、沿海自来水厂、黄海农场自来水厂出厂水、末梢水分析监测，丰水期、枯水期做一次全分析监测，检测水样408份，合格率100%。年内，对130个深井水厂进行卫生监督监测，采集水样200份，合格119份，不合格81份，合格率59.5%，不合格项主要为氯化物与沉淀物超标。

【学校卫生监管】 2月、9月，联合县

教育局对全县41所学校饮用水卫生、教学环境、传染病防控进行监督检查。对其中10所中小学教学环境和学校卫生进行综合评价。对5所幼儿园进行消毒效果检测，检测样品60份，合格率100%。6月，对学生饮用桶装水进行抽检，检验结果全部合格。

【卫生监督协管】 重新配备全县卫生监督协管员，各镇区协管室配备2~3名卫生监督协管员，全县配备取得卫生监督协管员证的卫生监督协管员30名。3月、7月，举办2次培训班，对卫生监督协管员和卫生监督协管信息员进行卫生监督协管知识及卫生监督协管信息平台使用方法进行培训。每季度组织人员对全县卫生监督协管工作进行检查督导。全年巡查4312户次，上报信息474户次。 （王耀华）

医政管理

【概　况】 县卫生和计划生育委员会围绕市医政工作要点和全县卫生工作任务目标，狠抓医疗质量管理和业务培训考核，在规范医疗服务要素监管、核心制度落实、预约诊疗、医院感染管理、护理管理、对口支援工作等方面，取得较好成绩。年内，严格按照法律法规，规范医疗机构登记和校验工作，校验30所，变更23所。组织参加医师资格考试174人，办理医师变更注册42人、护士变更注册68人。

【特色专科建设】 全县医疗机构确立“特色立院、专科兴院”工作思路，狠抓重点、特色专科建设。县人民医院疼痛科、超声科、心血管内科、骨科、消化内科、普外科、介入放射、肿瘤科成为盐城市重点专科，康复医学科成为盐城市重点建设专科；县中医院骨伤科成为江苏省基层医疗机构中医特色专科，脾胃科、中医妇科成为盐城市中医重点专科；小尖中心卫生院肛肠科、运河镇卫生院针刀科、六套中心卫生院康复科、南河中心卫生院口腔科、响水镇卫生院碎石科成为县重点建设特色专科。

【预约诊疗】 县二级以上医院全面推广预约诊疗，两家医院参加省预约诊疗平台，通过手机微信APP平台建立“掌上医院”，将医疗服务流程与移动终端系统相融合，优化群众就医流程，减少群众就诊时间。县人民医院与东南大学附属中大医院、解放军总医院、北京协和医院等10家国内知名三甲医院建成远程会诊系统。

【护理管理】 根据《江苏省实施医院护士岗位管理的指导意见》，确定县人民医院作为护士岗位管理试点医院，县人民医院对全院护士进行定岗定级，制定每一层级护士评级及晋级标准。年初，对N3护士和护士长进行双向选择，落选护士在全院轮岗直至表现优秀定岗，改变一些老护士老资格不服从管理现象，提高护理执行力。年终，进行晋、降级考核。县人民医院护士张媛媛参加“8·2”昆山特大事故伤员救治，被省卫生厅表彰为救治工作先进个人。

【医院感染管理】 严格按照国家现行法律法规及技术规范的要求，健全相关规章制度和职责，使各医疗机构院内感染管理标准化、规范化。开展院感检查次，组织相关院感专家对全县各级医疗机构进行专项检查，下发通报和限期整改的要求。全县所有医疗机构包括个体诊所、医务室、卫生室医疗废物全部交给有资质处置的公司进行处置。一级以上医疗机构除两个私立医院外，医疗废水处理设备均安装到位，已进行规范化运作。

【平安医院建设】 全县设立医疗急救分站3个，对急救车辆实行统一编号管理。全年医疗纠纷较去年有所下降。医疗投诉43次，下降8%，申请省、市医学会医疗事故鉴定6例，县医疗纠纷调解委员调解5例、成功5例，赔偿62万元。通过调解达成协议，处理历年医疗纠纷事件3起。全县一级以上医疗机构、村卫生室全部参加医疗责任保险。

【对口支援】 制定《响水县深化城乡医院对口支援工作实施方案》，下发《关于城市医生晋升职称前到基层服务的通知》。县人民医院和常州、无锡等地三甲医院对接，县中医院和省中西医结合医院对接，在人员培训、进修、手术等方面开展合作。无锡市人民医院派出6名专家在县人民医院开展为期3个月对口支援，涉及神经外科、消化科、麻醉科、医学影像科、皮肤科、血管外科等临床医技科室，参与麻醉100多例，开展多项新技术、新项目合作。县人民医院、县中医院与县内卫生院建立对口支援合作关系，选拔39名工作责任心强、技术水平高的医务人员服务镇区卫生院，开办讲座48次，查房及会诊216次。通过门诊坐诊、查房、手术示教、疑难病例讨论、专题讲座、医疗文书书写等各种临床带教形式支援镇区卫生院工作。

【防控中东呼吸综合征】 县成立中东呼吸综合征防控工作领导小组，对各

县医院第三届手卫生促进月活动

医疗单位分管领导、医疗组长、护士长进行相关知识培训、考核，加强防控物资贮备。对各单位中东呼吸综合征防控组织、培训、应急物资准备等情况进行督导，将各项防控措施部署到位、落实到人。

【中医工作】 全县中医工作以创建“全国基层中医药工作先进单位”为目标，组织专门创建班子，制定工作方案，争取财政投入。4月29日，顺利通过省卫计委组织的“全国基层中医药先进单位”省级评审。6月26~27日，国家卫计委专家组4人，在北京市中医管理局医政处处长赵建宏带领下，对响水县创建全国基层中医药工作先进单位工作进行评估验收，响水县被高分评为“全国基层中医药工作先进单位”。

【科教工作】 年内，申报盐城市继续医学教育项目8项，对全县卫生技术人员继续教育进行审验，组织2名卫生院长参加江苏省基层卫生院长培训班、9名镇区卫生院医务人员参加务实进修培训、62人次村卫生室人员到上级医院进修。组织53名全科医生和新招录本科医学毕业生参加住院医师规范化培训、194名乡村医生参加全市乡村医生用药知识培训、3名医生参加全科医生转岗培训。全年组织不同层次卫技人员培训250场次，11500多人次参加。

【药政工作】 定期组织对镇区卫生院、村卫生室实施基本药物制度情况检查。对管理不力的5个镇区卫生院，给予2000元至4000元罚款，并通报批评，对1个使用网外药品村卫生室给予停发3个月基本药物补助处罚。根据省、市文件精神，加强对二级医疗机构高值医用耗材管理，启动二级医院高值耗材网上采购。4月开始，县人民医院和县中医院通过江苏省医疗机构药品(耗材)集中采购与监管平台，集中采购高值医用耗材。改进基本药物结算方法，药品采购货款按时结算。

新型农村合作医疗

【概　况】 全县切实加强新型农村合作医疗(简称“新农合”)制度建设，管理运行机制日趋完善，农民群众广泛得益受惠。2015年，“新农合”参保人口485998人，人均筹资标准480元，其中：个人按100元标准筹资4883.46万元(含新生儿参保按480元标准缴费)，各级政府补助380元/人，补助总额18553.94万元。补偿受益1220276人次，补偿金额19786.02万元（合作医疗补偿19057.94万元，大病保险支出728.08万元)。住院政策补偿比77%，实际补偿比54.94%。

【补偿标准】 普通门诊限县内联网定点医疗机构实时补偿，镇、村补偿50%，其他医院补偿20%，县级医院限报辅助检查费20%，门诊补偿封顶线700元/人/年。住院补偿200元起付线以上部分，政策范围内费用镇卫生院报销90%，县中医院报销80%，其他二级医院报销70%。住院最高补偿封顶线合作医疗20万元、大病医疗保险5万元，合计25万元。签订江苏省重大疾病救治协议患者，在定点救治医院治疗，合作医疗补偿70%，属于民政救助对象的医疗救助20%，个人支付定额或限额标准10%。全年通过合作医疗平台得到一站式医疗救助12535人次，救助金额1557.85万元，其中重大疾病补偿救治3131人次，救助金额484.72万元。从合作医疗基金中，按人均15元标准计728.08万元为参保群众购买商业保险，对经过合作医疗补偿和医疗救助后仍有高额自付费用、超过农民人均纯收入11000元以上部分，按50%~60%标准再次赔付，全年得到大病保险赔付2060人次，赔付金额700.94万元。

【信息化建设】 2015年，响水县与省、市医疗平台数据联网，开通与省级12家、市级4家医院异地就医费用实时结报系统。通过省医疗平台完成全省第一例跨省与上海长海医院联网实时结报医药费。年内，实现省、市、县、镇、村五级医疗平台数据联网目标。县级以上51家、村级153家定点医疗机构，实行医疗费用实时结报。 (刘昌树)

爱国卫生

【概　况】 全县以除害防病为重点，广泛开展群众性爱国卫生运动。着力推进城乡环境卫生整治、农村改厕、病媒生物防治，改善人居环境，提高生活质量；加强农村生活饮用水监督监测，提升预防保健水平。年内完成5个镇区、18个村、10000户农村改厕任务，顺利通过省、市爱国卫生办公室验收。

【全民健康教育】 以开展“亿万农民健康促进行动”为抓手，全面推进健康知识普及工作。全年开展义诊咨询10多次、乡村健康知识巡讲58次，发放健康手册1万本、健康教育资料10万份，通过电视、广播、报纸、板报、画廊等形式广泛宣传健康教育知识。经抽查，群众健康知识知晓率83%，健康行为形成率75%以上。

【卫生创建】 制订除“四害”病媒生物防治计划，坚持以开展群众性爱国卫生运动、铲除病媒生物孳生地的综合防治为主，突击药物灭杀为辅的科学防治方法，除“四害”病媒生物密度控制在国家规定标准范围以内。会同县农办、城管、住建、环保等爱国卫生成员单位，定期开展城乡环境卫生整治行动，切实改善城乡人居环境。围绕创建标准，开展卫生镇、村创建工作，全年创建市级卫生镇4个、市级卫生村4个。 (胡正军)

【责任编辑　苗其培　杨道贯】

民政事务

综　述

2015年，县民政局坚持“以民为本、为民解困、为民服务”工作宗旨，按照“省创特色，市争上游”工作定位，以建设“现代民政示范县”为目标方向，全力打造“为民、团结、务实、清廉、有为”的优良局风，持续开展学理论、学业务、学政策、学法律，提升干部职工政治素质和业务素质。坚持每天一小时、每周一专题、每月一交流、每季一考试、半年一评比、年终一表彰推进学习，开展“每月荐读一本书”，坚持双周开办一次“社会大讲坛”，着力打造学习型机关。试行选人用人新机制，通过“双推”确定初步人选，通过“双考”确定入围人选，通过“票决”确定试岗人选，实行6个月试岗确定正式任职人选，体现“公开、平等、竞争、择优”原则。制定出台《响水县民政局问责问效问廉暂行办法》。监督内容实用化、监督程序规范化、监督结果动真格。深化民政系统创优争先活动，开展“一科室（单位）一创新”工作，及时点评、定期通报；积极打造“省内有影响、市内有位次”的工作，将示范点创建和典型培植分解到各条线、各科室、各单位，目标任务责任到人，强化组织，狠抓落实，以点带面，推进工作；坚持月度工作例会和各条线月度工作例会制度，对当月工作完成情况实行汇报交流、工作点评，重点工作实行一旬一督查、一旬一通报。扎实做好法治建设、文明创建、福彩销售、殡葬管理、慈善事业、社会组织、扶贫促小康、社会工作职业资格考试等工作，受到县委县政府的肯定，多项工作受到省市表彰。先后被表彰为“全省巾帼建功先进集体”“全市法治建设先进单位”“全市依法决策优秀领导班子”“全县先进基层党组织”，被授予“盐城市现代民政建设示范县”等称号。年内，响水县社区建设、乡规民约被《人民日报》《新华日报》专题报道；社会救助工作被《新华日报》《盐阜大众报》报道。

（张小东　纪恒兵）

社会救助

【概　况】建立以城乡低保、医疗救助、特困人员供养制度和临时救助为基础，灾害救助、残疾人救助、孤儿保障为辅助，托底救助为保障的新型具有响水特色的社会救助体系，基本形成贫有所济、弱有所扶、病有所医、老有所养的城乡救助制度，各项社会救助工作逐步走向规范化、制度化运行轨道，最低生活保障基本实现动态管理下的“应保尽保，应退尽退”，医疗救助、临时生活救助、60年代初精减退职老职工生活困难补助等相关政策都给予认真落实，有效保障城乡困难群众的基本生活。城乡低保、五保、孤儿救助标准逐年提高，城市低保标准为490元/月/人，农村低保标准为380元/月/人；农村五保集中供养标准为7800元/年/人，分散供养标准为6600元/年/人；孤儿基本生活保障标准为1000元/月/人；60年代初精减退职老职工生活补助标准为1100元/月/人；医疗救助比例提高到70%，封顶线提高到3.5万元。在坚持公开、公平、公正的原则下进行低保拓面工作，低保人口占总人口比例由3.6%提升到4.1%。2011~2015年全县城乡低保对象新增14092人，退出10121人，净增加3971人。年内，城市低保对象人均补差283元；农村低保对象人均补差218元。出台《关于进一步加强城乡低保工作规范化管理的通知》，规范低保申请、受理、审核、评议、公示、审批等环节；建立申请救助家庭经济状况核对工作领导小组，明确部门工作职责，规范工作要求；成立申请救助家庭经济状况核对中心，投入30万元，开发核对软件系统投入运行；出台低保经办人员近亲属享受低保备案制度，杜绝低保工作人员、经办人员和村（居）干部“人情保”“关系保”等行为；实行低保对象长期公示制度，促进低保工作的公开、公平、公正、公信。围绕“领导干部熟悉政策、民政干部精通政策、广大群众了解政策”，多形式开展社会救助宣传,普及社会救助知识,引导干群知晓申报条件,关注、参与、理解、支持社会救助工作;坚持社会救助工作月度例会,坚持每年两次规范化建设工作现场会和村书记培训班。根据低保对象的劳动能力、家庭困难原因以及生活水平等实际情况,将低保对象划分为ABC三类,动态管理。对于家庭成员中有重病、重残人员并且收入基本无变化的最低生活保障家庭,每年复核一次;对于短期内收入变化不大的最低生活保障家庭,每半年复核一次;对于收入来源不固定、成员有劳动能力和劳动条件的最低生活保障家庭,原则上城市按月、农村按季复核一次。每年会同县财政局,采取现场核对、上门核对、取证核对、重点抽查等方法对社会救助对象进行"回头看"活动。公开举报电话,接受群众来访,做到有访必处,有处必馈,有举必查,有查必果。对不符合条件的及时予以查处清退,对生活确属困难的漏保户及时纳入。坚持健全城乡低保制度,兜底脱贫一批;巩固特困人员供养政策,供养脱贫一批;加大医疗救助力度,扶助脱贫一批;完善临时生活救助方式,救急救难一批;推进实施"支出型"贫困家庭生活救助,托底保障一批,有效发挥"最后一道安全网"的兜底作用,做好社会救助与扶贫开发有效衔接。

【城乡低保】 7月1日起,全县农村低保标准从每人每月340元提高到每人每月380元,比上年增长11.8%;城市低保标准从每人每月450元提高到每人每月490元,比上年增长8.9%。全县城乡低保对象12763户25806人,占全县总人口4.1%,发放低保金6666万元。其中,城市低保对象1633户3206人,发放低保金1035万元;农村低保对象11130户22600人,发放低保金5631万元。加强规范化建设。出台《关于进一步加强城乡低保工作规范化管理的通知》《关于建立低保工作人员、经办人员和村(居)干部近亲属享受低保备案制度的通知》《关于建立城乡最低生活保障对象长期公示制度的通知》等一系列配套政策,建立健全申请救助家庭经济状况核对制度和核对机构,坚持每月例会制度,通过培训会、现场会、推进会等形式不断提高城乡低保工作的规范化管理水平。坚持动态化监管。紧紧围绕"申报审核程序化、审批过程公开化、低保对象动态化、档案管理规范化"要求,加强低保工作长效化动态管理,对"关系保""人情保"等不符合条件的坚决取消,让"阳光低保"深入人心,体现公平、公正、公开的真正意义。经过动态管理,2015年全县城乡低保新增1983人,停减发2558人。严格社会化发放。县财政部门设立低保资金专户,实行专户管理,封闭运行,严格拨付程序,全部打卡直接发放到户,坚持城镇低保按月、农村低保按季足额发放,于每月10日前或每季度第一个月10日前发放到位。

【医疗救助】 年内,医疗救助对象的医疗救助比例提高到70%,封顶线提高到3.5万元,提高居民医疗保障水平,减轻居民重大疾病负担。在救助对象上不仅对城乡低保、农村五保、享受民政部门定期定量生活补助费的60年代精减退职职工(含老武警)和50年代部分退职人员、重点优抚对象、特困职工、重度残疾人员、农村建国前老党员、精神病人、流浪乞讨病人和弃婴、孤儿等10类特殊群体给予及时救助,对农村0~14周岁儿童急性淋巴细胞白血病等20类疾病25个病种也按规定全部给予及时救助。年内,共医疗救助15451人次2113万元。

【临时救助】 根据《关于进一步完善城乡困难群众临时生活救助办法的通知》,对低保边缘户、特殊群体因重大疾病或遭遇突发灾害等原因导致基本生活困难及时给予临时性生活救助,全年对因病、因灾导致生活困难救助601人次,救助金额74万元,是上年同期的2倍,保障困难群众基本生活、维护社会稳定。

【"支出型"贫困家庭生活救助】 按照《响水县困难群众托底救助实施办法》规定要求,年内,县民政局进一步整合现有救助资源,优化救助形式,及时解决制度外困难家庭基本生活,推进实施收入型与支出型互补的社会救助制度,将现行制度性救助后仍有困难的家庭和目前制度性救助没有覆盖到且因病、因灾等因素导致生活困难的低保边缘家庭纳入救助范围,切实解决"支出型"困难群众基本生活问题,全年救助174人次,发放救助金20万元。

【城市"三无"人员供养】 年内,全县城市"三无"(无生活来源、无劳动能力、无法定赡养人)人员13人,供养标准按上年度城镇居民人均可支配收入的50%确定,提高到每人每月905元。

【老职工生活救助】 年内,全县六十年代初精减退职老职工(含职业武警)245人,7月1日起,补助标准从每人每月900元提高到1100元,全年发放救助金307万元。 (游常军)

社会福利

【概　况】 县政府研究出台《关于加快推进我县社会养老服务体系建设的意见》《关于加快发展养老服务业的实施意见》,推进各类养老机构建设。积极推进居家养老服务中心建设,采取"以奖代补"方式,集中采购空调、彩电等物资配备各中心(站),建成一批省级示范性居家养老服务中心。全县96个居家养老服务中心(站),其中,城市社区居家养老服务中心(站)10个、集镇社区居家养老服务中心(站)13个、农村社区居家养老服务中心(站)73个。96个居家养老服务中心中,8个被评为省3A级服务中心。有床位614张。城市和集镇居家养老服务中心(站)覆盖率100%,农村社区居家养老服务中心(站)覆盖率77%。社区居家养老服务中心(站),按照就近方便、小型多样、功能配套的要求,为老年人提供日间照料以及助餐、助洁、助浴、助医、助行、助购等生活服务。按照省"三有三能六达标"的要求,县政府投入资金4500万元新建张集、六套、南河、大有4

所敬老院，扩建双港、黄圩、老舍、七套4所敬老院，改造小尖、陈家港、运河3所敬老院，新增土地6.33公顷，新增建筑面积9815平方米，新增房屋293间，新增床位468张，全县敬老院总床位1200张。所有敬老院实现老人宿舍有空调、电视、卫生间，不出院能洗澡、能看病、能康复娱乐的“三有三能六达标的”目标。县社会福利中心占地3.33公顷，一期建设三栋三层老年公寓，建筑面积6200平方米，床位150张，总投入1800万元，配套设施齐全，已投入运行。夕阳红托老所、小尖爱华老年公寓等民办养老机构成为社会养老服务体系中重要组成部分，全县民办养老机构床位数600张。恒康养老服务中心、安康老年服务中心、康宝老年公寓三家民办养老机构正在建设中，投运后将增加床位450张。县财政每年安排专项资金对80周岁以上老人足额及时发放尊老金，2015年度全县1.2万名老人发放尊老金805万元。实施“安康关爱行动”，推广老年人意外伤害险和养老机构综合保险，全县安排福彩公益金64万元为全县2万多名80周岁以上老人、五保老人、低保家庭老人每人购买一份“老年人意外伤害综合保险”，另有3.3万名城乡老年人自愿购买，全县参保率50%，县民政局得到省、市表彰。

【五保供养】 年内，全县申报“五保”对象192人，经与财政部门一起入户核查并对照《条例》规定条件和程序会办研究，符合五保供养条件167人，核退25人，新增人员在5月30日《今日响水》报上进行集中公示。年底，全县五保供养对象1635人，其中集中供养265人，分散供养1370人，集中供养率16%，7月1日起，提高五保供养对象供养标准，集中供养标准从2014年的6651元/年/人提高到7800元/年/人，分散供养标准从2014年的5542元/年/人提高到6600元/年/人，全年发放供养金1054.86万元。

【星级敬老院创建】 年内，南河镇敬老院成功创建为省三星级敬老院，响水中心、运河、张集3所敬老院获省二星级敬老院，其他敬老院获省一星级敬老院。全县完成省规定要求星级敬老院创建任务。 （姚懿珉）

【灾害救助】 年内，县民政局出台《自然灾害救助应急工作规程》和《响水县救灾装备管理暂行办法》，规范有序开展自然灾害救助。双港镇、运河镇、南河镇、经济开发区、张集中心社区等镇区先后遭风雹、洪涝等自然灾害，直接经济损失780万元，灾害发生时，县民政局及时发布预警信息，组成工作组，指导镇区转移安置群众，加强应急值守，按照《自然灾害救助条例》要求，科学、有序应对灾情。2015年起，全县因灾生活困难群众冬春救助按照受灾群众申报、村居评议公示、镇区审核公示、县级审批打卡的程序，采用社会化发放方式管理使用救助款，首次采取银行直接发放形式，减少中间环节，提高资金发放效率，全县1745户受灾群众领取71.33万元冬春救助金。加强灾害信息员队伍建设，县、镇区、村居三级灾害信息员183人，开展培训16次，其中村居灾害信息员培训14次，镇区灾害信息员培训2次。开展互联网+救灾工作，投入5万元为14个镇区灾害信息员配发报灾手机，安装使用APP报灾软件。推广使用手机报灾，得到省民政厅的充分肯定，接受新华日报记者专访，相关工作在《新华日报》《江苏科技报》刊登，在全省减灾救灾工作会议上作专题交流发言。积极开展减灾工作，发挥县减灾委的综合协调作用。在“5·12”防灾减灾宣传周期间，由县减灾办牵头，组织民政、气象、地震、消防、红十字会等单位，在县城滨江路广场开展联合防灾减灾宣传。各镇区通过悬挂标语、发放传单等形式做好宣传工作。2015年，双港镇兴华村成功创建为国家级综合减灾示范社区，至年末，全县获得国家级综合减灾示范社区3个（响水镇东园居、响水县城东居、双港镇兴华居），省级综合减灾示范社区2个（响水镇城南居、陈家港镇合兴居）。 （陈良峰）

【福彩销售】 全县福利彩票销售网点79家，其中县城53家，镇区26家。至年底，全县销售福利彩票3666万元，其中，电脑型福利彩票2092万元，即开型福利彩票134万元，中福在线大厅1440万元，为全县筹集公益金360万元。紧紧围绕“扶老、助残、救孤、济困”发行宗旨，突出福利彩票的救助性、慈善性和公益性，强调福利彩票“公开、公平、公正”原则，坚持“多人少买、寓购于乐”购彩理念。通过媒体向社会各界公布福彩公益金使用情况，投入310多万元用于社会福利院、镇区敬老院、老年事业；投入20万元帮助弱势群体，慰问困难群众和临时救助。春节前，投入10万元组织开展“福彩爱心献万家”活动，资助特困家庭。中秋节前，投入公益金2万元资助县红十字会博爱学校孤儿学生的学习和生活。投入公益金3万元资助县残疾人康复中心，支持残疾人康复事业。投入公益金5万元资助县特殊学校。在《今日响水》报上组织5个专版宣传福彩工作，制作福彩专题宣传片在响水电视台《灌河潮》栏目滚动播出，扩大公益福彩影响，拓展发展空间。 （于海波）

【流浪乞讨人员救助】 年内，县民政局积极发挥县流浪乞讨人员救助管理工作联席会议牵头单位作用，与各成员单位一起，齐抓共管，推进全县流浪乞讨人员救助管理工作有序开展。切实做好元旦、春节期间街头生活无着人员救助保障工作，牵头协调有关部门在县城辖区内及各镇（区）集中开展巡查收治救助工作，做好各种应急措施的落实，组织进行夜巡和日常巡查工作。结合具体工作实际组织采购相关配套御寒物资，实施“寒冬送温暖、夏季送清凉”专项救助行动。

县救助管理站开展巡回救助、开放救助、应急救助等救助服务。全年对265人实施主动救助，其中：未成年人8人，青壮年54人，老年人57人，流浪精神病人及痴呆人员86人。救治危重病人15人，购买车票资助返乡155人，护送回原籍32人，安置13人。未发生任何安全和责任事故。 （梅亚军）

【慈善工作】 加强基层慈善组织网络建设，县慈善会2015年下发《关于成立

村(居)慈善工作站的通知》,在2014年各镇区成立慈善会的基础上,建立152个村居慈善工作站,建立各项制度,明确专人负责,为推进全县慈善事业的发展创造条件。积极开展善款募集活动,年度内接收定向捐赠18万元,募集捐赠衣物299件,折合人民币约2.99万元;截止年底,慈善账面资金余额419.55万元。扎实开展慈善救助工作。全年儿童重大疾病慈善救助新申报11人,救助15人,累计发放慈善救助金额25.09万元,其中省级慈善救助17.56万元,县级慈善救助7.53万元;承办全市成人大病慈善救助40例,发放救助金额5万元;本级慈善救助14例,发放救助金额2.53万元。(汪思远)

【孤儿保障】 2015年,县政府办出台《响水县推进适度普惠型儿童福利制度建设和未成年人社会保护工作实施意见》,《意见》明确孤困儿童分类、困境儿童申请、审核和审批程序,健全完善医疗、教育、住房、就业保障体系。截止年底,全县实际享受孤儿救助123人,救助标准为每人每月1000元,困境儿童16人,救助标准为每人每月500元。(赵永飞)

【福利企业】 2015年,县民政系统认真执行国家促进残疾人就业新的税收优惠政策,切实保障残疾人劳动就业合法权益,鼓励申办福利企业。至年底,全县共有福利企业8家,职工373人,安置残疾职工127人,全年纳税400.55万元。实施福利企业互查互评运作模式,按照《福利企业资格认定办法》,逐一对照检查,以达到相互学习、相互提高的目的,对互查中发现的问题及时整改。(赵永飞)

双拥　优抚

【概　况】 在全省第十届双拥模范城(县)命名暨双拥模范单位和个人表彰大会上,响水县被省委、省政府、省军区命名为省级"双拥模范县"。

全面落实优抚政策。坚持执行省、市优抚对象抚恤补助标准自然增长机制的规定,按市制定标准按时足额发放抚恤优待资金。在全市率先实行"四金合一"(优待金、定补金、抚恤金、荣誉金合一),由民政造册、财政拨款、个人持卡、银行按时发放,形成制度化。规范优抚对象医疗保障制度,实行"一站式"平台结算,优抚对象医疗难问题得到有效缓解。积极开展烈士褒扬。积极向上争取资金240万元,实施"慰烈工程",加强县、镇烈士纪念设施建设改造,积极发挥县烈士陵园爱国主义教育基地作用。创新双拥建设内涵。每年组织机关企事业单位、社会组织参与双拥共建活动,为部队办实事、办好事,结成共建对子,推进军民融合发展,不断改善驻响官兵的训练、生活条件。扎实做好涉军信访工作。多层次落实责任体系,拉网式排查信访隐患,全方位掌握信访信息,大力度解决信访诉求,认真做好疏导引导,全方位落实稳控措施,积极主动约谈重点信访人,敏感时期坚持信访研判制度,涉军群体整体稳定,涉军信访稳定工作走在省市前列。

创新退役士兵安置工作,围绕拓宽安置渠道,坚持岗位安置和自谋职业相结合;围绕解决就业难,采取技能培训和出台扶持政策相结合,促进社会公平正义,全面完成城乡一体化安置。坚持思想认识到位、组织领导到位、资金投入到位、政策扶持到位、责任落实到位,通过有力有序工作,退役士兵安置工作取得较好成绩。2015年,被表彰为全省退役士兵和军队离退休人员安置工作先进单位。

【优待抚恤政策】 2015年,全面落实优抚对象抚恤标准自然增长机制。为全县377名残疾军人支付抚恤、定补经费668.8万元,为165名"三属"(烈士遗属、因公牺牲军人遗属、病故军人遗属)支付抚恤金、定补金313.9万元;为335名在乡复员军人支付定补金507.8万元,为1731名带病回乡退伍军人支付抚恤金、定补金851.7万元;为94名参战、参核人员支付抚恤金、定补金51.9万元。认真落实部分农村籍退役士兵老年生活补助发放政策,对全县1210名60周岁以上、居住在农村、无固定收入的退伍老兵发放生活补助金169.5万元。落实为部分烈士子女发放定期生活补助政策。为145名60周岁以上、18岁前未享受过定期抚恤金待遇的烈士子女发放生活补助金计64.4万元。全县年发放优抚金2627.9万元。

【义务兵家庭优待】 2015年,全县按城乡统一标准落实义务兵家庭优待金,按不低于上年度城镇居民人均收入45%标准,每户9770元,470名城乡义务兵家庭发放优待金565.9万元。

【优抚医疗保障】 2015年,落实《优抚对象医疗保障办法》,不断提高优抚对象医疗保障水平。全县重点优抚对象全部参加城镇职工医疗保险、城镇居民医疗保险和新型农村合作医疗。203名六级以上残疾军人全部参照离休干部医疗保障待遇参加城镇职工基本医疗保险,其他重点优抚对象医疗经费全部实行"一站式"结报。

【城乡退役士兵安置】 2015年,根据省政府关于做好2014年冬季退役士兵接收安置工作的通知文件精神,完成城乡退役士兵一体化货币安置。2015年接收安置2014年度退役士兵(士官)264人,其中符合政府安排工作条件转业士官8人,对8名士官进行岗位安置,其他人员全部实行货币化安置。实行货币化安置的退役士兵256人,全年累计发放城乡退役士兵安置经费506.6万元。建立退役士兵自谋职业补助金标准自然增长机制,从2012年起,自谋职业补助金标准按当地上年度城镇居民可支配收入1.5倍自然增长。军休干部定期增资及军队离休干部护理费调整执行到位,发放生活待遇金78.6万元。

【退役士兵职业技能培训】 2015年,采取扶持和引导相结合,坚持"自主选择、免费培训"原则,全县有264名退役士兵参加市、县组织的免费职业技能培训,实际参加培训261名,参训率98.8%。

【双拥创建】 年内，全县不断创新双拥工作，“结对子，办实事，我为双拥争贡献”活动逐步走向深入，把结对子从政府转向基层，社会各阶层共同参与，把活动的方式从节日型走访转向日常性互办实事。全年组织52个单位与驻响9个部队单位结成军民共建对子，为驻响部队办实事32件，投资72万元。八一建军节前后，县主要领导带队在县人武部、县消防大队、县武警中队和县边防大队、连云港海军基地、陈家港海军农场慰问。组织企事业单位、社会组织为部队办实事、办好事，组织医务人员为驻响官兵义务体检，组织文艺演出队在部队慰问演出。开展“军营一日”、举办国防知识讲座、开展双拥知识宣传等系列活动。

拥军模范孙大妈慰问驻响部队官兵

盐城市2015年优抚对象抚恤定补标准

表64　　　　单位:元/年

人员	分类		按14年度统计数据测算15年地方自然增长机制标准			2014年10月1日起执行标准	2015年10月1日国家、省抚恤补助	2015年10月1日起执行标准
原在乡残疾人员抚恤金	一级	战	全市在岗职工平均工资（城镇非私营单位从业人员平均工资）	1	47200	52360	60210	60210
		公		0.96	45312	50700	58310	58310
		病		0.93	43896	49040	56400	56400
	二级	战		0.9	42480	47380	54490	54490
		公		0.88	41536	44890	51620	51620
		病		0.87	41064	43210	49690	49690
	三级	战		0.85	40120	41570	47810	47810
		公		0.8	37760	39070	44930	44930
		病		0.75	35400	36590	42080	42080
	四级	战		0.7	33040	34070	39180	39180
		公		0.6	28320	30760	35370	35370
		病		0.57	26904	28260	32500	32500
	五级	战		0.55	25960	26620	30610	30610
		公		0.5	23600	23270	26760	26760
		病		0.45	21240	21610	24850	24850
	六级	战		0.4	18880	20800	23920	23920
		公		0.37	17464	19680	22630	22630
		病		0.32	15104	16630	19120	19120
	七级	战		0.3	14160	15800	18170	18170
		公		0.26	12272	14140	16260	16260

续表64

人员	分类		按14年度统计数据测算15年地方自然增长机制标准			2014年10月1日起执行标准	2015年10月1日国家、省抚恤补助	2015年10月1日起执行标准
原在乡残疾人员抚恤金	八级	战	全市在岗职工平均工资(城镇非私营单位从业人员平均工资)	0.2	9440	9970	11470	11470
		公		0.17	8024	9130	10500	10500
	九级	战		0.15	7080	8290	9530	9530
		公		0.13	6136	6650	7650	7650
	十级	战		0.11	5192	5820	6690	6690
		公		0.1	4720	4980	5730	5730
三属抚恤金	烈属	城镇		0.45	21240	19373	19120	21240
		农村		0.45	21240	19373	14510	
	因公牺牲军人遗属	城镇		0.4	18880	17221	16410	18880
		农村		0.4	18880	17221	13850	
	病故军人遗属	城镇		0.35	16520	15068	15400	16520
		农村		0.35	16520	15068	13270	
在乡复员军人定补金	抗日战争时期		全市农民人均纯收入	0.75	10811	13283	9072	15683
	解放战争时期			0.7	10090	12758	8572	15158
	建国后			0.65	9369	12232	8572	14632
带病回乡退伍军人定补金						4320	1968	4920
“两参”和“铀矿”开采人员生活补助金						4320	5520	5520
老烈士子女						3240	4020	4440
60岁以上农村籍退役士兵(每当一年义务兵)						180	180	240

社会行政管理

【概　况】 局行政审批服务工作始终坚持以“依法行政、为民服务”为宗旨,以创建文明窗口为载体,以优质文明服务为目标,认真做好各项登记服务工作。“十二五”期间办理结婚登记3.8万对,离婚登记4500对,补发结婚登记1万多对,出具(无)婚姻记录证明1.4万份,登记合格率100%。连续五年被县政府评为“红旗窗口”“人民满意基层服务单位”。2015年被市总工会授予“模范职工小家”等称号。在行政审批服务工作中,严格坚持一站式全程高效服务,从建档、登记、验证、发证一条龙服务;坚持开展宣传活动,提高公民法制观念;坚持防腐倡廉,杜绝人情登记;坚持政务公开制度,自觉接受群众监督。认真贯彻落实国务院《殡葬管理条例》《江苏省殡葬管理条例》和省、市系列会议精神,殡葬管理工作取得较好成效。在集中开展的农村环境综合整治“百日会战”和“百日攻坚行动”中,平迁散坟1.6万座,新建农村公益性公墓118处。

【婚姻登记】 2015年,全县婚姻登记在县政务服务中心民政窗口办理,实现全国联网。全年办理结婚登记8311对(其中补领婚姻登记2136对),比2014年少登记395对。离婚登记1577对,比2014年增加339对。婚姻登记中的建档、登记、验证、发证都由两人负责,严格执行《婚姻法》《婚姻登记条例》《江苏省婚姻登记工作规范》,依法行政,一对一解答当事人咨询,杜绝人情登记。建档率100%,登记合格率100%。自觉接受群众和社会各界监督。县婚姻登记处在2009~2015年度连续被县政府授予“红旗窗口”称号,2015年被市总工会授予“模范职工小家”称号。

（许　飞）

【殡葬改革】 2015年,县殡仪馆火化遗体3395具,火化率99%。在殡葬改革中,继续推进散坟整治工作,结合全县农村环境综合整治,全县平迁散坟3022座。进一步规范县城治丧行为,引导市民树立科学、文明、节俭治丧新风尚,严肃查处妨害社会公共秩序、侵犯他人合法权益等违规治丧行为,积极引导市民到殡葬服务中心办丧。县殡仪馆添置高级拣灰炉已全面安装并投入使用，增设贵宾休息室，并对告别厅进行全面装修，较大幅度地改善馆容馆貌，治丧环境得到进一步优化。做好骨灰存放室和公益性墓地建设工作，县福寿园公墓存放骨灰盒152只。推进农村公益性公墓建设和管理，2015年11月出台《关于进一步推进农村公益性公墓升级改造工作的通知》，规范公益性公墓的建设和管理工作，促进公墓管理工作长效化、常态化。全县农村公益性公墓建成118处，其中验收合格105处。县福寿园公墓年内销售墓位93座。

【惠民殡葬】 2015年内，实施惠民殡葬政策，免除城乡困难群众、重点优抚对象、“三无”(无生活来源、无劳动能力、无法定抚养义务人)人员等九类群体652人的基本丧葬服务费71.72万元。

(王涛才)

【地名普查】 本着“查漏补缺、更新完善、全面提升”原则，补充调查2011年1月1日至2014年12月31日各类新生地名的名称、位置及相关属性信息。充实完善前期地名普查试点成果，按照新要求查漏补缺、审核考证、更新提升、全面扩充地名属性和地名文化内容。

(赵永飞)

社会组织管理

【概　况】 2015年底，全县社会组织595个，其中社会团体433个，民办非企业单位161个，基金会1个。年内，社会组织新增18个。社会团体中农村专业经济协会125个，社区社会组织214个，万人拥有登记社会组织数9.5个(按62.5万人口)。初步形成门类齐全、覆盖广泛、结构优化、布局合理的社会组织体系。

【四类社会组织培育发展】 开展对行业协会商会类、科技类、公益慈善类、城乡社区服务类社会组织直接进行注册登记工作，取消上述四类社会团体筹备成立审批环节，降低社会团体会员数量标准。上述四类社会团体会员数量降低为20个以上个人会员或者10个以上单位会员，个人会员、单位会员混合组成的，会员总数不少于20个，对城乡社区服务类社会组织注册资金不作要求。压缩办结时限，将社会组织成立登记时间由法定60日减少为7个工作日，变更登记时间由30日减少为3个工作日。积极引导社会组织参加社会公益活动，参与基层管理和服务，认真开展社会组织典型培植和示范点创建及一科室一创新工作，创建社会组织示范点8个，创新项目2个，充分发挥优秀社会公益服务项目的引领作用。

【社会组织评估】 分类召开社会组织评估工作会议，让社会组织对评估工作的评估对象、申报办法、组织方式、评估程序、评估时限以及评估细则有全面的了解。使各社会组织充分认识和理解评估的宗旨、意义和相关政策，为社会组织评估奠定良好基础。年内，按照《盐城市社会组织评估暂行办法》，从基础条件、内部治理、诚信建设、业务活动、社会评价等5个方面，按照“1A、2A、3A、4A、5A”5个等级，县民政局对217个社会组织进行评估，评出3A级社会组织25个，2A级社会组织20个，1A级社会组织170个，响水县文博中英文学校、响水药监志愿者协会被市民政局评估为4A级社会组织。获得评估等级的社会组织数占应评的社会组织总数比率为73%(应评社会组织总数297个，已评估社会组织217个)。

【规范服务与管理】 做好社会组织登记服务工作。认真履行手续，严格审批程序，热情周到服务。对申请成立社会组织，符合登记和变更登记条件的确保在7个工作日和3个工作日内办理完毕，未发生一起办件超期和被投诉事件。对申请成立登记材料不全或不会填写的积极主动帮助完善和代其填写，对同一种类型(城乡社区服务类)社会组织登记量较大的制定模板，保证登记质量。强化检查督查力度。认真履行登记管理机关对社会组织的监管职能。同时协调好业务主管单位对其许可的社会组织加强管理。采取平时核查、走访掌握、座谈了解、规范年检等多种措施，对重点社会组织采取实地检查，看其组织建设、内部管理、业务活动、规范自律、服务意识等方面是否存在问题，是否影响社会组织的健康发展和其作用的发挥，对年检基本合格的社会组织限期整改。扎实做好领导干部在社会团体兼职问题专项整治工作。按照市委组织部、市民政局《关于领导干部在社会团体兼职问题专项整治工作的实施方案》(盐组通〔2015〕29号)文件要求，对在民政部门登记的社会团体负责人逐个排查，建立台账，同时积极配合县委组织部，协同推进专项整治工作。

【创新社会组织孵化园建设】 依托县文明办资源配置好的优势，多次和县文明办联系协调共建社会组织孵化园160平方米的社会组织孵化园挂牌成立。社会组织孵化园以“提供创新平台、助力公益事业、建设厚德响水”为宗旨，秉承“政府扶持、社会参与、专业运行、项目合作”运营模式，着眼于构建适应本地实际的社会组织发展生态圈，进一步扶持和培育公益性社会组织发展。年内，入住孵化园的公益性社会组织有6家，分别是响水县美德基金会、响水县志愿者协会、响水助力微梦公益协会、响水县义工协会，响水县红烛公益协会，响水县少儿慈善会，即将入住孵化园的社会组织1家(响水县阳光志愿者协会)。

(王士清)

基层政权和社区建设

【概　况】 年内，县政府研究出台《关于制定乡规民约、推进基层村民自治试点工作方案》，由县政府办牵头，组织县相关部门就规约制定召开座谈会，广泛听取意见；试点工作取得经验后，在全县各镇区开展乡规民约制定工作，制定中发挥村(居)民的自主性，集中群众的智慧，抓住群众关心的重要事务和热点问题。乡规民约贴民意、接地气，进一步推进基层社区治理。《人民日报》《新华日报》《盐阜大众报》等媒体宣传报道响水县乡规民约做法。大力推进"政社互动"，在省政府召开的相关会议上作经验介绍。

【基层政权工作】 扎实推进乡规民约工作。按照"三上三下"程序和方式，推广符合法治精神、切合基层实际的乡规民约，实现民事民议、民事民办、民事民管，发挥村(居)民的自主性，集中群众的智慧、抓住群众关心重要事务和热点问题，让乡规民约贴近民意，更接地气，发挥乡规民约在基层社会治理中的重要作用，不断提升基层民主法治建设水平。2015年8月5日《人民日报》以《江苏响水乡规民约"约"出好民风》为题作专题报道。推行"村帮办"制度，提升基层组织服务效能。实行"三代三帮"，即事务代办，帮群众解决需求；便民代理，帮群众办理实事；民意代言，帮群众反映诉求。收集本村广大群众的建议意见，向办事村民解答有关问题，帮助解决急难问题，让群众少跑冤枉路，少花冤枉钱，变"群众跑"为"干部跑"，"多次办"为"集中办"。打通服务群众"最后一公里"，把改进作风的成效落实到基层组织和"末梢神经"，促进村级组织由"管理型"向"服务型"转变，有效解决农民群众的"办事难"问题。

【社区建设工作】 按照城乡社区"四个一"(一委一居一站一办)新型管理服务体系，将全县主要骨干道路沿线基础条件较好、服务功能过硬和有亮点特色的村居作为新型社区示范点，辐射带动，整体推进。加大社区综合服务平台建设。县政府办出台《加强全县镇(村)级便民服务中心(站)建设实施意见》，从场所建设、办公设备、运行模式、日常管理等四个方面规范村级便民服务站建设标准，此外县农村工作领导小组印发《部分村居党群服务中心建设实施方案》，对我县部分未达标的村居党群服务中心提出明确要求，确保按时保质保量完成建设任务。按照省、市、县政府"政社互动"提出的总体目标和要求，在试点工作的基础上，推行"政社互动"全覆盖。

【平安边界工作】 根据《行政区域界线管理条例》规定，按照上级工作部署，5月，对全县9个界桩进行实地踏勘，掌握边界地区实时信息；核查校对界桩实际情况，组织对界桩进行维护保养及加固，确保界线标志物及附属设施完整牢固。为巩固勘界成果、加强界线管理、维护边界地区经济和社会稳定发展，充分发挥民政部门在创建平安边界工作中作用，2015年，县民政局与滨海、灌南、灌云、涟水等周边县签订《平安边界创建协议书》，明确平安边界建设共建目标以及相应措施、机制，共同推进边界地区和谐稳定。

【村务公开】 年内，县村务公开工作领导小组办公室下发《2015年响水县村务公开工作要点》，规范村务公开内容、程序、形式、时间，积极推进"四议两公开"工作法，村务重大事项由党组织提议、支委会和村委会联系会议商议、全村党员大会审议、村民会议或村民代表会议决议，公开决议内容，公开实施结果。 (赵永飞)

【责任编辑 顾霞飞】

知识链接

这些食法不科学

餐前吃西红柿

容易使胃酸增高，食用者会产生烧心腹痛等不适症状。

胡萝卜汁和酒同饮

可在肝脏中产生毒素，引起肝病。因此，建议人们不要在饮用胡萝卜汁后饮酒，或是在饮酒之后饮用胡萝卜汁。

炒豆芽菜欠火

豆芽一定要炒熟，否则，食用后可能会引起恶心、呕吐、腹泻、头晕等不良反应。

炒苦瓜不焯

苦瓜所含的草酸会妨碍食物中钙的吸收。因此，在炒苦瓜之前，应先把苦瓜放在沸水中焯一下，待去除草酸后再炒。

(摘自《大众阅读报》)

社会生活

城市居民生活

【城市居民收入】 2015 年，据国家统计局响水调查队对县城 100 户城镇住户生活水平抽样调查，并经省、市科学评估，响水县城市居民人均可支配收入23642元，同比增长8.9%。其中：人均工资性收入 11628.5元，同比增长0.8%；人均经营性收入5800.6元，同比增长7.0%；人均财产性收入2100.7元，同比增长33.1%；人均转移性收入4112.5元，同比增长29.5%。

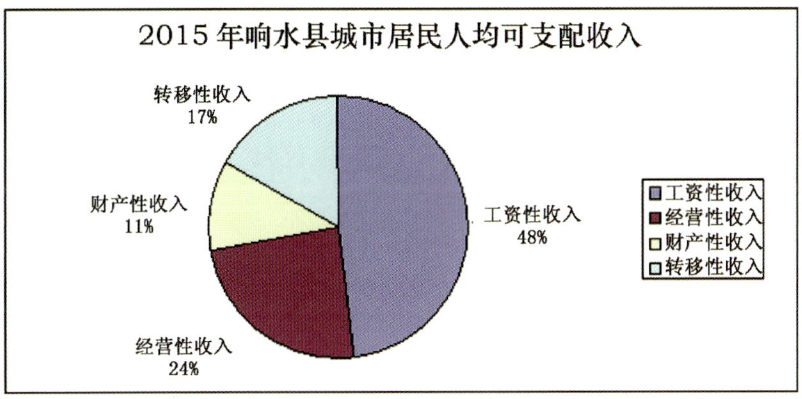

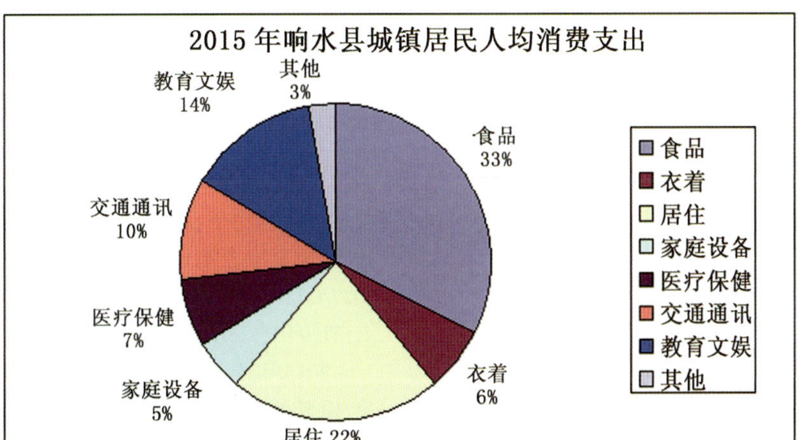

【城市居民消费】 2015 年，响水县城市居民人均消费支出 10659 元，同比增长 7.4%。其中：食品消费支出 3470 元，同比增长 6.3%；衣着类消费支出 688 元，同比增长 6.0%；居住类消费支出 2338 元，同比增长 7.1%；家庭设备、用品及服务类消费支出 560 元，同比增长 10.9%；医疗保健类消费支出 738 元，同比增长 5.9%；交通通讯类消费支出 1114 元，同比增长 14.5%；教育文化娱乐服务类支出 1443 元，同比增长 5.7%；其他类商品和服务消费支出 308 元，同比增长 7.6%。

农村居民生活

【农村居民收入】 2015 年，响水县农村人均可支配收入实现 13088 元，同比增长9.4%。其中：农村居民人均工资性收入5817.6元，同比增长0.4%；人均经营性收入3760.1元，同比增长0.2%；人均财产性收入566.6元，同比增长259.5%；人均转移性收入2944元，同比增长30.3%。

【农村居民消费】 2015 年，响水县农村居民人均生活消费支出8747.8元，同比增长10.4%。其中：人均食品消费支出3087元，同比增长10.6%；衣着类消费支出504元，同比增长11.5%；居住类消费支出2206元，同比增长9.6%；家庭

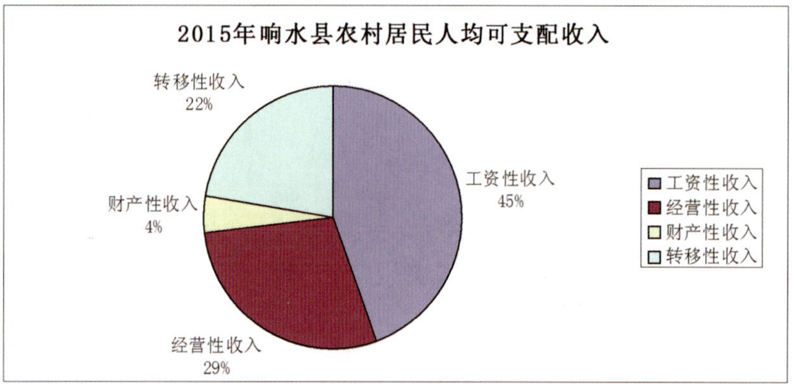

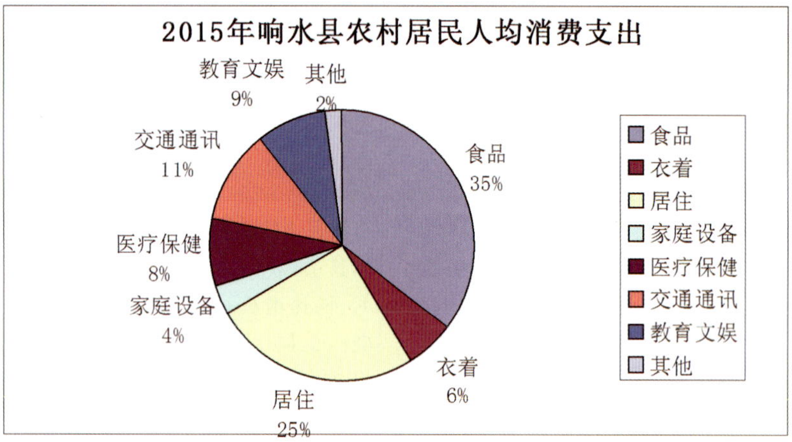

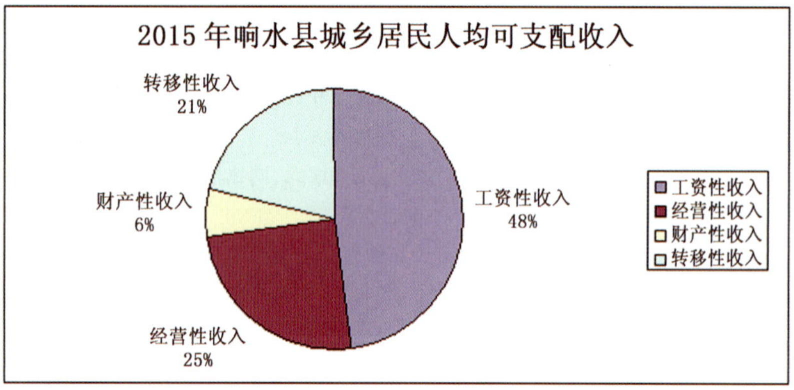

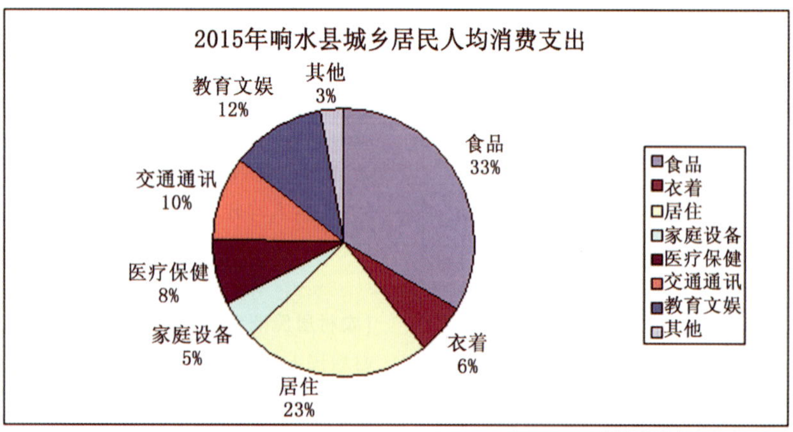

设备、用品及服务类消费支出318元，同比增长13.6%；医疗保健类消费支出706元，同比增长11.5%；交通通讯类消费支出992元，同比增长12.2%；文教娱乐用品支出770元，同比下降7.7%；其他类商品和服务消费支出164.8元，同比增长6.3%。

城乡居民生活

【城乡居民收入】 2015年，响水县城乡居民人均可支配收入17949.0元，同比增长9.1%。其中：人均工资性收入8563.7元，同比增长0.5%；人均经营性收入4481.0元，同比增长7.4%；人均财产性收入1056.4元，同比增长38.9%；人均转移性收入3847.9元，同比增长28.4%。

【城乡居民消费】 2015年，响水县城乡居民人均消费支出9628元，同比增长8.9%。其中：食品消费支出3212元，同比增长6.0%；衣着类消费支出587元，同比增长6.5%；居住类消费支出2227元，同比增长10.6%；家庭设备、用品及服务类消费支出439元，同比增长11.7%；医疗保健类消费支出760元，同比增长14.3%；交通通讯类消费支出981元，同比增长5.6%；教育文化娱乐服务类支出1159元，同比增长11.2%；其他类商品和服务消费支出263元，同比增长18.9%。 （王　建　马星星）

红十字会工作

【概　况】 响水县红十字会办公室设在县卫生局院内，核定行政编制2人，设会长1人，常务副会长兼秘书长1人；辖县红十字备灾救灾中心、县红十字卫生救护培训中心。年末，有基层红十字会73个，其中，镇区12个、社区3个、村居3个、学校33个、机关5个、医疗机构15个、企业2个；红十字志愿服务队30支，志愿服务基地4个，注册志愿者2977人；团体会员6个，成人会员4128人，青少年会员67963人。

2015年，县红十字会弘扬人道、博爱、奉献精神，加强基层组织建设，开展救灾、救助、救护"三救"和献血、献造血干细胞、献器官“三献”工作。年度考核，获市红十字会二等奖。

【备灾救灾中心投入使用】 2014年底，无偿划拨金港家园房屋3200平方米，建成红十字会博爱综合楼；核定全额财政拨款事业编制3人。2015年8月，中心投入使用，内设红十字博爱医院、生命体验馆、心灵氧吧、博爱之家。

【人道万人捐】 5月8日上午，启动纪念第68个世界红十字日暨“人道万人捐”活动仪式，县委书记崔爱国、县长单永红带头捐款，县领导和机关干部职工现场捐款15760元。全年募集善款22.28万元。

【博爱送万家】 2月2~18日，走访慰问城东、城南、郭庄3个村居，陈家港、大有、双港、黄圩4个镇，周集、张集2个中心社区的贫困家庭、博爱班学生、重大疾病患者、孤寡老人、留守儿童共2078人次，发放慰问金52.68万元。

【博爱助学】 爱德基金会资助学生95人，助学金13万元。韩培信教育基金会资助贫困学生198人，助学金26.08万元；上海吴良材眼镜店响水店送给学生眼镜500副，价值10万元。

【病患者救助】 全年救助重大疾病患者226人次，救助金及慰问品价值7.84万元；慰问空巢老人103人次，救助金及慰问品价值2.06万元。利用县红十字会志愿服务大队微信平台，为白血病患儿朱某某募集救助金3.34万元。

【应急救护】 全国防灾减灾日、世界急救日，在街头宣传避险方法和急救技能，在学校开展应急救护逃生演练。全年县交巡警大队应急救护培训基地培训学员5210多人次。联化科技等企业、学校、机关单位开展应急救护培训1117人次。全年普及性培训1.02万人次。王一娟参加省红十字应急救护师资教学法大赛，获一等奖。

【无偿献血】 学习雷锋纪念日、世界红十字日等重大节日，宣传无偿献血，推进工作开展。8月13日，天津市塘沽开发区爆炸事故发生后，献血2万多毫升。世界献血者日，开展“感谢您挽救我的生命”广场宣传活动，为获得全国无偿献血金、银、铜奖者献鲜花；是日，无偿献血60人，献血2.08万毫升。全年响水采血点无偿献血4584人次，献血163.20万毫升。

【造血干细胞捐献】 2014年12月22日，中国电信响水分公司大有分局李海龙成功献出245毫升造血干细胞混悬液；翌日，造血干细胞植入荷兰王国1名白血病患者体内。2015年末，有志愿者1398人，成功采样1299人份；朱立军、周兵、张从保、李玉道、张伟、李海龙等人成功捐献；全年造血干细胞采样131人。

【人体器官捐献】 黄圩镇云彩村居民徐志华，44周岁。6月11日晚，骑电动车意外摔倒，在响水县人民医院救治，伤重接近脑死亡，其20岁儿子徐伟伟含泪主动向县红十字会提出捐献父亲器官。14日2时，省红十字会救护部主任王炜和省器官捐献协调员及器官获取相关专家在响水县人民医院确认徐志华脑死亡，器官符合捐献条件。在省红十字会人员见证下，10时30分手术，11时23分完成徐志华1肝、1肺和2肾等捐献手术，徐伟伟在证明上签字。无锡和南京两地专家带着徐志华捐献的器官迅速返回，植入4名患者体内。6月17日，黄圩镇人民政府、县红十字会为徐志华举行追悼会，县人大常委会副主任张孝将致悼词。

【志愿服务】 3月5日，在县城慈客隆超市广场启动“文明响水”志愿服务行动暨“助力微梦天天行”活动仪式，开展急救演练，宣传应急救护知识；13名红十字志愿者获“响水县优秀志愿者”称号，6支志愿服务队获“响水县优秀志愿服务组织”称号；开展“爱心妈妈”助孤行动、身残志坚女青年吕营回乡签名义卖等服务活动。5月，县红十字会获省红十字会“应急志愿服务事业贡献奖”；3月5日，60分、响水网、伊人风尚、喜洋洋等志愿服务队被市红十字会、市文明办表彰为“优秀红十字志愿服务组织”；黄艳艳、刘中勋、孙德誉、杨洪法、张娟娟等被市红十字会、市文明办表彰为“优秀红十字志愿者”。

【教育红十字会活动】 指导督促基层红十字组织开展活动，采取演讲、制作宣传画册等形式，学习宣传县内全省美德少年周叶苗、刘俊池、秦福大事迹。全年资助特困学生975人，资助金32.80万元；资助特困职工110人，资助金5.20万元。

【红十字宣传】 全年报刊和电视台用稿70多条。《中国红十字报》《江苏红十字报》头版报道“中共江苏省委书记罗志军看望响水县红十字博爱小学孤儿”“为农村留守老人开展应急救护培训”新闻；“端午情”被《中国红十字报》评为“2015年度优秀新闻摄影作品”。

(漆莉娴)

残疾人事业

【概 况】 响水县残疾人联合会（简称县残联）为县人民政府直属正科级参照公务员管理单位，内设办公室。核定行政编制3人，年末，有理事长1人、副理事长1人、副主任科员1人、协理员3人。下辖残疾人劳动服务所、康复指导站、残疾人托养服务中心3个自收自支事业单位和残疾人用品用具供应站、残疾人服务社企业单位2个，共有工作人员10人；年末，有残疾人专职委员（聘用）15人；持证残疾人10202人。

2015年，县残联以推进残疾人小康进程为目标，完善福利制度，健全残疾人社会保障体系，搞好就业、教育、康复、托养、维权等服务，进一步改善残疾人生活状况。

【残疾人社会保险】 10月，出台《响水县特殊困难残疾人参加社会保险补贴实施细则》（响残发〔2015〕13号），为2500多名16~60周岁无固定收入重度残疾人和享受最低生活保障残疾人代

缴城乡居民养老保险费25.04万元，补贴4400多名无固定收入重度残疾人和享受最低生活保障残疾人家庭新型农村合作医疗和城镇居民基本医疗保险费42.64万元；补贴自主创业残疾人社会保险费2人，补贴资金1.30万元。

【就业保障金征收】 加强与地税、财政部门协调，请企业所在地人民政府协助，重抓效益较好的大中型企业，上门年审裕廊化工等企业，催缴8家企业就业保障金。全年征收残疾人就业保障金702万元。

【促进残疾人就业】 6月，出台《响水县扶持残疾人自主创业实施意见（暂行）》，督促企业为就业残疾人缴纳社会保险、按时发放工资；奖励扶持残疾人就业单位5个，奖励金2万多元；县残疾人托养服务中心录用肢体残疾人1人，扶持自主创业残疾人11人，每人扶持2000~4000元。

【救助金发放】 全面审核补助对象，实行动态管理。提高重残护理补贴标准，足额补发到位。发放2102名未享受最低生活保障无业重残人员和147名多残户生活救助金920万元；发给948名享受最低生活保障重残人员补助66万元、1159名无自理能力残疾人护理补贴112万元、46名在校残疾学生教育补贴5万元、179名肢残人燃油补贴4.80万元。

【残疾人托养服务中心试运营】 2013年，开工建设县残疾人托养服务中心楼，坐落县城迎宾大道南侧、黄海路西侧。至2015年，投资1800万元，建成中心楼1幢，建筑面积6265平方米；配套建筑物有残疾人康复中心及食堂；驻残疾人劳动服务所、康复指导站、残疾人托养服务中心3个自收自支事业单位；设托养床位102张。11月，中心试运营，日托养残疾人20多名。

【康复工作】 通过市康复机构认证的儿童康复机构3家；筛查残疾儿童163人，其中，在县内康复机构康复99人、在县外有关机构康复31人。实行辅助器具领取实名制、租借制，残疾人轮椅、拐杖、护理床、眼镜、盲表发放按人建档，年发放1320多名残疾人辅助器具40多种1500多件；精神残疾人免费用药305名，其中住院治疗15人；白内障患者免费手术135例，聋儿配备人工耳蜗3例、助听器16人、假肢19人、矫形器18人。

【残疾人维权】 职业律师驻县残疾人维权中心办公，为残疾人免费提供救助服务10人次。县设12345残疾人维权平台，解决问题6件。

【残疾人基本服务需求调查】 1月开展，7月结束。调查残疾人10244人，确定有效调查对象9730人，完成调查9457人（入户调查9381人，电话调查76人），信息录入正确率95.2%。通过省、市残联验收。

【评残发证】 规范评残发证程序，实行集中评残（调残）、应急评残、上门评残相结合。全年新发放残疾人证1107人，其中，视力残157人、听力言语残30人、肢体残572人、智力残146人、精神残176人、多重残26人。

【助残日活动】 开展专题宣传、趣味比赛、辅助器具捐赠、残疾人雇主座谈会、百名爱心妈妈“助力微梦”集中行动、残疾人专场招聘会、免费助残公证广场宣传、社会救助集中宣传等扶残助残活动，文艺节目、电视专题、图片新闻集中宣传惠残政策。

【扶贫助困】 实施残疾人幸福生活推进计划，向贫困残疾人家庭捐赠10台热水器、200台电饭煲（电风扇）。贫困残疾人户纳入节日慰问和临时生活救助；全年慰问、救助残疾人500多户，发放慰问、救助金40万元。

【教育培训】 在市特殊教育学校就读残疾学生13人，2次选送13名视力残人参加市盲人按摩培训；参加省、市培训残疾人8人，参加清华大学就业指导远程教育培训取得合格证书残疾人3名。

【“阳光助残”行动】 采用购买服务方式，100多名助残志愿者开展助残活动10次，为残疾人排忧解难。

（张芹 刘伟峰）

“助力微梦”关爱特殊学生

2015年末响水县持证残疾人

表65

镇区场	合计(人)	视力残(人)	听力残(人)	言语残(人)	智力残(人)	肢体残(人)	精神残(人)	多重残(人)
响水镇	916	94	75	7	135	471	113	21
陈家港镇	741	104	61	2	75	441	40	18
小尖镇	880	84	47	4	163	520	68	21
大有镇	624	79	29	6	75	371	46	18
南河镇	1442	208	79	9	155	841	113	37
双港镇	467	56	22	5	52	285	33	14
黄圩镇	754	85	38	5	124	433	54	15
运河镇	606	78	29	4	77	334	63	21
张集中心社区	773	69	28	3	146	406	90	31
六套中心社区	598	56	20	3	88	353	35	43
七套中心社区	521	82	30	4	70	281	44	10
老舍中心社区	584	61	23	4	73	375	39	9
响水经济开发区	533	71	22	4	84	306	37	9
响水生态化工园区	204	32	10	1	28	109	18	6
黄海农场	384	28	22	1	68	211	44	10
灌东盐场	175	10	12	2	31	92	16	12

老龄事业

【概 况】 响水县老龄工作委员会(简称县老龄委)为县老龄工作协调部门,办公室设在县民政局内,核定编制2人。2015年末,有8个镇、4个中心社区和响水沿海经济开发区、响水经济开发区、响水生态化工园区及18个县级机关单位老龄工作组织,150个村居老龄协会。年末,全县60岁以上老年人8.20万人,其中,80~89周岁10375人、90~99周岁1836人、100周岁以上老年人28人。年末,持有省新一代"老年人优待证"40150人;五保供养对象1603人,其中,集中供养271人。

【"尊老金"发放】 县民政局贯彻《江苏省老年人权益保障条例》,80~89周岁老年人按每人每月50元,90~99周岁老年人每人每月100元,100周岁以上老年人按每人每月300元发放"尊老金"。年内,全县80~89岁老年人10375人,90~99周岁老年人1836人,100周岁以上老年人28人,全年计发"尊老金"805.6万元。

【五保供养标准提高】 集中供养对象每人每年7800元,分散供养对象每人每年6600元,分别比2014年增加1149元、1058元。

【敬老院建设】 全年完成南河镇、黄圩镇、张集中心社区、六套中心社区、七套中心社区5所敬老院附属工程,改造双港镇、陈家港镇两所敬老院部分设施,大有镇敬老院开工新建;年末,有响水中心、陈家港、小尖镇、南河镇、双港镇、黄圩镇、运河镇、张集中心社区、六套中心社区、七套中心社区、老舍中心社区11所敬老院;镇区敬老院添置空调

2015年末响水县3A级养老服务中心(站)情况

表66

序号	单位名称	联系人
1	响水县福星居家养老服务站	于凤娣
2	响水镇五河居家养老服务中心	张忠诚
3	陈家港镇社区居家养老服务中心	张加宽
4	运河镇社区居家养老服务中心	周一民
5	黄圩镇社区居家养老服务中心	杨应乾
6	响水县城南社区茂源居家养老服务中心	程建萍
7	南河镇平建居家养老服务中心	周德军
8	沙荡居居家养老服务站	张海军
9	小尖镇爱华居家养老服务中心	张爱华
10	响水县城南社区鸿顺居家养老服务中心	程建萍

2015年末响水县百岁老人

表67

序号	姓　名	性别	年龄	村　　居
1	孙秀廷	女	111	响水经济开发区
2	许士英	女	107	运河镇大通村
3	张兰英	女	106	黄海农场八分场
4	吴刘氏	女	106	运河镇二套村
5	张龚氏	女	105	六套中心社区双民村
6	刘洋氏	女	103	黄海农场十二分厂
7	金大娘	女	103	黄海农场十三分场
8	徐寿芳	女	103	响水镇灌河社区
9	卜　平	男	102	黄圩镇均平村
10	嵇永柱	女	102	六套中心社区唐友村
11	顾　英	女	101	六套中心社区湾港村
12	孙洪英	女	101	陈家港镇下辛村
13	王黄氏	女	101	七套中心社区高场村
14	陈维兰	女	101	双港镇洪南村
15	沈玉珍	女	101	双港镇腰庄村
16	陈金元	女	101	老舍中心社区红旗村
17	汤学梅	女	101	小尖镇沙庄村
18	倪红英	女	101	七套中心社区三汾村
19	皇甫贺氏	女	101	小尖镇郭庄村
20	朱徐氏	女	100	响水经济开发区金湾居
21	曹胡氏	女	100	六套中心社区新条村
22	王开仿	女	100	响水镇苗寨村
23	王克英	女	100	小尖镇豫东居
24	张王氏	女	100	黄圩镇云彩村
25	张太兴	男	100	七套中心社区高场村
26	成孙氏	女	100	响水镇城东居
27	郑佃洪	男	100	小尖镇中舍村
28	冯张氏	女	100	响水镇西园居

71台、液晶电视30台、家具112套、床上用品100套。年末,有获省三星级敬老院1所(南河镇敬老院),获省二星级敬老院3所(响水中心、运河镇、张集中心社区敬老院),获省一星级敬老院6所,六套中心社区敬老院在争创省星级。当年南河镇敬老院、运河镇敬老院、张集中心社区敬老院获省星级敬老院。

【居家养老服务中心】 年末,有社区居家养老服务中心站138家,床位620张。其中,城市社区居家养老服务中心站20家、集镇社区居家养老服务中心站13家、农村社区居家养老服务中心站105家。城市集镇和农村社区居家养老服务中心站覆盖率分别100%、76%。年末,有省3A级示范性居家养老服务中心站10家。

【老年人体育活动】 有老年门球协会、老年钓鱼协会等体育组织;全县经常参加体育锻炼老年人3.50万人,街头巷尾、公园、运动场、体育馆随处可见健身老人身影。 (朱红全)

关心下一代

【概　况】 响水县关心下一代工作委员会(简称"县关工委")1992年3月经县委批准成立,由曾担任县领导的离退休人员和县人大常委会、县人民政府、政协响水县委部分在职领导参加的群众性工作组织,有主任1人、副主任3人、秘书长1人、委员13人;办公地点在县委老干部局院内,有办公室主任1人,副主任1人,驻会5人;有8个镇、4个中心社区、响水经济开发区、响水生态化工园区、152个村居、41所中小学,25个县直单位、91个民营企业关工委组织。参加关心下一代工作"五老"(老干部、老战士、老专家、老教师、老模范)近6000人。

2015年,县关工委深入开展青少年社会主义核心价值观教育,发动"五老"关爱"五失"(失亲、失管、失学、失业、失足)青少年,参与未成年人零犯罪社区创建以及"三扶两创"(扶志、扶技、扶创业;建创业基地、培植创业之星)活动,加强校外教育辅导站建设和创建"五有五好"(有组织、有队伍、有阵地、有活动、有制度;领导班子建设好、五老作用发挥好、制度健全执行好、积极探索创新好、活动经常效果好)基层关工委,为全县改革发展稳定做出新贡献。

【"学法守法崇德立德"教育活动】 组织青少年参加省关工委组织的"爱国守法崇德向善"有奖大赛,获优秀奖3个、优胜奖5个、优秀辅导教师奖1个、优秀辅导站奖1个;县第一小学学生杨凯驿获省"弘扬守法崇德好少年"入围奖。在纪念抗日战争暨世界反法西斯战争胜利70周年活动中,编写宣讲材料42篇,受到教育青少年近16万人次。在全省"老少携手千站万人走访抗日老英雄"教育活动中,组织"五老"志愿者和青少年走访抗日老兵56人,1个校外中心辅导站、1名关工委主任分别被省关工委表彰;组织青少年参加江苏阳光少年网站“我心目中的抗日老英雄”有奖大赛，获特等奖1个、一等奖4个、二等奖2个。

【“村校行”活动】 年初开展，全年为青少年办实事100多件，资助特困青少年700多人，资助金60多万元，其做法在《江苏关工》刊登。

【参与社会治理创新】 开展“关爱明天 普法先行”活动。组织108个报告团、346名宣讲员，向中小学生宣传宪法、预防未成年人犯罪法、道路交通安全法、国旗法等法律法规。开展“结对帮教引领人生”活动。年初，有“五失”青少年7662人。组织159个帮教小组，3408名“五老”帮教失足青少年138人，转化131人；实现青少年零犯罪村居146个。落实“五老”网吧义务监督责任，被市关工委、市文广新局表彰为“优秀网吧义务监督员”8人、“网吧义务监督先进集体”2个(响水镇关工委、县教育系统关工委)。

【“三扶两创”活动】 配合县农委开展“百村万人”农村实用技术宣讲辅导活动，帮助培训农村青年，105名老科技人员参加。经过培训辅导，获农业技术合格证202人、获农机操作职业资格证128人、获畜禽养殖专业资格证187人；培养“三扶两创”典型26个，发挥示范幅射作用。康生药业关工委“倾情关爱青年员工促进企业健康发展”经验在市关工委会议上交流，《盐阜大众报》登载。

【校外教育辅导站建设】 组织驻会人员和镇区关工委主任在滨海县、建湖县学习新时期办好辅导站经验，新建校外教育辅导站159个，搭好青少年教育服务平台。

【基层组织建设】 调整充实3个镇区、4个县直单位、28个村居关工委主任，重新选配41所中小学校法治副校长；培训基层关工委主任6次，实地考核基层关工委90个，年终表彰奖励优秀“五老”15人。（张昌平）

老区开发

【概　况】 响水县老区开发促进会(简称县老促会)由县内离退休老同志和关心老区建设的有关人士及单位，为振兴响水老区组成的非营利性社会团体，办公地点在县人民政府大院内，有理事长、执行理事长、副理事长、秘书长各1人，理事35人，常务理事9人；有8个镇、4个中心社区和响水经济开发区老促会、152个村居会员小组，会员1998人，其中农民会员1415人；当年吸收专业大户、农产品加工企业、农村专业合作社领头人286人。3个镇区、10个村居调整年老体弱老促会负责人。

2015年，县老促会组织和带领广大会员倾情“三农”服务，参加老区经济社会建设事业，5月，获《中国老区建设》杂志社宣传工作三等奖。

【创建学习型社团】 组织会员认真学习中共十八大，十八届三中、四中、五中全会精神，中共中央总书记习近平关于老区建设批示，党的路线、方针、政策和现代科技知识，每1~2月组织座谈交流1次。9月，在纪念抗日战争胜利70周年活动中，开展“不忘国耻 缅怀先烈 弘扬老区精神”活动，学习国家主席习近平讲话；组织县、镇区老促会负责人在淮安市刘老庄82位烈士纪念馆进行抗战精神教育，大多数镇区老促会向村居老促会负责人传达参观情况。

【创办新型农业经济实体】 协助、指导会员创办农机、农技、养殖合作社，推进农业产业化经营，参与土地流转和联耕联种工作，培育农业产业化经营和会员“两带”典型50多个。兴办家庭农场。潘庄村会员赵长洋投资50万元，兴办农资销售、农机合作、草帘编织、家庭农场等项目，经营土地8公顷，全年减收70多个低收入户农机作业费1000元左右。老舍中心社区东吴村会员组长戴素英协助社区做好30多户流转承包土地12公顷，帮助会员卞龙青兴办家庭农场，农忙时节利用低收入户家庭劳动力20~30人，每人每天收入120多元。创办专业合作社。金鹰珍禽养殖合作社重点帮助本村社员致富，采取包种苗供应、技术辅导、疫病防治、产品销售“四包”形式，帮助陈家港镇马文国、叶秀英等户增收3~5万元。2013年5月，陈家港镇小港村会员杜生军联合36户创办农机合作社，2015年，拥有农业机械180多台套，水稻育秧流水线6条，社员167人，机械作业面积4000公顷，作业收入600多万元；利用低收入户家庭劳动力105人，每人收入5000多元。双港镇合蒲村会员潘国举联合26户兴办农机合作社，有插秧等机械12台套，承包、租赁经营土地30.67公顷，2015年收入110多万元。发展设施蔬菜。南河镇薛荡村会员张秀海，2010年发展大棚蔬菜生产，2015年，帮助5户增收5万元左右。张集中心社区何圩村会员组长何洪道牵头兴办6个钢架蔬菜大棚，春夏季种西瓜，瓜茬种叶菜，每棚净收入万元以上；利用低收入户劳动力6人，每人增收5000多元。

【兴办惠民实事】 参与农民培训。与有关部门共同做好师资聘用、人员组织、场地确定工作，开展现代农业技术、畜禽疫病防治、农产品质量安全等实用技术培训和职业技能培训，全年培训农民10000多人次。大有镇老促会介绍300名残疾人进城务工。参加和谐农村建设。协助镇区调解邻里矛盾纠纷。参加美丽村庄建设。协助搞好秸秆禁烧和农村环境综合治理。兴办公益事业。响水经济开发区老促会协调资金20多万元，铺设水泥路近2千米。小尖镇老促会协助解决在响水务工的30户四川人住房、子女入学问题。

【编纂《响水老区之声》】 分为图片和文字资料两部分，辑录2009~2015年领导讲话、上级视察、老区风采、调研存策、特色工作、纪念活动等资料，2015年国庆节前总纂出书，县人大常委会原主任于海波主编，省人民政府原副省长、省老区开发促进会第六届理事会理事长凌启鸿题写书名。（全友庆）

【责任编辑　杨道贯　赵凤昆】

区域发展

园　区

江苏响水沿海经济开发区

【概　况】 江苏响水沿海经济开发区(简称响水沿海经济开发区) 工委、管委、公司三块牌子一套班子,内设综合办公室、规划建设管理局、社会事业局、港电办、经济发展局(项目服务中心)、财政局、招商一局、招商二局和国土分局、环保安监分局、派出所3个派出机构, 内设机构和派出机构均副科级建制。核定公务员编制18人、全额财政拨款事业编制15人、自收自支事业编制10人。

2015年, 园区突出招商引资和基础设施建设,完成地区生产总值17.32亿元, 工业开票销售收入130亿元,工业用电量29.16亿千瓦时,公共财政收入2.29亿元, 固定资产投资110亿元。年终综合考核,获县综合先进三等奖,招商引资和项目推进、园区经济发展和开放型经济、科技创新和人才、工业经济提质增效、安全和环保等5项奖;排名盐城市18个工业园区第二。

【引资项目建设】 推行“马上办”服务制度。在杭州设立招商投资促进服务中心, 区6个招商组拜访企业380多人次,邀请客商在区考察50多批次。参加上海、北京、昆山等沿海重大产业项目专题招商推介会3次。江苏德顺镍业、长江风电海工装备等8个亿元以上项目参加市、县项目集中开工活动。全年实施工业项目27个,完成投资94.36亿元。其中,新开工项目17个,当年投资50.79亿元;结转项目10个,当年投资43.57亿元。竣工项目10个。德顺镍业项目3月开工, 新建15条镍铁合金生产线,协议投资30亿元,当年投资15.88亿元。德龙镍业和中国一重合资兴办巨合金属项目,协议投资27.8亿元,3月开工,当年建成车间等基础建设。

【特色产业】 园区形成四大特色产业。能源产业。国华陈家港发电有限公司第一期2台66万千瓦超超临界燃煤发电机组并网发电, 第二期2台100万千瓦超超临界机组项目做好前期准备。长江三峡集团海上风电项目安装55台风电机组, 装机容量202兆瓦,首批风机并网发电;3月, 开工建设海工装备基地,12月, 集控中心200兆瓦控制系统建成运营。合金材料产业。为盐城市产业创新10大工程, 规划占地10平方千米,德龙镍业、华拓镍合金等企业建成投产, 德顺镍业、巨合金属制品、中科永利等合金材料项目在建;11月, 建成德龙镍业投资30亿元不锈钢精炼项目, 荣鑫伟业投资40亿元钛合金项目完成设备安装调试。再生纸产业。规划占地10平方千米,年产200万吨高档包装纸隆亨纸业、年产150万吨江苏富星纸业第一期工程建成投产,纸芯管、包装箱、造纸机械等与造纸产业相配套企业建成投产。新特产业。盈达气体第一期项目建成投产。投资2亿元金穗新材料项目主体工程竣工。投资亿元精密数控锯床、新型建材、无机纤维新材料等项目按计划推进。

【基础设施建设】 聘请南京大学城市规划设计研究院对沿海开发总体规划、控制性详细规划、产业规划进行修编, 与灌东盐场、银宝公司置换土地3066.67公顷, 规划建设中小企业园333.33公顷, 第一期工程100公顷完成道路、污水、管网等基础设施,新增绿化面积2公顷。灌河航道通航能力提升至5万吨。

【创新发展】 江苏勤丰船业有限公司、江苏亚欧船业有限公司被省商务厅认定为第一批LNG新型动力示范船制造定点企业。江苏创达新材料有限公司获省级高新技术企业。建成德龙镍业、成日钢铁等市级技术中心5个。

(蒋树金　张光明)

2015年江苏响水沿海经济开发区项目建设情况

表68

序号	企业名称	项目名称	项目类型	计划投资(万元)	当年投资(万元)	开工月份	竣工月份
1	德顺镍业	镍铁合金	新开工	300000	158800	3	—
2	巨合金属制品	不锈钢管材	新开工	278000	152500	3	—
3	长江风电海工装备	管柱	新开工	100000	62800	3	—
4	富伟环保新材料	增白材料	新开工	11000	2870	2	12
5	200兆瓦风电项目	风力发电	新开工	400000	75200	4	—
6	长江风电集控中心	控制系统	新开工	12000	8350	4	12
7	盈达气体二期	空气分离	新开工	15000	19100	11	—
8	创达新材料二期	丙纶丝	新开工	10000	5400	7	—
9	荣鑫气体	工业气体	新开工	30000	2400	11	—
10	京环隆亨纸业	隆亨重组	新开工	20000	2500	5	—
11	亿鑫伟业科技	金属处理	新开工	10000	3000	6	11
12	双闽管道燃气	高压管道	新开工	20000	2000	2	—
13	巨鑫建材	墙体材料	新开工	120000	6000	4	—
14	田强环保科技	塑料制品	新开工	69000	1000	7	—
15	顶力机械设备制造	数控锯床	新开工	20000	1000	7	—
16	灌江环保科技	环保设备	新开工	11000	1000	6	—
17	凌瑞再生资源	石膏	新开工	15000	4000	8	—
18	天龙不锈钢铸造	铸造件	结转	300000	206000	—	9
19	荣鑫伟业新材料	还原铁粉	结转	400000	118000	—	—
20	荣鑫伟业港务	码头	结转	50000	38950	—	12
21	金穗新材料	亚克力板	结转	11000	6750	—	-
22	固废处理	固体废料	结转	36000	9860	—	12
23	利能塑料制品	塑料模板	结转	30000	5120	—	—
24	盈达气体	空气分离	结转	20000	5200	—	5
25	永大镍业	镍	结转	130000	36500	—	5
26	宇航金属制品	PC钢棒	结转	13000	6500	—	3
27	宇轩再生资源	塑料粒	结转	11000	2860	—	3

江苏响水经济开发区

【概　况】 江苏响水经济开发区（简称响水经济开发区）内设党政办公室、招商局、经济发展局、规划建设局、社会事业局，核定公务员编制20名、事业编制30名。有10个居，7221户，32479口人。

2015年，全区抓实引项目、稳增长、惠民生、保稳定等工作，开发工作再上新台阶。完成地区生产总值29.84亿元，全社会固定资产投资26.30亿元，其中，工业固定资产投资18.45亿元。财政总收入44164万元，其中公共财政收入38894万元。外贸出口1890万美元，注册外资实际到账1124万美元。年终考核，获县综合先进一等奖。

农业。全年粮食作物播种面积2497.07公顷，总产17070吨；油料作物播种面积58.80公顷，总产265吨；经济作物种植面积122.60公顷。林木覆盖面积266.40公顷，覆盖率24.04%；果园面积44.33公顷，水果产量1417吨。出栏生猪10500头、羊1280只、家禽6.07万羽，禽蛋总产204吨，肉类总产638吨。农业总产值18457万元，其中，种植业、林业、牧业、渔业产值分别11685万元、189万元、5083万元、803万元。安装切碎装置联合收割机52台，55.15千瓦以上拖拉机92台。

工业。企业173个，从业人员11214人；其中规模以上企业26个；工业开票销售收入22.50亿元。

社会事业。有文化站、电影管理站，电影放映单位3个，年放映180场次，观众1.10万人次；农家书屋3个，藏书2462册。幼儿园6所，在园幼儿362人；小学3所，在校生2017人；中学1所。村级卫生室8所，省级标准3所；五保对象集中供养7人、分散供养74人。220千伏变电所1座、110千伏变电所2座，总容量6300万千伏安。年供5万吨成品油中转站1座；天然气供气站1座；工业污水处理厂1座，2×45吨/时高温高压锅炉、1×B12兆瓦背压式供热机组及热电厂1座。

【引资项目建设】 在苏南、浙江等地设专职招商小组，在北京、上海设投资促进服务中心，成立昆山台资招商小分队，专业招商人员20名，实行代理、上网、驻点多种方式招商。在上海、昆山分别举办春季、夏季招商会，在上海举办承接产业转移投资说明会，与上海金桥经济技术开发区签订合作协议。全年引进项目23个，协议投资130亿元。全年实施项目15个，当年投资3.48亿元；其中，新开工项目12个，当年投资2.58亿元；结转项目3个，当年投资0.90亿元。

【九州传动件有限公司上市】 2003年兴办，坐落开源工业园中心路北，占地1.93公顷，主产品轴承座、传动件，年生产能力5000吨，职工95人，实有资本600万元。2015年3月，在中小企业新三板上市。全年销售收入1658万元，利润165万元，税收62万元。

【科技创新】 2009年1月，被省科技厅批准为省级知识产权试点园区。2015年11月，荣生电子获省级工程技术研究中心、高新技术产品和双新产品称号；亚邦药业枸橼酸西地那非左氧氟沙星胶囊、罗红霉素胶囊等获省10项高新技术产品称号；12月，快捷士润滑油、科力普汽车配件两家企业获国家级高新技术企业称号；全年获钨铜合金与不锈钢钎焊用钎料及钎焊工艺、半合成型有机热载体等发明专利5项、实用新型专利105项、外观设计专利28项。

【基础设施建设】 新建秋实路659.56米、建安路929.89米、东进西路349.96米；污水处理厂主体工程竣工；热电厂基础工程结束，厂房在建；姚湾作业区码头可行性研究报告通过专家评审。

【"创客城"建设】 12月30月开工。坐落运响河东侧，灌江路南侧，总投资约100亿元，规划用地253.33公顷、建筑面积420万平方米，分为产业孵化园区、互联网全球订单交易中心、金融中心、创客星球、创客孵化中心、生活配套服务区。

【新农村建设】 环南居党群服务中心楼建成；金湾居、黄河居、东风居、葛庄居党群服务中心楼在建。投入600多万元，疏浚河道完成土方170万立方米；增加保洁员69人，新购环卫车辆5辆，环境整治通过省验收；区内大多数居民饮用县城地面水厂自来水。 （殷建勇 朱 君）

2015年12月30日，华洋力沃·创客城开工

2015年江苏响水经济开发区项目建设情况

表69

序号	企业名称	项目名称	项目类型	协议投资（万元）	当年投资（万元）	开工月份	竣工月份	实施地点
1	茂腾纺织	织布染整	新开工	30000	3000	7	—	响陈路北
2	英奇热电	供气供热	新开工	18000	2000	8	—	响陈路北
3	污水处理厂	工业废水	新开工	18000	5000	2	—	响陈路北
4	艾迪传动	轴承座	新开工	30000	2000	10	—	银海路西
5	元邦医疗用品	医疗机械	新开工	12000	1000	3	—	建安路南
6	力禾化工机械	化工机械	新开工	20000	2311	8	—	珠江路南
7	千峰皮件	精品皮件	新开工	800万美元	500	11	—	珠江路南

续表69

序号	企业名称	项目名称	项目类型	协议投资(万元)	当年投资(万元)	开工月份	竣工月份	实施地点
8	同舟电气	电气产品	新开工	10000	500	8	—	珠江路南
9	双语学校	学　校	新开工	15000	500	4	—	珠江路南
10	恒山纺织	色纺纱	新开工	8000	4000	9	—	东海路东
11	彩蓉电子	电子产品	新开工	5000	2000	3	7	方正计量
12	港城玻璃	钢化玻璃	新开工	5000	3000	5	7	大政汽车
13	中油紫源	天然气	结转	10000	3000	—	—	银海路西
14	利滋纺织	羊绒纺纱	结转	10000	3000	—	—	G204国道东
15	天盈纺织	色纺纱	结转	10000	3000	—	—	大政汽车内

2015年江苏响水经济开发区村居概况

表70

村居别	党支部书记	主　任	会　计	组数(个)	人口(人)	耕地(公顷)	粮食产量(吨)	农业总产值(万元)	农民人均纯收入(元)
灌江	沈文余	黄玉刚	陈梅友	8	2862	33.20	614	1277	9300
响港	林德梅	华学连	张卫中	4	2010	53.33	860	1166	8944
金湾	朱其武	刘恒树	孟国强	7	3736	208.33	2333	1924	8824
黄东	张佳昌	—	袁长宇	9	3824	261.33	2333	2126	8939
黄河	潘恒余	潘恒余	刘红岩	6	4423	310.13	2211	1506	8647
开成	徐其生	毛树光	杭玉鹏	6	2291	164.00	3070	3564	8712
兴太	李宽宏	李宽宏	董万霞	6	2792	226.67	2947	3396	9222
环南	张前楼	吴中青	曹雄章	7	3733	283.33	2702	3398	9330
葛庄	王朝中	—	张雨昌	6	3170	235.00	1800	1012	8635
东风	陈树林	毛保强	陈兆林	6	2917	436.07	2300	331	9256

江苏响水生态化工园区

【概　况】 江苏响水生态化工园区(简称响水生态化工园区)内设综合办公室、招商一局、招商二局、财政局、经济发展局、规划建设局、社会事业局、环保分局、安监分局、国土分局、环保监管大队、消防大队、联防大队、城管大队等。核定公务员编制17人、事业编制25人。年末，有4个居，23个居民小组，3564户，14090口人。

2015年，园区以产业特色化、项目高端化、功能集成化、园区生态化为抓手，抓实重大项目建设、企业转型升级、安全环保工作，实现地区生产总值73.19万元，企业开票销售收入103亿元，固定资产投资67.30亿元，公共财政收入5.32亿元；注册外资实际到账3000万美元；自营出口总额3.50亿美元。

农业。全年粮食作物播种面积1043.87公顷，总产7251吨；油料作物播种面积46.13公顷，总产141吨；林木覆盖面积232.40公顷，覆盖率25.25%，省级林业示范村居2个，果园面积18公顷，水果产量881吨。出栏生猪628头、羊237只、家禽1.49万羽，禽蛋产量71吨，肉类总产112吨。农业总产值11344万元，其中，农业、林业、牧业、渔业产值分别7858万元、82万元、896万元、150万元。安装切碎装置联合收割机5台，120千瓦以上拖拉机3台。

工业。企业65家，从业人员10000人，开票销售收入103亿元；其中，规模以上企业52家，从业人员9500人，增加值72.60亿元。

社会事业。村居图书室4个，藏书3000册；幼儿园4所，在园幼儿350人；当年铺设大湾自来水管网2千米，维修纬三路、经三路2.62千米，新建排灌下水道2.60千米；修建农村桥梁4座。农村五保集中供养12人、分散供养20人；王商居党群服务中心、基层卫生室在建。

【引资项目建设】 实行产业招商、以商引商、驻点招商，机关干部挂钩服务企业，班子成员每人牵头服务3~4家企业，帮助大和、之江等化工企业融资近20亿元。全年签约亿元以上项目10个，实施项目26个，当年投资41.15亿元；其中新开工项目10个，当年投资10.25亿元；结转项目2个，当年投资8.00亿元；技改项目14个，当年投资22.90亿元；

【企业转型升级】 与南京林业大学、南京工业大学成立研究生实习基地；与南京大学成立循环经济研究中心，与中科院共建环保技术创新与应用基地；省环保厅在园区新建省级固体废物综合研发平台；新认定瑞和新材料、威耳化工国家高新技术企业2家，省民营科技企业3家，省级工程技术中心1家，市级工程技术中心1家，国家火炬计划项目1个，省两化融合转型升级示范试点企业1家；国家火炬响水盐化工特色产业基地通过复审，省盐化工优质产品示范区创建通过验收；省重点实验室联化科技年检合格；南方化工在新三版上市，获批专利50项；引进海外高层次人才2人。全年关停重组企业10家，大明化工破产方案通过法院裁定。

生态化工园区开展消防安全演练

【夯实安全环保基础】 围绕打造绿色、安全、高端园区目标，实行党政同责、一岗双责，签订安全生产责任状，24小时领导在岗值班，确保园区安全生产；机关干部安全生产包保和隐患排查有奖举报做法被中国安全生产网、《盐阜大众报》报道；组织开展节日安全生产检查及高温、库区、粉尘作业场所、液氨制冷专项检查9次，排查隐患1930条，整改完成1928条，其余落实整改措施。完善园区配套设施，夯实安全环保基础，实行废水、废气、废物“网格化”管理。投入560万元，新添置25吨消防水车1辆、应急救援照明车1辆、有毒气体监测车1辆，新建20米宽消防应急桥1座；安全生产达二、三级标准企业分别16家、27家。7月，获批省级沿海危险化学品应急救援基地；联化科技创国家一级安全生产标准企业；投资8000万元，“一企一管”一期工程竣工，污水处理厂扩能工程启动；22家废气重点单位维护、更换吸收装置近百套，新增蓄热式热力焚化炉（RTO炉）2台；投资3亿元，开工建设20万立方米废物填埋场；建成新宇废物焚烧处置中心。

（胡　锋）

2015年江苏响水生态化工园区项目建设情况

表 71

序号	企业名称	项目名称	项目类别	总投资（万元）	当年投资（万元）	开工月份	竣工月份	占地（公顷）
1	中山科技	氟磺草胺	新开工	150000	30000	1	12	30
2	恒利达化工	染料	新开工	50000	20000	1	12	16.66
3	园区公共管廊	管理	新开工	10000	10000	1	12	—
4	瑞和新材料	树脂	新开工	10000	10000	1	12	—
5	航龙化工	还原染料	新开工	15000	5000	2	12	—
6	多邦化工	仓储物流	新开工	10000	10000	4	11	—
7	固废填埋场	填埋场	新开工	30000	5000	8	—	8.80
8	川大化工	溶剂	新开工	20000	3000	8	—	—
9	德力化工	聚氨酯浆	新开工	15500	1500	10	—	—
10	博霖医药	硫酚乙醛等	新开工	20000	3000	11	—	—
11	佳宝化工	硫化促进剂	结转	100000	50000	—	12	26.66
12	恒利达化工	磺化吐氏酸	结转	50000	30000	—	12	—
13	之江化工	染料	技改	80000	30000	1	12	22.26
14	舍得资源利用	溶剂回收	技改	36000	12000	1	—	2
15	安诺其化工	染料	技改	20000	20000	1	12	—

续表71

序号	企业名称	项目名称	项目类别	总投资(万元)	当年投资(万元)	开工月份	竣工月份	占地(公顷)
16	森达热电	硫化床	技改	16000	16000	1	12	—
17	海宏化工	颜料	技改	15000	15000	1	12	—
18	之江化工	母液利用	技改	12000	12000	1	12	—
19	力禾颜料	母液资源化	技改	10000	10000	1	12	—
20	虹艳化工	污水处理池	技改	10000	10000	2	12	—
21	方正化工	阿奇霉素等	技改	30000	15000	3	—	6.67
22	联化科技	乙酸乙酯等	技改	200000	50000	5	12	—
23	南方化工	灭草烟	技改	6000	6000	6	10	—
24	威耳化工	苯达松	技改	6000	6000	7	11	—
25	联化科技	联苯菊酯	技改	17000	17000	8	12	—
26	大明化工	磷酸三乙酯	技改	50000	10000	11	—	—

2015年江苏响水生态化工园区村居概况

表72

居别	党支部书记	主　任	村会计	组(个)	人口(人)	耕地(公顷)	粮食总产(吨)	农业总产值(万元)	农民人均纯收入(元)
草港	王加法	—	张祥华	6	3229	116	2133	3217	15200
沙荡	吴广芝	张海军	吴云礼	5	2531	—	—	198	16520
王商	朱传来	朱朝传	焦　锋	6	4504	233	2556	4970	15300
大湾	方怀林	—	赵学军	6	3324	212	2562	2952	14600

镇　区

响水镇

【概　况】 政区位于北纬34°11′39.00″~34°13′37.00″，东经119°34′42.00″~119°37′22.00″。东连双港镇、南接小尖镇、西邻灌南县三口镇、北枕灌河。土地总面积6895.22公顷，其中，耕地2691.17公顷、基本农田1476.70公顷。地势平坦，地面高程一般海拔2.20~2.90米；境内排灌河道17条，河流总长度215.30千米，河网密度2.35千米/平方千米。

镇人民政府驻县城黄海南路西侧306号，镇机关设党政、经济发展、政法信访、社会事务、财政农经5个办公室和计划生育、农业技术、建设环保、工贸劳保4个服务中心，核定公务员编制40人、事业编制53人。辖城东、城西2个街道办事处，15个居、3个村，79个居民小组、44个村民小组，85612户，112329口人。

2015年，镇党委、人民政府突出镇村经济发展主线，重抓项目载体建设、财税增收、开发设施配套、民生改善。全年实现地区生产总值140914万元(不含响水经济开发区，下同)，其中，第一、二、三产业增加值分别18071万元、30061万元、92782万元。财政总收入46930万元，其中公共财政收入39221万元。实际注册到账外资1100万美元。全社会固定资产投资133300万元。被省委、省人民政府表彰为“2011~2014年度社会治安综合治理先进镇”；“灌河创客孵化园”被市人民政府命名为“市级创客空间”；工业经济转型升级、城乡建设与管理、教育双创、关心下一代、农民体育、全民阅读等工作分别被市主管部门表彰；镇中小企业园通过“市级小企业创业示范园”验收；祥瑞药业被市经信委认定为“市级研发中心”。年终考核，被县委、县人民政府表彰为综合先进一等奖，并获招商引资与项目推进、现代农业和统筹城乡发展、政法综治和社会维稳、科技创新和人才、服务经济发展、三产服务业、工业经济提质增效、党建创新、宣传思想和文化发展等9项工作奖。

农业。全年粮食播种面积2523公顷，总产17579吨；油料播种面积118公顷，总产355吨；蔬菜瓜果种植面积1909公顷；浅水藕、菱角种植面积分别6.30公顷、2公顷；联耕联种1000公顷；当年造林面积461.40公顷，林木覆盖面积1587.13公顷，覆盖率23.14%，林业达标生态村3个；果园面积187.58公顷，水果产量5570吨；其中，赤穗梨面积286公顷，产梨5120吨；出栏牛55头、生猪4059头、羊530只、家禽22.67万羽，禽蛋产量1989吨，肉类总产2195吨，水产品总产2471吨；拥有大型农机698台，农业机械总动力3.83千瓦；名特优农产品有“潘庄牌”赤穗梨、五河“黑珍珠牌”葡萄、苗寨草鸡蛋、小浦四季时鲜大棚蔬菜、五河豆制品、苗寨菱角等。农业总产值30720万元，其中种植业、林业、牧业、渔业总产值分别10624万元、638万元、12203万元、2681万元。

工业。有企业585家，从业人员8237人，总产值381954万元，初步形成纺织服装、传动件加工、医药、食品加工、五金建材四大工业体系。有规模以上企业15家，总产值137519万元。

建筑业。有企业34家，从业人员4213人，总产值408706万元。

服务业。第三产业从业人员36247人，消费品零售总额59776万元。

社会事业。有文化广电管理中心站，有线(数字)电视用户26855户，互联网用户5703户，宽带网络村村通；新建社区教育中心1家，占地2020平方米；镇村图书室18个，藏书5.80万册；文化中心户310个，农民图书室44个，公益娱乐场所29处。

幼儿园、托儿所、早教机构18所，在园所幼儿2819人，专任幼师194人；小学6所，在校生5784人，专任教师341人；中学3所，在校生3932人，专任教师167人；驻江苏省响水实验小学和省示范性幼儿园响水县幼儿园；县特殊教育学校等；成人教育机构盐城市广播电视大学响水分校、江苏省农业广播电视学校响水分校（农业干部学校）、农业机械化职工学校。

驻响水县人民医院、响水县中医院、响水县妇幼保健所、疾病防控中心等县镇医疗卫生机构17个，执业、助理医师486人，病床950张；社区卫生服务中心室16所，乡村医生83人，达到省级标准卫生室16所；城镇居民参加医疗保险56922人，农民参加新型农村合作医疗41457人。36个自然村全部通过省级环境整治达标验收。

年末，享受城镇最低生活保障917户2084人，享受农村最低生活保障2249人；年度发放低收入户保障救助金851.30万元、大病救助金64.00万元、临时救济金27万元、节日慰问金57.60万元、抚恤优待金102.60万元、基础养老金136.70万元、尊老金6.22万元。

农村水泥路127条，总长350千米，通组率100%。有桥梁69座，当年新建8座，改建危桥5座；有潘庄、城东10千伏及以上变电站2座，总容量0.96万千伏安，10千伏高压线路总长120杆·千米。

【引资项目建设】 新建成苗寨工业园标准厂房5.60万平方米，在建6万平方米。全年实施新开工项目12个，当年投资36250万元；竣工项目7个，当年投资23650万元。潘庄村协议引资3000万元，新建年出栏2万头生猪永同牧业项目，村书记王锁来被县委、县人民政府表彰为“项目书记”；五河居协议引资1.20亿元，建设“千亩葡萄园”，当年建成设施大棚17.33公顷、育苗基地3.07公顷，实际投资4800万元；上兴村引资500万元，建成6.67公顷牛蟥养殖项目。

【解放路农贸市场改造】 坐落小浦居，改造5500平方米，当年完成商住楼建设、装饰装修、摊位及内外场地铺设，实际投资3800万元。城南灌江农贸批发市场，占地3.50万平方米，协议投资5亿元，当年竣工经营用房10幢，销售率88.5%。

【水美村庄建设】 在五河居试点。经过河塘清理，引水洗河，治理脏乱，植树造林，长效管护，居内河塘水清岸绿。

【创客孵化园】 2014年引资项目，协议投资1亿元，注册资本1000万元。2015年，购置浙江商贸城A1109~1110幢1~6层，10月试营业。北京中关村、上海交大、盐城工学院、上海多妙屋、苏宁易购、卓云科技、浙江百草园、亚思捷软件等19家签约参创，创业导师30人。为孵化企业提供场地、仪器设备、技术培训、信息支撑、营销代理、经营管理、现代管理人才和创业资金扶持等服务。年末，入园企业19家，全年培训科技创新人才58人、企业财会人员28人、孵育企业董事长16人。

（金　华　翟玉宝）

2015年响水镇家庭农场情况

表73

序号	名称	创办年月	土地面积（公顷）	创办人	机械（台套）	经营项目	年总收入（万元）	年总费用（万元）	成员(人)
1	江山	2013.2	12	江　山	2	种养	42	30	3
2	欢乐	2014.2	10	施胜兵	3	种植	40	26	3
3	福乐	2014.2	17	王秀芹	2	种植	30	22	2
4	宏祥	2013.7	4	施小祥	2	养殖	25	16	3
5	润洋	2013.2	32	赵长洋	16	种植	68	41	8
6	中胜	2015.2	12	桑胜久	5	种植	25	18	3
7	源胜	2015.2	20	周序礼	8	种植	42	27	6
8	富经	2015.2	14	李文强	6	种植	—	21	13
9	百家缘	2015.2	10	郭成勇	8	种植	—	26	17

2015年响水镇农村专业合作社情况

表74

序号	名　称	创办年月	土地面积(公顷)	创办人	机械(台套)	经营项目	年总收入(万元)	年总费用(万元)	成员(人)
1	潘庄赤穗梨	1996.2	280	王德兵	11	林果	460	275	242
2	潘庄长毛兔	1998.4	—	周序礼	—	兔	170	110	192
3	小浦蔬菜	1998.7	200	马步群	16	蔬菜	910	490	316
4	苗寨龙虾	2009.3	21	陈学荣	3	龙虾	64	45	28
5	苗寨蔬菜	2011.5	26	王发喜	5	蔬菜	84	39	117
6	五河蛋鸡	2009.4	13	汤如江	8	禽蛋	106	57	19
7	五河生猪	2009.6	8	陈俊亚	6	生猪	40	23	11
8	潘庄生猪	2014.5	3	蒋士文	4	生猪	24	13	13
9	上兴紫竹	2009.10	6.60	朱　春	12	工艺	35	20	13
10	上兴编织	2011.4	1	王士成	3	工艺	25	11	20
11	苗寨草鸡	2008.10	4	胡卫峰	3	禽蛋	31	15	12
12	杨勇植保	2011.3	—	杨　勇	13	服务	15	6.2	9
13	军民农机	2013.2	—	孙军平	11	服务	42	24	14
14	德扬秸秆加工	2009.5	—	李德扬	16	加工	35	13	21
15	谷丰植保	2014.2	—	韩伟楼	12	服务	18	6.5	15
16	卫伍产销	2012.5	—	韩卫伍	8	经纪人	90	38	27
17	西园蛋鸡	1996.7	6	孟凡军	13	禽蛋	59	35	12
18	林木产销	2013.5	6	叶礼才	6	林苗	62	29	31
19	庆年农机	2015.2	—	作金龙	13	服务	31	15	16
20	鹏宇养殖	2015.2	8	高军华	4	生猪	26	8	6
21	联丰农产品	2013.6	—	潘龙天		经纪人	52	24	11
22	益群土地流转	2015.3	73	肖立友	26	葡萄	在建	—	76
23	隆汇苗木	2012.7	9	陆广飞	16	林草	62	25	13
24	欣潘农机	2013.1	—	陈　波	13	服务	40	16	18
25	大洋农机	2012.9	—	赵长洋	21	服务	58	21	26
26	五河农机	2012.6	—	肖立友	18	服务	58	21	26
27	浩大畜禽养殖	2012.7	2	张新祥	2	生猪	20	8.6	5

2015年响水镇项目建设情况

表75

序号	企业名称	项目名称	项目类别	协议投资(万元)	当年投资(万元)	开工月份	竣工月份	占地面积(公顷)	坐　落
1	响水大地新材料	环保设备	新开工	30000	10000	6	—	6.66	响水经济开发区
2	洁康管业	给排水管材	新开工	2250	2250	6	12	0.33	响水经济开发区
3	科隆钢化玻璃	建材	新开工	1200	1200	6	6	1.00	镇中小企业园
4	正响科技产业园	项目载体	新开工	1200	6800	6	—	13.30	镇中小企业园
5	正德纺织	轻纺	新开工	1200	6000	4	2	3.60	响水经济开发区

续表75

序号	企业名称	项目名称	项目类别	协议投资（万元）	当年投资（万元）	开工月份	竣工月份	占地面积（公顷）	坐　落
6	盐城泰润食品	副食品	新开工	1000	1000	2	7	1.00	响水经济开发区
7	悦起泡棉	辅料加工	新开工	12000	4000	8	7	3.60	镇中小企业园
8	鑫宏纺织	轻纺	新开工	3000	3000	7	12	1.60	镇工业集中区
9	畅洁水暖器材	给排水管材	新开工	3000	500	11	3	—	镇中小企业园
10	企业集成服务	创客孵化	新开工	3000	500	12	—	4.00	浙江商贸城
11	海燕包装公司	包装材料	新开工	1100	500	12	—	3.60	镇中小企业园
12	福华传动件公司	轴承座	新开工	1200	500	12	—	租用厂房	镇工业集中区

2015年响水镇村居概况

表76

村居	党支部书记	主　任	会　计	组数（个）	总人口（人）	耕地面积（公顷）	粮食总产（吨）	农业产值（万元）	农民人均纯收入（元）
五河	肖立友	肖立友	赵甫学	6	2998	151	3742	2690	17420
上兴	王道俊	李士能	曹立祥	6	2495	364	6104	6053	16629
潘庄	王锁来	刘长宝	周序礼	9	3328	614	10691	10950	17270
苗寨	王德兵	蔡士军	孙国军	7	3006	339	5985	5645	16522
小浦	欧中弟	沈鹤柱	马步群	6	4493	233	4276	3417	17427
城南	赵同毕	张培华	钟华平	8	7659	57	1901	1965	17801
城东	胡凤荣	李洪南	唐玉华	4	6798	—	—	—	—
东园	林怀能	刘贤兵	汪明文	4	5902	—	—	—	—
南园	谢金龙	王玉成	宋发刚	6	5986	—	—	—	—
灌河	李守卓	张　红	乔夕耀	14	7267	—	—	—	—
西园	汪银生	李立华	唐文中	7	5309	—	—	—	—

陈家港镇

【概　况】 政区地处县境北部，与灌南县堆沟港镇隔灌河相望，与灌东盐场、黄海农场、灌云县燕尾港镇交界，与南河镇、双港镇接壤。土地总面积8375.86公顷，其中，耕地3538.90公顷、基本农田741公顷。镇区地势低平，地面高程一般海拔2~3米，东西最大距离12.93千米，南北最大距离22.11千米，区内河流总长83.6千米，河网密度1.20千米/平方千米。2004年6月，陈家港获批国家一类临时开放口岸。

镇人民政府驻金港大街168号，邮政编码224631，距县人民政府驻地30千米，镇机关设党政、经济发展、政法信访、社会事务、财政农经5个办公室和计划生育、农业技术、建设环保、工贸劳保4个服务中心，核定公务员编制22人、事业编制33人。辖海安集办事处，8个居、7个村，52个居民小组、56个村民小组，14686户，48228口人。

2015年，陈家港镇以“建设新港城，发展上台阶，奋力打造江苏东部沿海重要发展节点和海滨新城”为目标，真抓实干，攻坚克难，经济、社会事业持续稳定健康发展。实现地区生产总值129488万元（不含响水生态化工园区，下同），其中，第一、二、三产业增加值分别53050万元、951万元、75487万元；财政总收入21048万元，其中公共财政收入17940万元；固定资产投资119321万元；实际到账注册外资1255万美元。年终考核，获县综合先进二等奖及财税金融、新型城镇化和基础设施建设、工业经济提质增效、沿海开发等工作奖。

农业。全年粮食作物播种面积4683公顷，总产32669吨；油料作物播种面积129公顷，总产388吨；经济作物种植面积2170公顷。林木覆盖面积2023.46公顷，覆盖率29.96%，省级林业生态示范村2个；全年成片造林58公顷，新建和完善农田林网201公顷；果园面积76.70公顷，水果产量2256吨；。出栏牛284头、生猪22414头、羊1420只，家禽25.49万羽，禽蛋产量837吨，肉类总产2522吨；水产品产量10421吨；S326路沿线四港、六港、中兴等村居建成66.67公顷以上高效农业区2个，小港村新建高标准设施农业20公顷；立礼、六港、下辛等村建成水稻高产示范田38公顷，每公顷单产726公斤。全年农业总产值79030万元，其中，种植业、林业、牧业、渔业总产值分别18881万元、1619万元、18819万元、25194万元。安装切碎装置联合收割机140台，55.15千瓦以上拖拉机83台，农业机械总动力4.07万千瓦。名优特农产品有四鳃鲈鱼、海鲜等。

工业。企业261家，从业人员3604人，总产值56049万元。其中规模以上企业4家，总产值41256万元。初步形成能源、造船、纺织、电子、化工、建材、机械制造、服装、药品、食品加工工业体系。

建筑业。企业2家，从业人员94人，总产值10886万元。

服务业。从业人员8213人，社会消费品零售总额61206万元。

社会事业。文化站、广播电视站各2个，公共文化设施面积280平方米；公共图书室2个，藏书1万册；幼儿园9所，在园幼儿1342人，专任教师42人；小学3所，在校生3811人，专任教师313人；初中3所，在校生1508人，专任教师135人。医疗卫生机构21个，其中，公立卫生院2所、社区卫生室15所；病床81张；执业、助理医师150人，注册护士18人。参加新型农村合作医疗43722人，参加新型农村养老保险10852人。有自来水厂8座，日供水能力6000吨；农村卫生厕所普及率95%。体育场地7处，19个村居安装健身器材。有广播电视管理站，有线电视覆盖率92%。有陈家港邮政支局、海安邮政支局、陈家港电信支局，邮政网点2个，乡村通邮率100%；电信服务网点6个，电话交换机总容量15005门，固定电话装机12903户，移动电话拥有28356部，互联网用户4086户；有顺丰、韵达、天天、邮政特快、申通、中通、圆通等7家快递公司，投递网络政区全覆盖。镇村居公路总长246千米；投资155万元，其中省财政奖补125万元，新铺村庄水泥路4.80千米；10千伏变电站1座，主变压器2台，总容量9.45万千伏安，10千伏高压线路4条40.20千米。

【引资项目建设】 全年引进项目12个。签约投资1.20亿元温氏养殖项目，年可出栏生猪18万头。实施新开工项目12个，当年投资25360万元。

【港城建设】 “城市建设推进年”活动完成解放路、瑞海路、石港路等道路以及港城医院、美食城、迎宾馆等项目征地拆迁，拓展港城建设空间10.86公顷。推进港城项目建设，淮海、银都等安置小区以及港城中学、幼儿园等项目主体工程竣工；福港星城、星海城市广场、宏锦商务大厦项目快速推进；港城医院、美食城、港城迎宾馆项目开工。

【农业结构调整】 投资1200万元，六港村新建设施棚菜基地72公顷；投资500万元以上明忠养猪、礼万禽业、明虎养鸡等养殖项目竣工；共赢农场、春玉水稻种植农场分别被省、市表彰为“优秀家庭农场”。

【“清洁乡村”行动】 集镇修建金港路、黄海路等6条主干道路破损路面1000多米，疏浚复堆河、中心河等河道5条，建设复堆河驳岸200多米，疏浚居民区下水道5600米。投入民力5000多人次、机械50多台套，整治河道沟塘20多条，打捞河道漂浮物600多吨，刷白树木20多万株，刷新墙体10多万平方米，清除乱堆乱放319处，镇容村貌焕然一新。被市人民政府授予“清洁乡村标杆示范镇”称号。

【民生实事】 8个村居“一事一议”筹资建设道路7.50千米；合心村新社区第三期55套农民住宅楼实施水、电、路、绿化、污水处理等配套工程，新修建防渗渠51千米、电灌站23座、农桥10座、涵洞43个。实施城乡供水一体化工程，居民户户饮上地面水厂放心水。投资30多万元，栽植大叶女贞1.50万株，建成镇村绿色通道30千米；港城栽植苗木3000多株，新增绿化面积2公顷，建成沿街沿路5个盆景。 （李　佳）

港城医院项目开工典礼现场

2015年陈家港镇家庭农场情况

表77

序号	名　称	创办年月	土地面积（公顷）	创办人	机械（台套）	经营项目	年总收入（万元）	年总费用（万元）	成员（人）
1	峻杰果蔬种植	2012.7	34	张耀静	4	果蔬种植	50	20	16
2	金穗粮食种植	2012.7	21.40	解子洪	10	谷物种植	33	18	9
3	共赢粮食种植	2013.7	13.60	姚正华	2	谷物种植	14.12	6.12	8
4	春玉水稻种植	2014.7	7.87	杜生军	5	谷物种植	9.50	4.20	8
5	大翥淡水养殖	2014.6	3.67	田正刚	3	水产养殖	45	28	6
6	正平养殖	2014.10	3.73	张正平	5	养殖山羊	22	10	9
7	宏达农作物种植	2014.10	15.60	胡可伦	6	谷物种植	12.60	6.80	4
8	伟业谷物种植	2015.5	8.13	顾克胜	6	谷物种植	10.50	6.10	6
9	颜海霞粮食种植	2015.6	10.20	颜海霞	8	谷物种植	16	7.40	6
10	如伟粮食种植	2015.6	12.33	刘如伟	10	谷物种植	26	14.20	6

2015年陈家港镇农村专业合作社情况

表78

序号	名　称	创办年份	土地面积（公顷）	创办人	机械（台套）	经营项目	年总收入（万元）	年总费用（万元）	成员（人）
1	安居养殖	2013	10	邵建中	5	牲畜养殖	36	18	32
2	权顺蛋鸡养殖	2013	20	胡文英	5	蛋鸡养殖	25	12	22
3	金海蔬菜	2012	15	唐广洋	4	蔬菜种植	33	17	40
4	礼军淡水养殖	2012	3	唐开兵	4	水产养殖	50	26	87
5	盛融水稻种植	2013	20	王波康	6	水稻种植	80	45	95
6	兴港贝类养殖	2012	10	张学根	10	贝类养殖	65	36	74
7	红飞生猪养殖	2013	4	陈菊梅	6	生猪养殖	55	28	85
8	朗林谷物种植	2014	20	林广春	7	水稻种植	88	46	96
9	立礼蔬菜购销	2013	10	刘　兵	5	蔬菜销售	41	23	50
10	明虎苗木	2012	10	王明虎	6	苗木种植	45	25	36
11	忠用生猪饲养	2012	1	邵中用	3	生猪养殖	48	26	82
12	明忠畜禽养殖	2013	2	陈顺芹	4	牲畜养殖	24	13	30
13	仁和种养殖	2012	12	梁茜茜	6	水稻种植	36	19	45
14	安富海淡水养殖	2012	6	严志安	5	淡水养殖	45	26	50
15	财源小杂粮	2013	5	王加美	10	粮食种植	50	28	46
16	鑫惠达农资	2014	7	谢应余	15	粮食种植	85	45	65
17	耀进蔬菜	2012	9	张耀静	6	蔬菜种植	46	25	20
18	晓华插秧机	2012	20	解子洪	25	机插秧	56	25	98
19	大绿地苗木	2012	10	王龙桥	5	苗木种植	35	16	26
20	富康禽业	2012	10	谢以清	10	家禽养殖	120	68	80

2015年陈家港镇项目建设情况

表79

序号	企业名称	项目名称	项目类别	计划总投资	当年投资	开工月份	竣工月份	实施地点
1	海沣新型建材	混凝土制品	新开工	10600	7650	11	—	镇中心企业园
2	福祥包装	包装材料	新开工	6000	3500	4	—	镇中心企业园
3	海林粮食加工	加工仓储	新开工	2100	2100	2	11	镇中心企业园
4	德晟灯饰	水晶灯配件	新开工	1360	1360	4	11	镇中心企业园
5	飞翔工艺品包装	生产包装盒	新开工	1260	1260	3	10	镇中心企业园
6	原林尚品纸业	生活用纸	新开工	1280	1280	2	9	镇中心企业园
7	明虎养殖场	肉鸡养殖	新开工	600	600	6	10	立礼村
8	广进蔬菜种植	蔬菜	新开工	1200	1200	2	10	六港村
9	港城医院	公立二级甲	新开工	30000	2120	11	—	港城
10	格林豪泰酒店	商务连锁店	新开工	1650	1650	4	10	港城
11	馨乐之城 KTV	量版式 KTV	新开工	1360	1360	3	10	港城
12	顺风肥牛餐饮	连锁餐饮	新开工	1280	1280	2	9	港城

2015年陈家港镇村居概况

表80

村居	党支部书记	主任	会计	组数(个)	人口(人)	耕地(公顷)	粮食产量(吨)	农业总产值(万元)	农民人均纯收入(元)
合心	姚海林	严开山	丁荣英	9	5195	356.5	3156	6654	12783
下辛	汪红兵	金中标	陈步松	4	2121	167.33	2042	4920	12025
新光	刘仕成	施开彬	姚恒方	8	3425	295.00	3842	5305	12165
中兴	王德桂	刘金山	刘广成	10	3667	323.87	4043	5806	12122
海安	张铁洲	方祥云	邵广将	6	3171	206.53	2083	4469	10986
小港	陈洪元	周志卫	王明政	7	3191	283.07	3745	5107	13012
立礼	—	王明龙	钱开军	5	2356	259.33	3501	5292	13112
四港	顾克华	于正保	赵广友	7	3088	293.47	3830	5553	12989
六港	蔡述贵	单以猛	嵇洪余	8	4391	314.20	3845	6312	12769
港南	黄卫东	张学俭	张　微	6	1598	17.93	422	13023	14026
金港	张志宝	胡志东	杨　军	8	3813	249.33	1488	9695	18103
蟒牛	尹井龙	唐广兆	吴左芝	5	1444	116.80	672	6894	19045
新民	戴　英	高美珍	—	7	3247	—	—	—	—
新中	陆玉梅	王建美	—	6	4268	—	—	—	—
港北	安玉芹	王静静	—	6	3689	—	—	—	—

小尖镇

【概　况】 政区地处县域西部。位于北纬34°07′55.00″~34°09′39.00″，东经119°38′43.00″~119°40′02.00″。与老舍中心社区、运河镇、县城、灌南县百禄镇接壤。G204国道、通榆河纵贯境内，S326、S307路横穿全境，距G20高速公路2000米。土地面积18847.78公顷，其中，耕地12636.65公顷、基本农田10679公顷。

镇人民政府驻豫顺居，距县城8千米，镇机关设党政、经济发展、政法信访、社会事务、财政农经5个办公室和计划生育、农业技术、建设环保、工贸劳保4个服务中心，核定公务员编制31人，事业编制37人。辖张集中心社区、周集办事处，6个居、24个村，254个村居民小组，27366户，105073口人。

2015年，全镇大力实施“兴工强镇、‘三化’同步、统筹发展、民生为先”战略，抬高定位，放胆实干，攻坚克难，奋力赶超，完成地区生产总值133241元(不含张集中心社区，下同)，其中，第一、二、三产业增加值分别59069万元、1535万元、72637万元；财政总收入15011万元，其中公共财政收入13181万元；全社会固定资产投资83340万元；实际到账注册外资1430万美元。年末，个体工商户1698家、私营企业398家，注册资本10.26亿元。当年新增个体工商户220户、私营企业97户，新增个体注册资本2.96亿元。年终综合考核，获县招商选资和项目推进、现代农业和统筹城乡发展、民生幸福和社会事业、生态文明和绿色响水建设、镇村经济发展和全民创业、三产服务业、扶贫开发等7项工作奖。

农业。全年粮食种植面积7447公顷，总产52370吨；油料种植面积628公顷，总产22038吨；经济作物种植面积3687公顷。全年成片造林67公顷，四旁植树23万株；完成小黄河、胜利河成片造林26.67公顷，四旁植树8万株，朱圩村、平湖村绿色通道8千米，新建和完善农田林网333.33公顷，郭庄村建成省级林业生态示范村；果园面积75.67公顷，水果产量2421吨；林木覆盖面积2089.04公顷，覆盖率21.13%。出栏牛460头、生猪87539头、羊22430只、家禽77.54万羽，禽蛋总产6176吨，肉类总产8576吨。水产养殖面积251公顷，总产1130吨。农业总产值98379万元，其中，农业、林业、牧业、渔业产值分别52242万元、1626万元、32359万元、7468万元。安装切碎装置联合收割机137台，55.15千瓦以上拖拉机85台，农业机械总动力55057千瓦，联耕联种面积2000公顷。

工业。企业137家，从业人员7789人，工业总产值430779万元；规模以上工业企业10家，总产值84017万元。

建筑业。企业5家，从业人员234人，总产值4475万元。

服务业。从业人员7042人，社会消费品零售总额41437万元。

社会事业。有文化站、广播电视管理站，公共体育、文化设施面积分别2820平方米、162平方米，有线电视入户率77%；电影放映队1个，年放映18场次；镇村图书室22个。幼儿园10所，专任教师65人，在园幼儿2593人；小学10所，在校生2533人，专任教师298人，小学适龄儿童入学率100%；初中2所，在校生2178人，专任教师209人；村居开通宽带远程教育网络平台。镇卫生院有执业(助理)医师157人、病床157张；达标村居卫生室18所，乡村医生22人；参加新型农村合作医疗55567人，参加新型农村社会养老保险7612人；卫生厕所达标率95%；儿童计划免疫率100%。体育场地22处，4个社区和18个村安装健身器材。享受城镇最低生活保障65户154人，享受农村最低生活保障1487户3107人；农村五保集中供养35人，当年支出27.30万元；农村五保分散供养137人，当年支出77.43万元；国家抚恤、优抚对象337人，年抚恤金645.90万元。邮政支局1个，乡村通邮率100%；电信服务网点3个。年末，农村水泥路292千米，实现村村通，通公交村13个；新建桥梁3座；110千伏变电站1座，主变压器2台；35千伏变电站1座，主变压器1台；220千伏变电站1座，主变压器2台。

【引资项目建设】 强化工业主体经济意识，重心向工业倾斜，力量向工业集中，资源向工业汇聚，做大做优工业经济蛋糕。启动中小企业创业园南区、北区和环保科技园建设，新建标准厂房6万平方米，新入园贝思达制袜等企业6家。全年引进项目18个，其中，工业项目11个、亿元项目1个。全年实施项目15个，当年投资48208万元。其中，新开工项目12个，当年投资28308万元；技改项目3个，当年投资19900万元。

【现代农业发展】 全年实施高效农业项目6个，建成鸿福泰养殖、浩源养殖、鸿图养殖等生猪养殖基地5个，总投资3500万元，年可出栏生猪6.50万头；建成郭庄村13.33公顷设施蔬菜、徐洪村33.33公顷设施蔬菜和13.33公顷设施西瓜基地。

【新农村建设】 盛世豪庭4幢住宅楼开盘销售，豫园小区、太阳河商贸城主体工程完工。环境整治投入300多万元，购置吸粪车1辆、新能源汽车配套垃圾箱30个、果壳箱20个、转运平板车10辆、封闭式三轮车10辆、垃圾桶800只；每村建垃圾池40个以上，配备柴油拖拉机1辆、环卫三轮车3~5辆、垃圾桶30个；集镇新建自动水冲式公共厕所1座，街道两侧新栽植景观树500株。通过省、市环境整治验收。

【民生工程】 投入3200万元，建成镇中心幼儿园，修建教学楼6幢1.30万平方米。投入2000多万元，郭庄、徐洪、四丰3个村实现“新八有”(有群众拥护的班子、科学合理的发展规划、特色鲜明的主导产业、健康向上的文明村风、先进适用的信息网络、高产高效的基本农田、持续稳定的集体经济收入、整洁美观的村容村貌)。铺设镇村二三级供水管网400千米，与县城地面水厂水管连接，实现城乡供水一体化。新建农桥5座、电灌站25个、防渗渠21千米、村组道路12.50千米。

(骆凯华　张小丽)

2015年小尖镇家庭农场情况

表81

序号	名　称	创办年月	土地面积（公顷）	创办人	机械（台套）	经营项目	年总收入（万元）	年总费用（万元）	成员（人）
1	源浩	2015.3	6	王玉珍	9	养猪	1800	1700	6
2	红杏	2015.5	25	陈志荣	5	种植	225	195	5
3	谷丰	2015.5	55	朱洪明	13	种植	412	350	20
4	珍丽	2015.8	5	杨海珍	2	养猪	1600	1520	5

2015年小尖镇农村专业合作社情况

表82

序号	名　称	创办年月	土地面积（公顷）	创办人	机械（台套）	经营项目	年总收入（万元）	年总费用（万元）	成员（人）
1	豫东农机	2015.9	6	董伟伟	7	种植	160	120	7
2	豫顺食用菌	2011.3	4	季　华	200	食用菌	2000	2000	116
3	毕圩蔬菜	2007.9	100	杨恒权	10	种植	4500	2100	645
4	正义农机服务	2013.4	1200	邵正义	28	种植	30	70	163
5	四丰建村农技	2013.7	5	蔡国利	1	养殖	180	120	109
6	国利农业生产资料	2013.7	2	蔡国利	0	养殖	200	180	101
7	弘益葡萄	2012.9	33.5	刘永兵	2	种植	100	1050	375
8	村姑桑园种养	2009.6	7	郭会军	0	养殖	3	25	501

2015年小尖镇项目建设情况

表83

序号	企业名称	项目名称	项目类别	总投资（万元）	当年投资（万元）	开工月份	竣工月份	坐　　落
1	环保科技园	环保	新开工	20000	1340	6	—	原县砖瓦厂
2	爱纺纺织	纺织	新开工	10000	6290	6	—	镇创业园南区
3	贝思达制袜	纺织	新开工	5000	4016	9	—	镇创业园南区
4	欣武纺织	纺织	新开工	2000	550	5	—	镇创业园南区
5	温暖纺织	纺织	新开工	2000	672	5	—	镇创业园
6	金泰机电	机电	新开工	1200	360	10	—	镇敬老院对面
7	太阳河商贸城	房地产	新开工	16000	8000	1	—	S307路南侧
8	快捷士电商产业园	电商	新开工	10000	350	7	—	四丰村
9	小尖镇幼儿园	教育	新开工	1330	1330	1	12	镇人民政府大院东侧
10	小尖镇中心小学	教育	新开工	2700	2700	6	12	S307路北侧
11	安康残疾人托养所	卫生	新开工	1500	1500	1	12	G204国道东侧雅康花园南侧
12	宏人消化专科医院	卫生	新开工	1200	1200	11	—	豫北居
13	金兰纺织	制衣	技改	7550	7550	5	12	豫顺居
14	力拓金属	金属制品	技改	8500	8500	2	12	豫顺居
15	国众化工	化工	技改	3850	3850	2	12	响水生态化工园区

2015年小尖镇村居概况

表84

村居别	党支部书记	主　任	会　计	组(个)	人口(人)	耕地面积(公顷)	粮食产量(吨)	农业产值(万元)	农民人均纯收入(元)
豫顺	王清明	嵇孝田	胡锦法	8	2192	372	2218	2881	14515
豫东	董学华	戴金华	陈　军	7	1469	302.13	2802	5117	14478
周集	王成军	王玉田	马乃平	18	2842	445.8	2946	5101	14480
四丰	蔡铁成	凌庭华	陈海莉	8	3653	605.67	4519	8314	14504
中舍	蔡正利	—	邱　芹	6	1961	191.87	1788	3851	14435
朱浦	吴锦喜	吕云平	吕云平	7	2750	481.4	3706	6057	14398
小广	贺春能	—	张鹤亭	8	2686	545.93	3684	8090	14461
郭庄	杨成家	陈国玉	徐子桂	6	2232	297.6	2478	6967	14476
陈沟	金家祥	陈士兵	陈广国	8	1741	367.33	2489	4195	14403
沙庄	史龙建	史龙建	沈从伍	9	2777	426.33	3151	5262	14433
朱圩	梁华新	—	吉凤能	9	2911	518.8	3487	6126	14459
毕圩	周元兵	周元兵	梁茂平	10	2985	476.73	3403	6241	14465
条房	孟祥坐	—	周　湖	11	3022	542.33	3434	6098	14402
徐洪	汤相清	季言军	祝秀云	10	2199	205.73	2539	4782	14497
土桥	胡跃明	胡维祥	汪为国	14	2463	362.27	2403	4721	14423
吉舍	陈克齐	吉海波	胡佩华	10	1978	327.07	2376	4995	14477
平湖	张立青	王　军	王继凤	8	1727	358.40	2462	4821	14412
条河	王大明	—	孙文华	10	1718	336.73	2485	4760	14410

大有镇

【概　况】 政区位于东经119°36′47.00″~119°38′49.00″，北纬33°59′54.00″~34°01′12.00″，东临黄海，与滨海县滨淮镇、界牌镇、陆集镇隔中山河相望，与运河镇、南河镇、黄海农场接壤。镇域东西最大距离20.77千米，南北最大距离18.52千米，总面积11234.66公顷，其中，耕地7499.03公顷，基本农田7502.26公顷。地势平坦，地面高程一般海拔2.0~6.0米，南部略高，北部稍低。境内河流总长178.6千米，河网密度1.60千米/平方千米，中山河流经政区17.20千米。

镇人民政府驻大有社区，邮政编码224624，距县人民政府驻地50千米，镇机关设党政、经济发展、政法信访、社会事业、财政农经等办公室和计划生育、农业技术、村建环保、工贸劳保等服务中心。核定公务员编制22人，事业编制26人。辖七套中心社区，3个居、11个村，45个居民小组、206个村民小组，15086户，61480口人。

2015年，全镇重抓项目建设和全民创业，完成地区生产总值69080万元（不含七套中心社区，下同），其中，第一、二、三产业增加值分别28371万元、8618万元、32091万元；财政总收入8911万元，其中公共财政收入5400万元；全社会固定资产投资29523万元。年终考核，获县委、县人民政府综合先进镇、城镇建设、生态创建、三产服务、教育双创等6项奖。

农业。粮食种植面积6158公顷，总产43037吨；油料种植面积253公顷，总产810吨；经济作物种植面积17047公顷；成片造林40公顷，四旁植树6万株；果园面积69.64公顷，水果产量1165吨；林木覆盖面积1520.63公顷，覆盖率27.35%。出栏生猪22599头、羊2254只、家禽42.68万羽，禽蛋产量571吨，肉类总产2910吨；水产养殖面积21公顷，总产1671吨。农业总产值47682万元，其中，种植业、林业、牧业、渔业总产值分别25519万元、1399万元、12060万元、4683万元。年末，安装切碎装置联合收割机127台、55.15千瓦以上拖拉机142台，农业机械总动力5.30万千瓦。

工业。企业263家，从业人员3080人，总产值134481万元；其中规模以上工业企业8家，从业人员205人，总产值14908万元。

建筑业。企业5家，从业人员321人，总产值7354万元。

服务业。从业人员3039人；有5吨及以上运输车374辆；有华联、刘毛、大润发、东方等超市，有莫泰、万隆、黄海等商务宾馆、东方城等；社会消费品零售总额14219万元。

社会事业。文化活动中心1个、广播电视网络服务部1个；体育场地7处，1个社区和4个村安装健身器材；公共体育、文化设施面积分别2300平方米、110平方米，数字电视综合覆盖率95.7%。幼儿园7所，在园幼儿738人；小学4所，在校生1875人，专任教师152人；初中1所，在校生742人，专任教师122人。有公立卫生院1所，病床59张，执业、助理医师25人；农民参加新型农村合作医疗26400人、参加新型农村社会养老保险6707人，儿童计划免疫率100%。发放80岁以上老人尊老金97人，五保户集中供养19人、分散供养87人，享受最低生活保障769户1304人，新增42户；大病医疗救助56名，家庭困难救助32户，两项救助金35.60万元。邮政支局投递线路单程10千米；电信服务网点1个，固定电话装机2351户，移动电话23165部；年末，农村公路总长106千米，民强村、康庄村新铺设农村公路3.50千米，新建桥涵9座，维修电灌站12座。完成村居自来水管网改造，实现城乡供水一体化，地表饮用水普及率100%；35千伏变电站1座，主变压器2台。

【引资项目建设】 全年实施项目10个，当年投资13.33亿元。其中，新开工千万元以上项目4个，当年投资1.05亿元；技改项目3个，当年投资0.38亿元；结转项目3个，当年投资11.90亿元。竣工项目6个，当年投资12.28亿元。

【新农村建设】 投入400万元，集镇新建水冲式公厕3座，X304路街道两侧建成大理石围砌栅栏绿化带5000米，新安装路灯200盏，疏通集镇下水道7千米，更换老式窨井盖115个；建成淮河村景观绿化道3千米，康庄村安装太阳能路灯3.50杆·千米；疏浚河道7条，完成土方7万立方米。

【联耕联种获县表彰】 夏季水稻联耕联种面积1100公顷，其中，康庄村、淮河村、大有居联耕联种面积分别690公顷、260公顷、150公顷；秋季小麦联耕联种面积1600公顷，其中，康庄村、淮河村、大有居、新北村联耕联种面积分别800公顷、300公顷、170公顷、330公顷。年终，联耕联种获县表彰。

【农民休闲娱乐场所建设】 投入100万元，在淮河村（夹河）建成0.50公顷农民休闲公园；投入600万元，在中山北路新建7公顷市民休闲健身、文化活动广场。年末，农民休闲娱乐场所15处，配备双杠、单杠、篮球架等健身器材。（林爱明）

2015年大有镇家庭农场情况

表85

序号	名　称	创办年月	土地面积（公顷）	创办人	经营项目	年总收入（万元）	年总费用（万元）	成员（人）
1	开　心	2013.12	5	沈卫东	草鸡养殖	17	100	3
2	加贵种植	2014.11	22	王加贵	谷物种植	40	110	4
3	军云种植	2014.11	19	陆立军	谷物种植	35	100	2
4	金禾种植	2014.11	20	于正猛	谷物种植	37	105	2
5	吴　旺	2014.11	9	吴　忠	种养结合	200	150	4
6	学　权	2014.12	3.50	刘学权	草鸡养殖	12	75	4
7	旺　牛	2015.2	3.50	刘开众	牛羊养殖	280	500	6
8	锦　兵	2015.9	3	赵金兵	生猪养殖	50	80	5
9	金　润	2015.10	11	程庭河	谷物种植	12	42	3

2015年大有镇农村专业合作社情况

表86

序号	名　称	创办年月	土地面积（公顷）	创办人	机械（台套）	经营项目	年总收入（万元）	年总费用（万元）	成员（人）
1	大有农村社区股份	2011.9	—	刘兴军	—	资金	80	43	56
2	仁信互助	2011.9	—	王加友	—	资金	250	133	107
3	康庄制种稻	2011.11	71	王加友	12	水稻制种	1704	901	226
4	子权花卉	2009.5	15	吴子权	3	花卉栽培	675	241	130
5	鸿瑞生资	2012.9	—	卢广剑	—	资金合作	50	29	27
6	凯泉粳稻种植	2014.4	150	王　芳	37	粳稻种植	5625	4736	479
7	游园草鸡	2011.12	0.75	万金国	—	草鸡养殖	20	35	—
8	金标莴苣	2009.5	100	韦金标	9	莴苣种植	2780	2625	271
9	大有翠苑草鸡	2007.8	3.50	沈卫东	15	草鸡养殖	273	213	36

2015年大有镇项目建设情况

表87

序号	企业名称	项目名称	项目类别	总投资（万元）	当年投资（万元）	开工月份	竣工月份	占地面积（公顷）	坐落
1	瑞和新材料	特钢	新开工	32000	5000	11	—	2	镇创业园
2	比尔特	秸秆利用	新开工	5000	1500	11	—	2	镇创业园
3	中德农业	农业产业园	新开工	5000	3000	5	—	—	黄海农场
4	凯胜达	摩托轮胎	新开工	2000	1000	7	—	0.5	镇创业园
5	中粮集团	生猪养殖	结转	35000	15000	—	4	80	康庄村
6	国信风电	风力发电	结转	200000	100000	—	7	—	沿海滩涂
7	民强水产	对虾养殖	结转	5000	4000	—	5	87	民强村
8	信立颜料	颜料	技改	2000	2000	3	9	—	响水生态化工园区
9	祥龙化工	化工仓储	技改	1000	1000	4	11	—	头罾居
10	华群纺织	棉纺	技改	800	800	2	6	—	淮河村

2015年大有镇村居概况

表88

村居别	党支部书记	主　任	会　计	组（个）	人口（人）	耕地（公顷）	粮食产量（吨）	农业产值	农民人均纯收入（元）
康庄村	陈国建	陈国建	薛风友	36	10590	1214	22264	18208	11303
新北村	韩品成	韩品成	杨其美	15	3353	621	4243	5979	11006
民强村	郭玉松	郭玉松	王达胜	31	4752	835	6108	7470	11212
淮河村	孙昌余	孙昌余	吴子权	22	3718	588	4889	10517	11630
大有居	刘兴军	刘兴军	吴正左	15	4670	213	3252	4360	16150
头罾居	薛玉前	薛玉前	高培成	3	266	167	2281	1148	—

南河镇

【概　况】 政区地处响水县中部，位于北纬34°14′09.00″~34°16′18.00″，东经119°45′43.00″~119°47′39.00″。与黄海农场、大有镇、运河镇、双港镇、陈家港镇接壤，地面高程一般海拔4.8~6.4米，东西最大距离15.56千米，南北最大距离13.95千米。总面积11697.22公顷，其中，耕地8306.25公顷，基本农田7950公顷。境内河流总长234.90千米。

镇人民政府驻王集社区顺心路，邮政编码224633，距县人民政府驻地30千米，镇机关设党政、经济发展、政法信访、社会事务、财政农经5个办公室和计划生育、农业技术、建设环保、工贸劳保4个服务中心，核定公务员编制28人、事业编制33人。辖平建办事处，16个村、3个居，172个组，17200户，61130口人。

2015年，全镇抓好稳增长、调结构、促转型、重生态、惠民生工作。完成地区生产总值92057万元，其中，第一、二、三产业增加值分别45979万元、5611万元、40467万元；完成固定资产投资14916万元；财政总收入7679万元，其中公共财政收入6587万元。年终考核，获县综合三等奖。

农业。全年粮食作物播种面积11784公顷，总产78641吨；油料作物播种面积319公顷，总产1031吨；蔬菜作物种植面积2283公顷；其中西瓜种植面积800公顷。林木覆盖面积2311.41公顷，覆盖率19.84%，省级绿化示范村3个；果园面积66.78公顷，水果产量1906吨。出栏菜牛192头、生猪58793头、羊6112只、家禽38384万羽，肉类总产4758吨，禽蛋总产1500吨。淡水养殖面积860公顷，水产品总产1183吨。农业总产值89903万元，其中，种植业、林业、牧业、渔业总产值分别43805万元、1632万元、31324万元、6640万元。农民专业合作社47个，合作社成员1595户；新增大型机械56台套，农机总动力87801千瓦；农机专业合作社8个。平建居、新建村为省农垦发展股份公司战略合作试验区。

工业。企业267家，从业人员4107人，总产值93870万元。其中，规模以上企业4家，总产值41029万元。

社会事业。有文化站、广播电视管理站，体育场地18处，3个社区和16个村安装健身器材，文化、体育设施面积分别250平方米、2100平方米；公共图书室4个，农家书屋19个，藏书10000

册。幼儿园、托儿所12所，在园幼儿1046人；小学7所，专任教师177人，在校生2057人；中学1所，专任教师128人，在校生1137人；总投资500万元的南河中学、南河中心小学综合楼通过验收；总投资600万元的镇中心幼儿园在建。公办卫生院1所，村居卫生服务站19所，病床81张，执业、助理医师56人；参加新型农村合作医疗54327人，参加新型农村社会养老保险19754人，儿童计划免疫率100%。五保老人集中供养9人、分散供养122人；投资360万元，新建敬老院1幢3600平方米。邮政电信服务网点4个，固定电话装机6213户，拥有移动电话32963部。自来水厂23座，日供水能力1.10万立方米。集镇建成区面积280公顷、户数4815户、人口13020人，集市贸易成交额980万元。年末，农村公路总长152千米。

省委书记罗志军视察南河镇农业示范园

【引资项目建设】 成立2支招商小分队，镇主要领导带队在上海、浙江、广东、福建等地跟踪信息，对接客商。引进项目26个，协议投资32000万元。其中，农业龙头企业1个，协议投资7000万元；工业项目3个，协议投资17000万元。全年新开工项目4个，当年投资8400万元。

【省委书记罗志军视察镇农业示范园】 示范园核心区坐落薛荡村，占地33.33公顷，建成连幢大棚、智能温室3幢；2015年，建成源怡育苗中心，占地8公顷；万洋冷储加工厂；农产品交易市场，占地2公顷。辐射区400公顷，种植西瓜、西兰花、青椒等应季瓜果蔬菜，畅销苏南等大中城市，每公顷纯收入12万元以上。2月16日，省委书记罗志军在该园视察。

【南河中小企业园建设】 2014年规划建设，坐落上王村，规划占地26.67公顷，第一期工程占5.33公顷，翌年11月竣工，投入5400万元，建成标准厂房3.50万平方米；年末，入驻企业4家。第二期工程占地8公顷，正在施工。

【民晟农机合作联社】 整合上王、头甲、王集、新海、大沟、平建等6个村居农机合作社资源，成立民晟农机合作联社。2015年，经营总收入326万元，总支出117万元。

【农村环境整治】 结合河道疏浚、植树造林，出动4730人次，动用清运机械392台套、清运船91艘次，清理卫生死角156处，刷白树木2万多株，清运垃圾1580吨，新建垃圾池470座，新投放垃圾桶85个，新聘保洁员100名。

【基础设施建设】 投资2000万元，建成省道连接线1条；投资600万元，建成污水处理厂；投资180万元，建成育才路、北环路；投资80万元，建成压缩式垃圾中转站；新铺水泥路9千米，新建公墓地14处、农桥3座。（张德国　王声高）

2015年南河镇家庭农场情况

表89

序号	名称	创办人	住址	注册资本或出资总额（万元）	主要产业（产品）	经营面积（公顷）			家庭劳力（个）	雇工人数（人）	机械设备	工商登记年月
						合计	流转					
							面积	期限（年）				
1	强胜	凌加梅	兴南村	400	畜牧养殖	19.67	18.07	7	4	2	有	2013.9
2	凡亮	凡　亮	新建村	100	谷物种植	14.53	13.33	15	4	—	否	2013.9
3	锦标	高井标	头甲村	100	稻鱼养殖	13.79	14.5	5	2	1	有	2014.6
4	金鑫	邵中守	兴南村	300	绿化树苗	17.33	17.33	15	4	2	无	2014.1
5	东盛	王声娟	太平村	200	谷物种植	13.01	12.75	14	3	—	无	2014.7
6	新扬	张令站	新海村	180	谷物种植	9.87	8.81	15	6	—	有	2015.4
7	华珍	吴清华	新建村	50	种养（猪）	3.66	3.00	10	4	—	有	2015.4

续表89

序号	名称	创办人	住址	注册资本或出资总额(万元)	主要产业(产品)	经营面积(公顷)			家庭劳力(个)	雇工人数(人)	机械设备	工商登记年月
						合计	流转					
							面积	期限(年)				
8	德龙	仇德龙	兴南村	50	西瓜种植	20.00	20.00	16	4	3	有	2015.2
9	宝铭	顾启宝	兴南村	100	瓜蒌樱桃	7.67	7.67	15	4	3	有	2015.1
10	芳德	林芳德	顺兴路	40	果蔬种植	7.07	6.67	15	4	—	有	2015.3
11	培军	刘培军	新建村	50	养殖菜牛	3.93	3.53	10	4	—	有	2015.5
12	树全	孙树全	加庆村	50	谷物种植	14.27	13.86	5	5	—	有	2015.7
13	中友	王中友	兴南村	50	西瓜蔬菜	7.46	7.06	6	3	1	否	2015.7
14	李氏	李章科	王集居	30	水果蔬菜	7.53	7.20	5	5	3	有	2015.8
15	树歌	孙树歌	加庆村	20	谷物种植	7.93	6.93	5	4	—	有	2015.9
16	青宇	薛良军	新荡村	100	谷物种植	10.73	7.79	10	4	—	有	2015.8
17	张四	张祖祥	新荡村	100	谷物种植	10.70	10.03	10	5	—	有	2015.8
18	鑫伟	朱召林	头甲村	120	谷物种植	8.27	7.73	5	5	1	否	2015.8
19	正洲	于正洲	新荡村	10	谷物种植	7.86	7.20	10	4	—	有	2015.8
20	孝龙	张孝龙	新荡村	20	谷物种植	14.50	14.03	10	5	—	有	2015.9
21	业兴	李伟港	头甲村	100	谷物种植	11.38	10.98	5	6	—	否	2015.11
22	丽云	唐丽云	王村	58	大棚蔬菜	3.00	2.33	14	2	1	否	2015.9
23	宁安	张锦花	农场村	50	种养(猪)	20.07	19.07	14	4	—	有	2015.11
24	雨后	王生知	头甲村	150	谷物种植	18.41	17.75	5	4	—	有	2015.12

2015年南河镇项目建设情况

表90

序号	企业名称	项目名称	项目类别	总投资(万元)	当年投资(万元)	开工月份	竣工月份	占地(公顷)	实施地点
1	轻盈服饰	服装	新开工	1200	500	4	11	0.73	南河中小企业园
2	奕杰制衣	服装	新开工	1100	600	3	11	0.87	南河中小企业园
3	华胜门业	电动门	新开工	2000	700	5	12	0.67	南河中小企业园
4	盛通新材料	半导体材料	新开工	11000	1200	11	12	2.66	南河中小企业园

2015年南河镇村居概况

表91

村居别	党支部书记	主　任	会　计	组(个)	人口(人)	耕地(公顷)	粮食产量(吨)	农业产值(万元)	农民人均纯收入(元)
王集	许志雷	乔清武	张　军	8	5249	409.53	4350	7293	13595
河堆	罗时兵	李武林	薛　彦	15	3586	489.20	5278	4921	12279
薛荡	薛国财	周树林	徐志贵	8	3515	558.13	5341	6825	15918
八墩	薛国财	吴恒树	沈　丽	10	1981	373.73	4277	4142	15276
河西	谢以军	孙志谋	黄以国	7	2281	496.73	5460	5560	13662
太平	赵红雷	李维树	徐桂明	7	2094	422.27	4546	4553	15329

续表91

村居别	党支部书记	主　任	会　计	组(个)	人口(人)	耕地(公顷)	粮食产量(吨)	农业产值(万元)	农民人均纯收入(元)
合兴	朱从福	高友谊	周洪进	9	2076	384.80	4407	3378	13072
安宁	张　佩	—	李明祥	8	3530	557.20	5527	5428	12892
头甲	王声高	王声高	朱召林	7	2914	389.60	4181	5504	14113
加庆	缪云龙	—	林树航	12	2491	256.67	3036	3155	12251
上王	徐正军	贾海美	徐　峰	11	2670	290.40	3287	4471	13884
兴南	刘步友	罗会明	高坤鹏	7	2915	308.60	3361	3638	13946
昌盛	陈兆华	崔长树	吴玉进	5	1810	176.90	1635	2688	12237
新荡	尤　亮	刘玉贤	周　军	16	2367	299.20	3262	4489	13064
平建	周德军	郭长华	陈汝海	10	1474	236.40	2774	3836	12283
大沟	张海林	张耀金	黄守元	5	1933	235.30	2553	3112	13170
新海	徐金伟	董从才	张耀林	7	3397	343.70	3849	5392	14639
新建	张华成	张飞驰	林士和	10	2933	645.40	6443	6069	13029
农场	潘立桃	朱礼可	张玉健	9	1949	446.70	5074	4446	14491

双港镇

【概　况】 政区位于北纬34°15′46″~34°17′39″，东经119°40′41″~119°42′29″，地处县城东部，与陈家港镇、南河镇、小尖镇、运河镇、响水镇接壤，北与灌南县原田楼乡、五队乡隔灌河相望。政区东西最大距离12.55千米，南北最大距离17.55千米；土地总面积12792.18公顷，其中，耕地7475.10公顷、基本农田5457.84公顷。

镇人民政府驻双港社区，邮政编码224632，距县人民政府驻地12千米，镇机关设党政、经济发展、财政农经、社会事务、政法信访5个办公室和计划生育、农业技术、建设环保、工贸劳保等服务中心，核定公务员编制26人、事业编制29人。驻国土资源所、派出所、水务站、卫生院、中学、中心小学、供电所、邮政支局、电信支局、农村商业银行营业点、兽医站、网络公司等。辖老舍中心社区，5个居、12个村，31个居民小组、89个村民小组，14725户，59997口人。

2015年，全镇抓实招商选资和项目建设，搞好农村环境综合整治，完成地区生产总值76161万元(不含老舍中心社区，下同)，其中，第一、二、三产业增加值分别27995万元、13522万元、34644万元；财政总收入11154万元，其中公共财政收入9800万元；全社会固定资产投资17576万元。3月，被盐城市人民政府、盐城军分区表彰为“基层民兵营(连)规范化建设优秀达标单位”；6月，被中共盐城市委、市人民政府、盐城军分区授予“双拥工作模范镇”称号。年终考核，获县园区经济发展和开放型经济、民生幸福和社会事业、政法综治和信访稳定3项奖。

农业。全年粮食作物种植面积3434公顷，总产21449吨；蔬菜瓜果种植面积2230公顷。省级林业达标生态村3个、S326路绿化景观带6.70千米，林木覆盖面积964.31公顷，覆盖率20.57%；果园面积47.40公顷，水果产量997吨；腰庄村建成红泰核桃15.33公顷；建成农业部玉米高产示范方680公顷、省级无公害农产品生产基地102公顷和汇源花卉、东林生态、恒源养殖、惠达畜牧、灌河绿洲、佳禾种植、春燕鹦鹉、白玉蜗牛、四海蛋鸡、勤农种植等现代农业园。出栏菜牛624头、生猪36927头、羊1495只、家禽49.06万羽，禽蛋产量1808吨，肉类总产2209吨。水产品产量2200吨，其中淡水养殖面积153公顷，产量1150吨。农业总产值49745万元，其中，种植业、林业、牧业、渔业总产值分别25324万元、724万元、17076万元、3902万元。拥有大型农业机械88台，农业机械总动力13600千瓦。

工业。企业266家，从业人员4212人，总产值43106万元；规模以上企业1家，从业人员233人，总产值39668万元。初步形成船舶制造维修、机械铸造、机电设备、建材、纺织服装、化工、木业、纸业、乳业、空调、轴承座、农产品加工工业体系。

服务业。从业人员3179人，其中，连锁酒店2家；有东林生态养殖有限公司、恒兴商贸大酒店、龙都大酒店、上海华联超市、大润发超市等定报企业16家；社会消费品零售总额2409万元。

社会事业。有文化站、广播电视管理站，体育场地15处，3个社区和4个村均安装健身器材；体育、文化设施面积分别1580平方米、543平方米，有线电视入户率88%；电影放映队1个，年放映52场次，观众2.50万人次。镇村图书室8个，藏书2.10万册。幼儿园7所，专任教师38人，在园幼儿1260人；小学4所，在校生3000人，专任教师258人，小学适龄儿童入学率100%；初中1所，在校学生1571人，专任教师151人；村居开通宽带远程教育网络平台。镇卫生院卫生技术人员11人，病床69张，执

业、助理医师11人；达标村居卫生室10所，乡村医生42人；参加农村新型合作医疗23399人，参加新型农村社会养老保险8311人；卫生厕所达标86%，儿童计划免疫率100%。年末，农村享受最低生活保障815人；农村五保对象集中供养25人，当年支出19.50万元；农村五保对象分散供养40人，当年支出26.40万元；国家抚恤、优抚对象158人，年抚恤金113.60万元。有双港邮政支局、电信支局，邮政投递点12个，投递网络政区全覆盖。有电信、邮政、移动、联通服务网点7个，拥有移动电话11520部、固定电话2370部，互联网用户923户。年末，农村公路总长182千米，实现村村通，通公交村4个；新建桥梁8座。有35千伏变电站1座，主变压器1台，总容量0.80万千伏安，高压线路4条107.55杆·千米。

【中小企业创业园】 2013年9月，由上海闵祺投资发展有限公司投资兴建，坐落双港居境内响陈线北侧，规划面积33.33公顷，第一期规划面积23.33公顷，建设新型材料园、汽车和船舶配件园、创业孵化园、仓储物流园等。至2015年末，园区总投资3000万元，建成区12公顷，建成标准化厂房15000平方米，供电、供水、道路等基础设施配套，亮化、绿化建设到位；入园企业6个，年实现产值2.50亿元、上缴税收4250万元。

【引资项目建设】 全年实施项目18个。其中，新引进项目7个，协议引资3.67亿元，当年投资0.42万元；结转项目3个，当年投资0.18亿元；技改扩能项目8个，当年投资0.74亿元。竣工项目2个，当年投资0.17亿元。

【洪南村获“和谐社区建设示范村”称号】 该村地处双六路东侧，S326路贯穿全境，8个村民小组，842户，3425口人，耕地330公顷。年末，有400平方米办公楼1幢，内设便民服务厅、综治办公室、会议室、文化阅览室、群众娱乐室；开通“村帮办”电话；利用广播“周末夜话”栏目宣传党的路线方针政策、法律法规、先进事迹，丰富村民文化生活。3月，被省民政厅授予“和谐社区建设示范村”称号。

【农村环境整治】 投入80多万元，疏浚河道6条5千米，整治农村乱堆乱放、乱搭乱建87处，新建垃圾池136个，清除S326路沿线、响陈路沿线违章建筑及草堆253处，设立垃圾填埋点9个，修补破损路面6129平方米，村居聘保洁员48人；组织1300多人次，动用40多台次机械，清理集镇街道，维修部分街道路灯，改造以刚街、双港街两侧雨污管道，建成压缩式垃圾中转站和生活污水处理厂。兴华村新社区第一期90户别墅全部交付使用；第二期38户别墅主体工程竣工，社区服务中心交付使用，区内供电、道路、绿化等基础设施配套。12月，该社区被民政部表彰为国家级“防灾减灾示范社区”。

【林牧园建设】 春燕鹦鹉养殖园坐落腰庄村，2013年兴办，总投资5000万元，占地12.46公顷，年繁育鹦鹉500对，年销售2000万元。恒源养殖园坐落双港居，2014年兴办，占地4.33公顷，年饲养山羊3000只，年收益20万元。燕达畜牧园坐落合蒲村，2014年兴办，占地3.80公顷，年饲养山羊3000只，年收益20万元。灌河绿洲生态园坐落兴华村，2014年兴办，总投资1000万元，占地23.33公顷，年培育女贞、樱花、广玉兰、红叶石楠等名贵苗木30万株，年收益160万元。白玉蜗牛养殖坐落合蒲村，2014年兴办，占地3.20公顷，总投资300万元，年销售150万元。四海蛋鸡养殖坐落合蒲村，2014年兴办，占地6公顷，总投资1500万元，年饲养蛋鸡10万只，年收益150万元。 （常卫明）

2015年双港镇家庭农场情况

表92

序号	名　称	创办年月	土地面积（公顷）	创办人	机械（台套）	经营项目	年总收入（万元）	年总费用（万元）	年末成员（人）
1	秀　海	2012.5	15	张秀海	6	蔬菜	200	150	2
2	耀　国	2013.3	8	张耀国	2	谷物	100	80	3
3	学　俊	2013.10	7	杨学俊	2	谷物	100	80	3
4	洪　其	2013.10	5	王洪其	2	谷物	120	90	3
5	红　泰	2013.9	5	周士刚	10	谷物核桃	120	80	6
6	爱　民	2013.5	5	张仕海	6	蛋鸡	100	80	5
7	二　东	2013.12	5	陈秀龙	3	谷物	90	60	5
8	德　刚	2014.4	3	陈德刚	5	生猪谷物	100	80	6
9	兴　旺	2014.4	5	王得群	3	谷物水产	100	80	4
10	佳　苑	2014.7	10	潘如忠	2	谷物	100	80	4
11	其　全	2014.9	6	傅齐全	2	谷物	100	80	4
12	勇　昌	2014.12	8	田向东	3	谷物	100	80	4

续表92

序号	名　称	创办年月	土地面积（公顷）	创办人	机械（台套）	经营项目	年总收入（万元）	年总费用（万元）	年末成员（人）
13	成　海	2015.10	5	杜成海	2	谷物	20	10	2
14	泓　宇	2015.11	5	沈友军	2	谷物	20	10	2

2015年双港镇农村专业合作社情况

表93

序号	名　称	创办年月	土地面积（公顷）	创办人	机械（台套）	经营项目	年总收入（万元）	年总费用（万元）	年末成员（人）
1	洪盛银杏	2010.3	5	王洪其	1	银杏种植	180	150	100
2	玉忠植保	2010.5	1.50	杨　武	10	植保服务	200	160	30
3	惠泽畜禽养殖	2014.5	1.50	潘　杨	6	山羊养殖	210	170	106
4	食安农产品	2012.6	1	周国祥	5	食品检测	100	80	50
5	致康畜禽养殖	2010.6	2	沈荣清	2	生猪养殖	100	80	50
6	鑫源生猪	2010.12	1.50	朱开兵	2	生猪养殖	200	160	50
7	双港镇阳康畜禽	2011.2	2	张耀红	3	山羊养殖	280	230	110
8	泓远黄粉虫繁育	2011.7	1	张昌发	2	黄粉虫养殖	200	160	30
9	绿野蔬菜花卉	2011.7	3	吴崇军	3	蔬菜种植	200	160	120
10	翻身草鸡	2011.12	1.50	史中连	2	草鸡养殖	100	80	50
11	思源特种养殖	2012.3	8	曹海东	3	种植水产	300	260	500
12	春菊林业	2012.5	3	顾春菊	5	菊花种植	200	160	60
13	振华土地股份	2012.5	3	殷绍平	2	蔬菜种植	120	80	200
14	盛远藏山羊养殖	2012.7	3	田晶晶	2	山羊养殖	120	80	110
15	红泰核桃	2012.9	5	周士刚	3	核桃种植	300	210	200
16	白玉蜗牛养殖	2012.10	3	刘宽生	5	蜗牛养殖	120	85	26
17	茂发果蔬种植	2012.10	3	张仕海	6	蔬菜果树	350	410	110
18	茂盛蛋鸡养殖	2012.10	3	张仕海	2	蛋鸡养殖	220	175	60
19	盛富牛羊养殖	2013.5	2	韩云平	2	山羊养殖	100	80	106
20	双丰农产品	2013.6	1	张秀海	2	大棚种植	300	250	111
21	益利源畜禽	2013.6	3	潘如忠	2	山羊养殖	200	140	106
22	利民牛羊养殖	2014.12	2	杨玉军	2	山羊养殖	150	120	100

2015年双港镇项目建设情况

表94

序号	企业名称	项目名称	项目类别	计划投资（万元）	当年投资（万元）	开工月份	竣工月份	占地面积（公顷）	坐　落
1	爱莲堂食品公司	食品	新开工	1000	1200	5	12	0.67	腰庄村
2	柏岸农业发展公司	生物制剂	新开工	20000	500	1	12	5.33	双港居
3	农村电商产业园	厂房景观	新开工	10000	300	12	—	3.33	镇中小企业园
4	和顺仓储物流	物流运输	新开工	1000	200	5	—	1.33	双港居
5	俊峰玻璃制品加工	玻璃制品	新开工	1200	800	8	—	0.33	友爱村

续表94

序号	企业名称	项目名称	项目类别	计划投资（万元）	当年投资（万元）	开工月份	竣工月份	占地面积（公顷）	坐落
6	宾彬水晶灯饰球	水晶球	新开工	1000	600	9	—	0.20	友爱村
7	金汇马业公司	种马繁育	新开工	2500	600	1	—	6.87	兴华村
8	弘发制冰公司	制冰	结转	800	500	6	—	0.42	双港居
9	森鸿木业公司	木业	结转	600	300	6	—	0.67	合蒲村
10	天茗纺织有限公司	纺织	结转	1200	1000	7	—	0.40	响水经济开发区
11	中科高新建材公司	建材	技改	1500	1200	7	—	3.33	响水经济开发区
12	县振海船业公司	拆解	技改	2000	1200	5	—	1.33	双港居
13	恒兴船舶修造公司	船舶修造	技改	3000	1800	8	—	2.00	合蒲村
14	华祥船舶修造公司	船舶修造	技改	1200	800	5	—	1.33	双港居
15	宋氏船舶修造公司	船舶修造	技改	1500	700	6	—	0.47	双港居
16	春燕鹦鹉养殖场	鹦鹉繁殖	扩建	2000	1000	6	—	12.47	腰庄村
17	灌河绿洲生态园	花卉苗木	扩建	1000	400	9	—	23.33	兴华村
18	红泰家庭农场	粉丝	新建	500	300	5	—	18.00	腰庄村

2015年双港镇村居概况

表95

村居别	党支部书记	主　任	会　计	组	人口（人）	耕地（公顷）	粮食产量（吨）	农业产值（万元）	农民人均纯收入（元）
双港	潘铁成	曹海东	田运贵	8	7046	264.3	2806	7641	14695
合蒲	潘千金	史中连	杨　武	7	4094	304	6474	6953	7798
洪南	王洪其	杜成波	仲维民	8	3266	330	2555	7423	8953
友爱	胡洪成	刘月宏	林志勇	6	2636	288.7	3099	7431	14365
腰庄	张闪书	张昌胜	李树海	7	2706	205.3	1892	6223	14989
丰大	陈　波	嵇　松	张昌国	5	2494	205.2	2208	6284	7787
兴华	殷绍平	王金标	朱　凯	5	2783	332	2415	7790	16807

黄圩镇

【概　况】 政区地处县域西南部。位于北纬 34°06′38″~34°07′42″，东经119°38′48″~119°39′52″。与阜宁县白沙镇、滨海县农业产业园区（原大套乡）、涟水县石湖镇、灌南县百禄镇接壤，与小尖镇毗连，古云梯关坐落境内。政区南部海拔7~8米、北部海拔5~6米；东西最大距离13.02千米，南北最大距离12.48千米，总面积6884.88公顷，其中，耕地4408.38公顷，基本农田4267公顷。

镇人民政府驻黄圩镇府前路1号，邮政编码224614，距县人民政府驻地24千米；镇机关设党政、经济发展、政法信访、社会事务、财政农经5个办公室和计划生育、农业技术、建设环保、工贸劳保等4个服务中心，核定公务员编制26人、事业编制30人。驻国土资源所、派出所、水务站、卫生院、中学、中心小学、供电所、邮政支局、电信支局、农村商业银行营业点、文化站、兽医站、网络公司等。辖8个村、2个居，60个村民小组，7952户，35264口人。

2015年，全镇重抓招商选资，发展高效农业，突出全民创业，创建生态乡镇，经济社会事业取得新成绩。完成地区生产总值65959万元，其中，第一、二、三产业增加值分别21555万元、11662万元、32742万元。全社会固定资产投资10780万元；财政总收入10780万元，其中公共财政收入9110万元。3月，被省民政厅授予“和谐社区建设示范镇”称号；年终考核，获县综合二等奖和招商引资和项目推进、金融和财税、民生幸福和社会事业、新型城镇化和基础设施建设、生态文明和绿色响水建设、镇村经济发展和全民创业、安全环保和党建创新8项工作奖。

农业。粮食作物播种面积5278公顷，总产36960吨；油料作物种植面积274公顷，总产924吨；蔬菜作物播种面积2105公顷，其中设施蔬菜95公顷。成片林1872公顷、农田林网2295公顷，林木覆盖面积2148.64公顷，覆盖率31.27%，省级绿化示范村8个；水果面积90.93公顷，水果产量1860吨。出栏菜牛409头、生猪30782头、羊1482只、家禽24.98万羽，禽蛋产量531吨，肉类总产3332吨；水产品养殖面积80公顷，产量1669吨。农业总产值37745万元，其中，农业、林业、牧业、渔业产值分别18291万元、1763万元、10957万元、3310万元；特色农产品有浅水藕、黄圩百叶等。大型农业机械296台，农业机械总动力2.20万千瓦。

工业。企业65家，从业人员2541人，总产值72150万元；其中规模以上企业8家，总产值52350万元。

服务业。从业人员4704人，社会消费品零售总额11250万元。

社会事业。有文化站、广播电视管理站，体育场地20处，5个村居安装健身器材；体育、文化设施面积分别230平方米、125平方米，有线电视入户率81%；电影放映队1个，年放映52场次，观众2.40万人次；镇村图书室10个，藏书1.10万册；幼儿园6所，在园幼儿1246人；小学3所，在校生1132人，专任教师137人；初中1所，在校学生620人，专任教师75人。村居开通宽带远程教育网。镇卫生院有执业、助理医师69人，病床84张；10个村居卫生室达省级标准，乡村医生37人。农民参加新型合作医疗31120人，参加新型农村养老保险9985人。农村五保集中供养45人，当年支出27万元；农村五保分散供养78人，当年支出45万元；农民最低生活保障1425人。驻邮政支局、电信支局，投递网络政区全覆盖。电信、邮政、移动、联通等服务网点9个，移动电话11594部，固定电话装机2056部，互联网用户521户。农村通公交村8个，水泥路154千米；桥梁28座。35千伏变电站1座，主变压器1台，总容量8000千伏安，高压线路4条107.55杆·千米。云梯关新社区建成住宅12幢、旅游服务中心1个、教学楼1幢和村级卫生室，建筑总面积4500平方米，入住10户。

【引资项目建设】 8个招商组常年招商。全年引进项目15个，协议投资12.65亿元。其中，工业项目9个，协议投资7.64亿元；农业项目3个，协议投资2.60亿元；服务业项目3个，协议投资2.50亿元。全年实施工业项目18个，当年投资7.73亿元。其中，新开工项目9个，当年投资4.78亿元；技改项目2个，当年投资2.40亿万元；结转项目7个，当年投资3.27亿元。竣工项目10个。

【中小企业园建设】 坐落黄南居，规划总面积37.33公顷，建标准厂房28万平方米，分4期建设，实行“征地政府帮、建房靠客商、项目租厂房、管理在三方”(政府、园区、企业)运行模式，园区第一、二期建成标准厂房9万平方米，综合服务楼4000平方米，职工文化中心3500平方米。年末，入园企业21家，实现开票销售2亿元，利税3650万元，带动就业800多人。

【高效农业发展】 抓住黄河故道开发机遇，大力发展休闲农业、观光农业，鼓励农民种植西瓜和养殖山羊。建成黄西路66.66公顷核桃生产基地、S308路66.66公顷莲藕观赏园和66.66公顷草莓和西瓜采摘园农业示范基地3个；黄响路沿线建成万头猪场2个，千只山羊、500头菜牛养殖场各1个。成立天缘核桃园、黄北生猪等农村专业合作社5个。通过大户示范引领，带动生猪、山羊养殖，发展设施蔬菜60多户166.67公顷；建成66.66公顷水产养殖基地2个、10公顷垂钓中心1个。

【全民创业获表彰】 鼓励各类人群投身镇村创业，把更多农民培育成市场主体。支持农民因地制宜发展家庭工厂，鼓励农民发展家庭农场、农产品加工以及高效规模种养等项目。召开有意回乡创业人员联谊会、恳谈会，引导回乡创业，大力宣传“创业之星”黄海进经验，引导在外创业成功人士回乡创业。年终获县委、县人民政府表彰。

(王建华)

2015年黄圩镇家庭农场情况

表96

序号	名称	创办年月	土地面积(公顷)	创办人	机械(台套)	经营项目	年总收入(万元)	年总费用(万元)	成员(人)
1	金润	2013.10	20	张军民	6	种植	90	50	3
2	永昌浅水藕	2014.6	17.30	薛　飞	3	藕养殖	80	50	2
3	言兵	2014.11	35.07	王步梅	3	种养殖	90	40	4
4	禾益	2014.12	13.87	康　磊	2	种养殖	150	80	4
5	小顾	2015.5	9.94	顾以圣	5	甘薯种植	60	40	5
6	郡谣	2015.4	13.67	秦德祥	2	种植	80	50	6
7	国华	2015.6	7.90	刘国亚	4	种植	120	80	4
8	德利	2015.8	10.33	张本芹	3	种植	100	70	4

2015年黄圩镇农村专业合作社情况

表97

序号	名　称	创办年月	土地面积（公顷）	创办人	机械（台套）	经营项目	年总收入（万元）	年总费用（万元）	成员（人）
1	云梯关浅水藕	2007.7	41	杨应超	3	浅水藕	320	260	905
2	礼祥木业	2008.9	8	周礼祥	5	木材加工	1200	800	327
3	大兴生猪	2008.12	5	胥中群	1	生猪养殖	80	50	326
4	其海粮食	2008.12	50	陈其海	4	粮食种植	1100	900	102
5	农梅生资	2010.1	8	冯希良	2	农资销售	1550	1400	205
6	雄关农资	2010.12	210	杨应超	12	农机服务	800	650	306
7	繁盛苗木花卉	2010.12	31	江红亚	2	苗木花卉	60	55	806
8	昔阳河农机	2011.4	20	张　民	6	谷物种植	90	50	36
9	万羽草鸡	2011.11	7	张立金	2	草鸡饲养	100	70	219
10	国华农产品	2011.11	66	顾正营	5	西瓜青椒	60	40	459
11	国亚浅水藕	2011.11	7.90	刘国亚	4	浅水藕	120	80	212
12	祥军生态渔业	2012.9	15	王祥军	2	水产	30	20	9
13	振兴兔业养殖	2013.8	10	周序来	2	兔业养殖	25	15	6
14	老兵生猪养殖	2014.10	14	杨亚平	2	生猪	80	50	18
15	立升养殖	2015.4	15	顾爱武	1	山羊饲养	25	15	16
16	天缘核桃	2014.11	35.07	薛佃彬	3	核桃栽植	90	40	20
17	新农人生态养殖	2015.12	21	马　超	1	生态养殖	25	15	5

2015年黄圩镇项目建设情况

表98

序号	企业名称	项目名称	项目类别	计划投资（万元）	当年投资（万元）	开工月份	竣工月份	占地（公顷）	坐　落
1	悦心纺织	家纺	新开工	14000	8560	2	—	3.40	镇企业园
2	盛百佳金属制品	空调配件	新开工	15500	12300	2	12	3.53	镇企业园
3	百利铭泰包装材料	包装材料	新开工	15000	6890	3	—	4.80	镇企业园
4	永春轴承座	轴承座	新开工	12500	5750	5	—	1.67	镇企业园
5	兴达金属制品	机械配件	新开工	3500	2500	9	—	1.33	镇企业园
6	志路服饰	服装	新开工	4200	3150	6	—	1.67	镇企业园
7	恒盛纺织	色纺纱	新开工	3800	3200	3	—	1.47	镇企业园
8	创盛塑业	塑料制品	新开工	3000	2850	2	—	1.20	镇企业园
9	久利家具	床垫沙发	新开工	5400	2600	1	5	2.13	镇企业园
10	南方化工	农药生产	技改	50000	18000	—	12	3.73	响水生态化工园区
11	瑞普医药化工	医药中间体	技改	12000	6000	—	8	2.33	响水生态化工园区
12	亨得利家俱	家俱生产	结转	11000	3000	—	6	2.33	响水经济开发区
13	龙腾木业	木材加工	结转	3500	2500	—	10	2.33	镇企业园
14	泰华机械制造	数控机床	结转	15000	15000	—	7	2.13	响水经济开发区
15	索的灯具制造	节能灯	结转	3800	3750	—	6	0.80	龙马村

续表98

序号	企业名称	项目名称	项目类别	计划投资（万元）	当年投资（万元）	开工月份	竣工月份	占地（公顷）	坐　落
16	伦畅服饰	服装	结转	1500	1500	—	5	0.53	镇企业园
17	兴达橡胶	密封圈等	结转	4500	4500	—	3	2.80	镇企业园
18	亚利信卫生用品	口罩棉签	结转	2500	2500	—	2	1.00	镇企业园

2015年黄圩镇村居概况

表99

村居别	党支部书记	主　任	会　计	组（个）	人口（人）	耕地（公顷）	粮食产量（吨）	农业产值（万元）	农民人均纯收入（元）
双套	郁云霞	梅志刚	顾正营	7	3317	428.30	3621	3990	13444
云梯关	汪为利	杨应超	钱　进	6	3068	532.50	4212	3198	13529
龙马	孙为浪	刘祝海	陈其海	8	3692	564	4176	5830	13420
黄南	王文超	魏东林	李恒祥	5	2842	352.60	3897	3549	13507
东盛	汤华舟	殷开国	殷昌兵	4	2214	366.70	2503	2991	13115
黄圩	赵海华	张立金	陈华军	8	4511	434.10	3552	4784	13546
黄北	蒯万支	牛广亚	王志海	5	2342	337.30	3084	4545	13485
均平	崔一兵	赵士亚	牛学余	5	2793	383.90	4101	3184	13060
大兴	王　平	徐洪军	王祝林	6	2975	386	3780	2873	13262
云彩	严学军	朱青松	李云飞	6	3173	590.80	4034	2800	13311

运河镇

【概　况】 政区位于北纬 34°04′4000″~34°06′1600″，东经 119°43′3600″~119°45′4800″，地处县境西南部，与滨海县界牌镇、东坎镇隔中山河相望，与大有镇、小尖镇、双港镇毗邻；政区东西最大距离 14.86 千米，南北最大距离16.84千米。土地总面积 13191.77 公顷，其中，耕地8694.79公顷，基本农田8076公顷。地势平坦，地面高程一般海拔5.50米左右。G204国道、X308路在镇人民政府所在地交汇，响坎河、通榆河穿境而过。

镇人民政府驻龚集社区，距县人民政府驻地20千米，镇机关设党政、经济发展、政法信访、社会事务、财政农经5个办公室和计划生育、农业技术、建设环保、工贸劳保4个服务中心，核定公务员编制26人、事业编制29人。辖六套中心社区，3个居、19个村，45个居民小组、243个村民小组，18130户，75854口人。

2015年，全镇重抓项目引资、高效农业、民生实事和社会稳定，实现经济社会较快发展。完成地区生产总值68103万元（不含六套中心社区，下同），其中，第一、二、三产业增加值分别20991万元、15121万元、31991万元；完成固定资产投资20580万元；财政总收入7755万元，其中公共财政收入7080万元。年度考核，获县新型城镇化和基础设施建设、生态文明和绿色响水建设、镇村经济发展和全民创业3项奖。

农业。全年粮食作物播种面积4834公顷，总产32879吨；油料作物播种面积646公顷，总产2672吨；蔬菜种植面积2771公顷。全年造林40公顷、建高标准农田林网200公顷、沿海绿色通道建设2.20千米；林木覆盖面积1857.30公顷，覆盖率26.23%，省级林业达标生态村5个；果园面积54.33公顷，水果产量1535吨。出栏菜牛1027头、生猪55498头、羊25061只、家禽45.08万羽，肉类总产5633吨，禽蛋产量3494吨。淡水养殖面积95公顷，水产品产量3342吨。农业总产值36953万元，其中，种植业、林业、牧业、渔业总产值分别16917万元、710万元、9824万元、5463万元。大型农业机械307台，农机总动力24320千瓦。盐城沃华农业科技有限公司在正茂、二套等村建成大葱生产基地100公顷；三套居建成花卉苗木基地30公顷。

工业。企业130家，从业人员3243人，总产值37967万元。其中，规模以上企业3家，从业人员165人，总产值34608万元。

服务业。从业人员7203人，社会消费品零售总额18973万元。

社会事业。有文化站、广播电视管理站，公共体育、文设施面积分别1260平方米、110平方米；图书室13个，藏书6000册。幼儿园、托儿所7个，在校幼儿1261人；小学5所，专任教师152人，在校生3289人；中学1所，专任教师119人，在校生1785人。公办卫生院1所，村居卫生服务站13所，病床50张，执业、助理医师57人；参加新型农村合作医疗37001人，参加新型农村社会养老保险2036人；农民最低生活保障1225人；五保对象集中供养32人、分散供养111人。自来水厂12座。集镇建成区面积327公顷、户数1044户、人口3916人，集市贸易成交额1187万元。农村公路总长116千米，当年新建6千米。

【引资项目建设】 全年引进项目6个，协议投资2.98亿元。其中，农业龙头企业2个，协议投资0.50亿元；工业项目3个，协议投资2.37亿元。全年实施工业项目4个，当年投资10000万元。其中，新开工项目2个，当年投资4500万元；结转项目2个，当年投资5500万元。江苏天蓬蛋鸡养殖项目占地3.33公顷，建成鸡舍8000平方米、有机肥加工车间3000平方米，在建有机肥晒场5000平方米。盐城喜可儿童用品有限公司建成生产车间6000平方米、生产线3条。镇工业集中区供水、供电、道路基础设施投入450万元。年末，入园企业2个。

【新农村建设】 实施龚集居、孙埝村农民集中居住点建设，扩建孙埝村集中居住点。投入300万元，打造X308路集镇段一条街，绿化1.50千米，新建下水道2800米，统一店面广告牌3000米，建设高标准绿化带5200米，新装太阳能路灯70盏。集镇保洁员20人，垃圾转运车3辆。村居配备专职保洁员和垃圾转运车；全年组织8000多人次，出动车辆500辆次，清理生活垃圾4000多吨，疏浚河道20条；增建村居垃圾池750只。10月，农村环境综合整治通过省级验收。 （徐启东）

2015年运河镇农民专业合作社情况

表100

序号	名　称	创办年月	土面面积（公顷）	创办人	机械（台套）	经营项目	年总收入（万元）	年总费用（万元）	成员（人）
1	正茂蔬菜	2009.3	72	龚艳阳	—	蔬菜产销	105	100	18
2	禾田插秧机	2009.5	—	李国栋	15	机插秧	90	70	17
3	运河先军养鸭	2009.6	—	龚先进	—	鸭子产销	15	7	4
4	丰羽蛋鸡饲养	2009.5	—	周永忠	10	蛋鸡产销	350	280	32
5	勤丰生猪	2009.6	—	田国华	—	生猪产销	16	8	5
6	顺丰蔬菜	2011.5	100	吴克强	—	蔬菜购销	100	75	15
7	三套蔬菜	2012.10	15	刘海华	—	蔬菜产销	200	175	8
8	乐丰收农业生产资料	2013.2	—	辛立国	—	生资经营	150	140	6
9	三套农产品购销	2012.3	—	刘清林	2	生资经营	140	130	6
10	正茂土地股份	2012.3	93	林正春	—	土地合作	250	233	6
11	桃园养猪	2012.4	—	徐贵富	1	生猪购销	15	10	5
12	正茂菊花	2014.4	20	王拥军	—	菊花产销	90	75	8
13	建成山羊	2014.5	—	朱建成	2	山羊产销	45	35	6
14	佳农农机	2014.5	—	郑加中	5	农机服务	35	28	5
15	永兴獭兔养殖	2014.5	—	孙永兵	3	獭兔产销	40	35	5
16	天蓬蛋鸡养殖	2013.11	—	王成琴	6	蛋鸡养殖	2500	2000	18

2015年运河镇项目建设情况

表101

序号	企业名称	项目名称	项目类别	总投资（万元）	当年投资（万元）	开工月份	竣工月份	占地（公顷）	坐　落
1	恒润永康食品	农产品加工	新开工	6000	1500	6	—	1.87	镇工业园
2	沃华科技江苏	蔬菜种植	新开工	6000	3000	3	12	200	三套村　正茂村
3	喜可儿童用品	儿童耐用品	结转	10000	2500	—	9	2	四套村
4	天蓬蛋鸡养殖	有机肥	转转	8000	3000	—	9	3.33	三套村

2015年运河镇村居概况

表102

村别	党支部书记	主　任	会　计	组(个)	人口(人)	粮食总产(吨)	农业总产值(万元)	农民人均纯收入(元)
大通	杨海燕	—	叶青祥	17	3015	2766	3094	11057
二套	林正良	吴克祥	郑仕超	10	2239	2588	3019	11092
正茂	单祝年	王拥军	林正春	8	2457	2041	3041	11439
孙埝	李锦光	孙炳干	李文海	8	1873	2483	3003	11654
三套	刘清林	刘海华	姜成龙	15	4884	2828	3099	11759
伏兴	李乃成	—	李明忠	5	2214	2498	3087	11868
南河	陈桂海	—	于桂根	12	3027	3273	3229	11571
龚集	陈正山	陈正山	张从海	11	3849	1852	2782	12073
四套	王凤云	彭兆庆	彭兆庆	14	3567	2965	3136	11864
桃园	刘德成	董春阳	王达雨	21	4554	3312	3183	10878
运圩	周林昌	徐邦华	徐邦华	24	4530	3365	3210	11037
运西	林海权	卢长军	朱中林	9	2200	2809	3070	10952

张集中心社区

【概　况】 张集中心社区隶属小尖镇。位于县城西南部，与运河镇、黄圩镇、原小尖镇毗邻，地面高程一般海拔6~8米，东西最大距离8.50千米，南北最大距离13千米。土地总面积7970.15公顷，其中，耕地5457.03公顷，基本农田5411公顷。G204国道、S308路、小佃路、通榆河境内穿过。

区机关驻张集居，设党政、经济发展、政法信访、社会事务、财政农经5个办公室和计划生育、农业技术、建设环保、工贸劳保4个服务中心。有1个居、11个村，87个村居民小组，8059户，37130口人。

2015年，全区突出引资项目建设、农民增收、民生改善等工作，经济和社会事业较快发展。实现地区生产总值57394万元，其中，第一、二、三产业增加值分别19134万元、14376万元、23884万元。财政总收入6993万元，其中公共财政收入6160万元。全社会固定资产投资10234万元；实际到账注册外资200万美元。年终考核，获县综合二等奖，招商引资和项目建设、民生幸福和社会事业、信访稳定、扶贫开发、反腐倡廉和作风建设工作奖。

农业。全年粮食作物播种面积4530公顷，总产31706吨；油料作物播种面积974公顷，总产3395吨；蔬菜瓜果、油料牡丹、浅水藕种植面积1811公顷；林木覆盖面积2112.13公顷，覆盖率26.51%；果园面积31.97公顷，水果产量931吨；出栏牛3047头、生猪39711头、羊5910只、家禽46.82万羽，肉类总产4543吨，禽蛋产量645吨。农业总产值34175万元，其中，种植业、林业、牧业、渔业总产值分别18120万元、638万元、9081万元、3485万元。拥有大型农业机械258台，农业机械总动力37127千瓦。

工业。企业98家，从业人员2324人，总产值250451万元；规模以上企业9家，总产值61256万元。

服务业。从业人员6150人；社会消费品零售总额25622万元，集贸市场成交额3072万元。

社会事业。有文化站、广播电视管理站，体育、文化设施建筑面积170平方米；电影放映队1个，年放映144场次，观众1.86万人次；公共图书室1个，农家书屋12个；有线电视用户7328户。幼儿园5所，在园幼儿323人，专任教师14人；小学7所，在校生1072人，专任教师97人；初中1所，在校生227人，专任教师52人。公共卫生院1所、村卫生室12所，病床63张，执业、助理医师34人，注册护士12人；参加新型农村合作医疗32642人；参加新型农村社会养老保险9111人，享受最低生活保障950人；五保对象集中供养22人、分散供养136人。邮政、电信服务网络政区全覆盖，固定电话用户2126户，移动电话用户7849户。集镇区形成两横两纵框架，街道总长2千米，水泥混凝土铺筑面积1.30万平方米。自来水厂8座，10千伏变电所1座，主变压器6台，总容量1900千伏安。公共绿地5公顷。区内公路总长103千米。

【引资项目建设】 引进项目8个，协议投资5.87亿元。实施项目5个，当年投资5.45亿元；其中，新开工项目4个，当年投资5.10亿元；结转项目1个，当年投资0.35亿元；竣工项目5个。

【特色高效农业】 以连万家生态示范园为载体，投资1500万元浅水藕深加工项目投产，新上钢架塑料大棚浅水藕33.33公顷。何圩村流转土地20公顷，建成大棚蔬菜种植基地；华余村、张集居各流转土地33.33公顷，建成油料牡丹种植基地；佑东村建成生猪养殖基地、苗木花卉基地分别2公顷、66.67公顷。

【民生工程】 当年新铺水泥路9千米，新建桥梁10座，疏浚河道9条、大中沟15条，完成土方70万立方米；新建电灌站18座，维修电灌站40座；敬老院竣工，幼儿园附属工程待验收。城乡供水一体化完成95%。（谢如彬　刘　玉）

2015年张集中心社区家庭农场情况

表103

序号	名　称	创办年月	土地面积（公顷）	创办人	经营项目	年总收入（万元）	年总费用（万元）	成员（人）
1	梦荷缘	2013.7	100	单益生	蔬菜园艺	40	32	4
2	灌河老高	2014.3	6	高明云	果树	30	24	47
3	戈正山羊养殖	2014.9	5	殷作山	山羊养殖	20	11	3
4	正茂水稻种植	2015.3	12	高进之	水稻	25	22	6
5	张集旺达	2015.4	10	李江团	种养结合	30	23	5
6	沃邦	2015.5	5	辛立国	粮油作物	12	9	3
7	玉春	2015.5	11	陆玉春	粮禽	12	8	5
8	德满	2015.9	7	杨连旭	蔬菜养禽	17	14	3
9	张集立峰	2015.10	7	单以伟	谷物种植	16	15	4
10	张集青云	2015.12	6	印义青	稻麦玉	15	13	3

2015年张集中心社区农村专业合作社情况

表104

序号	名　称	创办年月	土地面积（公顷）	创办人	经营项目	年总收入（万元）	年总费用（万元）	成员（人）
1	开俊设施蔬菜	2014.10	25	姚开俊	设施蔬菜种植	30	25	8

2015年张集中心社区项目建设情况

表105

序号	企业名称	项目名称	项目类型	协议投资（万元）	当年投资（万元）	开工月份	竣工月份	坐　落
1	岛寅服饰	纺织	新开工	12000	8000	2	8	张集工业集中区
2	亚玛顿太阳能	发电	新开工	20000	20000	3	11	张集工业集中区
3	发泡新材料	新材料	新开工	15000	15000	2	9	张集工业集中区
4	米业加工	米业	新开工	8000	8000	1	10	张集工业集中区
5	奥邦石材	石材	结转	3500	3500	2	6	张集工业集中区

2015年张集中心社区村居概况

表106

村居别	党支部书记	主　任	会　计	组数（个）	人口（人）	耕地（公顷）	粮食产量（吨）	农业产值（万元）	农民人均纯收入（元）
张集	李富军	徐金伍	殷春雨	7	2876	5276	2422	2258	9783
华余	袁以华	孙敬涛	张寿春	7	2918	7999	2662	3030	10057
大东	王礼群	—	高书华	8	2451	7959	3213	2735	9637
港湾	马义广	—	陈士玉	7	2523	5664	2576	2562	11057
佑东	王礼荣	王娣云	吴士亮	7	1893	5808	2767	3021	9964

续表106

村居别	党支部书记	主　任	会　计	组数(个)	人口(人)	耕地(公顷)	粮食产量(吨)	农业产值(万元)	农民人均纯收入(元)
大圩	付维林	缪国华	冯永才	7	3042	6266	2698	2948	9767
月港	高亚	陈东良	高庆虎	8	3649	6845	2598	2909	9697
杨回	杨少峰	王文喜	刘道达	7	2461	6022	2192	3107	11208
三河	赵恒坚	孙扬军	祁从才	7	2927	6833	2788	3124	9597
姜圩	王达生	—	王达球	8	2371	5475	1625	2201	9638
韩荡	韩品东	—	宋炳林	8	2583	8154	2685	3090	9947
何圩	姚开俊	顾祝成	何洪道	6	2812	9031	3480	3193	9856

六套中心社区

【概　况】 社区隶属运河镇，与七套中心社区、运河镇、老舍中心社区、南河镇接壤，与滨海县东坎镇（原坎北乡）隔中山河相望，区域南北长约19千米，东西宽约6.50千米；土地面积6041.46公顷，其中，耕地4033.49公顷、基本农田4028公顷。沈海高速公路过境9.38千米。

区管委会驻六套街居，设党政、经济发展、政法信访、社会事务、财政农经5个办公室和计划生育、农业技术、建设环保、工贸劳保4个服务中心，核定公务员编制20人，事业编制24人，大学生村官1人，公益性岗位4人。有9个村、1个居，134个村居民小组，7911户，36226人。

2015年，区工委、管委会抓实招商选资项目建设、现代农业、改善民生等工作，完成地区生产总值56392万元，其中，第一、二、三产业增加值分别17982万元、14070万元、34340万元；完成固定资产投资12107万元；实际到账注册外资450万美元；财政总收入6986万元，其中公共财政收入5400万元。年终考核，获县现代农业和统筹城乡发展、园区经济发展和开放型经济、扶贫开发等工作奖。

农业。全年粮食作物播种面积5224公顷，总产36448吨；油料作物播种面积1099公顷，总产4028吨；蔬菜瓜果种植面积1372公顷，其中菊花种植面积350公顷，产鲜花7945吨；盐城杰大农业生态园项目，总投资1200万元，建设钢架大棚400个。林木覆盖面积1618.24公顷，覆盖率26.81%，省级林业示范村居5个；果园面积45.77公顷，水果产量1125吨；当年造林50公顷、建高标准农田林网320公顷、沿海绿色通道10千米。出栏肉牛546头、生猪29697头、羊7066只、家禽14.03万羽，肉类总产2152吨，禽蛋总产2898吨。淡水养殖面积92公顷，总产952.50吨。农业总产值32045万元，其中，种植业、林业、牧业、渔业产值分别14091万元、691万元、9680万元、4470万元。安装切碎装置联合收割机228台，55.15千瓦以上拖拉机130台，农业机械总动力4.46万千瓦。

工业。企业248家，从业人员3655人，总产值66841万元。其中规模以上企业6家，从业人员124人，总产值45130万元。

建筑业。企业1家，从业人员75人，总产值880万元。

服务业。从业人员3133人，社会消费品零售总额18945万元。

社会事业。有文化站、广播电视管理站，体育、文化设施面积分别980平方米、44平方米；数字电视综合覆盖率45%；公共图书室11个，其中村居图书室10个，藏书6000册；互联网用户1077户。幼儿园、托儿所5个，在园幼儿268人；区中心幼儿园主体工程竣工，双语幼儿园秋学期招生；小学2所，专任教师274人，在校生4371人；中学1所，专任教师120人，在校生1723人。中心卫生院1所，村居卫生服务站15所，病床169张，执业、助理医师109人；参加新型农村合作医疗32540人，参加新型农村养老保险1647人。五保对象集中供养143人、分散供养133人，中心敬老院交付使用，托养原运河镇敬老院五保老人18人；享受最低生活保障805户1508人；发放80岁以上老人尊老金727人；大病临时救助128人，家庭困难救助39户。投入105万元，铺设二三级供水管165千米，启动“一户一表”入户安装工程；燃气煤气用户7214户。农村公路总长130千米；当年拆建电灌站13座，新建农桥16座，新铺水泥路16千米。

【引资项目建设】 年初出台考核办法，组织3支招商小分队在上海、福建、浙江、苏南等地引资。全年实施项目7个，当年投资22950万元；其中，新开工项目6个，当年投资19350万元；技改项目1个，当年投资3600万元。外资项目江苏邦迪斯顿纺织织造有限公司总投资12000万元，当年投资12000万元，引进德国进口设备120台套，当年开工、当年竣工、当年投产；杰大生态农业、宏发秸秆收储、双语幼儿园、大润发超市等项目，当年开工、当年竣工。

【中小企业园建设】 坐落S308路北侧，集镇西侧。年初启动，规划面积24.66公顷，分3期实施，其中启动区8公顷，当年建成区1.20公顷，入园项目3个，建成标准厂房1.20万平方米，年可实现销售3.60亿元。

【美丽乡村建设】 投入160多万元，实施街道亮化、绿化、硬化、庭院美化、下水道疏浚等工程。发挥牧龙公司规模养殖优势，新建宏发项目，2个秸秆收储点保护价收储秸秆近6000吨，转化利用水稻秸秆近4000吨，源头上控制碳排放和大气污染。9月，115个自然村环境整治通过省有关部门验收。

【低收入户脱贫】 区机关干部和村居党员与低收入户结对，提供创业信息、技术指导。835户低收入户在响水农村商业银行办理贴息贷款835万元。财政补贴2072户低收入户三麦、油菜、水稻、玉米等农业保险费家庭承担部分及家庭财产保险费110万元。优先安排52个低收入户家庭劳动力从事村居保洁。牧龙公司和宏发秸秆利用项目带动210户低收入户收草运草增收50多万元。2072户全部脱贫。

【五套村党群活动中心建设】 10月，投入41万元，新建党群活动中心和卫生室，其中，党群活动中心面积171平方米、卫生室面积114平方米。

【土地确权登记】 10个村居121个村民小组完成草图及入户登记核实，8个村居分户公示，同兴村、五套村6个组正在完善。 （李春磊 顾启才）

2015年六套中心社区家庭农场情况

表107

序号	名 称	创办人	兴办时间	雇工(人)	土地地积(公顷)	经营项目	流转土地(公顷)	2015年纯收入(万元)
1	六套广源	彭寿丰	2013.8	5	322	水果	317	19
2	湾港玉权	王玉权	2013.12	7	202.8	谷物	200	8
3	湾港文猛	殷文猛	2013.12	5	202.4	谷物	200	8
4	宝亚谷物种植	吕宝亚	2014.5	5	108	粮菜	90	19.68
5	中山河	朱太书	2013.5	5	240	养殖	231	22
6	本味园	谢庆生	2014.7	30	140	蔬菜	132	19.30
7	富祥豆类种植	顾从明	2014.7	6	122.32	养殖	118.32	210
8	满仓谷物	单磊	2015.3	10	159	种养	146	57
9	广源	彭大跃	2015.4	20	375.31	核桃谷物	371.51	59
10	兆银谷物	王兆银	2015.4	10	135.29	谷物	123.29	11.50
11	红星水稻种植	周祖刚	2015.4	10	118	谷物葡萄	113.0	105
12	皂角树水果	费尚洋	2015.5	20	120	西瓜	108	21.60
13	保卫谷物种植	刘保卫	2015.6	30	160	谷物	130	22.40
14	大杰水果种植	孙卫东	2015.5	50	299	水果	290	77

2015年六套中心社区农村专业合作社情况

表108

序号	名 称	创办年月	土地面积(公顷)	创办人	机械(台套)	经营项目	年总收入万元)	年总费用(万元)	成员(人)
1	双盈农机	2013.4	—	林永健	36	农机服务	108	339	42
2	新条牛羊产销	2008.10	12	周红梅	8	牛羊产销	500	806	37
3	六套惠众农机	2014.6	—	吴保家	22	农机服务	77	214	31
4	双民红颊草莓	2013.5	36	顾成林	—	草莓生产	55	63	22
5	益寿菊花	2008.3	20	彭寿峰	5	菊花生产	32	46	19
6	彭庄蔬菜	2014.8	10	彭大行	—	蔬菜生产	16	23	11

2015年六套中心社区项目建设情况

表109

序号	企业名称	项目名称	项目类型	协议投资(万元)	当年投资(万元)	开工月份	竣工月份	坐　落
1	岛寅服饰	纺织	新开工	12000	8000	2	8	张集工业集中区
2	亚玛顿太阳能	发电	新开工	20000	20000	3	11	张集工业集中区
3	发泡新材料	新材料	新开工	15000	15000	2	9	张集工业集中区
4	米业加工	米业	新开工	8000	8000	1	10	张集工业集中区
5	奥邦石材	石材	结转	3500	3500	2	6	张集工业集中区

2015年六套中心社区村居概况

表110

村别	党支部书记	主　任	会　计	组(个)	人口(人)	耕地(公顷)	粮食产量(吨)	农业产值(万元)	农民人均纯收入(元)
六套街	孙卫东	韩怀余	王化才	20	4690	465.75	4690	3546	10710
皂角	费风春	张祝权	杨礼传	11	3006	318.68	3006	3230	9955
同兴	徐启明	张德爱	徐加栋	14	2714	341.13	2714	3259	9888
湾港	顾成堂	–	顾继亭	12	1939	301.93	1939	3050	9766
新条	顾炳甲	顾炳甲	周一伍	10	2094	299.13	2094	3156	9713
引河集	凡绍林	顾乃顺	朱春良	11	3575	393.87	3575	3274	10566
双民	李明仁	—	徐真玉	12	4124	581.53	4124	3487	9751
唐友	刘国军	李从亮	徐广楼	21	4208	501.46	4208	2993	10884
富民	左元才	孙士军	孙士军	12	2648	412.87	2648	3151	10221
五套	张凯珍	陈国珍	—	11	2463	388.65	2463	2899	93251

七套中心社区

【概　况】 七套中心社区隶属大有镇，位于县境东南部，与滨海县陆集镇隔中山河相望，与原大有镇、六套中心社区、南河镇接壤。社区地势平坦，以S308路为界，路南三汾、亭泉、梅湾村为外滩地区，路北中心、七套、高场、产旺、甫舍为里滩地区；区域南北最大距离11千米，东西最大距离约8千米，土地面积5690.30公顷，其中，耕地面积3938.9公顷，基本农田3955.02公顷。

区机关驻七套居，设党政、经济发展、政法信访、社会事务、财政农经5个办公室和计划生育、农业技术、建设环保、工贸劳保4个服务中心，核定公务员编制26人，事业编制28人。有1个居、7个村、129个村居民小组，7188户，31367口人。

2015年，全区紧扣“发展铸就新七套，和谐建设新社区”主题，统筹做好稳增长、调结构、重生态、惠民生工作。完成地区生产总值52930万元，其中，第一、二、三产业增加值分别17519万元、11178万元、24233万元；完成固定资产投资12977万元；财政总收入6423万元，其中公共财政收入5700万元。年终考核，获县宣传思想和文化发展、民生幸福和社会事业、镇村经济发展和全民创业工作奖。

农业。全年粮食作物播种面积5425公顷，总产36670吨；油料作物播种面积408公顷，总产1479吨；蔬菜瓜果种植面积1241公顷。林木覆盖面积1453.05公顷，覆盖率25.53%，省级林业示范村居4个；果园面积19.67公顷，水果产量850吨；当年造林69公顷，高标准农田林网361公顷，绿色通道7.50千米。出栏菜牛192头、生猪33610头、羊5773只、家禽47.66万羽，肉类总产3417吨，禽蛋总产518吨。淡水养殖面积623公顷，水产品总产602吨。农业总产值31690万元，其中，种植业、林业、牧业、渔业产值分别14613万元、545万元、8777万元、4006万元。安装切碎装置联合收割机127台，55.15千瓦以上拖拉机81台，农业机械总动力27872千瓦，联耕联种面积1334公顷。

工业。企业148家，从业人员5029人，总产值79152万元。其中，规模以上企业3家，从业人员290人，总产值17227万元。重点企业富梅化工、中宇化工、海宏化工、求恒医疗器械、华农牧业、联众汽车、华瑞棉业、银银服装、锦宏石英石、广盛麦粉、星瑞木业、荣盛建材、腾飞建材。

社会事业。有文化站、广播电视管理站，体育场地10处，村居全部安装健身器械；公共体育、文化设施面积分别

500平方米、50平方米；数字电视综合覆盖率82%；公共图书室1个，藏书5000册；农家书屋9个。幼儿园5所，在园幼儿760人；小学2所，专任教师112人，在校生2028人；中学1所，专任教师55人，在校生1004人。投资300万元，七套幼儿园主体工程竣工；投资20万元，社区教育中心装修结束。社区卫生院1所、村居卫生服务站9所，病床83张，执业、助理医师31人，注册护士9人；参加新型农村合作医疗26676人，参加新型农村社会养老保险4591人。享受最低生活保障1043人；五保对象集中供养21人、分散供养136人。投资33.30万元，改善社区敬老院道路、门窗、下水道等设施。有邮政支局、电信服务网点、固定电话装机2716户，移动电话用户16103户。自来水井10眼，新铺设二、三级供水管网18.70千米，7000多农户饮用卫生地表水。集镇建成区99公顷，总户数2019户，总人口5660人，集镇贸易成交额524万元。农村公路总长70千米，当年高场、中心、产旺、甫舍、七套5个村居新铺道路10条6.20千米。

【引资项目建设】 全年引进项目11个，协议投资52803万元。实施项目11个，当年投资28350万元；其中，新开工项目7个，当年投资21850万元；结转项目4个，当年投资6500万元。

【经济薄弱村建设】 三汾村、七套居被省定为经济薄弱村。全年三汾村投入180万元，建厂房1幢，铺设农村道路3.20千米，成立农机合作社1个；流转土地20公顷，投资167万元，发展棚式蔬菜20公顷。七套居投资150万元，新建厂房1幢，新建农村道路1.50千米。省扶贫工作队扶持高场村新建蔬菜大棚10.67公顷。

【环境综合整治】 清洁乡村活动。广播、有线电视专题宣传90天。投资80多万元，清理乱堆乱放200多处，清理垃圾500多吨，清理河道废沟23条、废塘36处，新增垃圾池152个、垃圾桶150个，购置环卫车15辆、割草机2台，新增街头绿地5处，维修路灯20盏，新添路灯73盏。街道两侧补植苗木3200株，新建下水道600米，新增垃圾桶170多个，新建垃圾池152个；新招环卫工人48人，加强建筑、道路、公共设施、店外经营、保洁管理，清理垃圾2000多吨。

【精准帮扶低收入户】 机关人员、农村党员干部、能人大户帮扶低收入户955户，554户脱贫，其他户实行最低生活保障。 （顾 超 胡元同）

2015年七套中心社区家庭农场情况

表111

序号	名称	创办年月	土地面积（公顷）	创办人	机械（台套）	经营项目	年总收入（万元）	年总费用（万元）	成员（人）
1	亭盛水产养殖	2015.4	8公顷	何乃龙	2	水产养殖	131	43.8	4
2	亭泉水产	2015.6	4公顷	冯金军	1	水产养殖	63	21.8	5
3	云礼粮食种植	2015.10	10公顷	孙云里	2	粮食种植	27.8	12.6	3

2015年七套中心社区农村专业合作社情况

表112

序号	名 称	创办年月	土地面积（公顷）	创办人	机械（台套）	经营项目	总收入（万元）	总费用（万元）	成员（人）
1	建园银杏	2007.7	1	张建国	1	银杏销售	12	6.50	5
2	兴旺小杂粮	2007.8	6	刘进波	2	杂粮销售	202	189	124
3	梅湾蔬菜	2007.8	2	孙玉国	1	蔬菜销售	23	11.50	5
4	长青农资	2007.8	0.80	熊长清	2	农资购销	17	9.60	900
5	金洋菊花	2007.8	2	蒋学兵	1	菊花销售	36	18.40	271
6	信洋生猪	2008.7	1	王信洋	3	生猪产销	405.30	348	465
7	新绿林木	2008.10	4	徐国华	3	林木种养	16	9.40	5
8	广源粮食购销	2008.11	2	彭从林	1	粮食购销	201	156	5
9	三汾农机	2009.6	3	李德良	2	机械插秧	19	10	6
10	天篷牧业	2009.8	1	孙殿广	3	畜禽产销	31	22	158
11	小金豆马铃薯	2010.12	5	孙银成	1	马铃薯产销	27	14.80	604
12	晨辉三麦	2010.12	10	张清红	2	农资购销	34	16.70	1170
13	晨阳粮食	2010.12	3	李科兵	1	粮食种植	34	17.20	365

续表112

序号	名 称	创办年月	土地面积（公顷）	创办人	机械（台套）	经营项目	总收入（万元）	总费用（万元）	成员（人）
14	兴阳养殖	2011.9	1	宗开雷	1	畜禽养殖	25	16	405
15	富农秸秆收购	2011.9	1	徐国华	3	秸秆购销	34	20	5
16	裕丰养殖	2011.9	2	张德美	1	畜禽产销	18	8.40	5
17	保农植保	2011.9	3	程主军	2	病虫害防治	15	7	5
18	丰农稻麦种植	2011.11	3	董 明	1	种植	18	10	5
19	玉海水产养殖	2011.11	8	康玉海	1	水产养殖	31	20	5
20	正军生猪养殖	2011.11	4	唐正军	1	生猪养殖	35	22	5
21	华农牧业	2012.2	0.80	张 辉	3	生猪产销	5362	4848	120
22	七套土地股份	2012.3	20	张 辉	3	种植	90	65	110
23	红太阳蔬菜	2012.3	5	张德美	1	蔬菜种植	30	19	5
24	瑞丰菊花种植	2013.6	10	刘爱传	2	菊花产销	75	51	5
25	胜军农机	2013.8	3	王胜军	2	机械作业	26	14	6
26	裕丰农机	2013.8	3	陈文连	5	机械作业	78	36.03	5
27	吉祥蔬菜	2013.9	2	秦 红	1	蔬菜产销	15	6	9
28	七套永丰蔬菜	2014.3	3	徐国华	1	蔬菜产销	21	11.60	5
29	永达秸秆回收	2014.4	1	王飞逾	2	秸秆购销	16	9	6
30	高场农机	2014.12	0.50	王秀标	2	机械作业	11	6.40	32
31	亭泉农机	2015.7	0.50	陈乃龙	2	机械作业	18	9	5
32	彭东农机	2015.8	0.50	彭 东	2	机械作业	14	8	5
33	利民粮食	2015.9	1.50	葛美云	2	粮食产销	21	12	5
34	富龙农机	2015.8	1	张龙龙	3	机械作业	19	11	6
35	梅湾社区股份	2015.12	1	陆从秀	2	资产经营	28	14	665

2015年七套中心社区项目建设情况

表113

序号	企业名称	项目内容	项目类别	计划投资（万元）	当年投资（万元）	开工月份	竣工月份	占地面积（公顷）	实施地点
1	曙源汽车零部件	汽车铝散热器	新开工	12000	12000	3	—	5.30	区创业园
2	爱维丝汽车科技	汽车减震器	新开工	2500	2500	6	—	2.60	甫舍村
3	蓝天粮食加工	粮食仓储	新开工	2200	2200	9	—	2	七套居
4	顺泰日用品	香料日用品	新开工	1500	1500	7	—	1.60	七套居
5	枫林绿化	花卉苗木	新开工	1000	1000	1	3	1	高场村
6	和顺牧业养殖	生猪养殖	新开工	1500	1500	2	11	2.60	七套居
7	好又多大卖场	购物广场	新开工	1150	1150	3	6	0.70	七套居
8	神州橡胶制品	橡胶制品	结转	1800	1800	2	—	1.60	棉花园区
9	顺驰建材	夹芯板等	结转	1500	1500	6	10	1	七套居
10	广盛建材	混凝土	结转	2200	2200	2	6	1.60	高场村
11	晨浩幼儿园	教育	结转	1000	1000	2	7	0.70	七套居

2015年七套中心社区村居概况

表114

村居别	党支部书记	主　任	会　计	组(个)	人口(人)	耕地(公顷)	粮食产量(吨)	农业产值(万元)	农民人均纯收入(元)
七套	张　辉	张　辉	张清红	27	7274	614	6427	4770	11031
梅湾	陆从秀	张红雨	孙银成	12	2652	236	1468	2128	11963
亭泉	何乃龙	冯胜标	熊长清	13	2779	293	3081	2391	11598
三汾	李科兵	李科兵	徐国华	14	3337	424	4434	6164	10618
甫舍	尹爱华	蒋学兵	林启标	17	4086	603	7184	4947	11370
产旺	朱树和	王胜军	朱培清	11	2372	362	3128	3136	11899
高场	刘生祥	蔡加林	宗开雷	17	3636	671	6034	4524	11144
中心	史才兵	张德美	祁克善	18	4486	712	4914	3630	11862

老舍中心社区

【概　况】 社区位于县域腹地，隶属双港镇。与南河镇、六套中心社区、运河镇、小尖镇、原双港镇接壤，地势低平，地面高程一般海拔3.80~4.50米。东西最大距离10.50千米，南北最大距离7千米；土地面积7145.43公顷，其中，耕地4809.99公顷、基本农田4627.84公顷。

区机关驻老舍街，设党政、经济发展、政法信访、社会事务、财政农经5个办公室和计划生育、农业技术、建设环保、工贸劳保4个服务中心，核定公务员编制23人、事业编制23人，公益性岗位3人，其中民政1人、工贸1人、司法1人，大学生村官4人。有2个居、8个村，74个村居民小组，8726户，33728口人。

2015年，全区围绕“全县争先、社区领先”目标，抓好项目引进实施、农民小康和民生实事等工作。实现地区生产总值60225万元，其中，第一、二、三产业增加值分别19549万元、15045万元、25631万元。完成固定资产投资13910万元；实际到账注册外资300万美元；进出口总额900万美元；财政总收入7788万元，其中公共财政收入6600万元。年终考核，获县综合一等奖，招商引资和项目推进、民生幸福和社会事业、政法综治和信访稳定、工业经济提质增效、党建创新等工作奖。

农业。全年粮食作物播种面积5089公顷，总产35832吨；油料作物播种面积1016公顷，总产3794吨；蔬菜瓜果、浅水藕种植面积1468公顷；青菜、山药、芹菜、韭菜、萝卜、西瓜、丝瓜等通过省无公害农产品认证。全年植树12万株，建成片林62公顷，完善农田林网370公顷，建成绿色通道21千米；林木覆盖面积1673.72公顷，覆盖率24.03%，省级林业示范村居4个，沿海高速公路两侧老舍段新植常绿树3万株，区内X302路、双六路、沈海高速公路两侧绿化全覆盖；果园面积29.82公顷，水果产量1044吨。出栏菜牛764头、生猪38498头、羊23689只、家禽24.74万羽，禽蛋产量5762吨，肉类总产4924吨。水产品产量1380吨，其中，淡水养殖面积314.6公顷，总产1320吨。农业总产值38024万元，其中，农业、林业、牧业、渔业产值分别18845万元、670万元、14307万元、3325万元。安装切碎装置联合收割机205台，55.15千瓦以上拖拉机74台，插秧机60多台，机插秧率80%。

工业。企业230家，从业人员3770人，总产值121722万元；其中规模以上企业7家，从业人员580人，总产值30796万元。老舍中小企业创业园整体规划重新修编。

服务业。从业人员2262人，社会消费品零售总额8561万元。

社会事业。有文化站、广播电视管理站，公共体育、文化设施面积分别500平方米、120平方米。公共图书室藏书1.50万册，农家书屋10个。幼儿园4所，在园幼儿1159人，专任教师38人；小学1所，在校生1485人，专任教师132人；初中1所，在校生488人，专任教师88人。卫生院1所，村居卫生室11所，病床56张；执业、助理医师46人，儿童计划免疫率100%，农村卫生厕所普及率95%；参加新型农村合作医疗34117人，参加新型农村社会养老保险7774人，农民最低生活保障1280人；五保对象集中供养27人，支出21.06万元；分散供养70人，支出46.20万元。固定电话用户4000户，移动电话用户8410户。集镇形成三纵三横框架，街道总长4.20千米，铺装面积3.25万平方米。农村公路总长130千米。

【引资项目建设】 成立招商小分队，在“长三角”等重点产业转移地区考察、洽谈。在建项目实行倒排工期、挂图作战，促进早建成、早投产、早达效。出台机关干部挂钩服务企业考核办法，实行“一站式”“保姆式”服务，解决卓亿生物科技等项目土地矛盾。全年引进项目15个，协议投资8.47亿元。实施项目9个，当年投资53450万元；其中，新开工项目5个，当年投资27000万元；结转项目4个，当年投资26450万元；竣工项目8个。

【新农村建设】 推进东吴、红旗、恩覃、新舍等新农村居住示范点建设，恩覃村列入县级示范村。投资100万元，改造集镇街道危旧房屋6000多平方米，在建1500平方米。新建中学综合楼1幢1600平方米，小学综合楼1幢1200

平方米，中心幼儿园楼1幢3650平方米。投资128.13万元(自筹资金25.55万元，一事一议奖补资金102.58万元)，新建农村公路6405米；疏浚河道1310米，新建农桥10座，新建、拆建电灌站30座。95个自然庄清理垃圾5700多吨、河道20多千米，新建垃圾池720个，配备保洁员85名，建立保洁长效机制。

【村居集体经济】 采取共建标准厂房、厂房出租、鱼塘发包、集体房屋出租等措施壮大村居集体经济。新增村级集体经济项目4个，集体新增收入15万元以上村2个。年末，村居集体收入15万元以上村居有东吴、新舍、四烈、东吴、大口、尚圩、老舍、花枝。

【居民饮用地面水】 铺设二三级供水管网198.20千米，完成入户管网水表安装、试压，居民饮用地面水占92.5%；16座水厂改制到位，区水务公司正常运行，村居预收水费65万元。

【达利家庭农场】 坐落东吴村，2013年8月，村民吴开权创办，主要从事粮食种植，经营土地面积12.08公顷，其中，家庭承包地0.93公顷，流转土地11.15公顷，家庭劳动力4人。2014年2月，工商部门注册；6月，县委农办登记，定为县级示范家庭农场。2015年初，被评为盐城市示范家庭农场。是年，生产粮食575吨、油料5吨，经营收入132万元，帮助周边34户农民致富。年末，主要农业机械有联合收割机、插秧机、拖拉机，农业机械总动力220千瓦。

(王海兵　于莉莉)

2015年老舍中心社区家庭农场情况

表115

序号	名称	创办年月	土地面积（公顷）	创办人	机械（台套）	经营项目	年总收入（万元）	年总费用（万元）	成员(人)
1	达利	2011.5	12.08	吴开权	5	粮食种植	45	8	10
2	豪运	2011.12	21	卞龙青	6	粮食种植	45	10	7
3	老梁	2011.12	12	梁春利	5	粮食种植	63	13	10
4	益鹏	2012.2	20	许益鹏	6	粮食种植	50	10	5
5	农富	2012.3	18	刘学标	4	粮食种植	50	12	5
6	万国	2012.6	19	何万国	5	粮食种植	45	15	8
7	农夫山庄	2012.12	19	杜平久	8	粮食种植	50	8	8
8	品飞	2013.1	10	徐品飞	8	粮食种植	46	5	8
9	健丰	2013.1	19	王静建	7	粮食种植	65	10	8
10	鼎顺	2013.4	20	罗树梅	5	粮食种植	80	10.15	8
11	图强	2013.5	15	郭焕强	8	粮食种植	50	10	7
12	云本	2013.5	15	薛云本	5	粮食种植	50	5	10
13	王加绿	2013.12	16	王加绿	10	粮食种植	46	12	9
14	刘正林	2013.12	20	刘正林	4	粮食种植	58	12	7
15	定虎	2013.12	12	徐定虎	6	粮食种植	50	12	6
16	任海和	2014.1	20	任海和	6	粮食种植	36	5	6
17	应柏	2014.3	19	谢应柏	4	粮食种植	45	8	8
18	海法	2014.11	19	王海法	8	粮食种植	45	12	4
19	玉祥	2015.7	25	谭玉祥	2	粮食种植	45	10	5
20	兆勤	2015.11	19	李兆军	3	粮食种植	56	8	7

2015年老舍中心社区农村专业合作社情况

表116

序号	名　称	创办年月	土地面积（公顷）	创办人	机械（台套）	经营项目	年总收入（万元）	年总费用（万元）	成员(人)
1	旺财七彩鸡养殖	2009.7	50	楚自丽	1	七彩鸡饲养	180	10	126
2	富强三黄鸡	2009.12	40	张开旗	1	三黄鸡养殖	190	30	315

续表116

序号	名　称	创办年月	土地面积（公顷）	创办人	机械（台套）	经营项目	年总收入（万元）	年总费用（万元）	成员（人）
3	致富土地	2010.10	50	高明亮	4	土地租赁、转让	250	10	120
4	绿源农资	2011.6	25	张全生	1	农资销售	150	25	152
5	建丰羊业	2011.6	60	王静建	2	山羊饲养	150	10	50
6	海春水产养殖	2011.6	45	李晓春	3	水产养殖	150	10	8
7	成功獭兔	2011.6	30	杜成东	2	獭兔饲养	150	20	315
8	荣强甜叶菊	2011.7	45	吴荣林	1	甜叶菊种植	100	10	4
9	老舍鑫鑫水产养殖	2011.9	40	张金培	3	水产养殖	45	5	512
10	嘉禾农机	2011.10	20	王礼友	4	农机租售	150	25	105
11	老舍群益生猪	2011.12	35	殷绍国	1	生猪养殖	100	24	354
12	盛大生猪	2011.12	40	刘　菊	4	生猪饲养	100	10	20
13	龙秀蔬菜	2011.12	40	张军平	2	蔬菜种植	90	5	425
14	嘉源农资	2012.1	20	李东升	2	农资销售	150	150	15
15	富民肉鸽	2012.3	50	周维前	1	肉鸽饲养	120	10	283
16	鑫牛农机	2012.3	50	梁井生	15	农机租赁售	200	25	564
17	益农植保机械	2012.3	30	吴恒成	12	机械租赁售	160	30	100
18	洪桥葡萄	2012.3	50	周洪军	2	葡萄种植	80	5	438
19	从昊农机	2012.3	10	吴从昊	10	农业机械销售	150	10	68
20	杨明蔬菜	2012.3	25	杨　明	3	蔬菜种植	450	15	8
21	开雨渔业	2012.4	40	梁开雨	5	水产养殖	450	50	465
22	海芹水产养殖	2012.4	45	靳海芹	1	水产养殖	200	20	50
23	达利生猪	2012.4	50	吴开权	3	生猪饲养	190	15	68
24	陆田七彩山鸡	2012.5	20	王陆田	4	山鸡养殖	80	10	162
25	长发山羊养殖	2012.6	40	王成灵	1	山羊养殖	160	10	186
26	顺昌水产养殖	2012.6	50	王　晖	3	水产养殖	150	10	100
27	裕锦畜牧养殖	2012.6	50	王成梁	3	家禽养殖	100	15	125
28	益鹏土地	2012.7	100	许益鹏	2	土地	100	18	548
29	善林蔬菜	2012.8	40	仰善林	2	蔬菜种植	80	30	96
30	恒飞育秧	2012.8	10	张贵生	2	育秧	150	10	16
31	鑫禾农机	2012.12	20	王德标	5	农机租赁售	200	25	236
32	致富农民农业资料	2012.12	30	高明昊	4	农资销售	50	5	3
33	红旗农资	2013.1	30	周洪中	1	农业资料销售	100	25	78
34	新建山羊	2013.1	20	梁开传	2	山羊饲养	60	5	413
35	鑫元农资	2013.1	20	张玉凤	2	农资销售	160	12	20
36	老舍国成林业	2013.6	50	黄国成	2	林木种植	200	20	30
37	善民农业资料购销	2013.6	20	成善高	5	农资销售	80	5	236
38	开旗蔬菜	2013.8	40	张开旗	2	蔬菜种植	120	10	276
39	惠阳畜牧养殖	2013.12	30	陈二霞	4	家禽饲养	200	25	105
40	张建粮食	2013.12	45	张　建	5	粮食销售	85	5	150

续表116

序号	名　称	创办年月	土地面积（公顷）	创办人	机械（台套）	经营项目	年总收入（万元）	年总费用（万元）	成员(人)
41	阿杜蔬果	2014.10	80	杜平久	2	蔬菜水果	100	10	100
42	骁泉农机	2014.12	20	张善全		农机租售	50	5	20
43	绿源牛羊养殖	2015.1	40	陈法伟	3	牛羊饲养	160	10	4
44	高能农机	2015.6	50	高　能	6	农机赁售	100	10	12

2015年老舍中心社区农业龙头企业情况

表117

序号	企业名称	投资额(万元)	兴办年月	从业人数(人)	主产品	主营业务收入(万元)
1	伯豪食品	5450	2004.6	165	植物蛋白	8150
2	金牧畜禽	3010	2005.8	109	生猪	3860
3	龙月棉业	3450	2006.7	371	棉花	4200
4	慧宇食品	5560	2010.6	202	藕片	4050
5	宝林食品	2116	2013.7	148	方便面	2710
6	新贵宾面粉厂	1230	2004.7	62	面粉	2100
7	德顺畜禽	22010	2008.10	236	生猪	22125
8	华亿新型建材	25300	2012.3	255	木材加工	26900
9	宝吉纺织	16500	2002.12	328	棉纱	21500
10	翼天程木业	3800	2013.10	120	木材加工	6000
11	满口香米业	3300	2014.3	140	稻米加工	4600

2015年老舍中心社区项目建设情况

表118

序号	企业名称	项目名称	项目类型	计划投资（万元）	当年投资（万元）	开工月份	竣工月份	坐　落
1	正德屋顶材料	屋顶材料	新开工	2000	2000	1	6	老舍中小企业创业园
2	宝之吉纺织科技	色纺纱	新开工	12000	5000	2	—	老舍中小企业创业园
3	神瓦纸业	瓦楞纸	新开工	15000	15000	4	11	老舍中小企业创业园
4	硅藻泥加工	硅藻泥	新开工	3000	3000	7	12	老舍中小企业创业园
5	满口香米业	收储加工	结转	6000	4880	1	8	老舍中小企业创业园
6	恒顺泰建筑	桥梁面板	结转	6000	4800	2	3	老舍中小企业创业园
7	新亿墙体材料	防火门芯板	结转	10000	8050	2	3	老舍中小企业创业园
8	中田消防设备	防火门芯板	结转	11000	8800	3	3	老舍中小企业创业园

2015年老舍中心社区村居概况

表119

村居别	党支部书记	主任	会计	组(个)	人口(人)	耕地面积（公顷）	粮食产量（吨）	农业总产值（万元）	农民人均纯收入(元)
老舍	高明亮	—	黄金兵	5	2918	238.53	1743	2062	13820
东吴	殷绍国	吴从云	殷开雨	8	3020	527	4326	3586	12673

续表119

村居别	党支部书记	主任	会计	组(个)	人口(人)	耕地面积(公顷)	粮食产量(吨)	农业总产值(万元)	农民人均纯收入(元)
花枝	吉凤连	邵加来	于保军	7	2896	446.53	3402	3066	11050
尚圩	王克军	—	王迪戈	9	3125	555.47	4803	7112	12086
树圩	周洪军	—	桑友干	6	2391	558.80	3546	3311	11968
四烈	梁开雨	王尚田	王胜林	7	4711	597.60	3730	3453	11982
大口	张春然	薛凤伍	杜平生	8	2812	402.10	3169	4886	11185
新舍	许乙鹏	张俊平	杜文军	8	3650	614.40	4803	3269	12180
恩覃	刘正林	刘东兵	任海和	8	3005	363.00	2878	3132	11841
红旗	蔡玉梅	汪尚海	王陆田	8	3297	512.20	3432	4147	10785

省市属场司

江苏省黄海农场

【概　况】 江苏省黄海农场（简称黄海农场）隶属江苏省农垦集团有限公司，1952年建场，位于北纬34°12′36″~34°23′24″，东经119°48′10″~120°02′03″，坐落响水县境东北，东濒中山河，南抵大有镇，西临南潮河，北隔运盐河与灌东盐场相望。东西最大距离18千米，南北最大距离14千米；土地总面积20066.84公顷，其中耕地14164.51公顷、基本农田14156.90公顷。场部驻大有镇，距连云港、淮安和盐城机场均在100千米左右。场机关设场办（党委办）、企划部（党委宣传部）、工会、计划财务部、纪检监察部、经济工作部、人力资源部；辖社区管理委员会、动物防疫中心、林业中心、供电中心、自来水厂及省农垦黄海棉业有限公司、黄海宾馆、15个生产区、72个大队，17192口人，职工5775人，离退休职工5224人。

2015年，黄海农场实现国内生产总值4.40亿元，其中，第一、二、三产业增加值分别1亿元、0.86亿元、2.54亿元。营业总收入13451.71万元，总支出13200.90万元，其中，营业成本1825.88万元，管理费用9961.40万元；实现利润281.18万元。国信黄海风电第一、二期工程并网发电，第三期项目实施。被省农垦集团有限公司表彰为先进企业、社区工作先进单位、十二五企业文化建设先进单位、新闻宣传工作先进单位、优秀政研会；宿迁分公司党支部被省国资委表彰为先进党支部；被江苏省总工会表彰为厂务公开民主管理工作先进单位。

【黄海分公司获苏垦农发股份有限公司表彰】 该公司夏粮播种面积10266.67公顷，总产7.24万吨；秋粮播种面积10266.67公顷，总产10.6万吨；全年培育麦、稻种子38500吨，比2014年增7000吨；引进苏秀867、甬优2640、武运粳27、济麦22等4个高产优质麦稻新品种，推广钵苗移栽、水稻旱育秧、机械直播等6项新技术。与宿豫区续签种植面积4000公顷，累计签约28000公顷，实际种植面积4000公顷。全年实现营业收入5.60亿元，净利润1.08亿元。12月，被苏垦农发股份有限公司表彰为先进企业、财务管理先进单位。

【生态环境建设】 搞好供给侧结构调整，引进市场需求量大、经济价值高苗木新品种5万株，发展美国薄壳山核桃及油料牡丹5.33公顷；全年林木销售收入220万元，苗木销售收入30万元；新造林20公顷，扩建苗圃8.67公顷；完成中德示范园、X304路、创业路、职工活动中心等绿化面积近10公顷。年末，全场林地面积1333公顷，林木覆盖率26.48%；苗圃基地66.67公顷。

【生态养殖】 全年出栏生猪41995头、家禽145.62万羽、羊2961只，肉类总产4170吨，禽蛋总产514吨。利用林地资源，发展草鸡、肉鸭、生猪、山羊等规模养殖；畜禽重大疫病防疫密度近100%。水产养殖面积400公顷，当年新建水产养殖示范区20公顷。

【惠民实事】 投入800多万元，15个生产区配备变压器53台，架设10千伏线路12千米、高低压电缆1200多米；投资近百万元，改造大有菜场，新建、改造冲水公厕10座；投资近1800万元，实施水、电、路、文、卫等社会事业。投资100万元，新建、改造供水管网，自来水用户6139户（企业用户3家），年供水62.50万吨。投入9650万元，其中财政资金8150万元，实施农业综合开发、土地整治、河道疏浚、小型农田水利、优质稻米等7个项目。投资1440万元，实施农田水利、烘干线、仓库等项目。

【中德作物生产与农业技术示范园开工】 5月19日引进，黄海分公司提供150公顷土地和人员支持，德国12家企业提供农业机械、种子等投入品；11月19日，德国议会国务秘书、食品与农业部常务副部长布莱涩，中共江苏省委常委、省人民政府副省长徐鸣参加奠基。

【农机装备更新】 黄海分公司投入570万元，购置GPS导航系统、钵苗移栽机、育秧播种机等配套机具270多台套；职工投资1600万元，更新拖拉机、收割机等配套机具280多台套。年末，农机总动力5.90万千瓦，其中国有1.20万千瓦，农机装备新度系数75%以上，农业机械化率97%。

【社会事业】 维修加固住宅562户，在建住宅266套，职工自拆自建住宅74套，在建安置房164户。架设路灯71盏，建成大有开关站1座。投资300多万元，建设小区和道路绿化。全年集体缴纳职工“五险一金”5332万元，发放离开土地职工生活费800多万元。全场224户577人享受最低生活保障，新办理最低生活保障28户。落实困难职工承包林地、拾边地13.33公顷，减免租金近10万元。发放救助金40多万元；工会募集善款10万元，“爱心超市”新增善款和物品价值5万元，受益贫困户230户。

【职工书屋被授予国家级书屋称号】 投入15万元，在职工文化活动中心大楼建设图书室，面积200平方米，藏书有政治、历史、科普、法律、文学、教育、医学、农技、少儿读物等类1万多册。配备图书管理员和电脑，建立管理、借阅制度，常年向居民开放，成为干部职工素质提升“加油站”。10月，图书室被中华全国总工会授予国家级书屋称号。

【农业龙头企业简介】 江苏省农垦米业集团黄海有限公司。2006年，经国家农业综合开发办公室批准建设，江苏省农垦米业有限公司控股60%，黄海农场参股40%，注册资本1000万元。2011年底，股权转让后为苏垦米业集团独资子公司，固定资产近6000万元，占地6.67公顷，项目有国家标准粮食储备库10幢，库容7.20万吨、中转配送钢板仓4座，库容2万吨、在建国家标准粮食储备库2幢，库容1.20万吨；引进瑞士布勒6万吨大米生产线，日加工大米200吨；日处理1000吨谷物烘干线3条、新建400吨烘干线1条；年末，公司员工70人，其中，中级以上技术人员10人，持有上岗资格证书（含特种工种）26人。被农业部农垦局确定为农产品质量追溯系统实施单位。公司建立绿色基地6733.33公顷，种植优质水稻10333.33公顷。生产“苏垦大米”“水谷原”“冬天的雪”“海月”“三特大米”及“星佳”系列大米销往北京、上海、广东、南京、浙江、河南等6省15座城市连锁超市。与亨氏、太太乐、旺旺、洋河等国内外知名企业有合作关系。公司先后被评为盐城市诚信单位、C标志、计量信得过单位、AA守合同重信用单位、江苏省示范粮库、先进集体、生产标准化二级企业。“星佳”牌商标获盐城市知名商标、江苏省著名商标，“星佳”牌大米被推荐为盐城名牌产品，通过绿色食品认证。2015年，承担省级储备粮任务4.50万吨，实际耗用稻谷6.49万吨，加工销售大米4.40万吨，销售小麦2.79万吨，实现营业收入3.72亿元、利润1389.49万元。江苏省大华种业集团有限公司黄海分公司。1985年兴办，2011年后，新建加工厂区1座，新厂区占地4.67公顷，拥有高标准种子仓库6幢，年仓储能力2.50万吨；拥有生产加工设备3套，生产能力450吨/天；成套种子烘干设备2条，日烘干量300吨。2015年，有员工51人，固定资产4000多万元，经营土地面积25200公顷。生产水稻、小麦、棉花、大麦、玉米、大豆等。加工包装良种销往10多个省市。与省内外多家农业科研院所及种子公司建立协作关系。销售稻种3700吨、麦种2.75万吨。江苏桂花养殖有限公司。2009年3月，场肉鸭公司改革后成立，注册资本金751万元。2015年，公司固定资产原值2000多万元，拥有2.30万平方米肉鸭场、年孵化300万羽苗鸭电孵中心、年宰杀300多万羽肉鸭屠宰厂、800吨冷库以及水电、运输设施，年加工肉鸭能力300多万羽，多次被中国绿色食品发展中心评定为“绿色食品”。2013年8月，公司被中国食品工业协会评为“优秀龙头食品企业”，被省农业委员会认定为“重点农业产业化龙头企业”。2014年12月，“黄海”牌商标被江苏省工商局认定为“著名商标”；2015年，加工“黄海”牌冻光鸭257万羽，养殖新品种肉鸭40万羽，销售收入5600万元。响水县新荡砖瓦厂。1975年兴办，1998年改为民营。2015年，有职工200多人、轮窑两座，年产砖8000多万块。先后被响水工商局等表彰为明星企业、产品质量信得过单位、重合同守信用单位”。 （陈贤华）

盐城市灌东经济开发投资有限公司

【概　况】 2012年3月，成立盐城市灌东经济开发投资有限公司（简称灌东投资开发公司），坐落响水县境东北，为盐城市人民政府国有独资直属企业，主要从事盐田资源综合开发利用；下辖灌东盐场、置业公司、小额贷款公司、贸易公司、水务公司、物业公司、绿化公司7个全资子公司。拥有土地15333.33公顷，其中，人工湖943.33公顷、丹顶鹤湿地保护区6666.67公顷，侵蚀性海岸线15千米。

公司距滨海港、连云港港均40千米左右，盐城、淮安、连云港机场均100千米左右；区内响水港为国家一类临时对外开放口岸，有5万吨泊位2个，为国家“一带一路”交汇点。

2015年，公司围绕园区建设、项目融资、民生改善等重点工作，苦干实干，全力推进灌东开发。

【项目融资】 全年引进盐城迅德环保材料、江苏赛德路灯、中复连众玻璃钢管材等投资项目；实际到位项目贷款7.70亿元，其中国家开发银行政策性贷款4.20亿元；企业担保和土地抵押流动资金贷款4.90亿元。

【G228路灌东段环境整治】 投入6320万元，整理公路北侧沿线地形、地貌，拆迁房屋，移动电力、通讯线路，绿化主要道口。

【灌东新材料产业园】 2012年兴办，坐落灌东盐场中部洪港、浦港、海堤工区，第一期规划面积2650公顷。2015年末，产业、绿色渔业、光伏产业及供电站、综合服务区、旅游区等规划编制完成；园区建成道路26千米，标准厂房、社区服务中心、职工宿舍、邻里中心、商务酒店、专家工作室配套工程正在实施；棚户区改造840套住宅交付使用，2000套住宅封顶。 （胡　剑）

江苏省银宝盐业有限公司灌东盐场

【概　况】 位于北纬33°26′~34°31′，东径119°29′~119°20′，地处苏北沿海淮灌走廊尾闾、古黄河三角洲北端，响水县东北部。北濒黄海，与江苏三圩盐场、响水县海珍品养殖总公司接壤；西枕灌河，与灌西盐场、灌南县隔灌河相望；东傍淮水，与新滩盐场、滨海县毗邻；南与黄海农场和陈家港镇相连。地势南高北低，略有变化，东南部海拔2.50米，西北部海拔2.10~2.20米，滨海盐渍土类，侵蚀性海滩，海岸线呈东西走向。场域东西长约30千米，南北宽5~10千米；土地总面积16734.27公顷，其中，盐田1334公顷、灌东新材料产业园占地2667公顷、海淡水域7800公顷。

场部驻陈家港镇，面积1万平方米，主体3层、局部4层办公楼1幢，主体两层办公楼3幢，建筑面积5000平方米；绿地2000平方米；场设党群工作部、党政办公室、生产安全部、投资发展部、财务审计部，社会事业管理中心、环境资源管理中心；有裕通高效养殖区、新星高效养殖区、淮东高效养殖区；直属单位动力科、东缘绿化工程有限公司、自来水服务站、农工商公司；场党委设2个党总支、13个党支部；全场分洪港、三圩两个制盐工区，37个生产单元；5308户，14574口人，其中盐业从业人员263人。

2015年，全场抓住沿海开发和盐田综合开发契机，以加强党建为基础，以经济发展为主线，以制度创新为先导，以改善民生为重点，广大干部职工共同努力，克服困难，经济社会事业取得新成绩。原盐产量8.28万吨，原盐销售7.50万吨；社会总产值6800万元，其中，渔业总产值52000万元，上缴税金682.13万元，职工年人均纯收入3.15万元，连续第四年增幅15%以上。

盐业。盐田面积1334公顷，年产原盐8.28万吨，每公顷产盐62.07吨，原盐含氯化钠94.56%。

基础设施。新建桥梁3座、涵闸6座、供电线路46千米，新建服务区门楼2座。

【“项目突破年”活动】 全力服务项目建设，确保工程用地。成立工作小组，做好浦港、洪港197.40公顷土地置换工作，完成置换土地内7450吨原盐扒运、滩地资产清算等工作。投入1509.13万元，抽调65人，成立自行车赛道工作组，完成淮八东线146户房屋拆迁、沿线134.46公顷池塘征用、74座坟墓迁移，保障项目开工。投入814.62万元，抽调30人，成立房屋拆迁工作组，完成瑞泰至新东段沿线35户房屋和新海工区48户房屋拆迁工作。投入400万元，抽调电力公司70人，完成G228路北侧26杆·千米电力线路位移工作。

【水产养殖基地建设】 加快原盐生产向现代农业转变步伐，形成以养殖为主，盐养协调发展格局。全年筹集资金2707.12万元，完成养殖工程项目72个。其中，修建涵闸投入125.16万元、桥梁投入89.46万元，疏浚河道投入503.2万元，道路建设投入1267.89万元，电力线路架设、位移、改造投入670万元，零星工程投入51.41万元，新增退盐转养面积4180公顷。年末，全场海淡水养殖面积7800公顷，水产品产量5.20万吨。

【关爱弱势群体】 全场待岗职工365人，多渠道安置112人；215名待岗职工发放生活补贴308.84万元。二线等人员工资增长26%，人均增加2980元。慰问困难职工、病灾户、劳动模范等585户，慰问金45万元。新批重残养老补贴36人、医疗补贴39人、重残护理费4人，11名重残人员发放补贴金3.51万元，发放残疾人医疗优惠卡150张，发放独生子女费1.60万元，补发54名退休人员一次性独生子女费12.96万元。

【民生实事工程】 投入126.60万元，完成陈北小区大桥拆建、下水道疏浚、砼道路铺设、社区活动中心扩建等工程。新建垃圾池6个，维修厕所5座，新增环卫人员6人。投入170万元，修建灌东影剧院。181户入住新房。

【安全生产】 投入3万元，开展安全检查5次、自查自纠37次；排查隐患76项，整改74项，落实措施1项，协调整改1项。 （蒋大伟）

【责任编辑　赵凤昆】

人物　荣誉

新任县领导简介

中共响水县委员会

崔爱国　现任响水县委书记。男，汉族，东台市人，1966年1月出生，研究生文化，1987年8月参加工作，1992年12月加入中国共产党。

1985年9月至1987年7月，盐城商校商业计划统计专业读书；1987年8月至1993年6月，市统计局办事员（其间，1988年12月，获自学考试经济管理专业大专文凭）；1990年12月至1992年12月，下派大丰县裕华镇锦农村委会副主任（其间，1992年12月，获自学考试经济管理本科文凭）；1993年6月至1995年3月，市委政研室秘书科秘书；1995年3月至1996年5月，市委政研室副科级秘书；1996年5月至1997年2月，市委政研室秘书科副科长；1997年2月至1998年3月，市委政研室正科级秘书；1998年3月至1999年3月，市委政研室秘书科科长；1999年3月至2001年11月，市委办公室综合科科长；2001年11月至2002年6月，市委办公室综合处处长；2002年6月至2003年3月，市委办公室副主任、研究室副主任（试用期一年）；2003年3月至2004年9月，市委副秘书长、市委办公室副主任、研究室副主任（其间，2001年9月至2004年6月，江苏省委党校科学社会主义专业研究生学习并毕业）；2004年9月至2006年2月，市委副秘书长、市委研究室主任；2006年2月至2011年6月，市财政局局长、党委书记兼市政府国有资产监督管理委员会主任；2011年6月至2013年6月，市财政局局长、党委副书记；2013年6月至2014年1月，响水县委副书记，县政府副县长、代县长、党组书记；2014年1月至2015年4月，县委副书记，县政府县长、党组书记；2015年4月至2016年1月，县委书记，县人大常委会党组书记、主任候选人；2016年1月，县委书记。

单永红　现任响水县委副书记，县政府县长、党组书记。男，汉族，大丰区人，1969年1月出生，大学文化，1991年8月参加工作，1996年11月加入中国共产党。

1987年9月至1991年7月，北京农业大学农业昆虫专业读书；1991年8月至1993年10月，大丰县农技推广中心技术员；1993年10月至1996年11月，大丰县农技推广中心科教站副站长；1996年11月至1998年3月，大丰市草庙镇政府副镇长；1998年3月至1999年8月，大丰市丰富镇党委副书记；1999年8月至2001年4月，大丰市金墩镇党委副书记、镇长；2001年4月至2001年5月，大丰市新丰镇党委副书记、镇长；2001年5月至2001年12月，大丰市南阳镇党委书记；2001年12月至2003年1月，大丰市南阳镇党委书记、人大主席；2003年1月至2007年11月，滨海县政府副县长；2007年11月至2010年2月，盐都区政府副区长；2010年2月至2015年4月，盐都区委常委、常务副区长；2015年4月至2016年1月，响水县委副书记，县政府党组书记、副县长、代县长；2016年1月，县委副书记，县政府县长、党组书记。

邵礼青　现任响水县委副书记，县委党校校长、县社会主义学校校长。男，汉族，响水县陈家港镇人，1964年10月出生，研究生文化，1987年8月参加工作，1993年4月加入中国共产党。

1984年9月至1987年7月，盐城农校农学专业读书；1987年8月至1989年4月，响水县农业局办事员；1989年4月至1996年1月，县政府办办事员、秘书(其间，1992年7月，南京农业大学农学专业函授大专毕业)；1996年1月至1997年1月，县政府办副主任；1997年1月至2000年12月，七套乡党委书记、人大主席(其间，1999年12月，中央党校函授学院行政专业本科毕业)；2000年12月至2002年7月，张集乡党委书记、人大主席；2001年1月至2002年4月，县委常委；2002年4月至2006年6月，县政府副县长(其间，2002年8月至2002年9月，上海水产大学干部培训班学习；2004年7月，江苏省委党校科学社会主义专业研究生毕业)；2006年6月至2007年11月，县委常委、县政府副县长；2007年11月至2012年1月，县委常委、政法委书记；2012年1月至2013年2月，县委常委；2013年2月至2013年7月，县委常委、县委办主任；2013年7月至2014年4月，县委常委；2014年4月至2015年5月，县委常委、县政府副县长，县行政学校校长，沿海开发办公室主任；2015年5月至2015年11月，县委副书记、县政府副县长，县行政学校校长，沿海开发办公室主任；2015年11月至2015年12月，县委副书记，县行政学校校长，沿海开发办公室主任；2015年12月，县委副书记，县委党校校长、县社会主义学校校长。

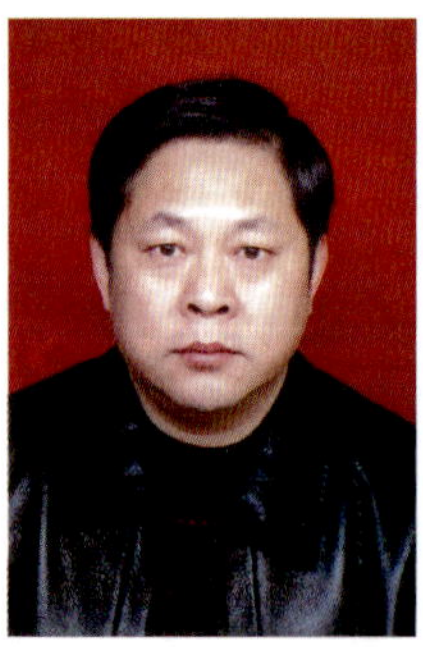

李运连 现任响水县委常委、县政府副县长，县行政学校校长、沿海开发办主任。男，汉族，响水县运河镇人，1963年7月出生，研究生文化，1983年7月参加工作，1987年3月加入中国共产党。

1979年9月至1983年7月，江苏农学院机电排灌专业读书；1983年7月至1985年12月，泗阳闸站管理所技术干部；1985年12月至1987年6月，苏骆运河管理处团委副书记；1987年6月至1990年9月，泗阳闸站管理所副所长；1988年11月至1990年9月，泗阳闸站管理所党支部书记(副科级)；1990年9月至1991年10月，响水县水利建筑工程处党支部书记、副主任；1991年10月至1992年10月，县水利局水政股股长、水利工程管理所所长、党支部书记；1992年10月至1996年7月，大有镇副镇长；1995年11月至1996年7月，大有镇党委副书记；1996年7月至1997年6月，港南乡党委副书记、乡长；1997年6月至1997年10月，平建乡筹建工作组副组长；1997年10月至2000年2月，平建乡党委副书记、乡长；2000年2月至2001年12月，小尖镇党委副书记、镇长；2001年12月至2003年1月，小尖镇人大主席；2001年12月至2006年6月，小尖镇党委书记(其间，2005年7月，江苏省委党校政治经济学专业研究生毕业)；2006年6月至2010年2月，县水务局局长、党委书记；2008年4月至2009年3月，兼县水务投资有限责任公司董事、总经理；2009年3月至2010年2月，兼县水务投资有限责任公司副董事长；2010年2月至2010年6月，兼县水务投资有限责任公司董事长；2010年2月至2012年1月，县政府副县长；2012年1月至2015年11月，县委常委、政法委书记；2015年11月至2015年12月，县委常委、县政府副县长；2015年12月，县委常委、县政府副县长，县行政学校校长，沿海开发办公室主任。

孙庆树 现任响水县委常委，主持沿海经济开发区党工委工作。男，汉族，东台市人，1975年1月出生，研究生文化，1997年8月参加工作，2000年12月加入中国共产党。

1993年9月至1997年7月，南京农业大学环境工程专业读书；1997年8月至2000年1月，盐城市计经委资源科办事员；2000年1月至2001年6月，盐城市计经委资源科科员；2001年6月至2002年3月，盐城市经贸委资源管理处科员；2002年3月至2005年11月，盐城市经贸委资源管理处副处长；2005年11月至2009年2月，盐城市经贸委能源处处长；2008年12月至2010年12月，挂任大丰市大中镇党委副书记兼大丰挂职干部组组长；2009年2月至2010年6月，盐城市经贸委办公室主任；2010年6月至2012年1月，盐城市经信委办公室主任；2011年3月至2012年1月，抽调市优化办督查评议处工作(其间，2011年7月，江苏省委党校科学社会主义专业研究生毕业)；2012年1月至2012年4月，响水县政府副县长；2013年7月2015年10月，江苏响水经济开发区党工委书记；2014年4月，县委常委；2015年10，主持沿海经济区党工委工作。

徐莉 现任响水县委常委、政法委书记。女，汉族，滨海县人，1969年11月出生，研究生文化，1989年8月参加工作，1992年12月加入中国共产党。

1986年9月至1989年7月，盐城工专机械制造专业读书；1989年8月至1991年4月，响水县港南乡团委干事兼科技干事；1991年4月至1994年10月，港南乡团委副书记、书记兼科技助理；1994年11月至1995年11月，响南乡工业助理、乡长助理；1995年11月至1997年2月，南河乡副乡长(其间，1995年12月，中央党校函授学院经济管理专业本科毕业)；1997年2月至1998年12月，响水镇宣传委员(副乡级)；1998年12月至2000年3月，响水县开发区管委会副主任、开发总公司副总经理(其间，1999年7月，南京大学研究生课程进修班经济管理专业结业)；1998年12月至2001年8月，响南乡党委副书记、乡长，县开发区工委副书记；2000年3月至2001年8月，响水县开发区管委会常务副主任、总公司常务副总经理；2001年8月至2001年12月，江苏省响水外向型农业综合开发区工委副书记、管委常务副主任、总公司常务副总经理(正科级);2001年12月至2004年12月，黄圩镇党委副书记、镇长;2004年12月至2009年7月，黄圩镇党委书记（其间，2008年1月,扬州大学法学院法学专业函授本科毕业;2008年7月，苏州大学政治与公共管理学院公共管理专业研究生毕业);2005年1月至2007年11月，兼黄圩镇人大主席;2007年11月至2009年7月,兼黄圩镇镇长;2009年4月至2010年10月,县政府县长助理(副县级);2009年7月至2010年2月，响水县陈家港化工集中区工委书记;2010年2月至2013年2月,江苏响水生态化工园区工委书记;2010年10月至2012年2月，县政府副调研员;2012年1月至2015年7月,县政府副县长;2015年7月至2015年12月，县委常委;2015年12月,县委常委、政法委书记。

杨荣生 现任响水县委常委、江苏响水经济开发区党工委书记。男,汉族,响水县小尖镇人,1973年1月出生,大学文化,1994年8月参加工作,1996年7月加入中国共产党。

1992年9月至1994年8月，省劳改工作警官学校劳改管理专业读书;1994年8月至1995年8月，南京市官塘监狱管教干事;1995年8月至1997年4月，响水县张集乡政府司法干事、助理;1997年4月至1999年11月，张集乡党委组织干事（副股级);1999年11月至2000年4月，张集乡党委组织干事(股级);2000年4月至2002年3月,运河乡纪委书记(其间,2000年7月,扬大现代农业与领导专业函授大专毕业);2002年3月至2003年1月，运河镇纪委书记;2003年1月至2004年2月,运河镇副镇长;2004年2月至2007年2月,运河镇党委副书记、纪委书记;2007年2月至2007年11月,大有镇党委副书记、镇长;2007年11月至2009年2月，大有镇党委副书记、人大主席;2009年2月至2011年1月,响水镇党委副书记、镇长(其间,2009年12月，中央党校函授学院法律专业本科毕业);2011年1月至2012年1月,响水镇党委书记、人大主席;2012年1月至2012年2月,县政府副县长，响水镇党委书记、人大主席;2012年2月至2015年7月，县政府副县长;2015年7月至2015年10月，县委常委;2015年10月,县委常委、江苏响水经济开发区党工委书记。

谢伟 现任响水县委常委、县纪委书记。男,汉族,江苏吴江人,1966年5月出生,研究生文化,1986年8月参加工作,1986年6月加入中国共产党。

1983年9月至1986年7月，盐城师范专科学校化学系读书;1986年8月至1995年6月,盐城化工学校办公室副主任、主任、学生科长、校党支部委员(其间,1987年9月至1990年7月,江苏教育学院化学系读书，获南师大理学学士学位);1995年6月至1997年6月，盐城市纪委助理纪检监察员;1997年6月至2003年7月，市纪委副科级纪检监察员;2003年7月至2005年5月,市纪委正科级纪检监察员;2005年5月至2007年5月,市纪委办公室副主任(其间,2002年9月至2005年7月，省委党校工商管理专业研究生学习并毕业);2007年5月至2013年8月,市纪委党风廉政室副主任;2013年8月至2014年4月,市纪委党风廉政室主任;2014年4月至2015年8月，市纪委党风政风监督室主任;2015年8月,响水县委常委、纪委书记。

夏红霞 现任响水县委常委、组织部部长。女,汉族,大丰区人,1981年11月出生,党校研究生文化，2004年8月参加工作,2005年12月加入中国共产党。

2000年9月至2004年6月，盐城师范学院学前教育专业读书，获学士学位;2004年8月至2006年5月,共青团大丰市委员会干部;2006年5月至2007年5月,共青团大丰市委员会青农部副部长;2007年5月至2009年10月，共青团大丰市委员会副书记;2009年10月至2011年12月，共青团大丰市委员会书记;2011年12月至2013年1月，大丰市草堰镇党委副书记、镇长;2013年1月至2015年8月，大丰市草堰镇党委书记、人大主席;2015年8月至2015年11月，大丰区草堰镇党委书记、人大主席;2015年11月至2016年6月，大丰区草堰镇党委书记;2016年6月，响水县委常委、组织部部长。

顾建明 现任响水县委常委、县人武部政委。男,汉族,太仓市人,1972年6月出生，大学文化,1991年12月参加工作，1993年7月加入中国共产党。

1991年12月至1992年2月,江苏省军区教导大队战士;1992年2月至1994年9月,南京军区海防第三团海防一连战士;1994年9月至1996年7月,南昌陆军学院学员;1996年7月至1999年6月，南京军区海防第三团海防一连排长;1999年6月至2000年2月，南京军区海防第三团海防一连副连长;2000年2月至2001年1月,南京军区海防第三团步兵连代连长;2001年1月至2004年3月，南京军区海防第三团海防一连连长;2004年3月至2005年8月，南京军区海防第三团海防营副营长;2005年8月至2007年3月,江苏省苏州军分区派驻地方高等院校副营职军训教官;2007年3月至2009年3月,江苏省苏州市金阊区人武部政工科科长;2009年3月至2011年6月,江苏省苏州军分区司令部正营职参谋;2011年6月至2015年3月,江苏省苏州军分区政治部副团职干事;2015年3月至2016年7月，江苏省响水县人民武装部政治委员；2016年7月，响水县委常委、人武部政委。

响水县人大常委会

杨毅坚 现任响水县人大常委会主任、党组书记。男，汉族，滨海县人，1961年9月出生，大学文化，1980年1月参加工作，1983年12月加入中国共产党。

1980年1月至1982年11月，响水县教育局工作人员（其间，1982年2月至1982年7月，盐城师范专科学校文秘班读书）；1982年11月至1987年10月，响水镇团委干事、团委副书记、书记、党委秘书（其间，1985年9月至1987年7月，盐城市委党校大专班党政专业读书）；1987年10月至1993年3月，响水县委组织部工作人员、组织员、副科长；1993年3月至1996年6月，县委组织部干部科科长、副科级组织员；1996年6月至1997年11月，县委组织部副部长（其间，1996年3月至1996年7月，盐城市委党校青年干部培训班学习并结业）；1997年11月至1998年12月，双港乡党委书记、人大主席；1998年12月至2001年1月，响水镇党委书记、人大主席（其间，1999年12月，中央党校行政管理专业函授本科毕业，2000年2月至2000年7月，江苏省委党校青年干部培训班学习并结业）；2001年1月至2002年12月，县委常委、常务副县长；2002年12月至2006年6月，县委副书记；2006年6月至2009年1月，县委副书记，陈家港沿海经济区工委书记；2009年1月至2009年2月，县委副书记（正县级），陈家港沿海经济区工委书记；2009年2月至2010年2月，县委副书记（正县级），陈家港沿海经济区工委书记，县委党校校长；2010年2月至2010年8月，县委副书记（正县级），江苏响水沿海经济开发区工委书记，县委党校校长；2010年8月至2012年1月，县委副书记（正县级），江苏响水沿海经济开发区工委书记，县委党校校长，县社会主义学校校长；2012年1月至2012年3月，县委副书记（正县级），县政协党组书记，江苏响水沿海经济开发区工委书记，县委党校校长，县社会主义学校校长；2012年3月至2014年12月，县委副书记，县政协主席、党组书记，江苏响水沿海经济开发区工委书记，县委党校校长，县社会主义学校校长；2014年12月至2015年9月，县政协主席、党组书记，江苏响水沿海经济开发区工委书记，县委党校校长，县社会主义学校校长；2015年9月至2015年12月，县政协主席、党组书记，县委党校校长，县社会主义学校校长；2015年12月至2016年1月，县政协主席、党组书记；2016年1月，县人大常委会主任、党组书记。

响水县人民政府

单永红 现任响水县委副书记，县政府县长、党组书记。男，汉族，大丰区人，1969年1月出生，大学文化，1991年8月参加工作，1996年11月加入中国共产党。

（简介参见337页）

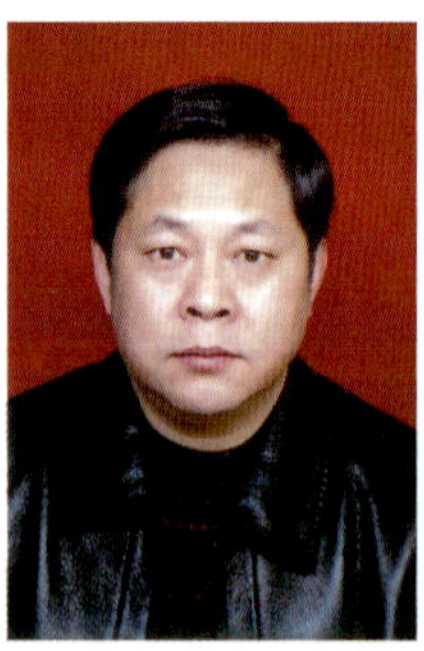

李运连 现任响水县委常委、县政府副县长，县行政学校校长、沿海开发办主任。男，汉族，响水县运河镇人，1963年7月出生，研究生文化，1983年7月参加工作，1987年3月加入中国共产党。

（简介参见338页）

张　瀚 现任响水县政府党组成员、副县长，县公安局局长、党委书记、督察长，县维稳办主任。男，汉族，滨海县人，1963年2月出生，大学文化，1985年8月参加工作，1987年9月加入中国共产党。

1983年9月至1985年7月，江苏省人民警察学校治安专业读书；1985年8月至1988年3月，滨海县公安局东坎派出所民警；1988年3月至1995年5月，滨海县公安局东坎派出所副所长；1995年5月至1996年5月，滨海县公安局临淮派出所指导员；1996年5月至1998年3月，滨海县坎北派出所所长、政法副乡长；1998年3月至2002年2月，滨海县公安局刑警大队大队长；2002年2月至2004年2月，滨海县公安局副局长兼水警大队大队长（其间，2002年12月，中国人民公安大学公安管理专业专科毕业）；2004年2月至2006年11月，滨海县公安局副局长、副政委（其间，2006年7月，省委党校干部函授学院法律专业本科毕业）；2006年11月至2008年2月，滨海县公安局党委副书记、副局长、主任科员；2008年2月至2012年1月，滨海县公安局党委副书记、副局长，县委610办公室主任；2012年1月至2013年7月，响水县政府党组成员，县公安局局长、党委书记；2013年7月至2013年10月，县政府党组成员，县公安局局长、党委书记、督察长；2013年10月至2014年4月，县政府党组成员，县公安局局长、党委书记、督察长（副县级）；2014年4月至2015年12月，县政府党组成员，县公安局局长、党委书记、督察长，县维稳办主任（副县级）；2015年12月，县政府党组成员、副县长，县公安局局长、党委书记、督察长，县维稳办主任。

曹　亚 现任响水县政府副县长。男，汉族，安徽省蒙城县人，1979年8月出生，博士研究生文化，2006年7月参加工作，2010年6月加入中国共产党。

2000年9月至2004年6月，安庆师范学院法政经济学院思想政治教育专业本科学习；2004年9月至2006年6月，中南财经政法大学经济学院人口、资

源与环境学专业硕士研究生学习；2006年7月至2008年7月，宿迁学院经济贸易系教师(2006年10月助教，2008年8月讲师)；2008年9月至2011年6月，中南财经政法大学经济学院人口、资源与环境经济学专业博士研究生学习；2011年8月至2014年9月，盐城师范学院商学院教师(2014年7月副教授)；2014年10月至2015年12月，盐城师范学院商学院副院长(其间，2015年5月至2015年12月，挂职射阳县政府副县长)；2015.12月，响水县政府副县长。

政协响水县委员会

裴彦贵 现任响水县政协主席、党组书记。男，汉族，阜宁县人，1959年10月出生，研究生文化，1983年7月参加工作，1992年4月加入中国共产党。

1979年9月至1983年7月，南京师范大学中文专业读书；1983年7月至1989至4月，响水中学教师；1989年4月至1994年3月，县委办办事员、副股级秘书；1994年3月至1995年4月，县委办信息综合科副科长、股级秘书；1995年4月至1996年1月，县委办信息综合科科长、副科级秘书；1996年1月至1998年12月，县委办副主任、信息综合科科长；1998年12月至2001年12月，老舍乡党委书记、人大主席；2001年12月至2002年12月，老舍乡党委书记；2002年12月至2004年4月，县委常委、老舍乡党委书记；2004年4月至2012年1月，县委常委、宣传部部长(其间，2006年7月，江苏省委党校区域经济学专业研究生毕业)；2012年1月至2012年3月，县人大常委会党组副书记；2012年3月至2013年12月，县人大常委会副主任、党组副书记；2013年12月至2016年1月，县人大常委会副主任、党组副书记(正处级)；2016年1月，县政协主席、党组书记。

中国好人

李海龙 男，1983年8月出生，中国电信大有电信支局员工。他出生在一个普通工人家庭，为人正直，富有爱心，参加工作后，一直坚持无偿献血，多次参加公司组织的捐款助困活动。2012年3月，他在响水县城滨江路再次献血时，一名志愿者向他介绍捐献造血干细胞的相关知识。他当即捐献造血干细胞血样，成为一名捐献志愿者。2014年9月，他与荷兰的一名白血病患者初配成功，之后又顺利通过高分辨配型检测。2014年12月22日12时46分，历经4小时14分钟，他成功捐献245毫升造血干细胞混悬液，次日，造血干细胞顺利植入一名荷兰白血病患者体内，挽救了患者生命。为了捐出最好的“生命种子”，他一直坚持戒烟酒、常锻炼，增加营养，确保以最佳的身体状态进行捐献。为了能够一次采集成功，他主动请求医生多采集一些，捐献的造血干细胞混悬液比标准用量多出一倍。不经意间，李海龙创下了三项“第一”——盐城市第一例涉外捐献者、中国电信系统第一例涉外捐献者、中国第一例向荷兰王国捐献造血干细胞者。李海龙的先进事迹被人民网、中国江苏网、《人民邮电报》《江苏邮电报》《盐城晚报》等数十家媒体竞相报道。2015年3月，他光荣入选“江苏好人榜”“中国好人榜”。

周仁甫 男，1925年7月出生，中共党员，离休老干部、抗战老兵，响水县张集中心社区华余村人。1940年，参加革命工作，经历抗日战争、初期解放战争。1946年从部队转业，后从事教育工作。1981年，他离休后本可颐养天年，但他却四处奔波，深入学校和农村义务开展爱国主义教育巡讲近百场次。他坚持无私奉献，将自己部分工资用于捐资助学、济贫助困、修路建桥等。近十几年来，他累计捐款17万多元。2015年是抗战胜利70周年，他自费近3万元在自己的住所和周集中学各建一座再思亭，缅怀战友，教育人们铭记历史，珍惜今天美好生活。2003年，他的先进事迹被评为响水县“十佳文明新事”。2011年，他被盐城市委组织部授予“四好”离休干部称号。2015年9月，他光荣入选“江苏好人榜”“中国好人榜”。

全国劳动模范

薛志明 男，汉族，响水县运河镇人，1963年4月出生，大专文化，中共党员，现任中国电信响水分公司维护安装部主任。2015年4月，被评为全国劳动模范。

薛志明从事电信服务工作36年，爱岗敬业、乐于奉献。在他的组织带领下，响水分公司装维服务质量连居全市前茅，平均客户修障时长11.6小时、客户装移机时长19.7小时、客户履约率99.86%、满意度99.20%；他负责的4G网络建设质量全省第一；他创新制订“装维工作管控十项制度”“服务工单日结日清制度”等得到上级公司的推广。

薛志明任县两届政协委员，他积极关注民生，提出的“农村河道整治要建立长效监督制度”等提案得到重视；“加强道路监控建设，提高科技强警力量”提案在全县推广，目前响水各干道、卡口、集镇均完成公安道路监控。

他发挥党员作用，开展“结对帮扶”活动，帮助十几名贫困大学生完成学业；他领头创办的“劳模创新工作室”培养业务骨干20多名。

他先后获全国“五一劳动奖章”、省“用户满意服务明星”、省“五一劳动奖章”、全国总工会安康杯知识竞赛“优秀组织者”等荣誉称号，他带领的班组获全国“五一劳动奖状”。

省“五一劳动奖章”获得者

张　微　女，汉族，江苏黄海农场人，1973年12月出生，本科文化，中共党员，响水县新荡中心小学党支部副书记。2015年，江苏省“五一劳动奖章”获得者。她自1994年参加工作，一直在农村偏远地区新荡中心小学工作。任教20多年，她言传身教、为人师表，用自己的人格、行为感染学生。2009年底不幸遭遇车祸，心脏和腰严重受伤。为不耽误学生学习，她不顾家人及亲友强烈反对，带着满身伤痛坚持工作，在她的努力及精神鼓舞下，班级学生学习成绩稳步上升，受到全校师生和家长的一致好评。

她作为一个科技辅导员，为培养学生探索科学的兴趣及科技创新意识和能力，不断学习和钻研科技方面知识，潜心研究科技活动规律，把教育和心理学引入科技活动。她辅导的学生多次获江苏省“金钥匙”科技竞赛特等奖及一、二等奖。她参加县优质课、示范课、基本功比赛，先后取得一、二等奖优异成绩。

她坚持“德育为先”，教育学生在家做好孩子，在校做好学生，在社会做好少年。她教过一名学生，因为在家娇生惯养，从不愿意帮助人，处处让别人让着他，于是她就主动找学生谈心，让学生认识到给予是快乐的。她被评为“市优秀少先队辅导员”“县德育工作先进个人”。

从参加工作的第一天起就担任班主任工作，她意识到做学生的导师远远不够，当孩子迷茫时要做他们的引路人，引领他们学会如何做人，以“爱心、耐心、细心”贯穿始终。

她先后被评为“江苏省优秀教育工作者”“江苏省青少年科技教育先进个人”“江苏省优秀青少年科技辅导员”“盐城市教育系统优秀共产党员”“盐城市优秀少先队辅导员”“响水县优秀教育工作者”“响水县优秀德育工作先进个人”。

获市以上表彰先进集体名录

单　　位	荣誉称号	授予机关	授予时间
响水县	2015 年全市住房保障工作先进单位	市政府	2016.03
响水县	综合先进县	市委、市政府	2016.03
响水县	扶贫开发工作特殊贡献奖	市委、市政府	2016.03
响水县	招商引资和项目推进工作先进县	市委、市政府	2016.03
响水县	工业经济和转型升级工作先进县	市委、市政府	2016.03
响水县	沿海开发和基础设施建设工作先进县	市委、市政府	2016.03
响水县	园区发展和开放型经济工作先进县	市委、市政府	2016.03
响水县	宣传思想和文化发展工作先进县	市委、市政府	2016.03
响水沿海经济开发区	工业经济和转型升级工作先进重点园区	市委、市政府	2016.03
响水沿海经济开发区	园区发展和开放型经济工作先进重点开发园区	市委、市政府	2016.03
响水县陈家港镇	反腐倡廉和作风建设工作先进镇	市委、市政府	2016.03
响水县陈家港镇	民生幸福和社会事业工作先进镇	市委、市政府	2016.03
响水县陈家港镇	年度反腐倡廉和作风建设工作单项奖	市政府	2016.03
响水县大有镇人民政府	联耕联种先进单位	市政府	2016.02
响水县响水镇	全民创业和镇村经济发展工作先进镇	市委、市政府	2016.03
响水县黄圩镇黄南居委会	全民创业和镇村经济发展工作先进村	市委、市政府	2016.03
响水县小尖镇	生态文明建设工作先进镇	市委、市政府	2016.03
响水县双港镇	政法综治和信访稳定工作先进镇	市委、市政府	2016.03
响水县黄圩镇	党建创新工作先进镇	市委、市政府	2016.03
响水县南河镇	农业现代化和统筹城乡发展工作先进镇	市委、市政府	2016.03
县政府	绿色盐城建设工作绿色通道建设先进县	市政府	2016.01

单位	荣誉称号	授予机关	授予时间
县政府	绿色盐城建设工作农村绿化工作先进县	市政府	2016.01
响水县响水镇人民政府	综合治理先进集体	省委、省政府	2015.09
响水县响水镇城东社区	防灾减灾先进社区	民政部	2015.08
县关工委	2015年宣传工作先进集体	国家关工委	2015.09
响水县老舍中心社区农业技术服务中心	2015年度省科技进步二等奖	省农委	2015.12
响水县双港镇	盐城市基层民兵营(连)规范化建设优秀达标单位	市委、市政府、盐城军分区	2015.3
响水县双港镇	双拥工作模范镇	市政府、盐城军分区	2015.06
黄海农场宿迁分公司党支部	先进党支部	省国资委	2015.12
黄海农场	优秀政研会	省农垦集团	2015.12
黄海农场	厂务公开民主管理先进单位	省总工会	2015.12
黄海农场	2015年度先进企业	省农垦集团	2015.12
黄海农场	2015年度社区工作先进单位	省农垦集团	2015.12
黄海农场	模范职工之家	省农垦集团	2015.12
黄海农场	2015年度新闻宣传工作先进单位	省农垦集团	2015.12
黄海农场供电中心	巾帼文明岗	省农垦集团	2015.12
黄海农场供电中心	工人先锋号	省农垦集团	2015.12
县林业局	绿色盐城建设先进县	市政府	2016.01
县审计局	2015年-2016年市级依法行政示范点	市政府	2015.05
县烟草局	2015年-2016年市级依法行政示范点	市政府	2015.05
县国税局	社会科学普及示范基地	省社科联	2015.05
县国税局	盐城市双拥模范单位	市政府	2015.06
县供电局客服配电联合团支部	五四红旗团支部	团省委	2015.04
县供电局新农农电党总支	十佳美丽基层党组织/工会	《中国电力报》社	2015.10
县司法局	"法网杯"社区矫正信息化竞赛优秀奖	省司法厅	2015.12
县司法局陈家港司法所	2014-2015年度优秀司法所	省司法厅	2015.12
县司法局小尖司法所	2014-2016年度优秀司法所	省司法厅	2015.12
双港镇兴华社区	全国综合减灾示范社区	国家减灾委、民政部	2015.12
响水民政志愿者协会	省优秀社区志愿服务组织	省民政厅	2015.12
响水助力微梦公益协会	省优秀社区志愿服务组织	省民政厅	2015.12
县体育局	2015年度体育彩票工作先进单位		2016.01
县教育局	第二十七届"国际科学与和平周"全国中小学生金钥匙科技竞赛、青少年科技教育先进单位	省教育厅、科协、文明委、科技厅、金钥匙竞赛组委会	2015.12
县总商会	先进集体	省工商联	2016.05
康庄村科普惠农服务站	省优秀科普惠农服务站	省科协	2016.05
县农委	"送科技、比服务、促增长"活动表现突出单位	省农委	2015.03
县农委	2015年度江苏农业网信息资源建设先进单位	省农业信息中心	2016.01
县林业局	2015年度绿色盐城建设先进集体	市政府	2016.01
县粮油作物栽培技术指导站	第七届江苏省农业技术推广奖三等奖	省政府	2015.02
县粮油作物栽培技术指导站	江苏省农业丰收奖二等奖	省农委	2015.12
县农业技术推广试验站	江苏省农业丰收奖二等奖	省农委	2015.12
县农业机械化技术推广服务站	江苏省农业丰收奖二等奖	省农委	2015.12
县农业机械化技术推广服务站	省油菜生产机械化技术示范推广先进单位	省农业机械技术推广站	2015.12
县农业干部学校	江苏省农业丰收奖二等奖	省农委	2015.12
县农业干部学校	省级农民培训工作先进集体	省农业广播电视学校	2016.01

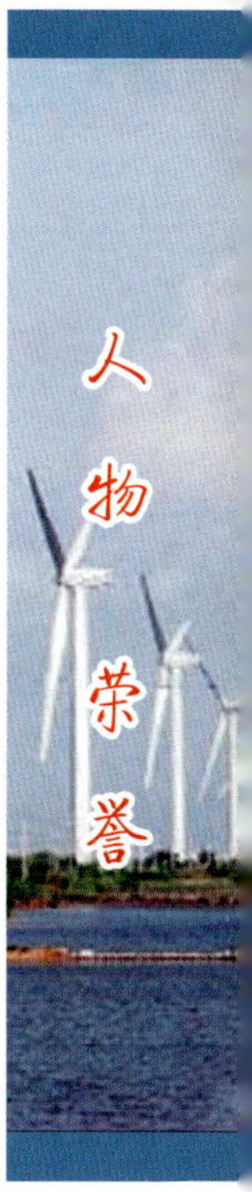

单位	荣誉称号	授予机关	授予时间
县农业执法大队	2015年江苏省农业行政处罚优秀案卷	省农委	2015.12
县地方志办	全省综合年鉴整体框架二等奖	省地方志办	2015.12
县地方志办	全省综合年鉴综述性条目三等奖	省地方志办	2015.12
县地方志办	年鉴综合三等奖	中国版协、年鉴工委	2015.02
县地方志办	框架设计二等奖	中国版协、年鉴工委	2015.02
县地方志办	条目编写三等奖	中国版协、年鉴工委	2015.02
县地方志办	装帧设计二等奖	中国版协、年鉴工委	2015.02

获市以上表彰先进个人名录

姓名	性别	工作单位、职务(职称)	荣誉称号	授予单位	授予时间
孙庆树	男	县委常委	综合先进个人	市委、市政府	2016.03
田大波	男	大有镇副书记、人大主席	综合先进个人	市委、市政府	2016.03
张劲松	男	原县国税局党组书记、局长	市综合先进个人	市政府	2015.02
陈炳辉	男	县国税局党组成员、副局长	全省国税系统税收信息宣传先进个人	省国税局	2015.02
薛风林	男	响水镇党委书记	先进个人	市委、市政府	2016.02
孙伟伟	男	三套轴公司总经理	劳动模范	市政府	2015.02
孙从华	男	科力普集团董事长	创业之星	市政府	2015.10
孙信然	男	县供电公司党群工作部主任	《安全生产法》知识竞赛组织优秀个人	全国“安康杯”竞赛组委会办公室	2015.04
纪冬平	女	县供电公司营业班班长	优秀共产党员	市委	2015.06
王春雨	男	县供电公司纪委书记、工会主席	2015年扶贫开发工作先进个人	市委、市政府	2015.04
赵井群	男	县司法局	公正规范化建设先进个人	省司法厅	2015.06
陈浪	男	县公安局副局长	9.3安保先进个人	省公安厅	2015.06
周叶苗	女	县红十字博爱小学学生	省“十大美德少年标兵”	省文明办、省教育厅、团省委、省妇联、省关工委	2015.10
王惠娟	女	江苏省康生药业有限公司职工	青年岗位能手	团省委	2015.11
韩品成	男	大有科协秘书长	科普惠农先进个人	国家科协、财政部	2016.06
赵杰	女	县畜牧兽医总站专家	自然科学优秀学术论文奖	市政府	2016.01
张婵	女	县林业局工会副主席、县蚕桑站工程师	全省林业信息工作先进个人	省林业局	2015.12
王素芹	女	县妇联副主席	敬业奉献奖	省妇联、省儿基会	2015.05
陈秀东	男	老舍中心社区农业技术服务中心主任	2015年度省科技进步二等奖	省农委	2015.12
龚云华	女	老舍中心社区农业技术服务中心	2015年度省科技进步二等奖	省农委	2015.12
王海云	女	老舍中心社区农业技术服务中心	2015年度省科技进步二等奖	省农委	2015.12
杨建兴	男	江苏国华陈家港发电有限公司总经理	二十佳纳税企业(法人代表)	市委、市政府	2016.03
蔡乐民	男	江苏联化科技有限公司董事长	二十佳纳税企业(法人代表)	市委、市政府	2016.03
苏志富	男	黄海农场党委书记,苏垦农发黄海分公司总经理、高级农艺师	全国绿化先进个人	全国绿化委员会	2015.12
陈贤华	男	黄海农场企划部部长,纪委副书记、高级政工师	宣传工作先进个人	省农垦集团	2015.12
陈贤华	男	黄海农场企划部部长,纪委副书记、高级政工师	“十二五”企业文化建设先进个人	省农垦集团	2015.12
卜静书	男	黄海农场财务部副部长、会计师	财务工作先进个人	省农垦集团	2015.12
许红	女	黄海农场新荡居委会工作人员	巾帼建功先进个人	省农垦集团	2015.12
张祖振	男	市灌东公司副总经理	沿海开发先进个人	市委、市政府	2014.03
李超良	男	市灌东公司副总经理	沿海开发先进个人	市委、市政府	2015.03

全县2015年度目标任务绩效考核先进集体和先进个人名单

一、综合先进

(一)先进镇

一等奖:响水镇

二等奖:黄圩镇　陈家港镇

三等奖:大有镇　南河镇

(二)先进中心社区

一等奖:老舍中心社区

二等奖:张集中心社区

(三)先进园区

一等奖:经济开发区

二等奖:生态化工园区

三等奖:沿海经济开发区

(四)县级机关和省市垂直管理部门(单位)

县卫计委　县编委办　县总工会

县教育局　县民政局

县政务服务办　县经信委

县发改委　县财政局　县住建局

县水务局　县交运局　县商务局

县农委　县规划城管局

县公安局　县检察院　县法院

县统计局　县环保局　县安监局

县国税局　县地税局

江苏银行响水支行　县移动公司

县农村商业银行　县供电公司

二、特殊贡献奖

县委农办(扶促办)

三、单项先进

(一)招商引资和项目推进工作

张集中心社区　老舍中心社区

黄圩镇　响水镇　小尖镇

沿海经济开发区　县委办

县发改委　县经信委

县水务局　县国土局

(二)财税、金融工作

经济开发区　陈家港镇　黄圩镇

县政府办　县人大办

县城投公司　中国工商银行响水支行　中国银行响水支行

中国农业银行响水支行

中国农业发展银行响水支行

(三)园区经济发展和开放型经济工作

生态化工园区　沿海经济开发区

经济开发区　六套中心社区

双港镇

(四)现代农业和统筹城乡发展工作

响水镇　小尖镇　南河镇

六套中心社区　县政协办

(五)民生幸福和社会事业工作

黄圩镇　小尖镇　南河镇

经济开发区　老舍中心社区

双港镇　张集中心社区

七套中心社区　县委统战部

(六)新型城镇化和基础设施建设工作

陈家港镇　运河镇　大有镇

黄圩镇　县委宣传部

(七)生态文明和绿色响水建设工作

运河镇　小尖镇　黄圩镇

大有镇　县规划城管局

(八)政法综治和信访稳定工作

响水镇　双港镇　张集中心社区

老舍中心社区　生态化工园区

县教育局　县规划城管局

县人社局　县化建轻公司

(九)镇村经济发展和全民创业工作

黄圩镇　张集中心社区　小尖镇

南河镇　七套中心社区　运河镇

(十)科技创新和人才工作

沿海经济开发区　经济开发区

生态化工园区　响水镇

县卫计委

(十一)服务经济发展工作

县纪委(监察局)　县经信委

县公安局　县人社局

县卫计委　响水镇

(十二)三产服务业工作

响水镇　小尖镇　生态化工园区

大有镇　县统计局

(十三)工业经济提质增效工作

沿海经济开发区　生态化工园区

老舍中心社区　经济开发区

响水镇　陈家港镇

(十四)安全、环保工作

生态化工园区　沿海经济开发区

水务局　黄圩镇

(十五)扶贫开发工作

南河镇　张集中心社区

六套中心社区　小尖镇

县民政局　县卫计委

县委组织部　县委政法委

(十六)党建创新工作

响水镇　黄圩镇　老舍中心社区

县卫计委　县交运局

(十七)反腐倡廉和作风建设工作

经济开发区　张集中心社区

南河镇　县国税局　县民政局

(十八)宣传思想和文化发展工作

生态化工园区　响水镇

七套中心社区　县交运局

县住建局

(十九)沿海开发工作

县国土局　县环保局　县水务局

县人社局　县海洋滩涂与渔业局

陈家港镇

(二十)政务服务工作

县经信委　县规划城管局

县市场监管局　县卫计委

县民政局

四、先进个人

(一)综合先进个人

薛风林　许道春　吴　超

李正海　王鲁文　吴红卫

朱从国　沈华栋　罗玉刚

姜加文　游　弋　宋永标

汪海洪　缪　成　魏永明

曹杭华　薛国斗　蒋月华

王卫东　薛国斌　李玉彦

张　明　周厚良　贺士敬

张子祥　贾良早　陈鸣胜

胡卫东　张炜生　汤熙康

张建成　谢万和　刘成军

王社成　周庆彦　陈宏成

谭　斌　周加法　温劲松

王为民　张劲松　朱建元

王德志　张　云　张维贤

浦瑞天　丁　淼　何沛井

王永明　李文明　于　新

高本领　田　浪　杨宏波

高慧云　施景山　徐　步

李育光　郭建军　徐凡美
吕从德　肖立友　杨少峰
陈国建　张闪书　张　辉
张志宝　王凤云　周德军
王克军　史龙建　崔一兵
孙卫东　朱传来　潘恒余
王　兵　朱　磊　周运飞
单高年　袁劲松　李德宏
张忠凯　朱海志　王维萍
于泽联　王新春　陈海波
王传涛　许华亮　赵卫卫

（二）十佳纳税企业负责人

江苏国华陈家港发电有限公司　许定峰
江苏联化科技有限公司　蔡乐民
江苏省电力公司响水县供电公司　浦瑞天
江苏森达陈家港热电有限公司　闵长高
江苏之江化工有限公司　孙国栋
江苏天容集团股份有限公司　许网保
盐城市烟草公司响水分公司　杨　琪
江苏新金兰纺织制衣有限责任公司　李德华
响水恒利达科技化工有限公司　毕永星
江苏德龙镍业有限公司　戴　笠

（三）招商选资先进个人

吴华明　程　伟　张德科
蔺黎明　张树栋　王东江
于广才　张莉莉　孙玉华
李学宇

（四）十大创业之星

王胜虎　响水县米兰纺织有限公司
罗睿轶　江苏瑞和新材料股份有限公司
李海建　响水县晨丰纺织有限公司
薛枫泉　江苏爱纺纺织有限公司
陈济刚　盐城万洋农副产品有限公司
吴晓东　盐城喜可儿童用品有限公司
黄海进　盐城美希密封件有限公司
袁以华　响水县宝龙纺织有限公司
秦仁旺　响水曙源汽车零部件有限公司
刘福权　响水县中天消防有限公司

（五）十大服务经济发展先进个人

韩伟春　邵建华　潘同娟
潘从能　沈旭明　单炳秀
陈胜剑　李　娟　王加忠
顾正红

【责任编辑　张耀清　滕仕惠】

知识链接

我国古代四大书院

岳麓书院位于湖南省长沙市西区岳麓山下，四周古木参天，风景秀丽。始建于宋太祖开宝九年（976年），为潭州太守朱洞创办。天禧二年（1018年），宋真宗亲书“岳麓书院”四字，赐作匾额。南宋理学家朱熹任湖南安抚使时，曾扩建书院规模，并亲自到此讲学，使其成为我国古代四大书院中最有名的。保存至今的书院，系清康熙七年（1668年）重建，现为湖南大学所在地。

白鹿洞书院位于江西省星子县北、庐山五老峰下。最初是唐代李渤、李涉兄弟读书之地。到南唐，李后主赐地在此建学，称庐山国府。宋初始设书院，朱熹亲临讲学。现为庐山游览名胜之一。

石鼓书院位于湖南省衡州石鼓山。宋至道三年（997年）始建。宋仁宗景祐二年（1035年），赐“石鼓书院”额。原有的楼、阁、亭、祠等建筑物，都在抗日战争时期被日军焚毁。今故址内还有明、清碑刻多处。

睢阳书院位于河南省商丘县城，最初为唐人戚同文讲学之地。宋祥符二年（1009年），富人曹诚捐资在此建学，事传至京师，赐名为应天府书院。因商丘旧名睢阳，故又称睢阳书院。

本文出自《中国历史故事网》

统计资料

综　　合

2015 年响水县国民经济和社会发展基本情况

表 120

指　　标	计量单位	数量	指　　标	计量单位	数量
街道办事处	个	2	其中：工业总产出	亿元	426.18
居民委员会	个	52	地区生产总值	亿元	244.3
村民委员会	个	100	人均地区生产总值（按常住人口所在地评价口径计算）	元	48646
户籍总户数	户	168724	规模以上工业企业增加值	亿元	171.28
户籍总人口数	人	623682	规模以上工业企业利税总额	亿元	99.01
其中：乡村人口	人	299875	全社会固定资产投资	亿元	250
女性人口	人	294132	社会消费品零售总额	亿元	59.9
年末常住人口	万人	50.19	实际使用外资	亿美元	0.56
出生率	‰	12.37	财政总收入	亿元	45.78
死亡率	‰	7.38	地方财政公共预算收入	亿元	32.54
人口自然增长率	‰	4.99	财政总支出	亿元	58.82
土地总面积	平方千米	1473.79	地方财政公共预算支出	亿元	50.82
其中：耕地	万公顷	6.85	城镇常住居民人均可支配收入	元	23642
人口密度	人/平方千米	423	农村常住居民人均可支配收入	元	13088
总产出	亿元	692.52			

2015年响水县国民经济主要结构指标情况

表121 单位:%

指　标	数值	指　标	数值
一、人口:1.城乡结构:城镇人口	52.82	其他单位	55.15
乡村人口	47.18	三、国民经济产业结构:第一产业	16.52
2.性别结构:男	52.85	第二产业	46.53
女	47.15	第三产业	36.95
二、就业:1.产业结构:第一产业	32.19	四、农业总产值结构:农业	46.87
第二产业	33.14	林业	1.86
第三产业	34.67	牧业	31.08
2.经济类型:国有单位	39.89	渔业	11.33
城镇集体单位	4.96	农林牧渔服务业	8.86

2015年响水县总产出(当年价)情况

表122 单位:亿元

指　标	数值	指　标	数值
总产出	692.52	信息传输、软件和信息技术服务业	6.27
农、林、牧、渔业	73.25	金融业	14.54
农业	34.33	房地产业	14.29
林业	1.37	租赁和商务服务业	4.19
畜牧业	22.76	科学研究和技术服务业	1.66
渔业	8.3	水利、环境和公共设施管理业	1.3
农、林、牧、渔服务业	6.49	居民服务、修理和其他服务业	8.56
工业	426.18	教育	14.62
采矿业	2.99	卫生和社会工作	6.13
制造业	412.92	文化、体育和娱乐业	1.1
电力、燃气及水的生产和供应业	10.25	公共管理、社会保障和社会组织	11.67
建筑业	45.41	第一产业	66.76
批发和零售业	20.72	第二产业	467.33
交通运输、仓储和邮政业	31.89	第三产业	158.43
住宿和餐饮业	10.74		

2015年响水县地区生产总值构成(当年价)情况

表123 单位:亿元

指　标	增加值				
		劳动者报酬	生产税净额	固定资产折旧	营业盈余
地区生产总值	244.30	119.36	33.71	29.45	61.78
农、林、牧、渔业	41.91	34.78	0.62	3.45	3.06
农业	19.40	16.10	0.29	1.60	1.41
林业	0.91	0.77	0.01	0.07	0.06

续表 123

指　　标	增加值	劳动者报酬	生产税净额	固定资产折旧	营业盈余
畜牧业	11.94	9.90	0.18	0.98	0.88
渔业	8.10	6.72	0.12	0.67	0.59
农、林、牧、渔服务业	1.56	1.29	0.02	0.13	0.12
工业	102.20	37.86	24.00	8.03	32.31
采矿业	1.20	0.44	0.28	0.10	0.38
制造业	99.16	36.74	23.28	7.79	31.35
电力、燃气及水的生产和供应业	1.84	0.68	0.44	0.14	0.58
建筑业	12.49	6.40	1.52	0.54	4.03
批发和零售业	16.06	3.70	3.87	1.38	7.11
交通运输、仓储和邮政业	16.84	10.26	1.12	1.79	3.67
住宿和餐饮业	3.81	2.80	1.17	0.49	0.35
信息传输、软件和信息技服务业	3.91	0.98	0.19	1.34	1.40
金融业	9.17	3.17	0.80	0.58	4.62
房地产业	11.43	0.90	0.75	8.19	1.59
租赁和商务服务业	1.87	1.53	0.05	0.22	0.07
科学研究和技术服务业	0.97	0.46	0.06	0.09	0.36
水利、环境和公共设施管理业	0.76	0.41	0.02	0.20	0.13
居民服务、修理和其他服务业	5.37	2.68	0.35	0.37	1.97
教育	9.17	7.06	0.08	1.56	0.47
卫生和社会工作	3.56	2.51	0.06	0.53	0.46
文化、体育和娱乐业	0.84	0.55	0.04	0.14	0.11
公共管理、社会保障和社会组织	3.94	3.31	0.01	0.55	0.07
第一产业	40.35	33.49	0.60	3.32	2.94
第二产业	113.68	43.89	25.28	8.48	36.03
第三产业	90.27	41.98	7.83	17.65	22.81

2015年响水县行业用电分类表(地区全口径)

表 124　　　　单位:万千瓦时

名　　称	本年累计用电量	上年累计用电量	同比增长(%)
全社会用电总计	481078	437268	10.02
A、全行业用电合计	453217	410030	10.53
第一产业	5781	4634	24.75
第二产业	433841	394800	9.89
第三产业	13595	10596	28.30
B、城乡居民生活用电合计	27861	27238	2.29
城镇居民	8914	8529	4.51
乡村居民	18947	18709	1.27

续表 124

名　　称	本年累计用电量	上年累计用电量	同比增长(%)
全行业用电分类	453217	410030	10.53
一、农、林、牧、渔业	5781	4634	24.75
二、工业	432370	392135	10.26
轻工业	25819	28243	-8.58
重工业	406551	363892	11.72
(一)采矿业	828	1254	-33.97
(二)制造业	415775	373982	11.18
1.食品、饮料和烟草制造业	1908	2904	-34.30
2.纺织业	11351	9214	23.19
3.服装鞋帽、皮革羽绒及其制品业	1381	1164	18.64
4.木材加工及制品和家具制品业	148	153	-3.27
5.造纸及纸制品业	776	8344	-90.70
6.印刷业和记录媒介的复制	15	16	-6.25
8.石油加工、炼焦及核燃料加工业	2393	3988	-39.99
9.化学原料及化学制品制造业	66849	74133	-9.83
10.医药制造业	2888	2048	41.02
11.化学纤维制造业	61	55	10.91
12.橡胶和塑料制品业	1245	743	67.56
13.非金属矿物制品业	2344	4750	-50.65
14.黑色金属冶炼及压延加工业	317733	250009	27.09
15.有色金属冶炼及压延加工业	56	1	5500.00
16.金属制品业	567	391	45.01
17.通用及专用设备制造业	2562	13321	-80.77
18.交通运输、电气、电子设备制造业	3246	2556	27.00
(三)电力、燃气及水的生产和供应业	15767	16899	-6.70
1.电力、热力的生产和供应业	14357	14775	-2.83
2.燃气生产和供应业	24	113	-78.76
3.水的生产和供应业	1386	2011	-31.08
三、建筑业	1471	2665	-44.80
四、交通运输、仓储和邮政业	720	535	34.58
五、信息传输、计算机服务和软件业	1260	1127	11.80
六、商业、住宿和餐饮业	6774	4566	48.36
七、金融、房地产、商务及居民服务业	1846	1715	7.64
八、公共事业及管理组织	2995	2653	12.89

2015年响水县各镇(区)社会经济基本情况(一)

表 125

	村(居)委员会个数(个)	乡村总户数(户)	乡村总人口(人)	农作物播种面积(公顷)		地区生产总值(万元)			
					粮食播种面积		第一产业	第二产业	第三产业
合计	143	110623	443293	104141.67	69768.80	2032189	367200	1045756	619233
1.乡镇小计	131	100904	404034	100373.20	66227.87	1001944	349265	141750	510929
响水镇	5	5985	23979	4855.73	2523.27	140914	18071	30061	92782
陈家港镇	13	9630	37460	7228.20	4683.07	129488	53050	951	75487
小尖镇	18	11657	43306	12362.2	7446.53	133241	59069	1535	72637
黄圩镇	10	7351	30927	7567.27	5278.07	65959	21555	11662	32742
大有镇	6	6428	27349	8288.67	6157.60	69080	28371	8618	32091
双港镇	8	5333	25025	6042.07	3434.13	76161	27995	13522	34644
南河镇	19	13486	51165	14883.93	11783.53	92057	45979	5611	40467
运河镇	12	10163	38409	8549.07	4834.47	68103	20991	15121	31991
张集中心社区	12	7864	32506	7360.67	4349.93	57394	19134	14376	23884
六套中心社区	10	7253	31461	7695.20	5223.87	56392	17982	14070	24340
七套中心社区	8	7504	30622	7245.40	5424.73	52930	17519	11178	24233
老舍中心社区	10	8250	31825	8294.80	5088.67	60225	19549	15045	25631
2.园区小计	12	9719	39259	3768.47	3540.93	1030245	17935	904005	108305
经济开发区	8	6165	25671	2678.47	2497.07	298350	12455	233124	52771
生态化工园区	4	3554	13588	1090	1043.86	731895	5480	670881	55534

2015年响水县各镇(区)社会经济基本情况(二)

表 126

	粮食总产量(吨)	棉花总产量(吨)	油料总产量(吨)	肉类总产量(吨)	生猪饲养量(头)	羊饲养量(只)	家禽饲养量(万只)	当年造林面积(亩)	工业定报企业(个)	固定资产投资完成额(万元)	财政收入(万元)		农民可支配收入(元)
												一般预算收入	
合计	480492		21320	48221	685810	181161	913.13	7485.45	150	2500000	304254	251969	13088
1.乡镇小计	456171		20914	47671	668582	179069	893.64	6714.30	78	493799	157458	132179	13088
响水镇	17579		355	2195	7027	817	51.91	461.40	15	133300	46930	39221	17548
陈家港镇	32699		388	2522	33781	2588	51.64	1576.35	4	119321	21048	17940	16984
小尖镇	52370		2038	9576	113031	35814	166.18	1009.65	10	83340	15011	13181	14464
黄圩镇	36960		924	2332	42694	7853	47.40	931.65	8	26015	10780	9110	13368
大有镇	43037		810	2910	34575	6588	76.09	55.35	8	29523	8911	5400	12530
双港镇	21449			2209	42347	3581	85.57	274.80	1	17576	11154	9800	12563
南河镇	78641		1031	4758	93294	11931	94.07	275.55	4	14916	7679	6587	13187
运河镇	32780		2672	5633	92566	40050	84.68	1133.40	3	20580	7755	7080	11310
张集中心社区	31706		3395	4543	67235	13805	50.68	403.50	9	10234	6993	6160	11434
六套中心社区	36448		4028	2152	35725	14829	42.18	289.50	6	12107	6986	5400	11196
七套中心社区	36670		1479	2417	51629	5845	79.06	165.30	3	12977	6423	5700	11445

续表 126

	粮食总产量（吨）	棉花总产量（吨）	油料总产量（吨）	肉类总产量（吨）	生猪饲养量（头）	羊饲养量（只）	家禽饲养量（万只）	当年造林面积（亩）	工业定报企业（个）	固定资产投资完成额（万元）	财政收入（万元）	一般预算收入	农民可支配收入（元）
老舍中心社区	35832		3794	6424	54678	35368	64.18	137.85	7	13910	7788	6600	11978
2.园区小计	24321		406	550	17228	2092	19.49	711.15	72	2006201	146796	119790	
沿海经济区									12	1019400	26908	25750	
经济开发区	17070		265	438	14761	1817	14.59	302.85	28	253101	44164	38894	
生态化工园区	7251		141	112	2467	275	4.90	468.30	32	733700	75724	55146	

2015 年盐城市镇域主要经济指标情况

表 127

地　　区	公共财政预算收入		固定资产投资		农村常住居民可支配收入	
	绝对量（万元）	增幅（%）	绝对量（万元）	增幅（%）	绝对量（元）	增幅（%）
亭湖区南洋镇	19912	19.8	291028	22.3	20154	9.6
亭湖区新兴镇	16849	19.6	282400	23.0	20358	9.5
亭湖区便仓镇	6478	21.8	190900	38.5	17074	9.1
亭湖区盐东镇	10856	27.0	204633	10.1	20273	9.4
亭湖区黄尖镇	5745	23.5	157052	10.0	19500	18.5
盐都区张庄街道	18095	2.6	163898	25.3	18557	9.3
盐都区潘黄街道	52499	-8.1	402223	21.6	20043	9.1
盐都区大纵湖镇	11526	20.5	177504	-11.6	18670	9.4
盐都区楼王镇	6392	12.7	130005	30.2	16651	9.5
盐都区学富镇	4581	15.6	80058	-3.7	17149	9.4
盐都区尚庄镇	5583	12.2	83214	-2.2	16875	9.3
盐都区秦南镇	10115	14.8	175947	25.9	18085	9.3
盐都区龙冈镇	19898	13.0	338611	25.8	20053	9.2
盐都区郭猛镇	9137	12.4	150602	26.7	18829	9.3
盐都区大冈镇	9520	13.4	146328	25.2	17888	9.3
开发区新城街道	—	—	—	—	20500	15.2
开发区步凤镇	3838	15.8	79200	25.7	18831	27.0
城南新区伍佑街道	8350	30.1	71900	28.6	18658	10.0
大丰区大中镇	150789	21.2	670225	25.8	23025	9.6
大丰区草堰镇	6910	13.1	32368	24.3	18199	9.2
大丰区白驹镇	9213	10.4	67200	29.1	20117	9.3
大丰区刘庄镇	9188	18.4	51728	23.1	20138	9.4
大丰区西团镇	15487	8.1	85617	8.7	20440	9.2
大丰区小海镇	5212	13.2	49544	23.4	18372	9.1
大丰区大桥镇	6016	13.3	25755	22.0	18473	9.3
大丰区草庙镇	7809	13.0	66869	25.0	19919	9.1

续表 127

地　　区	公共财政预算收入		固定资产投资		农村常住居民可支配收入	
	绝对量(万元)	增幅(%)	绝对量(万元)	增幅(%)	绝对量(元)	增幅(%)
大丰区万盈镇	8713	12.5	46106	22.6	18586	9.3
大丰区南阳镇	10589	7.9	81854	23.0	20906	9.4
大丰区新丰镇	21913	13.1	154103	25.4	20840	9.5
大丰区三龙镇	6146	10.6	24518	22.3	20342	9.4
响水县响水镇	39221	11.1	119000	10.0	17548	9.5
响水县陈家港镇	13181	13.8	112362	9.3	16984	12.2
响水县小尖镇	24100	4.0	70195	-13.0	14464	8.3
响水县黄圩镇	6587	4.4	22158	4.8	13368	8.8
响水县大有镇	14810	-3.1	51795	36.7	12530	12.0
响水县双港镇	16400	4.0	28563	4.1	12563	9.2
响水县南河镇	5400	22.7	13121	8.0	13187	11.7
响水县运河镇	12480	4.2	28483	-0.9	11310	7.4
滨海县东坎镇	85678	14.1	463425	23.7	17242	10.7
滨海县五汛镇	15269	15.2	262700	22.3	19053	10.3
滨海县蔡桥镇	11932	16.9	157340	23.2	15676	9.7
滨海县正红镇	9201	16.9	64040	23.1	17396	9.0
滨海县通榆镇	13333	16.2	104520	22.4	15806	9.8
滨海县界牌镇	13275	17.6	188275	23.6	12114	9.3
滨海县八巨镇	10036	19.0	131130	23.3	12794	9.9
滨海县八滩镇	14701	17.2	307114	22.8	16336	9.6
滨海县滨淮镇	22702	14.4	358135	23.5	15570	9.9
滨海县天场镇	11756	17.7	131035	22.9	11854	9.3
滨海县陈涛镇	10058	15.7	97880	22.0	12390	9.1
滨海县滨海港镇	9030	17.1	151300	23.4	15967	10.0
滨海县滨海港经济区	12421	15.9	81534	22.6	13397	10.0
滨海县现代农业产业园区	10679	16.4	107104	22.7	12576	10.1
阜宁县阜城街道	62373	20.3	344204	16.7	20063	9.7
阜宁县吴滩街道	2307	226.3	28544	47.7	13944	8.3
阜宁县花园街道	84703	11.4	616568	19.0	15873	9.0
阜宁县金沙湖街道	2243	182.6	62755		14759	9.3
阜宁县沟墩镇	10148	23.0	131564	15.7	17738	9.8
阜宁县陈良镇	2191	-21.2	31065	14.3	14637	8.9
阜宁县三灶镇	2498	19.9	26605	11.2	12301	8.5
阜宁县郭墅镇	24189	16.1	354136	34.0	13671	9.4
阜宁县新沟镇	6351	11.0	75855	23.4	16651	9.5
阜宁县陈集镇	3105	16.7	31093	13.0	12695	8.8
阜宁县羊寨镇	3071	18.1	28109	11.2	11973	8.8

续表 127

地　　区	公共财政预算收入		固定资产投资		农村常住居民可支配收入	
	绝对量(万元)	增幅(%)	绝对量(万元)	增幅(%)	绝对量(元)	增幅(%)
阜宁县芦蒲镇	2434	19.2	25610	12.3	11870	8.7
阜宁县板湖镇	2811	12.0	35151	16.6	13609	9.3
阜宁县东沟镇	12584	34.5	231478	14.4	15073	9.4
阜宁县益林镇	31298	20.8	283196	16.0	16097	9.8
阜宁县古河镇	2192	17.0	27139	10.6	13028	8.5
阜宁县罗桥镇	2109	15.0	35150	14.7	13462	8.9
射阳县合德镇	17904	23.8	343800	0.2	18333	9.3
射阳县临海镇	10819	46.0	262500	24.8	18540	9.4
射阳县千秋镇	2743	76.1	56250	23.4	15406	9.2
射阳县四明镇	2273	1.0	49400	22.0	12852	9.2
射阳县海河镇	3461	24.1	106800	22.4	16286	9.3
射阳县海通镇	5275	14.0	158300	22.6	19989	9.3
射阳县兴桥镇	3157	11.1	73900	20.2	17992	9.3
射阳县新坍镇	2154	-25.1	39680	21.9	16100	11.6
射阳县长荡镇	2703	15.0	47940	22.5	16735	9.3
射阳县盘湾镇	5591	92.5	171400	22.9	20821	9.3
射阳县特庸镇	3091	39.6	69600	22.3	17868	9.3
射阳县洋马镇	2790	37.8	69700	22.5	18920	9.4
射阳县黄沙港镇	5509	59.2	166250	20.0	19350	9.3
建湖县近湖街道	93285	8.5	384300	-17.8	17582	8.9
建湖县塘河街道	—	—	—	—	15868	9.2
建湖县开发区	135184	25.1	434700	34.7	17317	9.3
建湖县建阳镇	26543	12.6	247900	21.4	15091	8.9
建湖县九龙口镇	8391	16.7	87100	10.2	14539	9.7
建湖县恒济镇	12491	17.4	139200	-5.7	14099	9.8
建湖县颜单镇	14126	21.8	137400	-14.2	14188	9.2
建湖县沿河镇	7041	16.9	91400	17.6	13748	9.5
建湖县芦沟镇	8101	16.6	126800	64.7	13741	10.0
建湖县庆丰镇	15652	10.4	159900	0.6	15212	9.3
建湖县上冈镇	29099	8.1	289200	-13.8	14165	9.2
建湖县冈西镇	5301	16.1	75800	8.1	13197	9.4
建湖县宝塔镇	4637	17.7	72000	9.3	12140	9.8
建湖县高作镇	8483	2.2	121300	-58.1	14088	9.6
东台市溱东镇	26800	10.3	192000	-1.7	26670	9.4
东台市时堰镇	25092	10.0	209200	7.4	22720	9.8
东台市五烈镇	13595	6.5	193400	25.5	19540	10.0
东台市梁垛镇	37456	10.5	273300	39.2	21650	10.0

续表 127

地　区	公共财政预算收入		固定资产投资		农村常住居民可支配收入	
	绝对量(万元)	增幅(%)	绝对量(万元)	增幅(%)	绝对量(元)	增幅(%)
东台市安丰镇	16542	2.7	185000	23.7	21230	9.9
东台市南沈灶镇	5468	5.1	94400	17.3	19320	9.7
东台市富安镇	22091	0.4	255300	37.1	21540	10.1
东台市唐洋镇	5007	6.3	109200	50.6	20190	9.9
东台市新街镇	4339	5.7	83300	33.4	19710	9.8
东台市许河镇	4518	0.3	81200	20.1	21910	9.6
东台市三仓镇	9809	0.1	139300	10.6	21570	9.7
东台市头灶镇	13101	0.8	202000	15.0	21260	9.5
东台市弶港镇	52926	17.0	752400	3.1	23400	9.5
东台市东台镇	129373	20.1	315400	23.3	22400	10.5

2015年全省各县(市)经济社会发展主要指标(一)
年末户籍人口

表 128

序号	县(市)	绝对量(万人)	序号	县(市)	绝对量(万人)
1	江阴市	124.10	22	洪泽县	39.65
2	宜兴市	108.29	23	盱眙县	80.25
3	丰　县	120.67	24	金湖县	35.96
4	沛　县	130.13	25	响水县	62.37
5	睢宁县	144.28	26	滨海县	122.35
6	新沂市	112.66	27	阜宁县	112.28
7	邳州市	187.49	28	射阳县	96.32
8	溧阳市	79.60	29	建湖县	80.01
9	常熟市	106.82	30	东台市	112.65
10	张家港市	92.28	31	宝应县	91.16
11	昆山市	78.70	32	仪征市	56.45
12	太仓市	47.96	33	高邮市	81.58
13	海安县	94.01	34	丹阳市	81.21
14	如东县	103.96	35	扬中市	28.16
15	启东市	112.06	36	句容市	59.13
16	如皋市	143.63	37	兴化市	158.16
17	海门市	100.04	38	靖江市	66.61
18	东海县	122.84	39	泰兴市	119.53
19	灌云县	104.06	40	沭阳县	195.37
20	灌南县	82.17	41	泗阳县	106.76
21	涟水县	114.97	42	泗洪县	110.10

2015年全省各县(市)经济社会发展主要指标(二)

年末常住人口

表129

序号	县(市)	绝对量(万人)
1	江阴市	163.68
2	宜兴市	125.33
3	丰　县	94.72
4	沛　县	111.47
5	睢宁县	102.28
6	新沂市	90.91
7	邳州市	143.54
8	溧阳市	76.09
9	常熟市	151.01
10	张家港市	125.31
11	昆山市	165.12
12	太仓市	70.95
13	海安县	86.63
14	如东县	98.20
15	启东市	95.40
16	如皋市	125.30
17	海门市	90.43
18	东海县	96.35
19	灌云县	80.10
20	灌南县	63.19
21	涟水县	84.68
22	洪泽县	33.76
23	盱眙县	65.25
24	金湖县	33.10
25	响水县	50.19
26	滨海县	94.10
27	阜宁县	83.82
28	射阳县	89.10
29	建湖县	73.71
30	东台市	98.71
31	宝应县	75.54
32	仪征市	56.47
33	高邮市	74.01
34	丹阳市	98.02
35	扬中市	34.21
36	句容市	62.50
37	兴化市	125.50
38	靖江市	68.69
39	泰兴市	107.72
40	沭阳县	154.30
41	泗阳县	83.70
42	泗洪县	88.90

2015年全省各县(市)经济社会发展主要指标(三)

地区生产总值

表130

序号	县(市)	绝对量(亿元)	增长(%)
1	江阴市	2880.86	7.4
2	宜兴市	1285.66	7.2
3	丰　县	370.33	10.4
4	沛　县	605.84	10.5
5	睢宁县	451.89	10.5
6	新沂市	507.63	10.6
7	邳州市	731.71	10.4
8	溧阳市	738.15	3.1
9	常熟市	2044.88	7.2
10	张家港市	2229.82	7.1
11	昆山市	3080.01	7.5
22	洪泽县	230.81	10.8
23	盱眙县	320.13	10.0
24	金湖县	216.53	10.8
25	响水县	244.30	10.5
26	滨海县	361.30	10.5
27	阜宁县	363.20	10.5
28	射阳县	407.61	10.5
29	建湖县	431.05	10.3
30	东台市	670.23	10.7
31	宝应县	458.02	10.7
32	仪征市	408.19	10.6

续表 130

序号	县(市)	绝对量(亿元)	增长(%)	序号	县(市)	绝对量(亿元)	增长(%)
12	太仓市	1100.08	7.1	33	高邮市	483.85	10.5
13	海安县	680.44	9.9	34	丹阳市	1070.45	9.2
14	如东县	672.69	10.0	35	扬中市	475.80	10.3
15	启东市	803.14	9.8	36	句容市	468.50	10.0
16	如皋市	812.46	9.8	37	兴化市	666.41	10.0
17	海门市	915.02	9.8	38	靖江市	748.09	8.5
18	东海县	393.54	11.2	39	泰兴市	731.66	11.1
19	灌云县	300.13	10.6	40	沭阳县	630.13	9.9
20	灌南县	281.63	10.7	41	泗阳县	362.24	10.1
21	涟水县	340.87	11.1	42	泗洪县	361.32	10.2

2015 年全省各县(市)经济社会发展主要指标(四)
人均地区生产总值

表 131

序号	县(市)	绝对量(元)	序号	县(市)	绝对量(元)
1	江阴市	176119	22	洪泽县	68459
2	宜兴市	102652	23	盱眙县	49145
3	丰　县	39135	24	金湖县	65476
4	沛　县	54414	25	响水县	48646
5	睢宁县	44221	26	滨海县	38359
6	新沂市	55876	27	阜宁县	43315
7	邳州市	51014	28	射阳县	45737
8	溧阳市	97055	29	建湖县	58483
9	常熟市	135431	30	东台市	67916
10	张家港市	177987	31	宝应县	60668
11	昆山市	186582	32	仪征市	72327
12	太仓市	155159	33	高邮市	65422
13	海安县	78551	34	丹阳市	109296
14	如东县	68506	35	扬中市	139184
15	启东市	84099	36	句容市	75014
16	如皋市	64761	37	兴化市	53107
17	海门市	101298	38	靖江市	108940
18	东海县	40947	39	泰兴市	67935
19	灌云县	37542	40	沭阳县	40719
20	灌南县	44682	41	泗阳县	43073
21	涟水县	40290	42	泗洪县	40394

2015年全省各县（市）经济社会发展主要指标（五）

公共财政预算收入

表132

序号	县（市）	绝对量（亿元）	增长（%）	序号	县（市）	绝对量（亿元）	增长（%）
1	江阴市	218.92	9.1	22	洪泽县	25.21	13.4
2	宜兴市	102.50	8.5	23	盱眙县	34.98	13.7
3	丰　县	43.90	13.1	24	金湖县	23.91	11.7
4	沛　县	59.30	11.6	25	响水县	32.54	17.0
5	睢宁县	43.68	13.1	26	滨海县	38.65	15.6
6	新沂市	51.33	12.0	27	阜宁县	39.17	16.7
7	邳州市	62.38	12.2	28	射阳县	20.56	17.5
8	溧阳市	56.19	11.0	29	建湖县	50.61	13.1
9	常熟市	157.70	7.0	30	东台市	71.55	16.7
10	张家港市	174.22	7.1	31	宝应县	30.49	11.8
11	昆山市	284.76	8.0	32	仪征市	39.44	13.8
12	太仓市	114.54	7.6	33	高邮市	33.24	13.4
13	海安县	62.06	14.7	34	丹阳市	67.06	4.5
14	如东县	58.54	17.1	35	扬中市	34.03	10.8
15	启东市	76.86	14.3	36	句容市	40.01	11.4
16	如皋市	77.10	14.3	37	兴化市	40.85	10.6
17	海门市	78.40	14.3	38	靖江市	61.61	14.0
18	东海县	41.02	10.3	39	泰兴市	52.79	17.1
19	灌云县	39.32	10.5	40	沭阳县	71.75	12.0
20	灌南县	38.76	10.4	41	泗阳县	33.68	12.1
21	涟水县	33.32	12.1	42	泗洪县	31.59	12.8

2015年全省各县（市）经济社会发展主要指标（六）

人均公共财政预算收入

表133

序号	县（市）	绝对量（元）	序号	县（市）	绝对量（元）
1	江阴市	13383	22	洪泽县	7477
2	宜兴市	8184	23	盱眙县	5369
3	丰　县	4552	24	金湖县	7230
4	沛　县	5324	25	响水县	6480
5	睢宁县	4274	26	滨海县	4104
6	新沂市	5652	27	阜宁县	4671
7	邳州市	4349	28	射阳县	2307
8	溧阳市	7388	29	建湖县	6866
9	常熟市	10444	30	东台市	7250
10	张家港市	13907	31	宝应县	4039
11	昆山市	17250	32	仪征市	6989

续表 133

序号	县(市)	绝对量(元)	序号	县(市)	绝对量(元)
12	太仓市	16155	33	高邮市	4495
13	海安县	7164	34	丹阳市	6847
14	如东县	5962	35	扬中市	9955
15	启东市	8048	36	句容市	6406
16	如皋市	6146	37	兴化市	3255
17	海门市	8679	38	靖江市	8972
18	东海县	4268	39	泰兴市	4901
19	灌云县	4918	40	沭阳县	4636
20	灌南县	6149	41	泗阳县	4005
21	涟水县	3938	42	泗洪县	3531

2015 年全省各县(市)经济社会发展主要指标(七)

固定资产投资

表 134

序号	县(市)	绝对量(亿元)	增长(%)	序号	县(市)	绝对量(亿元)	增长(%)
1	江阴市	1128.59	7.9	22	洪泽县	170.03	27.9
2	宜兴市	663.55	10.2	23	盱眙县	328.00	26.1
3	丰　县	215.83	19.8	24	金湖县	164.37	27.9
4	沛　县	487.09	19.1	25	响水县	250.00	22.4
5	睢宁县	269.77	23.4	26	滨海县	324.91	22.4
6	新沂市	473.69	22.6	27	阜宁县	277.75	22.8
7	邳州市	652.69	19.5	28	射阳县	261.24	22.4
8	溧阳市	442.40	1.0	29	建湖县	311.31	22.4
9	常熟市	622.47	-1.5	30	东台市	504.49	22.8
10	张家港市	733.79	-3.9	31	宝应县	324.77	20.3
11	昆山市	799.15	-4.7	32	仪征市	409.54	20.1
12	太仓市	483.48	-5.8	33	高邮市	395.87	20.0
13	海安县	510.00	13.6	34	丹阳市	457.74	18.6
14	如东县	486.98	13.8	35	扬中市	256.19	18.8
15	启东市	539.06	11.5	36	句容市	306.44	18.7
16	如皋市	503.15	13.0	37	兴化市	349.63	22.8
17	海门市	565.32	12.7	38	靖江市	495.86	22.2
18	东海县	272.61	16.7	39	泰兴市	560.62	23.3
19	灌云县	224.18	13.0	40	沭阳县	455.59	18.7
20	灌南县	196.00	0.5	41	泗阳县	336.10	18.6
21	涟水县	276.32	28.0	42	泗洪县	336.04	19.2

2015年全省各县(市)经济社会发展主要指标(八)

粮食总产量

表135

序号	县(市)	绝对量(万吨)	增长(%)	序号	县(市)	绝对量(万吨)	增长(%)
1	江阴市	17.65	-10.8	22	洪泽县	43.99	-3.1
2	宜兴市	45.56	-3.4	23	盱眙县	98.72	0.2
3	丰　县	52.99	-0.9	24	金湖县	54.92	0.8
4	沛　县	61.63	1.5	25	响水县	54.37	0.0
5	睢宁县	92.03	1.2	26	滨海县	97.35	0.9
6	新沂市	65.95	0.0	27	阜宁县	94.77	0.4
7	邳州市	80.64	-0.3	28	射阳县	114.54	1.4
8	溧阳市	53.90	0.0	29	建湖县	74.87	0.8
9	常熟市	30.60	-1.6	30	东台市	101.17	1.1
10	张家港市	24.61	-4.0	31	宝应县	93.47	0.4
11	昆山市	10.68	-6.0	32	仪征市	33.84	0.5
12	太仓市	19.49	-3.7	33	高邮市	88.80	0.2
13	海安县	64.11	0.0	34	丹阳市	51.21	-0.7
14	如东县	93.47	0.8	35	扬中市	9.84	-4.2
15	启东市	26.29	5.2	36	句容市	35.38	0.2
16	如皋市	74.94	0.3	37	兴化市	142.53	0.1
17	海门市	19.46	2.6	38	靖江市	33.95	0.1
18	东海县	112.91	0.9	39	泰兴市	71.30	1.1
19	灌云县	82.26	0.6	40	沭阳县	128.80	-1.0
20	灌南县	63.42	0.5	41	泗阳县	60.44	-0.9
21	涟水县	90.87	-0.5	42	泗洪县	105.55	-0.8

2015年全省各县(市)经济社会发展主要指标(九)

棉花产量

表136

序号	县(市)	绝对量(吨)	增长(%)	序号	县(市)	绝对量(吨)	增长(%)
1	江阴市			22	洪泽县		
2	宜兴市			23	盱眙县	83	1.2
3	丰　县	15818	-6.1	24	金湖县		
4	沛　县	1697	9.4	25	响水县		
5	睢宁县	1074	-25.5	26	滨海县	267	-31.5
6	新沂市			27	阜宁县	78	-1.3
7	邳州市	1701	-67.4	28	射阳县	9840	-19.0
8	溧阳市	407	-0.5	29	建湖县	82	-87.9
9	常熟市	370	-32.1	30	东台市	4106	-42.5
10	张家港市	27	-22.9	31	宝应县		
11	昆山市	23	-47.7	32	仪征市	43	53.6

续表 136

序号	县(市)	绝对量(吨)	增长(%)	序号	县(市)	绝对量(吨)	增长(%)
12	太仓市	246	-4.7	33	高邮市	89	-93.0
13	海安县			34	丹阳市		
14	如东县	8049	-31.8	35	扬中市		
15	启东市	11160	-18.0	36	句容市	1063	4.0
16	如皋市	100	-14.5	37	兴化市	4293	-56.0
17	海门市	10645	-0.2	38	靖江市		
18	东海县			39	泰兴市		
19	灌云县			40	沭阳县		
20	灌南县	40	0.0	41	泗阳县	12	0.0
21	涟水县			42	泗洪县	557	-47.2

2015 年全省各县(市)经济社会发展主要指标(十)

油料产量

表 137

序号	县(市)	绝对量(万吨)	增长(%)	序号	县(市)	绝对量(万吨)	增长(%)
1	江阴市	0.28	-2.6	22	洪泽县	0.32	17.0
2	宜兴市	0.56	-9.5	23	盱眙县	1.52	-17.7
3	丰　县	0.51	6.0	24	金湖县	0.82	4.3
4	沛　县	0.28	7.1	25	响水县	2.13	-5.8
5	睢宁县	2.04	36.6	26	滨海县	3.60	-9.7
6	新沂市	6.26	0.5	27	阜宁县	1.72	3.3
7	邳州市	1.42	-3.5	28	射阳县	3.17	-7.5
8	溧阳市	2.63	-14.6	29	建湖县	1.87	1.1
9	常熟市	0.40	-27.5	30	东台市	7.45	-5.3
10	张家港市	0.37	-6.3	31	宝应县	1.61	3.2
11	昆山市	0.18	9.7	32	仪征市	0.99	-3.3
12	太仓市	0.44	-5.8	33	高邮市	2.05	-10.6
13	海安县	1.52	-0.7	34	丹阳市	0.96	-5.8
14	如东县	4.53	-2.3	35	扬中市	0.16	-7.1
15	启东市	9.13	-2.6	36	句容市	3.61	0.5
16	如皋市	3.87	1.3	37	兴化市	4.13	12.9
17	海门市	9.23	1.4	38	靖江市	0.54	3.2
18	东海县	4.80	-0.1	39	泰兴市	4.33	2.1
19	灌云县	0.04	-45.7	40	沭阳县	1.46	0.5
20	灌南县	0.22	8.6	41	泗阳县	0.86	-5.1
21	涟水县	3.43	1.1	42	泗洪县	1.81	-0.2

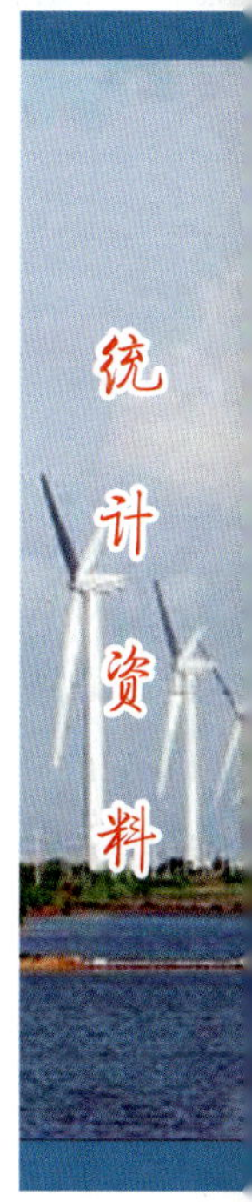

2015 年全省各县(市)经济社会发展主要指标(十一)

规模以上工业增加值

表 138

序号	县(市)	绝对量(亿元)	增长(%)	序号	县(市)	绝对量(亿元)	增长(%)
1	江阴市	1120.10	5.9	22	洪泽县	126.86	11.9
2	宜兴市	441.23	4.3	23	盱眙县	175.06	11.7
3	丰　县	131.59	15.8	24	金湖县	97.77	11.9
4	沛　县	308.27	15.2	25	响水县	171.28	12.0
5	睢宁县	187.23	15.5	26	滨海县	163.74	11.6
6	新沂市	322.24	15.5	27	阜宁县	162.37	11.9
7	邳州市	463.18	14.8	28	射阳县	156.20	11.7
8	溧阳市	270.42	-1.0	29	建湖县	214.01	11.5
9	常熟市	701.45	4.1	30	东台市	274.58	11.7
10	张家港市	859.80	3.4	31	宝应县	239.81	10.7
11	昆山市	1604.78	5.7	32	仪征市	347.27	8.5
12	太仓市	473.93	6.5	33	高邮市	276.13	10.6
13	海安县	432.11	11.2	34	丹阳市	601.67	8.4
14	如东县	394.31	11.4	35	扬中市	306.77	11.8
15	启东市	331.09	11.0	36	句容市	330.07	10.2
16	如皋市	358.37	11.1	37	兴化市	303.23	13.1
17	海门市	401.85	10.8	38	靖江市	480.62	5.8
18	东海县	173.82	12.9	39	泰兴市	610.13	17.0
19	灌云县	121.77	12.7	40	沭阳县	281.12	11.6
20	灌南县	122.05	12.7	41	泗阳县	135.02	11.1
21	涟水县	145.77	13.0	42	泗洪县	178.78	11.2

2015 年全省各县(市)经济社会发展主要指标(十二)

工业用电量

表 139

序号	县(市)	绝对量(亿度)	增长(%)	序号	县(市)	绝对量(亿度)	增长(%)
1	江阴市	208.47	-1.7	22	洪泽县	14.50	3.0
2	宜兴市	65.58	-5.7	23	盱眙县	9.80	3.9
3	丰　县	11.14	3.1	24	金湖县	7.33	0.3
4	沛　县	24.04	0.5	25	响水县	43.24	10.3
5	睢宁县	14.07	3.3	26	滨海县	17.06	-5.9
6	新沂市	33.38	8.7	27	阜宁县	24.21	-4.3
7	邳州市	16.32	5.9	28	射阳县	12.21	7.6
8	溧阳市	57.41	-2.1	29	建湖县	13.91	0.7
9	常熟市	136.76	4.7	30	东台市	27.17	-9.2
10	张家港市	268.16	2.0	31	宝应县	11.26	7.7
11	昆山市	159.37	2.2	32	仪征市	19.91	25.4

续表 139

序号	县(市)	绝对量(亿度)	增长(%)	序号	县(市)	绝对量(亿度)	增长(%)
12	太仓市	77.05	0.0	33	高邮市	22.90	1.5
13	海安县	33.91	−0.1	34	丹阳市	52.22	−1.8
14	如东县	33.88	7.9	35	扬中市	12.18	1.0
15	启东市	18.10	4.3	36	句容市	14.76	−3.9
16	如皋市	32.84	0.2	37	兴化市	47.56	−10.1
17	海门市	25.02	1.9	38	靖江市	26.79	1.2
18	东海县	12.64	−1.0	39	泰兴市	41.18	−7.4
19	灌云县	5.25	4.2	40	沭阳县	28.85	3.6
20	灌南县	27.06	3.9	41	泗阳县	13.15	4.1
21	涟水县	8.88	−7.3	42	泗洪县	8.17	2.8

2015 年全省各县(市)经济社会发展主要指标(十三)
社会消费品零售总额

表 140

序号	县(市)	绝对量(亿元)	增长(%)	序号	县(市)	绝对量(亿元)	增长(%)
1	江阴市	705.16	9.7	22	洪泽县	84.75	12.8
2	宜兴市	506.96	9.2	23	盱眙县	111.07	12.1
3	丰　县	133.36	13.0	24	金湖县	81.02	12.6
4	沛　县	217.22	13.1	25	响水县	59.90	11.8
5	睢宁县	158.55	13.6	26	滨海县	99.46	11.8
6	新沂市	153.71	13.3	27	阜宁县	117.01	12.0
7	邳州市	223.55	13.0	28	射阳县	151.19	11.8
8	溧阳市	275.30	6.2	29	建湖县	155.43	11.8
9	常熟市	670.07	8.8	30	东台市	228.30	12.3
10	张家港市	490.76	7.8	31	宝应县	135.63	10.3
11	昆山市	708.53	10.6	32	仪征市	100.19	9.0
12	太仓市	262.58	9.8	33	高邮市	153.06	10.4
13	海安县	247.39	11.5	34	丹阳市	283.94	11.0
14	如东县	287.43	11.5	35	扬中市	126.77	11.0
15	启东市	293.06	10.0	36	句容市	129.16	11.3
16	如皋市	308.99	10.1	37	兴化市	154.61	10.5
17	海门市	311.15	10.2	38	靖江市	159.41	10.1
18	东海县	156.21	12.4	39	泰兴市	191.52	12.2
19	灌云县	106.57	12.3	40	沭阳县	175.49	10.7
20	灌南县	83.51	12.1	41	泗阳县	88.88	11.1
21	涟水县	117.20	12.8	42	泗洪县	93.41	11.2

2015 年全省各县(市)经济社会发展主要指标(十四)

出口总额

表 141

序号	县(市)	绝对量(亿美元)	增长(%)	序号	县(市)	绝对量(亿美元)	增长(%)
1	江阴市	124.12	-4.7	22	洪泽县	1.98	-5.4
2	宜兴市	29.18	-20.6	23	盱眙县	2.13	59.5
3	丰　县	0.99	-38.6	24	金湖县	3.40	-1.9
4	沛　县	3.12	-7.1	25	响水县	3.88	15.5
5	睢宁县	4.09	40.2	26	滨海县	3.04	-5.5
6	新沂市	2.08	-8.4	27	阜宁县	1.66	-10.6
7	邳州市	8.20	13.1	28	射阳县	1.67	5.3
8	溧阳市	7.46	1.9	29	建湖县	3.02	-19.6
9	常熟市	146.10	16.4	30	东台市	6.81	9.2
10	张家港市	148.29	0.1	31	宝应县	6.75	10.6
11	昆山市	537.96	0.4	32	仪征市	4.53	-31.5
12	太仓市	63.09	3.8	33	高邮市	4.07	5.4
13	海安县	13.64	-36.3	34	丹阳市	23.50	4.9
14	如东县	14.41	11.8	35	扬中市	4.80	7.1
15	启东市	24.81	7.7	36	句容市	4.54	0.2
16	如皋市	26.10	2.1	37	兴化市	4.92	-6.3
17	海门市	14.19	-2.5	38	靖江市	18.07	42.4
18	东海县	2.90	-0.1	39	泰兴市	12.54	-5.3
19	灌云县	1.79	13.3	40	沭阳县	4.63	12.5
20	灌南县	2.08	2.7	41	泗阳县	3.19	7.2
21	涟水县	3.18	-9.3	42	泗洪县	1.17	20.8

2015 年全省各县(市)经济社会发展主要指标(十五)

居民人均可支配收入

表 142

序号	县(市)	绝对量(元)	增长(%)	序号	县(市)	绝对量(元)	增长(%)
1	江阴市	42756	8.2	22	洪泽县	21043	9.2
2	宜兴市	34413	8.3	23	盱眙县	20007	9.0
3	丰　县	16481	9.1	24	金湖县	20565	9.2
4	沛　县	19372	9.0	25	响水县	17949	9.1
5	睢宁县	16515	9.1	26	滨海县	18485	9.1
6	新沂市	17100	9.3	27	阜宁县	18503	9.2
7	邳州市	18842	9.1	28	射阳县	19864	9.1
8	溧阳市	28737	8.5	29	建湖县	20997	9.0
9	常熟市	41506	8.3	30	东台市	24372	9.2
10	张家港市	41445	8.1	31	宝应县	19613	8.8
11	昆山市	42755	8.2	32	仪征市	24739	8.6

续表 142

序号	县(市)	绝对量(元)	增长(%)	序号	县(市)	绝对量(元)	增长(%)
12	太仓市	40428	8.3	33	高邮市	21874	8.9
13	海安县	24916	9.1	34	丹阳市	30365	8.3
14	如东县	24463	8.9	35	扬中市	32728	8.4
15	启东市	26071	9.0	36	句容市	26527	8.6
16	如皋市	24416	9.0	37	兴化市	22558	8.7
17	海门市	27554	9.1	38	靖江市	27097	8.7
18	东海县	18381	9.2	39	泰兴市	25508	8.9
19	灌云县	16059	9.1	40	沭阳县	17521	9.0
20	灌南县	15941	9.0	41	泗阳县	16943	9.3
21	涟水县	16698	9.2	42	泗洪县	16191	9.3

2015 年全省各县(市)经济社会发展主要指标(十六)
城镇常住居民人均可支配收入

表 143

序号	县(市)	绝对量(元)	增长(%)	序号	县(市)	绝对量(元)	增长(%)
1	江阴市	50701	8.1	22	洪泽县	28120	9.2
2	宜兴市	42750	8.3	23	盱眙县	28359	8.9
3	丰　县	21094	8.9	24	金湖县	28545	9.1
4	沛　县	25163	9.0	25	响水县	23642	8.9
5	睢宁县	21478	9.1	26	滨海县	24451	9.0
6	新沂市	22901	9.1	27	阜宁县	23528	9.2
7	邳州市	26334	9.0	28	射阳县	24460	9.0
8	溧阳市	38445	8.2	29	建湖县	27393	8.8
9	常熟市	50413	8.3	30	东台市	30330	9.1
10	张家港市	50618	8.0	31	宝应县	24746	8.8
11	昆山市	50749	8.2	32	仪征市	33808	8.6
12	太仓市	50134	8.1	33	高邮市	29007	8.9
13	海安县	34445	9.0	34	丹阳市	38574	8.1
14	如东县	34338	8.8	35	扬中市	42407	8.1
15	启东市	34566	9.0	36	句容市	37548	8.3
16	如皋市	33792	8.9	37	兴化市	31170	8.6
17	海门市	37404	9.1	38	靖江市	36790	8.6
18	东海县	25281	9.2	39	泰兴市	33800	8.9
19	灌云县	21240	9.0	40	沭阳县	22098	8.8
20	灌南县	22657	8.9	41	泗阳县	21720	9.1
21	涟水县	23325	9.0	42	泗洪县	21191	9.3

2015年全省各县(市)经济社会发展主要指标(十七)

农村常住居民人均可支配收入

表144

序号	县(市)	绝对量(元)	增长(%)	序号	县(市)	绝对量(元)	增长(%)
1	江阴市	26012	8.5	22	洪泽县	14385	9.3
2	宜兴市	21910	8.6	23	盱眙县	13295	9.2
3	丰　县	12850	9.3	24	金湖县	14352	9.3
4	沛　县	14441	9.0	25	响水县	13088	9.4
5	睢宁县	12655	9.1	26	滨海县	13683	9.3
6	新沂市	13281	9.4	27	阜宁县	14138	9.1
7	邳州市	14028	9.2	28	射阳县	15136	9.3
8	溧阳市	19880	9.1	29	建湖县	15687	9.4
9	常熟市	25811	8.6	30	东台市	18097	9.3
10	张家港市	25715	8.4	31	宝应县	15507	8.9
11	昆山市	25978	8.6	32	仪征市	16138	8.6
12	太仓市	25643	8.7	33	高邮市	15608	8.9
13	海安县	16549	9.2	34	丹阳市	19892	9.0
14	如东县	15827	9.2	35	扬中市	21885	9.0
15	启东市	18287	9.1	36	句容市	17355	9.2
16	如皋市	15532	9.3	37	兴化市	15527	8.9
17	海门市	18986	9.0	38	靖江市	18045	8.9
18	东海县	13286	9.2	39	泰兴市	16392	8.8
19	灌云县	11881	9.4	40	沭阳县	12940	9.4
20	灌南县	11408	9.3	41	泗阳县	12800	9.5
21	涟水县	12259	9.4	42	泗洪县	12477	9.4

人　口

2015年响水县人口及其变动情况

表145

指　标	单位	数值	比上年增长(%)	指　标	单位	数值	比上年增长(%)
年末户籍总户数	户	168724	-0.65	出生率	‰	12.37	-2.8
年末户籍总人口数	人	623682	-0.18	全年死亡人口	人	4600	-0.48
其中:男	人	329550	0.91	死亡率	‰	7.38	-2.1
女	人	294132	-1.37	全年自然增长人口	人	3118	20.57
性别比	女性为100	1.12	-0.9	自然增长率	‰	4.99	-4.6
其中:乡村人口	人	299877	-3.1	年末常住人口	万人	50.19	-0.1
全年出生人口	人	7718	7.07				

注:本表除“年末常住人口”外,其余指标均为户籍人口资料。

农　　业

2015年响水县农业总产值、增加值情况

表146　　　　　　　　　　　　　　　　　　　　　　　　　　　　　单位：万元

指　　标	总产值(当年价)	增加值	指　　标	总产值(当年价)	增加值
农、林、牧、渔业总值	732546	419080	三、畜牧业	227651	119400
一、农业	343350	194000	四、渔业	82971	81000
二、林业	13654	9100	五、农、林、牧、渔服务业	64920	15580

2015年响水县种植业生产情况

表147

指　　标	播种面积(公顷)	产量(公斤/公顷)	总产量(吨)	指　　标	播种面积(公顷)	产量(公斤/公顷)	总产量(吨)
一、粮食作物合计	78640	6915	542721	豆类	1600	2505	4008
(一)夏收粮食	36970	5850	216140	薯类(折干)	670	5700	3819
其中：小麦	30650	5895	180701	二、油料合计	5970	3570	21320
大麦	6060	5700	34542	其中：油菜籽	3650	3000	10950
蚕豆	260	3450	897	三、棉花	—	—	—
(二)秋收粮食	41670	7830	327581	四、蔬菜类	24980	38800	969241
其中：稻谷	27470	8955	245827	五、瓜果类	3620	22270	80619
玉米	11930	6195	73927				

2015年响水县林业生产情况

表148

指　　标	单位	数值	指　　标	单位	数值
年末实有林地面积	公顷	28459	年末实有果园面积	公顷	819
当年造林面积	公顷	534			

2015年响水县畜牧业生产情况

表149

指　　标	当年出栏数	年末存栏数	肉类、禽蛋产量(吨)	指　　标	当年出栏数	年末存栏数	肉类、禽蛋产量(吨)
一、牛(头)	7600	11600	2263	四、家禽(万只)	612.77	475.07	10582
二、猪(头)	513700	216900	38126	禽蛋总产量			27518
三、羊(只)	107700	78600	1105				

工 业

2015 年响水县规模以上工业主要指标情况

表 150　　　　单位：万元

指 标	数值	比上年增长(%)	指 标	数值	比上年增长(%)
企业单位数(个)	174	4.82	负债总额	1976875	-4.03
其中：亏损企业数(个)	18	-35.71	主营业务收入	7102917	18.39
工业总产值(现价)	7185149	23.27	利税总额	1123500	20.33
资产总额	5231850	33.86	其中：利润总额	811466	19.39
流动资产合计	1136146	21.92	职工人数(人)	34325	3.07

2015 年响水县工业企业应税销售收入 500 万元以上企业及排序

表 151　　　　单位：万元

企业名称	2015 年		2014 年	
	实绩	位次	实绩	位次
小计	2283504		2343126	
江苏德龙镍业有限公司	1000990	1	862824	1
江苏国华陈家港发电有限公司	236354	2	249638	2
江苏裕廊化工有限公司	98261	3	141350	3
江苏之江化工有限公司	71892	4	72938	4
江苏联化科技有限公司	45779	5	49556	6
响水恒利达科技化工有限公司	41964	6	37555	10
江苏省农垦米业黄海有限公司	36436	7	31312	15
江苏新金兰纺织制衣有限责任	32952	8	45446	7
盐城南方化工有限公司	32102	9	18502	23
江苏大和氯碱化工有限公司	32093	10	50767	5
江苏天源化工有限公司	30568	11	40213	9
江苏森达陈家港热电有限公司	26286	12	26125	18
江苏天容集团股份有限公司	26008	13	34542	12
江苏绿利来股份有限公司	24864	14	36265	11
江苏永庆化工有限公司	22721	15	18185	24
江苏天嘉宜化工有限公司	21617	16	28552	16
响水中联水泥有限公司	16865	17	33705	13
江苏威耳化工有限公司	15440	18	24552	20
江苏荣生电子有限公司	14996	19	12214	31
江苏华旭药业有限公司	14913	20	10619	35
响水长江风力发电有限公司	14600	21	14419	27
江苏天波化工有限公司	14194	22	18523	21
响水雅克化工有限公司	13916	23	16859	25

续表 151

企业名称	2015 年		2014 年	
	实绩	位次	实绩	位次
江苏亚邦爱普森药业有限公司	13234	24	11408	33
响水长洋化工有限公司	12755	25	6512	47
响水博霖医药化工有限公司	11517	26	10363	36
响水恒生不锈钢铸造有限公司	11229	27	6421	49
盐城市虹艳化工有限公司	11067	28	18514	22
响水金隆化工有限公司	9890	29	7585	41
江苏陈氏染料化工有限公司	9309	30	11695	32
盐城新安洲药业有限公司	8694	31	6938	43
响水多邦化工有限公司	8650	32	6905	44
江苏题桥纺织制衣有限公司	8607	33	9274	38
响水县米兰纺织有限公司	8452	34	7677	40
响水县嘉亿纺织有限公司	8015	35	5115	57
响水宝力钢业有限公司	7641	36	11025	34
响水台舍化工有限公司	6662	37	4139	67
盐城市瑞普医药化工有限公司	6399	38	5587	53
江苏瑞泰盐业有限公司	6180	39	14287	29
江苏厦能实业有限公司	6152	40	14875	26
盐城融凡纺织制衣有限公司	5784	41	8184	39
响水台宏针织服装有限公司	5779	42	5671	52
盐城市兴华化工有限公司	5661	43	3189	81
江苏华江针织有限公司	5478	44	6701	46
江苏金天马纱业有限公司	5328	45	5326	55
响水县华运纺织有限公司	5308	46	1935	110
响水高力机械铸造有限公司	5282	47	7478	42
盐城锦标化学工业有限公司	5254	48	5295	56
响水县利华化工有限公司	5233	49	4340	65
响水县鲲鹏化工有限公司	5128	50	4427	62
响水华盛化工有限公司	5036	51	4795	58
盐城德力化工有限公司	4954	52	5503	54
盐城市费氏食品有限公司	4937	53	4519	61
盐城安欣化工有限公司	4880	54	6452	48
盐城巧丽袜业有限公司	4477	55	3638	73
江苏佳讯电子有限公司	4437	56	4002	68
江苏力禾颜料有限公司	4351	57	2007	107
江苏创达新材料有限公司	4318	58	4307	66
盐城信立颜料有限公司	4239	59	3288	78
江苏梦飞斯服饰有限公司	4026	60	2788	85

续表 151

企业名称	2015 年		2014 年	
	实绩	位次	实绩	位次
响水科力普汽车部件有限公司	3940	61	3531	76
响水县科伟精细化工有限公司	3801	62	3532	75
江苏裕廊石油化工有限公司	3760	63	5852	51
响水富梅化工有限公司	3735	64	3710	72
响水县永泰纺织制衣有限公司	3732	65	2900	83
盐城易宝路轮胎有限公司	3731	66	3902	69
响水航龙化工有限公司	3595	67	2931	82
响水县龙华纺织制衣有限公司	3579	68	2731	88
响水县红鼎制丝有限公司	3570	69	4538	60
盐城泰日针织服装有限公司	3569	70	4683	59
盐城天海化工有限公司	3445	71	3426	77
响水县新联合化学有限公司	3438	72	3270	79
江苏瑞和新材料股份有限公司	3408	73	3855	70
响水县宝龙纺织有限公司	3367	74	4374	63
响水宏荣船务工程有限公司	3190	75	3775	71
江苏成日钢铁有限公司	3104	76	14392	28
盐城国众化工有限公司	2995	77	2164	99
盐城圆晓针织服装有限公司	2818	78	2757	86
盐城东旺化工有限公司	2813	79	2079	104
响水县隆兴电子制造有限公司	2740	80	9523	37
响水县棉纺纺织有限公司	2732	81	2050	105
响水瑞邦化学有限公司	2644	82	2511	91
响水凯欣化工有限公司	2484	83	2421	93
盐城华天船舶工程有限公司	2388	84	3207	80
响水县宝吉纺织有限公司	2301	85	2166	98
盐城利宇建材有限公司	2218	86	3620	74
响水县诚信皮具制品厂	2186	87	2675	89
响水县金汇纺织服饰有限公司	2170	88	1943	109
响水县金禾纺织制衣有限公司	2149	89	2147	101
盐城市大明化工有限公司	2125	90	26078	19
响水爱特纺织有限公司	2063	91	1904	111
盐城联众光伏组件制造有限公司	2043	92	2082	102
江苏灌河水泥有限公司	1957	93	1255	131
响水龙达传动件有限公司	1927	94	2238	95
江苏祥瑞药业有限公司	1901	95	1839	113
响水县云梯木业有限公司	1877	96	1824	114
盐城市河海化工溶剂有限公司	1843	97	1749	117

续表 151

企业名称	2015 年		2014 年	
	实绩	位次	实绩	位次
响水兰鑫纺织有限公司	1737	98	6382	50
响水县大恒纺织有限公司	1721	99	2080	103
响水县富尔康印染有限公司	1698	100	2155	100
响水县中兴纺织有限公司	1639	101	1609	123
盐城市鑫阳食品有限公司	1607	102	1442	128
响水县嘉禾纺织制衣有限公司	1574	103	1033	134
江苏成冶机械制造有限公司	1504	104	13802	30
盐城市恒盛塑料制品有限公司	1484	105	1473	127
响水县联众汽车零部件有限公	1479	106	1582	124
盐城银天源制镁有限公司	1470	107	2757	87
响水天茗纺织服装有限公司	1456	108	1516	125
响水县领峰木业有限公司	1455	109	1663	121
响水县弘业纺织有限公司	1427	110	1656	122
响水县生龙颜料化工有限公司	1417	111	1711	118
江苏金鼎基础建材有限公司	1384	112	2377	94
盐城市承晖木业有限公司	1374	113	1698	119
江苏恒康医疗器材有限公司	1143	114	1345	129
响水县自行车三套轴有限公司	1116	115	1220	132
江苏黄海新荡粮油棉有限公司	1088	116	2428	92
响水县现代化工有限公司	1028	117	1196	133
响水县九州传动件有限公司	993	118	771	138
响水顺意建材有限公司	982	119	2587	90
江苏省双发塑料制品有限公司	946	120	1013	135
响水县金恒纺织厂	930	121	2219	97
响水县玉帛纺织有限公司	802	122	713	140
盐城正基管桩有限公司	783	123	951	136
响水兴平化工有限公司	779	124	2856	84
响水县冠龙轴承座制造有限公司	717	125	758	139
江苏桂花工贸有限公司	621	126	1793	115
响水县环宇轴承座制造有限公司	578	127	676	141
响水县龙威油泵附件有限公司	567	128	549	145
响水县汇中空调配件有限公司	513	129	655	143

固定资产投资和建筑业

2015 年响水县全社会固定资产投资情况

表 152　　单位：万元

指　　标	累计完成	比上年增长(%)	指　　标	累计完成	比上年增长(%)
全社会投资总额	2500000	22.92	其中：工业投资	2044741	21.85
1.城镇固定资产投资	2429566	24.25	第三产业	340925	-2.43
2.房地产开发投资	70667	-9.93	按经济类型分：国有经济	139220	-42.05
3.农村非农户投资			非国有经济	2360780	31.63
按产业分：第一产业	35900	448.09	其中：私、个经济	1726148	17.98
第二产业	2052741	22.33			

2015 年响水县建筑业定报企业生产情况

表 153　　单位：万元、万平方米、人

指　　标	累计完成	比上年增长(%)	指　　标	累计完成	比上年增长(%)
一、建筑业总产值	371953	13.3	三、房屋施工面积	370	64
其中：装饰装修产值			其中：新开工面积	200	80.3
在外省完成的产值	36463	118.4	四、建筑业从业人员	8585	-16.6
二、竣工产值	364008	29.6			

2015 年响水县房地产开发企业基本情况

表 154　　单位：万元

指　　标	数值	比上年增长(%)	指　　标	数值	比上年增长(%)
一、本年完成投资	70667	-9.9	五、房屋竣工面积(万平方米)	27.62	-18.6
二、按工程用途分：住宅	48069	-2.7	住宅面积(万平方米)	20.23	-34.1
商业用房	19593	-10	六、商品房销售面积(万平方米)	34.53	26.0
办公用房	560	-65.4	住宅面积(万平方米)	27.57	20.7
其他	2445	-56.7	七、商品房销售额	144437	21.5
三、本年新增固定资产	67483	-16.2	住宅销售额	110299	23.5
四、房屋施工面积(万平方米)	135	5.9	八、定报企业个数	24	14.3
住宅面积(万平方米)	87.1	1.4			

商 贸 业

2015年响水县社会消费品零售总额情况

表155　　　　单位:万元

指　　标	累计完成	比上年增长(%)	指　　标	累计完成	比上年增长(%)
社会消费品零售总额	599002.2	11.7	其中:住宿业	2105.6	22.9
1.批发业和零售业	544949.9	11.2	餐饮业	51946.7	16.5
其中:批发业	69154.5	14.5	2.限上企业	170613.7	15.0
零售业	475795.4	10.7	限下企业	428388.5	10.4
住宿业和餐饮业	54052.3	16.7			

2015年响水县限额以上批发和零售业、住宿和餐饮业基本情况

表156

指　　标	法人企业(个)	营业面积(平方米)	年末从业人员(人)
总计	113	49349	2832
一、批发和零售业小计	88	36379	2005
(一)批发业	31	8410	1001
其中:国有控股	6	90	119
内资企业	31	8410	1001
国有企业	5	90	99
有限责任公司	17	3690	473
股份有限公司	1	100	15
私营企业	7	530	231
其他			
港、澳、台商投资企业			
外商投资企业			
(二)零售业	57	27969	1004
其中:国有控股	1	800	46
内资企业	57	27969	1004
集体企业	1	730	10
有限责任公司	41	13753	691
股份有限公司	1	800	46
私营企业	14	12686	257
其他			
港、澳、台商投资企业			
外商投资企业			
二、住宿和餐饮业小计	25	12970	827
(一)住宿业	8	5085	514
其中:国有控股			

续表 156

指　　标	法人企业(个)	营业面积(平方米)	年末从业人员(人)
1.内资企业	8	5085	514
国有企业			
有限责任公司	4	685	72
私营企业	4	2400	282
2.旅游饭店			
一般旅馆	8	5085	514
3.四星	1	1200	125
其他	7	3885	389
(二)餐饮业	17	7885	313
其中:国有控股			
1.内资企业	17	7885	313
国有企业			
有限责任公司	16	7325	290
股份有限公司	1	560	23
私营企业			
其他			
港、澳、台商投资企业			
外商投资企业			
2.正餐服务	17	7885	313
快餐服务			
饮料及冷饮服务			
3.独立经营	17	7885	313
连锁店分店			
其他			

2015 年响水县限额以上批发和零售业经营情况

表 157　　　　单位:万元

指　　标	购进总额	销售总额			年末商品库存总额
			批发额	零售额	
总计	509833	602431.6	496149.6	106282	31129.2
一、批发业	442832.9	527348.4	495564.1	31784.3	24239
其中:国有控股	27423.6	26013.9	26013.9		13003.6
内资企业	442832.9	527348.4	495564.1	31784.3	24239
国有企业	13832.2	16260.7	16260.7		2538.6
集体企业	40136.6	50170.8	22538.1	27632.7	1087.6
有限责任公司	55164	78278.2	77652.6	625.6	13476.5
其他有限责任公司	55164	78278.2	77652.6	625.6	13476.5
私营企业	331686.5	378383.1	374857.1	3526	6723.3

续表 157

指　　标	购进总额	销售总额			年末商品库存总额
			批发额	零售额	
其他					
二、零售业	67000.1	75083.2	585.5	74497.7	6890.2
其中：国有控股	4352.5	3559.8		3559.8	1998.9
内资企业	67000.1	75083.2	585.5	74497.7	6890.2
国有企业					
集体企业	860.1	901.9		901.9	12.5
有限责任公司	41672.3	47821.7	585.5	47236.2	3544.9
股份有限公司	4352.5	3559.8		3559.8	1998.9
私营企业	20115.2	22799.8		22799.8	1333.9
其他					

2015 年响水县限额以上住宿和餐饮业经营情况

表 158　　　　单位：万元

指　　标	营业额总计	客房收入	餐费收入	商品销售额	其他收入	年末拥有床位数(个)	年末拥有餐位数(位)	年末拥有客房和公寓(个)
总计	16790.6	5159.9	11264.3	240.6	125.8	527	987	4210
一、住宿业	8064.3	4687.9	3339.7	1.6	35.1	494	921	2192
其中：国有控股								
1.内资企业	8064.3	4687.9	3339.7	1.6	35.1	494	921	2192
有限责任公司	1692.4	1338.5	353.5	0.4		106	204	102
其他有限责任公司	1692.4	1338.5	353.5	0.4		106	204	102
私营企业	3007.8	1494.2	1477.3	1.2	35.1	294	563	1110
2.旅游饭店								
一般旅馆	8064.3	4687.9	3339.7	1.6	35.1	494	921	2192
3.四星级	768.1	314.1	454			116	290	880
其他	7296.2	4373.8	2885.7	1.6	35.1	378	631	1312
二、餐饮业	8726.3	472	7924.6	239	90.7	33	66	2018
其中：国有控股								
1.内资企业	8726.3	472	7924.6	239	90.7	33	66	2018
有限责任公司	7668.6	290	7282.3	96.3		18	30	1758
其他有限责任公司	7668.6	290	7282.3	96.3		18	30	1758
股份有限公司	1057.7	182	642.3	142.7	90.7	15	36	260
私营企业								
其他								
2.正餐服务	8726.3	472	7942.6	239	90.7	33	66	2018
3.独立门店	8726.3	472	7942.6	239	90.7	33	66	2018

财　　政

2015 年响水县财政收入情况

表 159　　　　单位:万元

指　　标	数值	比上年增长(%)	指　　标	数值	比上年增长(%)
财政收入合计	457847	5.3	其中:税收收入	268334	17.4
一、上解中央收入	92318	16.1	非税收入	57078	14.9
二、地方财政公共预算收入	325412	17.0			

2015 年响水县财政支出情况

表 160　　　　单位:万元

指　　标	2015 年	2014 年	±%	指　　标	2015 年	2014 年	±%
财政支出	588151	475807	23.6	商业服务业等事务	1304	1915	-31.9
公共财政支出	508150	436672	16.4	金融监管等事务支出	100	211	-52.6
一般公共服务	79751	70768	12.7	国土资源气象等事务	1141	1382	-17.4
外交				住房保障支出	2854	2513	13.6
国防	369	318	16.0	粮油物资储备管理事务	2315	1529	51.4
公共安全	16261	14807	9.8	国债还本付息支出	1316	643	104.7
教育	89299	73972	20.7	其他支出	131	31	322.6
科学技术	17271	15505	11.4	基金支出	80001	39135	104.4
文化体育与传媒	5072	4696	8.0	教育	3448		
社会保障和就业	50742	34220	48.3	文化体育与传媒	70		
医疗卫生	42713	34449	24.0	社会保障和就业	604		
环境保护	14422	14928	-3.4	城乡社区事务	69850	35839	94.9
城乡社区事务	68128	63500	7.3	农林水事务	1026		
农林水事务	85700	73626	16.4	交通运输	4075	1500	171.7
交通运输	14853	6052	145.4	资源勘探电力信息等事务	258	367	-29.7
资源勘探电力信息等事务	14408	21607	-33.3	其他支出	670	1429	-53.1

教育卫生事业

2015 年响水县普通教育事业情况

表 161

指　　标	学校(所)	班级(个)	学生(人)	教职工(人)		毕业学生数(人)		
					专任教师	小学	普通中学	职业中学
一、中学	22	439	20328	2114	1893		6905	895
其中:1.初中	19	314	14276	1515	1329		4764	
2.高中	3	125	6052	599	564		2141	
二、职业高中	1	-	2084	143	131			895
三、小学	37	1136	48153	2810	2677	6035		
四、幼儿园	94	832	29590	1787	785			

2015年响水县卫生事业基本情况

表162

	床位数(张)	总计	人员数									
			合计	卫生技术人员						其他技术人员	管理人员	工勤人员
				执法医师	执业助理医师	注册护士	药剂人员	检验人员	其他			
总计	2558	3528	3052	766	625	1233	139	77	212	90	177	209
人民医院	580	770	669	148	4	420	28	16	53	11	53	37
第二医院	100	144	109	40	12	38	13	4	2	7	7	21
第三医院	150	107	90	33	7	39	4	4	3	1	2	14
中医院	320	392	321	88	4	159	30	15	25	3	23	45
响水镇卫生院	50	112	98	45	10	28	7	4	4	3	4	7
陈家港镇卫生院	60	69	59	16	5	25	5	3	5	4	1	5
周集卫生院	60	22	15	7	1	5		1	1		5	2
黄圩镇卫生院	50	64	58	11	8	28	4	1	6	1	1	4
张集卫生院	50	55	47	10	6	24	1	2	4	2	1	5
运河镇卫生院	80	66	58	16	11	19	4		8	5	1	2
六套卫生院	80	95	88	31	12	34	5	3	3	4	2	1
七套卫生院	80	43	37	10	3	16	5	2	1	1	3	2
大有镇卫生院	50	65	62	15	10	24	2	3	8	1	2	
双港镇卫生院	80	47	40	10	8	12	3	4	3	3		4
老舍卫生院	50	49	36	11	2	21	1		1	10	1	2
南河镇卫生院	80	132	127	16	75	26	2	1	7	1	4	
海安集卫生院	20	17	10	2		7			1	1	1	5
黄海农场医院	104	110	91	33	4	42	6		6	4	4	11
嘉明医院	164	128	113	23	8	60	3	4	15	1	7	7
疾控中心		61	46	25		10	3	3	5		10	5
县妇幼保健所		57	45	22	1	18		1	3		4	4
卫生监督所		19	19						19			
三圩盐场医院	20	18	17	4	3	9	1				1	
东方康复医院	100	85	84	35	9	39	1				1	
光明眼科医院	20	15	14	3	1	8	1		1		1	
宏人消化医院	20	21	21	8	1	10	1	1				
现代医院	30	57	37	12	2	16	1		6	6	8	6
新城中西医医院	60	41	40	19	1	16	2	1	1		1	
仁爱耳鼻喉医院	50	53	44	12	1	26	1	2	2		6	3
和美妇科医院	50	55	54	14	1	34	3	2		1		
诊所、卫生所、医务室		58	58	23	28	6	1					
村卫生室		394	394	11	380	3						
计划生育服务机构		90	41	7	6	8	1		19	16	17	16
急救中心机构		12	5	2		3					6	1
门诊部		5	5	4	1							

人民生活

2015年响水县100户城镇家庭抽样调查人均收支情况

表163　　单位：元

指　　标	数值	比上年增长(%)	指　　标	数值	比上年增长(%)
一、全年可支配收入	23642	8.9	(二)生产经营费用支出	935	-1.8
(一)工资性收入	11629	0.8	1、第一产业经营费用支出	455	-10.9
(二)经营净收入	5801	7.0	2、第二产业经营费用支出	110	39.1
(三)财产净收入	2101	33.07	3、第三产业经营费用支出	370	2.0
(四)转移净收入	4113	29.5	(三)财产性支出	20	-72.4
二、全年总支出	14691	5.9	(四)转移性支出	316	-6.2
(一)消费支出	10659	7.4	1、个人所得税	28	284.9
1、食品烟酒	3470	6.3	2、社会保障支出	254	3.4
2、衣着	688	6.0	3、外来从业人员寄给家人的支出		
3、居住	2338	7.1	4、赡养支出	25	-47.3
4、生活用品及服务	560	10.9	5、其他转移性支出	9	-74.6
5、交通通信	1114	14.5	(五)部分商业保险支出	14	-45.2
6、教育文化娱乐	1443	5.7	(六)购置资产及非经常性转移支出	2199	19.8
7、医疗保健	738	5.9	(七)借贷性支出	548	-24.0
8、其他用品和服务	308	7.6			

2015年响水县100户农村家庭抽样调查人均收支情况

表164　　单位：元

指　　标	数值	比上年增长(%)	指　　标	数值	比上年增长(%)
一、全年可支配收入	13088	9.4	1、食品烟酒	3087	10.6
(一)工资性收入	5818	0.4	2、衣着	504	11.5
1.工资	2995	-41.6	3、居住	2206	9.6
2.实物福利	0	-	4、生活用品及服务	318	13.6
3.其他	2822	308.1	5、交通通信	992	12.2
(二)经营净收入	3760	0.19	6、教育文化娱乐	770	7.7
1.第一产业经营净收入	2458	-17.2	7、医疗保健	706	11.5
2.第二产业经营净收入	268	37.4	8、其他用品和服务	165	6.3
3.第三产业经营净收入	1034	75.4	(二)生产经营费用支出	1613	0.7
(三)财产性纯收入	567	259.5	1、第一产业经营费用支出	1349	-17.9
(四)转移性纯收入	2944	30.3	2、第二产业经营费用支出	57	-5.1
二、全年总支出	13661	5.2	3、第三产业经营费用支出	207	110.5
(一)消费支出	8748	10.4			

(统计局　响水调查队)

【责任编辑　杨道贯】

附 录

文件选目

中共响水县委员会文件

响发〔2015〕

发文机关	文号	发文日期	文 件 标 题
县委	4	2.1	关于进一步组织推动学习贯彻习近平总书记系列重要讲话精神的意见
县委、县政府	5	2.16	关于表彰“响水县回乡创业十佳标兵”的决定
县委、县政府	6	2.26	关于印发《2014年度全县综合考核结果》的通知
县委	8	2.27	关于2014年度落实党风廉政建设主体责任情况报告
县委、县政府	10	2.27	关于表彰2014年度服务经济发展“十佳单位”的决定
县委、县政府	11	2.26	关于2014年度基层人民武装工作考核情况的通报
县委、县政府	12	3.4	关于印发《2015年推进工业经济提质增效的实施意见》的通知
县委、县政府	13	3.4	关于支持镇村经济发展的政策意见
县委、县政府	15	3.10	关于印发《关于进一步改进机关作风、服务经济发展的八个严禁》的通知
县委	16	3.9	关于印发《关于加强招商引资工作的意见》的通知
县委、县政府	18	3.13	关于进一步规范和改进行政审批服务工作的实施意见
县委、县政府	20	3.25	关于组织开展扶贫开发攻坚年的意见
县委	22	4.2	关于深入推进干部下访活动的意见
县委、县政府	23	4.8	关于印发《响水县安全生产“党政同责、一岗双责”实施办法》的通知
县委、县政府	26	5.13	关于推进城乡供水一体化工程的实施意见
县委、县政府	28	6.10	全县2015年度目标任务综合考核意见
县委、县政府	29	6.23	关于调整完善全县项目推进工作组织体制的通知
县委	32	7.10	印发《关于认真落实全面从严治党要求规定(试行)》的通知
县委、县政府	33	7.10	关于印发《盐城市“515”人才引进响水县三年行动计划》的通知
县委、县政府	35	8.31	关于做好新形势下双拥工作的意见
县委	37	9.25	关于推动全面从严治党迈上新台阶的实施意见

发文机关	文号	发文日期	文件标题
县委、县政府	38	10.15	关于印发《响水县关爱道德典型实施办法(试行)》的通知
县委、县政府	39	12.14	关于推进响水沿海经济区加快发展的意见

中共响水县委员会办公室文件

响办发〔2015〕

发文机关	文号	发文日期	文件标题
县委办、政府办	5	1.23	关于严禁全县党政机关到风景名胜区开会的通知
县委办、政府办	6	1.23	印发《关于加强对党员干部作风建设情况监督检查的办法》的通知
县委办	7	2.4	印发《关于深化"四风"整治、巩固和拓展党的群众路线教育实践活动成果的实施办法》的通知
县委办	9	2.15	关于印发《2015年全县政法工作要点》的通知
县委办、政府办	12	3.4	关于印发《2015年全县工业经济提质增效考核办法》的通知
县委办、政府办	13	3.4	关于印发《响水县镇村经济发展三年行动计划》的通知
县委办、政府办	14	3.4	关于印发《响水县新产业经济发展三年行动计划(2015–2017年)》的通知
县委办、政府办	15	3.4	关于印发《响水县园区经济发展三年规划》的通知
县委办、政府办	16	3.4	关于印发《全县村居干部考核激励办法》的通知
县委办、政府办	18	3.9	关于印发《2015年招商引资工作考核办法》的通知
县委办、政府办	25	4.8	关于印发《2015年响水县安全生产重点任务分解方案》的通知
县委办、政府办	26	4.8	关于实行镇区领导干部挂钩负责安全生产工作责任制的通知
县委办、政府办	27	4.10	关于进一步健全重大决策社会稳定风险评估工作的实施意见
县委办、政府办	28	4.14	关于明确主要经济指标评估部门职责的通知
县委办	38	5.19	关于印发《关于在县处级领导干部中开展"三严三实"专题教育的实施方案》的通知
县委办	39	6.5	关于印发《县委常委会开展"三严三实"专题教育工作计划》的通知
县委办、县府办	43	6.5	关于印发《响水县2015年夏季秸秆综合利用和禁烧工作意见》的通知
县委办、政府办	50	7.14	关于印发《关于加强全县司法所建设的实施办法》的通知
县委办、政府办	51	7.18	关于印发《进一步加强和规范全县机构编制管理若干规定》的通知
县委办、政府办	52	8.14	关于印发《关于推动干部担当作为防治为官不为的暂行办法》的通知
县委办、政府办	53	8.14	关于印发《盐城市"515"人才引进响水县三年行动计划引进大学生实施细则(试行)》等三个文件的通知
县委办、政府办	56	8.22	关于印发《全县2015年度目标任务综合考核单位先进考核办法》的通知
县委办、政府办	57	8.22	关于印发《全县2015年度目标任务综合考核综合先进考核办法》的通知
县委办、政府办	59	8.25	关于结合"三严三实"专题教育推动化解信访积案的通知
县委办、政府办	61	10.14	关于印发《响水县行政执法与刑事司法链接工作实施方案》的通知
县委办、政府办	62	10.15	关于印发《响水县2015年秋季秸秆综合利用和禁烧工作意见》的通知
县委办、政府办	65	10.26	2015年秋播及2016年农业结构调整工作意见
县委办、政府办	66	11.11	关于建立领导干部挂钩重大项目制度的通知
县委办	70	12.2	关于开展2015年度党风廉政建设责任制检查考核工作的通知
县委办	71	12.10	关于印发《响水县党风廉政建设责任追究实施办法(试行)》的通知

响水县人民政府文件

响政发〔2015〕

发文机关	文号	发文日期	文　件　标　题
县政府	1	1.29	关于2014年度耕地保护责任目标履行情况的自查报告
县政府	2	3.3	关于下达2015年人口和计划生育工作指标的通知
县政府	4	3.19	关于印发《2015年民兵组织整顿工作方案》的通知
县政府	8	4.27	关于下达县政府2015年为民办实事项目任务的通知
县政府	9	4.27	关于清理规范税收等优惠政策的通知
县政府	13	5.11	关于印发《2015年全县依法行政工作要点》的通知
县政府	14	5.21	关于印发《响水县生态文明建设规划》的通知
县政府	16	6.18	关于印发《响水县2015年度创新驱动方案》的通知
县政府	18	6.30	关于印发《2015年全县化工产业及园区转型升级推进方案》的通知
县政府	21	8.3	关于对持独生子女父母光荣证退休的企业职工试行一次性奖励的实施意见
县政府	24	9.15	关于印发《响水县危险化学品事故已经救援预案(修订稿)》的通知
县政府	27	10.21	关于确认行政执法主体资格的通告
县政府	32	12.7	关于2015年推进依法行政工作情况的报告
县政府	33	12.15	关于进一步加强农民宅基地管理的紧急通知
县政府	35	12.19	关于规范设施农用地管理的通知
县政府	36	1.11	关于推进全面建立住房公积金制度的实施意见
县政府	37	1.11	关于加快发展养老服务业的实施意见

响水县人民政府办公室文件

响政办发〔2015〕

发文机关	文号	发文日期	文　件　标　题
县政府	1	1.9	关于调整全县最低工资标准的通知
县政府	2	1.23	关于印发《响水县气象灾害应急预案》的通知
县政府	4	3.12	关于印发加强全县镇(村)级便民服务中心(站)建设实施意见的通知
县政府	5	3.12	关于印发《响水县2015年农村卫生改厕工作实施方案》的通知
县政府	6	3.18	关于认真做好《响水年鉴(2015)》编纂工作的通知
县政府	7	3.27	关于做好2015年度全县无偿献血工作的通知
县政府	9	4.20	关于印发2014年政府工作报告主要目标任务分解落实方案的通知
县政府	10	4.27	关于印发响水县创建全国基层中医药工作先进单位实施方案的通知
县政府	13	5.12	关于建立全县不动产统一登记工作联系会议的通知
县政府	14	5.21	关于印发《响水县推进适度普惠型儿童福利制度建设和未成年人社会保护工作实施意见》的通知
县政府	16	6.5	关于印发《2015年全县秸秆机械化还田实施办法》的通知
县政府	18	6.18	关于印发《响水县专利奖补资金管理办法》的通知
县政府	19	6.18	关于推进中小企业创业园规划建设的通知
县政府	20	6.30	关于公布响水县不可移动文物名录的通知
县政府	23	7.10	关于开展县级部门权力事项责任清单编制工作的通知
县政府	24	7.22	关于印发响水县城乡环境整治攻坚战实施方案的通知
县政府	25	7.25	关于确认响水县连盐铁路项目被征地农民社会保障对象名单(第一批)的通知

发文机关	文号	发文日期	文件标题
县政府	26	8.5	关于加快实施县城环境整治重点项目的通知
县政府	27	8.8	关于降低部分行政审批收费项目标准的通知
县政府	28	8.11	关于印发响水县2015年清水雷霆行动方案的通知
县政府	29	8.21	关于印发《2015年全县食品安全重点工作安排》的通知
县政府	34	9.14	关于印发响水县农村小额人身保险工作实施方案的通知
县政府	36	9.15	关于调整县城居民中底收入及住房保障标准的通知
县政府	37	9.15	关于公布响水县城镇2014年度基准地价的通知
县政府	38	9.15	关于转发《省政府办公厅关于在我省重点行业领域试行安全总监制度的通知》的通知
县政府	40	9.17	关于印发《全面建立政府法律顾问制度的实施意见》的通知
县政府	41	9.17	关于进一步规范重大行政决定备案和政府法制信息报送工作的通知
县政府	43	9.25	关于印发《响水县加快发展慈善事业实施意见》的通知
县政府	47	10.21	转发县人力资源和社会保障局县财政局关于调整响水县机关事业单位工作人员基本工资标准实施方案的通知
县政府	49	11.3	关于做好2014年度财政预算执行及其他财政收支审计出的问题进行整改落实的通知
县政府	51	11.27	关于通榆河等重点流域水污染防治规划项目实施情况的通报
县政府	52	12.11	关于印发《响水县特种设备事故应急预案》的通知
县政府	53	12.16	关于印发《全县2016年度农村水利工作意见》的通知
县政府	54	12.16	关于印发《响水县小型水利工程管理体制改革实施方案》的通知
县政府	56	12.28	关于公布响水县文物保护单位保护范围及建设控制地带划定的通知

便民指南

响水县汽车客运总公司部分班车时刻里程表

表165

起始站—终点站	起始汽车站	始发时间	里程
响水—北京	响水汽车站	13:00　14:30	960KM
响水—上海	响水汽车站	4:55　5:50　6:00　6:20　7:30	550KM
响水—上海	响水汽车站	7:00　7:30　10:30　12:30　12:40　13:00	550KM
响水—浦东	响水汽车站	10:00　12:00	520KM
响水—崇明	响水汽车站	6:30	461KM
响水—川沙	响水汽车站	7:30	580KM
响水—盐城	响水汽车站	5:00~17:40每10分钟一班	120KM
响水—建湖	响水汽车站	6:10　12:10	126KM
响水—海丰农场	响水汽车站	11:35	180KM
响水—沭阳	响水汽车站	6:30	200KM
响水—扬州	响水汽车站	6:30　13:00	276kM
响水—徐州	响水汽车站	6:10　14:00	285kM
响水—泰州	响水汽车站	7:20	292kM
响水—仪征	响水汽车站	7:15	303kM
响水—镇江	响水汽车站	6:00　7:00	304kM
响水—丹阳	响水汽车站	6:00	331kM

续表 165

起始站—终点站	起始汽车站	始发时间	里　程
响水—南京	响水汽车站	5:30　6:30　6:50　7:00　11:50	350kM
响水—南京	响水汽车站	12:40　13:00　13:40　14:20　15:30	350kM
响水—常州	响水汽车站	6:40	368kM
响水—江阴	响水汽车站	11:00	370kM
响水—无锡	响水汽车站	6:40　11:50	375kM
响水—常熟	响水汽车站	7:20　7:50　10:30	400kM
响水—常熟	响水汽车站	11:20　11:00　3:00	400kM
响水—启东	响水汽车站	12:00	436kM
响水—宜兴	响水汽车站	12:00	447kM
响水—苏州	响水汽车站	6:00　7:00　7:50　8:00　11:00	450kM
响水—苏州	响水汽车站	12:00　12:30　12:50　13:20　14:00　15:00	450kM
响水—太仓	响水汽车站	7:00　13:00	460kM
响水—昆山	响水汽车站	7:30	477kM
响水—临沂	响水汽车站	5:30　8:30	190kM
响水—太原	响水汽车站	讫站	1000kM
响水—杭州	响水汽车站	11:00	596kM
响水—萧山	响水汽车站	10:00	625kM
响水—义乌	响水汽车站	9:00	753kM
响水—温州	响水汽车站	10:00	1136kM
响水—杨集	响水汽车站	6:30　7:30　13:00　14:00	16kM
响水—灌南	响水汽车站	8:30　15:00	16kM
响水—滨海	响水汽车站	5:50 起每 15 分钟一班循环	35kM
响水—新浦	响水汽车站	5:50 起每 40 分钟一班至 16:00	75kM
响水—淮安	响水汽车站	5:50 起每 40 分钟一班循环	107kM

盐城南洋机场航班时刻表

表 166

航　线	计划起飞	计划到达	航班号	班　次	机　型	备　注
盐城—北京	13:55	15:45	CA1592	每天	B738	中国国际
北京—盐城	11:15	13:10	CA1591	每天		
盐城—北京	21:30	23:20	SC4757	每天	B738	山东航空
北京—盐城	8:00	9:55	SC4758	每天		
盐城—北京	20:55	22:45	CA1536	37	B738	中国国际
北京—盐城	18:15	20:10	CA1535	37		
盐城—上海	10:50	11:50	MU2253	每天	A320	东方航空
上海—盐城	13:10	14:05	MU2254			
盐城—广州	20:25	22:50	CZ3268	每天	E90	南方航空
广州—盐城	17:10	19:35	CZ3267			

续表 166

航　线	计划起飞	计划到达	航班号	班　次	机　型	备　注
盐城—深圳	22:15	0:55	9C8510	1357	A320	春秋航空
深圳—盐城	14:00	16:25	9C8509			
盐城—南京	13:05	13:30	MU2886	每天	A320	东方航空
南京—盐城	11:40	12:05	MU2885			
盐城—成都	13:05	17:05	MU2886	每天	A320	东方航空
成都—盐城	8:20	12:05	MU2885			
盐城—福州	10:40	12:25	SC4758	每天	B738	山东航空
福州—盐城	19:00	20:45	SC4757	每天	B738	山东航空
盐城—杭州	20:10	21:20	GJ8850	每天	B738	长龙航空
杭州—盐城	11:50	13:05	GJ8849	每天	B738	长龙航空
盐城—太原	13:50	15:40	GJ8849	每天	B738	长龙航空
太原—盐城	17:40	19:25	GJ8850	每天	B738	长龙航空
盐城—重庆	18:25	20:55	SC8792	每天	B738	山东航空
重庆—盐城	11:05	13:10	SC8791			
盐城—天津	17:10	18:50	9C8509	1357	A320	春秋航空
天津—盐城	19:55	21:30	9C8510			
盐城—大连	13:55	15:20	SC8791	每天	B738	山东航空
大连—盐城	16:00	17:40	SC8792			
盐城—昆明	19:00	23:45	MU5750	每天	B737	东方航空
昆明—盐城	13:30	18:15	MU5749			
盐城—长沙	19:00	20:50	MU5750	每天	B737	东方航空
长沙—盐城	16:20	18:15	MU5749			
盐城—武汉	15:45	17:10	MU2546	每天	B738	东方航空
武汉—盐城	7:55	9:15	MU2545			
盐城—沈阳	10:00	11:55	MU2545	每天	B738	东方航空
沈阳—盐城	12:50	15:00	MU2546			
盐城—西安	14:50	16:30	MU2254	每天	A319	东方航空
西安—盐城	8:10	10:00	MU2253			
盐城—厦门	21:35	23:30	MF8094	2467	B738	厦门航空
厦门—盐城	7:10	9:10	MF8093			
盐城—哈尔滨	10:00	12:25	MF8093	2467	B738	厦门航空
哈尔滨—盐城	18:10	20:50	MF8094			
盐城—台北	14:00	15:35	MU2971	16	A320	东方航空
	17:45	20:05	AE952	47	B738	中华航空
	17:55	20:10	B7175	5	A321	立荣航空
台北—盐城	11:20	13:05	MU2972	16	A320	东方航空
	14:30	16:45	AE951	47	B738	中华航空
	14:40	16:55	B7176	5	A321	立荣航空

续表 166

航　　线	计划起飞	计划到达	航班号	班　次	机　型	备　注
盐城—首尔	13:35	16:00 首尔时间	MU217	37	A320	东方航空
	11:20	14:00 首尔时间	OZ338	246	A321	韩亚航空
	16:25	19:05 首尔时间		5	A321	
首尔—盐城	12:15 首尔时间	12:50	MU218	37	A320	东方航空
	9:35 首尔时间	10:20	OZ337	246	A321	韩亚航空
	14:40 首尔时间	15:25		5	A321	

淮安机场航班时刻表

表 167

航班/航空公司	航班号	时　刻	班　次
淮安—台北(东航)	MU2911	13:50-16:10	二、四
台北—淮安(东航)	MU2912	10:45-12:55	
淮安—北京(东航)	MU5635	10:45-12:25	每天
北京—淮安(东航)	MU5636	08:10-10:05	
淮安—广州(东航)	MU2869	14:00-16:30	每天
广州—淮安(东航)	MU2870	10:50-13:15	
淮安—大连(东航)	MU2964	16:05-17:40	每天
大连—淮安(东航)	MU2963	08:30-10:05	
淮安—厦门(东航)	MU2963	10:50-12:45	每天
厦门—淮安(东航)	MU2964	13:35-15:25	
淮安—沈阳(东航)	MU5609	15:50-17:35	每天
沈阳—淮安(东航)	MU5608	13:15-15:15	
淮安—浦东(东航)	MU5608	16:00-16:55	每天
浦东—淮安(东航)	MU5609	14:00-15:05	
淮安—杭州(长龙)	GJ8864	14:30-15:35	二、四、六
		15:55-17:10	一、三、五、七
杭州—淮安(长龙)	GJ8863	06:45-07:55	每天
淮安—西安(长龙)	GJ8863	08:40-10:50	每天
西安—淮安(长龙)	GJ8864	11:55-13:45	
淮安—天津(奥凯)	BK3018	21:55-23:20	二、四、六
天津—淮安(奥凯)	BK3017	07:50-09:15	
淮安—昆明(奥凯)	BK3017	10:10-13:20	二、四、六
昆明—淮安(奥凯)	BK3018	18:20-21:10	
淮安—深圳(春秋)	9C8964	21:45-00:30	每天
深圳—淮安(春秋)	9C8963	06:40-09:10	
淮安—哈尔滨(春秋)	9C8963	10:05-12:40	每天
哈尔滨—淮安(春秋)	9C8964	18:20-20:55	

续表 167

航班/航空公司	航班号	时　刻	班　次
淮安—首尔(真航)	2016年4月份开通	17:35-20:50	两周3班
首尔—淮安(真航)		15:05-16:35	

连云港机场航班时刻表

表 168

航　　程	班次	航班号	起飞	到达	对方起飞	对方到达	机型
连云港—北京(首都)	每日	MU5166/65	22:35	23:55	19:50	21:30	B738
连云港—北京(南苑)		KN5906/05	13:40	15:00	11:30	12:50	
连云港—上海(虹桥)	每日	FM9416/15	10:15	11:25	08:20	09:30	B738
连云港—上海(虹桥)		FM9418/17	20:10	21:30	18:10	19:20	
连云港—广州	每日	CZ3635	10:30	14:15	07:05	09:40	E90
		CZ3257	21:25	23:50	16:50	20:35	B738
连云港—成都	1357	EU2756/55	16:30	19:10	07:45	10:25	A320
连云港—沈阳		EU2755/56	11:10	12:50	14:00	15:45	
连云港—杭州	246	GJ8784/83	14:45	16:05	06:50	08:10	A320
连云港—长春	246	GJ8783/84	09:00	10:55	11:50	14:00	A320
连云港—南宁	1357	GX8854/83	18:50	21:40	11:00	13:20	190
连云港—天津		GX8854/83	14:10	15:30	16:40	18:05	190
连云港—桂林	246	JD5360/59	22:20	00:15	14:40	16:40	5月飞
连云港—大连		JD5350/60	17:40	18:55	20:20	21:40	A319
连云港—大连	1357	DZ6241/02	10:15	11:25	12:40	14:10	B738
连云港—深圳		DZ6242/01	15:15	18:00	06:30	08:55	B738
连云港—深圳	247	CZ6702/01	12:10	15:50	07:30	11:25	A320
连云港—舟山	247	CZ6702/01	12:10	13:10	10:25	11:25	A320
连云港—西安	247	MU2234/3	20:20	22:35	16:25	18:25	A320
连云港—厦门	135	MF8052/51	21:15	23:35	07:10	09:25	B737
连云港—哈尔滨		MF8051/52	10:10	12:25	18:10	20:35	
连云港—兰州	1357	UQ2536/35	18:20	20:30	15:10	17:20	B738
连云港—乌鲁木齐			18:20	00:15	11:40	17:20	
连云港—徐州	每日	CZ3635/3257	10:30	11:00	20:05	20:35	B738

【责任编辑　张耀清　滕仕惠】

索　引

说　明

1.本索引采用主题分析法编制，按标引词首字汉语拼音字母顺序排列，首字音序相同，按第二字字序排列，依此类推。同音字按内容出现先后排列。

2.图说响水、特载、大事记、人物 荣誉、统计资料、附录未编索引。

3.分目、次分目标题用小五号黑体字标示。

4.标引词后的数字表示内容所在页码，数字后的英文字母 a、b、c 分别表示左、中、右三栏。

5.索引标引词一般采用中心词和简称。

A

B

C

D

E

F

G

K

L

M

N

索
引

X

Y

Z